ARREDARE E DECORARE LA CASA

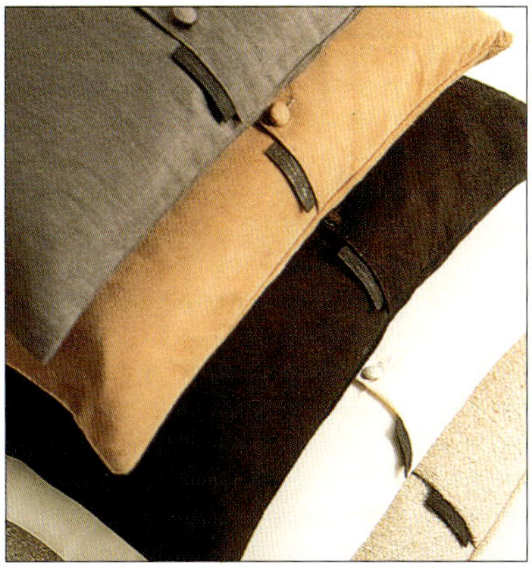

ARREDARE E DECORARE LA CASA

FABBRI EDITORI

Un libro Dorling Kindersley

Titolo originale
Step-by-step Home Decorating Book

Edizione rivista e aggiornata 2000
da Walton and Pringle

I Edizione Manuali Fabbri 1995

Edizione aggiornata settembre 2001

Redazione e impaginazione
ART Servizi Editoriali s.r.l., Bologna

Aggiornamento a cura di
Ready-made, Milano

www.fabbri.rcslibri.it

Stampato in Cina presso
L. Rex Printing Co., Ltd.

ISBN 88-451-2583-1

Sommario

INTRODUZIONE

Una decorazione di buona qualità può trasformare la vostra casa, migliorandone l'aspetto estetico, il comfort e il valore. Questo libro spiega come ottenere risultati perfetti. Oltre alla descrizione particolareggiata dei diversi strumenti e delle numerose attrezzature, sono stati inseriti consigli sui materiali più adatti alle varie funzioni. Ogni tecnica è illustrata da immagini e corredata da istruzioni, che vi permetteranno di raggiungere quel grado di abilità e sicurezza indispensabili per intraprendere qualsiasi lavoro di decorazione d'interni, sia che vogliate

creare un'atmosfera tradizionale o dare un tocco di modernità alla vostra casa. Troverete inoltre idee e suggerimenti per ottenere effetti particolari combinando colori, stili e tecniche nei modi più diversi ed entusiasmanti.

TESSUTI PER ARREDAMENTO

TIPI DI TESSUTO

LA SCELTA DELLA STOFFA DIPENDE dall'uso che ne farete e dal carattere che vorrete dare a una stanza. La disponibilità dei tessuti, pur restando limitata la gamma delle fibre naturali a lana, seta, lino, cotone e juta non è mai stata così ampia per colore, disegno e lavorazione. Ciò grazie all'industria tessile che ha mescolato le fibre naturali tra loro e con fibre sintetiche, ricavando tessuti più facili da pulire, più resistenti all'usura e al calo rispetto a quelli fabbricati con un solo tipo di fibra naturale. Al momento della scelta, tenete presente che accanto al colore e al disegno di un tessuto è importante la grana e il modo in cui casca.

STOFFE PER FODERE
Se volete proteggere i tendaggi da voi confezionati dalla luce diretta, aumentare l'effetto isolante o dare un tocco di raffinatezza al tutto, usate la fodera. Il rasatello è un tessuto adatto. La fodera opaca impedisce totalmente il passaggio della luce. Il calicò è cotone grezzo usato per rivestimenti interni.

RASATELLO — RASATELLO — CALICÒ — FODERA OPACA

STOFFE TRASPARENTI
Questo tipo di stoffa leggera e trasparente viene impiegato frequentemente nei tendaggi e nelle decorazioni, quali nastri, pizzi, mussola, voile e Sangallo. È molto più semplice fare plissettature con questi tessuti che con quelli più pesanti; inoltre non hanno un costo elevato. I tessuti trasparenti sono disponibili in tinta unita, fantasie stampate e miste e non sempre sono facili da lavorare.

MUSSOLINA BIANCA STAMPATA — MUSSOLINA NATURALE STAMPATA — COTONE NATURALE TESSUTO MISTO

STOFFE LEGGERE
Le stoffe leggere possono essere in cotone, seta e fibre sintetiche. Come quelle trasparenti spesso sono traslucide e facilmente arricciabili. Se volete usare la seta per dei tendaggi più o meno elaborati, è opportuno aggiungervi una fodera, dal momento che la luce diretta a lungo andare può rovinarli.

SETA GREZZA — COTONE STAMPATO A FIORI — COTONE STAMPATO A QUADRI — COTONE TESSUTO A QUADRI

Tessuti da leggeri a medi
Questo tipo di tessuti, la cui grana di tessitura fine è la superficie più adatta alla stampa di fantasie, è noto per l'aspetto decorativo e la praticità. Potete sbizzarrirvi e impiegarli per gli scopi più diversi: tendaggi, corredi per camere da letto, corredi da tavolo e rivestimenti di cuscini. Queste stoffe si prestano generalmente ad essere lavorate e sono di facile pulizia.

Cotone tessuto a quadri — Cotone stampato a fiori — Cotone tinta unita — Chintz

Juta — Cotone in tinta unita — Broccato di cotone — Broccato di twill — Cotone stampato

Tessuti medi
È il modo in cui si produce la grande maggioranza dei tessuti per arredamento. Sono maneggevoli, adatti e utilizzabili in ogni ambiente. Tra i tessuti più diffusi troviamo il cotone, il lino e i misti sintetici con lana e seta. Tessuti di questo tipo sono adatti a lavori di piccola tappezzeria.

Misto lino-cotone stampato — Tessuto in fantasia stampato e in rilievo — Misto lana-cotone a disegni cachemire

Tessuti pesanti
I tessuti di questo tipo hanno una certa consistenza e conferiscono all'arredamento calore e comfort. Data la loro notevole resistenza all'usura sono molto usati in tappezzeria. Non presentano grande maneggevolezza e lavorabilità, soprattutto se vogliamo usarli per tendaggi importanti o coperture in genere.

Ciniglia — Felpa rasata — Velluto misto cotone-lino — Cotone ricamato a lana

Accessori per il Cucito

Per ottenere dei risultati da vero professionista sono indispensabili degli attrezzi adatti e un tavolo da lavoro pulito e in ordine. Gli strumenti da cucito vanno tenuti separati da altri attrezzi e soprattutto vanno usati esclusivamente per i lavori di cucito. Il piano di lavoro deve essere sufficientemente ampio: quando lavorate su tende molto ingombranti l'unica superficie adatta può essere il pavimento. È buona regola lavorare comodamente e in un ambiente bene illuminato, soprattutto quando vi sia scarsità di luce naturale. Scegliete sedie stabili e restate a un'altezza tale dalla tavola da evitare il mal di schiena.

Strumenti per il taglio
La stoffa va tagliata con precisione per assicurarsi un perfetto drappeggio e la massima aderenza. Scegliete forbici affilate, durevoli e pratiche da usare. Evitate di usarle per altri scopi, perché perdono facilmente il filo. Usate le forbici da sarta per ritagliare modelli e stoffa, da ricamo per lavorazioni particolari e frastagliatrici per aggiustare orli sfrangiati.

Forbicine da ricamo

Forbici da sarta

Forbici frastagliatrici

Ferro e asse da stiro
Il ferro da stiro va usato non soltanto alla fine, ma durante ogni fase del lavoro, ad esempio, per appiattire cuciture, orli e piegature. Scegliete un ferro da stiro a vapore, in quanto sono il vapore e il calore, più che il peso, che appianano la stoffa. L'asse da stiro deve essere regolabile in altezza e avere un rivestimento imbottito facilmente lavabile.

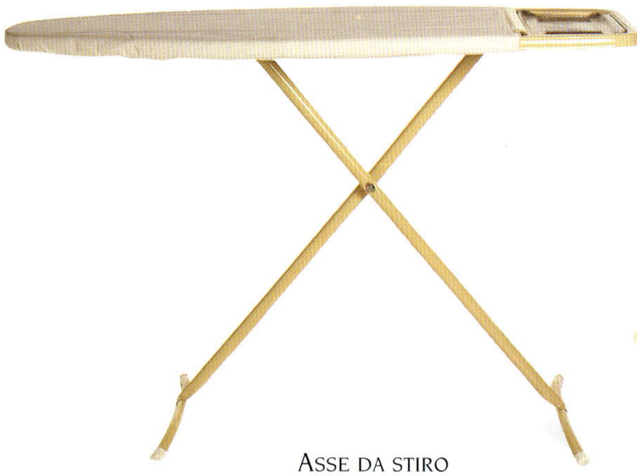
Asse da stiro

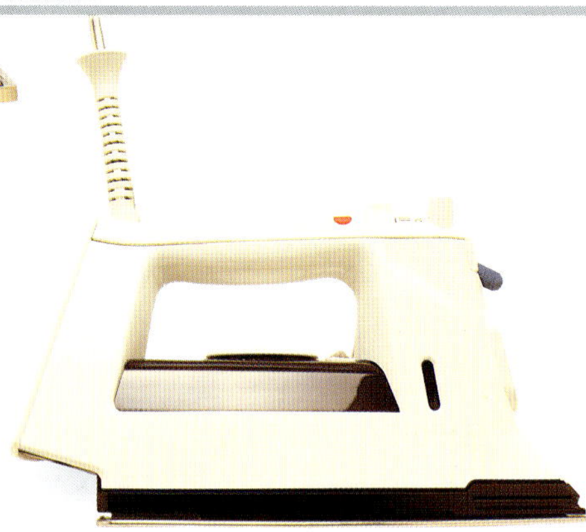
Ferro da stiro a vapore

Macchina da cucire
Cucire a macchina è generalmente più veloce e più semplice che cucire a mano. Le moderne macchine da cucire sono facili da usare e hanno numerosi accessori per cucitura diritta, a zig-zag e cucitura all'indietro, come pure piedini per fissare cerniere lampo. È opportuno avere a disposizione bobine su cui avvolgere il filo prima di mettersi al lavoro.

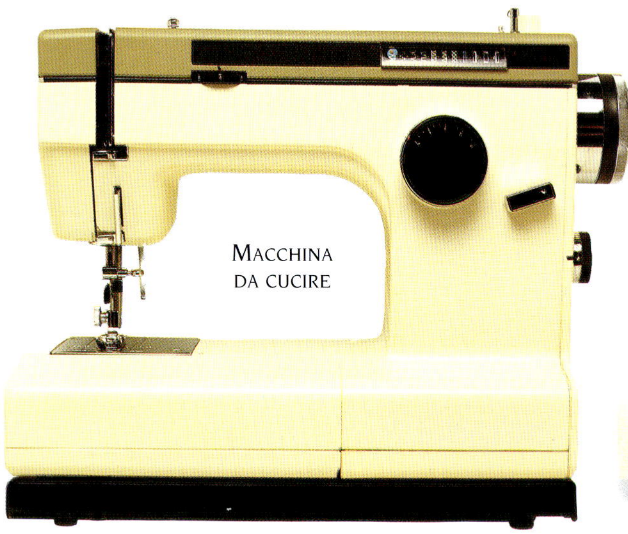
Macchina da cucire

Bobine

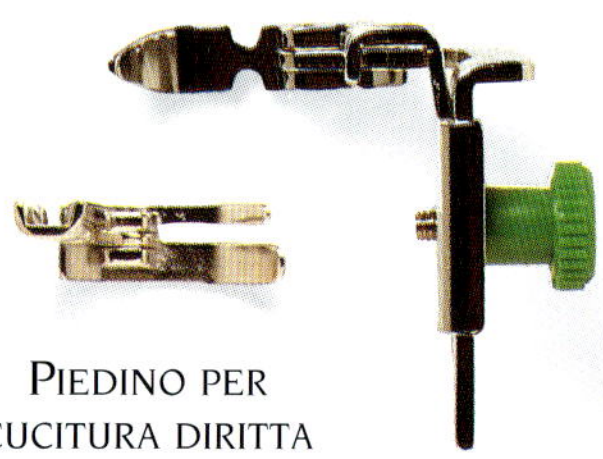
Piedino per cerniere e cordoncini

Piedino per cucitura diritta

Accessorio per occhielli

Aghi singoli e doppi

ATTREZZI PER IL CUCITO
Usate spilli in acciaio inox semplici o con la capocchia colorata. Per sicurezza e facilità d'uso è meglio tenere gli spilli su un puntaspilli o in un contenitore. A seconda della stoffa sono disponibili aghi di diverse dimensioni. L'infila-ago facilita l'infilatura del filo. Scegliete il filo in base al lavoro, al colore, al tipo e al peso della stoffa. Il filo da imbastire è disponibile in vari colori ed è più facile da spezzare.

PUNTASPILLI

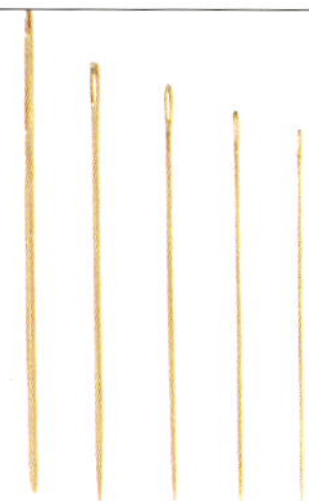
AGHI PER CUCITO A MANO

SPILLI DA SARTA

FILO DA CUCIRE

FILO DA IMBASTIRE

INFILA-AGO

ATTREZZI PER MISURARE E MARCARE
Misure e contrassegni fatti con precisione sono essenziali per il lavoro di cucito. Un metro a nastro resistente vi permette di lavorare comodamente su curve e angoli. Segnate la stoffa con colori visibili non permanenti – usate del gesso da sarta o pennarelli ad inchiostro simpatico. Non stirate la stoffa prima che l'inchiostro non sia completamente scomparso. In molti casi è necessario tagliare il tessuto ad angolo retto; a questo scopo torna utilissima una squadra trasparente.

PENNARELLO A INCHIOSTRO SIMPATICO

MATITA

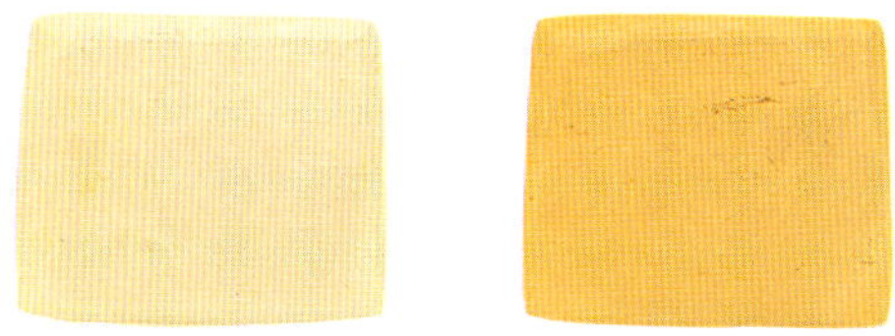
GESSO DA SARTA

SQUADRA TRASPARENTE

METRO A NASTRO

VARIE
Il passanastro è un ago grosso, con punta arrotondata e cruna lunga, impiegato per far passare cordoncini, nastri o elastici in stoffe pesanti o rivestimenti. Per togliere rapidamente e facilmente i punti usate uno scucitore. Le mollette da biancheria sono utili per assicurare temporaneamente il tessuto a oggetti rigidi come tela rigida o l'intelaiatura di un paralume. Per i cartamodelli potete usare della carta da pacchi oppure carta millimetrata.

SCUCITORE

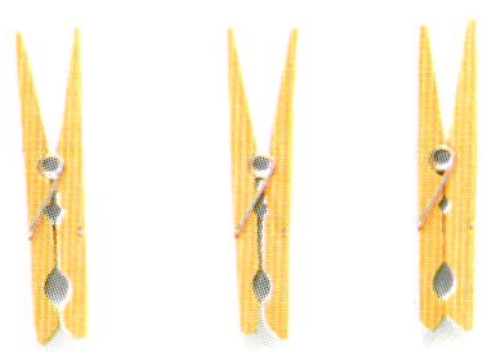
MOLLETTE DA BIANCHERIA

PASSANASTRO

CARTA PER CARTAMODELLI

ATTREZZI DA TAPPEZZERIA

Per lavori di piccola tappezzeria o per fare dei cuscini sono necessari alcuni attrezzi specifici. Per fissare bottoni o nappe usate aghi da tappezziere, disponibili in diverse misure. Per rivestire, invece, un oggetto come un poggiapiedi, usate degli spilloni da tappezziere per tenere ben tesa e a posto la stoffa prima di saldarla. Questi attrezzi sono adatti solo per stoffe pesanti, perché se vengono usati su tessuti leggeri possono causare degli strappi.

AGO DA TAPPEZZIERE

SPILLONI DA TAPPEZZIERE

BASI DI CUCITO

UNA VOLTA FORNITI DI BUON MATERIALE, cucire morbidi accessori per la casa può rivelarsi un hobby rilassante e ricco di soddisfazioni, dai risultati estetici altamente decorativi e originali. Laddove i progetti richiedono cuciture regolari, asole e cerniere, non vi è niente che superi in velocità e precisione una macchina da cucire. Per quanto semplice, ogni lavoro richiede un impegnativo intervento manuale di cucito, mentre le macchine, grazie ai loro microchip elettronici, permettono una grande varietà di soluzioni, come per esempio le iniziali ricamate, che possono essere create con uno sforzo minimo.

RICAMO MODERNO CON LA LANA
Fiori e foglie stilizzati viola e verde acido spiccano da una tela di lino grezzo dando un tocco moderno a una tecnica tradizionale.

Cucito a Mano

Anche se con le macchine per cucire si può fare ogni tipo di punti, talvolta è necessario cucire a mano, sia che vogliate ottenere un determinato effetto o che vogliate integrare il lavoro a macchina – l'imbastitura, ad esempio, è il modo più efficace per allineare e assicurare pezzi di tessuto che vanno poi cuciti a macchina. Marche e punti possono essere nascosti con un'attenta preparazione: prima di mettere mano a lavori di cucito, controllate il tessuto e scegliete l'ago più sottile e il filo più adatto per colore e grossezza. I mancini lavorino da sinistra a destra.

Appuntare e imbastire

Appuntare e imbastire sono operazioni precedenti al cucito intese ad assicurare pezzi di tessuto. Usate filo per imbastire di colore contrastante da togliere a fine lavoro.

Unire i tessuti Appuntate i due pezzi assieme. Fissate l'estremità del filo con un punto o con un nodo. Cucite dei punti di imbastitura di circa 1 cm di lunghezza, oppure alternate punti di 1,5 cm sul diritto e di 5 mm sul rovescio.

Sottopunto

È un punto usato per orli o dove si deve fare una costura dal diritto, per chiudere, ad esempio, un'apertura da cui è stato rivoltato un tessuto.

Chiudere un'apertura Fissate il filo e fate passare l'ago attraverso l'apertura. Fate un punto di circa 2 mm nella piega della linea di costura. Ripassate l'ago dall'altra parte dove farete un punto simile. Continuate in questo modo e alla fine affrancate il filo.

Imbastitura da sarta

L'imbastitura da sarta serve per marcare tessuti che devono essere uniti con precisione, o per trasferire la marca di un cartamodello su di uno strato di tessuto o su due pezzi identici. L'imbastitura va eseguita con filo doppio di colore contrastante rispetto al tessuto. Per fare marche diverse su uno stesso pezzo di tessuto, scegliete del filo diverso per ognuna.

1 **INIZIARE** Infilate l'ago e fate un punto di circa 1 cm nel tessuto. Tirate il filo fino a lasciare 1,5 cm di filo sul tessuto. Infilate nuovamente l'ago nel punto da cui eravate partiti.

2 **FORMARE UN'ASOLA** Fate un secondo punto passando per gli stessi buchi del punto precedente. Tirate il filo lasciando però sul tessuto un'asola abbastanza grande da far passare l'indice.

Tagliate alla fine il filo in più a circa 1,5 cm di lunghezza come avete fatto all'inizio

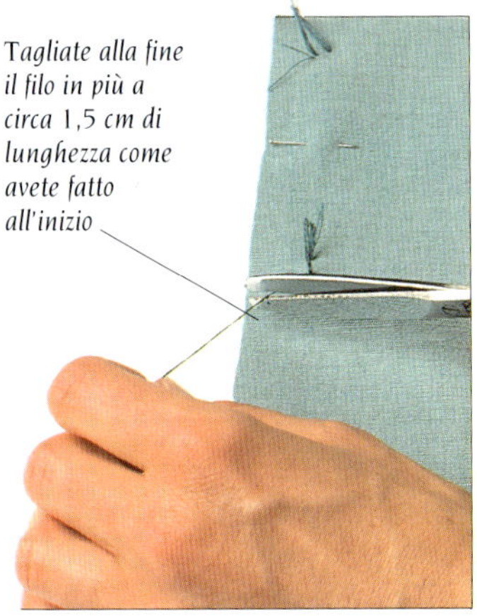

3 **COMPLETARE** Bastano alcuni punti per fare un'asola di molti fili. Terminate l'imbastitura con l'ago di fronte al tessuto e tagliate il filo lasciandone 1,5 cm circa, come avete fatto inizialmente.

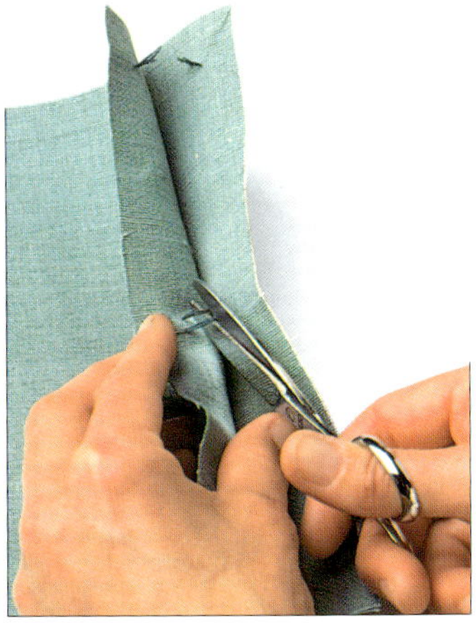

4 **TAGLIARE I FILI** Se l'imbastitura serve per marcare due strati di tessuto, sollevate i lembi e tagliate i fili, come da figura. Se invece marcate da un cartamodello, tagliate l'asola per toglierlo.

Punto nascosto

È la tecnica ideale per assicurare che il disegno di due pezzi di tessuto rigato sia perfettamente allineato prima della cucitura. Consiste nell'imbastire i pezzi dalla parte delle righe, vale a dire sul diritto. Anche se può sembrare uno spreco di materiale, è una tecnica che vi permette di dare un tocco in più al vostro lavoro. Vi servirà il ferro da stiro.

1 **ALLINEARE I PEZZI** Se l'imbastitura serve per marcare due strati di tessuto, sollevate i lembi con cautela e tagliate i fili, come da figura. Se invece marcate da un cartamodello, tagliate l'asola per toglierlo.

2 **INIZIARE** Infilate l'ago con filo da imbastire e assicuratene un capo all'inizio della cucitura. Fate un punto di 1 cm parallelamente alla cucitura che prenda la piega del tessuto del pezzo sopra.

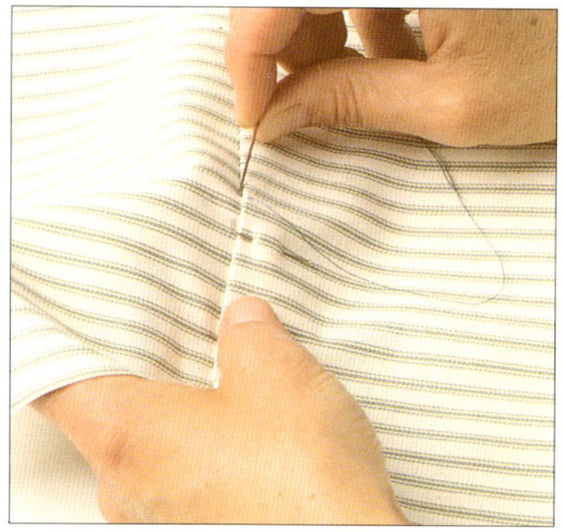

3 **IMBASTIRE** Fate un punto di 1 cm nel pezzo sottostante e continuate così fino alla fine. Ripiegate la stoffa diritto contro diritto, cucite dall'interno e togliete l'imbastitura.

Punto smerlo

È un punto usato per lo più per rifinire gli orli di tessuti, ma può avere scopi decorativi. In questo caso, usate del filo mercerizzato dello stesso colore della stoffa per far risaltare l'orlatura. Il punto occhiello, usato per rinforzare i margini degli occhielli, non è che il punto smerlo lavorato più fitto; per gli occhielli usate del filo sottile ma resistente.

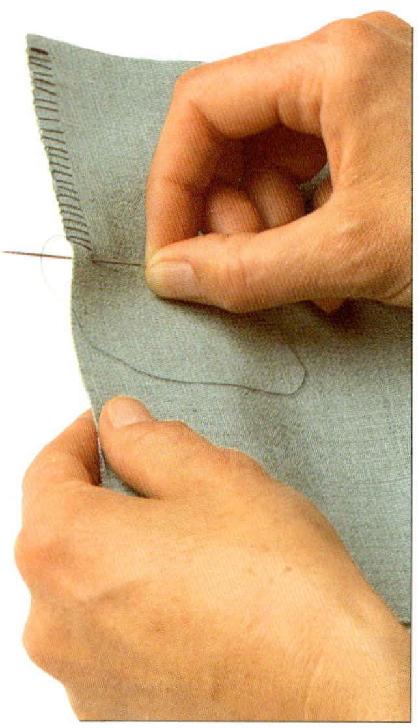

1 **FARE IL PUNTO** Nel caso di orlature fate partire il punto a 1 cm dal margine (5 mm per le stoffe leggere), mentre per gli occhielli a 3 mm. Fate passare il filo dall'asola che avrete formato.

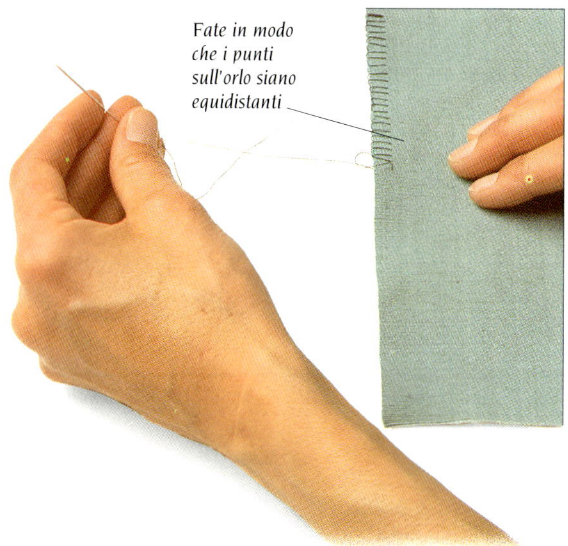

2 **FISSARE IL PUNTO** Una volta passato il filo nell'asola, tirate delicatamente per fissare il punto sul margine, evitando di arricciare la stoffa. Continuate così per tutto il margine. Fate punti più o meno distanziati a seconda della maggiore o minore pesantezza del tessuto; nel caso di occhielli i punti sono contigui.

Punto indietro

È una tecnica impiegata per cuciture resistenti e durature in punti difficilmente raggiungibili con la macchina da cucire, come angoli particolarmente difficoltosi o cerniere lampo. In caso di strappi, inoltre l'orlo fissato a punto indietro subirà meno danni e sarà più facilmente riparabile.

Il punto

Fate un punto di 1 cm; ritornate indietro di 5 mm e ripassate l'ago 5 mm più avanti del punto. Continuate in questo modo partendo sempre dal punto precedente. Il risultato finale sono dei punti di 5 mm sul diritto, mentre sul rovescio sono di 1 cm e sovrapposti.

CUCITURE

PERCHÉ I VOSTRI CAPI SIANO DUREVOLI nel tempo ed esteticamente belli, è necessario avvalersi di alcune tecniche specifiche di cucito a mano o a macchina. È importante scegliere la tecnica più adatta per unire due pezzi di stoffa; tra queste la cucitura doppia o francese, piatta ribattuta, semplice o ribattuta. La scelta deve essere guidata dallo scopo e dall'aspetto che con questa cucitura vorrete dare al vostro capo.

GUIDA ALLA CUCITURA

La cucitura piatta è il modo più semplice e versatile per unire due pezzi di stoffa. Innanzitutto, procedete ad appuntare e a imbastire la stoffa lungo la linea di cucitura. Rifinite gli angoli e le curve, togliendo ai primi il triangolo di stoffa in eccesso e intagliando invece il margine esterno della cucitura nelle seconde.

CUCITURA PIATTA

Appuntate e imbastite, quindi posizionate la stoffa sotto l'ago della macchina da cucire e abbassate il piedino di pressione. Fissate il filo andando avanti e indietro all'inizio della cucitura per 1 cm. Procedete parallelamente all'orlo e terminate fissando alla fine il filo come avete fatto inizialmente. Togliete l'imbastitura e stirate aprendo bene la cucitura. Prima di usare un nuovo punto o un nuovo tipo di tessuto, fate una prova su un campione.

RIFINIRE GLI ANGOLI

Dopo aver effettuato la cucitura, eliminate il triangolo di tessuto in eccesso, mantenendo una distanza di 6 mm circa tra la cucitura e il nuovo orlo per evitare sfrangiature quando il pezzo verrà rivoltato.

RIFINIRE LE CURVE

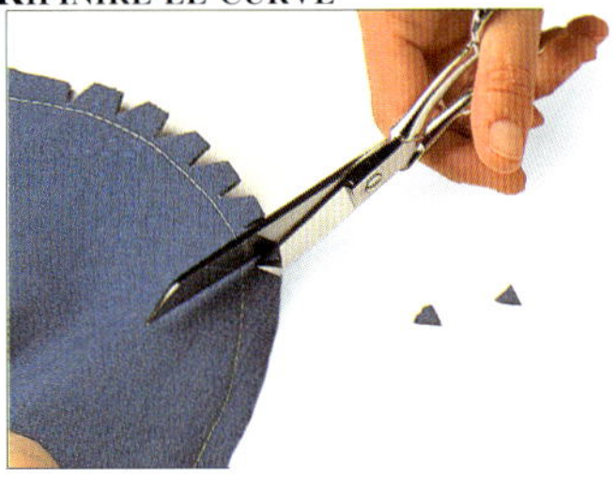

Per ridurre il tessuto in eccesso e fare in modo che rimanga piatto, praticate delle tacche nel bordo esterno ad una cucitura convessa; in una cucitura concava intagliate la stoffa in eccesso. Non tagliate troppo sotto la cucitura.

RIFINIRE I MARGINI VIVI

I margini vivi devono essere rifiniti per evitare che il tessuto si sfilacci; questo accorgimento è particolarmente importante per capi che saranno sottoposti a notevole usura.
Diverse sono le tecniche di rifinitura – a ribattitura, a costura piatta ribattuta, a zig-zag a macchina, con strisce in sbieco o semplicemente con una dentellatura.

Lo zig-zag a macchina è probabilmente la procedura di rifinitura più semplice e più comune. La rifinitura con strisce in sbieco chiude totalmente i margini vivi e per questo richiede l'utilizzo di più stoffa. Nel caso si debba vedere il rovescio del tessuto e anche le cuciture è meglio praticare una cucitura già rifinita (*vedi p.19*).

ZIG-ZAG A MACCHINA

Regolate la macchina sul punto zig-zag, abbassate il piedino sul margine vivo, fissate il filo e cucite più vicino all'orlo possibile. Alla fine tagliate il filo.

RIBATTITURA A MANO

I punti devono essere equidistanti, partendo da sotto a sopra, facendo passare il filo sul margine vivo. Non tirate troppo il filo altrimenti arriccerete la stoffa.

RIFINITURA CON LO SBIECO

Appoggiate la striscia in sbieco aperta allineandola a un margine vivo della stoffa. Appuntate, quindi imbastite e cucite. Ripiegate poi lo sbieco sul margine e cucite.

COSTURA PIATTA

Lasciate 2-3 cm dalla cucitura. Rifilate un margine a 5 mm, ripiegate il margine più grande sovrapponendolo a quello ridotto. Appuntate e cucite lungo la piega.

DENTELLATURA

Con forbici frastagliatrici si ottengono margini dentellati. È un modo veloce e facile, ma non molto resistente all'usura e perciò più adatto per cuciture interne.

Cucitura doppia o inglese

È una cucitura resistente e già rifinita che non lascia visibile alcun punto sul diritto. Va impiegata però solo su margini diritti e richiede una tolleranza di 1,5 cm circa.

Si tratta di una cucitura ideale qualora risultino visibili sia il diritto che il rovescio del tessuto, come nel caso di stoffe trasparenti.

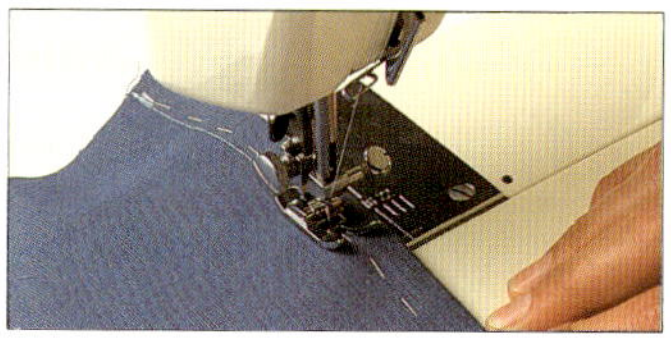

1 **LA PRIMA CUCITURA** Appuntate e imbastite i due pezzi di tessuto rovescio contro rovescio. Fate una cucitura piatta a macchina (*vedi p. 18*) a 5 mm dal margine e levate l'imbastitura.

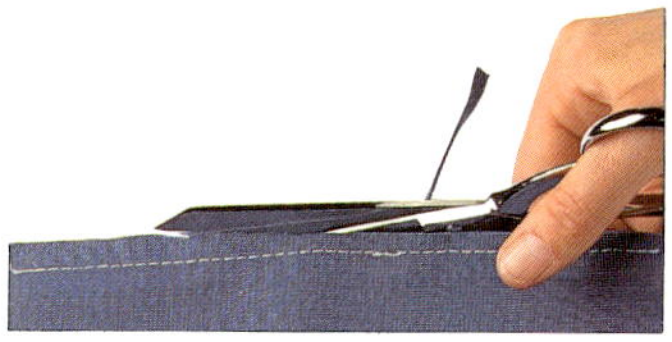

2 **RIFILARE LE CUCITURE** Rifilate con precisione ambedue i lembi di tolleranza a 3 mm dalla cucitura. Piegate i lembi del tessuto diritto contro diritto, piegate lungo la cucitura e stirate piatto.

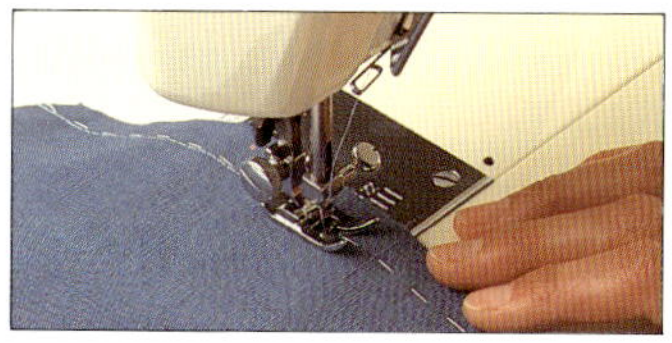

3 **LA SECONDA CUCITURA** Imbastite il tessuto sul diritto, vicino alla piega. Effettuate una seconda cucitura a 1 cm dalla prima, chiudendo così i margini vivi.

4 **LA CUCITURA FINITA** Levate l'imbastitura e aprite la stoffa con il diritto verso l'alto. La cucitura sarà visibile ma non i punti. Stirate piatta la tolleranza da un lato della costura.

Cucitura ribattuta

Questo tipo di cucitura è estremamente utile, soprattutto in lavori di tappezzeria, per la sua resistenza e piattezza della rifinitura. I punti, tuttavia, saranno visibili sul diritto della stoffa.

1 **LA CUCITURA** Cucite diritto contro diritto a 1,5 cm dai margini allineati. Rifilate una tolleranza a 5 mm dalla cucitura.

2 **RIPIEGARE** Ripiegate la tolleranza più larga sopra quella più stretta e, tenendo il margine vivo sotto, imbastite.

3 **SECONDA CUCITURA** Cucite sul diritto, lungo l'imbastitura, e appianate col ferro la cucitura. Sarà visibile una sola cucitura.

Sopraggitto

Questa semplice tecnica viene impiegata per far risaltare una cucitura. A tale scopo si utilizza del filo contrastante o dei punti lunghi. Appuntate, imbastite e fate una cucitura diritta; stirate la cucitura aperta. Cucite su ambedue i lati della cucitura sul diritto.

Trapunto

Oltre a fornire un ulteriore spessore isolante conferisce un tocco di raffinatezza. L'imbottitura può essere cucita tra due strati di tessuto, come in questo caso, assicurando i margini; oppure imbastitela al rovescio, con i pezzi di tessuto diritto contro diritto. Cucite tre lati e rivoltate per il diritto; rifinite il quarto lato con un sottopunto (*vedi p. 16*).

1 **MARCARE IL DISEGNO** Scegliete il disegno: le linee diagonali sono semplici e risaltano, ma potete anche seguire il disegno del tessuto. Usate un pennarello adatto per tracciare le linee.

2 **ASSEMBLARE GLI STRATI** Ritagliate l'imbottitura, la fodera e il tessuto, della stessa grandezza e quindi sistemate l'imbottitura tra tessuto e fodera. Puntate e imbastite.

3 **TRAPUNTARE** Imbastite centralmente per fermare l'imbottitura. Cucite seguendo l'imbastitura; toglietela e rifilate l'imbottitura. Assicurate i margini.

Impiego dei Tessuti

Prima di procedere alla realizzazione di qualsiasi capo di arredamento, è bene conoscere alcuni principi basilari su come lavorare e calcolare il tessuto necessario: il taglio e la cucitura di pezzi di stoffa sono tecniche essenziali per ogni lavoro. Se usate del tessuto fantasia, badate a rispettare il disegno tra pannelli di tessuto sia che vadano uniti sia che vadano accostati, come nel caso di tende. Prima di tagliare la stoffa, valutate l'effetto estetico finale avvicinando la stoffa all'oggetto da rivestire e aggiustando il disegno in modo a voi gradito.

Accostare il disegno

Se intendete utilizzare del tessuto fantasia, ricordate innanzitutto di sistemare il disegno in relazione all'oggetto su cui lavorate, che sia una finestra o un mobile. Rispettate il disegno sia quando realizzate delle cuciture, sia quando accostate dei pannelli di tessuto. Servitevi di un metro a nastro per misurare le dimensioni del disegno ripetuto: vi servirà quando calcolerete la quantità di stoffa necessaria.

Misurare il riporto

Le dimensioni sono solitamente già indicate dal produttore lungo la cimosa o su un'etichetta che accompagna il tessuto; in caso contrario, misurate la distanza tra due motivi ripetuti identici.

Accordare il disegno fra tessuti

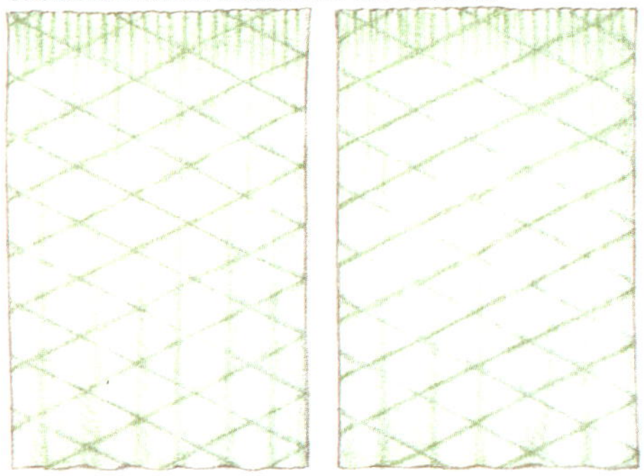

Ricordatevi, quando vi accingete a confezionare delle tende a coppia, di rispettare il motivo tra i due pannelli. Assicuratevi che quando le tende sono chiuse il motivo combaci. Tagliate prima un pannello e poi l'altro a combaciare (*vedi p. 45*).

Riporti parziali

Talvolta è impossibile evitare che in una tenda vi sia un disegno incompleto sul bordo superiore o inferiore. Se la tenda è corta (*a sinistra*), fate in modo che il disegno incompleto sia sul bordo superiore, quello intero sul bordo inferiore. Se si tratta di tende a pavimento (*a destra*), il motivo incompleto è meglio sia sul bordo inferiore.

Tagliare il tessuto

Tagliare il tessuto non è un'operazione difficile se prestate attenzione e usate un paio di forbici affilate. Il modo migliore è quello di disporre il tessuto su una superficie piatta e liscia; in caso di tendaggi l'unica soluzione è talvolta il pavimento. Sarà necessario tutto l'occorrente per il cucito per un taglio accurato.

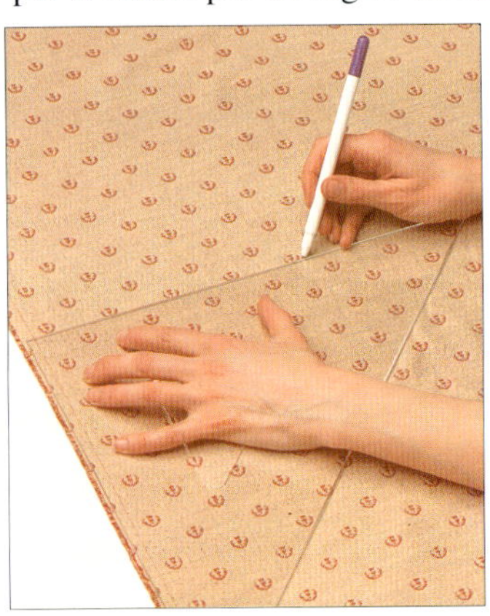

1 **MARCARE IL TESSUTO** Tagliate la stoffa sul filo, parallelamente alla trama e perpendicolarmente all'ordito. Sistemate una squadra perpendicolarmente alla cimosa e marcate con un pennarello a inchiostro simpatico.

2 **TAGLIARE IL TESSUTO** Con delle forbici da sarta tagliate con sicurezza lungo la linea. Nel caso di tessuti a trama rada, basta tagliare lungo lo spazio lasciato da un filo tirato (*vedi p. 45*).

Intagliare

Talvolta dovrete unire il margine inferiore di un taglio di tessuto al margine superiore di un altro. Per riconoscerne il verso, senza sbagliare il "pelo" o la tonalità, intagliate il margine superiore.

CUCIRE PANNELLI IN TINTA UNITA

Per ottenere un unico pezzo di tessuto grande, necessario per gran parte dei lavori, dovrete unire diversi tagli di tessuto. In genere si ricorre a cuciture piatte (*vedi p. 18*); tuttavia saranno più adatte cuciture ribattute o inglesi (*vedi p. 19*) per la resistenza e la piattezza. Vi servirà l'occorrente per cucire e del filo dello stesso colore della stoffa.

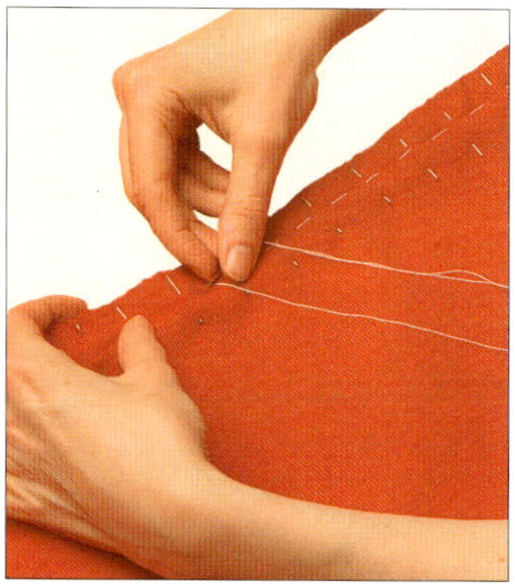

1 **IMBASTIRE I PANNELLI** Dopo aver tagliato il tessuto, allineate i margini vivi dei pannelli diritto contro diritto. Appuntate e imbastite; cucite a 1,5 cm dal margine.

2 **CUCIRE** Prima di cucire a macchina lungo l'imbastitura levate gli spilli; a lavoro ultimato togliete l'imbastitura.

3 **APPIATTIRE LA CUCITURA** Appiattite col ferro la tolleranza piatta per spianare la giuntura.

UNIRE TESSUTI FANTASIA

Ricordatevi, quando cucite i tessuti fantasia, di far combaciare il riporto del disegno. Prima di tagliare il tessuto, decidete dove andrà il disegno al termine del lavoro. Tagliate il primo pezzo e poi il secondo, facendo combaciare il disegno, di quest'ultimo con il primo. Unite i pannelli solo dopo aver tagliato tutti i pezzi necessari. Vi servirà anche in questo caso l'occorrente per il cucito e il filo dello stesso colore della stoffa.

1 **FAR COMBACIARE IL DISEGNO** Stirate la tolleranza di 1,5 cm al rovescio lungo il margine di un pannello. Rivoltatelo e sistemate il margine ripiegato sul margine vivo dal diritto dell'altro pannello. Fate combaciare il disegno. Sistemate i pannelli diritto contro diritto e appuntate lungo la piegatura.

2 **CUCIRE I PANNELLI** Facendo attenzione che i pannelli restino allineati, imbastite a punto nascosto (*vedi p. 17*) per fissare temporaneamente i pannelli. Ripiegateli diritto contro diritto e fate una cucitura piatta (*vedi p. 18*) e lungo la piegatura. Togliete l'imbastitura.

SISTEMARE LE GIUNTE

La sistemazione di giunte su tessuti per finestre o mobili è importante quanto l'accostamento di disegni o motivi ripetuti. Decidete quale aspetto volete dare al mobile o alla finestra accostandovi il tessuto. Nel caso di tende, le giunte vanno lasciate ai lati, mentre per capi da letto o da tavola sistemate un pannello intero al centro per il lungo.

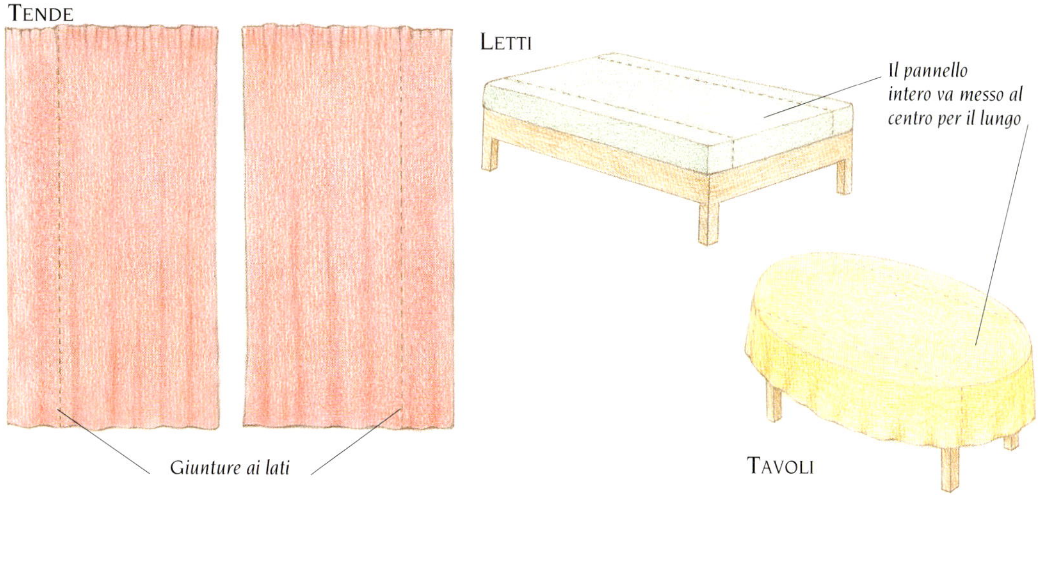

ORLI E ANGOLI

RIFINIRE IL VOSTRO CAPO con orli e angoli fatti a regola d'arte è decisivo per ottenere risultati da professionista. L'attenta preparazione ed esecuzione degli orli è essenziale quanto la scelta del tessuto adatto o della cucitura giusta. Nel caso degli orli è importante decidere la loro profondità in relazione al peso del tessuto e alle dimensioni dell'oggetto: maggiore per tessuti pesanti e mobili importanti, minore per tessuti più leggeri e oggetti di dimensioni più ridotte. Quando si realizzano capi in tessuto, gli angoli sono fondamentali: solo grazie ad essi si può infatti ottenere una resa ordinata e professionale degli orli alti.

ORLI

Variano da 5 mm fino a 15 cm di profondità. Se non è importante che la cucitura sia a vista, potete fare uno zig-zag o un punto diritto a macchina, oppure cucire a punto invisibile. È meglio fare l'orlo a mano se volete che non si veda. Usate del filo di colore più carico della stoffa: i punti di orlatura spiccano sul tessuto.

PUNTO MOSCA, ORLO SINGOLO

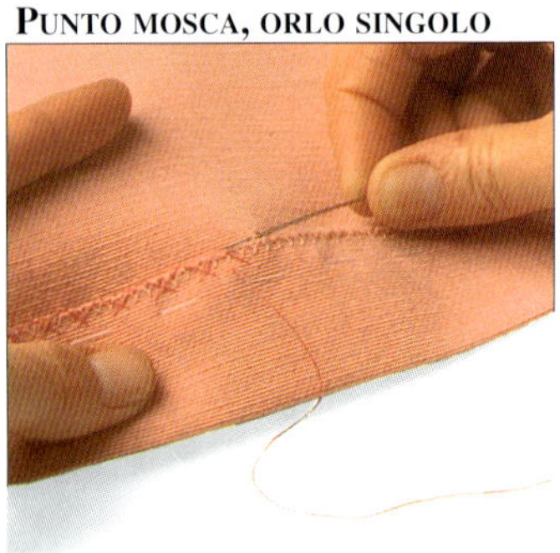

1 CUCIRE IL TESSUTO Ideale per tessuti pesanti e tende foderate. Rifinite il margine vivo a sopraggitto o a zig-zag. Ripiegate l'orlo all'altezza desiderata, appuntate e imbastite. Fissate il filo e prendete uno o due fili del tessuto nel verso opposto alla cucitura.

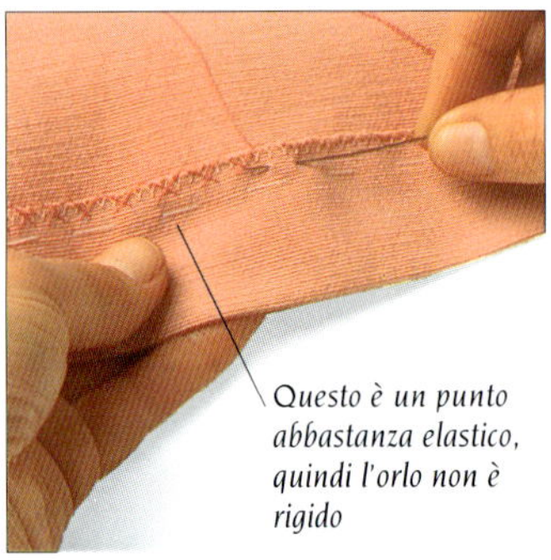

2 CUCIRE L'ORLO Passate l'ago nella stoffa. Incrociando il filo con il primo punto, fatelo scivolare nell'orlo più avanti. Fate un punto nel lembo dell'orlo, lavorando sempre nel verso opposto alla cucitura. Continuate così per tutto l'orlo, incrociando ogni punto con l'ultimo.

ORLO DOPPIO CON PUNTO INVISIBILE

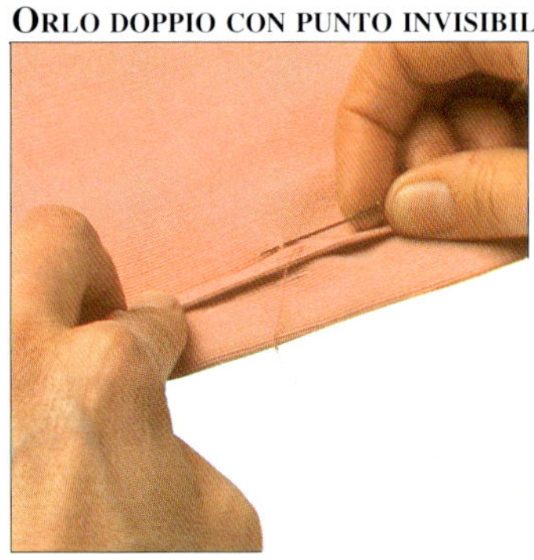

1 CUCIRE IL TESSUTO Ideale per tessuti più leggeri. Ripiegate l'orlo all'altezza desiderata, stirate e piegate ulteriormente. Appuntate e imbastite discosto dal bordo superiore dell'orlo, che ripiegherete di 5 mm. Fissate un capo del filo e prendete uno o due fili del tessuto.

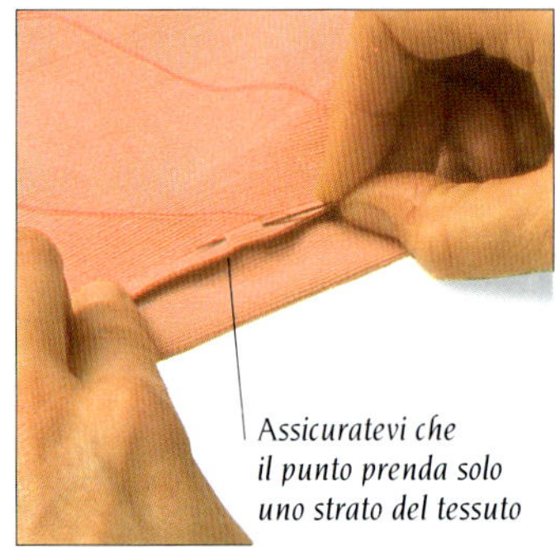

2 CUCIRE L'ORLO Fate un punto corto prendendo un solo strato del bordo superiore ripiegato. Continuate in questo modo alternando un punto sull'orlo e uno sul tessuto. Alla fine ripiegate il bordo superiore dell'orlo e stirate: i punti saranno invisibili sotto l'orlo.

ORLO DOPPIO CON SOTTOPUNTO

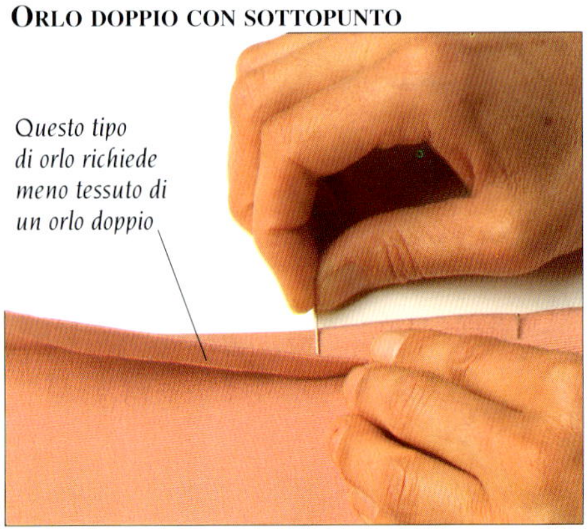

1 APPUNTARE L'ORLO Ideale per nascondere margini vivi di tessuti leggeri o medi. Ripiegateli di 1-2 cm e stirate. Ripiegate ulteriormente l'orlo all'altezza desiderata, appuntate e imbastite.

2 CUCIRE L'ORLO Fate un sottopunto, alternando un punto sul tessuto, dove prenderete alcuni fili, e sull'orlo, dove farete un punto di 1 cm. Continuate così per tutto l'orlo.

ORLO A MACCHINA

È una tecnica veloce quando non è necessario che i punti siano invisibili, come nel caso di fodere per tende. Ripiegate l'orlo come per un orlo doppio, appuntate e imbastite. Cucite a macchina rasente il bordo superiore dell'orlo.

Angolatura in diagonale

Gli angoli squadrati danno un aspetto più rifinito ai vostri lavori, indipendentemente dalla consistenza del tessuto. È un'operazione precedente alla cucitura degli orli. Particolarmente utile per i tendaggi, non è una tecnica difficile, ma il metodo dipende dal tipo e dall'altezza degli orli. La difficoltà può venire anche dallo spessore di tessuti non facilmente maneggevoli. Per alleggerire gli angoli e dare un tocco in più rifilate il tessuto in eccesso.

Angolo squadrato a orlo unico

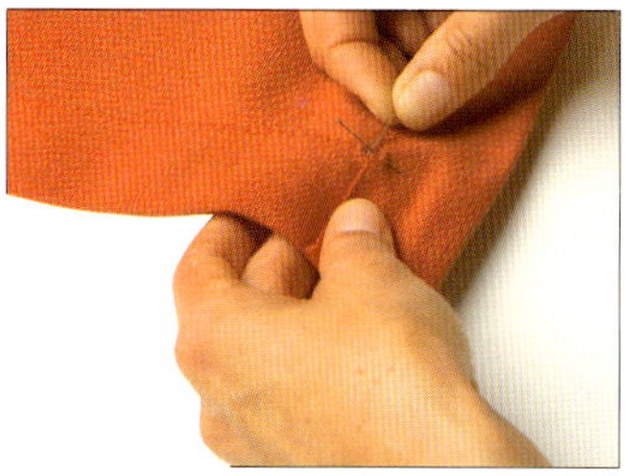

1 MARCARE GLI ANGOLI Rifinite i margini vivi. Piegate gli orli all'altezza desiderata, uno sull'altro e stirate. Nel punto in cui si sovrappongono puntate uno spillo.

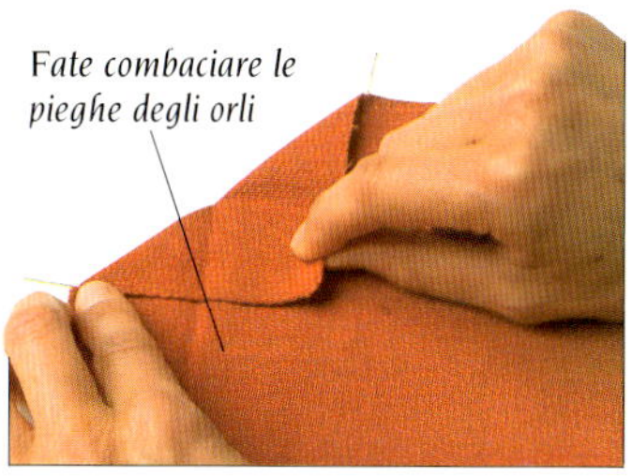

2 PIEGARE L'ANGOLO Aprite i lembi dell'orlo. Piegate diagonalmente l'angolo da spillo a spillo – le pieghe dei lembi dell'orlo devono corrispondere. Stirate la piega.

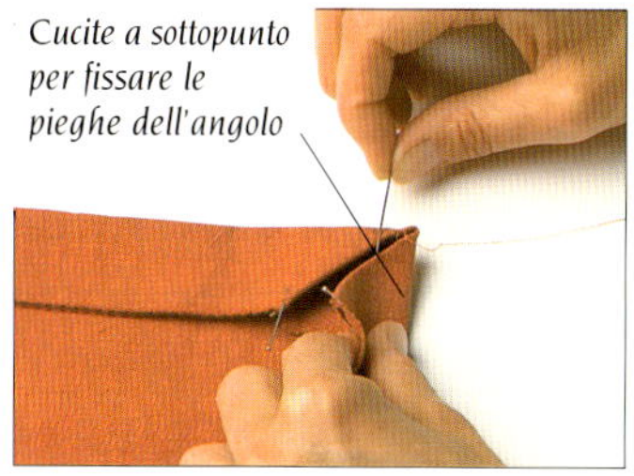

3 CUCIRE L'ANGOLO Piegate nuovamente gli orli sull'angolo in diagonale. Cucite a sottopunto le pieghe dell'angolo e cucite come desiderate.

Angolo squadrato a doppio orlo

Piegate gli orli due volte. Con degli spilli segnate l'angolo piegato. Aprite il secondo orlo, piegate da spillo a spillo, stirate, ripiegate e cucite a sottopunto.

Angolo squadrato ripiegato

1 PIEGARE I MARGINI Sistemate il tessuto a rovescio. Piegate l'orlo di 1 cm sul rovescio e stirate i lembi. Ripiegate ulteriormente all'altezza desiderata e stirate nuovamente.

2 PIEGARE L'ANGOLO Aprite la seconda piega e ripiegate diagonalmente l'angolo. Allineate le pieghe dell'angolo con quelle dei lembi ripiegati dell'orlo. Stirate piatto.

3 COMPLETARE L'ANGOLATURA Ripiegate nuovamente i lembi del secondo orlo, con l'angolo racchiuso all'interno. Cucite l'angolo a sottopunto e poi gli altri orli.

Rifilare angoli a orlo unico

1 PIEGARE Seguite i punti 1 e 2 come per l'angolo squadrato a orlo unico. Aprite la piegatura diagonale e piegate dal centro dell'angolo l'intero lembo di stoffa, diritto contro diritto, allineando i margini adiacenti.

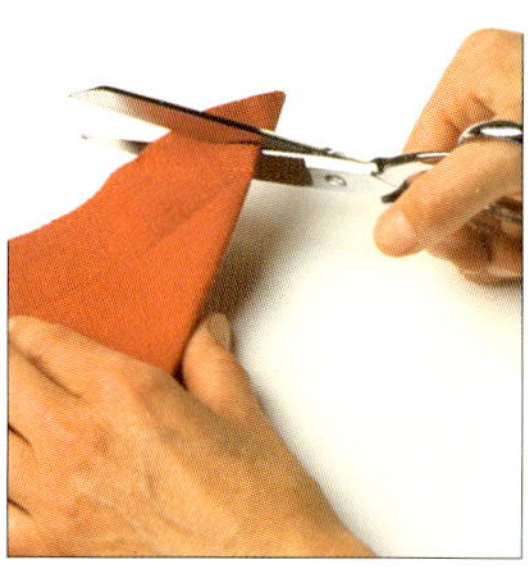

2 RIFILARE La piega diagonale dell'angolo viene ora ripiegata su se stessa. Cucite lungo la piegatura e rifilate la stoffa in eccesso dall'angolo, lasciando una tolleranza di circa 6 mm. Stirate la cucitura aperta.

3 RIVOLTARE Aprite il tessuto e rigirate l'angolo per il diritto. Spingete delicatamente in fuori con un paio di forbici (ricordatevi di usare forbici con punte arrotondate). Cucite il resto degli orli.

Rifilare un angolo irregolare

1 RIPIEGARE Seguite i punti 1 e 2 come per l'angolo ripiegato. Aprite l'angolo. Piegate diagonalmente il tessuto, diritto contro diritto. La piegatura incrocia le pieghe della seconda piegatura degli orli, non il centro dell'angolo.

2 COMPLETARE L'ANGOLO Cucite parallelamente alla piega sull'angolo e rifilate la stoffa in eccesso. Stirate la cucitura aperta, rivoltate bene in fuori l'angolo con delle forbici e ripiegate gli orli.

Guarnizioni

Per decorare i capi da voi confezionati potete usare diverse guarnizioni di facile applicazione. Bordure, profili a cordoncino, pieghe e balze, pur non essendo strutturalmente importanti, aggiungono sicuramente un tocco elegante e personale a tende, cuscini, lenzuola, tendine. Oltre a queste guarnizioni che potete confezionare da voi, ne esistono in commercio di già confezionate, come spighette, frange, pizzi, nastrini e cordoncini che potete fissare ad una cucitura o ad un orlo per vivacizzare i vostri lavori.

Bordure e cordoncini

Questo tipo di guarnizioni rafforza e decora i vostri lavori. Le bordure, ricavate da strisce di tessuto ritagliate sullo sbieco – una linea diagonale al filo o armatura – hanno il pregio di non arricciarsi sulle curve. Esistono in commercio bordure già pronte in diversi colori e peso, ma è possibile ricavarne da ogni tipo di tessuto. I cordoncini sono cordoni avvolti in strisce in sbieco e possono essere di spessore variabile a seconda del tipo di lavoro e di tessuto. Prima di applicarli è sempre meglio bagnarli per farli restringere.

Strisce in sbieco

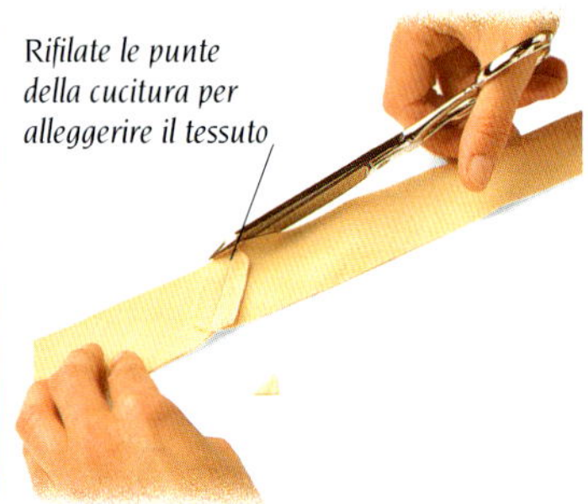

1 **TROVARE LO SBIECO** Controllate che i margini del tessuto siano tagliati dritto filo. Piegate in diagonale, sistemando un margine vivo parallelo al margine adiacente. La piega è lo sbieco. Stirate.

2 **MARCARE LE STRISCE** Calcolate lunghezza e larghezza della bordura necessaria, più la tolleranza per le giunte. Tirate delle linee parallele allo sbieco e tagliatele.

3 **USARE LE STRISCE** Diritto contro diritto, sistemate le strisce perpendicolarmente l'una all'altra. Fate allineare grana e margini vivi. Appuntate, se necessario imbastite, e cucite a 5 mm dal margine vivo.

4 **RIFILARE LE GIUNTE** Aprite la cucitura e stiratela piatta. La striscia in sbieco presenta ora degli angoli in eccesso: rifilateli. Unite tante strisce a seconda della lunghezza necessaria.

Striscia in sbieco continua

1 **TROVARE LO SBIECO** È la tecnica ideale per strisce in sbieco particolarmente lunghe. Piegate un rettangolo di tessuto con cimosa in diagonale fino a che il lato minore incontri il margine adiacente. Stirate e tagliate lungo la piegatura.

2 **CUCIRE I PEZZI** Sistemate diritto contro diritto i due triangoli così ottenuti, con i lati minori che combaciano, ricavandone, una volta cuciti, un rombo. Cucite con punto diritto mantenendo una tolleranza di 6 mm e stirate la cucitura aperta.

3 **MARCARE LE STRISCE** Sistemate il rombo per il diritto. Con un pennarello a inchiostro simpatico o un gesso da sarta tracciate sulla stoffa parallelamente allo sbieco delle linee della larghezza desiderata.

4 **FORMARE UN TUBO** Piegate il tessuto diritto contro diritto, facendo combaciare i margini marcati. Fate combaciare le linee saltando la prima e appuntate: si formerà un tubo a spirale che rivolterete per il diritto.

5 **TAGLIARE LA STRISCIA** Controllate che le linee in sbieco corrispondano. Rivoltate nuovamente il tubo, imbastite e cucite con una cucitura piatta a 6 mm dalla cimosa. Stirate la cucitura piatta. Tagliate a spirale lungo la linea tracciata partendo da un capo.

Ricoprire il cordoncino

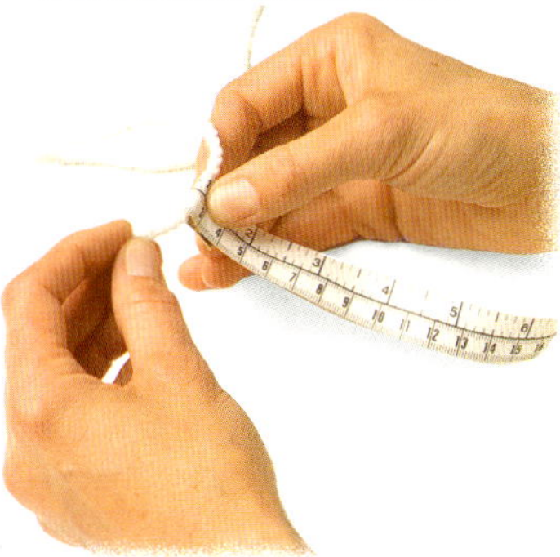

1 **MISURARE** Scegliete il cordoncino e lavatelo. Aggiungete alla sua circonferenza una tolleranza di 3 cm: questa sarà la lunghezza dello sbieco. Tagliate lo sbieco secondo queste misure.

2 **RICOPRIRE** Sistemate il cordoncino al centro della striscia a rovescio. Ripiegate, appuntate e imbastite. Cucite rasente il cordone; se cucite a macchina utilizzate un piedino per cerniere e cordonature.

Applicare le cordonature

1 **APPUNTARE** Preparate la cordonatura necessaria, aggiungendo un extra di 10 cm per eventuali giunte. Sistematela sul diritto del tessuto, allineando i margini vivi. Appuntate, rifilate l'eccesso di cordonatura agli angoli e imbastite.

2 **CUCIRE** Sovrapponete diritto contro diritto il secondo pezzo di tessuto sul precedente a cui avrete fissato la cordonatura. Badate ad allineare i margini vivi. Imbastite e cucite a macchina rasente il cordoncino con il piedino per cerniere e cordonature.

Unire direttamente le cordonature

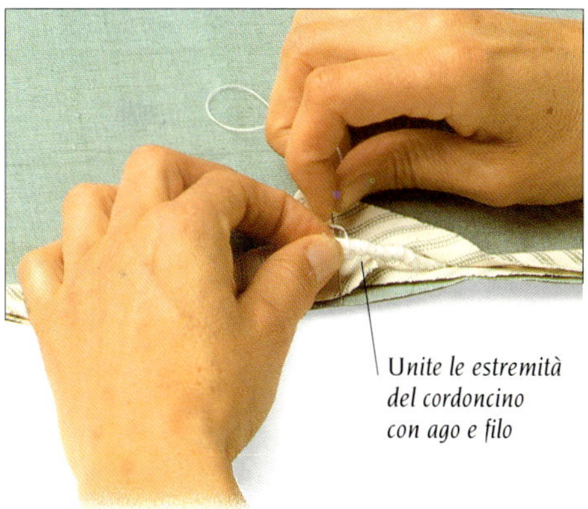

Unite le estremità del cordoncino con ago e filo

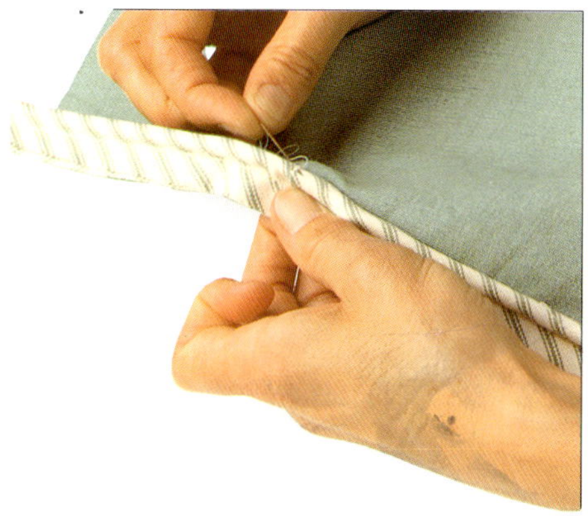

1 **SFOLTIRE IL CORDONCINO** Cucite la cordonatura al diritto del tessuto. Lasciate una tolleranza di 2,5 cm e un'estremità libera a 5 cm circa. Scucite alcuni punti all'estremità, estraete il cordoncino che sfoltirete di metà.

2 **UNIRE IL CORDONCINO** Arrotolate insieme le due estremità sfoltite e cucite. Ripiegate per il rovescio un'estremità della cordonatura di 6 mm circa. Sovrapponetela all'altra estremità e rifilate il tessuto in eccesso a 1,5 cm.

3 **CUCIRE LA GIUNTA** Ripiegate le estremità sovrapposte dello sbieco sul cordoncino. Cucite lungo la cucitura sulla giunta per saldare la cordonatura al tessuto. Cucite a sottopunto la giunta alla bordura. Perché sia meno visibile, sistematela su una cucitura o al centro di un pannello.

Unire diagonalmente le cordonature

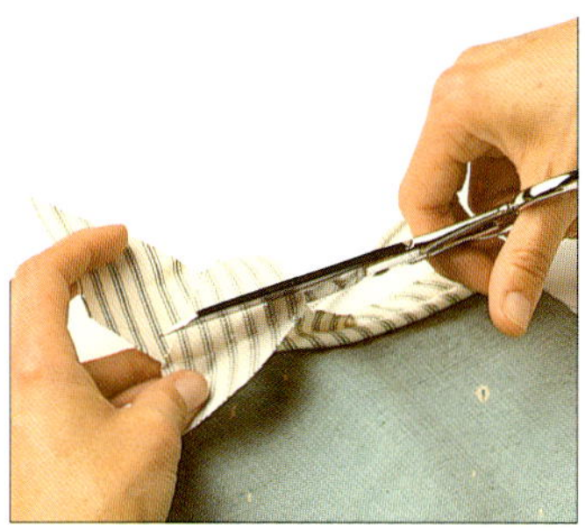

È il metodo per rendere meno visibile la giunta sulla cordonatura

1 **COMBACIARE** Cucite la cordonatura al diritto di un pezzo di tessuto, con le due estremità libere aperte che si sovrappongono di 10 cm circa. Ripiegate diagonalmente l'angolo sul filo e di 6 mm un'estremità della striscia in sbieco. Stirate.

2 **UNIRE LA STRISCIA DI SBIECO** Sovrapponete l'estremità dell'altra striscia in sbieco all'estremità ripiegata. Assicuratevi che il dritto filo combaci e che le due estremità siano ben piatte. Appuntate le due strisce lungo la piega del bordo inferiore.

3 **UNIRE LE ESTREMITÀ** Imbastite e cucite lungo la piegatura che avrete appuntato e rifilate il tessuto in eccesso dalle estremità delle strisce in sbieco. Stirate la cucitura finita piatta. Sfoltite le estremità del cordoncino e avvolgetele nuovamente insieme.

4 **RIFINIRE LA GIUNTA** Cucite e fissate con ago e filo le estremità del cordoncino. Ripiegate diagonalmente le strisce in sbieco unite sulle due estremità. Imbastite la giunta al tessuto e cucitela a macchina con il piedino per cerniere e cordonature.

Volant e pieghe

I volant sono ideali per biancheria da letto e cuscini: singoli danno un tocco delicato, rafforzano una rifinitura e sono adatti due tipi di tessuto. La stoffa necessaria è 1½-3 volte la lunghezza del lavoro finito: raccogliete con delicatezza i tessuti pesanti, più compattamente i leggeri. La stoffa necessaria per le pieghe è 2½-3 volte la lunghezza del lavoro finito. Allineate i pannelli con un'imbastitura da sarta (*vedi p. 16*) e lasciate della tolleranza agli angoli.

Volant singolo

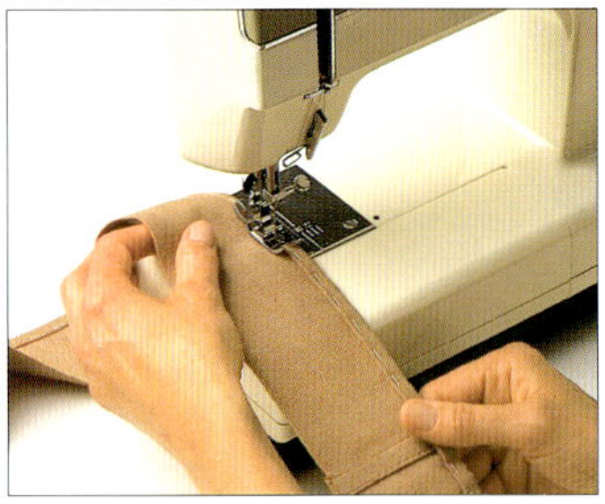

Tagliate la striscia di tessuto della lunghezza e larghezza desiderate, aggiungendo la tolleranza per cucire le giunte. Orlate il bordo inferiore a mano o a macchina. Rifinite il bordo superiore e arricciate secondo uno dei metodi spiegati di seguito.

Volant singolo

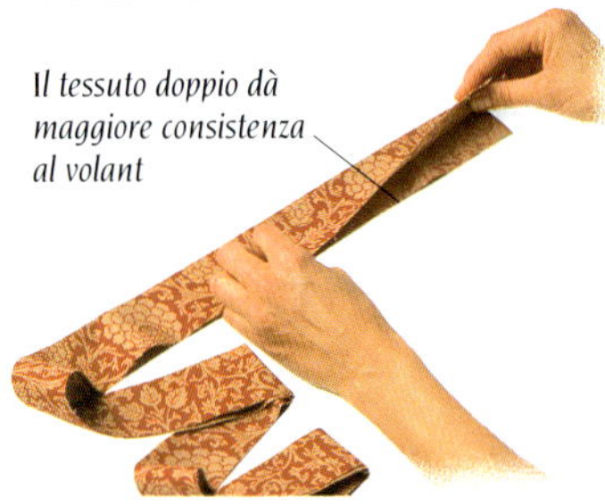

Tagliate la striscia di tessuto della lunghezza desiderata, raddoppiando l'altezza a cui vanno aggiunti altri 3 cm. Unite i pezzi e stirate la cucitura piatta. Piegate a metà per la lunghezza, rovescio contro rovescio e stirate. Arricciate ambo i margini.

Arricciatura a mano

1 **CUCIRE** Il punto a filza è ideale per tessuti medio-pesanti e per volant doppi. Fissate all'inizio con un nodo il filo resistente che userete. Cucite come per un'imbastitura sulla linea di cucitura, regolandovi anche sulla lunghezza dei punti.

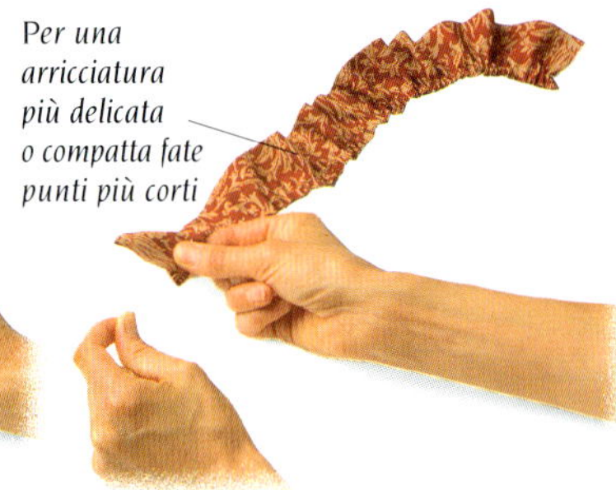

2 **ARRICCIARE** Arrivati alla fine, tenete salda l'estremità libera del filo, sfilate la stoffa verso l'altra estremità fino alla lunghezza e compattezza desiderate. Annodate il capo del filo. Distribuite uniformemente i volant, appuntate e imbastite.

Arricciatura a macchina per tessuti leggeri

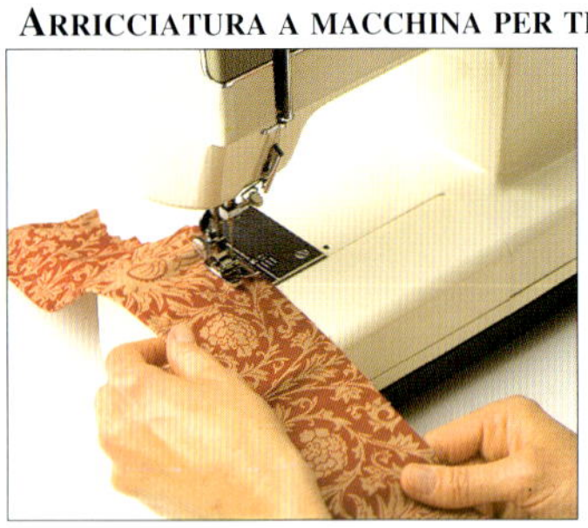

1 **CUCIRE** Regolate la macchina sul punto più lungo. Aumentate appena la tensione per favorire l'arricciatura. Cucite a 1-1,5 cm dal margine senza fissare il filo.

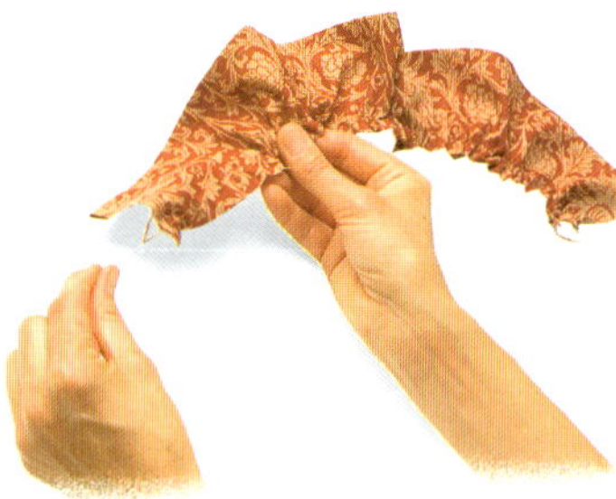

2 **ARRICCIARE** Cucite una seconda fila di punti rasente alla prima. Fate scorrere il tessuto tenendo ben saldi i capi del filo che andranno poi annodati.

Zig-zag a macchina per tessuti pesanti

1 **FISSARE IL FILO** Tagliate un pezzo di filo resistente o ritorto della lunghezza della striscia e sistematelo a 1,5 cm dal margine vivo. Cucitevi con attenzione sopra a zig-zag.

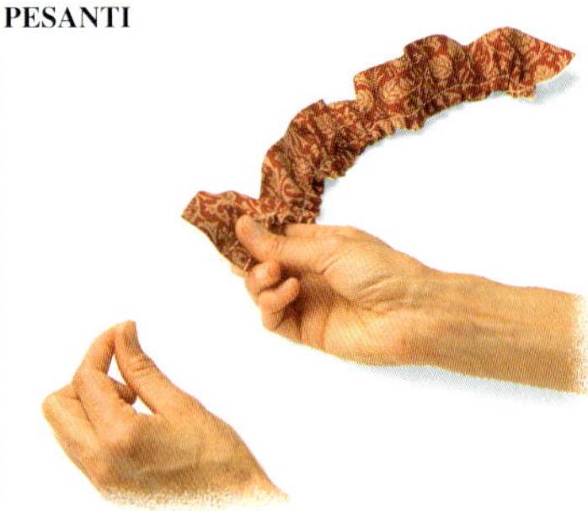

2 **ARRICCIARE** Fissate bene il filo resistente e arricciate la stoffa facendola scivolare dall'estremità libera verso il capo annodato.

Pieghe girate doppie o singole

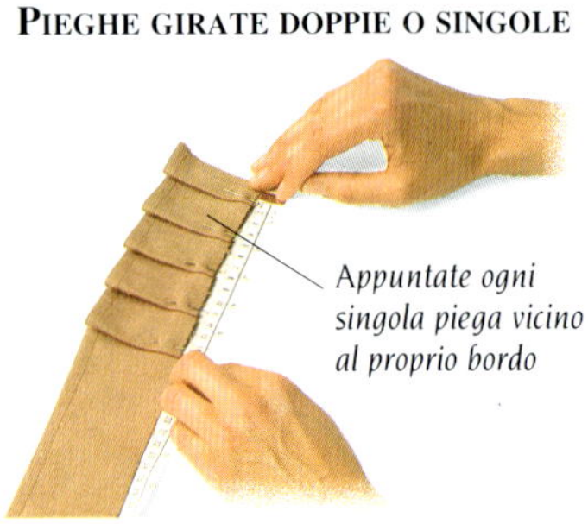

1 **CAMPIONE** Scegliete le dimensioni delle pieghe, fate una striscia di prova di 4-5 pieghe, appuntate e stirate. Fate in modo che siano abbastanza profonde perché un bordo tenga, ma non sovrapponetele se non agli angoli.

2 **CALCOLARE LA LUNGHEZZA** Levate gli spilli e misurate la striscia. Dividete la lunghezza del bordo necessario per quella della striscia pieghettata e moltiplicate quella del campione aperto: otterrete la quantità di tessuto necessaria.

3 **MARCARE LE PIEGHE** Fissate con cucitura piatta o ribattuta la lunghezza necessaria. Sul rovescio segnate le linee di piegatura e appoggio, facendo in modo che le cuciture siano nascoste dal lembo piegato.

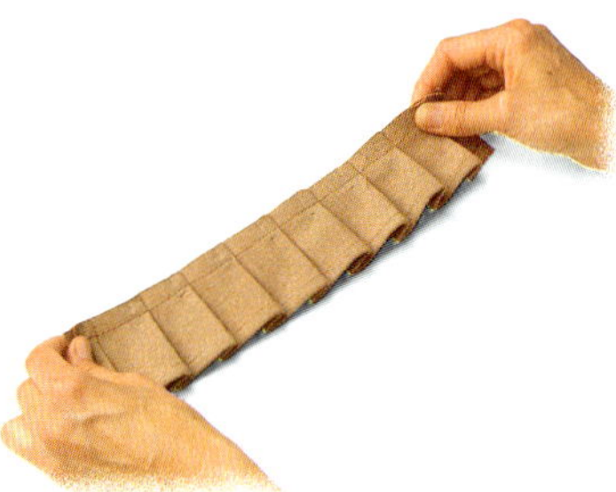

4 **CUCIRE LE PIEGHE** Ripiegate le pieghe e appuntate; imbastite poi a 1,5 cm dal bordo superiore. Stirate. Cucite lungo la linea di cucitura e quindi levate l'imbastitura.

Pieghe a cannone

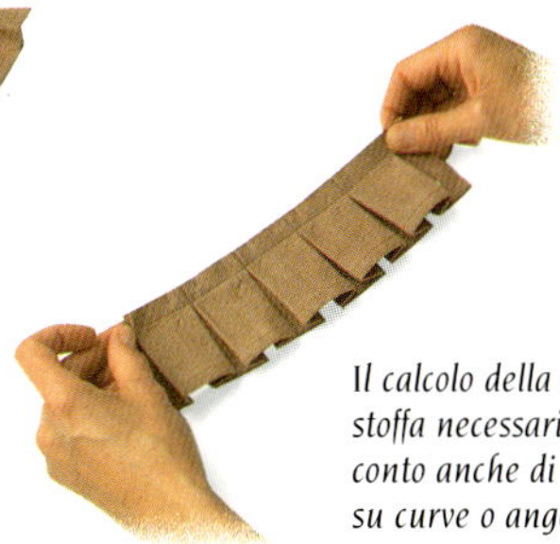

Il calcolo della quantità di stoffa necessaria deve tener conto anche di una piega su curve o angoli

1 **MARCARE** La quantità di stoffa necessaria per le pieghe a cannone è tre volte la lunghezza finale del bordo a pieghe. Marcate linee di appoggio e di piegatura sul rovescio.

2 **CUCIRE** Piegate e appuntate lungo le linee per fermare le pieghe a cannone; fissate le pieghe con imbastitura lungo la cucitura. Stirate e cucite.

3 **PIEGARE GLI ANGOLI** Agli angoli, piegate la striscia e saldate. La piegatura dell'angolo deve tagliare diagonalmente una piega. Questa rifinitura dà un tocco molto signorile.

Fiocchi

Un fiocco può dare sia un tocco decorativo che fungere da rinforzo o da legaccio. Tagliate una striscia della larghezza doppia di quella finale, più 2 cm di tolleranza. Piegate la striscia a metà per il lungo. Appuntate, imbastite e cucite a 1 cm dal margine vivo. Lasciate uno spazio al centro della cucitura nel senso della lunghezza per rivoltarlo e cucite sugli angoli in diagonale. Rifilate il tessuto in eccesso agli angoli, rivoltate al diritto e stirate. Chiudete a sottopunto il segmento aperto e fate un fiocco.

Guarnizioni già pronte

Frange, pizzi, nastri e cordoncino colorati si trovano in ogni grande magazzino o merceria. Tenete conto di cuciture, angoli e rifiniture, controllate che le guarnizioni siano irrestringibili e i colori solidi se vanno applicate a capi da lavare. Se la guarnizione va cucita due volte, per evitare arricciature, cucite nella stessa direzione.

Frange su cuciture

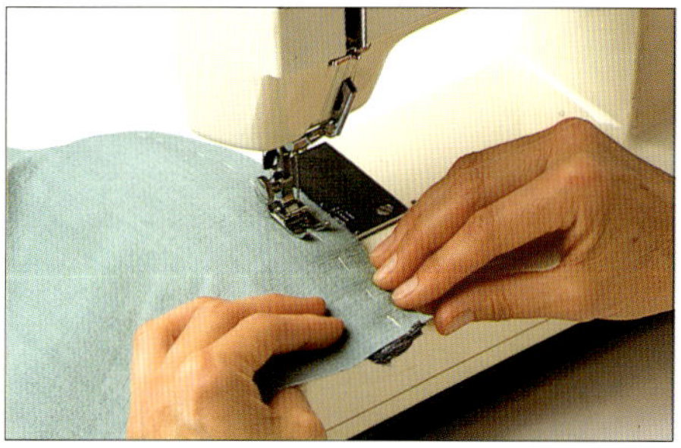

1 **APPLICARE LA FRANGIA** Se sull'orlo della frangia corre una fila di punti "di rinforzo" lasciateli all'interno. Sistemate frangia e tessuto diritto contro diritto, la parte da fissare sulla linea di cucitura. Appuntate e imbastite.

2 **CUCIRE** Sovrapponete il diritto del tessuto sul pezzo a cui avete fissato la frangia, tenendo i bordi allineati. Appuntate e imbastite lungo la cucitura i tre strati di tessuto. Cucite e levate l'imbastitura. Rivoltate per il diritto.

3 **FINIRE LA CUCITURA** Se necessario levate i punti di rinforzo dalla frangia, sfilando un'estremità e tirando con delicatezza. Le frange si possono cucire anche sul margine di un tessuto, oppure sopra un orlo diritto.

Pizzi

1 **PIEGARE GLI ANGOLI** Per cucire un pizzo a un bordo, gli angoli devono essere squadrati. Ripiegatelo su se stesso diritto contro diritto e stirate. Piegate in diagonale un'estremità e stirate.

2 **CUCIRE** Ripiegate un lembo contro l'altro diritto contro diritto. Cucite lungo la piega diagonale. Rifilate il pizzo in eccesso. Stirate e rifinite i margini.

Nastri

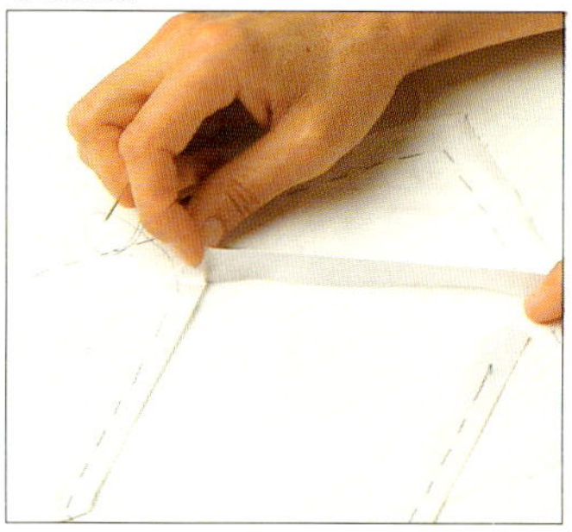

1 **IMBASTIRE** Marcate sempre la posizione e imbastite prima il nastro. Piegate agli angoli il nastro basso, mentre il nastro più pesante va squadrato, come i pizzi.

2 **UNIRE LE ESTREMITÀ** Ripiegate un'estremità in diagonale agli angoli e cucitela sull'altro pezzo. In un orlo continuo ripiegate un'estremità di 1 cm, sovrapponetela e cucite a sottopunto.

CHIUSURE

UNA FODERA CHE DEVE ESSERE PERIODICAMENTE LAVATA deve avere una chiusura adatta. Il tipo di tessuto varia da resistente per divani a delicato e leggero per biancheria da letto e cuscini; le chiusure pertanto devono adattarsi al tipo di capo che confezionate. Per chiusure di uso frequente usate cerniere lampo o robusti ganci e occhielli, mentre i legacci in stoffa e i bottoni sono più leggeri e decorativi. Gli automatici o la fettuccia a strappo vanno nascosti da una cucitura. Se una fodera non ha bisogno di manutenzione frequente, cucite a sottopunto un lato e apritelo quando vi serve.

FETTUCCIA A STRAPPO

La fettuccia a strappo (o velcro) è una chiusura a contatto: una fettuccia con ganci piccolissimi e una con occhielli aderiscono tra loro una volta sovrapposte. Pur essendo di facile applicazione e uso, non sono molto elastiche per tessuti medio-leggeri. Il velcro è disponibile in fettuccia di diversi colori e dimensioni, nonché a bottone.

BOTTONI A STRAPPO

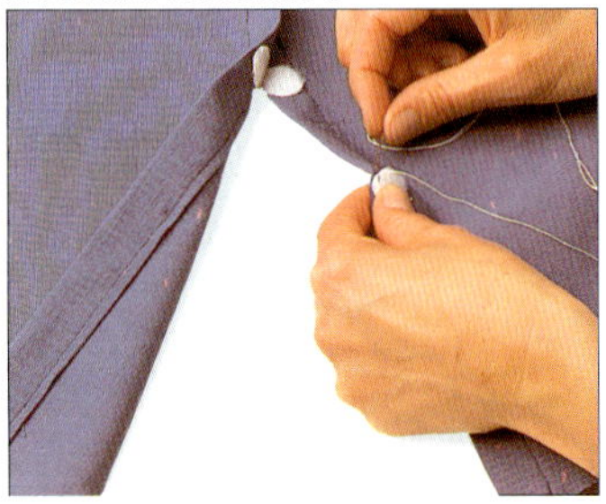

1 **PRIMO LATO** La tolleranza della cucitura deve essere più larga del bottone. Marcate e appuntate la parte del bottone con i ganci. Cucite a mano.

2 **SECONDO LATO** Sulla tolleranza opposta allineate la parte con gli occhielli. Appuntate e cucite. Distanziate i bottoni di 5-10 cm.

FETTUCCIA A STRAPPO

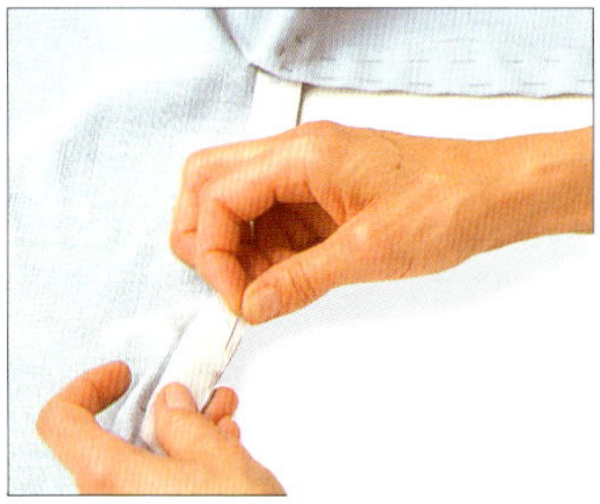

1 **PRIMA FETTUCCIA** Appuntate, imbastite e cucite la fettuccia con i ganci, leggermente più piccola della tolleranza, sul tessuto.

2 **SECONDA FETTUCCIA** Appuntate la fettuccia con gli occhielli sulla tolleranza opposta. Allineatela alla precedente. Imbastite e cucite.

BOTTONI AUTOMATICI

Disponibili sia in metallo che in plastica, ma in una gamma limitata di colori e dimensioni, i bottoni automatici vengono venduti sia singolarmente che montati su fettucce; quest'ultimo formato è più adatto a chiusure lunghe. Pur essendo una chiusura relativamente semplice, se sottoposta a una modesta tensione si apre facilmente; è pertanto adatta alla biancheria da letto e ai cuscini, dove la si può usare senza dare nell'occhio.

BOTTONI AUTOMATICI TRADIZIONALI

1 **METÀ CAVA** Marcate con degli spilli i punti a 6 mm dal bordo, distanziandoli di 5-10 cm. Sistemate la metà cava sulla cucitura che sta al di sotto e fissate con alcuni punti.

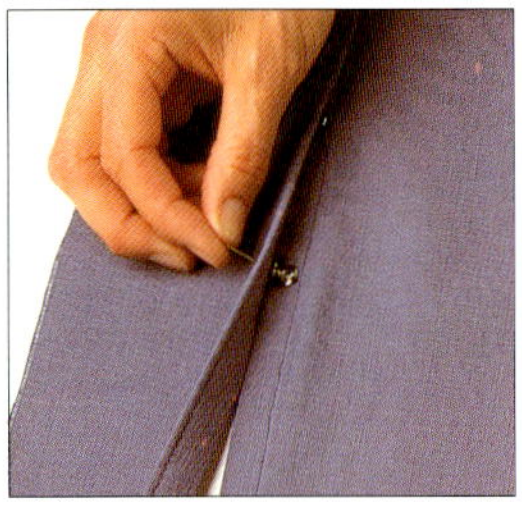

2 **ALLINEARE LE DUE METÀ** Sistemate la metà con la sfera sul tessuto che andrà sovrapposto nel punto marcato dallo spillo. Controllate l'allineamento e cucite.

AUTOMATICI A STRISCIA

1 **PRIMA FETTUCCIA** La fettuccia deve essere leggermente più stretta della tolleranza. Piegate sotto i margini vivi della fettuccia, posizionatela sulla tolleranza e appuntate.

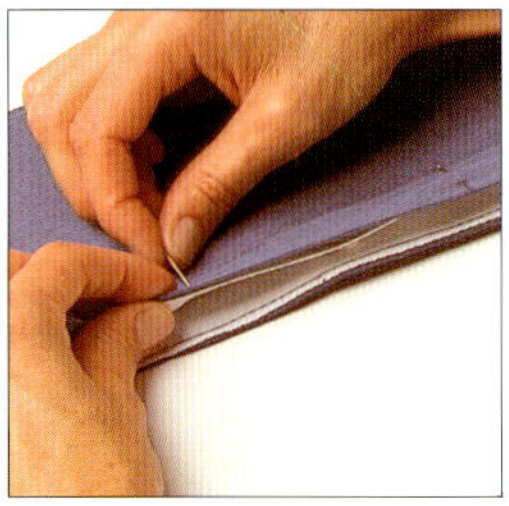

2 **ALLINEARE LE FETTUCCE** Per far combaciare le due fettucce, fate aderire la seconda sulla prima. Appuntate la seconda, lavorando dal rovescio e girate sotto i margini vivi.

3 **CUCIRE LE FETTUCCE** Aprite gli automatici, imbastite e cucite i due bordi delle fettucce. Per evitare arricciature lavorate nella stessa direzione; cucite con piedino per cerniere.

GANCI E OCCHIELLI

Ganci e occhielli metallici fissati a mano rappresentano una chiusura semplice per tessuti accostati o sovrapposti. Ne esistono di diverse dimensioni e sono reperibili singolarmente o montati su fettucce di plastica. Sono molto resistenti alla tensione e pertanto particolarmente adatti a foderature.

GANCI E OCCHIELLI SINGOLI

1 **OCCHIELLI** Marcate la posizione con spilli alla distanza di 5-10 cm. Saldate a mano l'occhiello al tessuto passando 5-6 volte con il filo.

2 **GANCI** Controllare l'allineamento. Saldate il gancio. Se le tolleranze si aprono, cucite a sottopunto i margini.

GANCI E OCCHIELLI A STRISCIA

1 **PRIMA FETTUCCIA** La fettuccia con i margini già rifiniti va sistemata sulla tolleranza che deve essere più larga. Appuntate, imbastite e cucite (se a macchina, usate un piedino per cerniere).

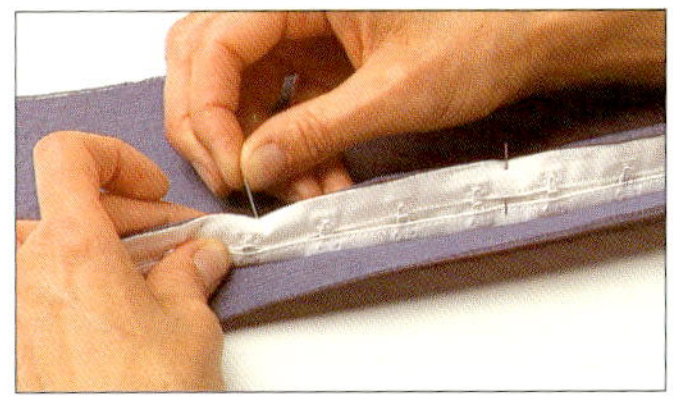

2 **SECONDA FETTUCCIA** Allineate le fettucce. Appuntate da dietro, aprite i ganci e imbastite. Se cucite prendendo ambedue gli strati, i punti si vedranno; se non volete che si vedano o che la tolleranza si apra, cucite a sottopunto prendendo un solo strato.

LEGACCI

I legacci in stoffa sono un'alternativa insolita alle chiusure confezionate. I legacci piatti, sono facili da confezionare e applicare, danno un tocco decorativo alla biancheria da letto e ai cuscini da divano. Le strisce a cordoncino, ricavate da strisce in sbieco possono essere allacciate o montate come asole lungo un'apertura in alternativa alle asole da bottoni.

LEGACCI PIATTI

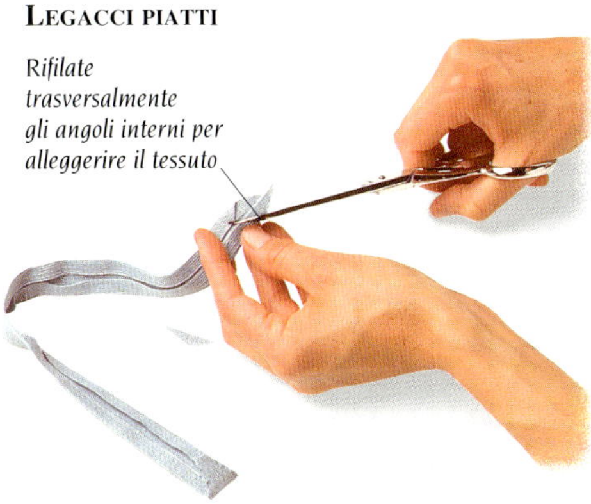

1 **RIFILARE LE ESTREMITÀ** Tagliate il legaccio della lunghezza voluta, largo il doppio più 1 cm. Ripiegate i margini sul rovescio di 1 cm. Stirate. Squadrate le punte e piegate le estremità sul rovescio. Stirate.

2 **CUCIRE** Piegate la stoffa per il lungo, rovescio contro rovescio. Cucite a 2 mm dal bordo. Confezionate l'altro legaccio. Appuntate i legacci per un'estremità ai lembi dell'apertura, cucite e fate un nodo o un fiocco.

STRISCE A CORDONCINO

1 **CUCIRE UN CANNONCINO** Piegate a metà per il lungo la striscia in sbieco (larga 2,3-3 cm), diritto contro diritto, stirate e cucite a 6 mm dal bordo.

2 **FISSARE UN FILO** Con un ago grosso a punta rotonda fissate del filo resistente o ritorto ad un'estremità e fate passare all'interno l'ago.

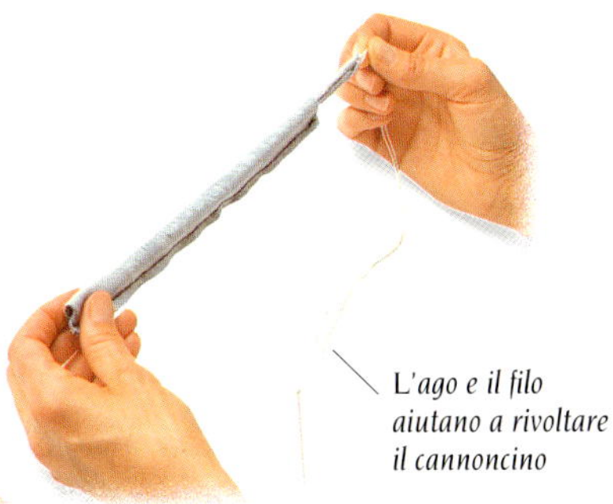

3 **RIVOLTARE IL CANNONCINO** Fate uscire dall'altra parte ago e filo; tenete ben stretto e rivoltate lentamente e completamente la stoffa.

4 **RIFINIRE LA STRISCIA** Tagliate il filo e rincalzate all'interno i margini vivi. Rifinite le estremità a punti piccoli.

Bottoni

Pur essendo associati agli indumenti, molti tipi di bottoni sono perfetti per lavori di arredamento per la casa. Il materiale varia da plastica, legno, pelle e madreperla oppure sono da ricoprire con tessuto. Funzionali e decorativi, non sono tuttavia molto resistenti e quindi usateli con biancheria da letto o cuscini, dove la tensione non è eccessiva.

Bottoni con gambo

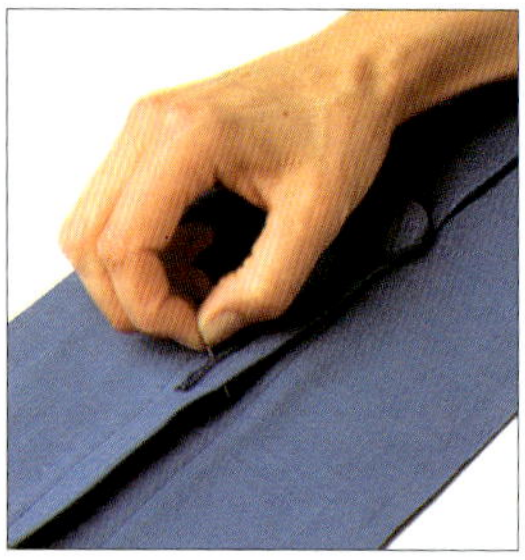

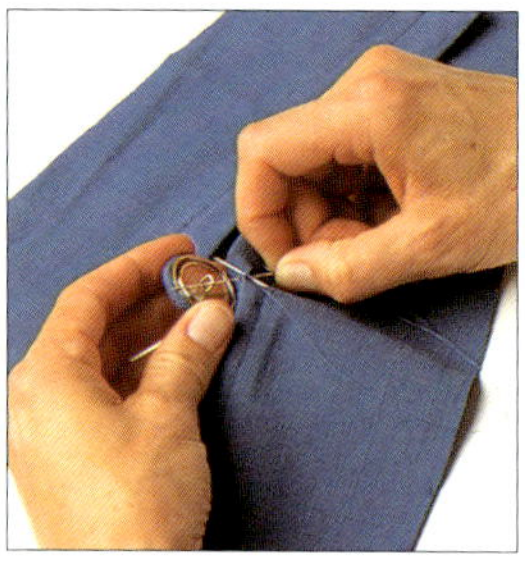

1 **MARCARE** Marcate il punto per bottone e occhiello e praticate un foro. Controllate la posizione del bottone e fissate il filo.

2 **CUCIRE** Fate passare l'ago con il filo attraverso l'asola dello stelo più volte (almeno 10-12) e quindi sul tessuto prima di affrancarlo.

Bottoni forati

Sistemate uno spillo sotto il bottone. Fate dei punti paralleli. Togliete lo spillo. Ricavate un gambo avvolgendo del filo attorno ai punti lenti. Assicurate sul rovescio.

Bottoni da ricoprire

1 **ADATTARE IL TESSUTO** Ricoprite il bottone con la stoffa e sistematelo a faccia in giù sul rovescio della stoffa. Ripiegate sulla dentellatura.

2 **ASSICURARE** Chiudetevi sopra l'altra metà del bottone. Seguite con attenzione le istruzioni allegate, poiché variano da tipo e dimensione.

Occhielli

Dall'accurata sistemazione di bottoni e occhielli dipende la chiusura più o meno ottimale. L'occhiello va praticato su un doppio strato di tessuto perché tenga meglio; usate sempre filo per occhielli. Molte macchine da cucire sono dotate di un piedino per occhielli. In alternativa all'occhiello, potete fare delle asole con una striscia a cordoncino.

Occhielli a macchina

1 **MARCARE** Segnate il centro dell'asola e allineate il bottone. Marcate larghezza e spessore del bottone, aggiungendo un extra per la ribattitura.

Lo scucitore è uno strumento utilissimo per iniziare ad aprire l'occhiello

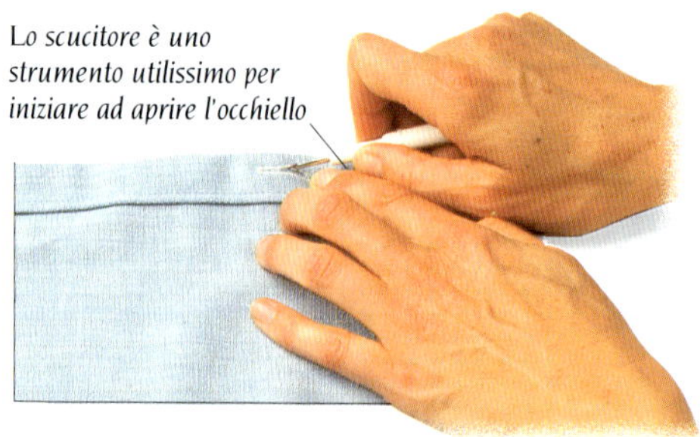

2 **INTAGLIARE** Lavorate a sopraggitto da ambo i lati del segno, unendo le estremità. Intagliate con uno scucitore o delle forbicine affilate il centro dell'occhiello.

Occhielli a mano

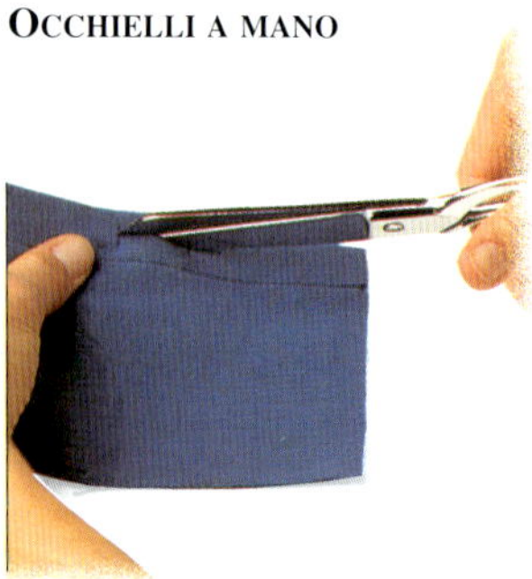

1 **INTAGLIARE L'OCCHIELLO** Marcate con un pennarello o del gesso da sarta posizione e lunghezza dell'occhiello. Usate uno scucitore o delle forbicine affilate per aprire l'occhiello.

2 **INIZIARE** Con del filo da occhielli, fissato ad una estremità della fessura, cucite a sopraggitto fra i due lembi dell'occhiello – se l'asola è perpendicolare al bordo, iniziate dall'estremità più sottoposta a tensione.

3 **CUCIRE** avorate a sopraggitto (*vedi punto smerlo a p. 17*) fitto un bordo dell'occhiello. Arrivati all'altra estremità, ribattete i due bordi insieme. Continuate con l'altro bordo e affrancate il filo.

Asole per bottoni

Assicurate i bottoni da un lato dell'apertura. Appuntate una striscia a cordoncino (*vedi p. 29*) lungo l'altro lato dell'apertura, formando delle asole. Regolatele secondo i bottoni e la distanza che li separa. Imbastite e assicurate il cordoncino.

Cerniere lampo

Ideali per robustezza e invisibilità, adatte a ogni tipo di tessuto, tranne i più leggeri, le cerniere lampo, in metallo o plastica, sono reperibili in una grande varietà di peso, lunghezza e colori. Le cerniere in metallo sono più resistenti, mentre quelle in plastica, e disponibili in una maggiore varietà di colori, possono venire danneggiate se stirate.

Cerniera centrata

1 **POSIZIONARE** Scegliete la cerniera in base all'usura e alla resistenza; assicuratevi che sia della lunghezza sufficiente. Sistematela lungo la cucitura sul rovescio del tessuto e segnate con spilli dove arrivano le estremità.

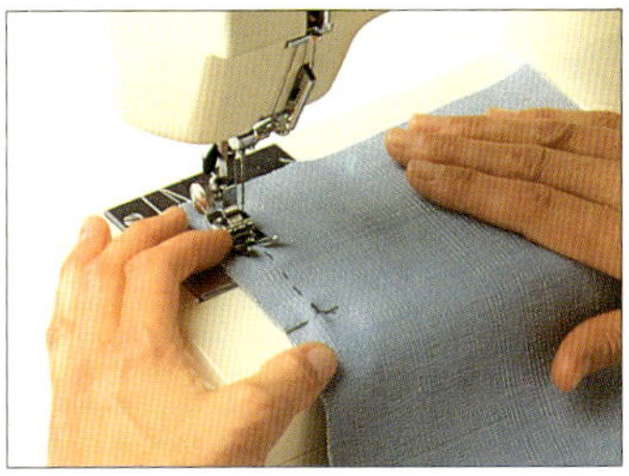

2 **CUCIRE** Appuntate, imbastite e cucite i lembi di tessuto alle estremità della cerniera fino agli spilli. Imbastite l'apertura della cerniera tra gli spilli chiusa lungo la cucitura e stirate la tolleranza aperta.

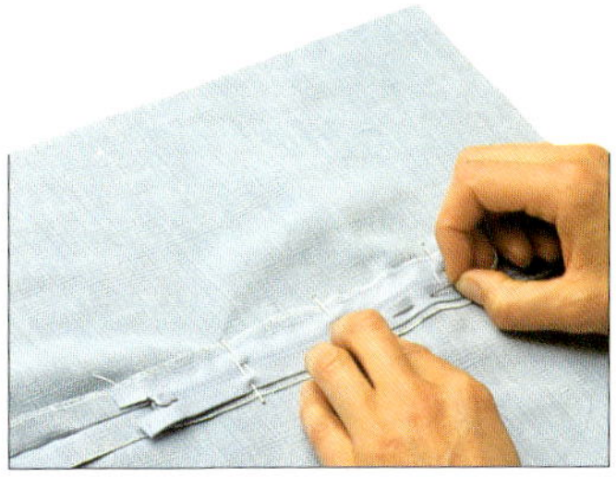

3 **APPUNTARE LA CERNIERA** Sistemate il tessuto a faccia in giù, con la cucitura aperta. Appoggiate la cerniera sempre a faccia in giù sulla parte imbastita della cucitura. Fate in modo di centrarla facendo corrispondere la spirale alla giuntura.

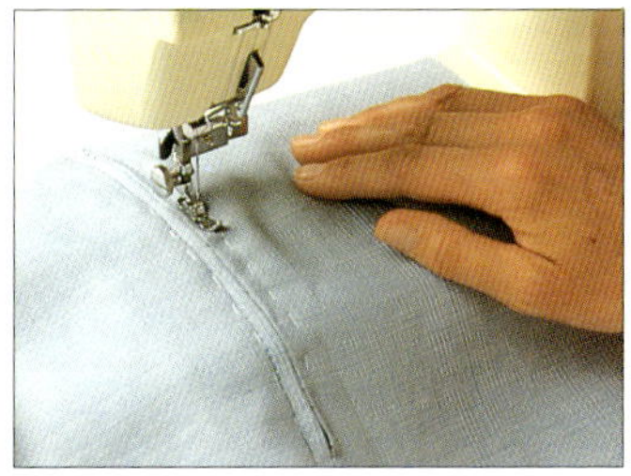

4 **CUCIRE LA CERNIERA** Girate la stoffa per il diritto. Con il piedino per cerniere cucite tutt'attorno alla cerniera, mantenendovi a 8 mm dai denti della cerniera. Levate l'imbastitura.

Cerniera nascosta

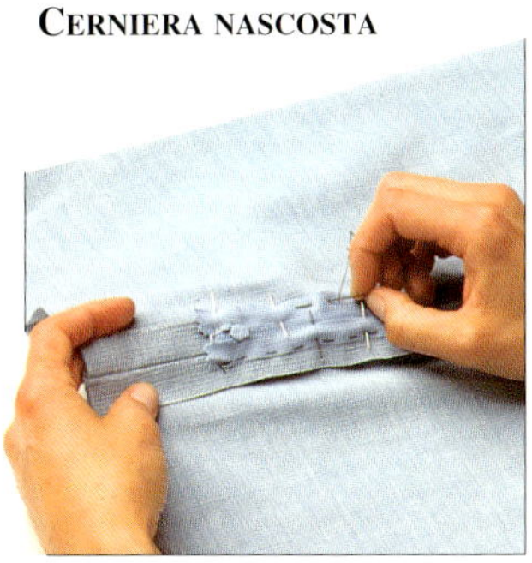

1 **IMBASTIRE** Procedete come al punto 1 e 2 per la cerniera centrata. Sistematela sulla parte imbastita, così che la spirale sia sovrapposta ad una tolleranza. Appuntate e imbastite.

2 **CUCIRE LA CERNIERA** Rivoltate il tessuto per il diritto. Con il piedino per cerniere cucite tutti gli strati di stoffa tutt'attorno la cerniera, rasente l'imbastitura.

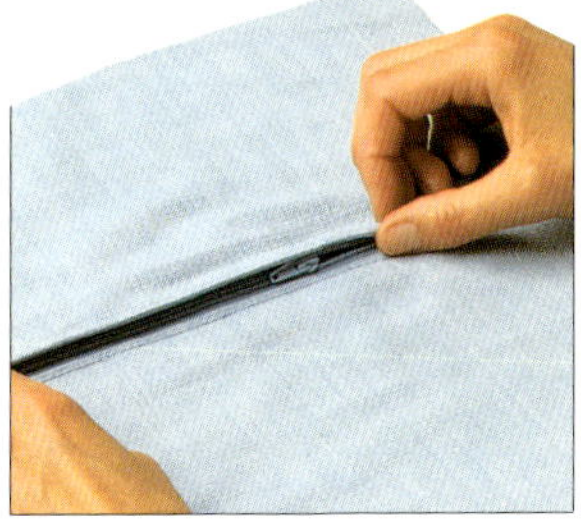

3 **CERNIERA FINITA** Togliete l'imbastitura. L'applicazione nascosta, meno visibile di una centrata, permette di usare una cerniera di colore diverso dal tessuto.

Cerniere su profili a cordoncino

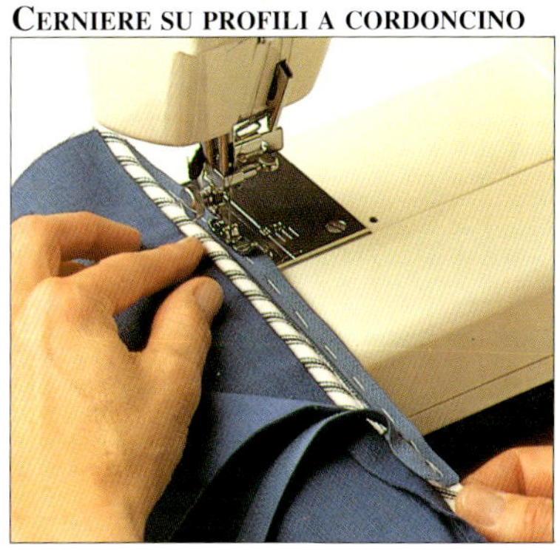

1 **LEMBO PROFILATO** Sistemate un lembo della cerniera aperta a faccia in giù sull'interno della tolleranza del lato profilato. Cucite con un piedino da cerniere a 3 mm dalla spirale.

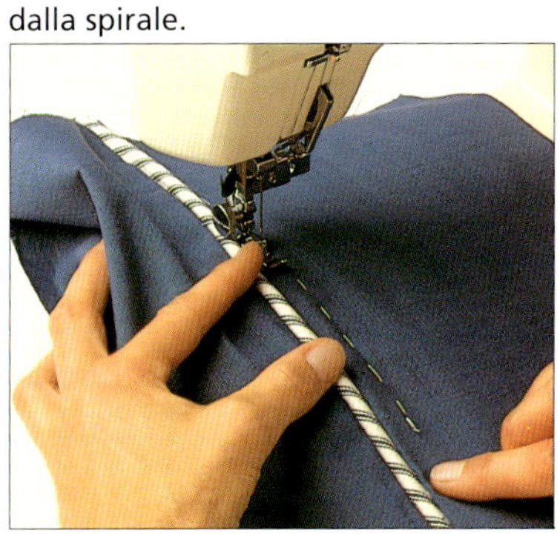

2 **LEMBO LIBERO** Chiudete la cerniera. Piegate le tolleranze dei due lati. Allineate sulla cerniera il lato libero con il lato profilato. Appuntate, imbastite e cucite.

Cerniera sormontata

1 **SISTEMARE** Cucite con una tolleranza più larga della cerniera. Lasciate aperta parte della cucitura per la cerniera. Ripiegate le due tolleranze da un lato. Raddrizzate il tessuto e piegate il pezzo che va sovrapposto.

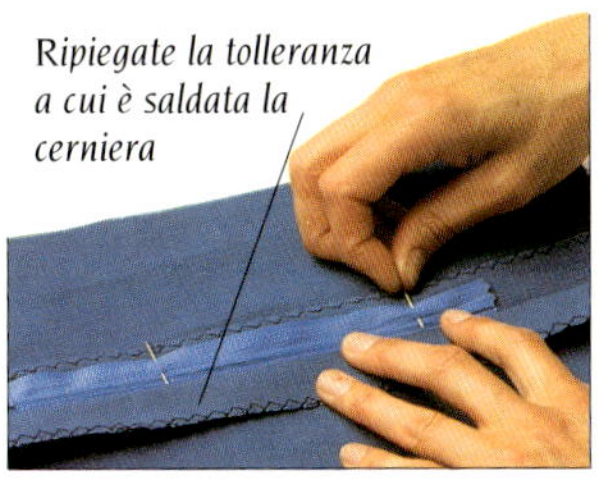

2 **SECONDO LEMBO** Allineate sulla cerniera il tessuto da sovrapporre. Rovesciate i due pezzi. Imbastite il lembo libero della cerniera alla tolleranza. Rimettete i tessuti per il diritto, aprite la cerniera e cucite lungo l'imbastitura.

3 **CERNIERA FINITA** Le due tolleranze sono piegate da un lato e la cerniera è completamente nascosta dalla tolleranza del pezzo sopra. È una tecnica questa impiegata di solito per fodere comode su poltrone e divani.

TENDAGGI

I TENDAGGI PROTEGGONO l'intimità, conservano il calore e attutiscono i rumori esterni. la finestra rappresenta un punto focale in una stanza, quindi lo stile, il colore e il modello delle tende possono aiutare a determinarne lo schema interno complessivo. Vastissima è la scelta di stili e tessuti, mentre la moderna tecnologia ha perfezionato i nastri arricciatori e i sistemi di sostegno – aste, bastoni, rotaie – semplificando la confezione dei vostri tendaggi personali. Sia che desideriate tendaggi drappeggiati o semplici tende diritte, riuscirete facilmente a dare un tocco da professionista ai vostri capi.

ASOLE
Questa stupenda tenda sfoderata è stata ricavata da un tessuto color ciliegia, cucito a macchina con orli in cima e ai lati. Le ampie asole di tessuto sono state cucite dal lato "sbagliato".

La Scelta dello Stile

Diversi sono i fattori da tener presente quando si vogliono confezionare dei tendaggi. La scelta del tipo di tessuto è vasta, come pure sono diversi gli stili dei sistemi di sostegno e il tipo di nastro arricciatore. Fatevi guidare dalla praticità: tipo e dimensioni della finestra, il bisogno di intimità, stile e abbinamento di colori della stanza. Se avete intenzione di cambiare colore alle pareti, potete basarvi sul tipo di tessuto usato per le tende. Ricordatevi che i tendaggi sono decisivi per l'atmosfera e lo stile di una stanza e creano l'illusione di uno spazio più o meno grande.

Bovindo
I bovindo aggiungono profondità e interesse alla stanza anche se le tende a tutta lunghezza richiedono molto tessuto. Per limitare il costo, appendete un pannello di stoffa trasparente sulla finestra centrale per creare un divisorio naturale.

Pannelli opachi
Le tende a righe con asole sottili enfatizzano il soffitto e l'altezza delle finestre, mentre quelle trasparenti a pacchetto aperte sull'ampia finestra conferiscono una certa intimità.

Balza integrale
Per un aspetto più morbido della tenda, in cima a ciascun telo è stata cucita un'ampia striscia di tessuto che crea una balza. Quando le tende sono tirate, le balze seguono le pieghe, con una soluzione che lascia la finestra libera e ordinata.

Balza smerlata
Per la balza è stato usato un vivace tessuto a quadretti. In contrasto, è stata aggiunta a macchina lungo l'orlo esterno una striscia bianca con pompon.

Festone semplice
Attaccato al cassonetto sopra la finestra, questo elegante festone nasconde la sommità e il binario della tenda. Il festone è foderato con un tessuto più chiaro per far risaltare le sue pieghe classiche.

Bande di colore
Due stoffe tinta unita acquistano un aspetto più elaborato senza fronzoli eccessivi. La delicata banda di tessuto color caramello cucita ad altezza di balza, è un'intelligente ed elegante alternativa.
La banda alla base invece equilibria la lunghezza delle finestre.

Dettagli di conchiglie
Per decorare le tende diritte bottoni, perline di vetro o conchiglie possono essere attaccati ai ganci incurvati e appese direttamente al bastone o all'asta della tenda.
Le decorazioni per i ganci sono più belle se usate con voile chiaro o tessuti dalla trama leggera.

SISTEMI DI SOSTEGNO

PRIMA DI METTERE MANO ALLA CONFEZIONE DEI VOSTRI CAPI, ricordatevi di scegliere il tipo di sostegno per le vostre tende, dal momento che, assieme al nastro arricciatore e alle dimensioni del vano da coprire, determina la misura dei tendaggi. Nel caso di un sostegno a vista, orientatevi su un'asta o un bastone di legno o metallo (riloga); i binari invece vanno completamente nascosti dalla guaina o dalla mantovana.

ASTE E BASTONI

Disponibili in diversi tipi di legno – grezzo o verniciato –, in ottone e ferro, e con accessori abbinati (anelli e pannelli), sono sistemi di sostegno esteticamente eleganti, anche se adatti solo a vani diritti. Il sistema di sostegno, sia l'asta o il bastone, deve essere adeguato al peso del tessuto. Vanno solitamente fissati alla parete con due supporti laterali, a cui ne va aggiunto uno centrale se il peso dei tendaggi è ragguardevole.

BASTONE IN LEGNO CON ANELLI E PANNELLO

ATTACCHI IN LEGNO PER PARETI LATERALI

SUPPORTI IN LEGNO

BASTONI IN LEGNO
Accessoriati da diversi tipi di pannelli che fungono da fermi per gli anelli, possono essere fissati al muro sia con un sistema di attacchi a muro su cui viene fissato il supporto, o tramite attacchi a muro messi nelle pareti laterali nei quali vengono fatti scivolare i bastoni. Sotto le asole delle tende possono essere inseriti dei tasselli lisci; in questo modo il tessuto scivola senza problemi lungo l'asta.

TASSELLI CON ASOLE

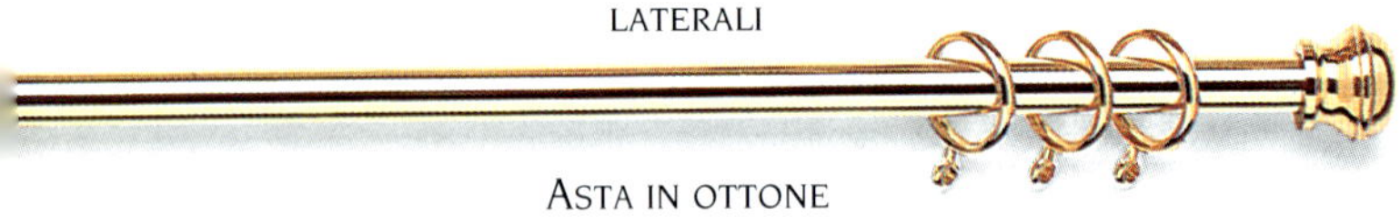

ASTA IN OTTONE DI DIAMETRO RIDOTTO

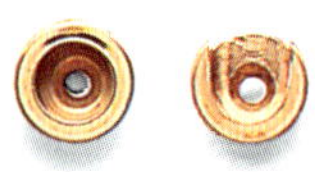

ATTACCHI IN OTTONE PER PARETI LATERALI

SUPPORTI IN OTTONE

ASTA IN OTTONE DI DIAMETRO MAGGIORE

ANELLO DA TENDE IN OTTONE

ASTE E BASTONI IN OTTONE
Questo stile di sostegno è presente sul mercato nella più grande varietà di diametri, il che li rende i più adatti per ogni tipo di tendaggi, da quelli in tessuto leggero a quelli foderati. Come per i bastoni in legno, possono essere montati sia su bracci fissati su attacchi che su attacchi su cui vengono fatti scivolare sistemati sulle pareti laterali.

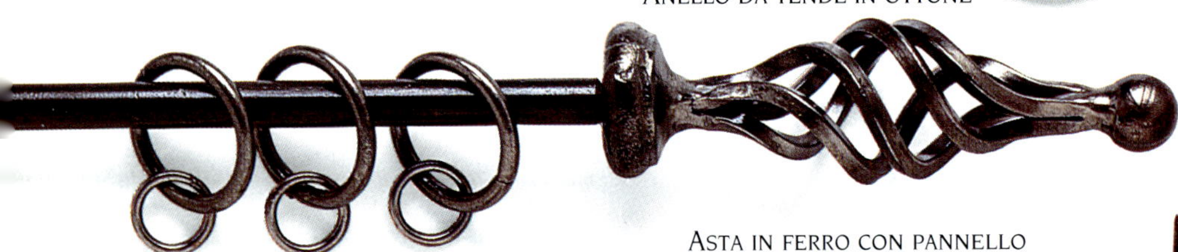

ASTA IN FERRO CON PANNELLO LAVORATO A INTRECCIO

ASTA IN OTTONE CON POMOLO IN VETRO

POMOLI IN VETRO
Sul mercato si possono trovare pomoli colorati sferici, emisferici e spiraliformi. Essendo oggetti di vetro soffiato, presentano tutti dettagli decorativi unici. Questi pomoli sono molto fragili: fate perciò sempre molta attenzione quando li spolverate.

SUPPORTI IN FERRO

ASTE IN FERRO BATTUTO
Popolari come quelle in ottone, ma col pregio di poter essere fatte su ordinazione, si prestano per le loro caratteristiche estetiche ad essere personalizzate con dei pinnacoli elaborati. Sono robuste e di diametro ridotto, il che le rende adatte anche per tende con una semplice guaina, senza anelli.

SEMPLICI SISTEMI DI SOSTEGNO E BINARI

Per dei tendaggi permanenti in tessuto leggero scegliete un sostegno semplice, come un filo a molla o un'asta di diametro ridotto. Negli altri casi, diversi sono i sistemi disponibili.

I binari possono essere montati direttamente sulla parete o sul soffitto a degli attacchi plurifunzionali. Le tende sono appese a ganci a scorrimento oppure a ganci combinati.

SEMPLICI SISTEMI DI SOSTEGNO
Per tende in tessuto trasparente o lavorato usate un filo a molla o un'asta rivestiti in plastica. Ambedue si fissano con viti a gancio e occhiello o attacchi a braccio nella parete sopra la finestra o alle pareti laterali. Le aste a molla allungabili si adattano a diversi vani.

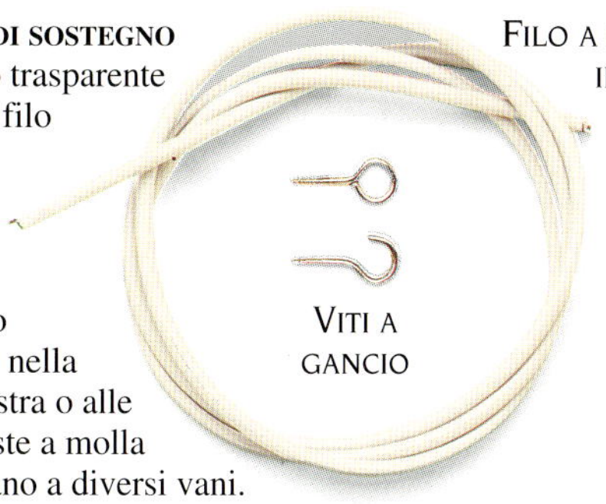

FILO A MOLLA RIVESTITO IN PLASTICA

VITI A GANCIO

BRACCIO DI SOSTEGNO

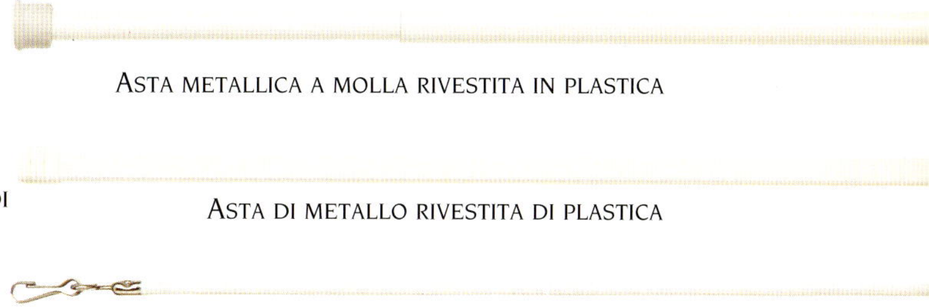

ASTA METALLICA A MOLLA RIVESTITA IN PLASTICA

ASTA DI METALLO RIVESTITA DI PLASTICA

ASTINA APPLICABILE

BINARI CON OCCHIELLI A SCORRIMENTO NASCOSTI
Una fascia nasconde gli occhielli. I ganci della tenda, inseriti nel nastro arricciatore, vengono inseriti negli occhielli. Un fermo alla fine dell'asta impedisce che si sfilino.

BRACCIO DI SOSTEGNO DA PARETE O SOFFITTO

FERMO DA ASTA

BINARIO CON OCCHIELLI A SCORRIMENTO

BINARI AD AGRAFE
In questo caso gli occhielli a vista sono dotati di ganci inseriti direttamente sulla tenda, oppure vi si possono appendere comunque tende con propri ganci.

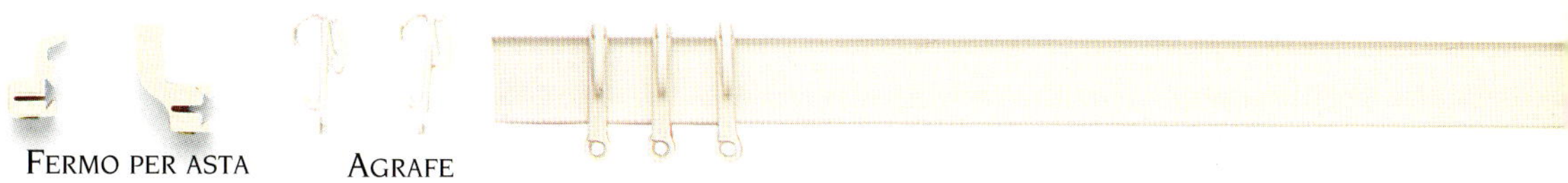

FERMO PER ASTA E SOSTEGNO DA MURO

AGRAFE

BINARIO A OCCHIELLI CON GANCI INCORPORATI

ASTA PER MANTOVANE A BALZE
Regolabile a seconda della lunghezza e del telaio della finestra, viene posta frontalmente alla guaina tramite bracci di sostegno applicati e sbarrette metalliche.

AGRAFE PER MANTOVANE

SBARRETTA DI METALLO

ASTA PER MANTOVANE DOTATA DI OCCHIELLI CON GANCI

ATTACCHI PER BINARI

Permettono di adattare i sistemi di sostegno a qualsiasi vano: questi bracci di proiezione distanziano un binario dal muro oppure sostengono un secondo binario o un'asta per mantovana.

BRACCIO DI PROIEZIONE FISSO

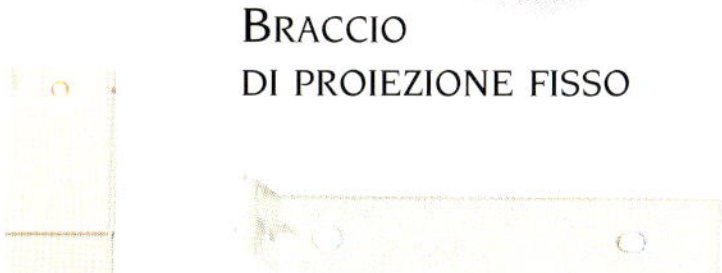

BRACCIO PLURIFUNZIONALE

AGRAFE PER MANTOVANA

BRACCIO DI PROIEZIONE REGOLABILE

ASTA PER MANTOVANA INTEGRALE
Se volete abbinare una mantovana alle vostre tende, è disponibile un sistema combinato di asta per tende e asta per mantovana, da fissare alla parete o al soffitto.

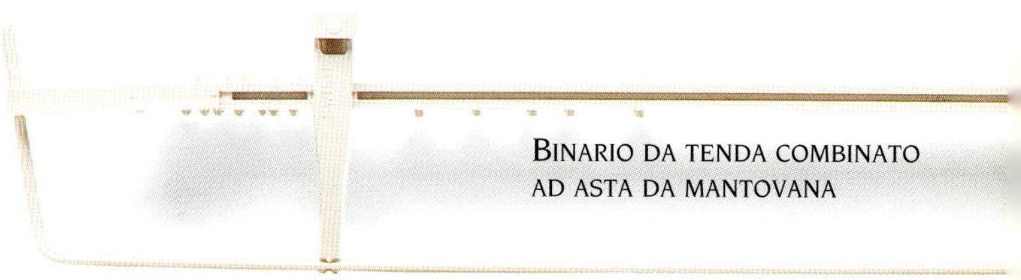

BINARIO DA TENDA COMBINATO AD ASTA DA MANTOVANA

FERMO PER CORDONCINI

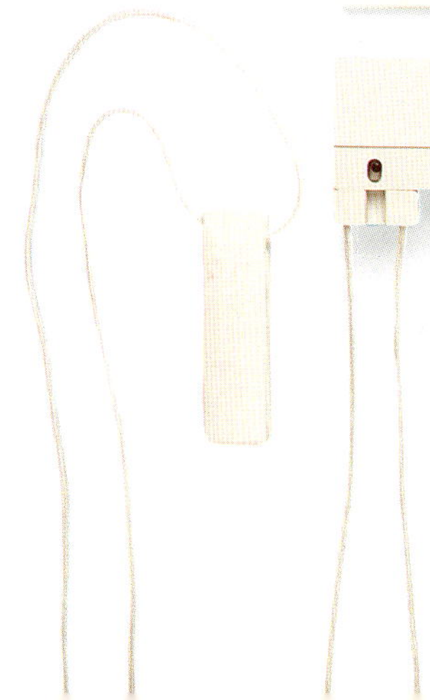

ASTA CON CORDICELLE E PESO

CORDICELLE E ASTINE
I sistemi di sostegno in commercio sono dotati di cordicelle e astine che facilitano l'apertura e la chiusura delle tende; un peso fa sì che le cordicelle restino diritte. Una guida centrale con braccio permette alle due tende di sovrapporsi; in alternativa, alle guide di ciascuna tenda potete fissare delle astine.

Accessori per sistemi di sostegno

Esiste una grande varietà di accessori e guarnizioni che potete aggiungere ai sistemi di sostegno permettendovi di personalizzare i vostri tendaggi, a cominciare dai pomoli e dai bracci di sostegno per aste e bastoni agli accessori che consentono di tenere aperta una tenda assicurandola alla parete.

Accessori per bastoni
Per decorare e rifinire le aste o i bastoni abbinate dei pinnacoli o pomoli e dei bracci di sostegno; in particolare le aste in ottone o simile possono essere acquistate a metro e vi potete sbizzarrire con gli accessori che desiderate.

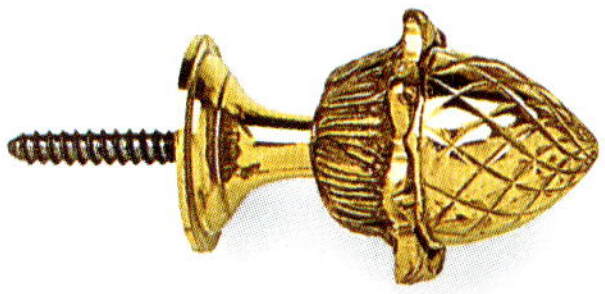

Pomolo a ghianda

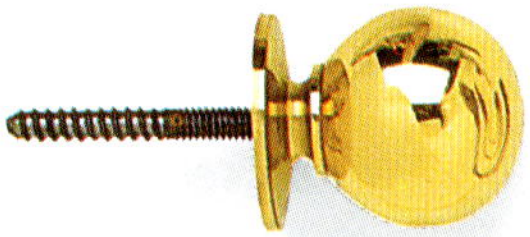

Pomolo a ghianda

Pomolo a disco

Braccio di sostegno in ottone con decorazione

Braccio di sostegno centrale abbinato

Ganci e fermagli per bracciali
Se ai bracciali adatterete degli anelli, questi vanno agganciati a dei ganci a muro, disponibili in stili e decorazioni diverse. In alternativa potete fissare i bracciali a dei fermagli metallici oppure appoggiando il drappeggio ad un braccio di sostegno con borchia.

Gancio semplice per bracciolo

Ganci per bracciolo a giglio

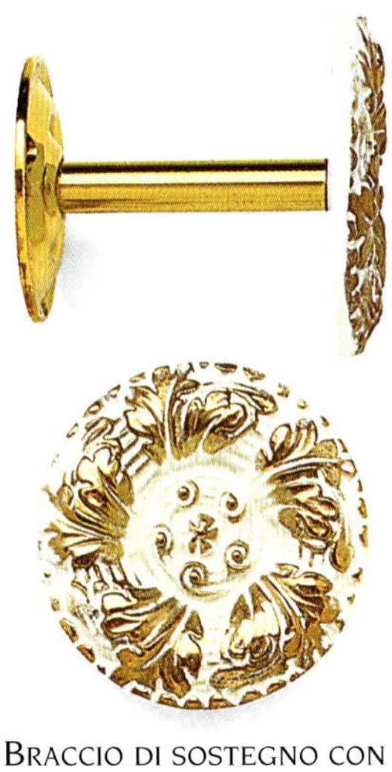

Braccio di sostegno con borchia

Fermagli in ottone con decorazione

Ganci da tenda

Scegliete ganci adatti al nastro arricciatore della tenda. Quelli già pronti spesso si inseriscono in ganci universali di plastica. Tuttavia, le pieghe elaborate richiedono ganci a forcella, mentre le guaine fatte a mano hanno bisogno di ganci da inserire o da cucire oppure di clip, che offrono una soluzione facile e veloce.

Ganci in plastica

Ganci in ottone da cucire

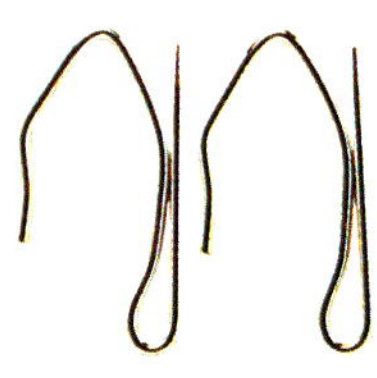

Ganci da inserire

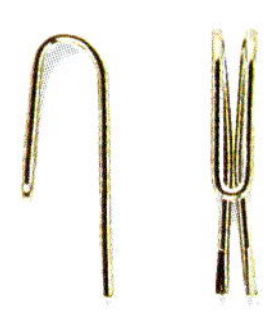

Ganci a forcella

Clip

MONTARE UN SISTEMA DI SOSTEGNO

AL MOMENTO DI FISSARE UN SISTEMA DI SOSTEGNO ALLA PARETE, va lasciata da ambo i lati del vano della finestra una distanza sufficiente perché le tende restino bene aperte. È possibile montare i sostegni sia frontalmente sulla parete che sul telaio della finestra. Aste e bastoni vanno lasciati a vista, mentre i binari vanno coperti dalla tenda. Assicuratevi che il bastone, l'asta o il binario sia parallelo al vano della finestra o al soffitto; se pareti e finestre non sono allineate, usate una livella; altrimenti regolatevi ad occhio.

MONTARE ASTE O BASTONI

Aste e bastoni in metallo o legno sono disponibili in commercio completi di supporti e possono essere ridotti alla lunghezza desiderata. Va misurata innanzitutto l'ampiezza del vano e del telaio della finestra, aggiungendo ad ambo i lati anche lo spazio necessario perché la tenda resti ben aperta. Scegliete un'asta o un bastone di questa larghezza, calcolando anche il numero di anelli di cui avrete bisogno. Tracciate con un pennarello dei punti a 5 cm almeno dal vano, unendoli poi in una linea continua. Fissate i supporti con il trapano e una punta da muro, viti a pressione e cacciavite.

1 **CONTRASSEGNARE LA POSIZIONE** Segnate la posizione per il braccio di sostegno, aggiungendo la distanza di proiezione e un extra di 5-10 cm per parte per il pomolo. Praticate un foro con il trapano e inserite il tassello.

2 **POSIZIONARE I BRACCI** Centrate il braccio sul foro e fissatelo con una vite. Fate allo stesso modo per l'altro supporto; per evitare che un'asta particolarmente lunga si incurvi sotto il peso di tende pesanti, applicate un supporto centrale.

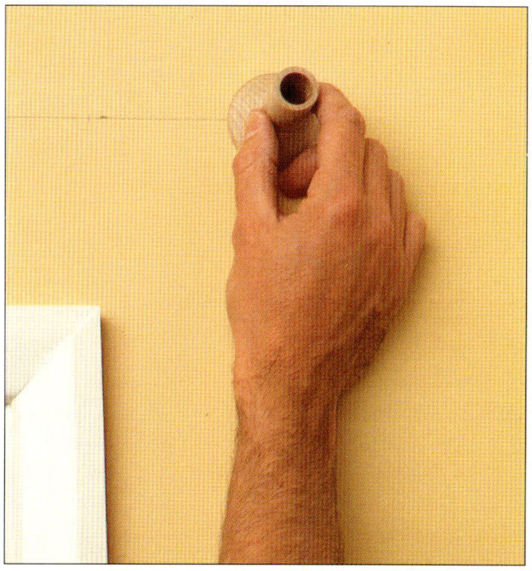

3 **FISSARE I BRACCI** Inserite il braccio sul supporto a muro e assicuratelo con la vite in dotazione; fatevi scivolare il bastone. Sistemate gli anelli eccetto due. Inserite l'altra estremità nell'altro sostegno.

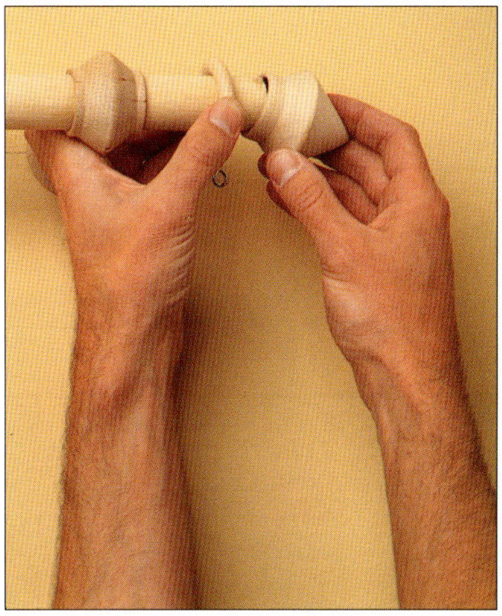

4 **COLLOCARE I POMOLI** Inserite uno degli anelli restanti ad una delle estremità del bastone e sistematevi il pomolo. Fate così anche per l'altra estremità del bastone. Centrate il bastone.

5 **FISSARE IL BASTONE** Fissate infine con la vite in dotazione il bastone all'anello del braccio di sostegno. Basterà che la vite entri nel bastone per assicurarne la tenuta.

MONTARE BINARI ALLA PARETE

Scegliete il binario in base al nastro arricciatore o alla guaina della tenda (*vedi p. 39*). Misurate la larghezza della finestra calcolando anche la proiezione da ambo i lati. Riducete, se necessario, il binario alla misura. I binari sono in genere appoggiati a piccoli supporti. Vi serviranno metro a nastro, matita e righello per segnare sul muro la posizione dei supporti, che fisserete servendovi di trapano e punta adatta, tassello, viti e cacciavite.

1 **SEGNARE LA POSIZIONE DEL BINARIO** Tracciate con la matita dei punti lungo il bordo superiore della finestra equidistanti dal soffitto. Ricordatevi che se fissate il binario rasente al soffitto deve esservi spazio a sufficienza per montarlo e assicurarlo.

2 **TRACCIARE LA GUIDA** Servendovi di una riga unite i punti in una linea; su questa segnate i punti per i supporti del binario in base alle istruzioni della casa produttrice sulla distanza minima raccomandata.

3 **SISTEMARE I TASSELLI** Iniziando dai lati della finestra e lasciando la distanza per la proiezione (solitamente 10 cm), segnate i punti per i fori dei tasselli. Il primo supporto va fissato a 5 cm dal capo del binario. Forate e inserite il tassello.

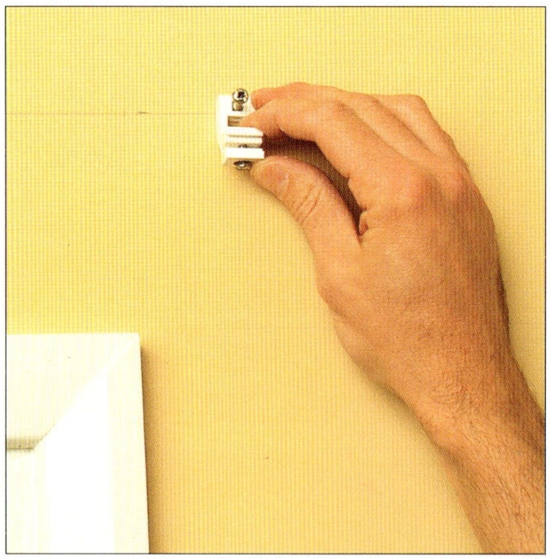

4 **FISSARE I SUPPORTI** Sistemate il supporto sul primo punto segnato. Inserite lentamente la vite nel tassello e fissatela con il cacciavite. Seguite lo stesso procedimento per gli altri supporti.

5 **MONTARE IL BINARIO** Controllate l'allineamento dei supporti e agganciate o fate scivolare il binario al suo posto. Se il binario non è perfettamente centrato, toglietelo e riposizionatelo.

6 **FISSARE IL BINARIO** Dopo aver sistemato correttamente il binario, fissatelo ai supporti servendovi delle viti in dotazione.

BINARIO MONTATO SU TELAIO

I binari possono anche essere montati su supporti sul telaio della finestra, anche se la sua larghezza può rendere difficoltoso tenere bene aperte le tende. Segnate la posizione dei supporti, fate dei fori guida e fissateveli con viti.

MONTARE I SUPPORTI SUL TELAIO

Seguite le istruzioni della ditta produttrice riguardo la distanza fra i supporti. Segnate la posizione di ogni supporto. Fate un foro guida con un punteruolo o con un trapano e una punta da legno se si tratta di viti più lunghe. Fissate le viti con un cacciavite.

ESTENDERE IL TELAIO

Se desiderate tenere bene aperte le tende per avere il massimo di luce nella stanza, potete allungare il telaio aggiungendo un'assicella di legno da entrambi i lati, su cui fisserete poi i supporti come indicato in precedenza.

GANCI DI SCORRIMENTO E FERMI

Una volta correttamente montato e fissato il binario ai supporti, calcolate quanti ganci vi servono. Inseriteli nel binario e quindi sistemate i fermi. Al momento di montare le tende, risulta abbastanza facile togliere i fermi e aggiungere o togliere i ganci in più.

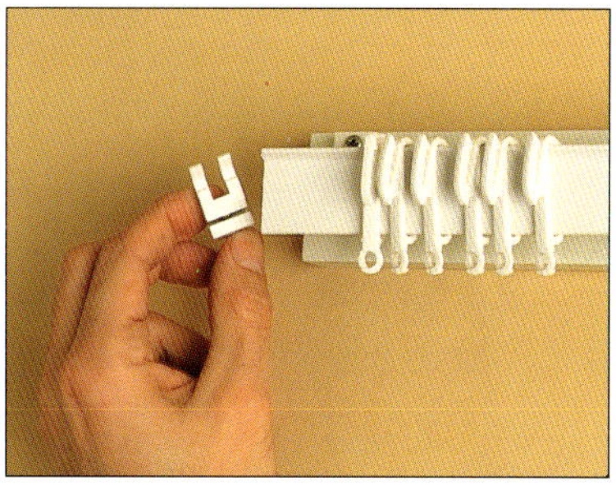

FISSARE UN FILO METALLICO AL TELAIO

Per i vostri tendaggi leggeri e lavorati potete ricorrere ad un sistema di sostegno leggero, come un filo a molla rivestito in plastica, che potete tendere con viti a gancio e occhiello da uno stipite all'altro oppure sullo stipite stesso.
Se sceglieste questo sistema, segnate innanzitutto la posizione delle viti e fate quindi un foro guida con un punteruolo. Riducete il filo alla lunghezza desiderata con delle pinze.

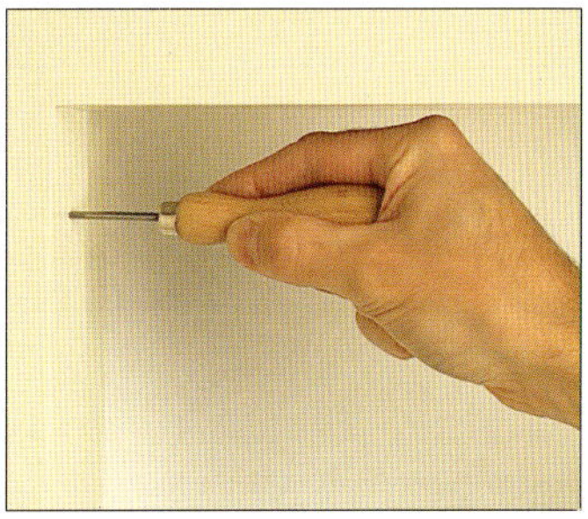

1 **FORI GUIDA** Premendo e girando il punteruolo sui punti contrassegnati con la matita, praticate un piccolo foro guida per le viti su ambedue gli stipiti.

2 **INSERIRE LE VITI AD OCCHIELLO** Avvitate la vite rasente allo stipite. Misurate la distanza tra gli occhielli e riducete a tale lunghezza il filo, meno il gancio.

3 **AGGANCIARE IL FILO** Attaccate le viti a gancio all'estremità del filo. Fissate un'estremità ad un occhiello. Tendete il filo e attaccate l'altro estremo all'altro occhiello.

POSIZIONARE LA STRUTTURA DI UNA MANTOVANA

Decidete innanzitutto dove sistemare la mantovana e allineatela con la finestra o il soffitto; se soffitto e finestra non sono paralleli servitevi di una livella. Forate con un trapano e una punta da muro. Montate la struttura al di sopra della finestra su bracci a "L" fissati con viti e tasselli.

1 **PRATICARE I FORI** Centrate la struttura rispetto alla finestra e controllando con una livella l'allineamento, segnate attraverso i buchi dei sostegni il punto dove operare con il trapano. Togliete la struttura, praticate i fori e inseritevi i tasselli.

2 **FISSARE I SUPPORTI A "L"** Sistemate alla parete la struttura della mantovana, allineate i sostegni con i tasselli e fissateli con viti. Se necessario fatevi aiutare.

Progettazione e Preparativi

Una tenda che copre una porta o una finestra crea in ogni stanza un punto focale importante e l'effetto determina generalmente il carattere della stanza stessa. Vale dunque la pena dedicare del tempo all'inizio per progettare e prevedere l'effetto estetico dei tendaggi rispetto al vano da coprire e all'intera stanza. Il carattere decorativo del tendaggio dipende da fattori che non sono solo il tipo di tessuto scelto, ma anche lo stile dell'arricciatura della guaina, le dimensioni del vano, la lunghezza e la larghezza del tendaggio.

Il nastro arricciatore

Il nastro arricciatore, determinando il modo in cui il tendaggio casca, ne determina anche il carattere. Esistono in commercio nastri già pronti sia per arricciature che per pieghe; sono di facile applicazione e l'arricciatura o le pieghe si ottengono tirando le corde del nastro stesso. In tal modo se la tenda deve essere lavata a secco o in lavatrice, basta allentare le corde per distendere la tenda. Alcuni tipi di nastro sono dotati di tasche in cui vanno inseriti i ganci.

Nastro trasparente

Forma su tessuti leggeri fitte pieghe a raggiera; è largo 6 cm circa. Usate normali ganci oppure del filo a molla o un'asta infilata tra le cordicelle. La lunghezza necessaria è doppia del binario.

Guaina arricciata semplice

Usato spesso per tendaggi corti, questo tipo di nastro, largo 2,5 cm circa, forma un'arricciatura semplice. Se usate un binario, questo va nascosto dal nastro. Il nastro necessario è 1,5-2 volte la lunghezza del binario.

Pieghe a raggiera

È il tipo più diffuso; largo 7,5 cm, produce fitte pieghe minute. Si possono usare dei ganci normali da inserire in una delle tre file di tasche. Il nastro occorrente è 2 volte e mezzo la lunghezza del binario

Pieghe "a cartuccia"

Il nastro "a cartuccia", largo 9 cm, produce una fila di pieghe cilindriche ideale per tende a pavimento. Usate ganci a forcella. La quantità di nastro necessaria è il doppio della lunghezza finale

Pieghe pizzicate triple

Questo nastro di 8,5 cm serve per gruppi di pieghe triple. Ideale per tendaggi con volume, è adatto per qualsiasi tessuto. Usate ganci a forcella per entrambe le file di tasche. La lunghezza necessaria è doppio del binario.

Pieghe a cannone

Queste pieghe possono essere tenute insieme da nastri. La larghezza di 7,5 cm permette di coprire con facilità il binario. Alcuni nastri hanno due file di ganci a forcella. Il nastro necessario è 3 volte la lunghezza del binario.

Pieghe "a smock"

Adatto per mantovane e tendaggi, largo 7,5 cm, crea un effetto "a punto smock". I ganci possono essere sistemati in una delle due file di tasche. Il nastro occorrente è 2 volte e mezzo la lunghezza del binario.

Pieghe "a calice"

Ideale per tendaggi con volume, al pavimento, questo nastro, molto largo, forma delle pieghe profonde a calice. Vanno usati ganci metallici a forcella. Il nastro necessario è il doppio della lunghezza del binario.

MISURARE

Per il metraggio tenete conto della larghezza del vano da coprire, del sistema di sostegno (*vedi pp. 38-40*), dello stile dell'arricciatura, della lunghezza della tenda finita e delle dimensioni della ripetizione del disegno. Perché le tende al pavimento non tocchino a terra, togliete 12 mm dalla misura binario-pavimento (B). Per dare ai vostri tendaggi più volume sul pavimento, aggiungete alla misura B 5-20 cm. Per una tenda al davanzale, sospendetela a 12 mm sopra il davanzale (C), mentre per una a mezza parete aggiungete 5-10 cm. La parte superiore copre, o sopravanza leggermente, il binario; la distanza tra bastone e tenda deve essere minima. Calcolate la lunghezza dal bordo superiore o dal sistema di sostegno fino all'orlo inferiore aggiungendo 7,5 cm per i risvolti al bordo superiore e 15 cm per l'orlo inferiore. La larghezza del taglio dipende dalla lunghezza del sistema di sostegno (A), più un extra se le tende si sovrappongono. Moltiplicate il risultato a seconda del nastro arricciatore che sceglierete, più 30 cm per gli orli laterali. Dividete il numero per la larghezza della stoffa per trovare il numero di pannelli necessari per la larghezza finita, correggendo per eccesso. Per il metraggio finale di taglio, moltiplicate il numero di pannelli necessari per la lunghezza calcolata come sopra.

TENDE AL DAVANZALE

TENDE A MEZZA PARETE

TENDE AL PAVIMENTO

CONSIGLI PER LA MISURAZIONE
Il calcolo del metraggio di stoffa necessaria dipende dalla lunghezza del sistema di sostegno e delle tende. Per effettuare misurazioni precise usate una riga o un metro a molla. La larghezza si calcola misurando la lunghezza del sistema di sostegno tra i due fermi (A). Per non sbagliare la misura binario-pavimento (B) o binario-davanzale (C) partite dal bastone o dal binario. A seconda della lunghezza desiderata, aggiungete o togliete rispettivamente da C o B.

A LUNGHEZZA DEL SISTEMA DI SOSTEGNO

B ALTEZZA BINARIO-PAVIMENTO

C ALTEZZA BINARIO-DAVANZALE

COMBINARE I DISEGNI

Tenete conto nel calcolo della larghezza delle dimensioni della ripetizione del disegno (o riporto) così da far combaciare il disegno tra i pannelli. In ogni pannello il disegno si deve trovare al centro.

MISURARE IL RIPORTO

Distendete la stoffa su una superficie di lavoro perfettamente piatta e calcolate esattamente le dimensioni del riporto. È possibile fare in modo che il disegno combaci tra le cuciture o tra una tenda e l'altra semplicemente aggiungendo un unico riporto per ogni pannello.

TAGLIO

Distendete la stoffa su una superficie piana. Tagliate diritto, perpendicolarmente al filo, o al disegno, se necessario. Vi servirà l'occorrente per il cucito. In caso di stoffa a trama larga, tagliate lungo lo spazio di un filo che avrete tirato.

1 **TIRARE IL FILO** Intagliate di poco la cimosa. Tirate un solo filo e ripianate la stoffa.

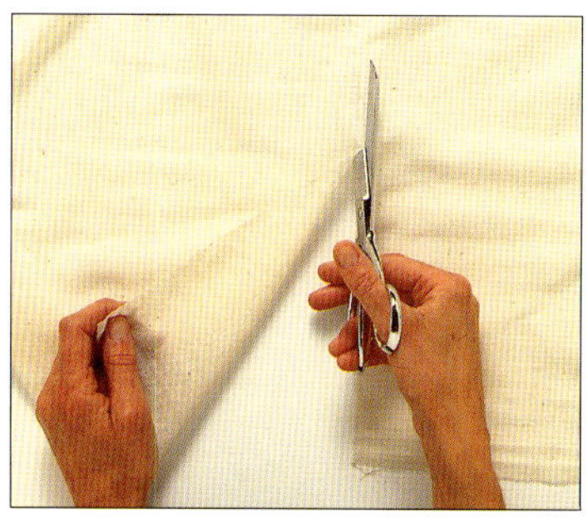

2 **TAGLIARE LA STOFFA** Tenendo da guida lo spazio lasciato dal filo, tagliate la stoffa.

TENDE TRASPARENTI E LAVORATE

LE STOFFE TRASLUCIDE sono la soluzione ideale per la vostra intimità durante il giorno. Una volta chiuse, le tende trasparenti impediscono che da fuori si veda all'interno e allo stesso tempo fanno filtrare luce nella stanza. Disponibili in colori e peso diversi, le stoffe trasparenti possono costituire da sole l'unico arredo per la finestra o integrare un tendaggio di tessuto più pesante. Usate un nastro arricciatore (*vedi p. 55*), mentre per il sistema di sostegno ricorrete a un'asta leggera o al filo a molla assicurato con viti a gancio e occhiello fissate sul telaio della finestra (*vedi p. 43*).

CONFEZIONARE LA TENDA

Scegliete un nastro arricciatore trasparente e calcolate il metraggio della stoffa (*vedi p. 45*); per tende trasparenti fate in modo di fare meno giunture possibile. Tagliate la stoffa dritto filo. Fate delle cuciture inglesi servendovi di un ago nuovo e sottile. Vi serviranno anche ganci e tutto l'occorrente per il cucito.

1 **ORLARE I MARGINI** Distendete il tessuto su una superficie liscia e piatta. Appuntate un orlo doppio di 1 cm da ambo i margini laterali. Imbastite, cucite e stirate.

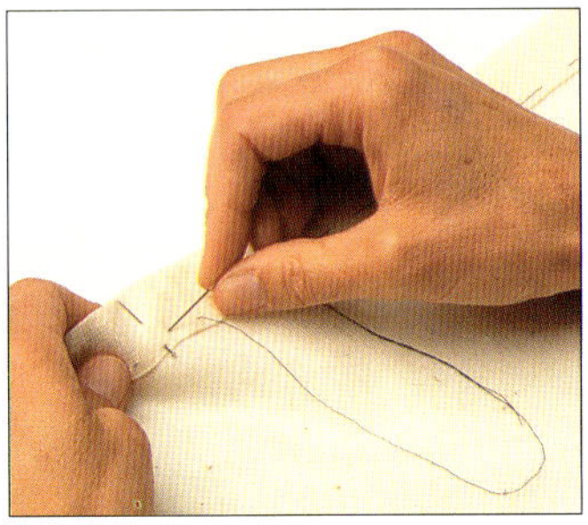

2 **ORLARE IL BORDO INFERIORE** Ripiegate e appuntate un orlo doppio di 2 cm. Imbastite, cucite e stirate. Ripiegate il bordo superiore della tenda della stessa altezza del nastro arricciatore e appuntate il nastro.

3 **FISSARE IL NASTRO** Piegate di sotto i margini vivi del nastro di 2 cm e cuciteli al rovescio della tenda. Saldate a macchina ad una estremità i cordoncini del nastro. Tirate all'altra estremità per ottenere l'arricciatura che distribuirete uniformemente (*vedi p. 54*). Fermate i cordoncini.

LA TENDA FINITA

ALTRE POSSIBILITÀ

La maneggevolezza e la leggerezza dei tessuti traslucidi consentono di confezionare e montare rapidamente una grande varietà di tende. Basta un nastro arricciatore basso o una guaina per ottenere effetti gradevoli. Tra le soluzioni più elaborate: drappeggiare il bastone oppure lasciare più lunghi i pannelli perché siano più voluminosi sul fondo.

TENDE INCROCIATE

Cucite le tende a un unico nastro arricciatore. Il bordo interno dei pannelli deve corrispondere alla diagonale della finestra, i lati alla lunghezza del davanzale.

ARRICCIATURA ALTA

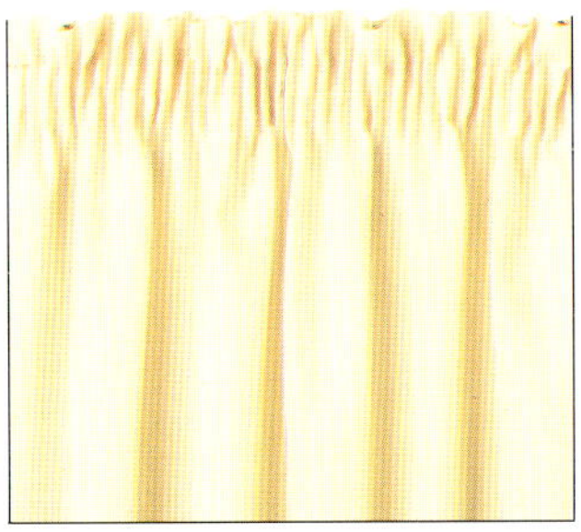

È uno stile elegante ottenuto con un nastro alto su tessuto trasparente. L'effetto è particolarmente efficace sulle tende a pavimento.

DRAPPEGGIO

Drappeggiate della stoffa sopra un bastone o un'asta al di sopra di un vano. Ideale per tendaggi non intesi a difendere l'intimità.

A CRESTA RICADUTA

Usando un'asta o un bastone in metallo, fissate il nastro arricciatore al di sotto del margine superiore della tenda: la cresta ricade in avanti e rivela il sostegno.

Finestre grandi

Per soggiorni con finestre grandi, al primo piano o immediatamente sopra, spesso non occorrono tende pesanti. Inoltre, per le finestre alte, la quantità di tessuto richiesta potrebbe rendere laborioso il loro fissaggio. In alternativa, cercate stoffe leggere dai colori pastello che ammorbidiscano il contorno delle finestre senza oscurare la vista.

Tenda decorativa
Le tende decorative vengono progettate per il loro effetto estetico. Qui, una tenda scarlatta in taffettà è ornata con un elaborato fiocco che incornicia la finestra. Lo stile opulento è sottolineato anche dai ricchi cuscini impilati dietro la finestra.

Tendaggi Sfoderati

I tendaggi sfoderati realizzati in tessuto opaco costituiscono il modo più semplice ed economico per proteggere finestre e porte dalla luce solare. Possono essere sottoposti a lavaggi frequenti, il che li rende preferibili per le zone più frequentate della casa, vale a dire la cucina e il bagno. Inoltre la realizzazione richiede poco tempo e fatica e rappresenta un banco di prova utile prima di cimentarsi con tipi più elaborati di tendaggi foderati. Perché la tenda cada bene, aggiungete dei pesi agli orli o agli angoli.

Confezionare la tenda

Scegliete il sistema di sostegno, il tipo di nastro arricciatore (*vedi p. 44*) e il volume della stoffa. Misurate la finestra e calcolate il metraggio necessario (*vedi p. 45*). Lavorate su una superficie piatta e tenete a portata di mano nastro arricciatore, ganci e l'occorrente per cucire. Tagliate la stoffa su misura tenendo conto delle cuciture per unire i pannelli. Togliete la cimosa.

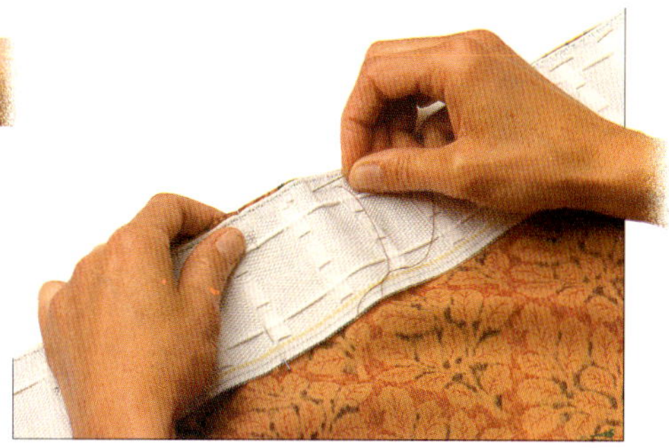

1 **UNIRE I PANNELLI** Cucite assieme i pannelli facendo combaciare i disegni (*vedi p. 45*). Piegate sul rovescio l'orlo sul fondo e sui lati di 1,5 cm e stirate. Piegate ulteriormente l'orlo ai lati di 2,5 cm e stirate. Piegate l'orlo sul fondo di 7,5 cm e squadrate gli angoli (*vedi p. 23*). Cucite a sottopunto l'orlo ripiegato.

2 **PIEGARE IL BORDO SUPERIORE** Ripiegate, appuntate e stirate sul rovescio 4 cm circa del bordo superiore. Tagliate il nastro arricciatore della stessa altezza, aggiungendo 2 cm per ripiegare i margini vivi.

3 **SALDARE IL NASTRO** Imbastitelo rasente il bordo superiore. Cucitene i margini nella stessa direzione e lungo il bordo da aprire, saldando i cordoncini di un'estremità del nastro arricciatore. Annodateli perché non si sfilino quando li tirerete per l'arricciatura (*vedi p. 54*). Tagliate una lunghezza di pesi medi a catena corrispondente alla larghezza della tenda.

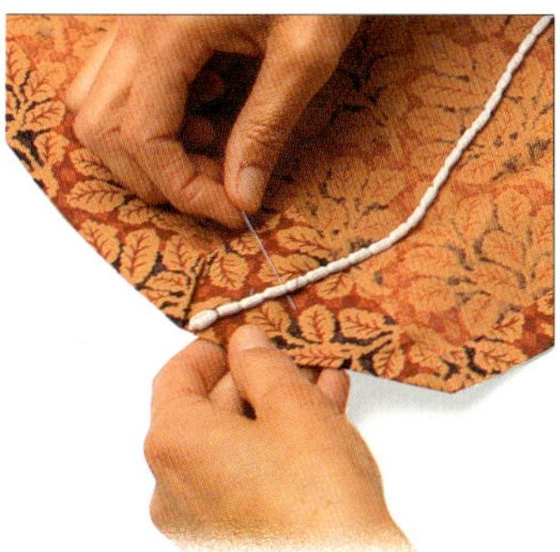

4 **ASSICURARE I PESI** Aprite l'orlo in fondo, ma solo la piegatura superiore. Sistematevi la fila di pesi. Fissateli a intervalli regolari.

5 **RIFINIRE** Alla fine, ripiegate l'orlo e appuntatelo; fissatelo a sottopunto. Inserite i ganci nel nastro e appendete le tende al binario, all'asta o al bastone. Date alla tenda il tocco finale.

La tenda finita

Pesi

Il drappeggio di tendaggi leggeri o opachi migliorerà sistemando dei pesi nell'orlo di fondo. Esistono pesi a catena, da allineare all'interno dell'orlo sul fondo, oppure a disco da sistemare agli angoli.

Pesi a catena

Pesi a disco

TENDAGGI FODERATI

UNA TENDA FODERATA offre molti vantaggi. Primo fra tutti, il maggiore volume dato dalla fodera alla tenda migliora il modo in cui quest'ultima casca, per non dire poi che una tenda foderata protegge più efficacemente dalla luce diretta di una sfoderata; oltre a ciò, se si aggiunge alla fodera del materiale isolante, la tenda diminuirà la dispersione di calore. Due sono i metodi che potete usare per foderare le tende: a tubo o libera (*vedi p. 49*), ideale per tendine, oppure fissando a mano la fodera, con una tecnica detta a impuntura nascosta, più adatta a tendaggi importanti.

FODERARE A IMPUNTURA NASCOSTA

È questa una tecnica che permette di dare un tocco da professionista a tendaggi importanti ricavati da diverse lunghezze di tessuto che vanno unite. Con delle impunture nascoste saldate la fodera al rovescio della stoffa (*vedi sotto*) ad intervalli regolari per tutta la sua altezza. Vi servirà stoffa e fodera da tende, nastro arricciatore, ganci e gli attrezzi per il cucito. Per prima cosa tagliate i pannelli per la tenda unendoli se necessario con una cucitura piatta (*vedi p. 18*); passate poi ai pannelli della fodera, che taglierete 13 cm in meno della lunghezza della tenda, per lasciare 9 cm dal fondo e 4 cm dal bordo superiore. Unite i pannelli di fodera a cucitura semplice e rifilate i lati della fodera così ottenuta di 4 cm.

1 **ORLARE LA STOFFA** Piegate di 4 cm all'interno i lati della stoffa. Fate un orlo di 5 cm sul fondo e squadrate gli angoli. Stirate e inserite i pesi. Orlate a punto mosca (*vedi p. 22*). Piegate sotto la fodera di 1,5 cm e stirate.

2 **TRACCIARE LE GUIDE** Servendovi di una squadra trasparente o di una riga e di un pennarello a inchiostro simpatico o di un gesso da sarto, tracciate a intervalli di 30-50 cm delle linee verticali parallele ai lati sul rovescio.

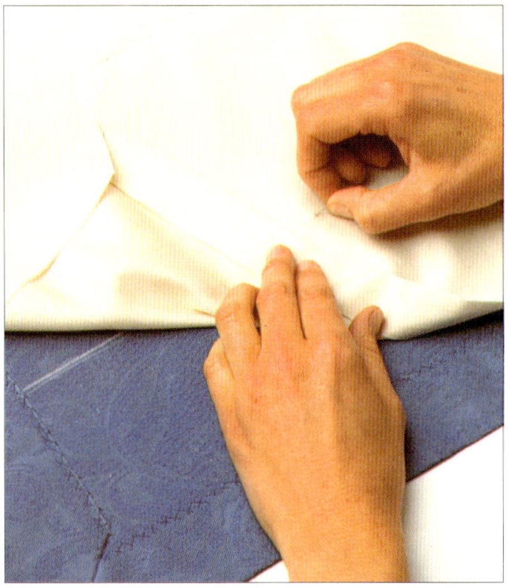

3 **APPUNTARE LA FODERA** Rovescio contro rovescio, appuntate la fodera alla stoffa lungo le linee. Cominciate a imbastire a 15 cm dal bordo superiore lungo la prima linea.

4 **CUCIRE LA FODERA** Piegate di lato la fodera e cucite ad impuntura nascosta da 15 cm dal bordo superiore lungo l'imbastitura. Fate dei punti lenti ben distanziati per evitare arricciature. Continuate così per le altre linee e togliete l'imbastitura.

5 **FINIRE** Appuntate, imbastite e cucite a sottopunto la fodera al fondo e ai lati della tenda. Togliete l'imbastitura. Applicate alla fine il nastro arricciatore (*vedi p. 54*) e i ganci adatti. Appendete la tenda e date i tocchi finali.

LA TENDA FINITA

FODERARE A TUBO

Si tratta di una tecnica rapida e semplice che consiste nel fissare la fodera solo lateralmente, formando un tubo; è quindi adatta per tendine e stoffe leggere. Procuratevi la stoffa per la tenda e la fodera, il nastro arricciatore dotato di ganci e l'occorrente per il cucito. Tagliate stoffa e fodera come spiegato nella pagina a fronte.

1 **ATTACCARE LA FODERA** Diritto contro diritto allineate stoffa e fodera. Tra il bordo superiore della tenda e la fodera lasciate 4 cm. Appuntate, imbastite e cucite a cucitura piatta un lato a 1,5 cm dal margine. Lasciate 15 cm dal fondo della fodera per l'orlatura. Fate la stessa cosa anche per l'altro lato: allineate i margini, appuntate, imbastite e cucite. Stirate ambedue le cuciture aperte.

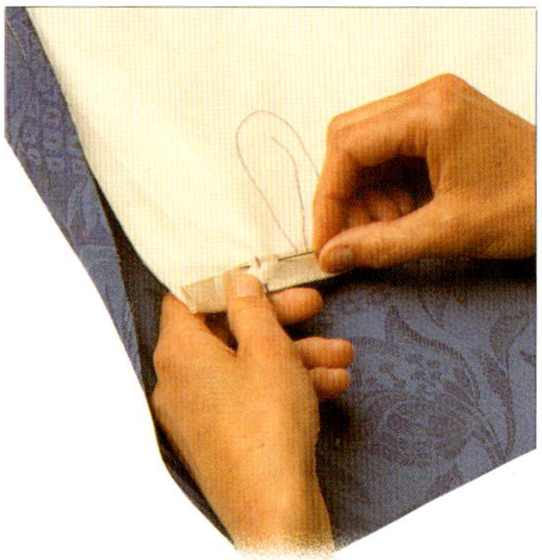

2 **ORLARE LA FODERA** Continuate a lavorare con la fodera per il rovescio. Fate un orlo doppio di 1,5 cm sul fondo della fodera. Appuntate, imbastite e cucite.

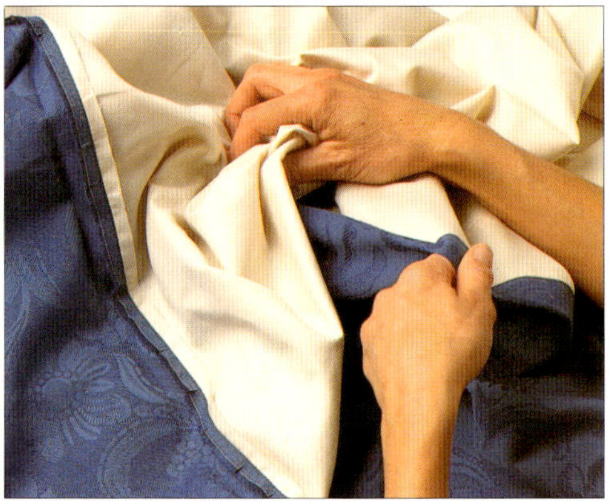

3 **RIVOLTARE** Rivoltate tenda e fodera per il diritto e tenete la fodera sopra, aggiustandola in modo tale che le cuciture laterali siano sul rovescio della tenda e la fodera centrata. Ai lati dovrebbero avanzare 4 cm di stoffa della tenda. Appuntate, se necessario e stirate. Ripiegate l'orlo della tenda di 1,5 cm e successivamente di 7,5 cm. Stirate.

4 **SQUADRARE GLI ANGOLI** Squadrate gli angoli degli orli (*vedi p. 23*) sistemandovi, se necessario, dei pesi (*vedi p. 49*). Appuntate e imbastite. Attaccate il nastro arricciatore (*vedi p. 54*) e appendete la tenda. Controllate la lunghezza della fodera e della stoffa e se necessario rifilate.

5 **FINIRE** Allineate con precisione la stoffa e la fodera. Cucite a sottopunto l'orlo, gli angoli in diagonale e il resto della fodera. Togliete l'imbastitura rimasta. Stirate quindi la tenda da ambedue le parti e riappendetela.

LA TENDA FINITA

ALTRE POSSIBILITÀ

FODERA DELLA STESSA STOFFA

Invece di usare una fodera bianca o crema, potete adoperare la stessa stoffa della tenda. In questo caso, ad esempio, il rovescio del broccato rappresenta una fodera ideale.

MOTIVI CONTRASTANTI

Le stoffe per fodere con motivi a colori, come pure con motivi rigati o scozzesi, che si intonano alla stoffa per la tenda, danno risultati interessanti.

Tendaggi controfoderati

L'aggiunta di una controfodera in materiale isolante tra fodera e stoffa dà volume e aumenta l'isolamento termico e la durata della tenda. Procuratevi la stoffa per la tenda e la fodera (*vedi p. 10*), materiale isolante, nastro arricciatore con relativi ganci e attrezzi da cucito. Misurate e tagliate la tenda, unendo, se necessario, pannelli di tessuto con cuciture piatte.

1 **TAGLIO** Ripiegate sul rovescio prima di 1,5 cm e poi ancora di 7,5 cm il fondo della stoffa e stirate. Piegate gli altri margini di 4 cm e stirate. Aprite le piegature. Sistemate sopra la stoffa la controfodera e rifilate secondo le pieghe. Tagliate la fodera su misura della controfodera.

2 **ATTACCARE LA CONTROFODERA** Per unire lunghezze di controfodera, occorre semplicemente sovrapporre i margini, appuntare, imbastire e cucire. Attaccate la controfodera alla stoffa con file verticali a impuntura nascosta (*vedi p. 50*).

3 **CUCIRE GLI ORLI** ripiegate gli orli sulla controfodera e squadrate gli angoli. Orlate i lati a punto mosca (*vedi p. 22*), fissate il fondo alla controfodera a sottopunto (*vedi p. 16*). Tralasciate gli angoli se dovete inserire i pesi.

4 **SISTEMARE I PESI** Assicurate i pesi cucendoli all'interno degli angoli di fondo e finite l'orlo a sottopunto. Orlate il fondo della fodera ripiegandolo due volte di 1,5 cm e cucite a macchina.

5 **ATTACCARE LA FODERA** Piegate di 1,5 cm i lati della fodera e stirate. Cucite a sottopunto i margini piegati alla tenda (*vedi a p. 50*). Ripiegate la stoffa sulla fodera al bordo superiore e applicate il nastro arricciatore (*vedi p. 54*).

La tenda finita

Tendaggi a fodera staccabile

È una tecnica semplice per aggiungere alla tenda uno strato di tessuto staccabile. Procuratevi la stoffa, del nastro arricciatore per tenda e la fodera, del tessuto per fodera, ganci e attrezzi per il cucito. Confezionate la tenda e tagliate la fodera delle dimensioni della tenda non arricciata. Ripiegate i lati di 1,5 cm per due volte e cuciteli a macchina.

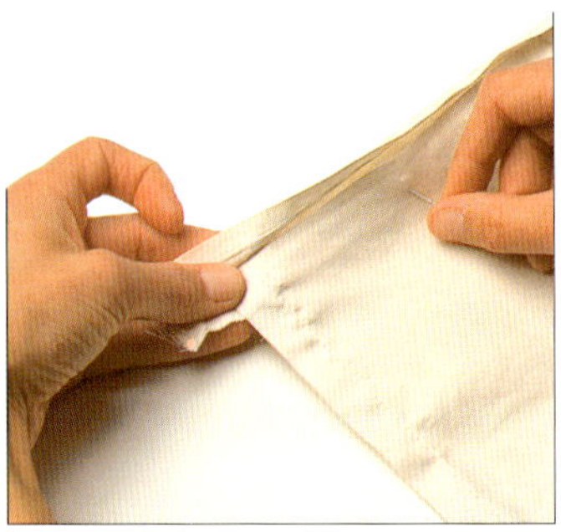

1 **SISTEMARE IL NASTRO** Ripiegate due volte per il lungo il nastro arricciatore della fodera. Sistemate nella piegatura il margine vivo del bordo superiore. Controllate attentamente che i due lembi del nastro corrispondano.

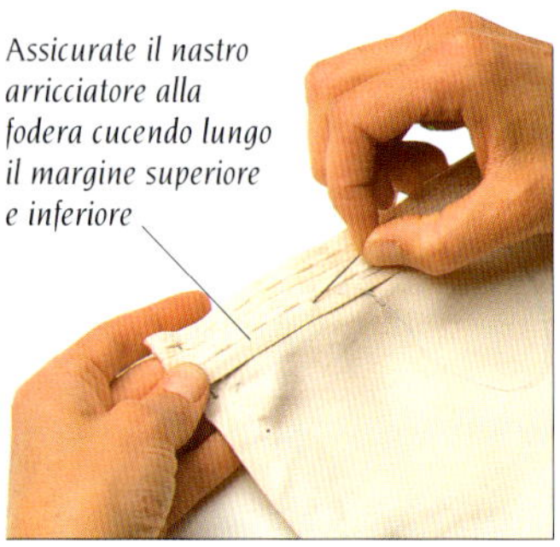

2 **CUCIRE IL NASTRO** Una volta fissata la fodera nel nastro, imbastite lungo il margine superiore e inferiore. Cucite sull'imbastitura nella stessa direzione per evitare che il nastro si arricci. Togliete l'imbastitura e arricciate la fodera (*vedi p. 54*).

3 **ORLARE LA FODERA** Agganciate la fodera al nastro della tenda. Sistematela sulla tenda e rifilatela a 3-4 cm dal fondo della tenda, calcolando un orlo doppio di 1,5 per la fodera. Orlate e attaccate la fodera, appendete e date il tocco finale alla tenda (*vedi p. 57*).

La tenda finita

TENDAGGI ADATTABILI

Per confezionare tendaggi versatili, per uso stagionale, sovrapponete stoffe diverse. Procuratevi stoffa trasparente e da tende, per guarnizioni e per legacci, nastri arricciatori. Prendete le misure per la tenda, tagliate la stoffa di una volta e mezzo la larghezza finale; aggiungete all'altezza 3 cm per la guaina arricciata. Non serve tolleranza per gli altri bordi perché verranno coperti da guarnizioni (*vedi p. 60*). Unite i pannelli con cuciture inglesi (*vedi p. 19*). Tagliate la stoffa trasparente alla stessa larghezza, aggiungendo 6 cm alla larghezza e 13 alla lunghezza per i risvolti.

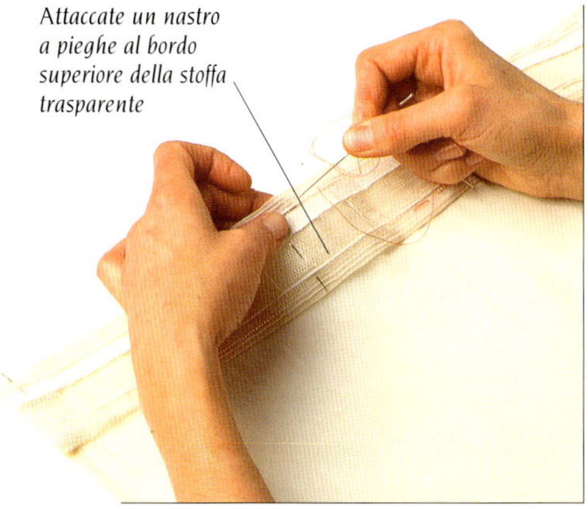

Attaccate un nastro a pieghe al bordo superiore della stoffa trasparente

1 CUCIRE A NASTRO
Piegate, imbastite e cucite un orlo doppio di 1,5 cm ai lati e sul fondo della stoffa trasparente; sul bordo superiore fate un orlo doppio di 5 cm. Stirate. Appuntate, imbastite e cucite un nastro trasparente a pieghe rasente la piegatura superiore e arricciate la tenda (*vedi p. 54*).

2 CUCIRE I LEGACCI
Calcolate il numero dei legacci, distanziandoli di 10 cm su ambedue gli angoli. Segnate le posizioni. Confezionate dei legacci (*vedi p. 29*) lunghi abbastanza da mantenere la tenda all'altezza giusta. Ripiegateli a metà e fissateli a sottopunto al centro con il nastro.

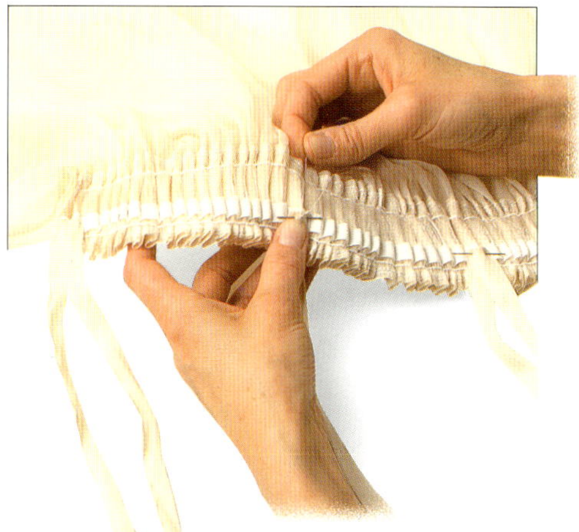

3 CUCIRE LA GUARNIZIONE
Ricavate una striscia in sbieco larga 4-6 cm e lunga tanto da rivestire i quattro margini della stoffa più pesante, più 10 cm per unire le estremità. Piegate per il rovescio nel senso della lunghezza la striscia in sbieco di 1 cm e stirate. Bordate i margini della stoffa (*vedi p. 18*). Unite le estremità della guarnizione sul fondo.

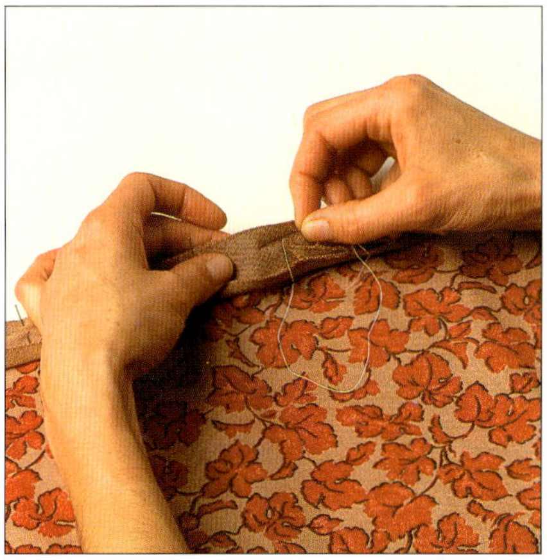

4 ATTACCARE IL NASTRO Misurate e tracciate una riga a 3 cm dal bordo superiore della stoffa più pesante. Appuntate, imbastite e fissate un nastro arricciatore; arricciate. Calcolate dove vanno fissati i legacci, badando che si alternino a quelli della tenda trasparente. Piegate i legacci a metà e fissateli a sottopunto al bordo superiore del nastro.

LA TENDA TRASPARENTE

5 SOSPENDERE LE TENDE Attaccate i legacci delle due tende ad anelli alterni. Durante l'estate togliete la tenda più pesante quando non c'è bisogno di un ulteriore strato isolante. La tenda trasparente rimane per proteggere l'intimità.

LA TENDA DI TESSUTO OPACO SOVRAPPOSTA A QUELLA TRASPARENTE

Nastro Arricciatore

Il compito finale nella confezione dei vostri tendaggi consiste nell'applicazione del nastro arricciatore che avete scelto al momento di decidere lo stile dei tendaggi (*vedi p. 44*). Tutti i nastri già confezionati, dal più semplice a pieghe a raggiera a quello più elaborato a pieghe pizzicate triple e a calice, sono realizzati in materiale resistente e rigido; sono dotati di una o più file di tasche in cui vanno inseriti i ganci e di una serie di cordicelle che coprono l'intera lunghezza del nastro arricciatore per renderlo il più diritto possibile in modo che raccolga il tessuto della tenda fino alla larghezza desiderata.

Applicare il nastro arricciatore

Procuratevi la tenda, il nastro arricciatore con relativi ganci e l'occorrente per il cucito. A partire dal fondo misurate e segnate la lunghezza desiderata al bordo superiore.

Al segno piegate la stoffa e stirate. Se necessario, rifilate il margine ripiegato all'altezza del nastro. Tagliate il nastro della larghezza delle tende aggiungendo 4 cm.

Tendaggi sfoderati

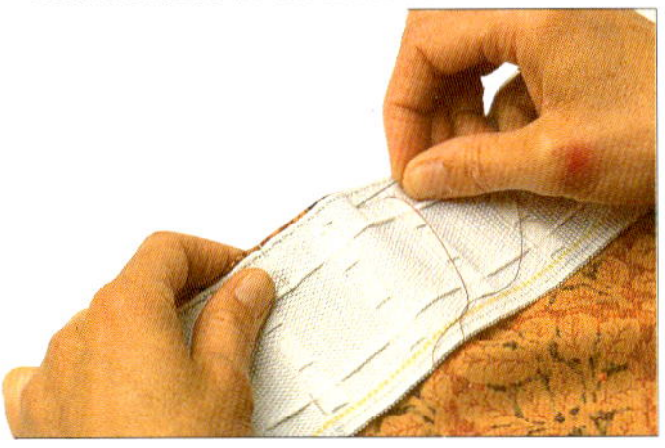

1 **IMBASTIRE** Disponete il nastro appena sotto il bordo superiore piegato. Annodate l'estremità delle cordicelle dal lato interno.

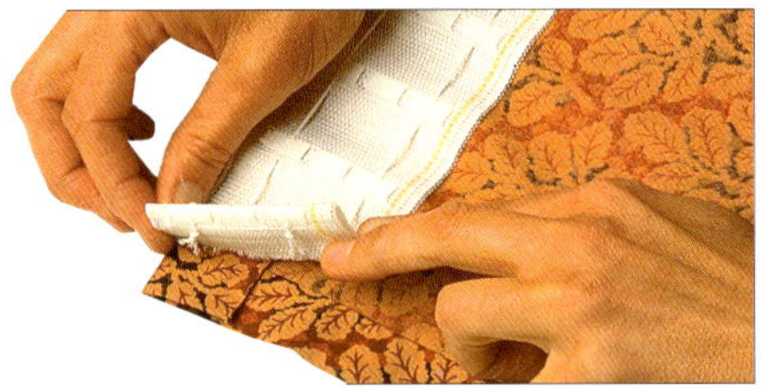

2 **PIEGARE L'ESTREMITÀ** Piegate di sotto l'estremità fissata di 2 cm e allineate la piega al margine della tenda. Imbastite il nastro. Piegate l'altra estremità del nastro di 2 cm lasciando libere le cordicelle.

3 **CUCIRE IL NASTRO** Cucite a macchina lungo il bordo superiore e inferiore del nastro per fissarlo alla tenda. Lavorate sempre nella stessa direzione per evitare che la stoffa si arricci. Saldate le estremità, assicurando da una parte le cordicelle annodate e dall'altra libere. Togliete l'imbastitura.

Tendaggi foderati

1 **PIEGARE LA STOFFA** Rifilate il bordo superiore della fodera, in modo che questa corrisponda al segno che indica il margine superiore della tenda. Piegate il bordo superiore della tenda sul segno, nascondendo il margine vivo della fodera. Appuntate la stoffa ripiegata sulla fodera e stirate. Togliete gli spilli.

2 **CUCIRE IL NASTRO** Sistematelo rasente il bordo superiore piegato. Annodate i capi delle cordicelle al lato interno della tenda, piegate al di sotto del nastro di 2 cm e allineate al margine della tenda. Imbastite. Fate lo stesso per l'altra estremità, lasciando libere le cordicelle. Cucite come i tendaggi sfoderati.

Arricciare il nastro

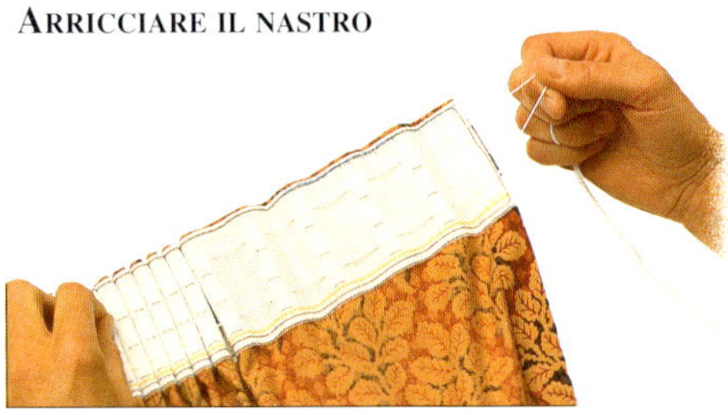

1 **TIRARE LE CORDICELLE** Tenete le cordicelle all'estremità, tirate verso l'esterno. In tal modo il nastro si arriccerà formando delle pieghe, fino a raggiungere la larghezza e il volume desiderati.

Usate un fermo per cordoncino che trovate in commercio oppure un pezzo di cartoncino

2 **FISSARE LE CORDICELLE** Annodate le cordicelle e fissatele ulteriormente con un fermo di modo che non siano visibili. Non rifilate i capi delle cordicelle: quando toglierete le tende per pulirle, le cordicelle annodate vanno sciolte per permettere alle tende di distendersi.

Usate i ganci consigliati

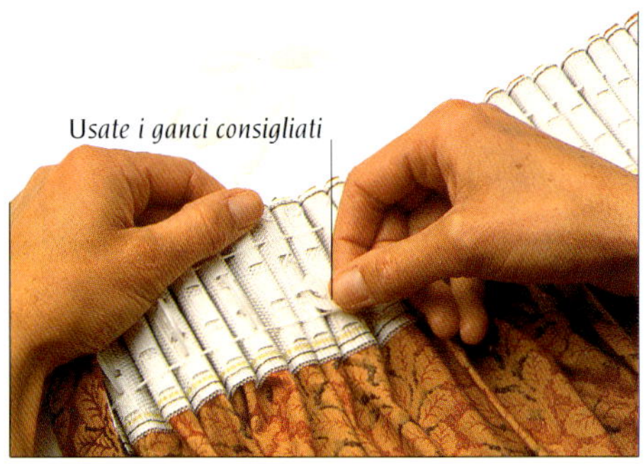

3 **INFILARE I GANCI** Aggiustate le pieghe e distribuitele uniformemente. Decidete la posizione e la distanza tra i ganci e infilateli in una delle file di tasche del nastro.

Arricciature Manufatte

Fino a non molto tempo fa, l'arricciatura superiore delle tende costituiva un elemento fondamentale della tenda stessa ed era confezionata a mano. Oggi esistono in commercio diversi tipi di nastri per arricciature prodotte da ditte manifatturiere. Ma sussistono casi, come le tende ad anelli di stoffa o a margine dentato, che, per il fatto di essere molto particolari, richiedono la confezione a mano. Lo stesso vale per la tenda con guaina per arricciature incorporata, che, per la sua semplicità, va confezionata a mano. Consideratela come un'opportunità di personalizzare e di modellare a vostro desiderio il carattere della stanza.

Guaina arricciata con cresta

Costituisce il modo più semplice per attaccare le tende, adatto nei casi in cui le tende sono tenute aperte da bracciali ma il bordo superiore rimane fisso. Il metraggio necessario va da 1 volta e mezzo a 2 volte e mezzo la larghezza della tenda finita (se dovete unire delle lunghezze, cucitele a cucitura inglese). Procuratevi l'asta o il filo, a seconda del sistema che volete usare, e l'occorrente per il cucito. Come prima cosa orlate il fondo e i lati della tenda (*vedi p. 46*).

1 **PIEGARE IL BORDO SUPERIORE** Fate un orlo doppio sufficiente per la guaina e la cresta. Marcate una linea per la cucitura della guaina e imbastite.

2 **IMBASTITE** Imbastite rasente il bordo inferiore del risvolto: questa costituirà la guaina o fodera per l'asta. Prima di cucire, controllate che la guaina sia su misura per l'asta.

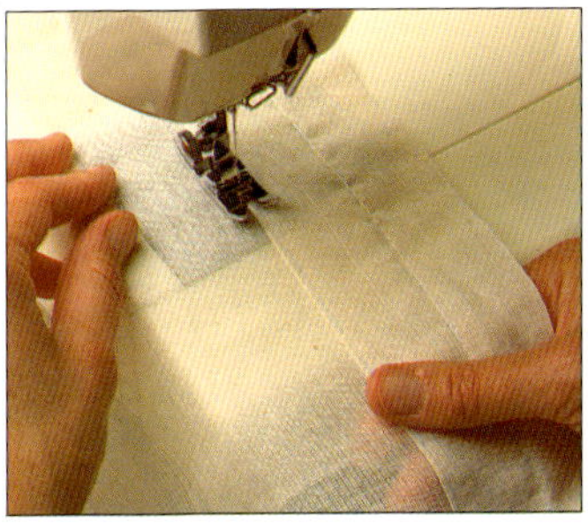

3 **CUCIRE LA GUAINA** Cucite sull'imbastitura. Lavorate per le due cuciture sempre nella stessa direzione per evitare che la stoffa si arricci. Togliete l'imbastitura e stirate. Infilate l'asta e arricciate la tenda. La guaina con cresta avrà un effetto migliore con un'asta o bastone che con un filo.

La tenda finita

Altre possibilità

La guaina per accogliere l'asta o un filo costituisce una tecnica semplice e versatile per decorare il bordo superiore delle tende. Diverse sono le soluzioni attuabili, semplici o elaborate che siano; sono tuttavia più adatte per tende con tessuti trasparenti, o leggeri in genere, che non vanno aperte o chiuse, dal momento che la guaina è fissa.

Tende lisce

Alcune tende risaltano maggiormente se non vengono arricciate, come i pannelli con scene ricamate. Tagliate la stoffa di una larghezza appena inferiore a quella dell'asta o del filo per evitare pieghe. Fate un orlo doppio per adattarvi l'asta e cucite il bordo.

Tende arricciate

Il filo metallico è il migliore sostegno. Tagliate la stoffa secondo la pieghettatura e volume. Fate un risvolto doppio per la guaina che copra anche le viti a gancio e occhiello dai lati. Cucite lungo il margine inferiore.

Tende con doppia cresta arricciata

Stirate sul rovescio un risvolto per la guaina. Fate due pieghe rovescio contro rovescio per ogni cresta. Allineate la piega interna delle piegature al margine vivo della guaina. Fate due cuciture: una per la piega della guaina, e una per il margine vivo e le pieghe.

TENDE A SMERLO

È un motivo che viene dai locali dove questo tipo di tende erano sospese a metà vetrina. Abbiate cura di tagliare la stoffa diritta, specie se rigata. Calcolate quanto profondo desiderate lo smerlo e il numero di strisce; queste non devono essere larghe meno di 5 cm e lo smerlo di un diametro maggiore di 12 cm. Dividete la larghezza totale della tenda per lo smerlo più le strisce, ricordandovi di aggiungere una striscia di modo che ce ne sia una ad ogni estremità. Procuratevi stoffa per la tenda e per la fodera della larghezza e altezza desiderate, tenendo conto delle tolleranze per l'orlatura, carta per il cartamodello, anelli per la tenda e l'occorrente per il cucito.

1 **FARE IL CARTAMODELLO** Con un compasso fate su del cartoncino un cerchio del diametro dello smerlo. Tracciate a matita una linea tangente la circonferenza e unitela con due linee perpendicolari al diametro. Tagliate.

2 **MARCARE** Appuntate diritto contro diritto tenda e fodera, tenendo sotto la tenda. Tracciate una linea per la cucitura a 1,5 cm dal margine vivo superiore. Calcolate la larghezza di una striscia a partire dall'angolo più esterno. Accostatevi il cartoncino facendo corrispondere il lato diritto alla linea di cucitura superiore e marcate. Appuntate e imbastite lungo lo smerlo.

Tracciate lo smerlo servendovi di un pennarello con inchiostro simpatico

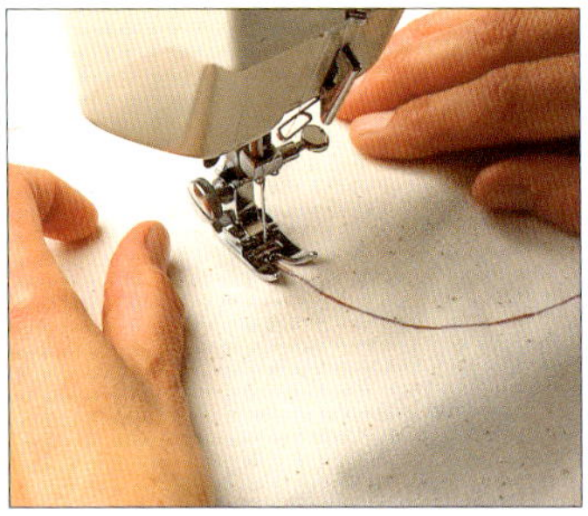

3 **CUCIRE LO SMERLO** Cucite seguendo l'imbastitura proseguendo lungo i lati della tenda. Tralasciate di saldare un'apertura abbastanza grande per rivoltare tenda e fodera.

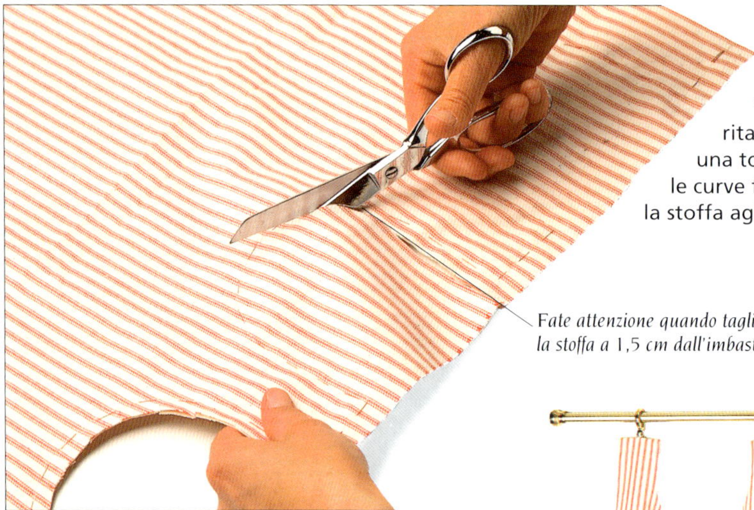

Fate attenzione quando tagliate la stoffa a 1,5 cm dall'imbastitura

4 **TAGLIARE** Con delle forbici da sarta ritagliate lo smerlo lasciando una tolleranza di 1,5 cm. Su tutte le curve fate degli intagli e tagliate la stoffa agli angoli.

5 **RIVOLTARE LA TENDA** Dall'apertura che avete lasciato rivoltate tenda e fodera. Spingete bene in fuori anche gli angoli; un ago a punta rotonda è perfetto. Chiudete a sottopunto l'apertura e stirate.

6 **FISSARE GLI ANELLI** Cucite gli anelli al centro di ogni striscia; se usate delle mollette, seguite attentamente le istruzioni della ditta produttrice. Infilate l'asta o il bastone, i pomoli come fermi e appendete la tenda.

LA TENDA FINITA

Tende con asole di stoffa

I tendaggi lisci o arricciati possono essere attaccati a dei semplici anelli di stoffa. Tagliate la stoffa su misura, unendo se necessario lunghezze con cuciture ribattute (*vedi p. 19*). Orlate lati e fondo (*vedi p. 22*). Le asole vanno fissate al rovescio del bordo superiore della tenda, con le estremità nascoste da una striscia di risvolto. Decidete il numero e la grandezza delle asole. Tagliate ogni striscia di tessuto per le asole il doppio della lunghezza e della larghezza finale e un extra di 1,5 cm per la tolleranza. Tenete conto di una striscia di risvolto larga 6 cm, lunga quanto la larghezza dell'intera tenda, a cui vanno aggiunti 3 cm per i risvolti. Procuratevi gli attrezzi per il cucito.

1 **CUCIRE LE ASOLE** Piegate a metà ogni striscia per il lungo, diritto contro diritto. Cucite a 1,5 cm dal margine formando un manicotto. Stirate la cucitura aperta.

2 **RIVOLTARE** Rivoltate le strisce per il diritto; per strisce strette, fissate a un'estremità un filo che farete passare all'interno e tirate. Stirate piatto, centrando la cucitura da un lato.

3 **ATTACCARE LA STRISCIA DI RISVOLTO** Piegate a metà le asole con la cucitura all'interno. Sistematele sul diritto della tenda e allineatele ai margini vivi del bordo superiore; imbastite. Appuntate la striscia di risvolto diritto contro diritto, allineata con i margini vivi. Lasciate 1,5 cm dalle due estremità.

4 **CUCIRE** Imbastite e cucite insieme a 1,5 cm dal bordo superiore la stoffa, le asole e il risvolto. Piegate di 1,5 cm gli altri margini del risvolto. Stirate e imbastite.

5 **RIFINIRE IL RISVOLTO** Stirate il risvolto e la tenda rovescio contro rovescio, con le estremità delle asole coperte. Saldate a sottopunto le estremità piegate del risvolto alla tenda.

La tenda finita

Aggiungere fiocchi
Per decorare le asole con fiocchi di stoffa, realizzate delle strisce a cordoncino (*vedi p. 29*), fissatele alla base dell'asola e fate un fiocco. In alternativa usate del nastro o del cordoncino.

Appendere e sistemare i tendaggi

Per avere risultati perfetti le tende finite devono essere appese e sistemate correttamente. Nel caso di tendaggi pesanti, appendeteli almeno 24 ore prima di orlarli.

Modellare i tendaggi significa raccogliere bene, ma non troppo strette, con dei legacci le pieghe della tenda. Tolti i legacci la tenda conserverà delle pieghe uniformi.

Ganci con occhielli incorporati

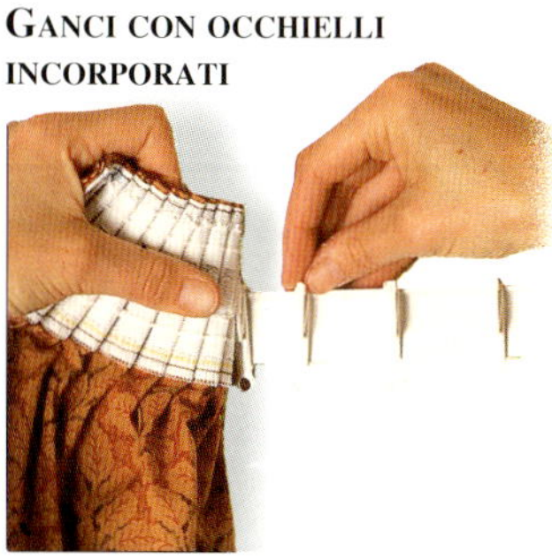

Affinché la distanza tra i ganci sia uniforme, contate le tasche in cui inserirli e segnatele prima di appendere la tenda.

Ganci e occhielli separati

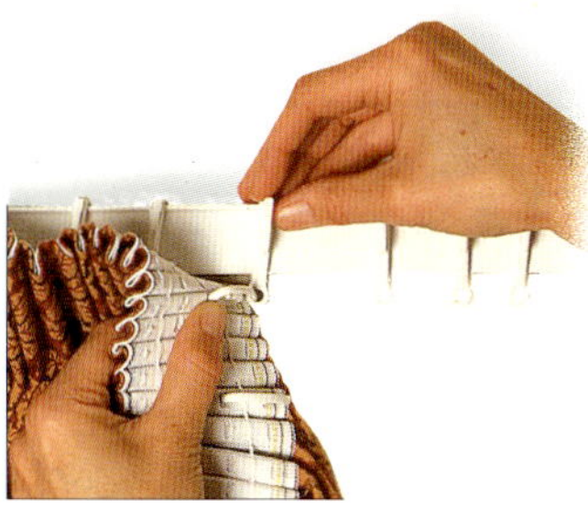

I ganci vengono infilati nelle tasche del nastro arricciatore e agganciati agli occhielli che scorrono in ogni binario.

Modellare i tendaggi

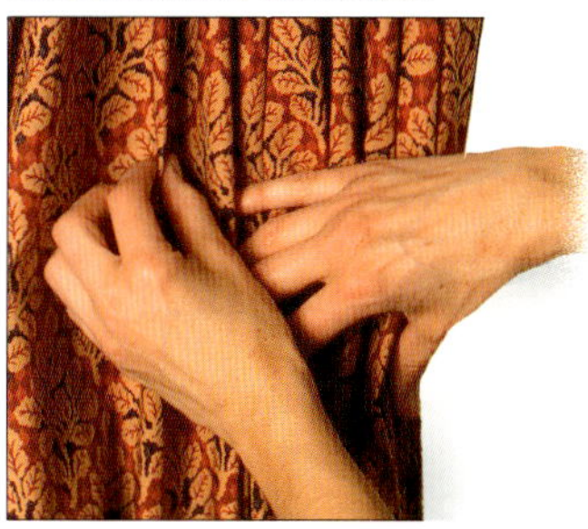

1 **UNIFORMARE LE PIEGHE** Piegate la tenda a fisarmonica. Dal bordo superiore fate scorrere le dita verso il basso.

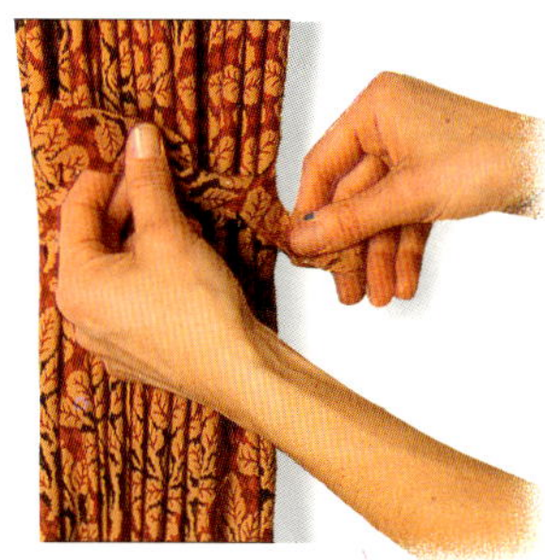

2 **LEGARE** Con dei legacci di stoffa fissate la tenda sopra, al centro e sotto. Lasciateveli per almeno 48 ore.

Coprire la porta
La tenda dietro la porta riduce il freddo e gli spifferi invernali, garantendo la privacy. Questa tenda scende fino al pavimento ed è raccolta in modo da mostrare un contorno pieno. Il braccio di sostegno dipinto aiuta a mantenere il volume della stoffa, facilitando anche il passaggio.

HUILE D'OLIVE

Guarnizioni

L'aggiunta di guarnizioni rappresenta un modo veloce, semplice ed efficace per decorare i tendaggi. Esistono in commercio diverse guarnizioni come frange, nappe, cordoncini e bordure. Come alternativa potete sbizzarrirvi a realizzare guarnizioni personalizzate. Il compito di trovare una guarnizione di un certo peso, dimensione, fantasia e colore che soddisfi le vostre esigenze non dovrebbe essere difficile, vista la grande varietà in vendita. È possibile poi applicare le stesse guarnizioni agli altri elementi che integrano una tenda, cioè bracciali, mantovane rigide e a balze così come ad altri elementi decorativi in tessuto di una stanza, come cuscini e tovaglie.

Bordura a festoncino per tende trasparenti

Solitamente le tende trasparenti hanno lo scopo di proteggere l'intimità oppure di nascondere una vista poco gradevole e perciò vengono tenute generalmente chiuse. Per abbellirle vale la pena allora usare un sistema di sostegno decorativo oppure ricorrere a semplici guarnizioni. Le tende incrociate (*vedi p. 46*) rappresentano una soluzione di questo genere, ma è possibile caratterizzarle ancora meglio facendo risaltare le linee diagonali con una guarnizione. A questo scopo procuratevi la guarnizione che più si addice alla vostra tenda (qui abbiamo usato del festoncino) e l'occorrente per cucire. Misurate la lunghezza dei bordi del lato disposto in diagonale e tagliate due pezzi della guarnizione della lunghezza corrispondente, aggiungendo 3 cm a ciascuna lunghezza per i risvolti.

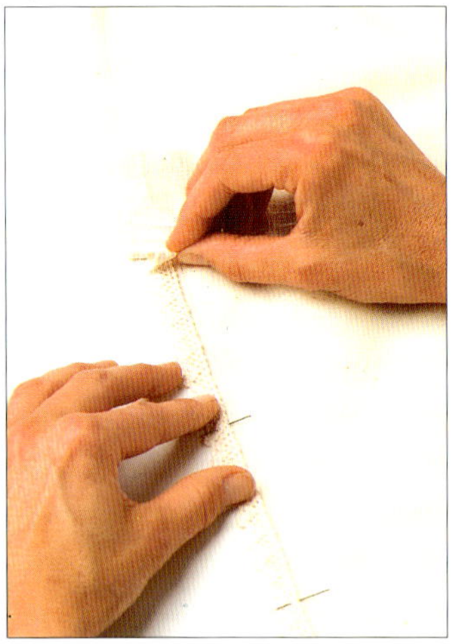

1 **POSIZIONARE LA GUARNIZIONE** Rifinite la guarnizione piegando di sotto e cucendo 1,5 cm di ogni margine vivo. Disponete la tenda per il rovescio su una superficie perfettamente piatta e con cura appuntate e imbastite la guarnizione al bordo. Ripetete la stessa operazione per l'altra tenda.

2 **SALDARE LA GUARNIZIONE** Cucite la guarnizione a macchina o a sottopunto. Togliete l'imbastitura e stirate. Appendete le tende e aprite i due pannelli. Per dare un ulteriore tocco al vostro tendaggio, usate dei bracciali insoliti.

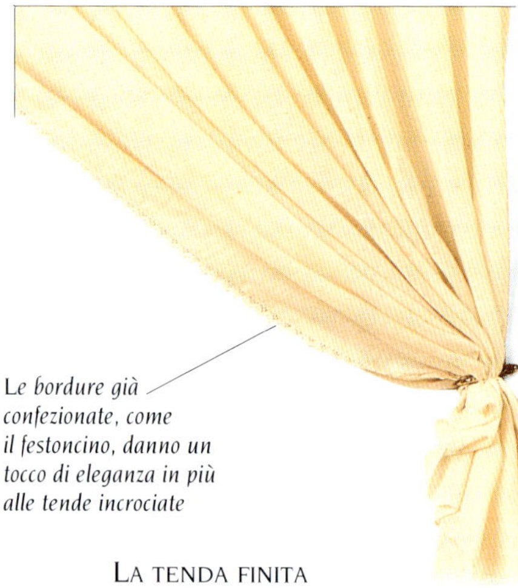

Le bordure già confezionate, come il festoncino, danno un tocco di eleganza in più alle tende incrociate

La tenda finita

Bordure a cordoncino

È un tipo di guarnizione da applicare alla tenda finita per migliorare l'effetto estetico complessivo. Procuratevi del cordoncino e l'occorrente per il cucito. Tracciate una linea per il cordoncino lungo il bordo interno e il fondo a 1 cm dal margine. Misurate la linea e tagliate alla lunghezza corrispondente la guarnizione, aggiungendo 3 cm per i risvolti.

1 **PREPARARE IL CORDONCINO** Rifilate e assicurate una delle estremità del cordoncino arrotolandovi attorno del filo resistente dello stesso colore.

2 **ASSICURARE UN CAPO** Ripiegate un capo per mascherare la saldatura. Sistemate il cordone sulla linea con il capo ripiegato rasente il bordo e cucite a ribattitura.

3 **CUCIRE** Fissate a sottopunto il cordoncino sulla linea tracciata. Per evitare che la tenda si arricci, tenete ben distesi stoffa e cordoncino. Ripiegate e fissate a ribattitura.

La tenda finita

Bordi a frangia

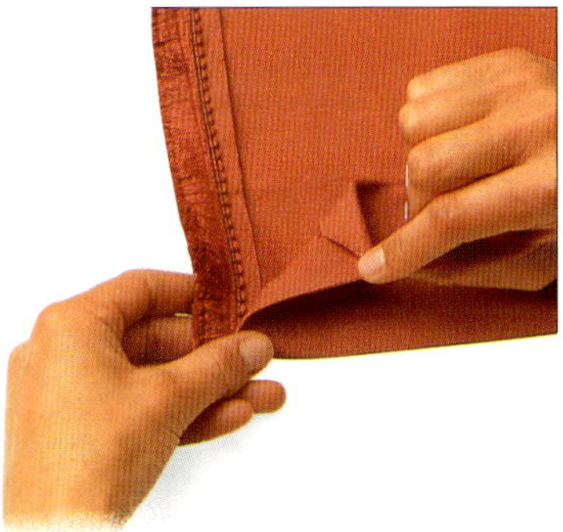

Procuratevi stoffa per la tenda e la fodera, come per le tende foderate, frangia e l'occorrente per il cucito. Tagliate la stoffa per la tenda e la fodera (*vedi p. 50*), distendetela per il diritto su una superficie perfettamente piatta. Cucite la fodera al lato sfrangiato della tenda, a 4 cm dal bordo superiore della tenda. Piegate al rovescio di 1 cm il bordo opposto della fodera e stirate. Misurate il lato della tenda a cui andrà fissata la frangia partendo a 4 cm dal bordo superiore e fermandovi a 9 cm dal fondo. Tagliate la frangia a questa lunghezza.

1 ATTACCARE LA FRANGIA Cucite la frangia al diritto del bordo della stoffa allineando cucitura a cucitura. Stirate la tolleranza al rovescio in modo che la frangia sporga. Piegate il bordo inferiore delle tenda di 1,5 cm e ancora di 7,5 cm per racchiudere la cucitura della frangia e stirate. Squadrate gli angoli e fissate a sottopunto l'orlo.

2 ASSICURARE LA FODERA Distendete la tenda per il rovescio e accostate allineandolo il bordo della fodera al bordo frangiato. Fissate a sottopunto.

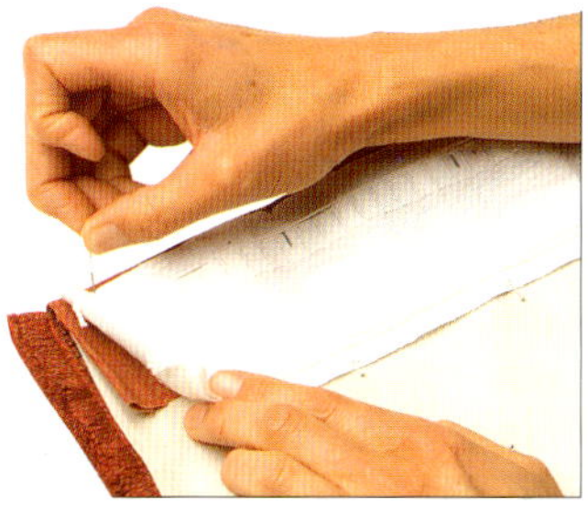

3 ATTACCARE IL NASTRO Piegate e cucite a sottopunto la fodera al bordo inferiore della tenda. Rifilatela e piegate la stoffa al bordo superiore. Attaccate il nastro arricciatore.

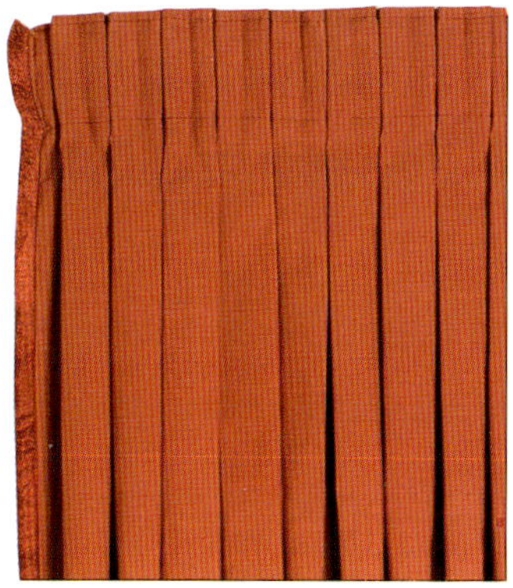

La tenda finita

Bordo a sbieco

È una guarnizione che rende più rigidi e resistenti i bordi di tende sfoderate o a fodera staccabile, con un risultato più elegante, o poco adatta a tende foderate. Procuratevi stoffa da tende, bordura, nastro arricciatore, stoffa da fodera se necessaria. Tagliate la stoffa per la tenda come per la tenda sfoderata (*vedi p. 49*), senza aggiungere tolleranze sui bordi che verranno tutti bordati. Misurate i margini da bordare e acquistate o confezionate una striscia in sbieco (*vedi p. 24*) della lunghezza corrispondente, aggiungendo 3 cm per i risvolti dei margini vivi alle estremità.

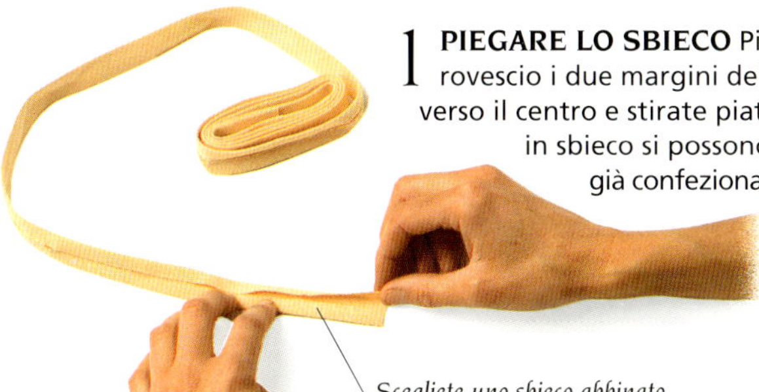

Scegliete uno sbieco abbinato alla stoffa della tenda

1 PIEGARE LO SBIECO Piegate sul rovescio i due margini dello sbieco verso il centro e stirate piatto. Le strisce in sbieco si possono acquistare già confezionate e piegate.

2 SISTEMARE LA STRISCIA IN SBIECO Diritto contro diritto, allineate e appuntate il margine dello sbieco a quello della tenda. Imbastite e cucite sulla piegatura dello sbieco prossima la margine vivo. Togliete l'imbastitura.

3 RIFILARE LA TOLLERANZA Dopo aver fissato la striscia in sbieco, rifilate il margine della tenda e dello sbieco a 6 mm dalla cucitura per alleggerire il bordo.

4 BORDARE Piegate lo sbieco sul margine vivo della tenda al rovescio e appuntate. Cucite a sottopunto il bordo ripiegato, controllando che i punti non si vedano sul diritto. Finite la tenda secondo i vostri desideri.

La tenda finita

BRACCIALI

I BRACCIALI SONO DEGLI ACCESSORI PER TENDAGGI che all'utilità uniscono la raffinatezza: tengono aperte le tende permettendo il massimo di luce nella stanza e interrompono il senso verticale dei tendaggi. Per ancorare i bracciali al muro vengono fissati dei ganci, abbastanza lontani dalla finestra per permettere alle tende di restare ben aperte e abbastanza in alto da non soffocare la tenda. È possibile acquistare dei bracciali confezionati di corda o cordone, integrati da nappe, oppure potete confezionarli da voi con della stoffa in diverse forme.

MISURARE

Appendete e modellate la tenda, apritela tenendola da un lato della finestra. Misurate con un metro a nastro attorno alla tenda. Tenete l'estremità del metro contro il muro sul punto dove fisserete il gancio. Decidete dimensioni e posizione del bracciale. Tracciate un segno per il gancio e annotate la misura del bracciale.

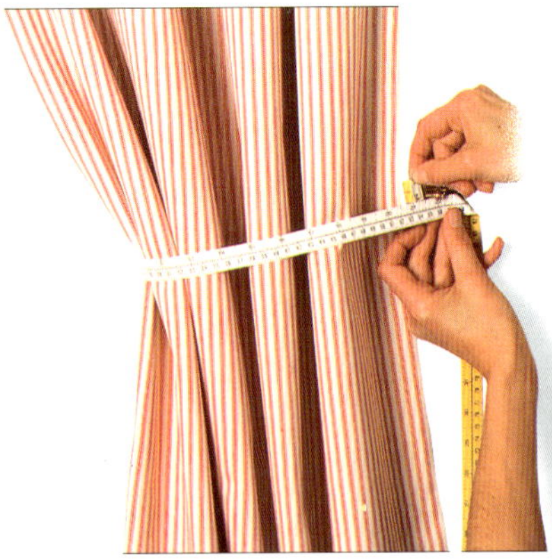

BRACCIALI SEMPLICI A V

Per la confezione procuratevi la stoffa per il bracciale e la fodera, se la desiderate, controfodera, anelli e ganci per fissare il bracciale attorno alla tenda e al muro, e l'occorrente per il cucito.

1 **FARE IL CARTAMODELLO** Prendete le misure per il bracciale e tracciate un rettangolo su un cartoncino che misuri metà della lunghezza del bracciale per 28 cm. Tracciate un segno a 14 cm partendo dall'angolo in fondo a sinistra e unitelo con una linea all'angolo in alto a destra. Misurate 5 cm dall'angolo in alto a destra, contrassegnate e unite questo punto con una linea all'angolo a sinistra in basso. Tagliate il modello.

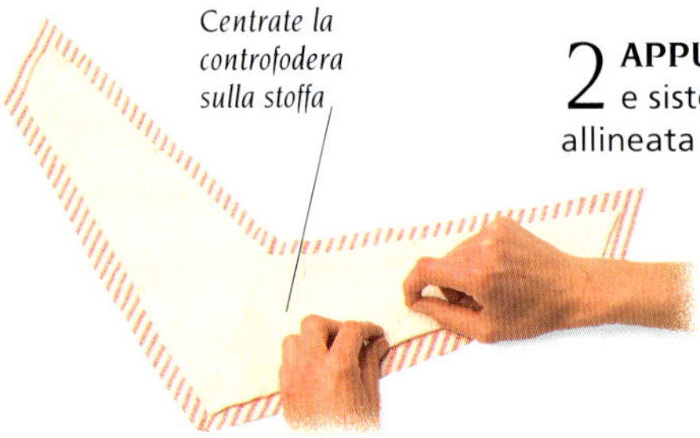

2 **APPUNTARE I PEZZI** Piegate a metà la stoffa e sistematevi il modello con l'estremità più larga allineata alla piega. Tagliate la stoffa, aggiungendo 1,5 cm per la tolleranza tutt'intorno. Tagliate allo stesso modo la fodera, mentre per la controfodera non tenete conto delle tolleranze. Aprite la stoffa e distendetela su un piano per il rovescio. Centratevi la controfodera, appuntate e imbastite.

3 **CUCIRE LA STOFFA** Diritto contro diritto, appuntate, imbastite e cucite insieme stoffa e fodera, lavorando rasente il margine della controfodera. Lasciate un'apertura larga abbastanza per rivoltare poi in fuori il bracciale.

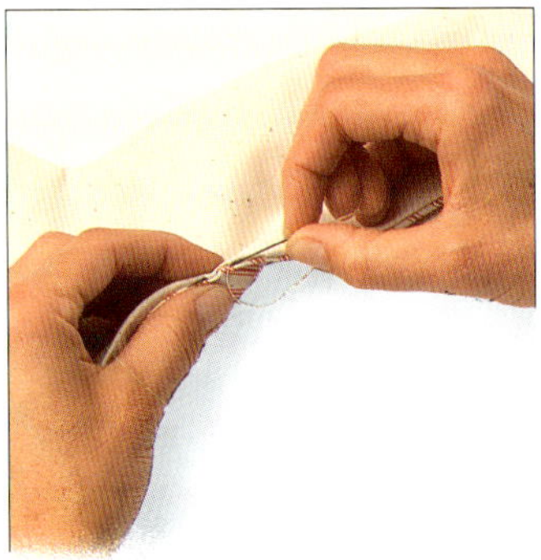

4 **RIFINIRE** Rifilate le tolleranze agli angoli. Rivoltate il bracciale sul diritto e stirate. Piegate i margini vivi dell'apertura e chiudetela a sottopunto. Cucite a sopraggitto tutt'intorno a 6 mm dal bordo per fissare la controfodera.

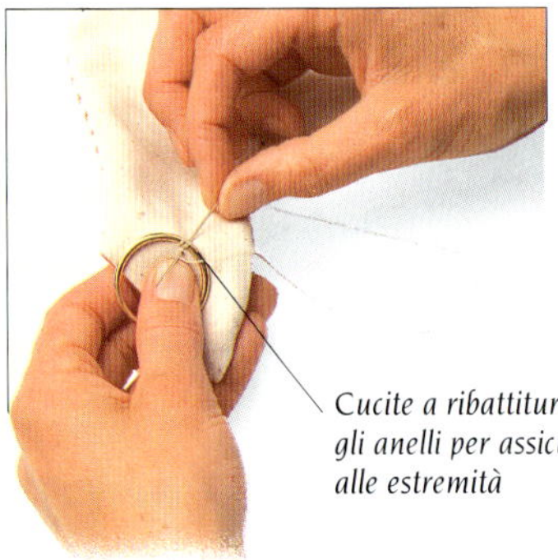

5 **FISSARE GLI ANELLI** Attaccate gli anelli alle due estremità del bracciale e fissate a sopraggitto. Gli anelli possono essere fissati in modo da essere visibili o nascosti. Fissate i ganci alla parete e agganciate i bracciali.

IL BRACCIALE FINITO

Bracciali imbottiti

Il bracciale imbottito non è altro che una striscia di ovatta rivestita di stoffa, che aggiunge alla tenda finita un senso di volume. Calcolate la lunghezza del bracciale come illustrato nella pagina accanto e la larghezza desiderata.

Tagliate la stoffa della lunghezza corrispondente e della larghezza doppia, aggiungendo una tolleranza di 1,5 cm. Procuratevi la stoffa, l'imbottitura, anelli e ganci, nonché l'occorrente per cucire.

1 MARCARE Piegate a metà la stoffa per il lungo, diritto contro diritto, e fate una cucitura a 1,5 cm dal margine vivo per fare un manicotto. Rivoltatelo per il diritto e stirate piatto centrando la cucitura su un lato. Disponete la striscia sull'imbottitura e marcate.

2 IMBOTTIRE IL MANICO Tagliate l'imbottitura secondo le misure. Fissate del filo resistente ad un'estremità dell'imbottitura, fate passare il filo all'interno del manicotto e tirate lentamente.

3 SALDARE LE ESTREMITÀ Una volta correttamente sistemata l'imbottitura, togliete il filo. Rivoltate verso l'interno i margini vivi della stoffa e chiudete a sottopunto.

4 FISSARE GLI ANELLI Sistemate gli anelli su ciascuna estremità e segnate il punto dove desiderate siano più o meno visibili. Fissateli a ribattitura. Fissate il gancio al muro e agganciatevi il bracciale.

Il bracciale finito

Corde, nappe e bracciali a fermaglio

Esistono in commercio corde e cordoni dotati di nappe di diverso spessore, colore, trama e dimensioni, da abbinare o contrastare elegantemente ai tendaggi a cui vengono coordinati. Spesso questi bracciali in corda hanno una o più nappe, più o meno lavorate. Potete acquistare come valida alternativa ganci fissi e distanziatori con diverse finiture e di vari stili.

Distanziatori
Disponibili in legno e in metallo, spesso abbinati ai pomoli delle aste o dei bastoni delle tende, sono dotati alla vendita di tasselli e viti con cui vengono fissati al muro. Agganciate la stoffa della tenda dietro all'attacco e aggiustatela, modellandola secondo il vostro gusto.

Corde e nappe
Potete acquistare questi eleganti accessori a lunghezze standard, ma anche singolarmente e intrecciare la vostra corda con altre di diverso colore per abbinarla ai tendaggi. Fissate il gancio al muro e legate la corda alla tenda, lasciando pendere la nappa contro la tenda.

BRACCIALI SAGOMATI CON PROFILI A CORDONCINO

Per sottolineare la forma di un bracciale potete aggiungere ai bordi delle guarnizioni. Procuratevi stoffa, cordoncino, teletta o controfodera adesiva, fodera se necessaria, anelli, ganci e l'occorrente per il cucito. Prendete le misure per il bracciale. Tracciate su della carta da modelli una striscia larga 11 cm e lunga la metà della lunghezza totale del bracciale.

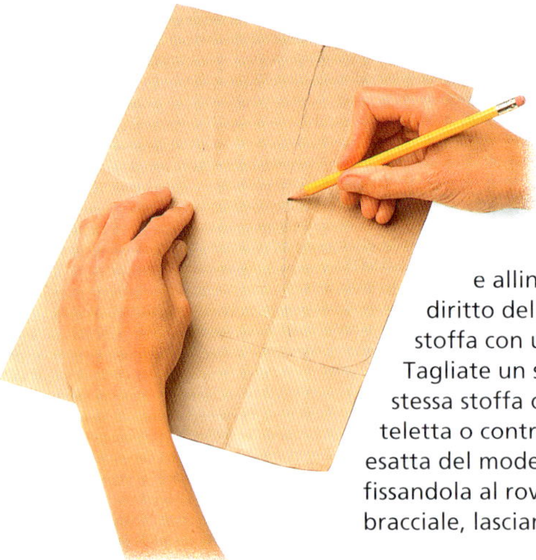

1 REALIZZARE IL CARTAMODELLO Disegnate sulla carta una mezzaluna con la punta arrotondata larga 5 cm circa. Tagliate, piegate a metà la stoffa e allineate alla piega il lato diritto del modello. Tagliate la stoffa con una tolleranza di 1,5 cm. Tagliate un secondo pezzo della stessa stoffa o di fodera e quindi la teletta o controfodera, della misura esatta del modello. Stirate la teletta fissandola al rovescio di un pezzo del bracciale, lasciando un bordo di 1,5 cm.

Attaccate la bordura appena dentro la cucitura

2 IMBASTIRE LA BORDURA Aprite la stoffa e misuratene il bordo per avere la lunghezza di cordoncino necessaria. Tagliate il cordoncino, aggiungendo 2,5 cm per poter sovrapporre le estremità. Appuntate e imbastite il cordoncino appena dentro la cucitura sul diritto del pezzo di stoffa che sarà in vista.

Appuntate e imbastite i pezzi lungo la linea di cucitura

3 ALLINEARE I PEZZI Appoggiate il pezzo interno del bracciale su quello esterno, diritto contro diritto, allineando i margini. Appuntate e imbastite lungo la cucitura, in modo che il cordoncino resti chiuso tra i due pezzi.

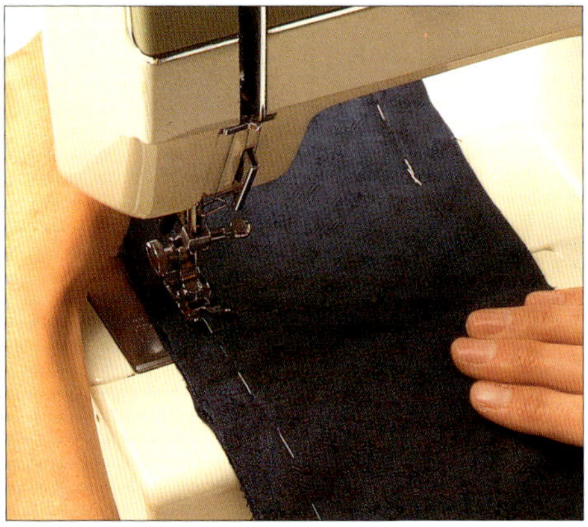

4 CUCIRE I PEZZI Cucite a macchina sull'imbastitura e sul cordoncino per fissarlo. Ricordatevi di lasciare un'apertura abbastanza grande per poter rivoltare poi il bracciale per il diritto.

5 INTAGLIARE LA TOLLERANZA Con delle forbici da sarta intagliate la tolleranza per distendere il tessuto e alleggerirlo (*vedi p. 18*). Rivoltate il bracciale per il diritto e stirate piatto.

6 RIFINIRE Piegate di sotto i margini vivi dell'apertura e chiudetela a sottopunto. Cucite gli anelli nel punto voluto all'estremità del bracciale; fissate il gancio al muro e avvolgete il bracciale attorno alla tenda. Aggiustate e modellate la tenda.

Quando fissate il bracciale controllate che il sottopunto sia all'interno

IL BRACCIALE FINITO

Bracciali con fiocchi

Per decorare un bracciale con dei fiocchi, procuratevi la stoffa necessaria, teletta adesiva, anelli, ganci e l'occorrente per il cucito. Tagliate due strisce di giusta lunghezza per il bracciale e larghe 8 cm, aggiungendo una tolleranza di 1,5 cm. Tagliate la teletta su misura senza tolleranza. Fatela aderire con il ferro al rovescio della stoffa, lasciando un bordo di 1,5 cm.

1 **CUCIRE IL BRACCIALE** Diritto contro diritto, appuntate e imbastite le strisce per il bracciale; cucite a 1,5 cm dal margine vivo e rasente il margine della teletta, lasciando un'apertura per poter poi rivoltare per il diritto. Rifilate la tolleranza a 6 mm dalla cucitura e intagliate agli angoli.

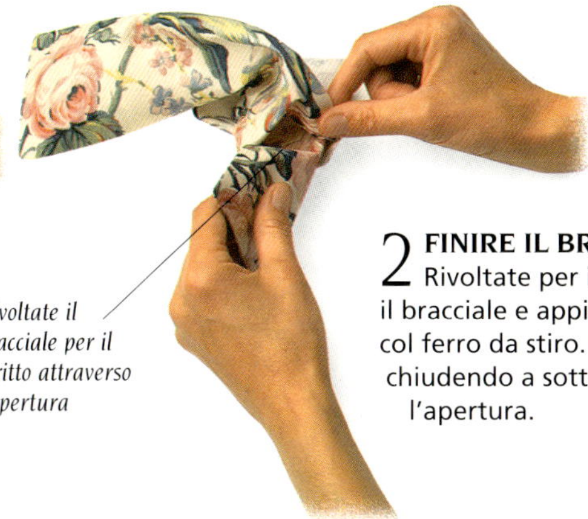

2 **FINIRE IL BRACCIALE** Rivoltate per il diritto il bracciale e appianate col ferro da stiro. Rifinite chiudendo a sottopunto l'apertura.

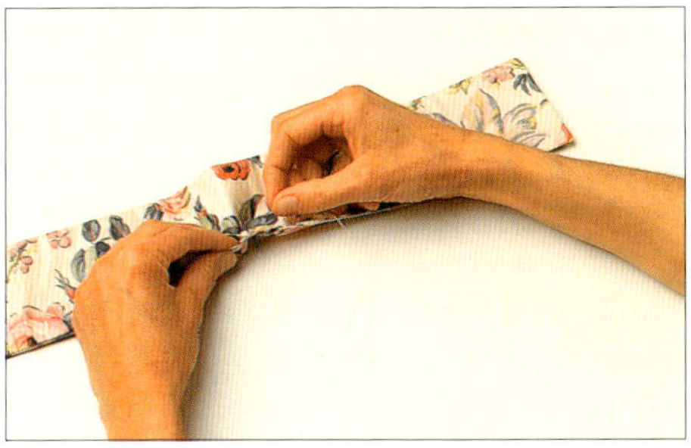

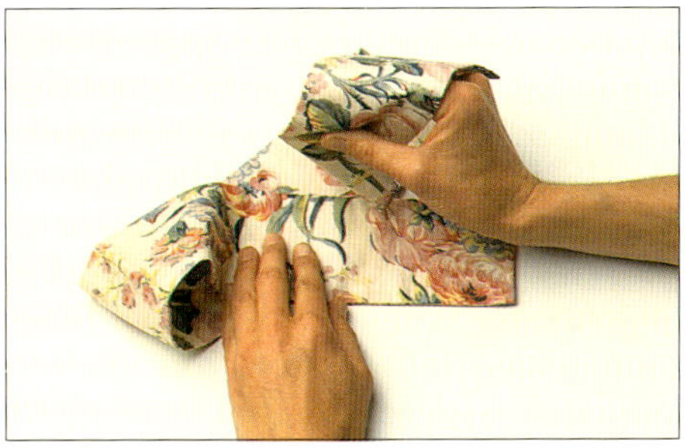

3 **REALIZZARE IL NASTRO PER IL FIOCCO** Sistemate diritto contro diritto due strisce di tessuto (93 x 11 cm), che appunterete, imbastirete e cucirete a 1,5 cm dal margine. Lasciate un'apertura. Rifilate le cuciture a 6 mm e intagliate gli angoli.

4 **INCROCIARE I CAPI** Piegate a metà il nastro accostando i capi e appuntate uno spillo al centro. Incrociate sopra al centro le due estremità per formare un fiocco. Per regolare cappi e code basta aggiustare al centro.

5 **CUCIRE IL FIOCCO** Dopo aver dato al fiocco la forma desiderata, con cappi e code uniformi, appuntate al centro. Per avere un fiocco più grande, seguite lo stesso procedimento, ma usate più stoffa. Fate un fiocco campione in calicò prima di tagliare la stoffa.

6 **CUCIRE IL NASTRO** Tagliate un quadrato di 11 cm di lato. Piegatelo a metà, diritto contro diritto. Imbastite e cucite a 1,5 cm dal margine più lungo per fare un manicotto. Rivoltatelo per il diritto e stirate piatto centrando la cucitura in un lato.

7 **FISSARE IL FIOCCO** Avvolgete il nastro attorno al centro del fiocco, con la cucitura all'interno. Ripiegate le estremità, avvicinandole per fissare il centro del fiocco. Saldatele a sottopunto.

8 **ATTACCARE IL NASTRO** Appoggiate su un piano il bracciale per il diritto e segnate il centro. Cucitevi il fiocco, controllando che sia diritto. Assicurate alle estremità del bracciale gli anelli e avvolgetelo attorno alla tenda. Agganciate il bracciale al muro e aggiustate o modellate secondo necessità la tenda.

Il bracciale finito

Mantovane e Balze

Le mantovane e le balze, oltre a costituire un elemento decorativo per la cornice superiore dei tendaggi, bloccano gli spifferi d'aria dalla finestra. Le mantovane sono costituite da una struttura rigida o semirigida rivestita di stoffa, solitamente la stessa della tenda. Viene fissata sopra la finestra ad un'asse montata su sostegni a L da cui pendono ai lati altri due pezzi. L'asse non deve necessariamente essere resistente perché il peso da portare non è molto. La balza non è che un'arricciatura più ampia attaccata a un binario indipendente di fronte alla tenda, oppure può essere fissata alla tenda stessa.

Mantovana semplice

La mantovana deve essere leggermente più lunga dell'ampiezza della tenda, in modo da non soffocarla, e deve essere abbastanza distaccata dalla tenda in modo che quando la tenda viene aperta e chiusa non vi rimanga incastrata. L'altezza della mantovana dipende dalla lunghezza e dallo stile dei tendaggi: è buona norma comunque che questa sia un ottavo circa dell'altezza della tenda finita. Procuratevi stoffa e fodera, controfodera di peso medio (o bump), tela rigida, velcro, un pennarello, pennello da decoratore, forbici robuste, graffettatrice e l'occorrente per il cucito.

1 **TAGLIARE LA TELA RIGIDA** Misurate e tagliate la tela rigida della lunghezza e dell'altezza dell'asse, tenendo conto anche dei pezzi sistemati ai lati. Usate delle forbici robuste, non da sarta, perché con la tela potrebbero perdere il filo.

2 **INCIDERE I LATI** Segnate sulla tela il punto in cui i pezzi laterali formano l'angolo con l'asse e incidete una linea con il dorso delle forbici. Tagliate la controfodera aggiungendo una tolleranza tutt'intorno di 1,5 cm. Se si tratta di una stoffa fantasia o rigata, fate attenzione a centrare il disegno e far combaciare i riporti, come pure a rispettare il dritto filo. Tagliate la stoffa con una tolleranza di 3 cm tutt'intorno.

3 **INUMIDIRE I MARGINI** Centrate la tela rigida sulla controfodera e inumiditene leggermente i margini con dell'acqua: un piccolo pennello da decoratore è perfetto per questo compito. La tela inumidita diventa leggermente adesiva.

4 **FISSARE LA CONTROFODERA** Ripiegate i margini della controfodera sopra i margini inumiditi della tela. Premete con forza con le dita e fissate la controfodera con delle mollette da biancheria.

5 **RIFILARE LA CONTROFODERA** Stirate i margini con un panno umido, togliendo le mollette a mano a mano che procedete con il lavoro. Il calore farà aderire la controfodera alla tela. Rifilate la controfodera in eccesso agli angoli di modo che la stoffa aderisca facilmente alla tela e alla controfodera.

6 **ATTACCARE LA STOFFA** Centrate il pannello sul rovescio della stoffa. Inumidite i margini della tela all'interno del margine controfoderato. Ripiegate la stoffa sul pannello, sovrapponendola alla controfodera. Squadrate gli angoli. Distendete la stoffa e appuntate. Stirate i bordi con un panno umido.

7 **ATTACCARE LA FODERA** Piegate di sotto i margini della fodera di 2 cm al rovescio. Squadrate gli angoli e stirate. Appuntate la fodera e cucite a sottopunto.

8 FISSARE IL VELCRO Fissate la struttura sopra la finestra (*vedi p. 43*), in modo che la mantovana copra il bordo superiore della tenda. Tagliate il velcro della lunghezza dell'asse e fissatevi la fettuccia con i ganci. Cucite a sottopunto la fettuccia ad occhielli al retro della mantovana.

9 ATTACCARE LA MANTOVANA Piegate lungo le linee incise che segnano l'angolo tra asse e pezzi laterali. Attaccate il pannello alla struttura allineando le due fettucce di velcro e premendole con forza.

La mantovana finita

Mantovana a merlatura

Tagliate la tela rigida delle dimensioni del pannello, lati compresi. Fate un cartamodello delle dimensioni del frontalino. Piegate prima a metà e segnate il centro, poi in quarti o in ottavi. Procuratevi stoffa da tenda e da fodera, controfodera di peso medio, tela rigida, velcro, un pennarello, forbici robuste, pennello da decoratore e l'occorrente per il cucito.

1 DISEGNARE IL CARTAMODELLO Tracciate un rettangolo in cui due lati siano un angolo piegato del cartoncino, di modo che tagliandolo ne risulti una dentellatura al centro del pannello; ne risulterà un merlo se invece di disegnarlo alla piegatura lo farete all'altro angolo, come illustrato sotto.

2 TAGLIARE IL MODELLO Tagliate il modello e apritelo. Se il rettangolo era esattamente alla metà del modello piegato, la merlatura sarà uniforme.

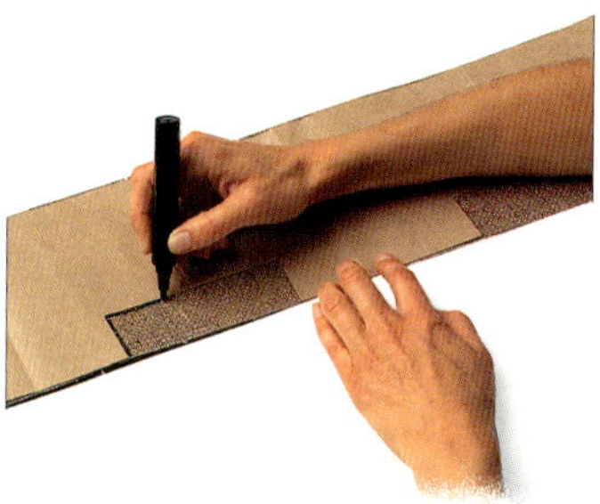

3 MARCARE IL MODELLO Fissate con del nastro adesivo il modello sulla tela rigida. Segnate con un pennarello. Alle estremità del modello, segnate sulla tela l'angolo tra il fronte e i lati della mantovana.

4 TAGLIARE LA TELA RIGIDA Con il dorso della forbice incidete sulla linea che indica l'angolo tra il fronte e i lati della mantovana. Tagliate il modello disegnato sul fondo della parte frontale della mantovana con delle forbici robuste, non da sarta, perché potrebbero perdere il filo.

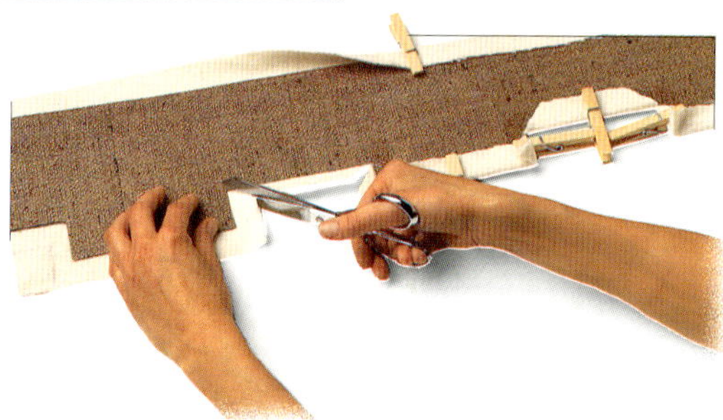

5 TAGLIARE LA CONTROFODERA Tagliate controfodera, fodera e stoffa con una tolleranza di 1,5 cm, facendo attenzione agli eventuali disegni e riporti, se la stoffa è fantasia o rigata, e a rispettare il dritto filo prima di tagliare. Centrare la tela sagomata sulla controfodera e intagliate gli angoli interni.

6 RIFILARE Inumidite i margini della tela con un pennello e fissate con delle mollette la controfodera alla tela. Stirate la controfodera con un panno umido. Rifilate gli angoli. Centrate il pannello sul rovescio della stoffa e intagliate gli angoli interni.

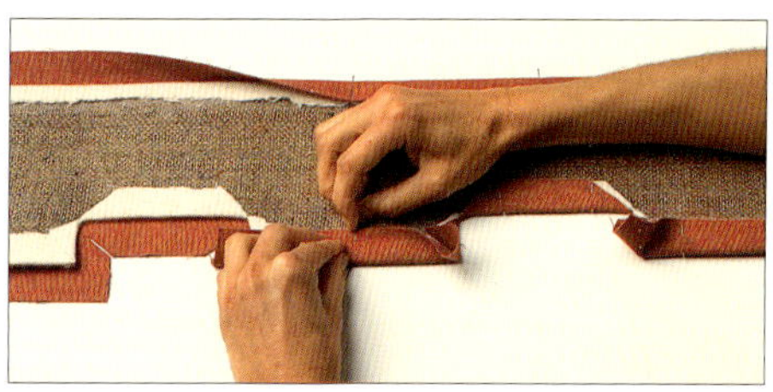

7 ATTACCARE LA STOFFA Piegate la stoffa sui margini della mantovana e appuntatela alla controfodera. Distendetela e cucitela alla controfodera con punti corti di imbastitura. Rifilate agli angoli, appendetela come una mantovana semplice.

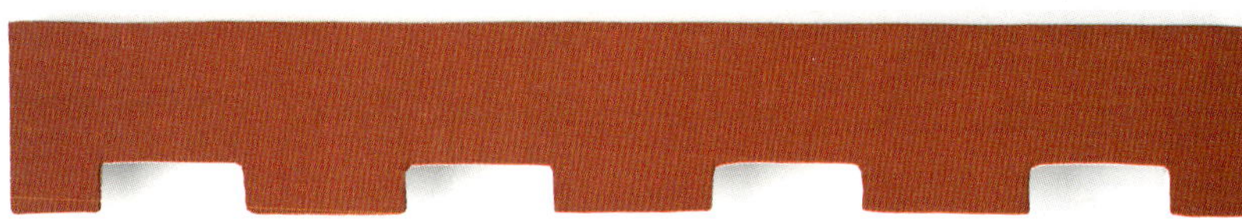

La mantovana finita

Mantovana sagomata in legno

Decidete le dimensioni da dare alla mantovana (*vedi p. 66*) e tagliate la parte frontale e i lati. Tagliate fodera e controfodera della stessa misura, aggiungendo una tolleranza di 1,5 cm.

Procuratevi compensato o cartone robusto, stoffa da tende e da fodera, controfodera, anelli da tenda, colla da tappezziere, nastro e l'occorrente per il cucito.

1 ATTACCARE LA CONTROFODERA Centrate la parte frontale della mantovana sulla controfodera, sui cui margini farete delle tacche seguendo la forma. Spalmate della colla sui bordi del frontalino e premetevi con forza la controfodera. Procedete così anche per le parti laterali.

2 TAGLIARE LA STOFFA Ricordandovi di tener conto dei riporti nelle stoffe fantasia o rigate e di rispettare il dritto filo, appoggiate la parte frontale controfoderata sul rovescio della stoffa. Tagliate con una tolleranza di 3 cm. Procedete allo stesso modo per i pezzi laterali.

3 ATTACCARE LA STOFFA Fate delle tacche sulle curve e piegate la stoffa sui bordi. Appuntate, distendendo bene la stoffa sul pannello. Incollate la stoffa e premete con forza. Rivestite i pezzi laterali alla stessa stregua.

4 PREPARARE LA FODERA Disegnate la sagoma della parte frontale e dei pezzi laterali sulla fodera. Fate delle tacche sulle curve e ripiegate i margini sul rovescio di 2 cm. Squadrate gli angoli e stirate.

Fissate a sottopunto la fodera al retro del pannello

5 ATTACCARE LA FODERA Sistemate la stoffa per il diritto dietro al pannello già preparato. Fissatela a sottopunto lungo il bordo, lasciando un lato aperto. Procedete allo stesso modo per i pezzi laterali, lasciando un lato aperto.

Fissate a sottopunto fodera, stoffa e cordoncino assieme per chiudere l'apertura

6 BORDARE IL PANNELLO FRONTALE Misurate i bordi del pannello frontale e tagliate il cordoncino della lunghezza corrispondente. Partendo dall'apertura lasciata nella cucitura, rimboccate le estremità sotto la fodera. Fissate a sottopunto il cordoncino ai bordi del pannello, chiudendo anche l'apertura quando fissate il cordoncino.

7 BORDARE I PEZZI LATERALI Misurate i quattro lati del pezzo e tagliate il cordoncino della lunghezza corrispondente. Fissate a sottopunto il cordoncino ai tre lati, rimboccando in sotto le estremità e chiudendo l'apertura. Cucite a sottopunto la fodera della stoffa.

8 FISSATE GLI ANELLI Fissate delle piccole viti sul bordo superiore dell'asse. Cucite gli anelli da tenda dietro alla parte frontale e ai lati, sotto il cordoncino, allineati con gli attacchi sull'asse. Appendete.

La mantovana finita

BALZA SEMPLICE CON BORDURA

Procuratevi stoffa, fodera, striscia in sbieco, nastro per arricciatura, asta per mantovana, attacchi e l'occorrente per cucire. Scegliete il nastro arricciatore e calcolate l'ampiezza della tenda (la balza ha più volume della tenda). In caso di pannelli aggiunti, lasciate al centro il pannello più grande, saldando gli altri a cucitura piatta. Decidete la lunghezza della balza e tagliate la stoffa con una tolleranza di 2,5 cm ai lati e di 4 cm al bordo superiore. Tagliate la fodera togliendo tutt'intorno 2 cm rispetto alla stoffa. Disponete stoffa e fodera diritto contro diritto, allineando i margini inferiori. Appuntate, imbastite e cucite ai lati. Stirate le cuciture aperte e rivoltatele per il diritto. Stirate piatto, centrando la fodera così che le cuciture siano sul lato foderato, a 2 cm dai margini piegati. Piegate di 4 cm il bordo superiore sulla fodera e stirate.

1 **ATTACCARE IL NASTRO** Allineate il nastro per l'arricciatura al bordo superiore. Appuntate, imbastite e cucite come un normale nastro per tenda (*vedi p. 54*).

2 **BORDARE** Realizzate una striscia in sbieco della lunghezza della balza. Attaccatela (*vedi p. 18*). Arricciate e saldate il nastro, inserite i ganci e appendete la balza sull'apposita asta.

LA BALZA FINITA

BALZA COORDINATA

Per una balza per una tenda liscia foderata a tubo procuratevi stoffa, frangia, bordura, nastro arricciatore e l'occorrente per il cucito. Tagliate la stoffa della larghezza della tenda, aggiungendo 11 cm per risvolti e giunte. L'altezza varia da un quinto a un sesto di quella della tenda, più 1,5 cm per i risvolti: togliete 8 cm all'ampiezza della fodera e mantenete la stessa altezza. Tagliate la frangia a 5,5 cm in meno della lunghezza della balza. Attaccatela al diritto della stoffa a 1,5 cm dall'orlo. Allineate diritto contro diritto i margini superiori di fodera e stoffa. Cucite i lati a 1,5 cm dal margine. Stirate le cuciture aperte e rivoltate per il diritto Piegate la tolleranza con la frangia al rovescio e stirate.

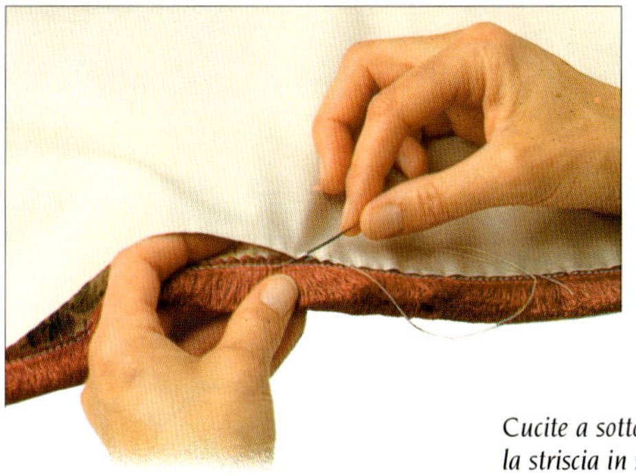

1 **ATTACCARE LA FODERA** Piegate in sotto di 1,5 cm il fondo della fodera. Stirate e cucite a sottopunto il lato posteriore del margine con la frangia.

2 **ATTACCARE LA BALZA** Distendete per il diritto la tenda su un piano ampio. Allineate per il diritto i margini superiori della tenda e della balza. Appuntateli e imbastiteli.

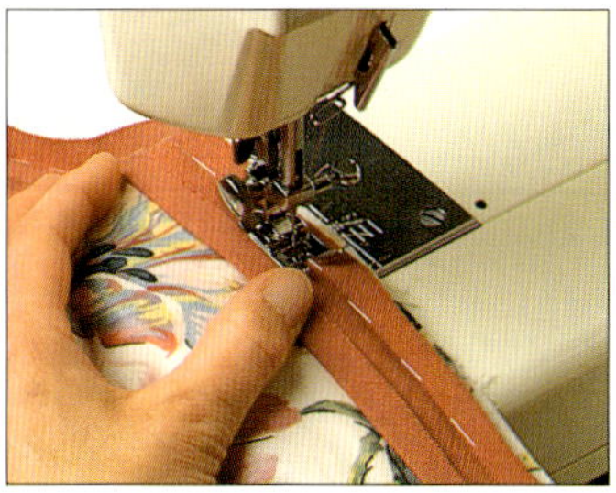

3 **FISSARE LA BORDURA** Tagliate la striscia di sbieco della lunghezza della balza. Allineate i margini vivi di sbieco e tenda con la balza. Appuntate, imbastite e cucite la bordura. Rifilate la tolleranza a 3 mm.

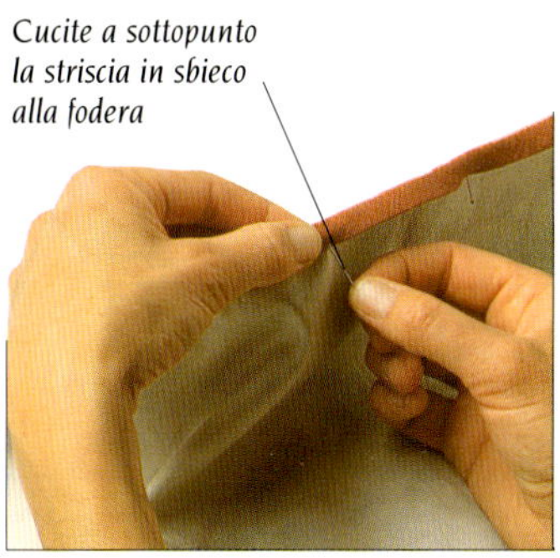

4 **CUCIRE LA BORDURA** Ripiegate la striscia in sbieco sui margini vivi di balza e tenda; appuntate. Cucite a sottopunto dalla parte della fodera.

5 **ATTACCARE IL NASTRO** Appuntate, imbastite e cucite il nastro arricciatore alla tenda appena sotto la bordura prendendo tutti gli strati di tessuto. Arricciate il nastro, infilate i ganci, appendete e modellate la tenda (*vedi p. 57*).

LA BALZA FINITA

Sistemi alternativi di sostegno
Quando il tempo a disposizione è limitato e l'abilità nel cucito scarsa, possono risultare molto utili le strisce di velcro e le piccole clip. Qui, le mensole sotto il bancone della cucina sono state coperte con tendine, attaccate al bordo del piano di lavoro con il velcro. Le tendine della finestra sono invece state appese con piccole clip attaccate a un bastone di metallo. Entrambi i sistemi garantiscono una rapida rimozione del tessuto e un facile lavaggio.

Mantovana Pompeiana

Le mantovane pompeiane, tra i più signorili ed elaborati decori, integrano e fanno risaltare i vostri tendaggi funzionali all'interno di soggiorni eleganti. Il loro effetto decorativo viene esaltato qualora siano usate per finestre di stanze con un soffitto alto. Il drappeggio e i pannelli che le compongono vengono realizzati separatamente; saranno in un secondo tempo appesi sopra la finestra con l'aiuto di una cucitrice, restando un elemento indipendente dai tendaggi. Confezionatele con la stessa stoffa delle tende, rifinendo i pannelli con un'arricciatura, del cordoncino o passamaneria.

Realizzare il drappeggio

Procuratevi la stoffa della tenda, fodera, nastro adesivo protettivo, una struttura per mantovana completa dei pezzi laterali (*vedi p. 43*) e l'occorrente per il cucito. Misurate la parte frontale: questa è l'ampiezza del drappeggio finito; il drappeggio più ampio invece deve essere da un sesto a un ottavo la lunghezza della finestra.

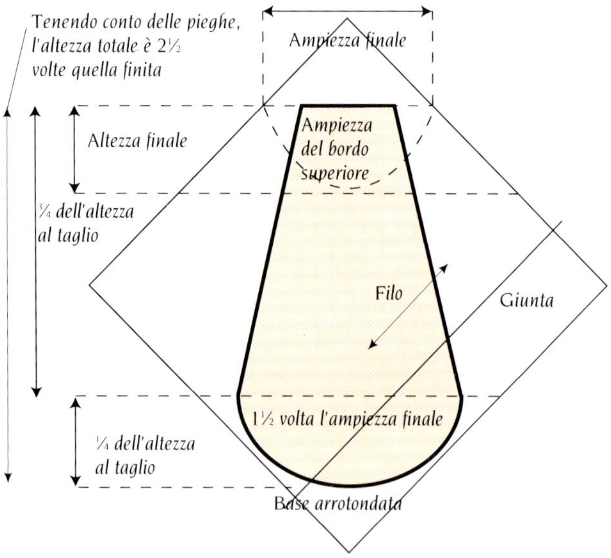

1 DISEGNARE IL MODELLO Seguendo lo schema qui a fianco, disegnate su carta il modello della misura voluta, aggiungendo una tolleranza di 1,5 cm. Il modello ritagliato va appuntato sullo sbieco della stoffa.

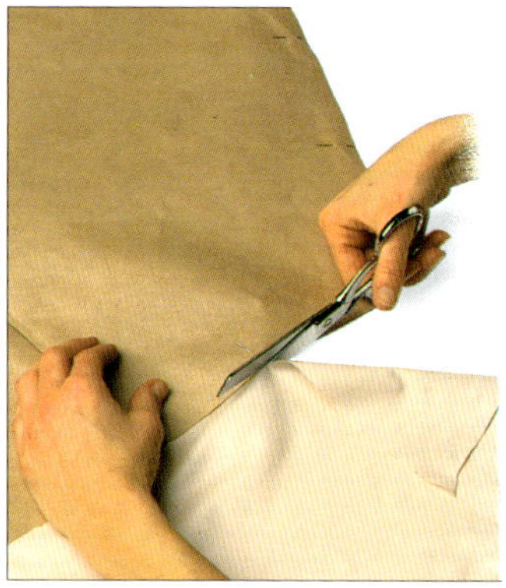

2 TAGLIARE LA STOFFA Tagliate la fodera sul modello, che poi toglierete. Appuntatela alla stoffa, sempre sullo sbieco. Tagliate, facendo le giunte necessarie sul dritto filo a cucitura piatta (*vedi p. 18*).

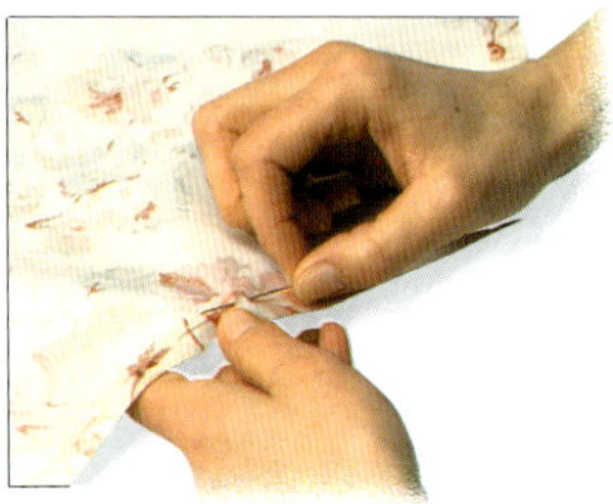

3 RIVOLTARE L'ORLO Togliete gli spilli. Piegate un orlo di 1,5 cm sul rovescio della stoffa. Imbastite e cucite a punto mosca (*vedi p. 22*). Fate delle tacche alla base arrotondata per alleggerirla (*vedi p. 18*). Orlate la fodera come la stoffa e stirate.

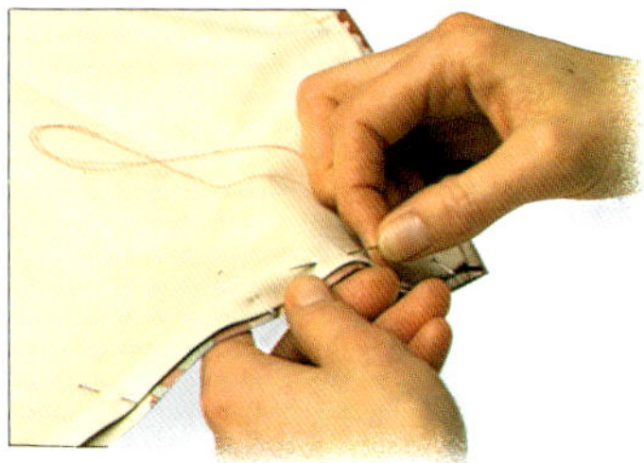

4 IMBASTIRE LE STOFFE Rovescio contro rovescio imbastite assieme i margini diritti di stoffa e fodera.

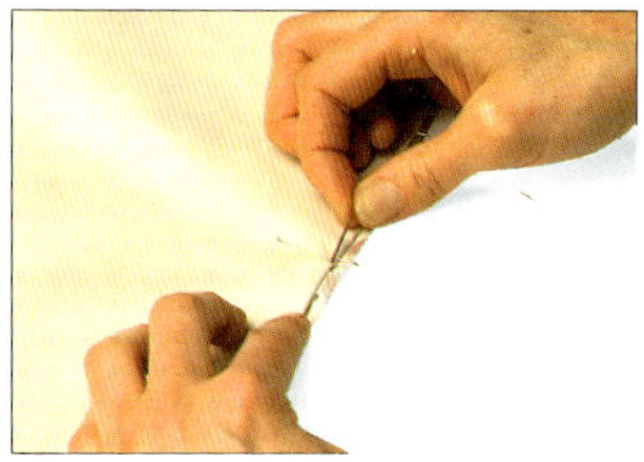

5 CUCIRE LA BASE ARROTONDATA La base sarà vista nel drappeggio finito e per evitare che la fodera si noti cucitela a sottopunto.

6 APPENDERE LA STOFFA Attaccate al bordo di un tavolo con del nastro adesivo una striscia di stoffa più lunga del drappeggio finito. Segnatevi il centro e la lunghezza finale del drappeggio come riferimento. Appuntate il centro del bordo superiore del drappeggio al centro della striscia di stoffa e i bordi esterni ai punti segnati sulla stoffa.

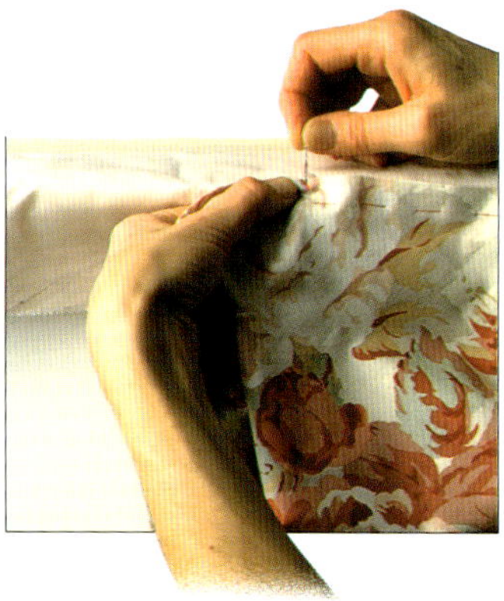

7 RIPIEGARE LA STOFFA Fate delle pieghe uniformi cominciando dall'esterno sui lati più lunghi della stoffa, di modo che la piega centrale sia sovrapposta al centro del bordo superiore. Procedete in modo simmetrico per l'altro lato. Appuntate le pieghe. Potete aiutarvi anche con un pennarello a inchiostro simpatico per contrassegnare le pieghe. Togliete gli spilli che fissano il drappeggio al tavolo.

8 CUCIRE LE PIEGHE Imbastite e cucite le pieghe sul bordo superiore. Per la bordura del bordo superiore, tagliate una striscia della stoffa larga 5 cm e della lunghezza della mantovana, più 3 cm. Diritto contro diritto allineate un margine della bordura (*vedi p. 18*) al margine superiore del drappeggio. Cucite a 1,5 cm dal margine.

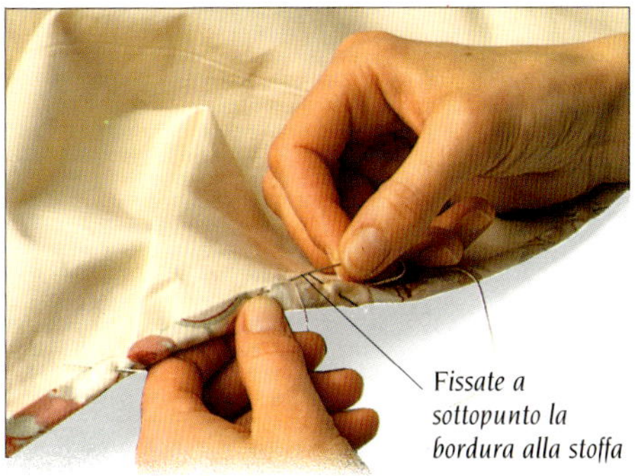

9 RIFINIRE LA BORDURA Per completare il drappeggio, ripiegate la bordura sul margine della stoffa. Rimboccate i margini vivi della bordura e cucite a sottopunto.

Realizzare i pannelli

I pannelli, fissati ai lati del drappeggio, possono essere foderati con stoffa contrastante o con la stessa stoffa. Procuratevi la stoffa, la bordura necessaria, una graffettatrice e l'occorrente per cucire. Confezionate i pannelli simmetricamente in coppia. Decidete la lunghezza finale dei pannelli (A). La lunghezza del lato minore (B) deve essere di circa 15 cm. Calcolate l'ampiezza del bordo superiore (C), tenendo conto dei pezzi laterali: decidete numero e ampiezza delle pieghe. Raddoppiatelo e moltiplicatelo per l'ampiezza della piega.

1 REALIZZARE IL MODELLO Disegnate e ritagliate un modello a grandezza reale di un pannello, aggiungendo una tolleranza di 1,5 cm. Disegnate gli angoli con una squadra.

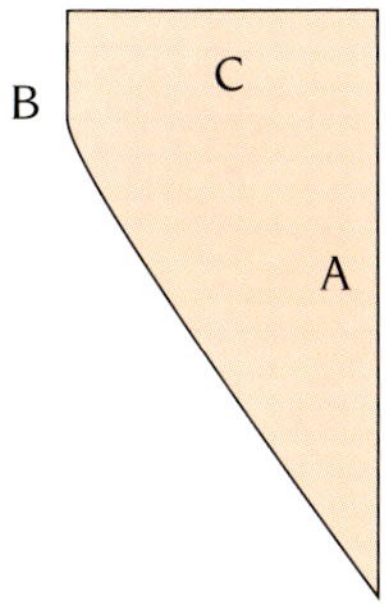

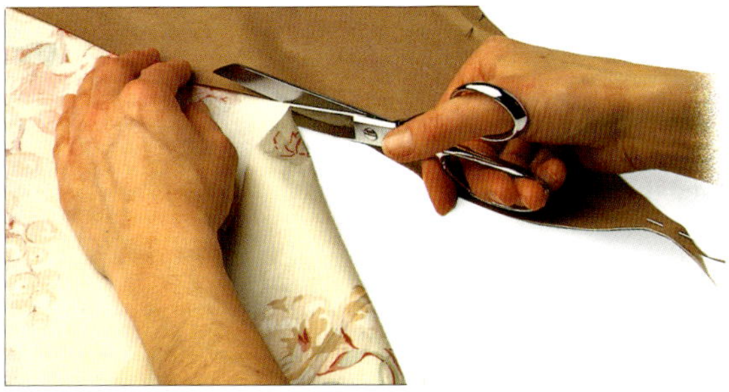

2 TAGLIARE LA STOFFA Appuntate il modello sulla fodera per il diritto filo e tagliate. Togliete il modello dalla fodera. Procedete allo stesso modo per marcare e tagliare la stoffa. Realizzate un cordoncino (*vedi p. 24*) della lunghezza del bordo.

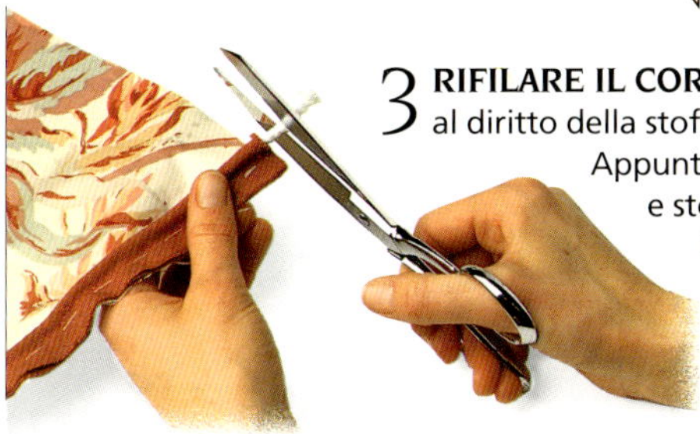

3 RIFILARE IL CORDONCINO Imbastitelo al diritto della stoffa e rifilate le estremità. Appuntate diritto contro diritto fodera e stoffa. Imbastite e cucite lasciando il margine superiore aperto per rivoltare il pannello. Cucite il cordoncino con il piedino per cerniere. Rivoltate e stirate. Imbastite il bordo superiore.

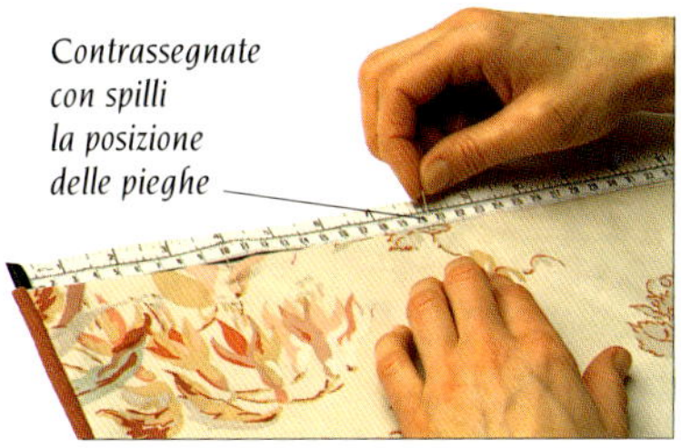

4 SEGNARE LE PIEGHE Sistemate la stoffa per il diritto su un piano: partendo dal margine più breve misurate e segnate con spilli la posizione delle pieghe lungo il bordo superiore.

5 APPUNTARE LE PIEGHE Appuntate le pieghe lasciando l'ultima aperta per poterla sistemare sul pezzo laterale della mantovana. Imbastite e cucite lungo il bordo superiore. Per la bordura, tagliate una striscia larga 5 cm della stessa stoffa e della lunghezza del bordo superiore. Per attaccarla procedete come ai punti 8 e 9 sopra.

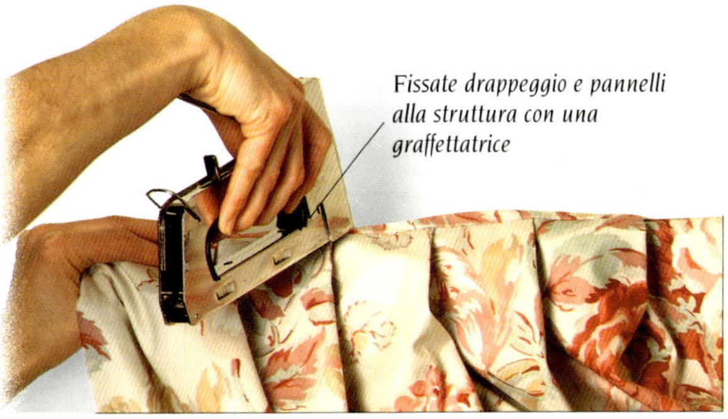

6 ATTACCARE DRAPPEGGIO E PANNELLI Fissate il drappeggio e i pannelli con graffette o con punti da tappezziere. Controllate che il drappeggio sia centrato e fissatelo con punti o graffette alla parte frontale della mantovana. Attaccate i pannelli ai pezzi laterali e al pezzo frontale della mantovana.

LA MANTOVANA FINITA

Tendine

All'inizio, quattro secoli fa, erano poco più che pezzi di stoffa messi davanti alle finestre per proteggere la mobilia dagli effetti distruttivi del sole. Oggi hanno conquistato a buon diritto un loro posto come decorazione vera e propria delle finestre. Oltre ad essere intrinsecamente pratiche, le tendine sono facilmente realizzabili in stili, dimensioni e materiali diversi e vanno dalla semplicità della tendina a rullo all'eleganza d'altri tempi della tendina austriaca o a festoni. Troverete in questo capitolo tutte le informazioni necessarie per realizzare e montare tendine a rullo, a pacchetto e a festoni.

Tendine a pacchetto in voile di cotone
Se la privacy non è una priorità, una tendina in voile può aggiungere colore e permettere alla luce naturale di filtrare nella stanza. Cuciture leggere e orli invisibili conferiscono un aspetto delicato che ammorbidisce il contorno della finestra.

La Scelta dello Stile

Le tendine da finestre si possono suddividere in due categorie: semplici e a gale. La prima comprende tendine a rullo, semplici a legacci, a ganci e a pacchetto, caratterizzate dal fatto che una volta abbassate rimane una superficie piatta. Hanno solitamente un aspetto sobriamente rifinito e una volta aperte lasciano entrare il massimo di luce. Nel secondo gruppo rientrano le tendine a mongolfiera e a festoni, che rendono un effetto più vaporoso e pieno. Ricordatevi quando scegliete lo stile per un ambiente che una tendina a gale, anche quando è completamente alzata, coprirà sempre una parte della finestra.

Soluzione a lucernario
La luce che penetra da un lucernario rende una stanza ariosa, ma con il passare del tempo può deteriorare i tessuti. È necessario, allora, scegliere bene le stoffe. Qui, una tendina in cotone naturale conserva alla stanza il suo stile freddo. Affinché le tende siano aderenti, sono stati studiati degli appositi supporti da muro.

Lino naturale
Se la stanza riceve molta luce e la tendina è di tela grezza, lasciate una parte di quest'ultima in vista in modo che mantenga un legame visivo con gli altri tessuti e con il resto dell'arredamento.

Tendine divisorie in bambù
Poco costose, le tendine di bambù sono facili da tagliare e da posizionare e perciò adatte a finestre piccole o particolari. Lasciate grezze, come qui, armonizzano con gli interni in legno naturale, fungendo da complemento allo stile coloniale della stanza. Se le tendine di bambù sono il solo sistema di vestire una finestra, copritele con un leggero cotone o con un voile per avere più isolamento e privacy.

Tendine triple
Aggiungere un bordo alla tendina ne enfatizzerà la forma e donerà un aspetto ben rifinito alla finestra. Il meccanismo di queste tendine a pacchetto è inserito discretamente all'interno di una rientranza del muro e allineato con il soffitto ribassato, così da creare un effetto ordinato. Il cordino di regolazione rovinerebbe le linee pulite delle tendine che così, quando non vengono usate, sono assicurate alla cornice della finestra.

MATERIALI MODERNI
Il denim è un tessuto resistente e moderno, un'ottima scelta per un interno contemporaneo. Azionata da una linguetta di cuoio, la tendina a rullo richiederà cuciture resistenti a mano o a macchina.

PIEGHE MORBIDE
Per semplici tendine annodate scegliete un tessuto leggero che ricade con pieghe morbide. Lasciatelo senza fodera o diventerà voluminoso e irregolare.

TENDE IN MURI RIENTRANTI
Per posizionare una tenda in una rientranza, lasciate 6 mm tra i bordi del tessuto e il muro per permettere un certo agio. I meccanismi laterali di regolazione possono richiedere ulteriore spazio per lo scorrimento di un cordoncino.

COTONINA STAMPATA
Una volta trattata con un liquido rinforzante, la cotonina stampata può essere usata per tendine a rullo. Il trattamento, oltre ad avere proprietà assorbenti, lascia un effetto durevole e pulito. Nelle zone come cucina e bagno, soggette a umidità e condensa, assicuratevi che questo liquido contenga un fungicida anti-muffa.

TENDINE BUCHERELLATE
Un vivace accostamento di giallo canarino e bianco dà a questa finestra un aspetto solare. Il tessuto della tendina è traforato e, crea un interessante gioco di luci. L'orlo inferiore è stato tagliato e la sottile asta di plastica serve da linguetta da tirare e da stecca per mantenere l'orlo rigido.

Confezionare le Tendine

Uno dei criteri fondamentali che devono informare la vostra scelta dello stile per le tendine è l'effetto che desiderate abbiano una volta alzate e abbassate. Le tendine a pacchetto, a nastro o agganciate offrono, una volta abbassate, una superficie liscia, mentre alzate occupano meno spazio delle tendine a gale. Le tendine a mongolfiera e a festoni d'altro canto hanno un aspetto migliore se abbassate, poiché risaltano nell'ambiente circostante, pur conservando un aspetto molto elegante anche alzate. Indipendentemente dalle tendine che realizzerete, l'importante è misurare con precisione l'area della finestra prima di iniziare.

Attrezzi e accessori

Per una tendina a pacchetto, a rullo o a gale procuratevi l'occorrente per il cucito e attrezzi per i lavori domestici (*vedi p. 218*). Fissate la stoffa al rullo o all'assicella con una cucitrice o con bullette e martello da tappezziere. Tagliate le astine, le aste di sostegno e il rullo con un saracco. Sistemate la corona e il perno con un martello da tappezziere dalla parte del rullo che avete ridotto. I sistemi di sostegno vanno montati con delle viti all'intelaiatura o alla parete servendovi di metro a nastro, livella, punteruolo, trapano elettrico e punte, cacciavite, rivelatore di metalli e tasselli.

Tendine a rullo
È facile montare una tendina a rullo se acquistate uno dei kit in commercio completi di tutti i pezzi. Apprettate la stoffa secondo le istruzioni riportate sulla confezione.

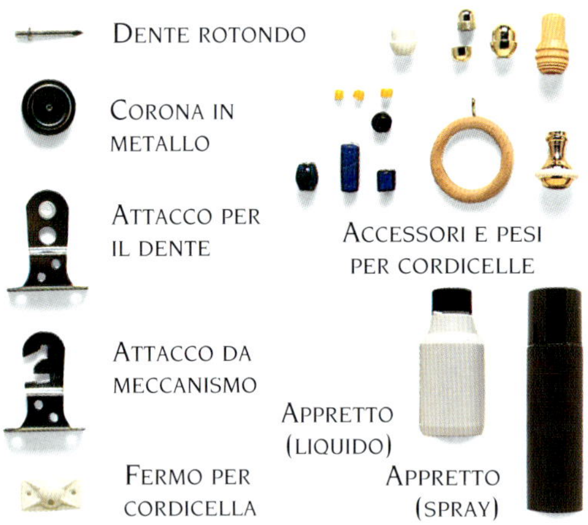

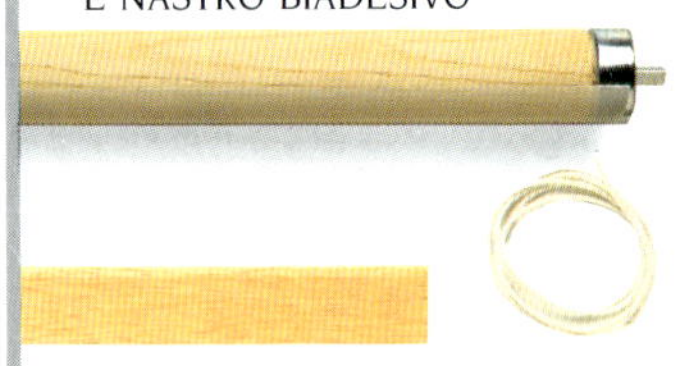

Tendine a pacchetto
È un tipo di tendina che si raccoglie in pieghe, alzata tramite cordicelle e anelli di plastica cuciti lungo i bordi laterali. Astine di legno ne sottolineano le pieghe. Le cordicelle sono assicurate a un gancio doppio.

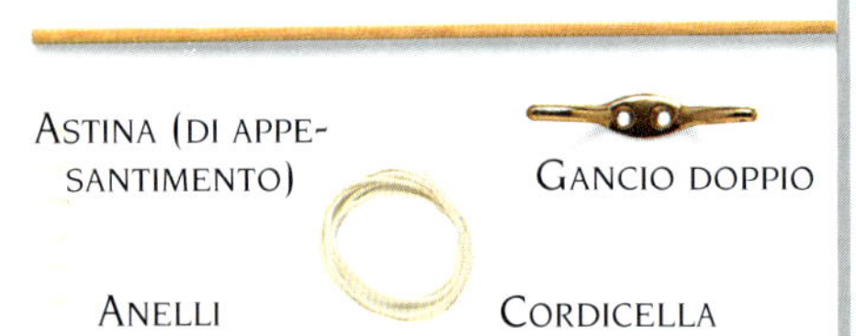

Tendine semplici
Il bordo superiore di queste tendine è fissato da un velcro cucito ad un'asta di sostegno. Appendete una semplice tendina con dei ganci ad un'asta montata su due ganci di sostegno.

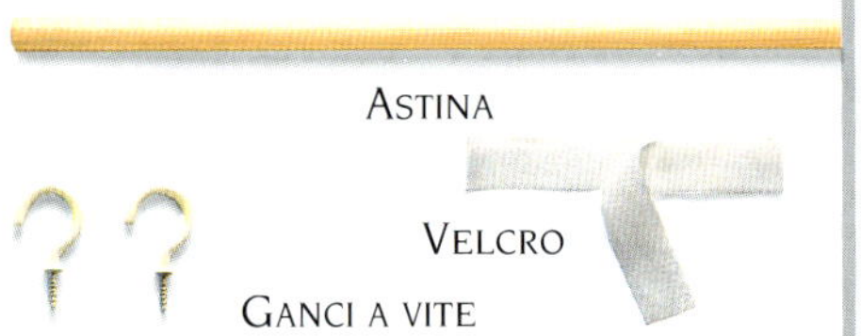

Tendine a gale
Il nastro arricciatore per tendine a mongolfiera o a festoni disponibile con corde e anelli va attaccato in verticale. Appendetele ad un binario o a un'asta di sostegno. Assicurate le cordicelle a un gancio doppio.

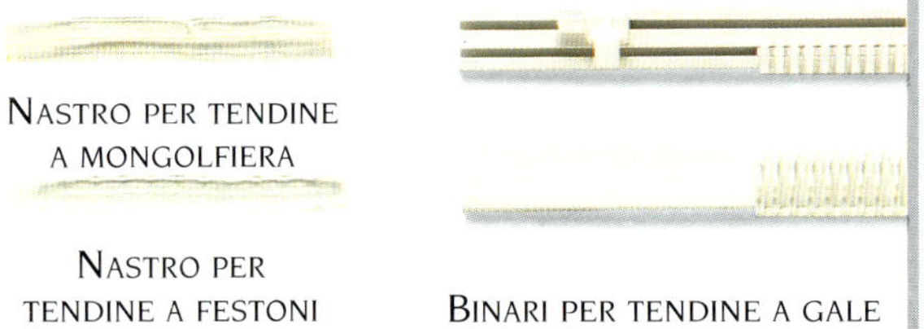

Misurare la finestra

Se sistemate la tendina all'interno dell'incassatura, misurate la lunghezza dal punto in cui la fisserete al davanzale. La larghezza finale deve essere di 3 cm in meno dell'incassatura. Per una tendina fissa all'esterno, misurate la lunghezza dal sistema di sostegno a 5 cm sotto il davanzale. La larghezza finale deve essere 5 cm maggiore dell'incassatura perché la luce non filtri dai lati.

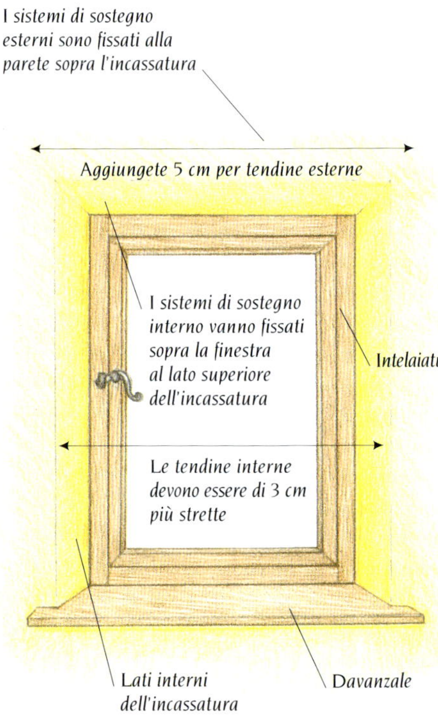

Tendine a Rullo

Le tendine a rullo si distinguono dagli altri tipi per il meccanismo a molla che permette di alzare e abbassare la stoffa. Completamente chiuse coprono lo specchio della finestra ma lasciano filtrare la luce nella stanza se la stoffa non è troppo pesante. Quando la tendina esterna sopra la finestra è alzata, la finestra è completamente visibile. Potete abbellire una tendina a rullo con guarnizione decorativa al bordo inferiore.

Semplice tendina a rullo

Scegliete una stoffa per tendine a rullo oppure apprettate una stoffa leggera. Potete fissare i sostegni all'intelaiatura o alla parete. Se acquistate un rullo troppo lungo, potete ridurlo a misura. Montando i sostegni ricordate di allinearli orizzontalmente alla finestra. Riducete il rullo alla distanza tra i sostegni, riducendo di ulteriori 3 mm per la corona.

Fissate la corona e sistemate il dente con il martello, secondo le istruzioni riportate sulla confezione. Prendete le misure della tendina, controllando che sia montata correttamente sui sostegni. Aggiungete 30 cm alla lunghezza così che una volta abbassata il rullo resti coperto di stoffa, e per la guaina in fondo dove va infilata l'asta di appesantimento.

1 **FISSARE I SOSTEGNI** Se montate il sistema di sostegno entro l'incassatura, mantenetevi a 2 cm dal bordo superiore. Fissate l'attacco per il dente quadrato alla sinistra della finestra, quello per il dente rotondo alla destra. Su un'intelaiatura segnate le posizioni per le viti e fate dei fori guida con un punteruolo. Sulla parete, controllate la presenza di fili elettrici con un rivelatore di metalli. Contrassegnate, fate il foro con il punteruolo e poi con il trapano e inserite i tasselli.

2 **MARCARE LA STOFFA** Prendete le misure per la tendina e marcate le dimensioni. Tagliate facendo attenzione che gli angoli siano a 90°, perché la tendina si avvolga e svolga correttamente. Unite delle larghezze sovrapponendo i margini di 1 cm e cucendo rasente ai margini vivi (quando calcolate la stoffa tenetene conto per eventuali giunte).

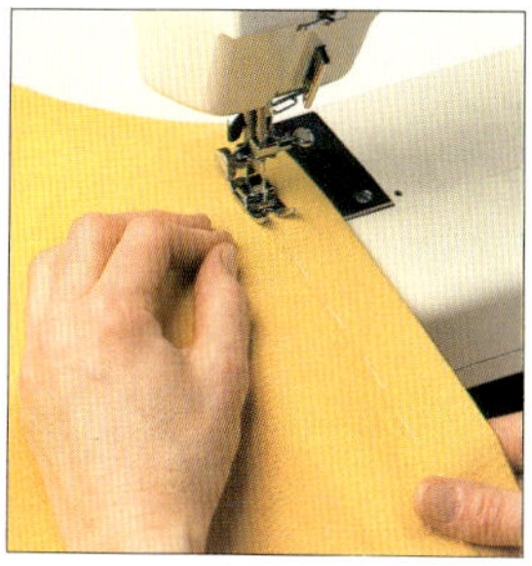

3 **CUCIRE LA GUAINA** Orlate a zig-zag il fondo (*vedi p. 18*). Sistemate l'asta sul rovescio della stoffa. Ripiegatevi sopra la stoffa. Marcate il risvolto. Togliete l'asta. Stirate, imbastite e cucite rasente l'imbastitura formando una guaina. Lasciate le estremità aperte.

4 **FISSARE IL NASTRO** Distendete la stoffa per il diritto. Contrassegnate la posizione del rullo. Centratelo sul bordo superiore del tessuto. Allineatelo. Applicate il nastro biadesivo sul bordo superiore della stoffa.

5 **ATTACCARE LA STOFFA** Avvolgete la stoffa per metà del rullo, controllando che sia allineata. Con bullette o punti di cucitrice attaccatela al rullo seguendo le istruzioni del produttore.

6 **FISSARE LA CORDICELLA** Tagliate l'asta più corta di 6 mm dell'ampiezza della tendina. Centratela nella guaina. Assicurate il tirante centrandolo sull'asta per il rovescio.

7 **ATTACCARE IL PESO** Sistemate il peso e l'eventuale pomolo nella cordicella e annodate. Avvolgete il rullo. Montatelo sui sostegni. Controllate la funzionalità della tendina, regolando la quantità di stoffa avvolta nel rullo per ottenere l'altezza voluta; regolate eventualmente la tensione, secondo le istruzioni del produttore.

La tendina finita

Tendina a rullo sfrangiata

Per una tendina con il fondo sfrangiato, procuratevi la guarnizione e l'occorrente per il cucito. Prendete le misure della tendina e confezionatela (*vedi p. 81*). Decidete le dimensioni della frangia in rapporto alla finestra: se la tendina va fissata all'esterno, la frangia deve coprire il davanzale, se invece all'interno deve sfiorare il davanzale.

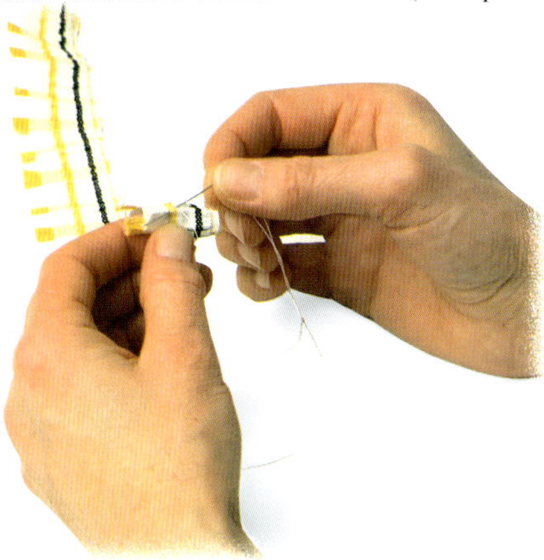

1 **RIFINIRE LA FRANGIA** Tagliate la frangia dell'ampiezza della tendina, aggiungendo 5 cm per i risvolti. Rifilate i margini vivi alle estremità, rivoltate di sotto e cucite a ribattitura.

2 **ATTACCARE LA FRANGIA** Togliete l'asta di appesantimento e sistemate il fondo della tendina su di un piano. Cucite a sottopunto con del filo dello stesso colore la frangia al bordo inferiore della guaina, con il rovescio contro il diritto della tenda. Finite la tendina come da punti 4-7 a p. 81.

La tendina finita

Tendina a rullo smerlata

Diverse sono le soluzioni per decorare la vostra tendina, come lo smerlo. Procuratevi per questa decorazione, oltre alla stoffa e alla striscia di risvolto, teletta termoadesiva per aggiungere consistenza al bordo inferiore, un piattino per fare da sagoma e l'occorrente per cucire. Prendete le misure per la tendina (*vedi p. 80*). Aggiungete alla lunghezza la profondità desiderata dello smerlo (nel nostro caso è di 3 cm). Tagliate e apprettate la stoffa (*vedi. p. 81*).

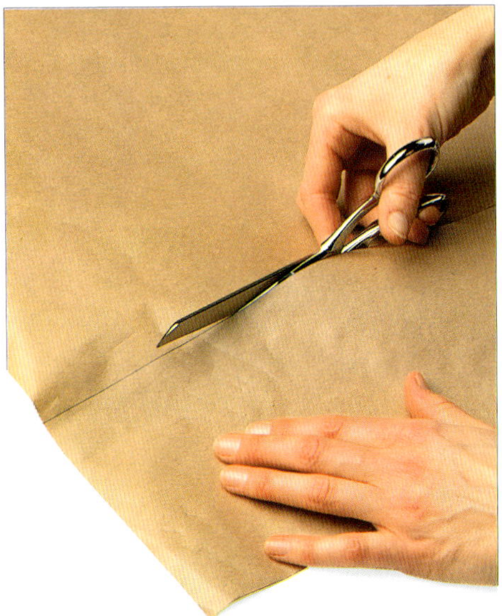

1 **TAGLIARE IL MODELLO** Tagliate una striscia di carta da modello lunga come la tendina e larga quanto la guaina più 7,5 cm e 3 cm ulteriori per la profondità dello smerlo.

Tagliate la teletta delle stesse dimensioni del risvolto

2 **RIFILARE LA TELETTA** Tagliate una striscia di tessuto per il risvolto delle stesse dimensioni del modello. Tagliate la teletta delle dimensioni corrispondenti. Stirate la teletta al rovescio del risvolto.

3 **SEGNARE LA LINEA PER L'ASTA** Rifinite il margine superiore del risvolto con del zig-zag a macchina (*vedi p. 18*). Tracciate una linea a 1 cm dal bordo superiore, sia sul diritto che sul rovescio e una seconda linea a una distanza corrispondente alla larghezza dell'asta (qui 3 cm).

4 TRACCIARE UN CERCHIO
Ripiegate la striscia di carta in tanti quadrati uguali, che ripiegherete ulteriormente a metà. Sistematevi il piattino e tracciatene con la matita il contorno per lo smerlo.

5 TAGLIARE IL MODELLO
Tenendo saldamente in mano il modello piegato, ritagliate con precisione lo smerlo seguendo la linea tracciata.

Ritagliate lo smerlo seguendo la linea tracciata

6 APPUNTARE IL MODELLO
Appuntate diritto contro diritto la striscia di rovescio e la stoffa, allineate lungo i margini vivi. Aprite il modello e appuntatelo al risvolto, margine diritto e margine rifinito allineati.

7 MARCARE IL RISVOLTO
Marcate il modello sul risvolto con un pennarello a inchiostro simpatico. Togliete il modello. Imbastite a 6 mm dallo smerlo.

8 CUCIRE LA STOFFA
Cucite a macchina sull'imbastitura. Tagliate lo smerlo, facendo delle tacche sulle tolleranze delle curve (*vedi p. 18*). Rivoltate stoffa e risvolto per il diritto e stirate.

9 CUCIRE LA GUAINA
Cucite insieme risvolto e stoffa lungo la linea inferiore dell'asta (*vedi punto 3*). Distendete la tendina e sistemate l'asta in mezzo alle due stoffe, contro la cucitura. Ripiegatevi sopra il risvolto per controllare se lo spazio è sufficiente per l'asta.

10 FINIRE LA GUAINA
Togliete l'asta. Completate la guaina cucendo a macchina rasente l'orlo a zig-zag. Finite la tendina a rullo come da punti 4-7 di p. 81.

Cucite rasente la cucitura a zig-zag per finire la guaina

LA TENDINA FINITA

PANNELLI DAI COLORI VIVACI Muri freddi o color crema possono essere ravvivati con tendine a rullo arancio, verde limetta e blu cobalto. Un particolare quadrato lungo la stecca alla base di ciascuna tendina funge da intelligente trait-d'union e rimanda alle stampe sui muri. Inserite nelle rientranze delle finestre, le tendine creano un efficace effetto in contrasto con le cornici bianche.

TENDINE SEMPLICI

LE TENDINE SEMPLICI RAPPRESENTANO UNA SOLUZIONE ideale per ambienti, come il bagno, in cui l'intimità è essenziale. Sono di facile montaggio e si prestano ad essere arricchite da varie decorazioni. La tendina con nastri consiste di stoffa sfoderata sostenuta da strisce di stoffa o di nastro e appesa all'asta di sostegno con del velcro. La tendina double face con ganci è più versatile della tendina con nastri. È sospesa a un'asta rotonda sostenuta da ganci fissati sopra l'intelaiatura e può essere abbassata del tutto o a metà, girata e rimossa facilmente dalla finestra.

TENDINE CON NASTRI

Procuratevi per questa semplice tendina la stoffa necessaria, il nastro, fettucce di velcro e l'occorrente per il cucito. Potete in alternativa ricavare delle strisce dai ritagli di stoffa. Misurate la lunghezza e la larghezza, aggiungendo un extra di 5 cm tutt'intorno se la tendina è esterna. Aggiungete 6 cm per i risvolti. Attaccate l'asta di sostegno.

ATTACCARE L'ASTA DI SOSTEGNO

Dovendo decidere la posizione della tendina, considerate complessivamente l'area circostante e scegliete dove fissare l'asta. Se la tendina va all'interno dell'incassatura, fissate l'assicella alla parte superiore con viti, come nella figura. Se invece va all'esterno, fissate l'assicella con attacchi a L, come per le mantovane (*vedi p. 43*). L'assicella di sostegno usata in questo caso è adatta anche per tendine a pacchetto o a gale – le cordicelle vengono fatte passare attraverso delle viti ad occhiello fissate sul lato inferiore dell'assicella.

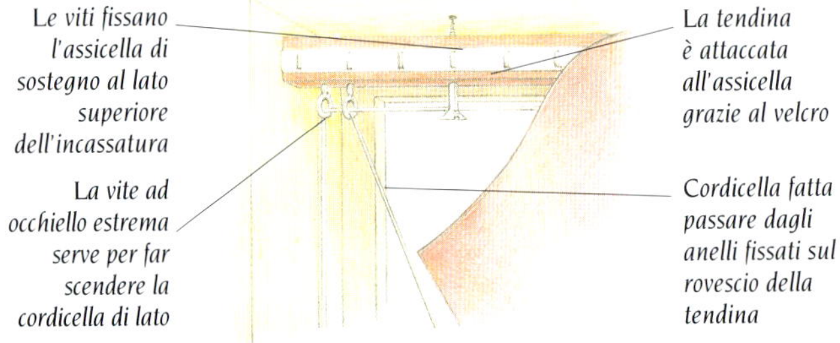

1 **ORLARE** Tagliate la stoffa. Cucite un orlo doppio di 1,5 cm sul rovescio ai lati e sul fondo. Ricavate quattro strisce di stoffa della larghezza desiderata e 5 cm più lunghe della tendina (*vedi p. 29*).

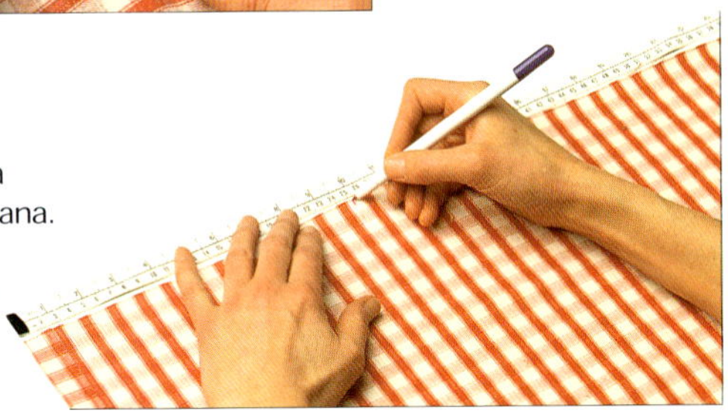

2 **SEGNARE LA STOFFA** Distendete la stoffa su una superficie piana. Misurate e fate un segno sul bordo superiore ad un quarto della larghezza partendo da ambedue gli angoli.

3 **POSIZIONARE I NASTRI** Appuntate, imbastite e saldate sui segni tracciati i quattro nastri al bordo superiore sia sul diritto che sul rovescio.

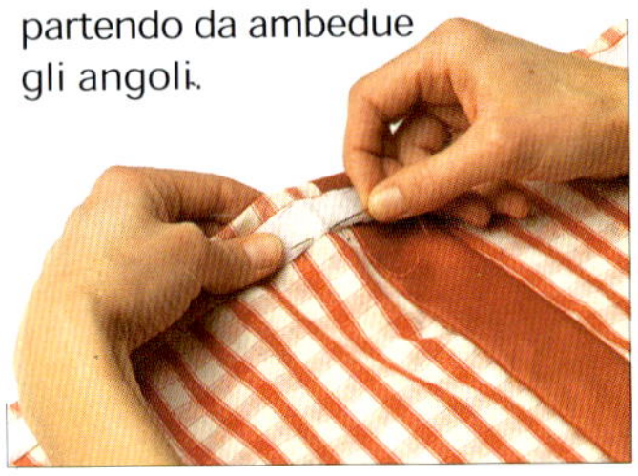

4 **ATTACCARE IL VELCRO** Tagliate dalla larghezza della tendina la fettuccia a occhielli. Ripiegate di 3 cm il bordo superiore della stoffa sul rovescio e stirate. Appuntate, imbastite e cucite la fettuccia di velcro a questo bordo ripiegato.

5 **FISSARE IL VELCRO** Con una cucitrice fissate l'altra fettuccia di velcro all'asta di sostegno. Allineate le fettucce di velcro e premetele in posizione. Per raccogliere la tendina, arricciate morbidamente la stoffa e annodate i nastri all'altezza desiderata.

LA TENDINA FINITA

Tendina double face

L'effetto di questa tendina è migliore se viene foderata con una stoffa complementare, essendo il rovescio visibile quando la tendina è sollevata. Nel nostro caso, la tenda è bordata con la stoffa del diritto. Procuratevi la stoffa necessaria, fodera, guarnizione a spighetta e l'occorrente per il cucito. Per il sistema di sostegno usate due lunghezze di aste rotonde di 12 mm di diametro per il bordo superiore e il fondo della tendina, un saracco, due ganci a vite e un punteruolo. Usate il trapano con punte adatte e tasselli per fissare il sistema di sostegno alla parete. Prendete le misure per la tendina a pacchetto (*vedi p. 88*), da fissare all'interno dell'incassatura, tenendo conto che l'asta deve fuoriuscire da una parte e dall'altra di almeno 2 cm rispetto alla stoffa. Se la tendina è esterna allargate di 5 cm da ciascun lato per bloccare la luce.

1 TAGLIARE LA STOFFA Tagliate la stoffa dal diritto, aggiungendo una tolleranza, in questo caso, di 7,5 cm. Tagliate la fodera delle dimensioni esatte della tendina finita.

2 PIEGARE I MARGINI Distendete la stoffa per il rovescio. Fate un risvolto di 1,5 cm tutt'intorno e stirate.

3 RIPIEGARE Piegate i bordi di altri 5 cm sul rovescio. Stirate e squadrate gli angoli (*vedi p. 23*).

4 SQUADRARE GLI ANGOLI Aprite l'ultima piegatura di 5 cm. Allineate i margini vivi di fodera e stoffa rovescio contro rovescio, entro le piegature dei risvolti della stoffa. Piegate nuovamente il bordo di 5 cm e gli angoli squadrati e appuntate.

5 CUCIRE I BORDI Imbastite e cucite a sottopunto rasente il bordo interno ripiegato. Lasciate aperti i bordi interni degli angoli al bordo superiore e inferiore per permettere l'inserimento delle astine di appesantimento.

6 ATTACCARE LA SPIGHETTA Misurate e tagliate la spighetta della stessa lunghezza del margine interno del risvolto, a cui fisserete la spighetta.

7 INSERIRE L'ASTINA Misurate la larghezza del bordo superiore e inferiore della tendina. Tagliate due lunghezze di astina di queste dimensioni, aggiungendo 4 cm. Inserite le astine nelle rispettive guaine.

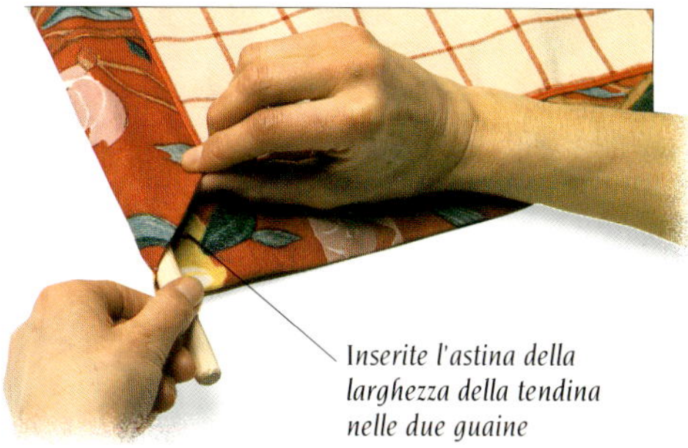

8 FISSARE I GANCI A VITE Segnate sulla parete o sull'intelaiatura la larghezza della tendina più 1 cm per il posizionamento dei ganci. Con il punteruolo fate dei fori guida sull'intelaiatura, quindi fissate i ganci; sulla parete segnate il punto, fate il foro col punteruolo, forate col trapano e inserite il tassello. Appendete l'asta sui ganci.

La tendina finita abbassata

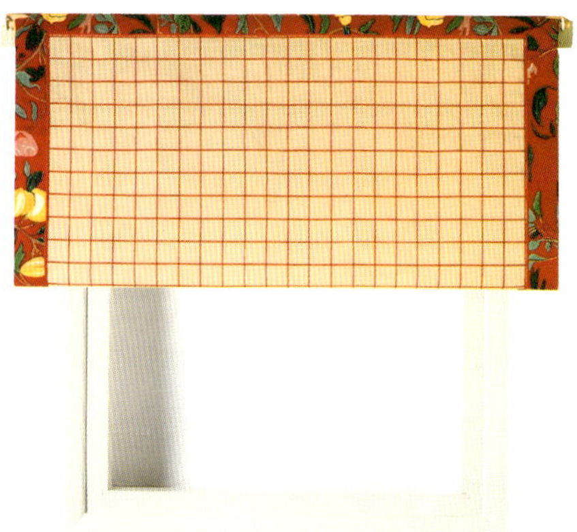

La tendina finita sollevata

Tendine a Pacchetto

Le tendine a pacchetto sono le tendine lisce più eleganti e costituiscono un elemento decorativo in ogni progetto d'arredo. Una volta sollevate, si raccolgono in ampie pieghe orizzontali, formate da astine di appesantimento cucite nelle guaine della fodera. Non dovete apprettare la stoffa, perché le astine danno sufficiente stabilità. Il sistema di sostegno, adatto anche per le tendine a gale, consiste di cordicelle fatte passare verticalmente sul rovescio della stoffa attraverso una serie di viti ad occhiello fissate ad un'assicella di sostegno. Un sistema analogo a quello delle tendine a pacchetto può essere usato per tendine a gale.

Realizzare una tendina a pacchetto

Decidete la posizione della tendina e misurate la larghezza della finestra. Se va fissata esternamente all'incassatura, aggiungete altri 5 cm per evitare che la luce filtri dai lati. Fissate l'asta di sostegno (*vedi p. 86*). Misurate l'altezza da questa al davanzale, aggiungendo 5 cm sempre se va fissata esternamente. Procuratevi la stoffa per la tendina, fodera, cordicelle, gancio doppio, astine, saracco, viti ad occhiello, anelli, fettuccia di velcro e l'occorrente per il cucito.

Costruzione della tendina
Il sistema di corde viene usato per le tende a pacchetto come per quelle festonate o a mongolfiera. Le cordicelle vengono fissate vicino al bordo inferiore, fatte salire attraverso degli anelli cuciti alle guaine che accoglieranno le astine, quindi attraverso delle viti ad occhiello fissate sotto l'assicella di sostegno. All'estremità da cui viene fatta scendere la cordicella va fissata un'altra vite ad occhiello. La distanza fra il bordo superiore della tendina e l'astina più vicina deve essere maggiore di quella che separa le altre astine, di modo che il resto della tendina vi si raccolga e nasconda dietro.

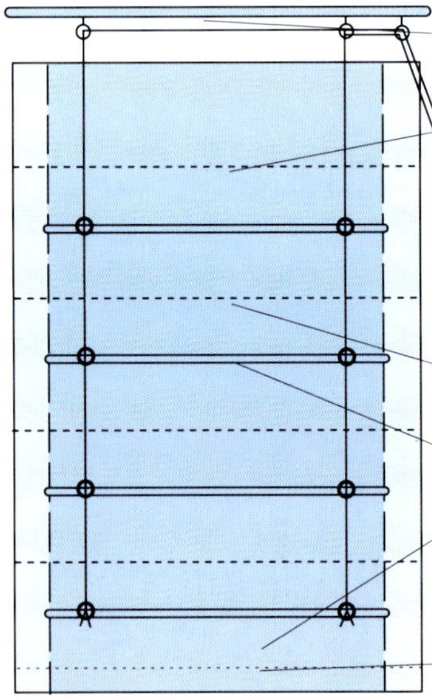

1 **TAGLIARE LA STOFFA** Tagliate la stoffa dritto filo secondo le misure, aggiungendo 6 cm in lunghezza e larghezza. Tagliate la fodera corrispondente alla stoffa, togliendo 8 cm in larghezza e aggiungendo alla lunghezza l'agio per le astine, vale a dire la loro circonferenza più 6 mm. Vi occorrerà un'astina per il bordo inferiore della tendina e per ogni guaina. Non è necessario fissare un'astina al bordo superiore della tendina.

2 **ORLARE I LATI** Distendete la stoffa e rivoltate i margini di 1,5 cm sul rovescio. Stirate, appuntate, imbastite e cucite ambedue i bordi laterali.

3 **MARCARE LE GUAINE** Tracciate sul diritto una linea a 3 cm dal fondo e partendo da questa misurate la posizione delle guaine. La distanza tra due guaine deve essere il doppio di una piega.

4 **PIEGARE LA GUAINA** Seguendo le linee tracciate per la guaina piegate, rovescio contro rovescio. Appuntate, imbastite e cucite lungo le linee tracciate. Piegate di 3 cm sul rovescio lati e fondo della stoffa. Stirate.

5 **SEGNARE LA GUAINA** Squadrate gli angoli inferiori della stoffa (*vedi p. 23*). Dal bordo inferiore tracciate un segno per ogni guaina. Segnate il punto centrale sui margini inferiori della stoffa e della fodera.

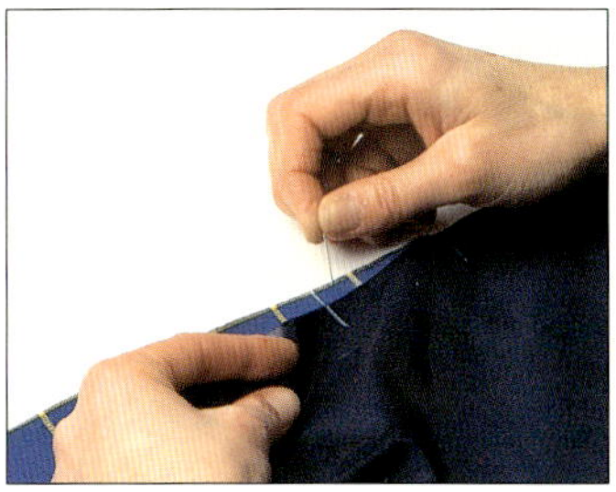

6 APPUNTARE Sistemate stoffa e fodera diritto contro diritto, allineando i punti centrali. Cucite a 3 cm dal margine inferiore. Rifilate a 1,5 cm. Piegate fodera e stoffa rovescio contro rovescio e stirate il bordo inferiore.

7 ALLINEARE Allineate fodera e stoffa facendo corrispondere le linee delle guaine. Appuntate la fodera alla stoffa lungo il margine.

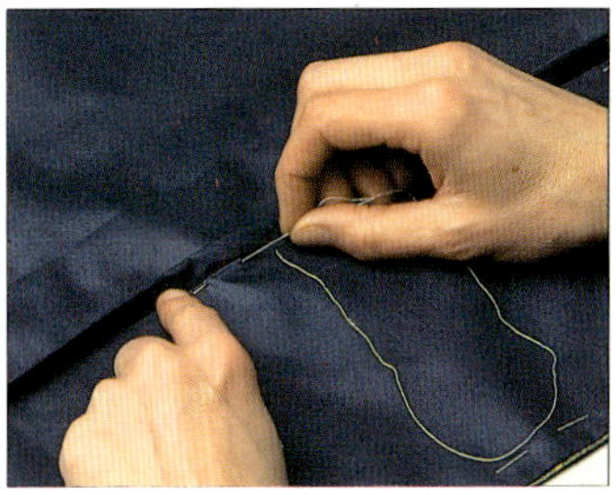

8 ATTACCARE LA FODERA Imbastite fodera e stoffa, appena sotto o sopra ogni linea della guaina e rasente all'imbastitura. Per l'asta inferiore, imbastite a 2 mm più l'agio dal margine inferiore della tendina.

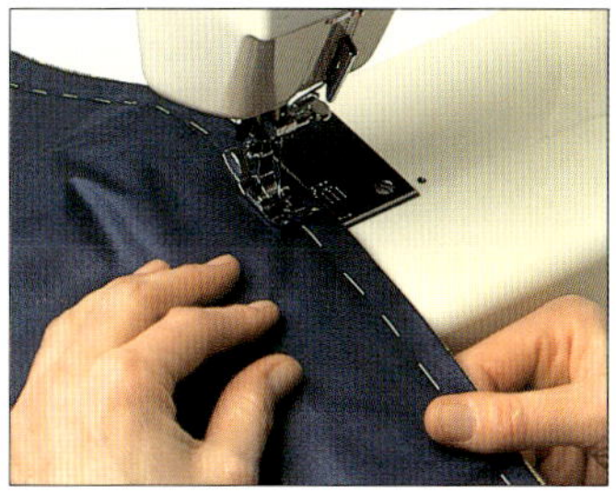

9 CUCIRE LA FODERA Cucite insieme fodera e stoffa sull'imbastitura. Tagliate le astine di 1 cm più corte della guaina, ad eccezione dell'astina inferiore, che va tagliata 6 mm più corta della larghezza della tendina.

10 CUCIRE I LATI Inserite le astine nelle guaine, compresa quella più lunga in fondo. Chiudete le aperture a sottopunto. Fissate a sottopunto i lati di fodera e stoffa.

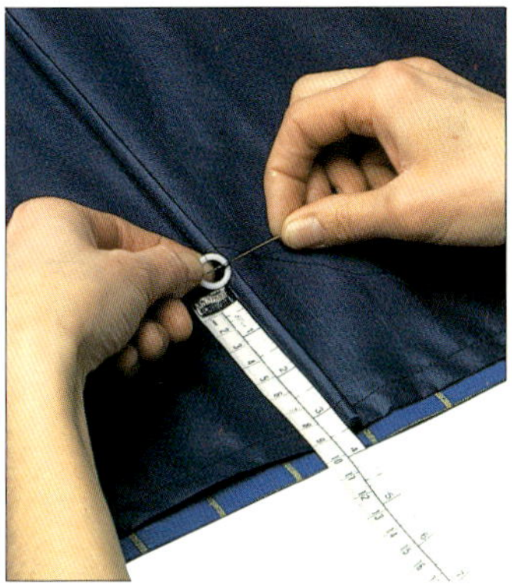

11 ATTACCARE GLI ANELLI Cucite gli anelli alle guaine a 10 cm dai margini e distanti 30-40 cm tra loro. Controllate l'allineamento verticale. Rivoltate di 3 cm il bordo superiore sul rovescio, stirate e imbastite. Tagliate del velcro lungo quanto la larghezza della tendina.

12 CUCIRE IL VELCRO Fissate la fettuccia ad occhielli al risvolto superiore. Tagliate le cordicelle lunghe il doppio della tendina più quel tanto perché passi da occhiello a occhiello sull'asse fino a scendere di lato.

13 FISSARE LA CORDA Legate il capo della cordicella all'anello più basso. Fatela passare verticalmente attraverso gli altri anelli fino al bordo superiore. Procedete così anche per le altre cordicelle. Fissate la fettuccia di velcro con i ganci all'assicella di sostegno.

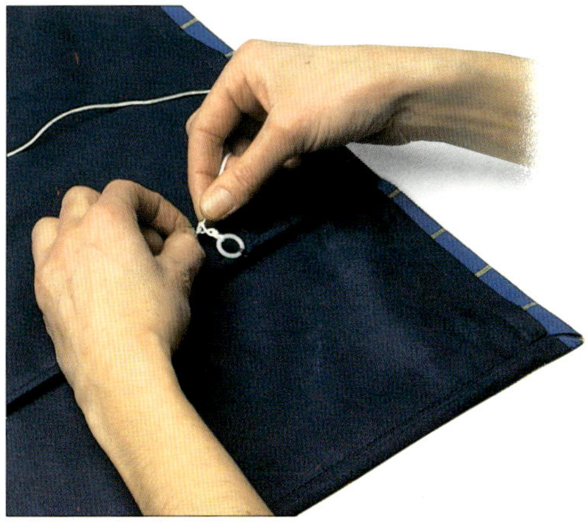

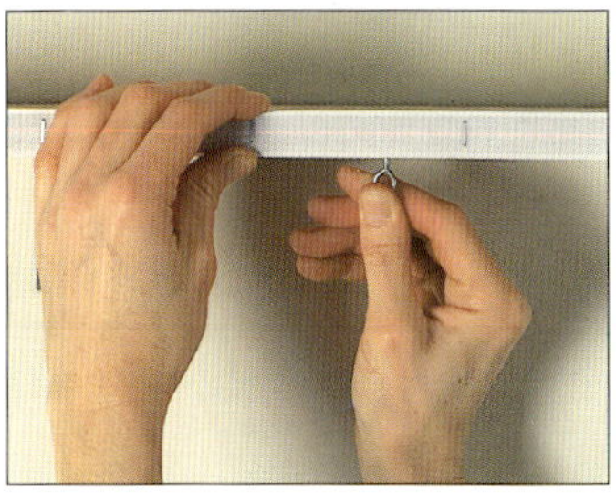

14 ASSICURARE LE VITI Segnate sull'assicella di sostegno il punto dove fissare le viti ad occhiello. Vanno allineate con gli anelli eccetto una. Fissate le viti al lato inferiore dell'assicella di dimensioni adatte. Sistemate l'ultima vite all'estremità dell'assicella dal lato dove volete che scenda la cordicella. Attaccate la tendina.

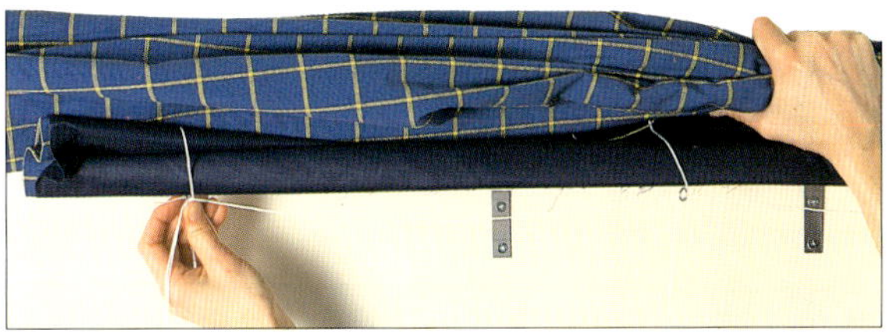

15 FISSARE LA TENDINA Fate passare le cordicelle attraverso gli occhielli fissati all'assicella e lasciatele pendere dal lato desiderato. Abbassate la tendina e annodate insieme le cordicelle a 2,5 cm dall'ultimo occhiello. Rifilate le cordicelle e annodate nuovamente per rifinire. Alzate la tendina, segnate e fissate il gancio doppio alla parete o all'intelaiatura.

LA TENDINA FINITA ALZATA

STILE MONOCROMATICO
L'uso dei chiari e degli scuri fortemente contrastati richiede un trattamento deciso delle finestre. Le tendine a rullo sono state realizzate con uno spesso tessuto color cioccolato che oscura e trattiene il calore nei mesi invernali. Qui, la scelta di tendine a rullo con meccanismo a molla rende superfluo il cordino di trascinamento.

TENDINE A GALE

SI DISTINGUONO DUE TIPI DI TENDINE A GALE, quelle a mongolfiera e quelle a festoni. Il loro bordo superiore è arricciato come quello delle tende, ma per quanto apparentemente simili, le prime sono arricciate solo sul fondo, mentre le seconde sono increspate per tutta la loro lunghezza. Le tendine a gale vengono sollevate da un sistema di corde parallele fatte passare da anelli o asole attaccate al rovescio delle tendine, come per le tende a pacchetto (*vedi p. 88*). Potete realizzare le vostre tende a gale foderate o meno. Dei due tipi quello a mongolfiera è più adatto per le stoffe pesanti. Per accentuare l'increspatura della tendina, aggiungete un bordo arricciato o una frangia ai lati e al fondo.

TENDINE A MONGOLFIERA

Misurate la finestra e calcolate le dimensioni della tendina finita (*vedi p. 80*). Decidete il volume dell'increspatura, ampiezza e quantità di drappeggio – le stoffe leggere rendono il drappeggio più ricco. Procuratevi la stoffa per il diritto, fodera, nastro arricciatore (*vedi p. 44*), frangia, fettucce ad anelli o asole per tendine a mongolfiera, cordicelle, gancio doppio, sistema di sostegno come un binario per tendine arricciate o un'assicella di sostegno (*vedi p. 86*). Tagliate la stoffa della lunghezza desiderata, più 4 cm per i risvolti e 15-60 cm per il drappeggio di fondo. La larghezza deve essere 1-2 volte e mezzo quella finale, a seconda della stoffa e dell'arricciatura al bordo superiore, più 3 cm per i risvolti laterali. Calcolate altri 3 cm di tolleranza per cuciture inglesi (*vedi p. 19*) di eventuali giunte. Unite i pannelli con cuciture lungo le linee verticali dove ricadrà il drappeggio, lasciando al centro il pannello intero. Tagliate la fodera delle dimensioni della stoffa e sfalsate le cuciture di fodera e stoffa per favorire l'arricciatura della tendina.

1 ATTACCARE LA FODERA
Sistemate stoffa e fodera diritto contro diritto. Appuntate, imbastite e cucite a 1,5 cm dai lati e dal fondo. Intagliate gli angoli (*vedi p. 18*). Rivoltate di fuori la stoffa e stirate.

2 ATTACCARE IL NASTRO
Distendete la tenda su un piano, con la fodera verso l'alto. Piegate di 4 cm sul rovescio la tolleranza del bordo superiore e stirate. Appuntate, imbastite e cucite il nastro arricciatore in posizione (*vedi p. 54*).

3 POSIZIONARE LA FETTUCCIA
Segnate la posizione della fettuccia sulla fodera a 3 cm dai lati. Decidete la distanza per le fettucce. Se la stoffa è una volta e mezzo la larghezza finale, le fettucce vanno distanziate di una volta e mezzo la larghezza finale del drappeggio. Tagliate le fettucce della lunghezza della tendina, togliendo 1,5 cm ad ogni estremità per i risvolti.

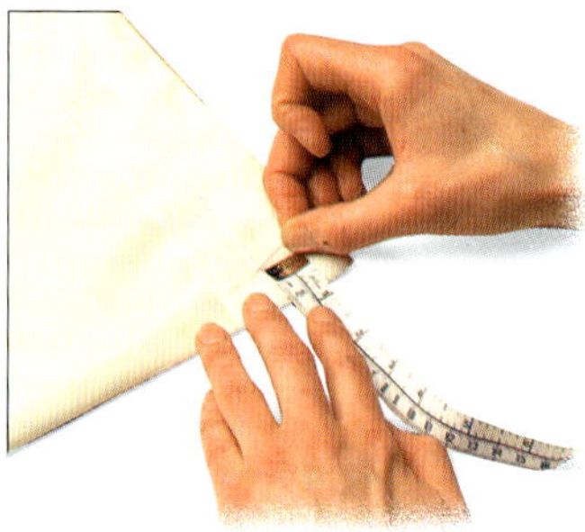

4 POSIZIONARE LE ASOLE
Appuntate e imbastite la prima fettuccia lungo ogni lato. Piegate di sotto i capi vivi. Attaccate le altre fettucce, controllando che le asole siano allineate orizzontalmente. Misurate dal margine inferiore della tenda e segnate la posizione delle asole.

5 ATTACCARE LA FETTUCCIA
Cucite ciascuna fettuccia in posizione, controllando che le asole siano allineate fra loro.

6 ATTACCARE LA GUARNIZIONE

Misurate la larghezza della tendina aggiungendo 3 cm da ambo le estremità per i risvolti: questa è la lunghezza a cui dovete tagliare la frangia.

7 ASSICURARE LE ESTREMITÀ

Ripiegate due volte in sotto di 1,5 cm le estremità della frangia. Cucite a sottopunto con attenzione, dal momento che la frangia si sfila facilmente. Fissate a sottopunto la frangia al fondo del diritto della tendina.

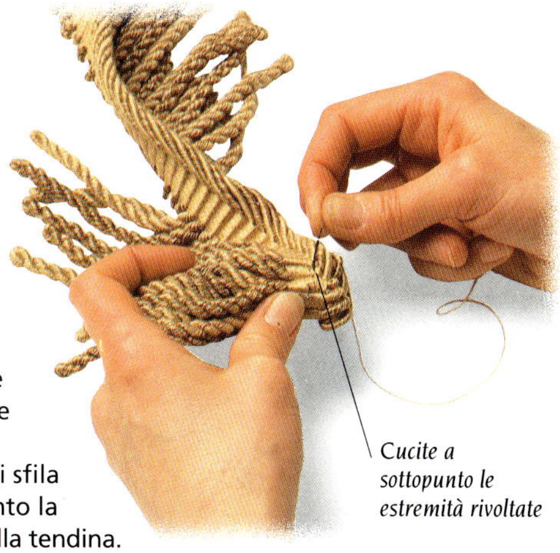

Cucite a sottopunto le estremità rivoltate

8 ATTACCARE LA CORDA

Tagliate la cordicella il doppio della lunghezza della tendina, aggiungendo la quantità necessaria perché passi per gli occhielli dell'asse di sostegno e scenda di lato. Le cordicelle servono per sollevare e arricciare la tendina.

9 INFILARE LA CORDA

Per ciascuna fettuccia legate un capo della cordicella all'asola più bassa, lasciando un lungo capo dopo aver annodato, perché verrà a sua volta fissato due-tre asole più in alto per il drappeggio di fondo. Fate passare la corda fino in alto.

Tirate uniformemente le corde del nastro per arricciare il bordo superiore

10 ARRICCIARE

Arricciate il nastro e assicuratelo ad un fermo (*vedi p. 54*). Inserite i ganci e appendete la tendina al binario o fissatela all'asse di sostegno, come una tendina a pacchetto (*vedi p. 89*).

LA TENDINA FINITA

11 INFILARE IL BINARIO

Decidete da quale lato scenderà la cordicella. Fate passare le cordicelle nelle fessure del binario corrispondenti al punto più alto della linea di ciascuna fettuccia. Inseritele nelle fessure al bordo laterale dove scenderà la cordicella. Attaccate il binario ai sostegni sul muro (*vedi p. 42*) e sistemate il gancio doppio (*vedi p. 89*). Appendete la tendina. Per formare il drappeggio, legate l'estremità lunga in fondo a due-tre asole più su, a seconda dell'ampiezza desiderata per il drappeggio.

Fate passare le cordicelle attraverso le fessure corrispondenti del binario, inserendole nel lato dove scenderanno

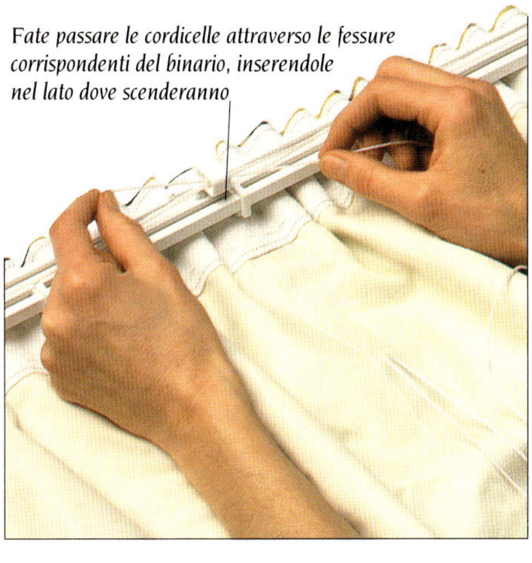

Tendine festonate profilate e arricciate

Procuratevi la stoffa per la tendina, arricciatura e profilo, fodera, cordoncino, fettuccia per arricciare tendine, cordicelle, gancio doppio. Fissate il sistema di sostegno (*vedi p. 42*) e misurate come per le tende a mongolfiera (*vedi p. 92*). Moltiplicate la lunghezza finale della tendina per 3 se usate stoffe leggere e trasparenti, per 1,5 se usate stoffe più pesanti. Aggiungete 4 cm per il nastro arricciatore. Tagliate la fodera delle misure corrispondenti. Per il profilo misurate la lunghezza della stoffa, moltiplicate per 2 e aggiungete la larghezza. Tagliate una striscia in sbieco e confezionate il profilo a cordoncino (*vedi p. 24*). Moltiplicate per 2 la lunghezza del profilo per avere quella dell'arricciatura. Tagliatela aggiungendo 3 cm. Unite le eventuali giunte con cuciture piatte (*vedi p. 18*). Stirate le cuciture aperte. Piegate sul rovescio di 1,5 cm le estremità dell'arricciatura. Stirate e piegate per il lungo. Cucite le estremità a 2 mm dal margine.

1 ATTACCARE IL PROFILO Sistemate la stoffa su un piano con il diritto verso l'alto. Appuntate e imbastite il profilo al fondo e ai lati della stoffa.

2 IMBASTIRE L'ARRICCIATURA
Arricciate i margini vivi della striscia per l'arricciatura (*vedi p. 26*). Imbastitela alla stoffa diritto contro diritto sulla cucitura del profilo. Cominciate e finite l'arricciatura a 4 cm dal bordo superiore della tendina.

Attaccate l'arricciatura al profilo

3 APPUNTARE LA FODERA
Imbastite poi stoffa e fodera diritto contro diritto. Cucite a macchina con piedino per cerniere sulla cucitura di profilo e arricciatura. Lasciate aperta l'estremità del bordo superiore.

Ripiegate il bordo superiore di 4 cm sul rovescio prima di attaccare il nastro arricciatore

4 PIEGARE IL BORDO SUPERIORE
Ripiegate di 4 cm sul rovescio la tolleranza del bordo superiore.

Piegate di sotto di 2 cm l'estremità del nastro, allineando la piega al bordo della tendina, senza annodare le cordicelle

5 ATTACCARE IL NASTRO
Applicate il nastro per l'arricciatura al rovescio del bordo superiore della tendina (*vedi p. 54*).

6 SISTEMARE LA FETTUCCIA Distendete la stoffa con la fodera verso l'alto. Segnate la posizione delle fettucce, partendo a 3 cm dai lati. Se la tendina ha una larghezza di 2 volte e mezzo quella della finestra, le fettucce vanno distanziate di 2 volte e mezzo la larghezza finita dei festoni. Tagliate le fettucce necessarie per la lunghezza, eccetto il bordo superiore, con una tolleranza di 1,5 cm alle estremità per piegare i margini vivi.

7 APPUNTARE LA FETTUCCIA Appuntate, imbastite e cucite ambo i lati delle fettucce, piegando sotto i margini vivi. Controllate che le asole siano allineate orizzontalmente misurando e contrassegnando la posizione di ogni asola dal fondo della tendina.

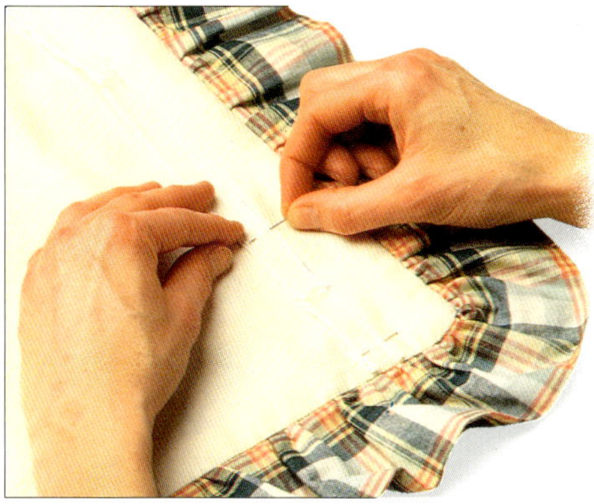

8 ASSICURARE I CAPI Cucite il margine inferiore di ogni fettuccia per saldare i capi delle cordicelle. Fatto ciò, arricciate con le cordicelle la tendina all'altezza desiderata.

9 ASSICURARE LE CORDE Annodate le cordicelle tra loro, arrotolando la cordicella che avanza, senza tagliarla, poiché per lavare la tendina sarà necessario distendere i festoni. Tagliate la cordicella per sollevare la tenda della lunghezza doppia della tenda, aggiungendo la larghezza finita.

10 ATTACCARE LA CORDA Legate le cordicelle bene all'asola più bassa della fettuccia e fatele passare verticalmente dalle altre asole.

Fate passare la cordicella attraverso le asole della fettuccia e legatela all'asola più bassa

11 ARRICCIARE Arricciate il nastro del bordo superiore senza tagliare le cordicelle, bloccandole piuttosto con un fermo. Inserite i ganci e appendete la tendina al binario.

Fate passare la cordicella attraverso le guide

12 ATTACCARE IL BINARIO Decidete da quale lato far scendere le cordicelle. Allineate le guide alle file verticali di fettuccia. Fate passare le cordicelle dalle guide e poi fatele scendere verso il lato voluto. Attaccate il binario ai sostegni (*vedi p. 42*). Fissate il gancio doppio (*vedi p. 89*).

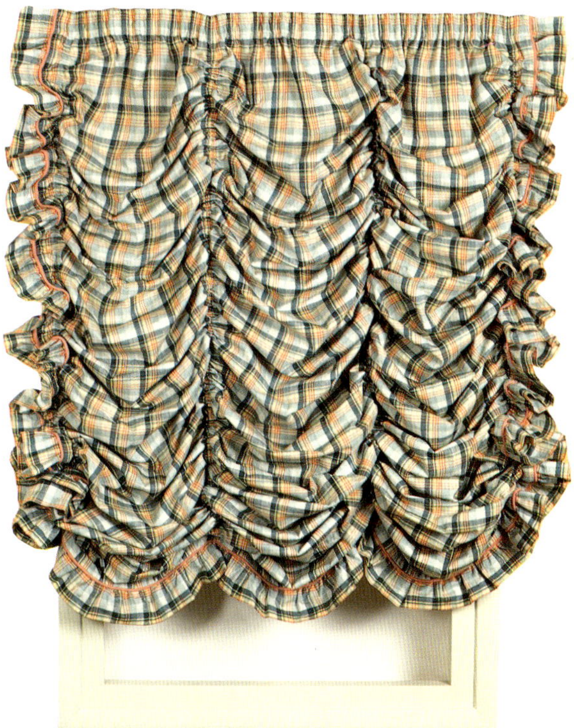

LA TENDINA FINITA

IL LETTO E I SUOI ARREDI

L'ELEMENTO CENTRALE della stanza più personale della casa, il letto e i suoi arredi, deve essere scelto con un occhio ai particolari e rispettare i gusti della padrona di casa. Sia che vogliate rivestire un semplice divano letto o un letto a baldacchino riccamente ornato, potrete optare per una vasta scelta di stoffe in tinta unita o fantasia. Nel capitolo seguente vi mostreremo come realizzare copriguanciale, copripiumini, lenzuola, balze e copriletto, pratici, di buona fattura e piacevoli alla vista.

CUSCINI E GUANCIALI
Anche il cuscino più semplice si trasforma se inserito all'interno di una federa fatta a mano. Smerlati, con pizzi o con bordi squadrati questi cuscini facili da realizzare doneranno al vostro letto un tocco di eleganza.

La Scelta dello Stile

Poiché il letto è l'elemento centrale della camera, i suoi arredi devono avere due funzioni: rendere il letto confortevole e accogliente, nonché abbellirlo e abbinarlo all'arredamento. Possiamo scegliere stoffe in tinta unita o con fantasie discrete per creare un look rigoroso e di classe. Per un effetto più sontuoso scegliete materiali con fantasie più importanti decorati con cordoncini, bordure o frange in colori contrastanti. Per creare un effetto uniforme e omogeneo, scegliete le lenzuola che si adattino meglio allo stile del copriletto.

Lino e pizzo
Il puro lino dura una vita e spesso si tramanda di generazione in generazione. Le lenzuola con parti consumate possono rinascere se vengono tagliate e trasformate in federe per cuscini e guanciali. Poiché l'aggiunta di pizzi dona sempre fascino, impilate i cuscini contro la testata del letto in modo da accentuarne la varietà.

Trapunta cucita a macchina
Usando un punto base diritto è facile cucire con la macchina una trapunta a lisca di pesce. Per aggiungere interesse, il pannello centrale del copriletto e delle federe è stato cucito a macchina con un disegno incrociato.

Biancheria all'europea
Il cotone bianco dona uno stile fresco e deciso. Fate delle federe dagli angoli squadrati per cuscini imbottiti e cucite insieme due lenzuola di cotone in modo da ottenere un piumino. Gli angoli dei cuscini possono rimanere lisci o finiti con pizzo di cotone. Per un bordo sofisticato, cucito a mano o a macchina, fate una doppia fila di punti, oppure ricamate sui cuscini o sul piumino le iniziali bianco su bianco.

Righe e fiori
Questa biancheria a righe e fiori presenta colori ben abbinati. Qui i due tessuti sono stati accostati in una camera da letto in stile cottage. Invertendo le righe e i fiori l'aspetto della stanza può essere modificato.

Effetto a strati
Una combinazione di lenzuola, trapunte e tessuti offre la perfetta soluzione per ottenere il giusto grado di calore al momento di andare a letto. Organizzate gli strati partendo con lenzuola semplici di cotone bianco o crema, poi scegliete un colore più ricco per le federe e la trapunta. Il colore delle lenzuola è coordinato alla trapunta, ripiegata per mostrare il punto a sellaio e il dettaglio dei bottoni. Un soffice scialle di lana completa lo stile confortevole e rilassante del letto.

Particolare floreale
Avendo realizzato con successo una federa semplice e un piumino con bottoni, risulterà abbastanza facile aggiungere a tutto questo un motivo floreale. Fate una sagoma del disegno e copiatela sul tessuto. Ricamate a macchina sulle federe e sul piumino il disegno usando fili dai colori intonati. Per un risultato più immediato, dipingete il disegno floreale con colori per stoffa disponibili nei colorifici.

COLORI RICCHI
Lenzuola di lino bordate di pizzo e coperte di lana si abbinano bene al letto di ferro battuto che conferisce a questa stanza uno stile austero. Altri cuscini color rubino sono impilati sopra ai guanciali bianchi in modo da richiamare il tono dominante. Sul comodino ci sono una ricca tovaglia rossa e un paralume in tinta.

CALORE E COLORE
I colori accesi regalano un'immediata sensazione di calore e benessere a una stanza. Qui lo scarlatto e il porpora dei copriletti sono bilanciati dalla calda boiserie in pino. Il letto sullo sfondo usa macchie decise di porpora, mentre quello in primo piano è solo bordato con questo colore. Le larghe bande di colore dei letti interagiscono in modo da conferire all'insieme un aspetto armonioso.

FEDERE

REALIZZARE DA SOLI UNA FEDERA A COLORI è un modo semplice e poco costoso di decorare un letto. Non occorre molto tessuto, che può essere scelto tra un'infinita gamma di materiali resistenti e lavabili, dal lino, elegante e raffinato, alla stoffa fantasia per abiti. Per la chiusura potete scegliere tra una piega interna per trattenere il cuscino, i bottoni, semplici o raffinati, e i nastri. Potrete dare un tocco personale all'insieme decorando la federa con bordi, a volant o a gala, in abbinamento al copriletto.

FEDERA SEMPLICE

Questa semplice federa è tagliata da un'unica striscia di tessuto ed è quindi facile e veloce da realizzare. Un bordo della stoffa è ripiegato verso l'interno per formare una tasca nascosta che trattiene il guanciale. Per realizzare questa federa, occorrono un tessuto adatto di lunghezza due volte maggiore del cuscino e l'occorrente per cucire.

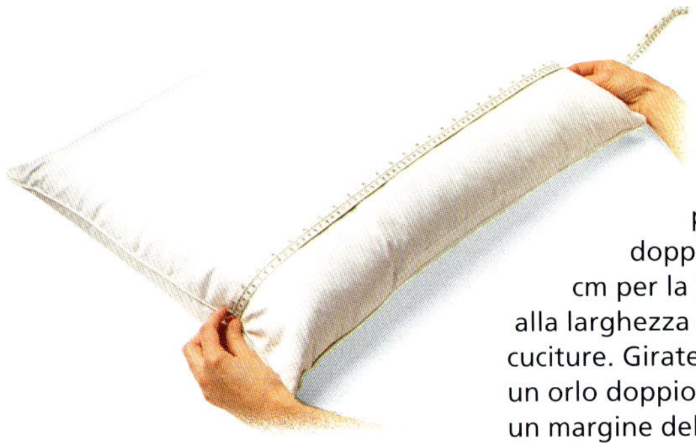

1 **MISURARE** Misurate la lunghezza e la larghezza del guanciale. Tagliate la stoffa per una lunghezza doppia aggiungendo 24 cm per la piega interna e 3 cm alla larghezza del guanciale per le cuciture. Girate, puntate e imbastite un orlo doppio in larghezza su un margine della stoffa e stirate.

2 **ORLARE** Girate la stoffa in modo da lavorare sul margine opposto, piegate l'orlo verso il rovescio di 1 cm, poi ripiegate ancora di 5 cm, per formare una larga orlatura. Puntate, imbastite e cucite.

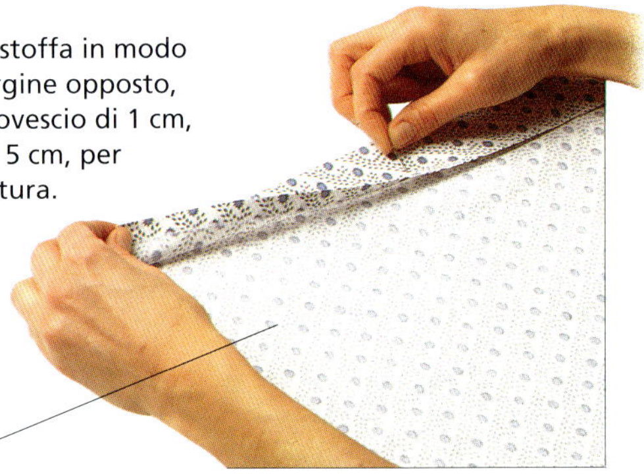

Il tessuto per federe deve essere resistente e lavabile

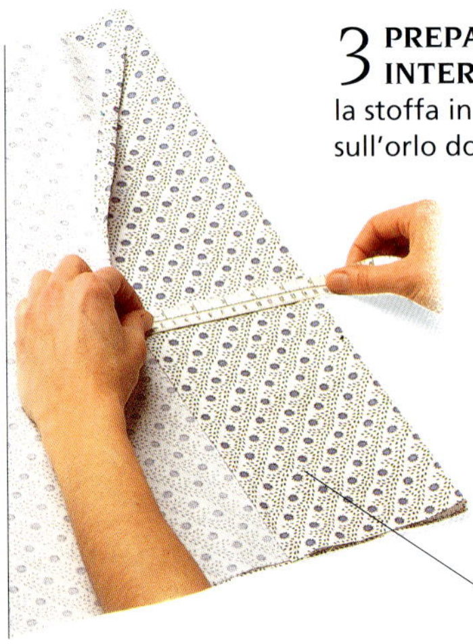

3 **PREPARARE LA TASCA INTERNA** Girate di nuovo la stoffa in modo da lavorare sull'orlo doppio imbastito di 1,5 cm. Preparate la piega interna piegando la stoffa di 15 cm verso l'interno. Puntate e stirate. Piegate la stoffa a metà lungo la larghezza facendo combaciare i due rovesci.

La larga tasca interna della federa serve per trattenere il cuscino

4 **CUCIRE** Allineate i margini e il bordo orlato con il margine della tasca. Puntate, imbastite e cucite a 6 mm sul lato lungo della stoffa: questa è la prima fase della cucitura doppia inglese (*vedi p. 19*). Rifinite le cuciture e togliete tutta l'imbastitura.

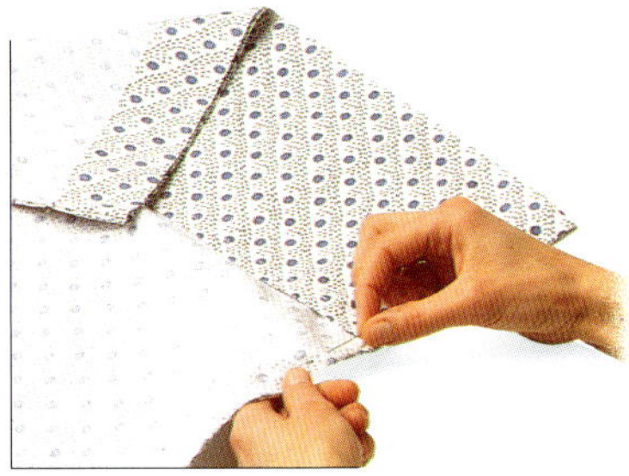

5 **RICOPRIRE GLI ORLI** Rovesciate la federa e stirate; puntate e imbastite insieme i lati lunghi a 1 cm dalla prima cucitura per i margini di chiusura.

6 **RIFINIRE** Completate le cuciture doppie a macchina sui due lati lunghi della federa sempre a 1 cm dalla prima cucitura. Togliete l'imbastitura, rivoltate la federa e stirate.

LA FEDERA FINITA

Federa con angoli squadrati

A differenza della federa precedente, questa è realizzata con diversi tagli di tessuto e ha una chiusura composta da bottoni e da anelli formati da un nastrino della stessa stoffa. Scegliete il tessuto per la federa e preparate l'occorrente per cucire.

Prendete le misure del cuscino e tagliate un pezzo di tessuto con le stesse misure, più 1,5 cm su tutti i lati. Per la striscia interna, che nasconde il cuscino, tagliate una striscia di tessuto larga quanto il cuscino più 1,5 cm e alta 6 cm.

1 **MISURARE IL TESSUTO** Marcate e tagliate il tessuto per il pannello frontale con bordura della federa, più grande del guanciale di 12,5 cm. Realizzate un nastrino di 60 cm.

2 **ORLARE** Voltate, stirate e puntate un orlo doppio di 1 cm sul lato lungo della striscia interna. Prendete il pannello più piccolo e marcatelo a intervalli di 2 cm sul diritto di un lato corto.

3 **POSIZIONARE IL NASTRINO** Puntate e imbastite il nastrino su questo bordo, formando degli anelli. Posate la striscia interna sul nastrino, diritto contro diritto.

4 **PUNTARE LA STRISCIA INTERNA** Fermate la striscia interna sul nastrino puntandola, imbastendola e cucendola a 1,5 cm dal bordo del pannello di stoffa.

5 **PIEGARE LA STRISCIA INTERNA** Piegate la striscia interna sul bordo del pannello della federa, posizionandoli rovescio su rovescio. Appiattite accuratamente il bordo del nastrino.

6 **PIEGARE I BORDI** Prendete il pannello più largo, piegate i bordi a 1,5 cm sul rovescio e appiattiteli. Piegate nuovamente i bordi di 5 cm, sempre sul rovescio, e stirate.

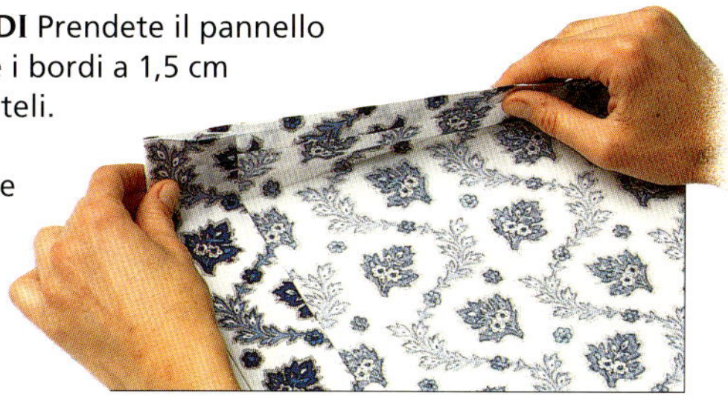

7 **SQUADRARE GLI ANGOLI** Rifinite le pieghe del tessuto agli angoli con una cucitura a macchina (*vedi p. 23*).

8 **RIFINIRE GLI ANGOLI** Rifinite il tessuto in eccesso negli angoli squadrati (*vedi p. 23*). Stirate le cuciture aperte. Voltate gli angoli a diritto e stirate.

9 **UNIRE I PANNELLI** Posate il pannello posteriore con il nastrino sulla parte frontale con gli angoli squadrati, rovescio su rovescio. Allineate il lato con il nastrino lungo l'orlo interno della bordura su un lato corto. Ripiegate gli altri tre bordi sotto la bordura. Puntate e imbastite.

10 **CUCIRE I BORDI** Cucite sui tre lati a sopraggitto lungo la bordura. Non cucite sul bordo del nastrino. Dopo la prima cucitura, fatene una seconda a sopraggitto a 6 mm dalla prima.

L'allacciatura con i bottoni e il nastrino

11 **ATTACCARE I BOTTONI** Cucite i bottoni sulla bordura in corrispondenza del nastrino, assicurandovi che siano allineati con gli anelli. Stirate la federa finita.

La federa finita

Federa con bordo arricciato e chiusura a laccetti

Per realizzare questa federa vi occorrerà del tessuto adatto e l'occorrente per cucire. Tagliate due pannelli delle stesse dimensioni del guanciale più 1,5 cm su tutti i lati, poi una striscia di stoffa per la tasca interna, lunga quanto la larghezza del cuscino più 1,5 cm e alta 15 cm. Tagliate il tessuto per il bordo arricciato lungo il doppio del perimetro del guanciale. L'altezza deve essere il doppio del bordo finito più 3 cm per le cuciture. Arricciate il tessuto (*vedi p. 26*). Imbastite l'arricciatura in modo da allinearla agli angoli diagonalmente opposti. Le arricciature che avrete ottenuto risulteranno così uniformemente distribuite.

1 **MISURARE I LACCETTI** Tagliate i laccetti nel tessuto della federa. Il numero richiesto dipenderà dalle dimensioni della federa. Qui occorrono tre coppie di lacci, che richiedono sei strisce di stoffa 25 x 5 cm ognuna. Preparate i laccetti nelle dimensioni richieste (*vedi p. 29*).

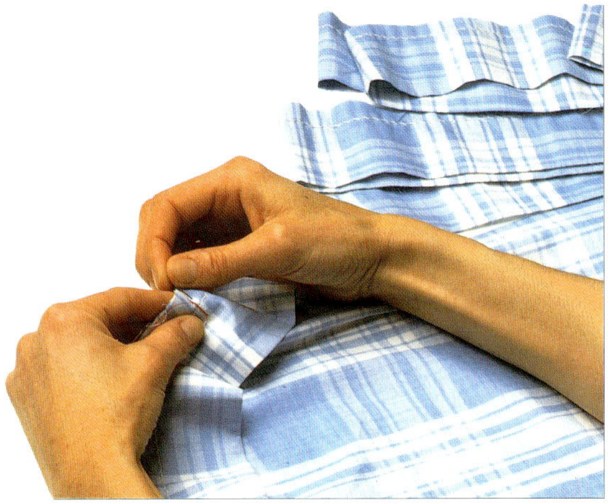

2 **ALLINEARE L'ARRICCIATURA** Prendete uno dei pannelli e allineate sul diritto le arricciature in corrispondenza dell'angolo del pannello. Puntate l'arricciatura sull'angolo, diritto su diritto. Allineate l'arricciatura.

3 **ARRICCIARE** Tirate un filo della filza partendo da un angolo puntato in modo che l'arricciatura sia uguale sui lati corti e lunghi corrispondenti. Predisponete le pieghe per distribuirle equamente (*vedi p. 26*). Puntate e imbastite. Allineate, puntate agli angoli, arricciate e fermate l'altra metà dell'arricciatura sui due lati restanti.

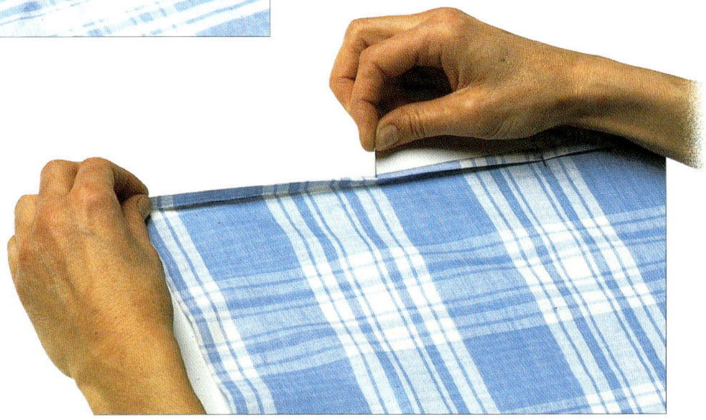

4 **ORLARE** Sul pannello posteriore della federa girate e puntate un orlo doppio di 5 mm, poi di 1 cm sul rovescio del bordo corto. Stirate, imbastite e cucite lungo il bordo ripiegato: questo sarà il lato che rimarrà aperto. Togliete le imbastiture.

5 **ORLARE LA TASCA** Stendete la striscia di tessuto per la tasca o piega interna. Sul lato lungo piegate un orlo doppio di 5 mm, poi di 1 cm sul rovescio. Puntate, stirate, imbastite e cucite.

6 **MONTARE I LACCETTI** Puntate e imbastite tre laccetti di stoffa sul bordo arricciato dell'apertura della federa. Posizionate prima il laccetto centrale e gli altri due equidistanti lateralmente.

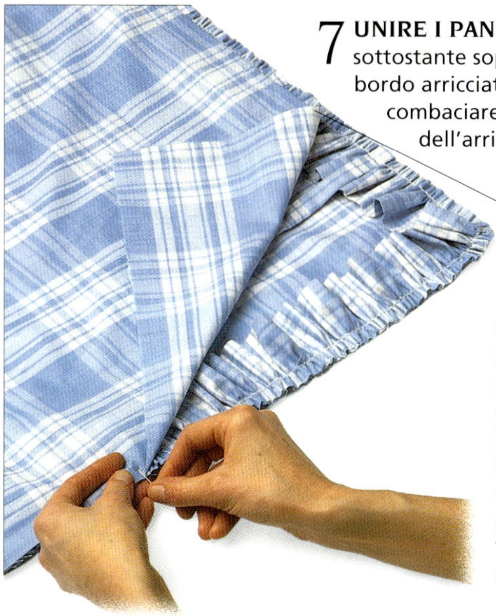

7 UNIRE I PANNELLI Posizionate il pannello sottostante sopra il pannello frontale lungo il bordo arricciato, diritto contro diritto, facendo combaciare il lato già orlato con la cucitura dell'arricciatura. Imbastite i tre lati.

Fate combaciare le cuciture sui tre lati della federa

8 MONTARE LA TASCA Posizionate il diritto del tessuto della tasca interna sul lato aperto della federa, sopra l'arricciatura, i laccetti e il bordo orlato del pannello posteriore. Puntate e imbastite, senza cucire il bordo orlato dell'apertura. Cucite a macchina tutt'attorno alla federa a 1,5 cm ai bordi. Togliete l'imbastitura e rivoltate a diritto la federa.

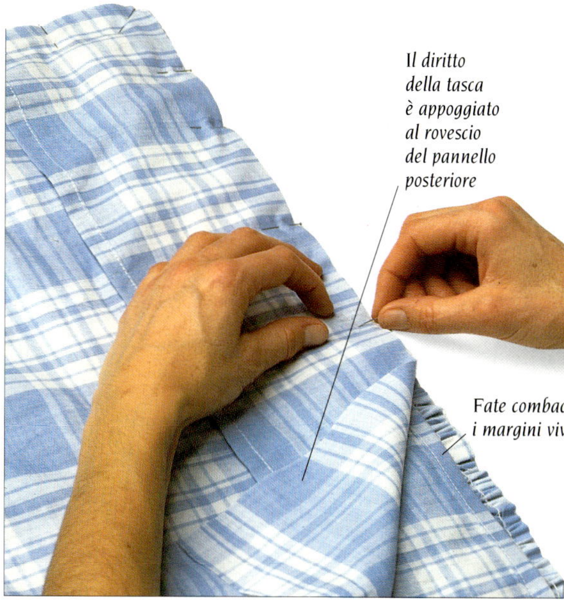

Il diritto della tasca è appoggiato al rovescio del pannello posteriore

Fate combaciare i margini vivi

9 FINIRE I LACCETTI Completate l'allacciatura puntando, imbastendo e cucendo i tre laccetti restanti sul lato aperto della federa, in corrispondenza dei laccetti montati sul pannello arricciato. Stirate la federa finita.

Puntate i laccetti sul bordo interno dell'apertura

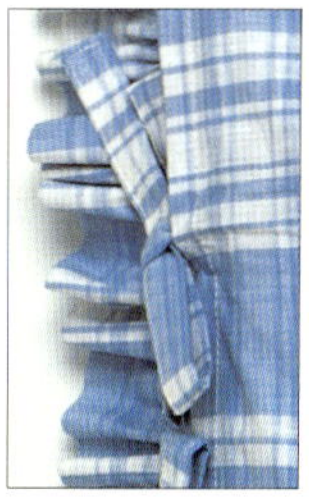

LA FEDERA FINITA

SANGALLO

L'alternativa per preparare da soli un bordo arricciato è quella di utilizzare un bordo già pronto, come il sangallo. Il sangallo non ha bisogno di essere arricciato come la bordura descritta più sopra. Preparate una striscia lunga una volta e mezzo la circonferenza del guanciale. Per realizzare questa federa vi occorrerà della stoffa, del sangallo e l'occorrente per cucire.

1 UNIRE LA STRISCIA DI SANGALLO Imbastite insieme le strisce, diritto contro diritto.

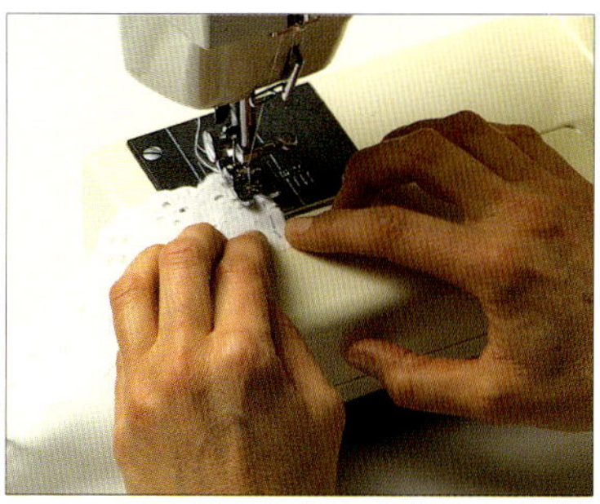

2 CUCIRE Fate una cucitura inglese a 5 mm dal bordo. Togliete l'imbastitura, rifinite le cuciture e stirate.

LA FEDERA FINITA

Federa con bordura decorativa intonata

Per questa federa occorrono la stoffa, compreso il bordo decorativo, e l'occorrente per cucire. Tagliate la stoffa per il pannello frontale della federa nelle dimensioni del guanciale più 1,5 cm tutt'intorno per le cuciture. Tagliate un secondo pannello delle stesse dimensioni del cuscino, più 1,5 cm per le cuciture, per i lati lunghi per un solo lato corto. Per il bordo di apertura sull'altro lato corto, prevedete 6 cm in più per l'orlo. Tagliate la tasca interna lunga quanto il pannello della federa e larga 15 cm. Per la bordura, tagliate due strisce di stoffa lunghe quanto i lati lunghi del pannello frontale e due uguali alla larghezza del pannello, più 3 cm. La larghezza delle quattro strisce deve essere uguale alla larghezza finale della bordura – ciò dipende dal tessuto scelto più 3 cm.

Piegate l'orlo sul rovescio

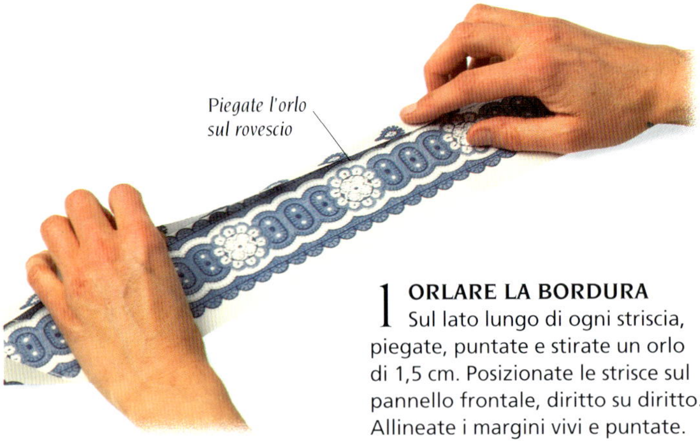

1 ORLARE LA BORDURA Sul lato lungo di ogni striscia, piegate, puntate e stirate un orlo di 1,5 cm. Posizionate le strisce sul pannello frontale, diritto su diritto. Allineate i margini vivi e puntate.

Ripiegate all'interno il bordo in eccesso negli angoli

2 SQUADRARE GLI ANGOLI Piegate all'interno gli angoli della bordura di 45 gradi, per formare gli angoli in diagonale. Puntate e cucite con un punto nascosto gli angoli (*vedi p. 17*) per imbastirli insieme. Togliete gli spilli.

3 CUCIRE GLI ANGOLI Piegate le strisce di bordura diritto su diritto e cucite a macchina gli angoli diagonali vicino ai punti d'imbastitura. Rifinite la stoffa in eccesso sugli angoli in diagonale.

4 RIPOSIZIONARE LA BORDURA Riposizionate la bordura cucita sul diritto del pannello frontale della federa. Puntate e imbastite la bordura lungo i suoi quattro lati interni.

Puntate e imbastite lungo i quattro lati interni della bordura

5 CUCIRE LA BORDURA Fermate la bordura al pannello frontale della federa con una cucitura a sopraggitto lungo i suoi quattro lati interni imbastiti.

6 ORLARE IL PANNELLO POSTERIORE Sul lato corto del pannello posteriore della federa, piegate, puntate, imbastite e cucite un orlo doppio di 1 cm, poi di 5 cm, sul rovescio.

7 ORLARE LA TASCA Su un lato lungo della tasca, ripiegate, puntate, imbastite e cucite un orlo doppio di 1,5 cm sul rovescio.

8 UNIRE I PANNELLI Unite insieme i pannelli, diritto contro diritto, allineando i margini vivi sui tre lati. Puntate e imbastite il pannello frontale della federa a quello posteriore su tre lati, lasciando il bordo aperto già orlato.

Sull'apertura, allineate il bordo dell'orlo con l'imbastitura esterna della bordura

9 CUCIRE LA TASCA Appoggiate la tasca sulla parte posteriore della federa così che il diritto sia rivolto al rovescio del pannello posteriore. Fate combaciare i margini vivi della tasca e del pannello frontale sul lato di apertura; puntate e imbastite, prendendo ai lati anche il pannello frontale posteriore. Attenzione a non imbastire anche il lato aperto dalla tasca.

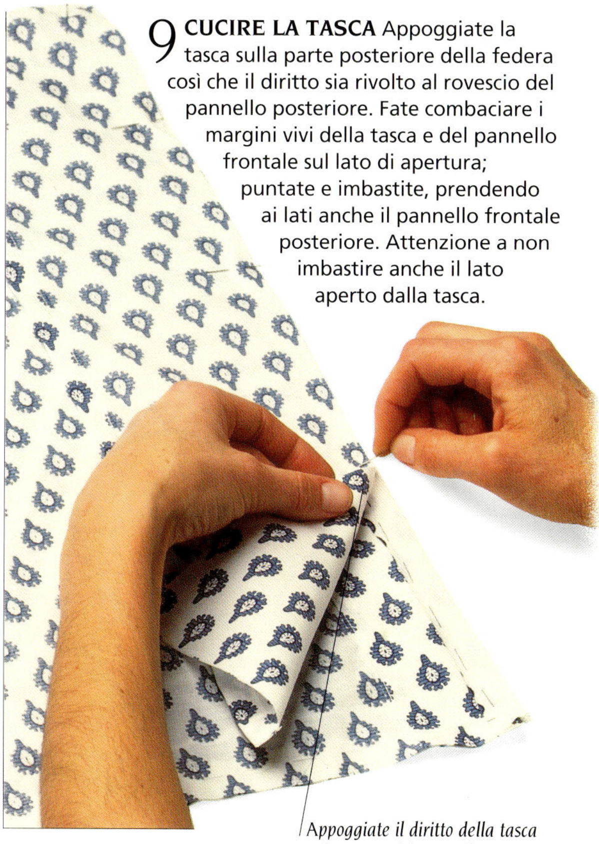

Appoggiate il diritto della tasca sul rovescio del pannello posteriore, allineando i margini vivi del pannello frontale e della tasca

10 CUCIRE I BORDI Cucite a macchina i quattro lati della federa, tralasciando il bordo orlato d'apertura. Togliete tutti i punti d'imbastitura e rifinite i quattro angoli per eliminare la stoffa in eccesso.

11 DARE FORMA AGLI ANGOLI Voltate la federa al diritto e ripiegate la tasca. Aiutandovi con le dita, spingete in fuori le punte degli angoli.

LA FEDERA FINITA

INFLUENZA SCANDINAVA
La trapunta patchwork a scacchi rossi e bianchi sul tradizionale letto a barca attira l'attenzione in questa stanza dall'arredo semplice. La biancheria bianca ricamata a punto croce rosso aggiunge un fascino discreto. Per dare a una trapunta fatta a mano uno stile più genuino, privilegiate l'unione di scampoli di tessuto rettangolari e quadrati piuttosto che pezzi della stessa misura.

COPRIPIUMINO

I PIUMINI SONO CALDI D'INVERNO e leggeri d'estate e in molte case hanno sostituito le coperte e il lenzuolo superiore, diventando così una copertura confortevole e decorativa per il letto. I piumini consentono di rifare il letto molto velocemente. Sarà sufficiente sprimacciarli o rivoltarli ogni mattina. Per rivestire un piumino, singolo o matrimoniale, potrete utilizzare le tele per lenzuola o altri materiali analoghi. È bene ricordare che molti tessuti dovranno essere cuciti assieme per ottenere la larghezza necessaria al copripiumino, soprattutto per i letti matrimoniali o a più piazze.

COPRIPIUMINO CON BOTTONI

Questo semplice copripiumino, realizzato con un'unica lunghezza di stoffa, si adatta a tutti i tipi di piumini. Misurate la lunghezza e la larghezza del vostro piumino, che deve debordare dal letto di circa 25 cm. Tagliate un pezzo di tessuto per una lunghezza doppia del piumino, aggiungendo 15 cm, e per la larghezza del piumino, aggiungendo 10 cm. Il tessuto in eccesso è necessario per le cuciture, per l'allacciatura e per contenere il piumino. Oltre al tessuto di rivestimento, avrete bisogno dei bottoni e dell'occorrente per cucire.

1 **PUNTARE GLI ORLI** Appoggiate il diritto del tessuto di rivestimento su una superficie piana e ripiegate i due lati corti della stoffa di 1 cm e poi di 1,5 cm verso il rovescio. Stirate, puntate, imbastite e cucite questi orli. Togliete i punti d'imbastitura.

2 **CUCIRE** Piegate la stoffa a metà lungo la larghezza, rovescio contro rovescio. Allineate i bordi orlati. Puntate, imbastite e cucite a macchina doppio (*vedi p. 19*) lungo i lati a 5 mm dai bordi. Rifinite a 3 mm lungo i bordi. Aprite a rovescio lungo le cuciture e stiratele. Rifinite con la cucitura doppia per ogni lato a 1 cm dal bordo ripiegato.

3 **CONTRASSEGNARE L'APERTURA** Con un metro da sarta, una squadra a triangolo e una penna a inchiostro simpatico, misurate e tirate una riga sul rovescio del tessuto lungo entrambi i lati del copripiumino a 5 cm e parallelamente al bordo ripiegato dell'apertura orlata.

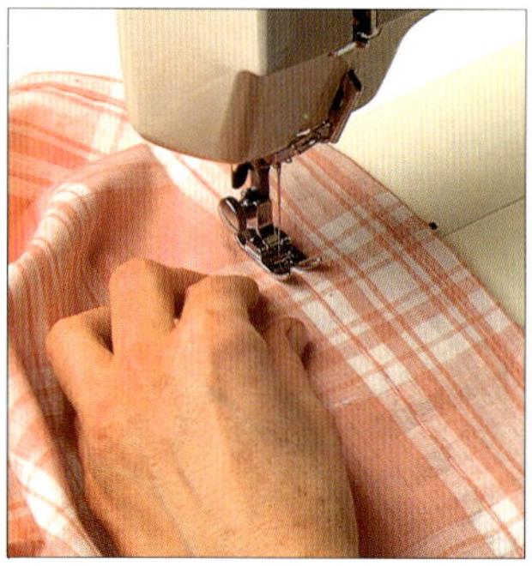

4 **CUCIRE L'APERTURA** Puntate, imbastite e cucite 20 cm lungo la riga tracciata sui bordi esterni dell'apertura. Ciò lascerà un'apertura sufficiente per inserire il piumino. Togliete le imbastiture.

5 **PIEGARE L'APERTURA** Piegate i bordi non cuciti del copripiumino Sul rovescio lungo la riga tracciata. Stirate i bordi ripiegati. Rivoltate il copripiumino sul diritto e stirate nuovamente. Contrassegnate la posizione delle asole su un lato dell'apertura ripiegata. Preparate le asole (*vedi p. 30*).

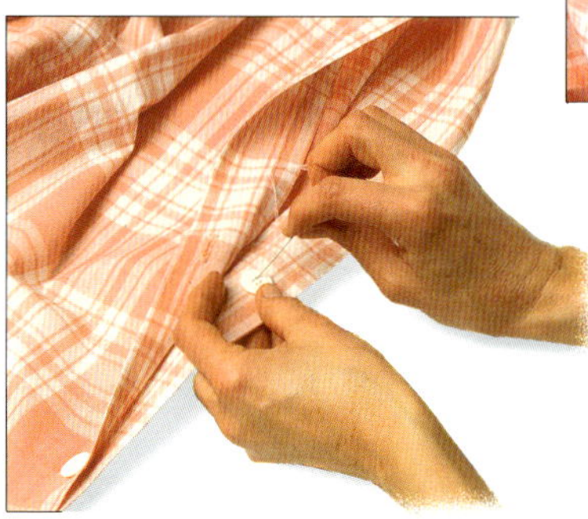

6 **ATTACCARE I BOTTONI** Servitevi delle asole come guida per marcare la posizione dei bottoni e cuciteli. Inserite il piumino, sprimacciandolo per adattarlo al copripiumino e allacciate i bottoni.

IL COPRIPIUMINO FINITO

ALLACCIATURA CON BOTTONI

Copripiumino rifinito a cordoncino con laccetti

Questo copripiumino è realizzato con due pannelli di tessuto e una chiusura a laccetti dello stesso materiale. Tagliate due pezzi di tessuto delle dimensioni del piumino, aggiungendo 10 cm tutt'attorno per le cuciture. Preparate la bordura a cordoncino in base alla circonferenza del copripiumino lungo le linee di cucitura, aggiungendo 10 cm per il montaggio (*vedi p. 24*). Per realizzarlo, vi occorrerà la stoffa per copripiumino, paramontura, laccetti e cordoncino, l'occorrente per cucire.

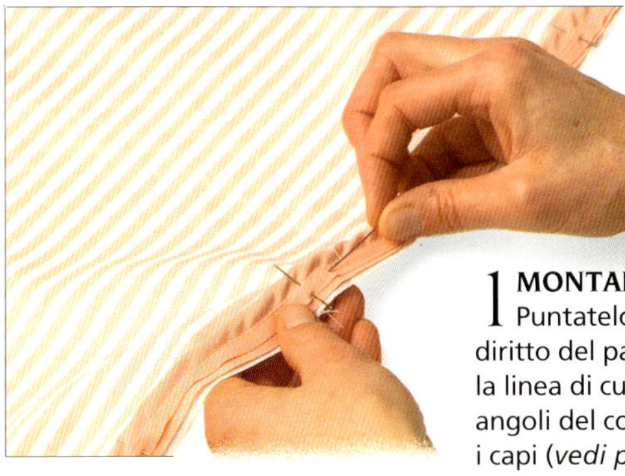

1 MONTARE IL CORDONCINO Puntatelo e imbastitelo sul diritto del pannello frontale lungo la linea di cucitura. Tagliate gli angoli del cordoncino e unitene i capi (*vedi p. 25*).

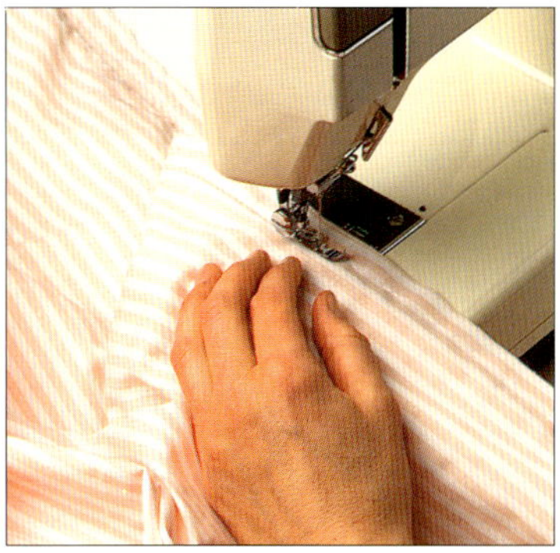

2 CUCIRE I PANNELLI Appoggiate assieme i pannelli di stoffa diritto contro diritto. Puntate, imbastite e cuciteli assieme lungo la cucitura, lasciando un'apertura di circa 1 m al centro di una cucitura laterale. Rifilate gli angoli (*vedi p. 18*).

3 PREPARARE LA PARAMONTURA Tagliate una striscia lunga il doppio dell'apertura, aggiungendo 3 cm in lunghezza per le cuciture, e larga 19 cm. Cucite un orlo doppio a 1,5 cm a rovescio su un lato lungo della striscia. Unite la striscia per la lunghezza del tessuto con una cucitura a 1,5 cm dai lati corti. Preparate i laccetti da otto strisce (*vedi p. 29*), di 36 x 5 cm ciascuno.

4 ATTACCARE I LACCETTI Contrassegnate quattro punti equidistanti gli uni dagli altri su ciascun lato dell'apertura per indicare la posizione dei laccetti. Puntate e imbastite i laccetti, assicurandovi che siano accoppiati.

I laccetti devono essere allineati in coppia prima della cucitura

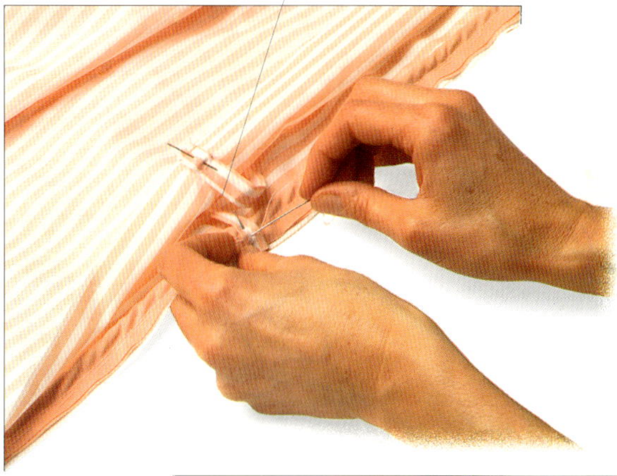

5 POSIZIONARE LA PARAMONTURA Voltate la striscia di paramontura al diritto e inseritela nell'apertura del copripiumino. Puntate e imbastitela all'interno dell'apertura del copripiumino lungo un lato. Assicuratevi di aver allineato i margini vivi della striscia con quelli dell'apertura.

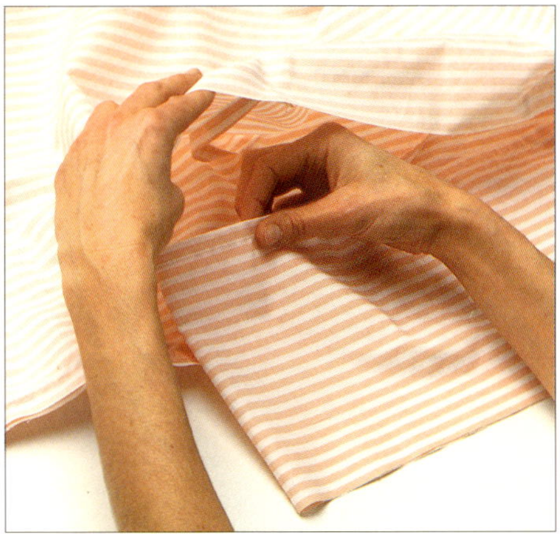

6 MONTARE LA PARAMONTURA Cucite a macchina o a mano la striscia di paramontura, assicurandovi che i margini vivi siano allineati. Terminata la cucitura, togliete l'imbastitura. Rivoltate il copripiumino a diritto.

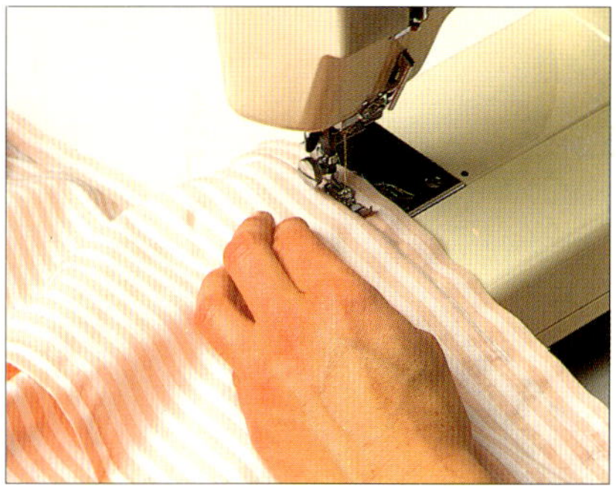

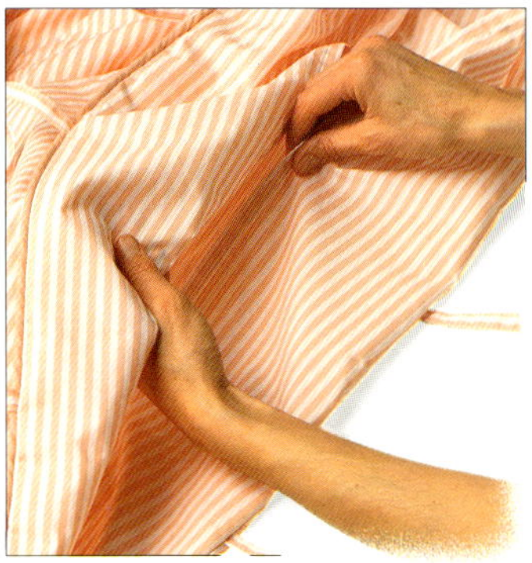

7 RIPIEGARE LA PARAMONTURA ALL'INTERNO Ripiegate la paramontura all'interno dell'apertura del copripiumino. Stirate il copripiumino finito e inserite il piumino in modo da riempire anche gli angoli. Allacciate i nastrini di stoffa formando nodi decorativi.

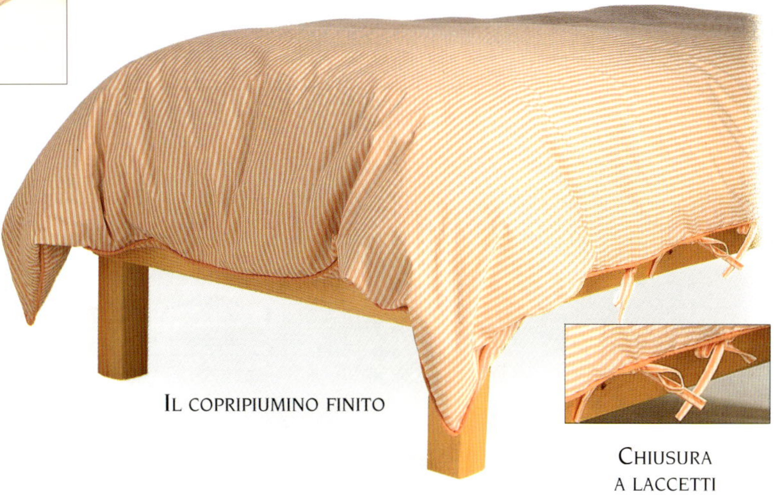

Il copripiumino finito

Chiusura a laccetti

LENZUOLA

REALIZZARE DA SOLI LE LENZUOLA può essere un progetto gratificante ed economico. Potete utilizzare materiali leggeri, resistenti e facili da mantenere. I tessuti di altezza inferiore al materasso possono essere cuciti assieme in lunghezza. Per evitare cuciture centrali sgradevoli, si può realizzare il lenzuolo con un pannello centrale e due laterali. La tela per lenzuola è inoltre disponibile ad altezze diverse, da 228 o 274 cm. Le lenzuola di tipo tradizionale sono le più versatili perché possono essere utilizzate sia per il sopra che per il sotto. Le lenzuola con gli angoli sono tuttavia molto più semplici da maneggiare quando si rifà il letto.

LENZUOLA CON ORLO DECORATIVO

Utilizzando un lenzuolo liscio come sopra, potete decorare l'orlo superiore con una cucitura a punto pieno con filo da ricamo in tinta o in contrasto. Scegliete il tessuto adatto – di cotone, lino, misto-lino o sintetico – e calcolate la metratura di materiale necessario. Per realizzare questo lenzuolo, vi occorreranno la stoffa e l'occorrente per cucire.

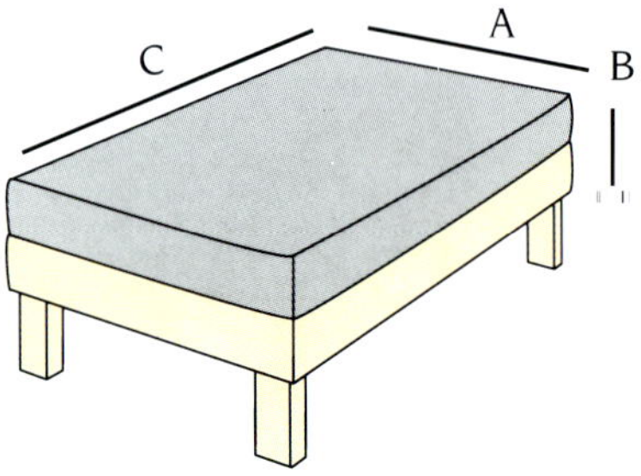

1 **CALCOLARE LA METRATURA NECESSARIA** Misurate la lunghezza (C) e la larghezza (A) del materasso. Aggiungete 40 cm ad (A), più due volte la profondità (B), e 50 cm a (C), più due volte la profondità del materasso (B). Aggiungete 2 cm per gli orli laterali, se necessario.

2 **CUCIRE GLI ORLI** Voltate e stirate gli orli doppi di 1 cm a rovescio sui lati lunghi. Puntate, imbastite e cucite. Girate la stoffa e piegate un orlo doppio di 1,5 cm a rovescio lungo il bordo inferiore. Stirate, puntate, imbastite e cucite.

Un orlo largo crea un effetto di bordura sul lato superiore del lenzuolo

3 **RIPIEGARE L'ORLO** Fate un orlo largo sul bordo superiore del lenzuolo piegando un orlo doppio di 5 cm sul rovescio. Stirate, puntate e imbastite.

4 **CUCIRE L'ORLO** Cucite a macchina il bordo dell'orlo superiore a punto pieno (un zig-zag molto ravvicinato e compatto: *vedi p. 18*). Levate l'imbastitura e stirate il lenzuolo.

IL LENZUOLO FINITO

LENZUOLO CON ORLO SUPERIORE RIFINITO A CORDONCINO

Vi occorreranno il tessuto, un cordoncino, un ago senza punta e l'occorrente per cucire. Il cordoncino deve essere 5 cm più largo del tessuto. Realizzate il lenzuolo liscio (*vedi sopra*). Cucite a sopraggitto, a 1 cm dal bordo dell'orlo largo sul lato superiore del lenzuolo. Cucite di nuovo a sopraggitto a 12 mm dalla prima cucitura per formare una sottile spaziatura.

1 **INFILARE L'ANIMA DEL CORDONCINO** Infilatelo nell'ago senza punta, e nella spaziatura creata dalla cuciture a sopraggitto.

2 **RIFINIRE IL CORDONCINO** Dopo aver inserito il cordoncino, tagliate il cordoncino in eccesso vicino al bordo del lenzuolo.

3 **FERMARE I BORDI** Fermate i bordi del cordoncino con una ribattitura a macchina o a mano. Stirate il lenzuolo finito.

IL LENZUOLO FINITO

Lenzuolo con angoli

Il lenzuolo con angoli richiede meno stoffa rispetto ai lenzuoli lisci perché sono gli angoli con l'elastico a tenere il lenzuolo teso. I lenzuoli con gli angoli rendono più semplice rifare il letto. Per realizzare questo lenzuolo, vi occorreranno il tessuto, 1 m di elastico largo 6 mm e l'occorrente per cucire.

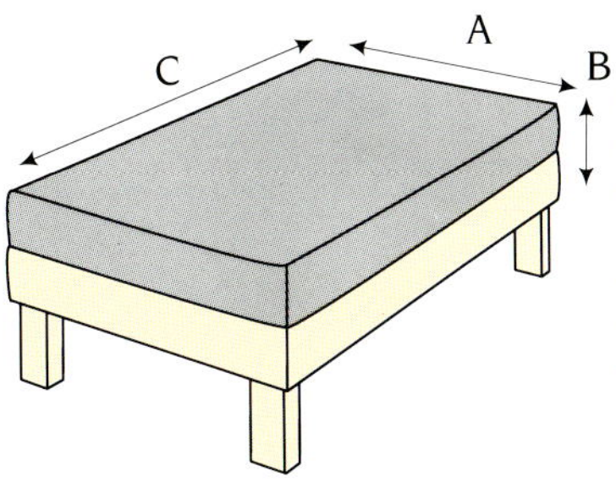

1 CALCOLARE LA METRATURA Misurate lunghezza (C) e larghezza (A) del materasso. Aggiungete 20 cm ad (A), più due volte la profondità (B), e 20 cm a (C), più due volte la profondità (B). Tagliate la stoffa secondo queste misure.

2 TOGLIERE GLI ANGOLI Stendete la stoffa a rovescio. Partendo dagli angoli lungo ogni lato, marcate la profondità del materasso più 10 cm. Formate un quadrato sull'angolo tirando una riga da ciascun bordo. Tirate altre due righe a 1,5 cm dalle prime. Tagliate lungo le righe interne.

3 CUCIRE GLI ANGOLI Posizionate assieme a rovescio i lati tagliati dell'angolo; puntate, imbastite e cucite a 5 mm dal bordo, a punto doppio (*vedi p. 19*). Rifinite la prima cucitura a 3 mm. Rivoltate a diritto, stirate e rifinite a punto doppio. Ripetete per i tre angoli restanti.

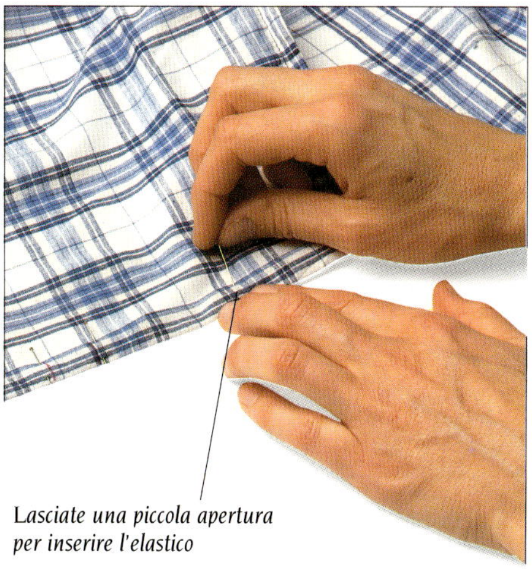

Lasciate una piccola apertura per inserire l'elastico

4 PUNTARE L'ORLO Piegate sul rovescio un orlo di 5 mm e poi di 1 cm lungo tutti i lati del lenzuolo. Puntate, imbastite e cucite l'orlo. Lungo ciascun lato lasciate un'apertura di 1 cm nella cucitura a 15 cm dai quattro angoli. Inserite l'elastico attraverso queste aperture per formare gli angoli. Togliete tutte le imbastiture.

5 INSERIRE L'ELASTICO Tagliate l'elastico in quattro sezioni di 25 cm e inseritele nell'orlo degli angoli. Puntate un capo dell'elastico e tirate l'altra estremità per arricciare gli angoli. Fissate l'elastico con una ribattitura lungo le aperture. Cucite le aperture.

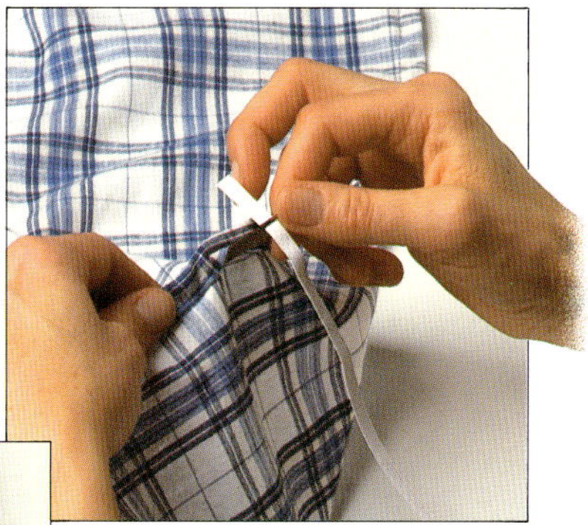

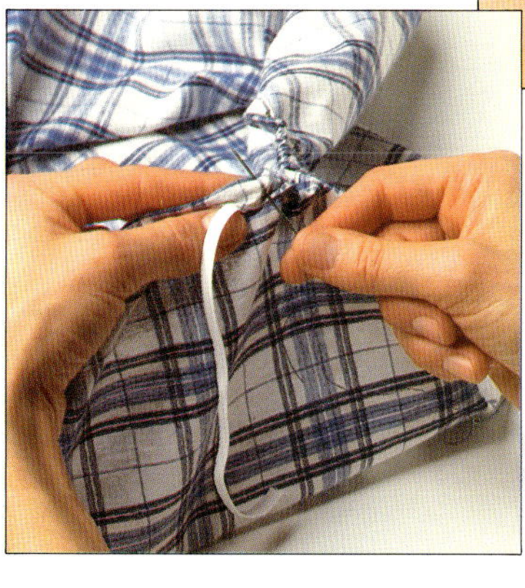

Il lenzuolo finito

Lenzuolo di sopra

Tagliate la stoffa secondo la larghezza del materasso, (più due volte la profondità del materasso, più 40 cm), e la lunghezza, più la profondità, più 20 cm. Tagliate e cucite i due angoli in fondo come descritto sopra. Cucite un orlo doppio di 1 cm sui lati lunghi e su un solo lato corto, lasciando le aperture per l'elastico. Inseritelo e fissatelo.

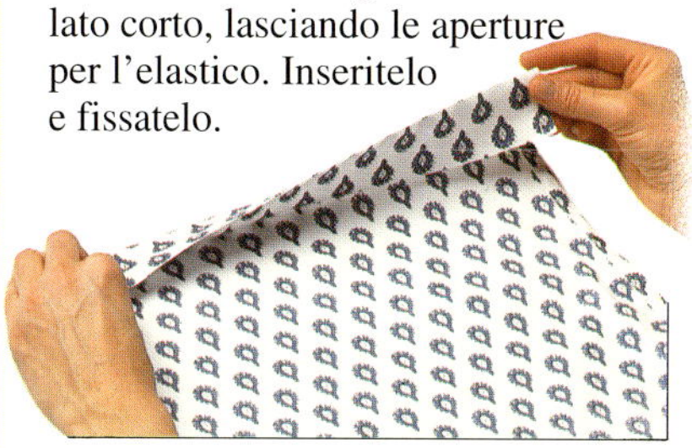

Orlare il bordo superiore
Girate la stoffa per lavorare sul lato non orlato. Rifinite questo bordo piegando un orlo doppio di 5 cm sul rovescio. Rifinite puntando, imbastendo, stirando e cucendo l'orlo.

BALZA DEL LETTO

LA BALZA E` UN ACCESSORIO decorativo lungo il bordo e i piedi del letto, soprattutto in quelli con una base solida. Potete scegliere di realizzare una balza sia con una striscia arricciata o con pannelli laterali lisci, completati da pieghe agli angoli del letto. Lo stile da voi scelto dipenderà dall'arredamento della camera da letto. Per entrambi questi tipi di balze, la tecnica è analoga. Si cuce una striscia di stoffa a tre lati su un pannello superiore, rifilato a cordoncino, che si appoggia sulla base del letto sotto il materasso; la balza copre la base del letto fino al pavimento.

BALZA ARRICCIATA

Scegliete una stoffa decorativa per la balza arricciata; per economia potrete utilizzare un tessuto a tinta unita per il pannello superiore, nascosto alla vista, e orlarlo con un bordo nello stesso tessuto della balza. Dotatevi di un cordoncino prelavato, e di stoffa per il cordoncino. Per evitare che la stoffa si restringa in maniera non uniforme, lavate il tessuto della balza e quello del pannello. Misurate le dimensioni del letto e tagliate nella stoffa in tinta unita il pannello secondo tali misure, meno 20 cm tutt'attorno. Per determinare l'altezza della balza, misurate dalla base del letto fino al bordo superiore.

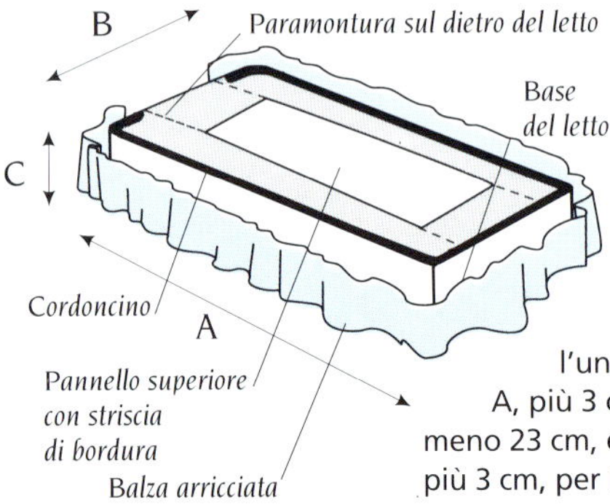

1 **MISURARE** Tagliate la stoffa lunga 3 volte il pannello superiore (A), più 1 volta e mezzo la sua larghezza (B), nell'altezza voluta (C). Se occorre realizzate una cucitura doppia (*vedi p. 19*). Tagliate 5 strisce di stoffa larghe 12,5 cm l'una: due secondo la lunghezza di A, più 3 cm; 2 secondo la lunghezza di B, meno 23 cm, e 1 secondo la lunghezza di B, più 3 cm, per la paramontura.

2 **CUCIRE** Cucite una striscia corta del bordo sui lati del pannello superiore, diritto su diritto a 1,5 cm dal margine.

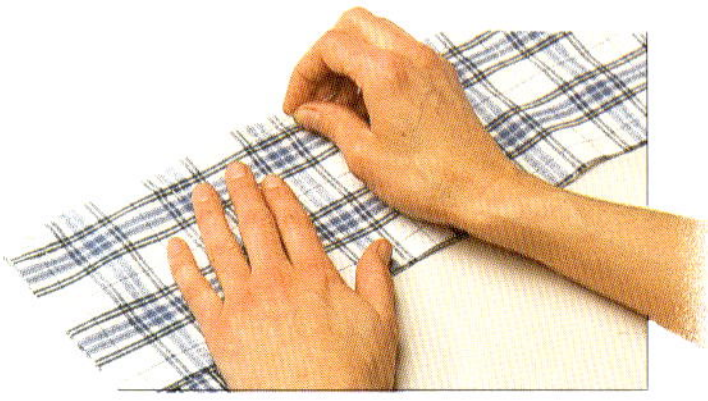

3 **MONTARE LE STRISCE LATERALI** Montate la striscia lunga del bordo ai lati del pannello superiore. Stirate le cuciture aperte.

4 **MARCARE GLI ANGOLI** Con un bicchiere disegnate su ogni angolo una curva e tagliatela. Preparate un cordoncino (*vedi p. 24*) lungo il doppio di A, più B, aggiungendo 24 cm per i due angoli della testata del letto. Tagliatelo di 2 cm più corto della striscia in sbieco alle due estremità. Ripiegate 2 cm sul rovescio a ogni estremità.

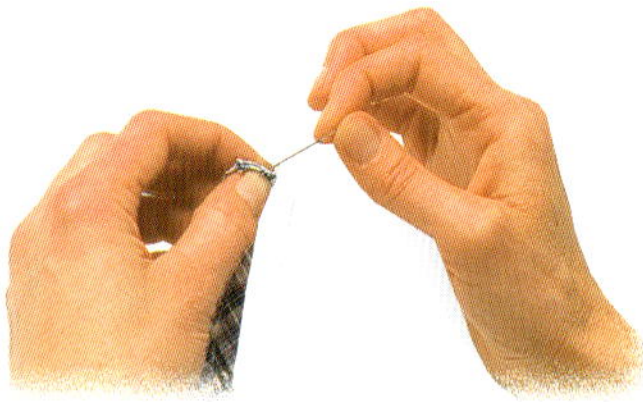

5 **CUCIRE IL CORDONCINO** Piegate la striscia in sbieco sul cordoncino alle estremità e cucite i bordi, così da prendere anche le estremità del cordoncino.

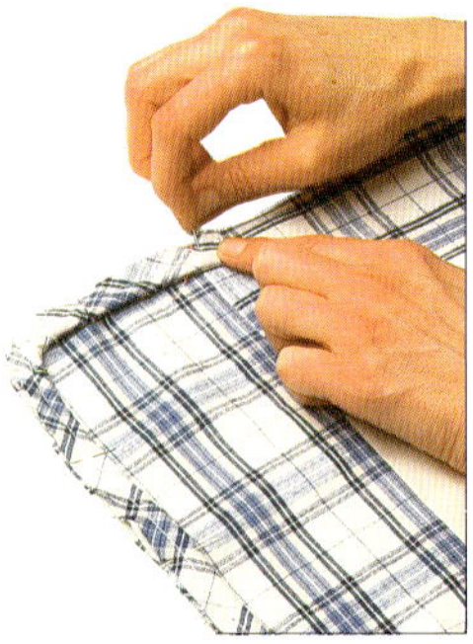

6 **MONTARE IL CORDONCINO** Imbastite il cordoncino sul diritto del pannello superiore. Piegate un orlo doppio di 1,5 cm alle estremità e al bordo inferiore della balza. Stirate e cucite gli orli.

7 **SEZIONARE LA BALZA** Sul margine superiore della balza, partendo da un bordo già orlato, marcate un punto a 1 volta e mezzo la lunghezza di A, più 18 cm, da questo punto, misurate 1 volta e mezzo la lunghezza di B e fate un segno che corrisponde all'angolo opposto. La lunghezza restante servirà per l'altro lato lungo del pannello.

8 **CUCIRE LA BALZA** Cucite a punto arricciato tra i punti contrassegnati sulla parte superiore della stoffa della balza a 1,5 cm dal margine (*vedi p. 26*). Sovrapponete i punti agli angoli per facilitare l'arricciatura.

9 **PUNTARE LA BALZA** Allineate un'estremità della balza con un'estremità del cordoncino sul pannello, diritto su diritto. Puntate a 1,5 cm dal bordo.

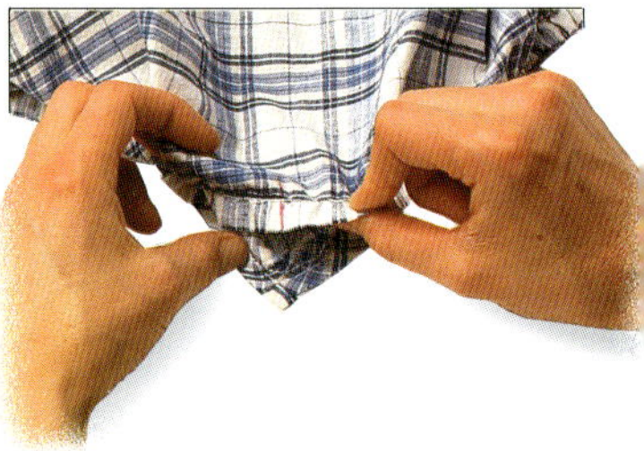

10 **ALLINEARE** Fate combaciare il primo segno con il primo angolo e puntate. Arricciate; distribuite l'arricciatura. Ripetete per il resto della balza e finite all'altra estremità del cordoncino. Imbastite e cucite la balza, utilizzando il piedino per cerniere lampo.

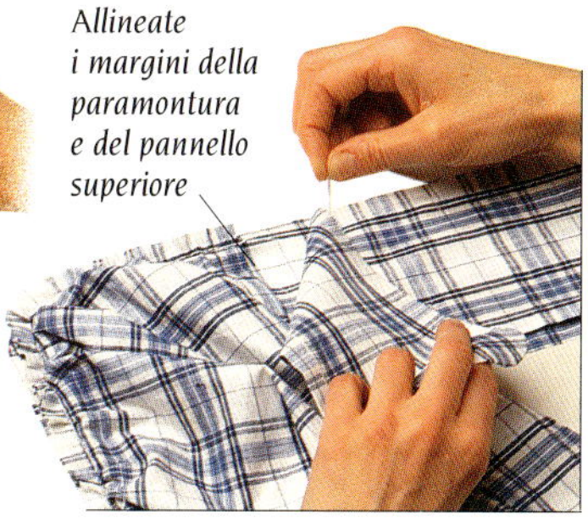

11 ORLARE LA PARAMONTURA Sul lato lungo della striscia di stoffa per la paramontura, piegate, puntate, imbastite e cucite un orlo doppio a 5 mm, poi a 1 cm.

12 MONTARE Puntate, imbastite e cucite, diritto contro diritto, la paramontura al pannello superiore, sopra la bordura e la balza.

13 MONTARE LA BALZA Rivoltate il lavoro sul diritto. La striscia di paramontura si trova sul lato del pannello vicino alla testata del letto e rifinisce l'insieme. Stirate la balza e appoggiatela sul letto.

LA BALZA FINITA

BALZA LISCIA CON PIEGHE D'ANGOLO

Questa balza liscia è realizzata con inserti ad angolo che formano delle pieghe piatte. Realizzate il pannello superiore seguendo le istruzioni fino al punto 6, ma non tagliate la stoffa per la balza. Vi occorreranno tre pezzi separati di stoffa. Due uguali alla lunghezza del letto, più 20 cm, il terzo uguale a B (*vedi diagramma a fronte*), più 20 cm. Misurate l'altezza voluta per la balza (C) e aggiungete 4,5 cm. Questa misura è la larghezza dei tre pannelli della balza.

1 MISURARE Tagliate quattro pannelli per gli inserti delle pieghe all'altezza della balza, per 20 cm. Per i pannelli degli angoli alla testata del letto, tagliate due pannelli alti quanto la balza e larghi 26,5 cm.

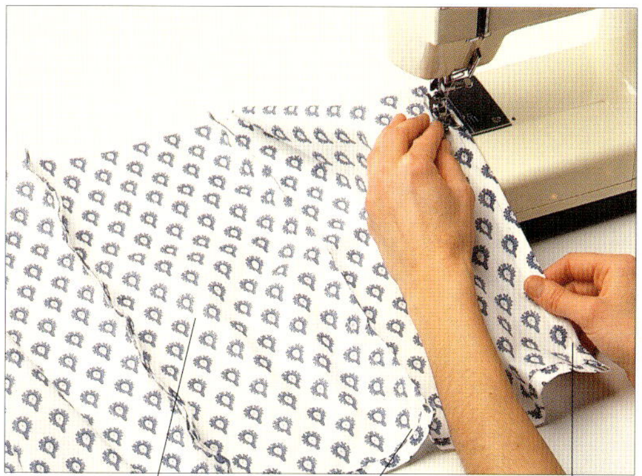

2 MONTARE GLI INSERTI Iniziando dalla testata del letto, puntate, imbastite e cucite un pannello d'angolo superiore all'inserto a 1,5 cm dal margine, diritto contro diritto. Unite l'inserto a uno dei pannelli laterali della balza. Per l'angolo ai piedi del letto, unite il pannello laterale della balza a un altro inserto. Continuate in questo modo. Rifinite le cuciture.

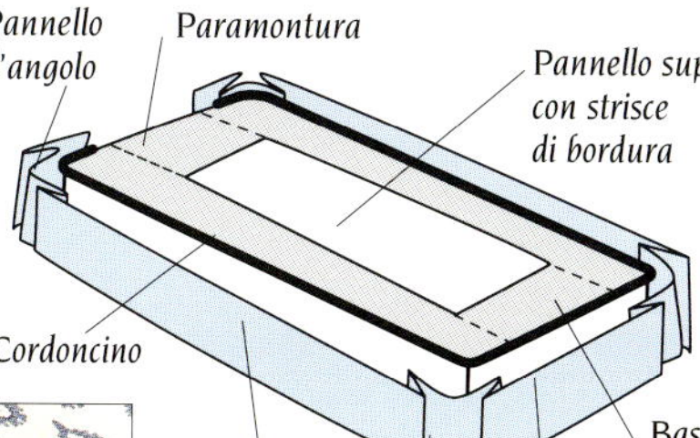

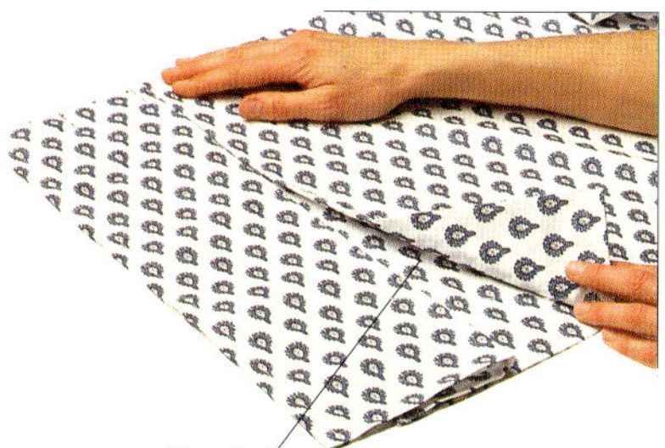

3 FORMARE LE PIEGHE Piegate le estremità dei pannelli verso il centro degli inserti e formate pieghe piatte. Stirate, puntate e imbastite a 1,5 cm dalla piega. Montate e cucite.

4 MONTARE LA BALZA Cucite la balza con gli angoli ripiegati, diritto contro diritto, sul bordo a cordoncino del pannello superiore. Ripiegate un orlo doppio di 5 mm, poi di 1 cm, su un lato lungo del pannello di paramontura. Puntate, imbastite e cucite il pannello sul lato lungo la testata del pannello superiore, diritto contro diritto, lungo le cuciture della balza e del bordo superiore. Rivoltate e appoggiate la balza sul letto.

LA BALZA FINITA

COPRILETTO

LA FUNZIONE PRINCIPALE DEL COPRILETTO è quella di decorare il letto quando non viene usato. Un semplice copriletto è facile da realizzare e confortevole da usare. Si può utilizzare una stoffa pesante, trasformandolo così in una coperta, se necessario. In alternativa, i copriletti sagomati, che si conformano al materasso, vestono il letto a giorno, che può essere usato come seduta. Il copriletto può essere rifinito con un drappeggio diritto e pieghe piatte agli angoli. Scegliete invece un copriletto con drappeggio arricciato rifinito con un cordoncino in tinta contrastante per ottenere un effetto più "casual".

COPRILETTO REVERSIBILE

Scegliete due stoffe abbinate o in tinta contrastante per la parte superiore e i pannelli di rivestimento. Per un effetto caldo e isolante, trapuntate il tessuto (*vedi p. 19*) o scegliete una stoffa più pesante. La quantità di stoffa necessaria dipenderà dal drappeggio che avrete previsto. Scegliete la stoffa per rivestimento e preparate l'occorrente per cucire.

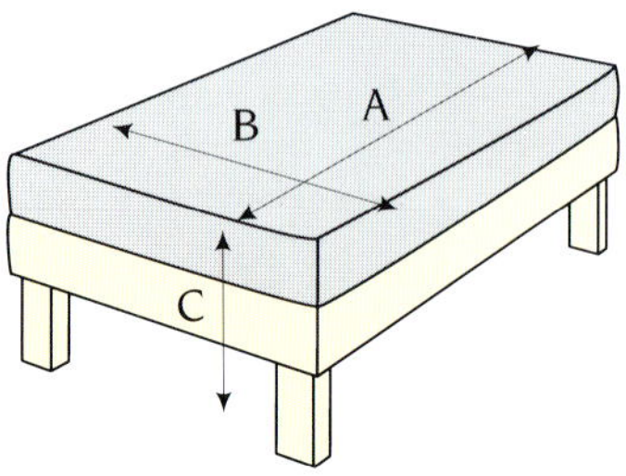

1 **MISURARE** Misurate lunghezza (A) e larghezza (B) del letto con le lenzuola. Decidete l'altezza del drappeggio (C). Aggiungete A e C, se volete che la coperta copra il guanciale, prevedendo altri 15 cm per A. Aggiungete a B due volte la lunghezza di C. Tagliate i pannelli superiori e di rivestimento secondo queste misure, prevedendo un extra per le giunture (*vedi p. 21*) e l'abbinamento dei disegni.

2 **MARCARE GLI ANGOLI** Servendovi di una sagoma circolare, arrotondate i quattro angoli sul rovescio dei due tessuti. Tagliate lungo le linee arrotondate. Piegate a metà le due stoffe e abbinate i bordi per controllare che siano uguali.

3 **UNIRE I PANNELLI** Appoggiate assieme rovescio contro rovescio le due stoffe. Puntate e imbastitele insieme a 1 cm dai bordi tutt'attorno.

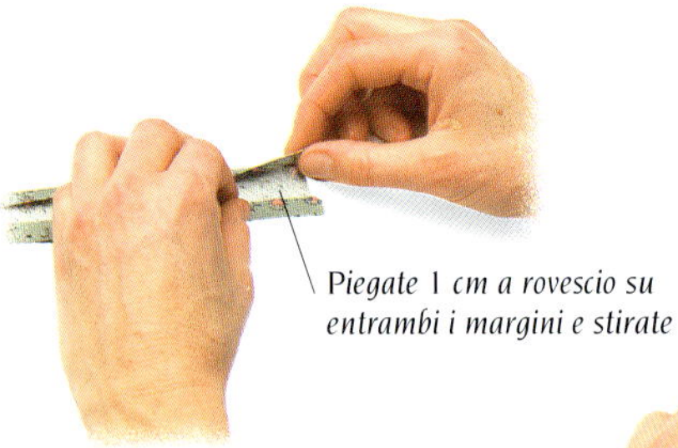

4 **PREPARARE LA BORDURA** Misurate la circonferenza della coperta lungo la linea di cucitura e preparate una bordura di tale lunghezza (*vedi p. 24*), più 10 cm per le giunte. Aggiungete 2 cm per la piegatura.

5 **MONTARE LA BORDURA** Con le due parti insieme diritto contro diritto, puntate, imbastite e cucite un margine della bordura al pannello superiore a 1,5 cm dall'orlo, lungo la piega della bordura. Rifinite la cucitura a 1 cm o alla metà circa della larghezza del capo finito.

6 **COMPLETARE LA BORDURA** Girate il copriletto. Ripiegate la bordura sul margine. Cucite a sottopunto il margine ripiegato alla fodera a 1,5 cm dall'orlo.

7 **CUCIRE LA BORDURA** Potete anche rifinirla con un sottopunto a macchina che è però più visibile. Stirate il copriletto finito e appoggiatelo sul letto.

IL COPRILETTO FINITO

COPRILETTO CON DRAPPEGGIO ARRICCIATO

Quando scegliete la stoffa per un copriletto sagomato per un letto a giorno, preferite un materiale resistente. Vi occorreranno un'anima per cordoncino prelevata, la stoffa per il cordoncino – qui abbiamo usato una stoffa in tinta con quella del copriletto – e l'occorrente per cucire. Misurate le dimensioni del letto con le lenzuola per assicurarvi che il copriletto finito cada bene. Per la metratura del pannello superiore, misurate la lunghezza (A) e la larghezza (B) del letto, aggiungendo 4,5 cm alla lunghezza per le cuciture e l'orlo e 3 cm alla larghezza per le cuciture.

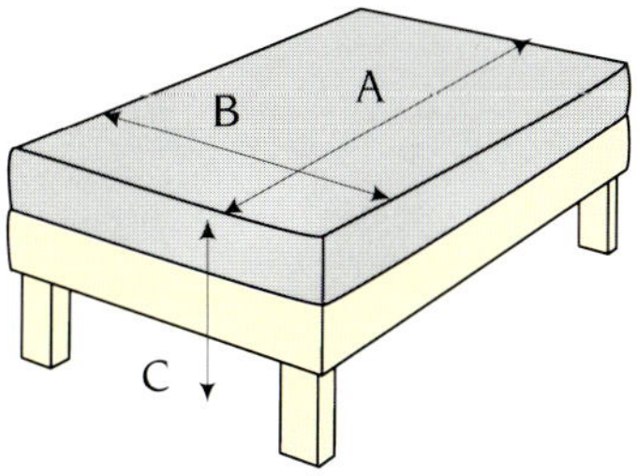

1 MISURARE Per la larghezza del drappeggio, misurate l'altezza della caduta (C) e aggiungete 4,5 cm per le cuciture e l'orlo. La lunghezza è tre volte quella del letto (A), più una volta e mezzo la larghezza (B), più 6 cm per gli orli. Per eventuali giunte, aggiungete 1,5 cm per le cuciture.

Piegate un orlo doppio lungo il margine del pannello superiore

2 ORLARE IL PANNELLO Appoggiate il tessuto a diritto su una superficie piana, piegate e stirate un orlo doppio di 1,5 cm sul bordo superiore.

Piegate 2 cm a rovescio in fondo e cucite a sopraggitto i bordi ripiegati

3 CUCIRE IL CORDONCINO Tagliate una striscia in sbieco due volte A, più B, più 4 cm per ripiegare. Preparate il cordoncino lasciando 4 cm aperti ai lati.

4 MONTARE IL CORDONCINO Imbastite sul diritto del pannello superiore, su un lato corto e due lunghi, facendo combaciare i margini vivi.

5 ORLARE IL BORDO DEL DRAPPEGGIO Unite la stoffa con cuciture inglesi (*vedi p. 19*). Cucite un orlo doppio di 1,5 cm sul rovescio.

6 ORLARE LE ESTREMITÀ DEL DRAPPEGGIO Sulle due estremità del drappeggio, piegate un orlo doppio di 1,5 cm sul rovescio. Cucite l'orlo.

7 MARCARE IL DRAPPEGGIO Dividete in tre la parte superiore del drappeggio per assicurarvi che l'arricciatura sia distribuita equamente. Partendo da un'estremità, misurate e marcate un punto lungo una volta e mezzo A. Da questo punto marcatene un altro a una volta e mezzo la lunghezza di B. La parte restante sarà una volta e mezzo la lunghezza del materasso.

8 PREPARARE L'ARRICCIATURA Cucite l'arricciatura a punto filza (*vedi p. 26*) a 1,5 cm dal bordo superiore del margine non orlato del drappeggio. Cucite separatamente le tre parti contrassegnate dai punti. Sovrapponete le cuciture sugli angoli, in modo da non perdere volume quando si riuniscono.

9 ARRICCIARE Allineate le estremità del drappeggio a quelle del pannello superiore rifilato, puntate nei punti contrassegnati. Allineate gli angoli del drappeggio con quelli del pannello e puntateli insieme. Partendo da un lato lungo, tirate le filze dell'arricciatura, distribuendola equamente, puntate e imbastite il drappeggio lungo il bordo a cordoncino. Ripetete sui lati restanti.

10 MONTARE Cucite il drappeggio al pannello rifinito a cordoncino, usando il piedino per cerniere. Rifinite le cuciture. Stirate il copriletto.

IL COPRILETTO FINITO

Copriletto sagomato con pieghe piatte

Procuratevi la stoffa per il copriletto, il cordoncino e un'anima per cordoncino. Tagliate la stoffa per il pannello superiore in base alla larghezza (A) e lunghezza (B) del materasso, più 3 cm in larghezza e 4,5 cm in lunghezza per cucire gli orli. Sul bordo del pannello superiore con una penna a inchiostro simpatico arrotondate gli orli (*vedi p. 114*). Per i lati, tagliate tre strisce di profondità del materasso (C) più 3 cm per le cuciture. Tagliate due strisce con B, aggiungendo 4,5 cm per l'orlo e le cuciture, e una striscia come A, aggiungendo 3 cm per le cinture.

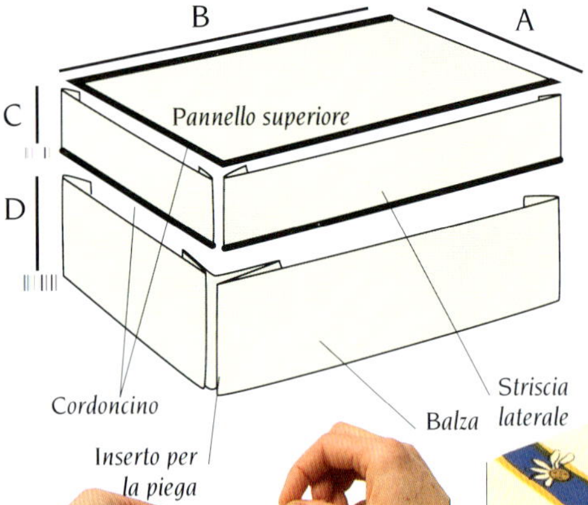

1 **TAGLIARE LA BALZA** Misurate la caduta (D) dal bordo inferiore del materasso al pavimento, più 4,5 cm per gli orli e le cuciture. Tagliate due pezzi con quest'altezza, della stessa lunghezza di B più 3 cm per l'orlo superiore, più 10 cm per ogni piega. Tagliate un pezzo di stoffa come D lungo quanto A, più 20 cm. Per gli inserti delle pieghe agli angoli, tagliate due pezzi come D più 20 cm. Tagliate due strisce in sbieco per il cordoncino due volte B più A, più 4,5 cm per la ripiegatura. Preparate due strisce di cordoncino (*vedi p. 24*).

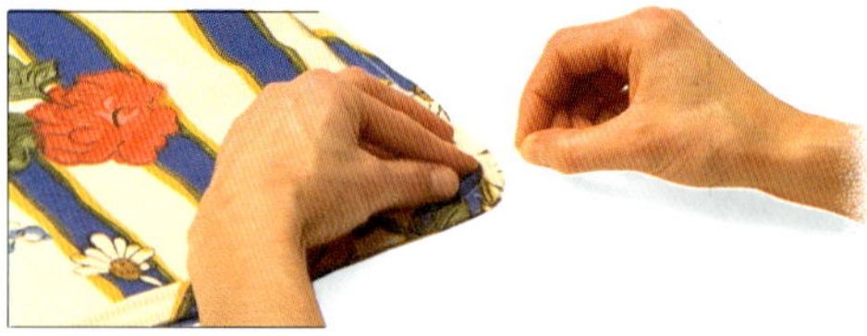

2 **MONTARE IL CORDONCINO** Imbastite il cordoncino sul diritto del pannello superiore, facendone combaciare i bordi. Tagliate la stoffa in eccesso agli angoli (*vedi p. 18*).

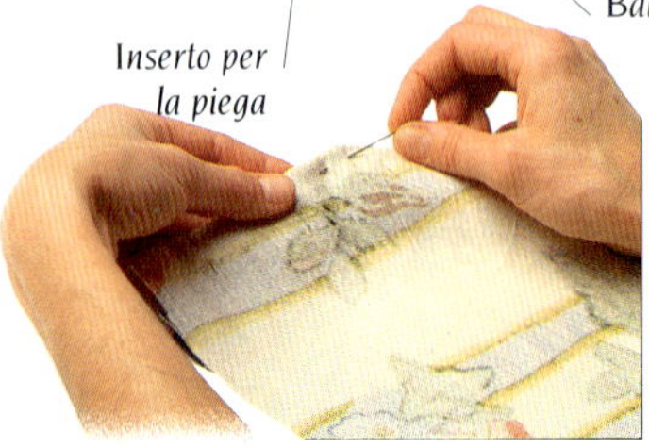

3 **CUCIRE LE STRISCE** Cucite una striscia lunga e una corta per l'altezza, diritto contro diritto. Lasciate una cucitura di 1,5 cm. Montate l'altra striscia lunga sull'altro lato della corta.

4 **PUNTARE IL SECONDO CORDONCINO** Puntate e imbastite il cordoncino ai bordi delle strisce laterali del materasso. Al punto 9 più sotto, la balza verrà montata su questi bordi.

5 **MONTARE IL PANNELLO** Puntate i bordi delle strisce laterali e del cordoncino del pannello superiore, diritto contro diritto. Cuciteli lasciando 1,5 cm di tolleranza.

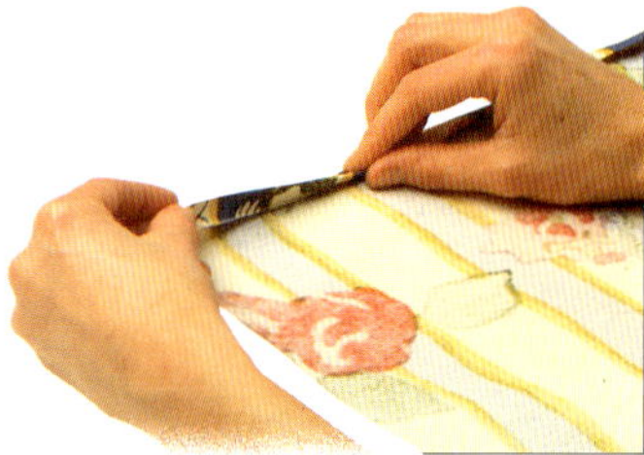

6 **PIEGARE L'ORLO** Piegate un orlo doppio di 1,5 cm a rovescio sui bordi inferiori dei tre pezzi della balza e degli inserti.

7 **CUCIRE GLI INSERTI** Cucite gli inserti alle estremità di un pezzo corto della balza, lasciando una cucitura di 1,5 cm. Montate i pezzi lunghi agli inserti su un pezzo corto, lasciando una cucitura di 1,5 cm. Rifinite.

8 **PREPARARE LE PIEGHE** Agli angoli, piegate il pannello centrale al centro sull'inserto per formare una piega piatta. Stirate, e imbastite a 1,5 cm dal bordo superiore per fermare le pieghe durante il montaggio.

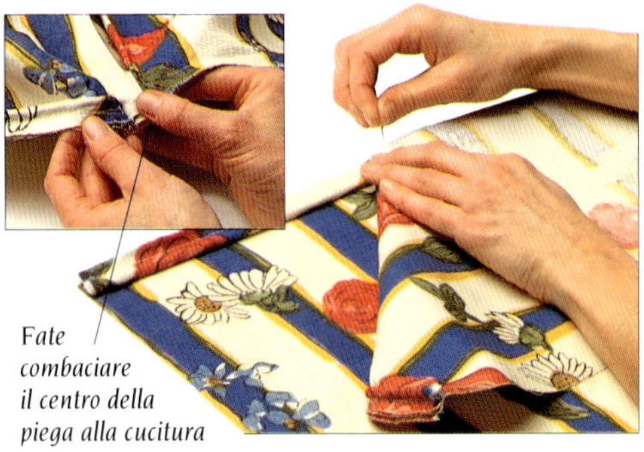

9 **MONTARE LA BALZA** Puntate, imbastite e cucite il bordo superiore della balza al bordo rifilato della striscia laterale del materasso, diritto contro diritto. Fate combaciare il centro delle pieghe alle cuciture degli angoli delle strisce. Stirate tutte le cuciture e gli orli e, se necessario, rifiniteli.

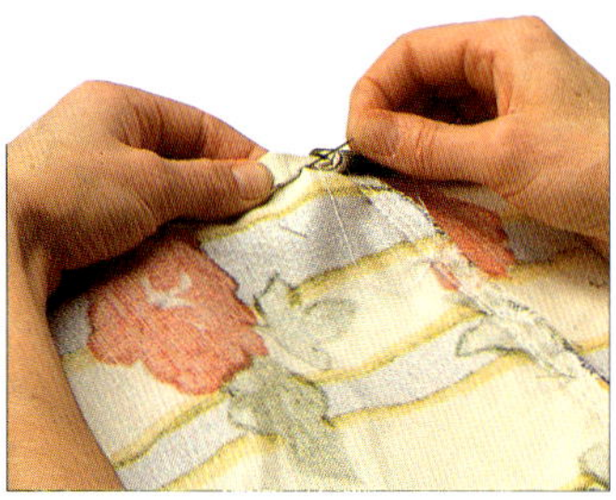

10 **RIFINIRE** Sulla parte vicino alla testata del copriletto, tagliate e rifinite la stoffa in eccesso, formando una linea diritta lungo il bordo. Piegate un orlo doppio di 1,5 cm a rovescio, puntate, imbastite e cucite a sopraggitto. Stirate il copriletto e adattatelo al materasso e al letto.

Il copriletto finito

Motivi patchwork
Il rosa caldo e il rosso usati per realizzare la trapunta cucita a mano sono il fulcro visivo di questa stanza interamente bianca. Il dettaglio cromatico è concentrato al centro del pannello dove, per riempire forme quadrate e a diamante, sono stati usati scampoli di tessuto raffiguranti fiori, ramoscelli e cotone in tinta unita. Ai lati, la trapunta è di un solo colore, anche se centinaia di piccoli punti fatti a mano formano delle rientranze che creano un effetto stropicciato.

Angolo di benessere
Con la federa dal colore deciso, accanto alla testata del letto sono stati impilati cuscini di stile diverso, con un effetto comodo e rilassato.
L'unione di vari tessuti ammorbidisce ciò che altrimenti apparirebbe un'austera tavolozza di grigio, bianco e nero, e spezza le linee geometriche.

PATCHWORK E TRAPUNTO

LE COPERTE E I COPRILETTI PATCHWORK CONSENTONO di abbinare disegni, colori e forme per creare arredi e decorazioni personalizzate. Prima di decidere il disegno del vostro patchwork, lasciate libera la vostra fantasia e non esitate a usare le forme e i colori che vi ispirano. Una coperta patchwork di forma semplice, a quadri, ad esempio, può essere cucita a macchina, mentre invece i patchwork più complessi devono essere cuciti insieme a mano. Il trapunto rende la coperta più calda e confortevole. Si tratta di una tecnica semplice nella quale si inserisce una leggera imbottitura tra due strati di tessuto (*vedi p. 19*).

COPERTA PATCHWORK A QUADRI

Questa coperta è facile da realizzare a macchina ma, come per tutti i patchwork, necessita di un'accurata preparazione. Per realizzarla, vi occorreranno il tessuto per i riquadri, il tessuto per la fodera e l'occorrente per cucire. Decidete le misure della coperta e dei riquadri patchwork. Considerate le proporzioni dei quadrati in rapporto alla dimensione del letto. Calcolato il numero di quadrati necessari per tutta l'area, approssimandoli quanto più è possibile.
Dopo aver tagliato i quadrati, appoggiateli su una superficie piana e sistemateli.

1 TAGLIARE I QUADRATI Aggiungete 1,5 cm tutt'attorno alla dimensione dei quadrati finiti. Sul tessuto, misurate e tracciate il numero necessario di quadrati per il patchwork. Tagliate i quadrati.

2 UNIRE I QUADRATI Preparate il patchwork partendo dalla larghezza della coperta, una fila per volta. Puntate, imbastite e cucite i quadrati a 1,5 cm dai margini, diritto contro diritto. Per impedire che le cuciture si lascino, fermatele ripassandole più volte avanti indietro alle due estremità. Stirate le cuciture aperte.

Cucite insieme le file di quadrati a 1,5 cm dai bordi

3 CUCIRE LE FILE Completate le file di quadrati, puntatele, e cucitele insieme a 1,5 cm dai bordi, diritto contro diritto. Stirate le cuciture aperte. Misurate la coperta finita e tagliate un pannello di stoffa per la fodera con le stesse dimensioni.

4 MONTARE LA FODERA Poggiate fodera e coperta, diritto contro diritto. Imbastite a 1,5 cm dai bordi. Lasciate un'apertura di 50 cm nella cucitura per rivoltare la coperta.

5 RIFINIRE LA COPERTA Rivoltate a diritto la coperta e stiratela. Piegate i bordi dell'apertura di 1,5 cm verso l'interno, poi puntate e cucite i bordi insieme a sottopunto.

Per la fodera usate una stoffa decorativa che s'intoni ai colori del vostro patchwork

LA COPERTA FINITA

COPERTA PATCHWORK A ESAGONI

Scegliete la forma dei ritagli di stoffa da cucire insieme sia abbinandoli a piacere oppure coordinando i colori, anche per formare disegni più complessi. Misurate la dimensione finale della coperta e dei singoli esagoni. Calcolate il numero necessario per l'intera coperta. Per i bordi della coperta potete sia rifinirli con una striscia di mezzi esagoni o foderarli con una stoffa di rinforzo. Oltre alla stoffa e l'occorrente per cucire, vi occorreranno un cartoncino rigido e un compasso.

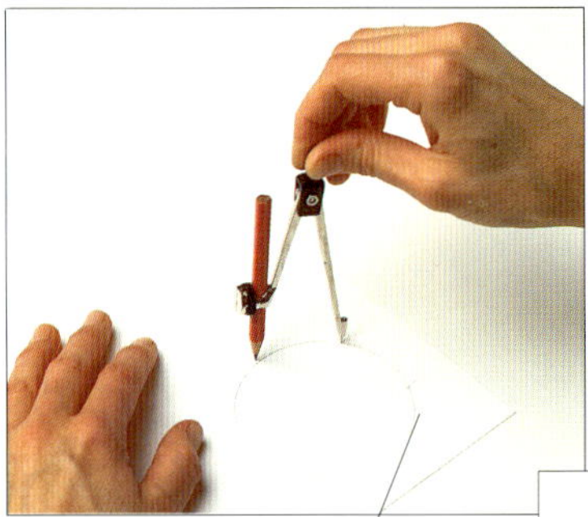

Disegnate un cerchio sul cartoncino con il compasso

1 **PREPARARE LA SAGOMA** Preparate una sagoma nella dimensione voluta. Disegnate un cerchio sul cartoncino. Sulla circonferenza segnate sei punti equidistanti. Uniteli con una linea retta per formare un esagono. Tagliate la sagoma. Usatela per tracciare gli esagoni necessari.

Segnate sei punti equidistanti e uniteli tra di loro con una linea retta

2 **TAGLIARE GLI ESAGONI** Tagliate gli esagoni di carta. Puntateli sul rovescio del tessuto scelto. Ritagliate gli esagoni, prevedendo 1,5 cm in più tutt'attorno.

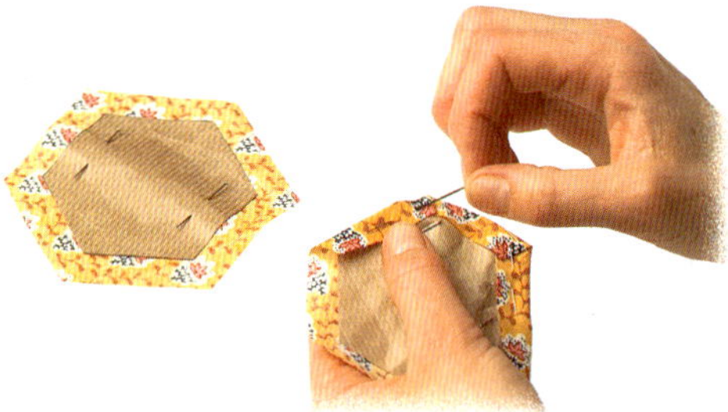

3 **CUCIRE GLI ESAGONI** Con la sagoma di carta al suo posto, piegate l'orlo sopra i bordi di carta, imbastite e stirate. Assicuratevi che gli esagoni siano uguali per forma e dimensione.

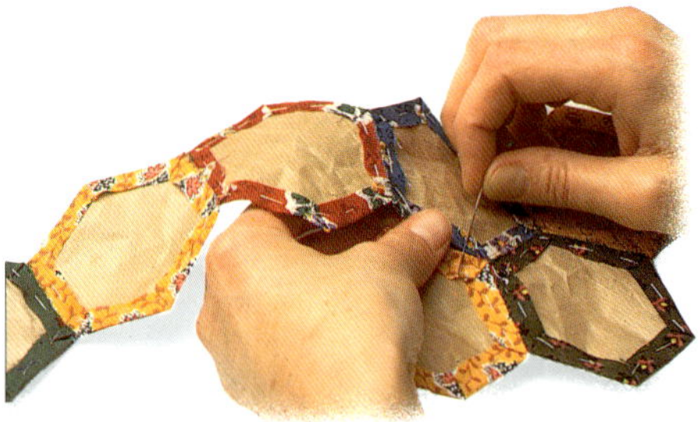

4 **UNIRE GLI ESAGONI** Formate con gli esagoni il disegno scelto. Lavorando sul rovescio, cucite i margini tra loro a sottopunto. Questo è un passaggio delicato che richiede un lavoro preciso e accurato.

5 **TOGLIERE LA CARTA** Dopo aver unito gli esagoni, stirate e levate l'imbastitura e la carta. Misurate la lunghezza e la larghezza massima del pannello. Tagliate la fodera secondo queste misure, più il diametro di un esagono e 3 cm tutt'attorno.

6 **MARCARE LA FODERA** Appoggiate rovescio contro rovescio patchwork fodera. Segnate i bordi esterni della coperta sulla fodera. Piegatela verso il rovescio sotto il patch-work lungo i punti tracciati. Piegate gli angoli in diagonale (*vedi p. 23*) e stirate.

7 **CUCIRE LA FODERA** Tenendo insieme la fodera e il patchwork rovescio contro rovescio, puntate, imbastite e cucite a sottopunto lungo i bordi.

LA COPERTA FINITA

Copriletto reversibile trapuntato

Le dimensioni della coperta dipendono da quelle del letto e dalla caduta prevista. Per calcolare la stoffa necessaria, misurate la larghezza e la lunghezza del letto con le lenzuola. Aggiungete alla lunghezza la caduta desiderata e due volte questa misura alla larghezza. Prevedete 5 cm in più alla larghezza e alla lunghezza per il trapunto. Tagliate i pannelli superiori e inferiori secondo le misure ottenute. Unite insieme le eventuali giunte con una cucitura ribattuta (*vedi p. 18*). Vi occorreranno la stoffa per la bordura, l'imbottitura, una penna e l'occorrente per cucire.

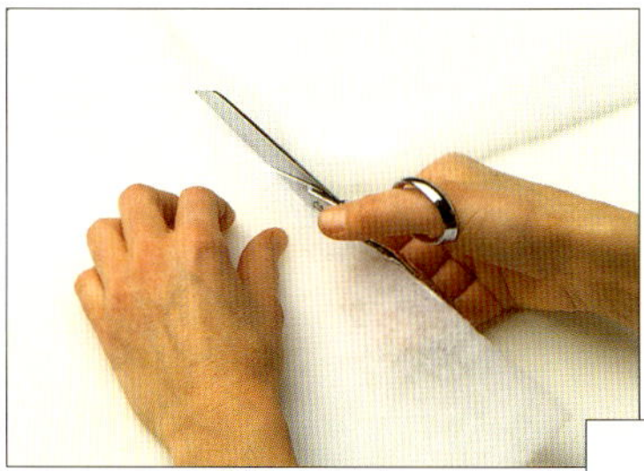

1 TAGLIARE L'IMBOTTITURA Tagliate l'imbottitura della misura dei due pannelli. Se dovete unire insieme parti dell'imbottitura, cucitele a punto mosca (*vedi p. 22*).

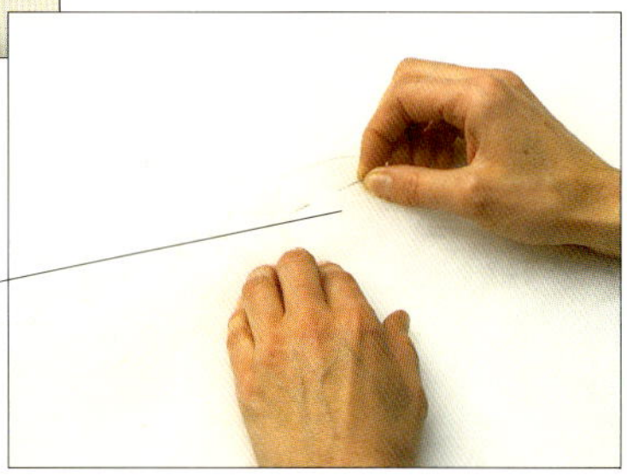

Sovrapponete leggermente l'imbottitura e unite insieme con una cucitura a punto mosca

2 IMBASTIRE L'IMBOTTITURA Inserite l'imbottitura tra i due pannelli di stoffa. Fate combaciare i bordi, puntate e imbastite insieme i pannelli e l'imbottitura.

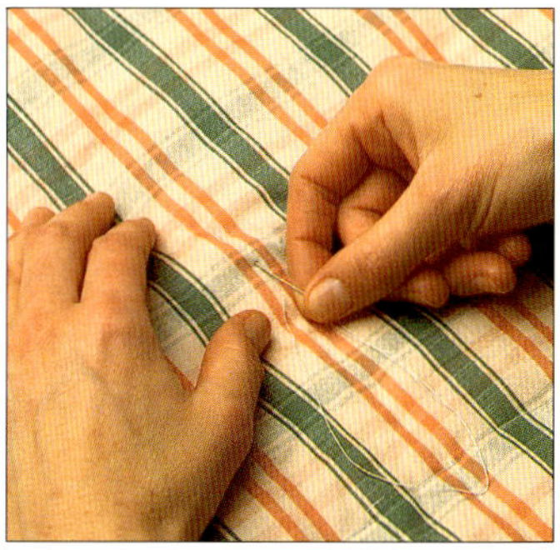

3 PREPARARE L'IMBASTITURA DI RINFORZO Stendete la coperta. Imbastite a punti lunghi dall'alto verso il basso e, partendo dal centro della coperta, da un lato all'altro. Usate un filo dello stesso colore della cucitura finale. Ripetete l'operazione imbastendo tra le cuciture precedenti. Ciò impedirà alla stoffa e all'imbottitura di scivolare.

4 IMBASTIRE IL TRAPUNTO Scegliete lo stile e le dimensioni del trapunto. Misurate e contrassegnate con una penna apposita le linee del trapunto sul pannello superiore. Imbastite prendendo tutti gli strati.

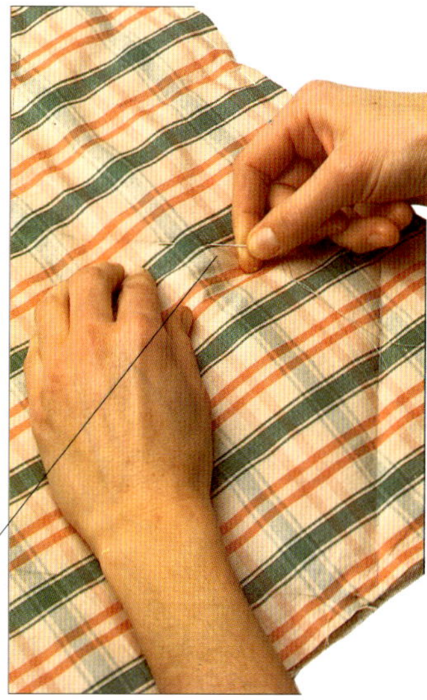

Imbastite il trapunto prendendo insieme la stoffa e l'imbottitura

5 CUCIRE IL TRAPUNTO Cucite seguendo l'imbastitura quindi sfilatela. Misurate la circonferenza della coperta. Tagliate la stoffa in sbieco per la bordura secondo questa misura più 10 cm per le giunte. La bordura deve essere 3 cm più larga della bordura finale.

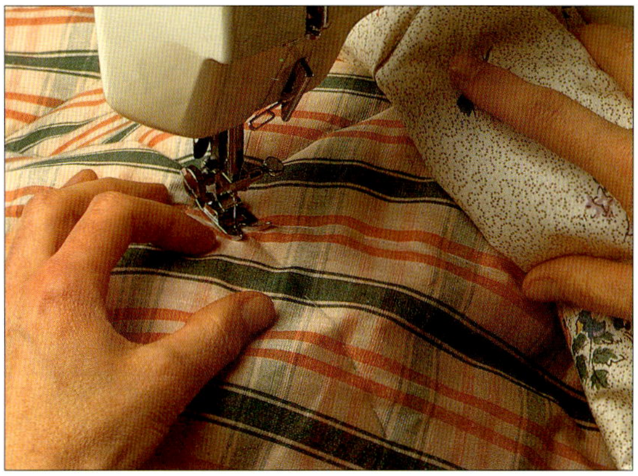

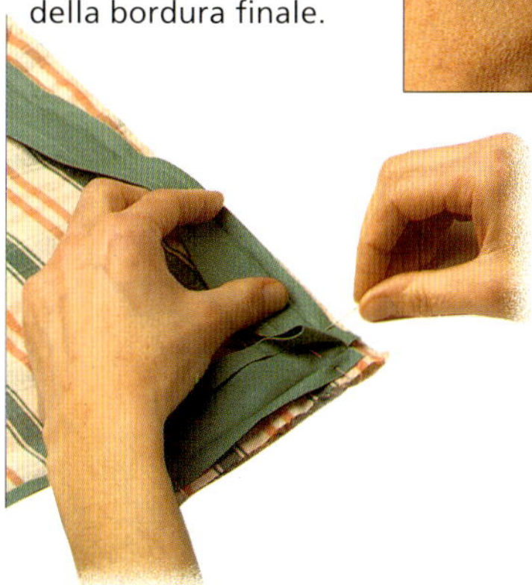

6 IMBASTIRE LA BORDURA Piegate la bordura nella lunghezza di 1,5 cm sul rovescio e stirate. Imbastite la bordura e i margini del pannello superiore della coperta, diritto contro diritto. Tagliate la bordura in corrispondenza degli angoli. Fermatela formando un'angolatura in diagonale (*vedi p. 23*). Rifinite i margini della cucitura a 1 cm. Ripiegate la bordura sul margine della coperta. Cucite a sottopunto il bordo ripiegato.

La coperta finita

CUSCINI

PER LA LORO VERSATILITÀ, i cuscini sono gli oggetti di arredo e tappezzeria più utili nella casa, danno un tocco di morbidezza e comfort a divani, sedie e poltrone, accompagnato da un effetto decorativo di colore, forma e disegno. Ci sono due tipi di cuscini: quelli sagomati sono realizzati su misura per la seduta di sedie o poltrone, quelle di vimini ad esempio, mentre i cuscini di foggia e forme svariate si possono appoggiare ovunque e sono i più comuni e adattabili.

COLLEZIONE DI CUSCINI
Cuscini diversi possono essere realizzati utilizzando scampoli anche piccoli di tessuto. Se avete a disposizione un pezzo sufficiente a coprire un solo lato, per il retro scegliete una stoffa coordinata a tinta unita.

La Scelta dello Stile

Aggiungendo semplicemente un paio di cuscini, potrete cambiare immediatamente il carattere di una stanza. Se raggruppati insieme su un divano o su un letto, vi daranno una nota di colore, che si accompagna allo stile dei quadri o fa da contraltare all'arredo della stanza, sottolineando il colore dominante della carta da parati. Potete utilizzare ogni tipo di tessuto per realizzare i cuscini. Un pizzo prezioso che ricopre una stoffa a tinta unita o colorata crea un "look" a effetto romantico e tradizionale. Tessuti unici ricamati o parti di tappeti kilim possono conferire un tocco di originalità all'insieme.

Panca sotto la finestra
Per questa panca su misura, per i cuscini e per le tende è stata scelta una *toile de Jouy* rosa, e il suo negativo. L'imbottitura del sedile è composta da materiale ignifugo e cordoncino intonato.

Colori pastello
Per rendere più comoda questa panca sono stati aggiunti alcuni cuscini di lino in una gamma di colori pastello. Angoli squadrati, ricami e bottoni sottolineano i dettagli, mentre la cerniera, nascosta nelle cuciture di ciascuna federa, garantisce una pulizia rapida e veloce.

Fiori e righe
I cuscini dai motivi floreali di questa poltrona si intonano perfettamente ai tessuti rigati. Le fodere possono essere tolte grazie a cerniere e lavate ogni volta che occorre (*a fronte*).

STOFFE PER ABITI
Un cuscino realizzato con materiale insolito, come perline, paillettes, borchie o scampoli di tessuto per abiti spicca se accostato a una poltroncina tradizionale. Mantenete la forma e lo stile del cuscino semplice e concentratevi invece sulle qualità riflettenti del tessuto. Abbiate l'accortezza di non scegliere stoffe che possano impigliarsi nei rivestimenti e nei vestiti delle persone.

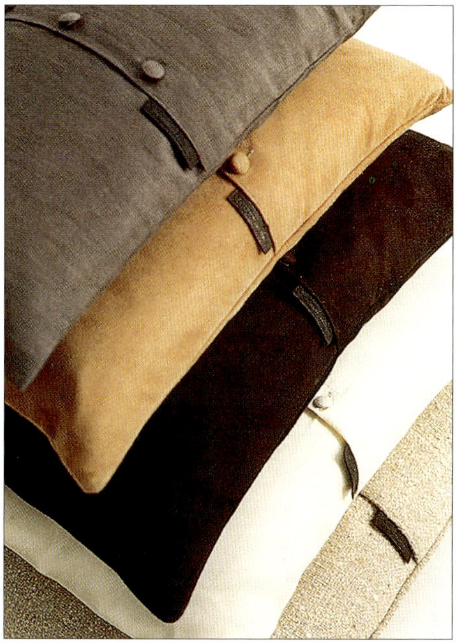

CHIUSURE CON BOTTONI
Perfetti per uno stile sobrio sono i bottoni rivestiti che aggiungono un moderno tocco sartoriale ai semplici cuscini. A livello pratico, le chiusure con bottoni sono ideali per i tessuti pesanti o elastici dove le cerniere possono fare delle grinze. Qui, le fodere dei cuscini di lino hanno deliziose nuance color cioccolato, caramello, crema. I bottoni foderati di lino e le targhette color visone contribuiscono a inserire un elemento essenziale ma importante nel disegno complessivo.

CUSCINI PEZZATI
Su un divano bianco, questi cuscini di finto pelo a disegni vivaci diventano il punto focale. Usando per il bordino lo stesso tessuto si dà un effetto più professionale. Quando scegliete un tessuto per i cuscini, pensate all'usura a cui sarà sottoposto; il pelo sintetico, ad esempio, può essere solo lavato a secco.

PANCA CON CUSCINO A RULLO
Ecco come un semplice rullo e un cuscino sagomato possono aggiungere comfort a una panca sotto una finestra. Bottoni e cordoncino rivestiti rifiniscono il cuscino a rullo, mentre uno strato di imbottitura di poliestere trapuntata dona un aspetto soffice al cuscino sagomato.

IMBOTTITURA DEI CUSCINI

OGGI È POSSIBILE TROVARE L'IMBOTTITURA DEI CUSCINI GIÀ PRONTA. Se invece volete prepararla voi stessi, dovrete scegliere quella più adatta al cuscino. La scelta dipenderà dall'effetto decorativo voluto e dal tipo di cuscino. In passato le imbottiture di cuscini e tappezzerie erano di piume, peli di animali e fibre vegetali, come il cotone e il kapok. Ora invece la scelta comprende anche materiali sintetici, come il poliestere e l'acrilico, la gommapiuma in strati o a pezzetti.

LA SCELTA DELL'IMBOTTITURA

L'imbottitura è solitamente venduta sfusa e a peso. Scegliete le fibre naturali come il kapok per il loro comfort e resistenza. Le piume sono un vero lusso, ma difficili da maneggiare.

L'imbottitura sintetica non è morbida quanto quella naturale e tende a sformarsi con il tempo. È tuttavia da lavorare e anti-allergica.

PALLINE DI POLISTIROLO Queste palline di polistirolo danno un'imbottitura leggera ma solida. Si usano soprattutto per cuscini di fogge insolite e da terra, come quelli a sacco.

IMBOTTITURA SCIOLTA È in acrilico e poliestere. Si può lavare insieme alla fodera. Può essere pressata per evitare che si formino grumi ed è molto usata soprattutto per i cuscini di foggia particolare.

PIUME E PIUMINO Il piumino è la parte più morbida del piumaggio degli uccelli da cui si ricava l'imbottitura più soffice e versatile. Un'imbottitura di piume e piumino è meno costosa. Non è altrettanto soffice, ma permette di realizzare cuscini più solidi e rigidi. Utilizzate una fodera di stoffa compatta come la mussola, cucita a punto ribattuto.

KAPOK Questa imbottitura in fibra vegetale è da sempre utilizzata per le trapunte, la tappezzeria e i cuscini sagomati da seduta. Il kapok non è lavabile e tende a formare grumi con il passare del tempo.

GOMMAPIUMA La gommapiuma è in commercio a strati, blocchi e pezzetti e in diverse qualità. I blocchi sono più facili da tagliare in forme precise e perfetti per i cuscini sagomati da seduta. Occorre tuttavia prevedere una fodera interna perché tende a sbriciolarsi nel tempo. Accertatevi che sia ignifuga.

CARDATURA

Con un'imbottitura in poliestere o acrilico, occorrerà aprire le fibre prima di metterle nella fodera. Si tratta di separare le fibre togliendo ogni nodo o grumo. Tenetene una parte con la mano e tirate piano le fibre con l'altra.

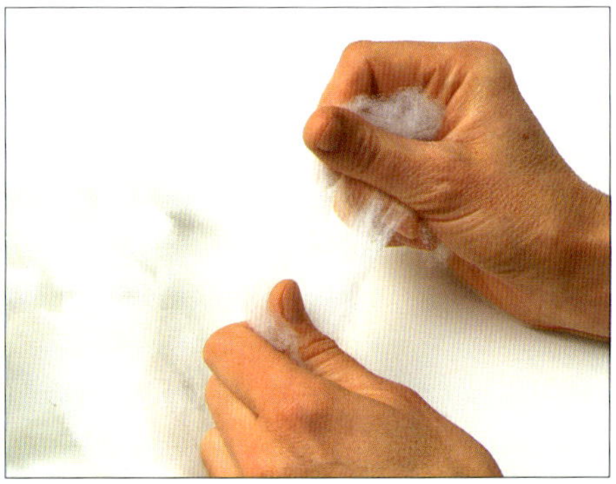

PREPARARE UNA FODERA INTERNA QUADRATA

Le fodere dei cuscini possono essere di svariate fogge e dimensioni: non dovrete quindi attenervi alle misure delle imbottiture già pronte in commercio. Prevedete una fodera di 1,5 cm più larga del copricuscino per un effetto più gonfio. Potete scegliere diversi materiali per la fodera, dalla mussola adatta ad imbottiture di piuma, al calicò e perfino vecchi lenzuoli (*vedi p. 10*). Per realizzare una fodera da cuscino vi occorreranno imbottitura, stoffa e l'occorrente per cucire.

1 PREPARARE IL MODELLO Preparate un modello di carta della dimensione voluta più 1,5 cm tutt'attorno per le cuciture, usando un metro, una matita e una squadra. Puntate il modello sulla stoffa, accertandovi che i margini seguano il dritto filo della stoffa.

TAGLIARE SENZA IL MODELLO
Se volete, potete misurare e tracciare la forma voluta direttamente sulla stoffa utilizzando un metro, una squadra, una matita o il gessetto da sarta. Prevedete 1,5 cm in più per le cuciture e tracciate le righe sempre seguendo il dritto filo della stoffa.

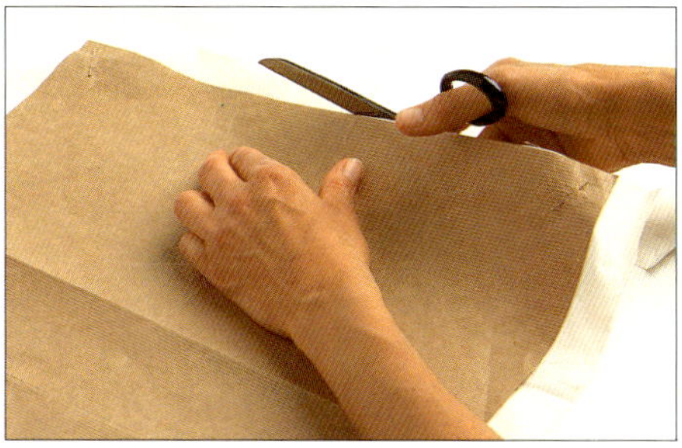

2 TAGLIARE LA STOFFA Con le forbici da sarto tagliate la stoffa seguendo il modello di carta puntato sul tessuto o lungo le righe tracciate direttamente. Tagliate due pezzi identici per i pannelli della fodera.

3 CUCIRE ASSIEME Unite i pannelli diritto contro diritto. Puntate, imbastite e cucite insieme i pannelli a 1,5 cm dai bordi su tre lati. Sul quarto, cucite solo per 5 cm dagli angoli.

4 SMUSSARE GLI ANGOLI Tagliate, smussandoli, gli angoli delle cuciture a 6 mm da esse. Per una fodera rotonda, dovrete rifinire e tagliare seguendo la forma (*vedi p. 18*).

5 IMBOTTIRE LA FODERA Rivoltate a diritto la fodera e appoggiatela su una superficie piana. Inserite l'imbottitura attraverso il lato lasciato aperto. Assicuratevi che l'imbottitura sia equamente distribuita e raggiunga anche gli angoli.

LA FODERA FINITA

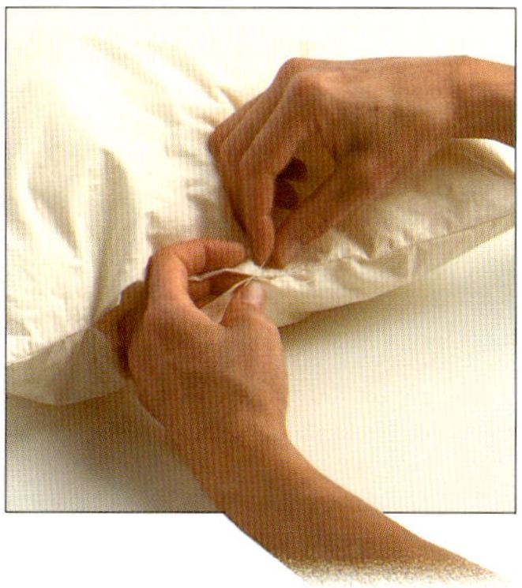

6 LE RIFINITURE Dopo aver imbottito la fodera, cucite a sottopunto l'apertura. Se sarà necessario aggiungere o cambiare l'imbottitura in un secondo tempo, disfate la cucitura, inserite l'imbottitura necessaria e richiudete con una cucitura a sottopunto.

FODERE CON ALTRE FORME

Seguite le istruzioni per la fodera quadrata anche per cuscini di altre fogge, a rullo o rotondi.

FODERA DI CUSCINO A RULLO

FODERA DI CUSCINO TONDO

Cuscini Quadrati

I cuscini quadrati sono forse gli elementi dell'arredamento più utili e versatili poiché offrono un tocco di comfort e di eleganza a poltrone, sedie e divani. Un gruppo di cuscini di varie dimensioni, rivestiti di stoffa fantasia e colori vivi forma un piacevole contrasto decorativo su divani o poltrone in tinta unita. Diversi tipi di rifiniture e bordi, a cordoncino, volant e arricciate possono ornare il cuscino, soprattutto se realizzato in tessuti sobri. Le allacciature sono di fogge diverse, dai bottoni o i laccetti di stoffa visibili e gradevoli a cerniere lampo, automatici o cuciture nascoste.

Chiusura con cucitura a sottopunto

Un cuscino di foggia quadrata si adatta a ogni ambiente. Sono disponibili sul mercato imbottiture quadrate di svariate dimensioni. Oppure potete prepararle voi stessi utilizzando diversi materiali (*vedi p. 130*). Se il copricuscino non deve essere lavato di frequente, la chiusura più semplice è una cucitura a sottopunto. Per realizzare un semplice cuscino quadrato chiuso a sottopunto, vi occorreranno stoffa, fodera interna con l'imbottitura e l'occorrente per cucire.

Il copricuscino deve essere più piccolo della fodera per essere ben teso

1 TAGLIARE I PANNELLI Servendovi di un metro e di una squadra, preparate il modello nelle misure volute. Appoggiate il modello su uno strato doppio della stoffa. Se il tessuto ha un disegno fantasia o il pelo, come il velluto, assicuratevi che sia perfettamente allineato. Puntate il modello e tagliate la stoffa.

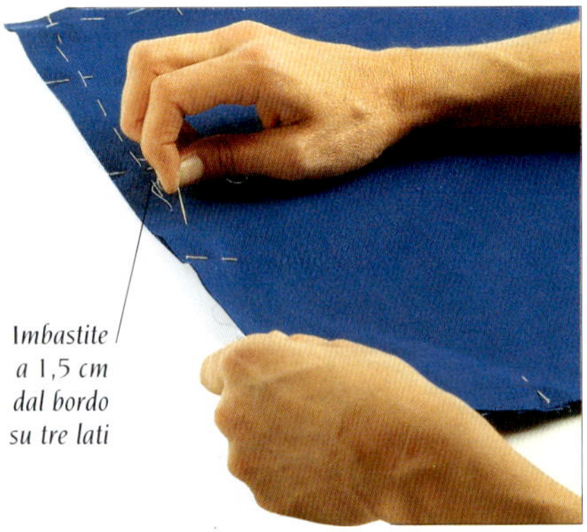

Imbastite a 1,5 cm dal bordo su tre lati

2 IMBASTIRE I PANNELLI Appoggiate i pannelli insieme diritto contro diritto. Assicuratevi che combacino a dritto filo. Puntateli insieme sui quattro lati. Imbastite a 1,5 cm dai margini su tre lati. Sul quarto, imbastite solo 5 cm a ciascun angolo e lasciate un'apertura centrale.

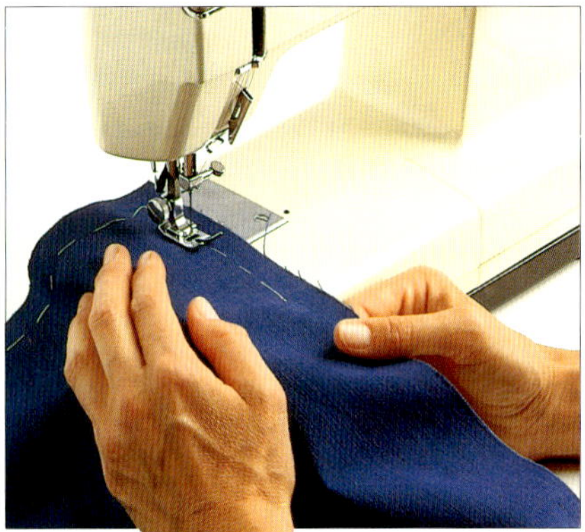

3 CUCIRE ASSIEME Cucite a macchina i pannelli seguendo l'imbastitura. Fate attenzione a non cucire per sbaglio anche l'apertura. Ribattete le estremità delle cuciture e togliete le imbastiture.

Smussate gli angoli tagliandoli per ridurre il volume della stoffa

4 SMUSSARE GLI ANGOLI Tagliate gli angoli a 6 mm sopra la cucitura per togliere la stoffa in eccesso e dar loro una forma a punta sul diritto, senza che si formino pieghe.

Il copricuscino più piccolo della fodera consente un'aderenza perfetta

5 CHIUSURA A SOPPRAGGITTO Rivoltate il copricuscino a diritto e formate le punte degli angoli con le dita. Appiattite il copricuscino e inserite la fodera con l'imbottitura, spingendola bene verso gli angoli. Cucite insieme i lati dell'apertura a sottopunto (*vedi p. 16*).

Il cuscino finito

Chiusura con automatici

Per un cuscino senza bordura a cordoncino una cerniera lampo è troppo voluminosa, mentre una semplice chiusura con automatici, bottoni a pressione o a sottopunto permette di nascondere quasi completamente l'apertura. Gli automatici consentono di togliere facilmente la fodera quando si vuole lavare il copricuscino. Per realizzare questo cuscino vi occorreranno la stoffa per il cuscino e la fodera, i bottoni a pressione o automatici e l'occorrente per cucire.

1 **TAGLIARE LA STOFFA** Preparate il modello (*vedi p. 108*). Quando tagliate i pannelli, prevedete 3 cm in più su un lato di ciascun pannello per l'apertura laterale.

2 **PIEGARE I BORDI** Piegate di 1,5 cm sul rovescio il margine più lungo di 3 cm di ciascun pannello e stirate. Ripiegate nuovamente il bordo. Puntate, imbastite e cucite a sottopunto sul margine della piegatura, poi togliete l'imbastitura.

3 **CUCIRE** Appoggiate i pannelli diritto contro diritto, allineando i bordi ripiegati. Puntate, imbastite, cucite 5 cm lungo le estremità di questi lati e togliete l'imbastitura. Puntate, imbastite e cucite gli altri lati a 1,5 cm dal bordo.

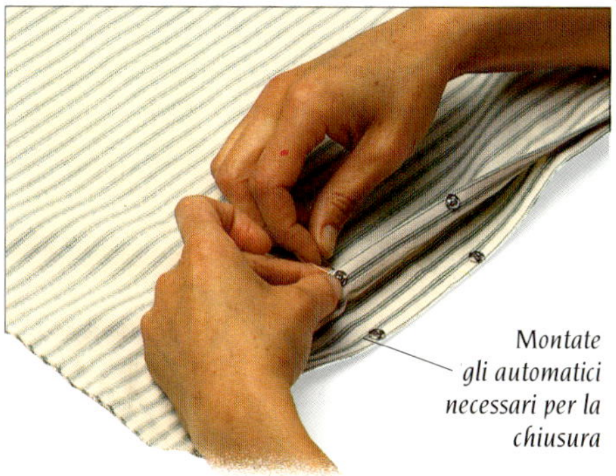

Montate gli automatici necessari per la chiusura

4 **MONTARE GLI AUTOMATICI** Cucite le coppie di automatici a intervalli regolari sui bordi dell'apertura (*vedi p. 28*). Rifinite e smussate gli angoli e le cuciture. Rivoltate a diritto il copricuscino, stiratelo e inserite la fodera con l'imbottitura spingendola anche verso gli angoli.

Il cuscino finito

Chiusura con bottoni

Un'abbottonatura centrale sul dietro di un cuscino è il modo più sicuro di chiuderlo. Si possono usare diverse chiusure, le cerniere lampo, le strisce di velcro o i bottoni. Tutte queste chiusure possono essere nascoste da un bordo in stoffa, ma una fila di bottoni semplici ed eleganti creano un effetto decorativo sul retro del cuscino. Per realizzarlo, vi occorreranno la stoffa per il copricuscino e la fodera con l'imbottitura, i bottoni e il necessario per cucire.

1 **TAGLIARE LA STOFFA** Tagliate il pannello frontale del cuscino usando il modello (*vedi p. 132*). Tagliate il modello a metà. Puntatelo su uno strato doppio di tessuto.

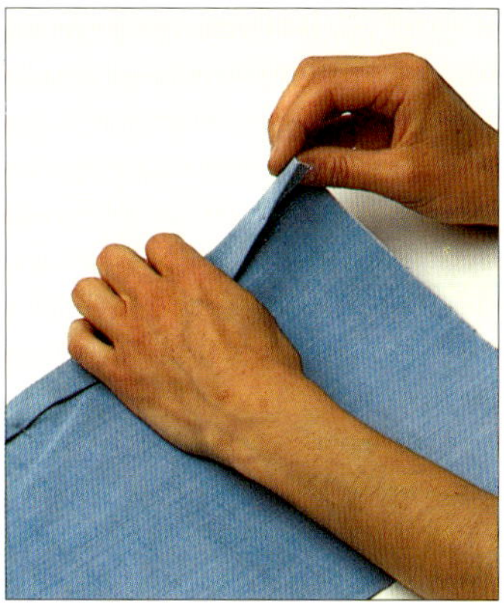

2 **PIEGARE I BORDI** Piegate i bordi centrali del pannello posteriore di 1 cm, poi di 2,5 cm. Puntate, imbastite e cucite i bordi. Preparate le asole su un bordo ripiegato (*vedi p. 30*).

3 **CUCIRE** Unite i pannelli a diritto. Sovrapponete i due pannelli posteriori di 2,5 cm, quello con le asole sotto all'altro. Puntate, imbastite e cucite. Attaccate i bottoni (*vedi p. 30*).

I bottoni sul retro

Il cuscino di fronte

Dettagli di legacci e stringhe
Alcuni cuscini in tela, lino e cotone con semplici particolari decorativi come legacci e stringhe. Più facili e più veloci da cucire rispetto ai bottoni e alle cerniere, queste chiusure sono da prendere in considerazione ogni qual volta desideriate ottenere buoni risultati in breve tempo.

CUSCINI ROTONDI

I CUSCINI ROTONDI SONO FORSE PIÙ DECORATIVI di quelli quadrati e la loro foggia circolare si adatta a ogni sorta di bordi fantasiosi. I cuscini tondi bordati da volant o arricciature si abbinano a cuscini di altre fogge da appoggiare a divani o sul letto. I cuscini e le fodere di forma circolare sono di facile esecuzione. Potete usare un modello di carta per aiutarvi a tagliare i pannelli di stoffa. Imbottiture rotonde di diametro e spessore diversi sono disponibili già pronte.

CUSCINO ROTONDO

Per realizzare un modello rotondo, vi occorreranno un piatto nella dimensione voluta o un semplice compasso ottenuto con una stringa o un filo, una matita e una puntina da disegno. Per il cuscino: la stoffa, la fodera e l'occorrente per cucire. Poiché una chiusura con cerniera lampo è difficile da nascondere e può formare pieghe, si può cucire a sottopunto l'apertura su un lato del copricuscino o montare l'allacciatura al centro del pannello posteriore.

1 **PREPARARE IL MODELLO** Piegate in quattro un foglio di carta largo come il cuscino. Fermate un capo della stringa e tagliatela a misura della metà del diametro del cuscino. Tenete o puntate il capo annodato della stringa all'angolo interno del foglio ripiegato e legate una matita all'altro capo. Tracciate un arco sulla carta. Ritagliate lungo questo arco poi aprite il foglio.

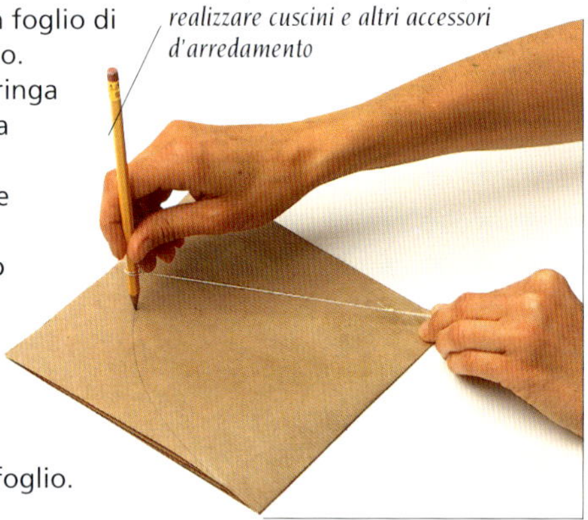

Un semplice compasso è utile per realizzare cuscini e altri accessori d'arredamento

2 **TAGLIARE LA STOFFA** Puntate il modello di carta sulla stoffa e verificate che i disegni siano allineati. Tagliate i due pannelli e uniteli diritto contro diritto, allineando la trama o il disegno. Puntate e imbastite insieme i due pannelli a 1,5 cm dal bordo. Lasciate un'apertura sufficiente a inserire la fodera con l'imbottitura.

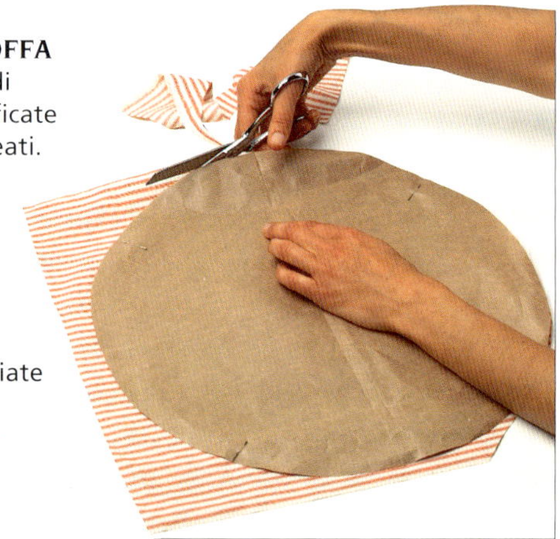

3 **UNIRE I PANNELLI** Cucite i pannelli a macchina lungo l'imbastitura, fate attenzione a non cucire anche l'apertura. Togliete l'imbastitura.

4 **PREPARARE LE TACCHE** Intagliate le tacche lungo le cuciture (*vedi p. 18*). Rivoltate a diritto e stirate. Inserite la fodera con l'imbottitura distribuendola lungo il bordo.

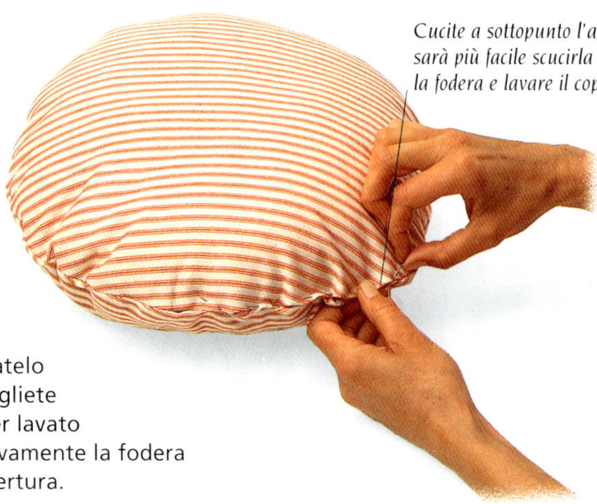

Cucite a sottopunto l'apertura perché sarà più facile scucirla per togliere la fodera e lavare il copricuscino

5 **CUCIRE L'APERTURA** Cucite l'apertura a sottopunto (*vedi p. 16*). Per lavare il copricuscino, sfilate il sottopunto o tagliatelo con forbicine da cucito e togliete la fodera interna. Dopo aver lavato il copricuscino, inserite nuovamente la fodera e ricucite a sottopunto l'apertura.

IL CUSCINO FINITO

Chiusura con cerniera

Le cerniere non possono essere montate sul bordo dei cuscini rotondi perché sono rigide e formano pieghe. Possono essere montate invece al centro del pannello posteriore di un cuscino rotondo. La cerniera deve essere 13 cm più corta del diametro del cuscino e adatta al peso della stoffa.

1 **TRACCIARE LA FORMA** Servendovi di un modello di carta (*vedi p. 136*), tagliate il pannello frontale del cuscino. Togliete il pannello e tagliatelo a metà per formare la sagoma del pannello posteriore. Puntatela su un quadrato di stoffa, allineando il margine diritto del modello al dritto filo del tessuto. Tracciate una retta a 1,5 cm dal bordo del modello per le cuciture.

2 **TAGLIARE I PANNELLI** Tagliate i due pannelli posteriori. Cucite i margini diritti e la cerniera per la chiusura dell'apertura (*vedi p. 31*). Aprite la cerniera e unite insieme il pannello frontale e quelli posteriori diritto contro diritto.

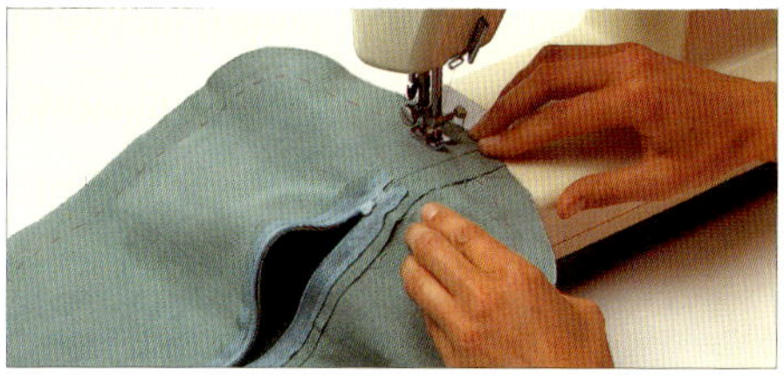

3 **UNIRE I PANNELLI** Puntate, imbastite e cucite i pannelli a 1,5 cm dai bordi. Levate l'imbastitura e tagliate le tacche lungo i margini di cultura (*vedi p. 136*). Rivoltate a diritto il cuscino. Stirate e inserite la fodera.

Il cuscino finito

Il cuscino di fronte

Chiusura a velcro sul dorso

È ideale per le aperture centrali sul dorso del cuscino, ma è da evitare con tessuti leggeri. La chiusura con bolli è più flessibile di quella con striscia. Questa tecnica si utilizza anche per i bottoni o gli automatici.

1 **TRACCIARE LA FORMA** Tagliate le due metà del pannello posteriore (*vedi sopra*), aggiungendo però 5 cm per la piegatura dei lati diritti. Togliete il modello di carta e ripiegate i bordi diritti di entrambi i pannelli di 1 cm, poi di 2,5 cm, stirando ogni volta.

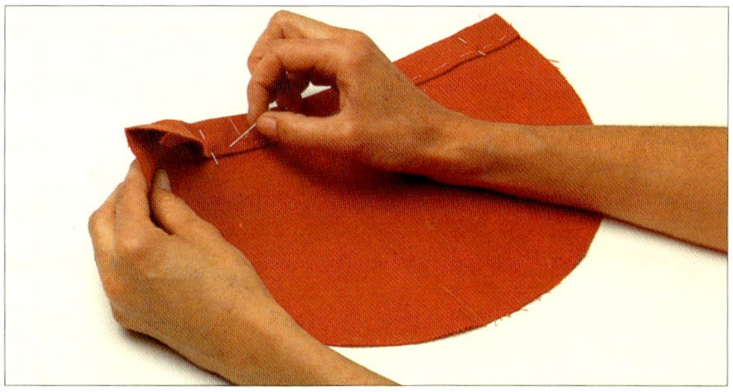

2 **CUCIRE LE PIEGATURE** Puntate le piegature. Cucitele a macchina o a sottopunto. Se usate i bottoni, preparate le asole su un bordo ripiegato (*vedi p. 30*). Unite insieme i pezzi diritto contro diritto e sovrapponeteli di 2,5 cm. Per l'abbottonatura, appoggiate il pannello con le asole sotto all'altro.

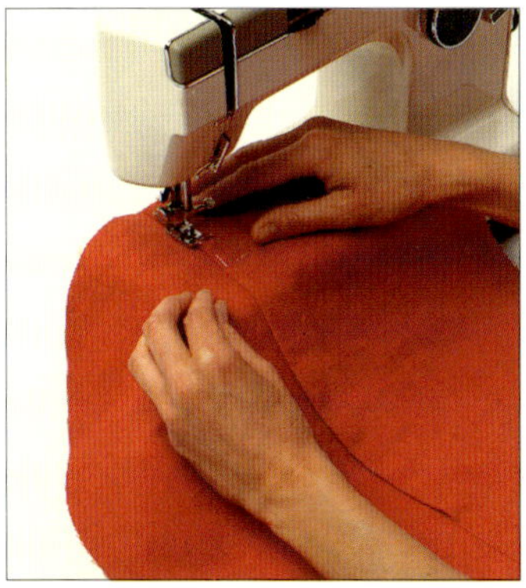

3 **CUCIRE IL CENTRO** Puntate, imbastite e cucite insieme i pannelli posteriori lungo i bordi sovrapposti lasciando un'apertura per la fodera.

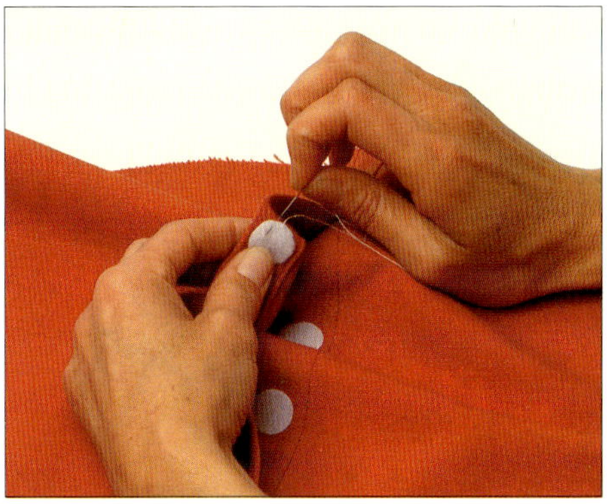

4 **MONTARE IL VELCRO E CUCIRE** Montate velcro, bottoni e automatici (*vedi p. 28*). Unite i pannelli frontali e posteriori. Puntate, imbastite e cucite a 1,5 cm dai bordi. Togliete le imbastiture. Rivoltate a diritto e stirate.

Il cuscino finito

Il cuscino di fronte

CUSCINI A RULLO

MENO COMUNI DEI CUSCINI QUADRATI E ROTONDI, quelli a rullo sono un accessorio d'arredamento che dona carattere e comfort a divani, panche e sedie a sdraio. Possono inoltre sostituire i guanciali del letto. Un cuscinetto a rullo stretto e allungato tiene lontano gli spifferi se posto sul pavimento lungo una porta. I cuscini a rullo possono adattarsi a ogni ambiente e arredamento ed essere decorati e rifiniti con una varietà di passamanerie e bordure, da cordoncini e bottoni a tasselli e volant fantasiosi.

CUSCINO A RULLO DI FOGGIA SEMPLICE

Quasi ogni tipo di tessuto si adatta a questi cuscini, meglio però usare stoffe a tinta unita o a righe. I cuscini a rullo con volant, invece, diventano particolarmente decorativi se realizzati in tessuti fantasia o a fiori. Le imbottiture sono disponibili già pronte, ma potete confezionarle voi stessi (*vedi p. 131*). Per realizzare un semplice cuscino a rullo, vi occorreranno la stoffa e la fodera con l'imbottitura, un semplice compasso (*vedi p. 136*) e l'occorrente per cucire.

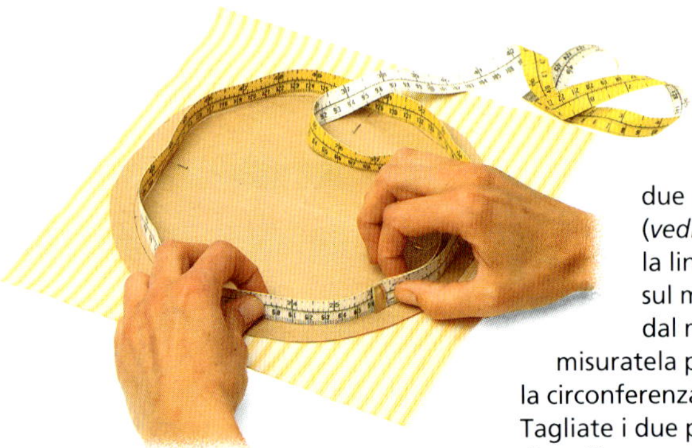

1 **TAGLIARE I PANNELLI ESTERNI** Preparate il modello delle due parti circolari (*vedi p. 136*). Tracciate la linea di cucitura sul modello a 1,5 cm dal margine e misuratela per determinare la circonferenza del pannello. Tagliate i due pannelli circolari di stoffa.

2 **IL PANNELLO CENTRALE** La larghezza di questo pannello è uguale alla circonferenza di quello circolare. Segnate sulla carta larghezza e lunghezza del pannello, più 1,5 cm per la cucitura. Usate una squadra per tracciare gli angoli, poi tagliate il modello.

3 **CUCIRE IL PANNELLO CENTRALE** Puntate il modello sulla stoffa. Tagliate. Piegatelo unendo i bordi diritto contro diritto allineando i margini per la cucitura centrale. Puntate, imbastite e cucite i bordi lasciando un'apertura per l'imbottitura. Stirate le cuciture aperte.

4 **MONTARE I PANNELLI CIRCOLARI** Occorre allineare con cura i pannelli circolari a quello centrale. Misurate e imbastite quattro punti opposti su tutti i pannelli (*vedi p. 16*). Allineate le imbastiture e puntate i pannelli circolari, diritto contro diritto, sul pannello centrale.

Le tacche servono a ridurre la stoffa in eccesso lungo le cuciture

5 **LE TACCHE** Imbastite i pannelli circolari a quello centrale, facendo dei tagli di 1 cm lungo la cucitura per unirli meglio. Cucite i pannelli. Levate l'imbastitura e intagliate le tacche nei pannelli circolari per rifilare (*vedi p. 18*).

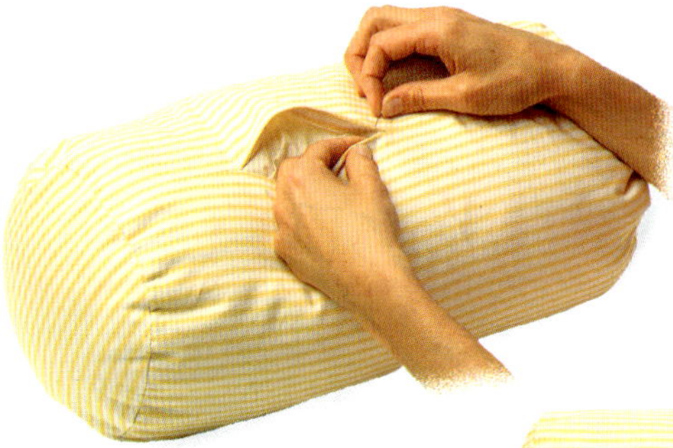

6 **CUCIRE L'APERTURA** Rivoltate a diritto il copricuscino attraverso l'apertura. Stiratelo e inserite la fodera con l'imbottitura. Chiudete l'apertura a sottopunto.

IL RULLO FINITO

Cuscino a rullo con cordoncino e volant

Per trasformare un semplice e sobrio cuscino a rullo in un accessorio d'arredamento estroso e insolito, si può decorarlo con volant, cordoncini, pannelli laterali arricciati e fermati con bottoni o tasselli coordinati o in tinta contrastante. Per realizzare questo cuscino, vi occorreranno la stoffa per i pannelli e le decorazioni (i pannelli laterali arricciati necessitano di maggior tessuto), l'imbottitura, un compasso semplice (*vedi p. 136*) e l'occorrente per cucire.

1 MISURARE LA LARGHEZZA Preparate i modelli di carta per il pannello centrale e laterale (*vedi p. 138*). Misurate il raggio del pannello circolare per determinare la larghezza della stoffa necessaria per le arricciature. Riportatela sulla carta aggiungendo 3 cm per le cuciture. Controllate le misure di questo pannello rispetto a quello circolare.

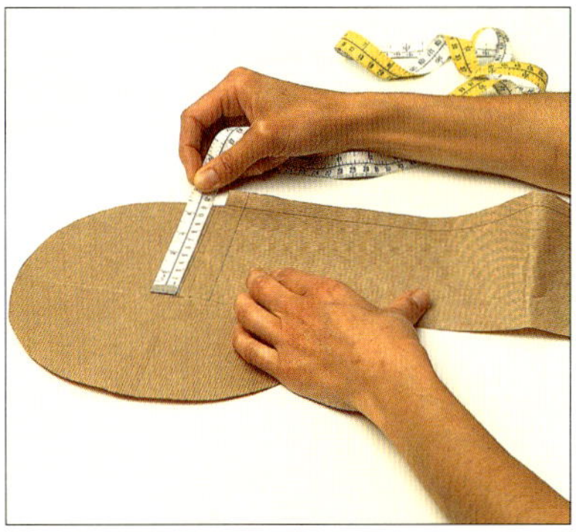

2 MISURARE LA LUNGHEZZA Misurate la circonferenza del pannello circolare come al punto 1 a fronte. Aggiungete 3 cm per le cuciture e tracciate le misure sulla carta. Tagliate il modello, puntatelo sulla stoffa e tagliatela ottenendo due strisce per i due pannelli laterali arricciati

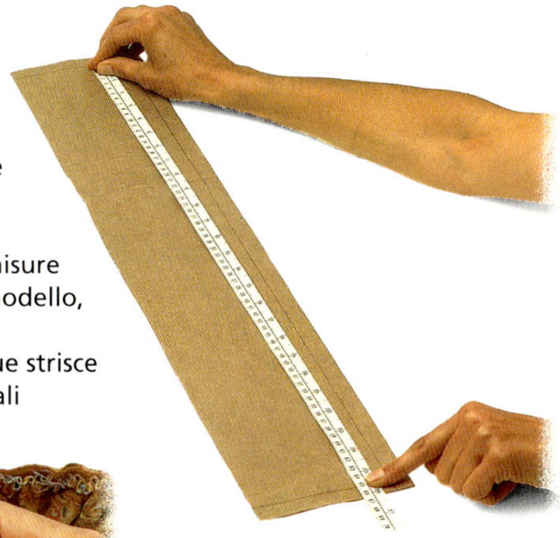

3 CUCIRE UN'ESTREMITÀ Su un lato lungo del pannello, laterale, ripiegate 1,5 cm sul rovescio e stirate. Unite insieme i lati corti del pannello, diritto contro diritto. Puntate, imbastite e cucite i due lati corti, a 1,5 cm dal bordo. Togliete le imbastiture. Ripetete per l'altro pannello laterale.

Cucite il volant lungo la cucitura del pannello centrale

4 MONTARE IL VOLANT Il cordoncino e il volant (*vedi pp. 24 e 26*) devono avere la stessa lunghezza della stoffa dei pannelli laterali arricciati. Marcate quattro punti equidistanti sul volant e sui bordi del pannello centrale con un'imbastitura. Imbastite il volant su ogni estremità del pannello centrale e il cordoncino sulla cucitura del volant.

5 MONTARE I PANNELLI LATERALI Puntate, imbastite e cucite i bordi non ripiegati dei pannelli laterali ai margini del pannello centrale con il volant e il cordoncino. Intagliate le tacche (*vedi p. 138*). Rivoltate a diritto attraverso l'apertura e stirate.

6 ARRICCIARE I PANNELLI Con un filo resistente, cucite le filze a distanza regolare (*vedi p. 26*) vicino al margine ripiegato dei pannelli laterali. Tirate la filza e distribuite le arricciature. Ripassate le cuciture per fermarle.

Il rullo finito

7 ATTACCARE I BOTTONI I pannelli devono essere arricciati strettamente così che il bottone copra il punto di unione dell'arricciatura (*vedi p. 30*). Inserite l'imbottitura nell'apertura sul pannello centrale, poi chiudetela a sottopunto.

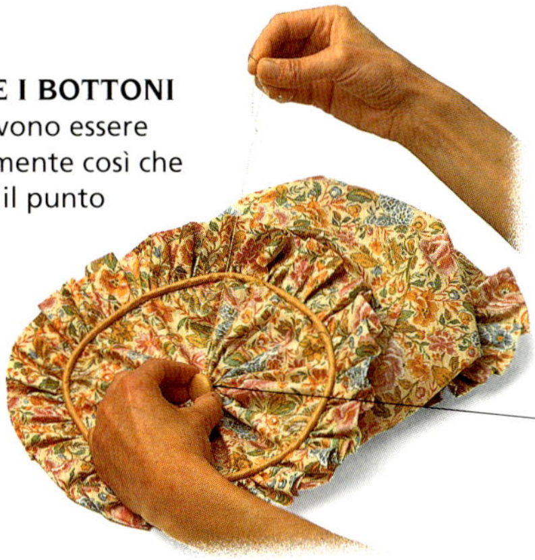

Cucite il bottone sul pannello arricciato del rullo

Il cuscino finito

RICCHE SETE
Lo schienale basso e la seduta larga di questo divanetto orientale fanno dei numerosi cuscini una necessità. Cuscini a rullo in seta grezza color avorio, cuscini a forma di guanciale con bordi satin oro e rosa scuro e cuscini quadrati in flanella grigia riportano tutti una riga classica che unifica il disegno e offre un moderno contrasto di tessuti.

BORDURE

LE BORDURE SEGUONO LA FORMA DEL CUSCINO conferendo una nota di eleganza informale al vostro arredamento. Passamanerie e svariati tipi di bordure e guarnizioni sono in vendita già pronte per ogni gusto, ma potete anche prepararle voi stessi. Le tecniche di applicazione sono molto facili. Il cordoncino, la bordura più semplice, è scucito durante il montaggio del cuscino. Inoltre, non è solamente decorativo, ma rafforza i bordi, rendendoli più resistenti e durevoli.

BORDO A CORDONCINO E CHIUSURA A CERNIERA

Una bordura a cordoncino sui lati di un cuscino, sia dello stesso tessuto che in tinta o stoffa contrastante, crea un effetto più sartoriale rispetto ad altre guarnizioni. La tecnica seguente può essere applicata ai cuscini quadrati e a quelli rotondi.

Vi occorreranno i pannelli nella forma e dimensione volute, la fodera con l'imbottitura, l'anima pre-lavata per il cordoncino, la striscia in sbieco, una cerniera più corta di 10 cm rispetto a un lato del cuscino e l'occorrente per cucire.

1 **MONTARE IL CORDONCINO** Per determinarne la lunghezza, misurate la linea di cucitura del pannello frontale e aggiungete 5 cm per le giunte (*vedi p. 24*). Puntate e imbastitelo lungo la linea di cucitura ai quattro lati del pannello frontale.

2 **UNIRE I CAPI DEL CORDONCINO** Lasciate libere le estremità sovrapposte della striscia in sbieco. Unite i capi dell'anima sfilandoli e cucendoli e le estremità della striscia in sbieco con una cucitura diritta o diagonale (*vedi p. 25*). Imbastite le estremità unite del cordoncino sul pannello.

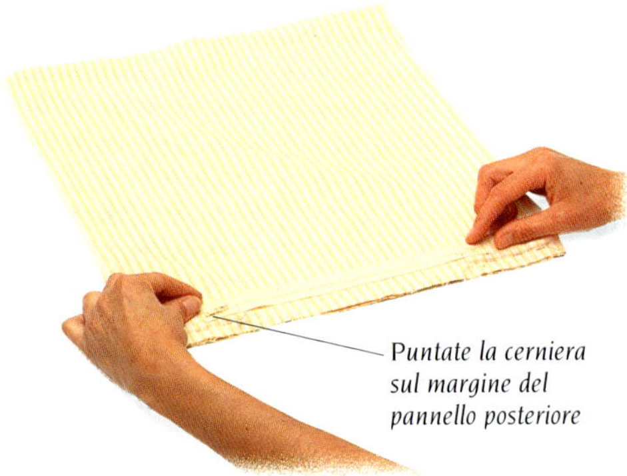

Puntate la cerniera sul margine del pannello posteriore

3 **MONTARE LA CERNIERA** Unite i due pannelli diritto contro diritto. Allineate i bordi e gli eventuali disegni. Sul bordo del pannello posteriore per l'apertura laterale, marcate la lunghezza della cerniera sulle due estremità. Cucite partendo da questi due contrassegni.

4 **CUCIRE LA CERNIERA** Stirate le cuciture aperte. Aprite la cerniera e appoggiatela a diritto all'interno della cucitura del cordoncino. Puntate, imbastite e cucite la cerniera (*vedi p. 31*), utilizzando il piedino apposito della macchina da cucire per un risultato migliore.

5 **CUCIRE I LATI** Appoggiate i pannelli a diritto e chiudete la lampo. Puntate, imbastite e cucite l'altro margine della cerniera al secondo pannello. Aprite la cerniera. Piegate insieme i pannelli a diritto e cucite gli altri tre lati. Rifinite le cuciture agli angoli, rivoltate a diritto e stirate.

IL CUSCINO FINITO

Bordo imbottito

Il bordo di questo cuscino è imbottito e lo rende particolarmente soffice e confortevole. È una bordura più informale delle guarnizioni a cordoncino e può essere preparata con la stessa stoffa del cuscino o in tinta abbinata.

Vi occorreranno due pannelli nelle dimensioni desiderate, un'imbottitura leggera, una striscia in sbieco larga 9 cm per la bordura (*vedi p. 24*), la chiusura prescelta, la fodera imbottita e l'occorrente per cucire.

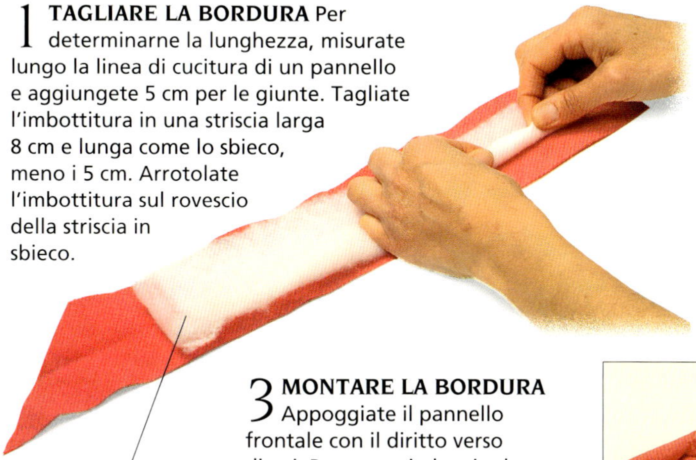

1 **TAGLIARE LA BORDURA** Per determinarne la lunghezza, misurate lungo la linea di cucitura di un pannello e aggiungete 5 cm per le giunte. Tagliate l'imbottitura in una striscia larga 8 cm e lunga come lo sbieco, meno i 5 cm. Arrotolate l'imbottitura sul rovescio della striscia in sbieco.

L'imbottitura è lunga quanto lo sbieco, meno la stoffa per le giunte

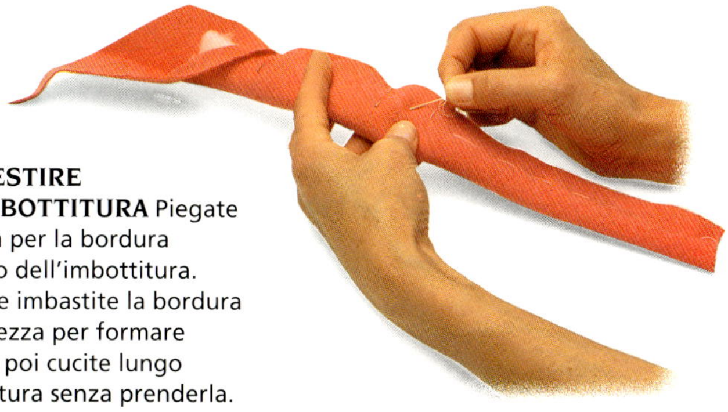

2 **RIVESTIRE L'IMBOTTITURA** Piegate la striscia per la bordura sul rotolo dell'imbottitura. Puntate e imbastite la bordura in lunghezza per formare un tubo, poi cucite lungo l'imbottitura senza prenderla.

3 **MONTARE LA BORDURA** Appoggiate il pannello frontale con il diritto verso di voi. Puntate e imbastite la bordura sui bordi del pannello, smussando gli angoli per facilitare il montaggio. Rifinite la cucitura alle estremità della bordura a 2 mm dall'imbottitura. Unite le estremità della bordura (*vedi p. 25*). Cucite il cuscino montando la chiusura scelta.

Il cuscino finito

Guarnizione con bordino a treccia

Questa guarnizione è facile da applicare e, in quanto rigida, rafforza i bordi del cuscino. Le estremità sono cucite e fermate all'interno dell'apertura del cuscino finito, quindi si adatta benissimo ai cuscini chiusi a sottopunto. Con altri tipi di chiusura, dovrete riaprire di 2 cm la cucitura su un lato del cuscino. Vi occorreranno un copricuscino finito, un cordoncino o altra guarnizione, la fodera imbottita e l'occorrente per cucire.

1 **MONTARE IL BORDINO** Per determinarne la lunghezza, misurate il cuscino, aggiungendo 5 cm per la cucitura e gli anelli agli angoli. Riempite il cuscino e lasciate un'apertura di 2 cm nella cucitura. Infilatevi 2,5 cm di un capo del cordoncino e fissatelo con punti ribattuti. Cucite a sottopunto il bordino lungo il bordo del cuscino.

2 **FORMARE GLI ANELLI** Per realizzare anelli decorativi agli angoli, formate dei semplici anelli con il bordino e cuciteli agli angoli ripassandoli più volte. Perché gli anelli siano uguali, arrotolate il cordoncino a una matita.

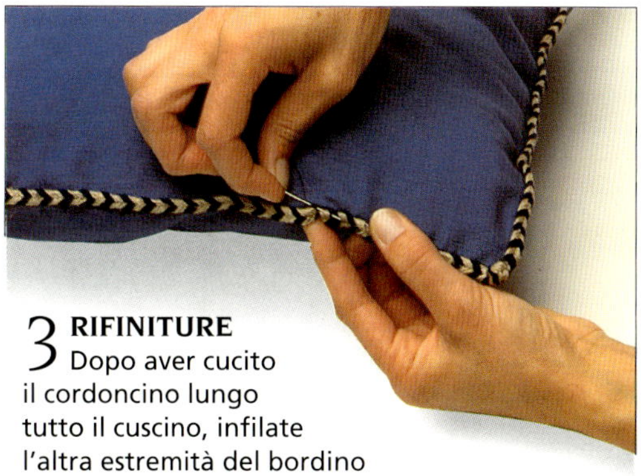

3 **RIFINITURE** Dopo aver cucito il cordoncino lungo tutto il cuscino, infilate l'altra estremità del bordino nell'apertura in modo da sovrapporre i due capi. Cuciteli insieme e chiudete l'apertura a sottopunto.

Il cuscino finito

VOLANT SEMPLICE

I volant possono arricchire un cuscino sottolineandone il colore o il disegno o creando un effetto decorativo. Per realizzare questo cuscino, vi occorreranno due pannelli di stoffa nelle dimensioni desiderate, il tessuto per il volant, una cerniera, se è questa la chiusura prescelta, l'imbottitura interna e l'occorrente per cucire.

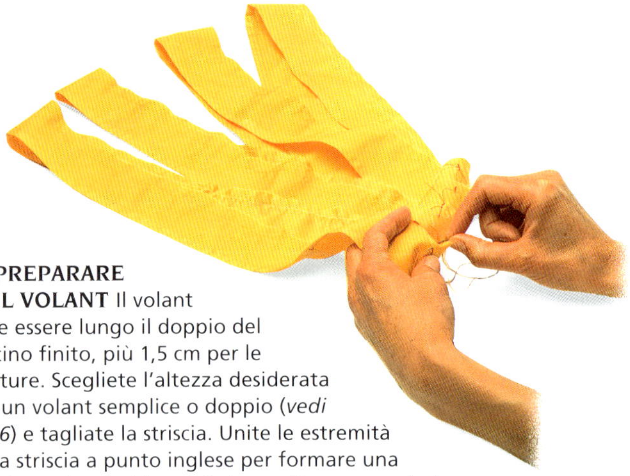

1 PREPARARE IL VOLANT Il volant deve essere lungo il doppio del cuscino finito, più 1,5 cm per le cuciture. Scegliete l'altezza desiderata per un volant semplice o doppio (*vedi p. 26*) e tagliate la striscia. Unite le estremità della striscia a punto inglese per formare una banda e orlatela. Piegatela in quattro e marcate le pieghe con imbastiture per l'allineamento agli angoli.

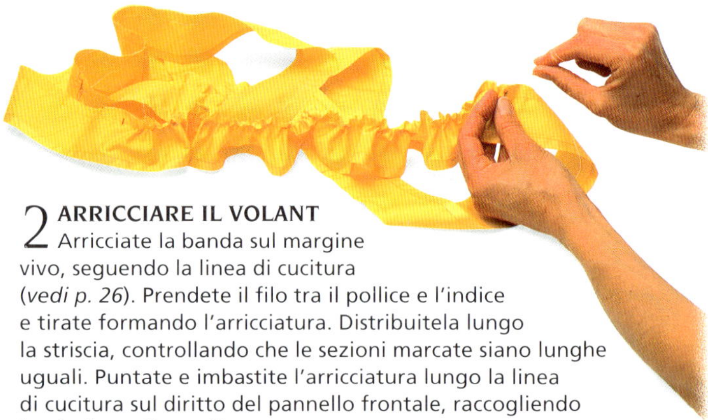

2 ARRICCIARE IL VOLANT Arricciate la banda sul margine vivo, seguendo la linea di cucitura (*vedi p. 26*). Prendete il filo tra il pollice e l'indice e tirate formando l'arricciatura. Distribuitela lungo la striscia, controllando che le sezioni marcate siano lunghe uguali. Puntate e imbastite l'arricciatura lungo la linea di cucitura sul diritto del pannello frontale, raccogliendo le pieghe agli angoli.

3 MONTARE IL VOLANT Cucite il volant al pannello frontale e togliete le imbastiture. Allineate i bordi dei pannelli diritto contro diritto. Puntate, imbastite e cucite insieme i pannelli e montate la chiusura prescelta. Rifinite gli angoli e togliete le imbastiture. Rivoltate a diritto e stirate.

IL CUSCINO FINITO

VOLANT BORDATO

Per un effetto più rifinito, potete bordare il volant semplice con uno sbieco in tessuto contrastante o coordinato al disegno o colore. Se il volant è in tinta contrastante al cuscino, si può bordare con il tessuto del cuscino. Per realizzare un cuscino con volant bordato, occorrono due pannelli delle dimensioni volute, una striscia di stoffa per il volant (*vedi sopra*), una per il bordo, la chiusura prescelta, l'imbottitura foderata e l'occorrente per cucire.

1 CUCIRE IL BORDO Tagliate il volant e il bordo di uguale lunghezza; aggiungete 1 cm per le cuciture nel volant e 6 mm per lo sbieco. Unite le estremità del volant formando una banda. Piegate a metà lo sbieco per la lunghezza e stirate. Cucitelo al volant (*vedi p. 18*).

2 BORDARE IL VOLANT Piegate la striscia in sbieco sul bordo del volant. Puntate e imbastite, poi cucite a sottopunto sul volant. Togliete le imbastiture. Arricciate il volant e seguite le istruzioni per realizzare il cuscino con volant semplice (*vedi sopra*).

IL CUSCINO FINITO

VOLANT A PIEGHE RIFINITO CON CORDONCINO

Per creare un effetto più formale, il cordoncino si abbina molto bene a un volant a pieghe, soprattutto per i cuscini rotondi. Sono necessari due pannelli nella forma desiderata, quello frontale con un bordino cucito tutt'attorno (*vedi p. 142*), la stoffa per il volant a pieghe, la chiusura prescelta, l'imbottitura foderata e l'occorrente per cucire.

Il pannello posteriore è appoggiato a diritto su quello frontale e sul volant

Appoggiate il rovescio del volant sul diritto del pannello

MONTARE IL VOLANT
Il volant deve essere il doppio dell'altezza, più 3 cm per le cuciture. Per la lunghezza, misurate lungo la linea di cucitura del pannello frontale e calcolate le misure (*vedi p. 24*), prevedendo le giunte. Cucite le due estremità per formare una banda, piegatela per la lunghezza rovescio contro rovescio, stirate e formate le pieghe. Marcate il pannello frontale del cuscino, piegate in quattro la banda e marcatela con imbastiture. Imbastite il volant al pannello frontale e preparate il copricuscino montando la chiusura prescelta.

Centrate il disegno del cuscino

IL CUSCINO FINITO

ANGOLI ARROTONDATI E LACCETTI

Questa tecnica serve per arrotondare leggermente gli angoli di un cuscino quadrato, offrendo una variante più morbida e informale ai cuscini quadrati. Un bordo a cordoncino in tessuto contrastante coordinato ai laccetti di chiusura accresce l'effetto decorativo di questo cuscino, anche se potete utilizzare altri tipi di bordura o allacciatura descritti in queste pagine. Per realizzare questo cuscino, vi occorreranno la stoffa per i pannelli del cuscino, nelle dimensioni desiderate necessarie per un cuscino quadrato, la striscia in sbieco per i laccetti, l'anima e la striscia in sbieco per la bordura a cordoncino, l'imbottitura interna e l'occorrente per cucire.

1 **TRACCIARE LE CURVE** Sul rovescio di ciascun pannello, tracciate un quarto di cerchio per arrotondare gli angoli, usando un oggetto tondo o un compasso. La dimensione dell'angolo arrotondato dipende dalla curva tracciata. Rifinite gli angoli.

2 **ARRICCIARE GLI ANGOLI** Cucite a mano a punto filza gli angoli a 1,5 cm dall'arco. Tirate la filza per arricciare e ribattete le estremità. Misurate lungo la cucitura per determinare la lunghezza del bordino e aggiungete 4 cm per le giunte. Puntate, imbastite e cucite il bordino al pannello (*vedi p. 25*).

3 **RIPIEGARE L'APERTURA** Misurate e marcate l'apertura su un lato del pannello posteriore. Ripiegate il margine sul rovescio, stirate e cucite a sottopunto. Unite i pannelli diritto contro diritto, allineando i bordi. Cucite, lasciando un'apertura.

4 **MONTARE I LACCETTI** Preparate i laccetti o il cordoncino di stoffa (*vedi p. 29*) e cuciteli a coppia sui bordi dell'apertura. Rivoltate a diritto il cuscino attraverso l'apertura e stiratelo prima di inserire l'imbottitura.

IL CUSCINO FINITO

Cuscino a banda liscia

Questa bordura liscia è spesso utilizzata per le federe, ma è altrettanto adatta per realizzare un elegante cuscino. Nella tecnica descritta, che è il modo più semplice per realizzare questi cuscini, la banda è parte integrante del tessuto per i pannelli del cuscino, il che rende il suo montaggio estremamente semplice. La presenza della banda preclude la possibilità di inserire la chiusura su un lato, quindi il cuscino deve avere un'abbottonatura (*vedi p. 133*), una cerniera o una fettuccia di velcro (*vedi pp. 28 e 137*) sul pannello posteriore. Per realizzare questo cuscino, vi occorreranno la stoffa, la chiusura prescelta, l'imbottitura interna e l'occorrente per cucire.

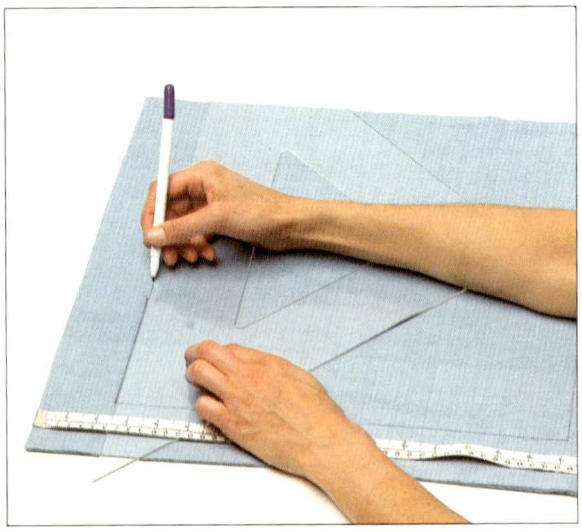

1 **MARCARE IL PANNELLO** Tagliate i pannelli, con 6 cm extra per la banda e 1,5 cm in più per le cuciture tutt'attorno. Unite i pannelli come per confezionare un cuscino quadrato con allacciatura centrale sul pannello posteriore. Rivoltate al diritto. Sulla parte frontale, marcate una riga a 6 cm dai bordi col gesso e imbastitela.

2 **UNIRE I PANNELLI** Montate un ago doppio sulla macchina da cucire e cucite la linea della banda. Se la vostra macchina non prevede un ago doppio, cucite lungo il cuscino da entrambi i lati dell'imbastitura, tenendovi paralleli a essa e a una distanza di 3-5 mm. Togliete le imbastiture. Stirate il copricuscino e inserite l'imbottitura.

IL CUSCINO FINITO

Cuscino con banda a smerlo

La banda liscia può essere decorata e arricchita con intagli arrotondati, dentellati o squadrati. In questa tecnica, la banda è preparata a parte e unita ai pannelli del cuscino e può quindi essere realizzata con tessuti contrastanti. Per realizzare questo cuscino, vi occorreranno la stoffa per i pannelli del cuscino e per le bande frontali e posteriori, l'imbottitura interna, la chiusura, un semplice compasso (*vedi p. 136*) o un bicchiere per gli smerli e l'occorrente per cucire.

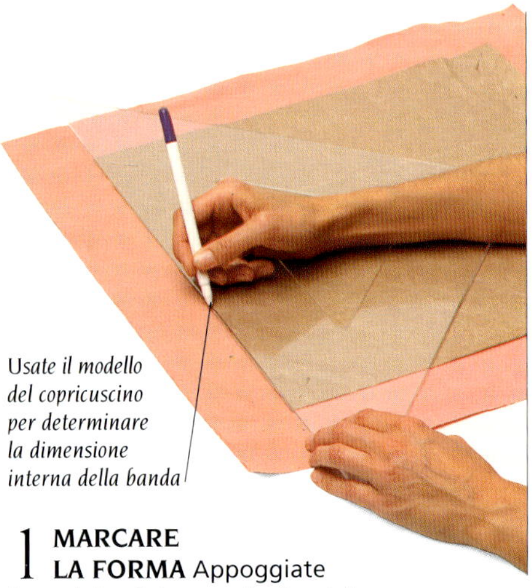

1 **MARCARE LA FORMA** Appoggiate il modello del pannello frontale sul rovescio della stoffa per la banda. Disegnate sulla stoffa una riga che indica l'altezza del volant, più 1 cm per le cuciture. Tagliate lungo questa linea. Tracciate una linea attorno al modello, toglietelo e passate all'altra banda.

2 **MARCARE L'ORLO DELLA BANDA** Usando un metro e una squadra come guida, tracciate una seconda linea sulla banda a 1,5 cm all'interno della prima linea e parallelamente ad essa. Tracciate la linea lungo i quattro lati della stoffa per formare una cornice.

3 **TAGLIARE LA BANDA** Seguendo la linea interna, tagliate la stoffa al centro di ciascuna banda, che può essere utilizzata per confezionare un cuscino più piccolo. Il pannello centrale, appoggiato a quello del cuscino dovrebbe essere più piccolo di 1,5 cm. Se non avete troppa stoffa e non v'importa se la banda ha qualche cucitura, potete usare delle strisce di stoffa, con angoli squadrati (*vedi p. 27*).

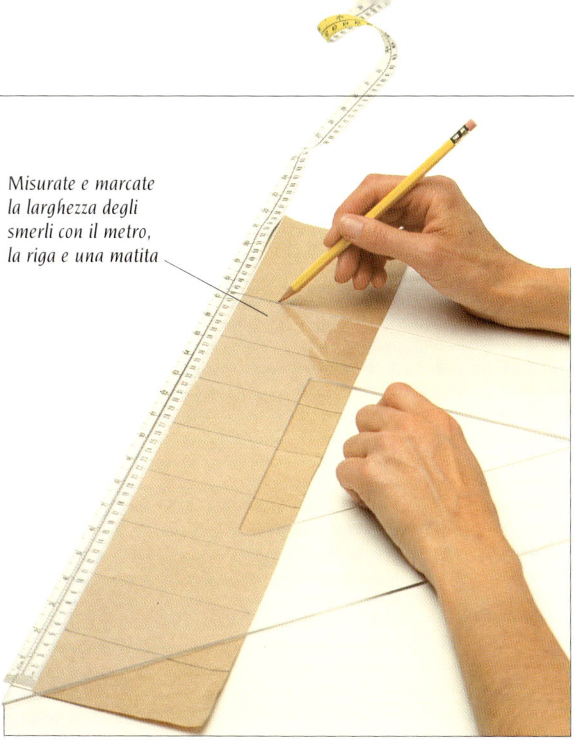

4 MARCARE IL BORDO Tagliate una striscia di carta della lunghezza e altezza di un lato della cornice di bordura. Tracciate sulla striscia di carta delle linee di spaziatura a distanza regolare. Il bordo deve iniziare e finire con uno smerlo.

5 MARCARE LE CURVE Su un lato del modello di carta, marcate una serie di curve tra le linee divisorie, usando un bicchiere o un compasso come guida. Le curve non devono essere troppo profonde: disegnate all'incirca un terzo del bicchiere. Tagliate gli smerli lungo le linee.

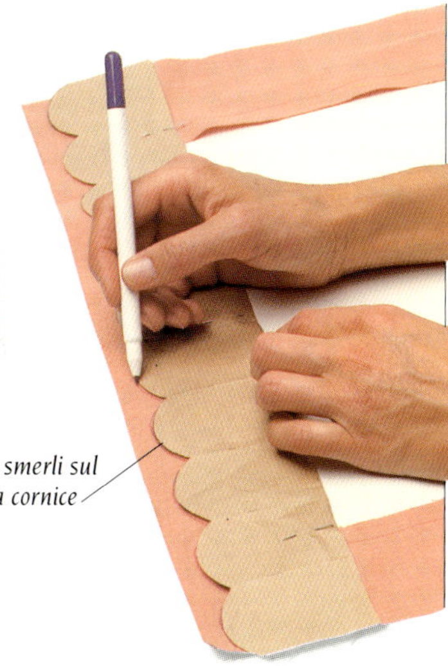

6 MARCARE LA STOFFA Stendete la cornice a rovescio. Allineate il bordo interno diritto con quello del modello e puntate. Marcate gli smerli. Ripetete sugli altri tre lati e sull'altra cornice.

7 CUCIRE LA BANDA Unite insieme le due cornici diritto contro diritto allineando i bordi. Puntate, imbastite e cucite le cornici insieme a 5 mm e parallelamente alla linea degli smerli su tutti e quattro i lati. Togliete le imbastiture.

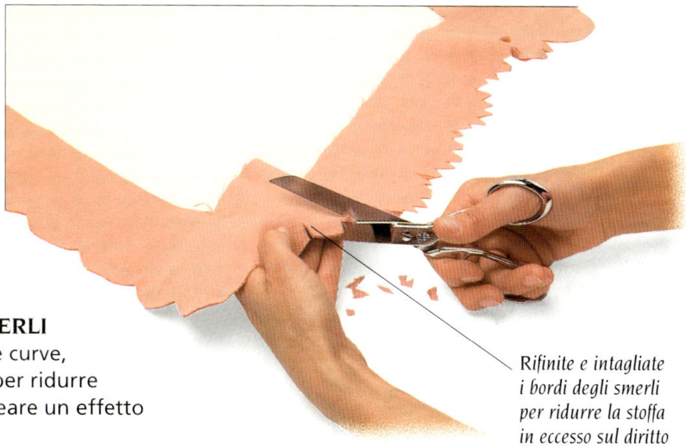

8 RIFINIRE GLI SMERLI Tagliate e rifinite le curve, intagliandone i bordi, per ridurre la stoffa in eccesso e creare un effetto pulito sul diritto.

9 CUCIRE IL BORDO A SOPRAGGITTO Rivoltate a diritto la cornice e stiratela. Per appiattire il bordo, cucite a sopraggitto (*vedi p. 19*) lungo gli smerli tre file parallele a 6 mm l'una dall'altra e a 6 mm dal bordo dello smerlo.

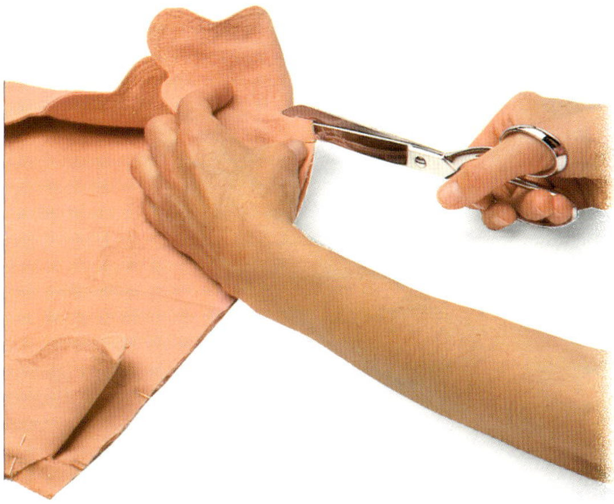

10 MONTARE LA BANDA Appoggiate la cornice sul diritto del pannello frontale del cuscino, allineando i bordi, puntateli, imbastiteli e cuciteli insieme. Togliete le imbastiture e rifinite gli angoli. Inserite l'imbottitura.

IL CUSCINO FINITO

STOFFE PARTICOLARI

PER CONFEZIONARE UN COPRICUSCINO potete utilizzare stoffe particolari o dare nuova vita a tessuti vecchi o logori. La scelta dei tessuti è molto ampia, dai pizzi antichi o arazzi a mezzopunto ad altri più insoliti, come un pannello di rafia dell'Africa centrale o un tappeto kilim. Molti di questi tessuti sono delicati o logori e devono essere rinforzati montandoli su una fodera resistente. Si consiglia inoltre di confezionare un cuscino che sia facile da montare in un secondo tempo, lasciando il tessuto prezioso intatto per un suo impiego diverso o per incorniciarlo.

CUSCINO CON NASTRI E PIZZI

Il pizzo può essere impiegato per guarnire abiti, tovaglie, tovaglioli, copriletto, guanciali, lenzuola e cuscini. Usato come bordo decorativo, può trasformare un semplice cuscino in un accessorio raffinato. La dimensione del cuscino è determinata dalla quantità di pizzo che avete a disposizione.

Il cuscino presentato di seguito ha una guarnizione di nastri e bottoni. Oltre al pizzo e le guarnizioni, vi occorreranno per realizzare questo cuscino la stoffa, l'imbottitura interna e l'occorrente per cucire. Cercate di non utilizzare come chiusura una cerniera lampo.

1 **MARCARE IL PANNELLO** Appoggiate il pannello frontale del cuscino (*vedi p. 132*) con il diritto verso l'alto, imbastite la linea di cucitura a 1,5 cm dal bordo e marcate la posizione del nastro esterno parallelamente alla linea di cucitura. Imbastite. Marcate la posizione del nastro interno, dei fiocchi e dei bottoni servendovi di squadra, penna a inchiostro simpatico o gessetto da sarta.

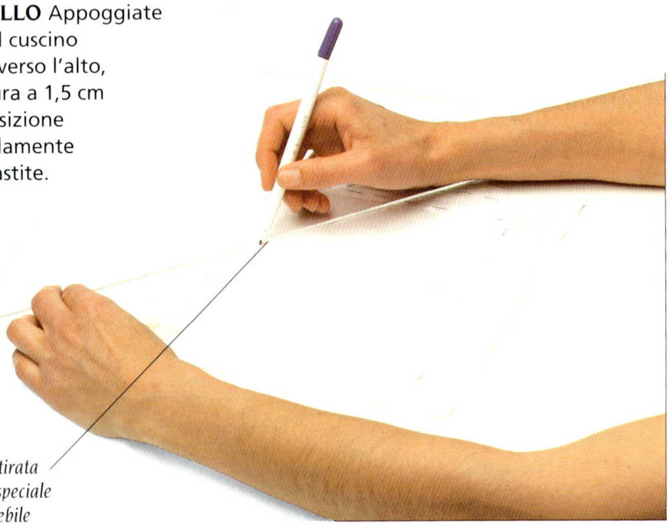

La stoffa non deve essere stirata quando si usa l'inchiostro speciale perché lo renderebbe indelebile

2 **FISSARE I NASTRI** Seguendo la linea marcata, puntate e imbastite il nastro sul pannello frontale. Cucitelo a sottopunto lungo i bordi, squadrando gli angoli e nascondendo le giunte necessarie (*vedi p. 27*). Togliete le imbastiture.

3 **FISSARE LE DECORAZIONI** Cucite i bottoni e i fiocchi e preparate il copricuscino (*vedi p. 132*). Appoggiate il pizzo sui bordi e segnate la posizione degli angoli. Squadrate gli angoli e unite le estremità su un angolo (*vedi p. 27*).

4 **FISSARE IL BORDO IN PIZZO** Cucite a mano il pizzo sul bordo del cuscino con sottopunti piccoli e regolari: una cucitura imperfetta è mascherata dal pizzo ma risulterà meno resistente. Lavate il copricuscino, stirate e inserite l'imbottitura.

IL CUSCINO FINITO

Cuscino con arazzo

Molte stoffe a trama o ricamate – come i kilim e gli arazzi – possono essere utilizzate per confezionare cuscini fantasia e colorati. Questi tessuti così delicati necessitano tuttavia di una fodera di rinforzo. La fodera impedisce anche all'imbottitura interna di apparire tra la trama del tessuto. Oltre alla stoffa scelta e al materiale di rinforzo, vi occorreranno per confezionare questo cuscino l'imbottitura interna, la chiusura prescelta e l'occorrente per cucire.

1 **TAGLIARE I PANNELLI** I tessuti ricamati, come questo arazzo svedese, non sono quasi mai quadrati. È quindi importante usare la stoffa originale come modello e adattarne la forma al disegno voluto. Appoggiate l'arazzo sulla stoffa di rinforzo e puntatelo. Tagliate la fodera seguendo il bordo dell'arazzo. Tagliate il pannello posteriore del cuscino allo stesso modo.

2 **MONTARE LA FODERA** Unite l'arazzo alla fodera, rovescio contro diritto. Puntate e imbastite. Unite l'arazzo e il pannello posteriore del cuscino diritto contro diritto. Puntate e imbastite a 1,5 cm dal margine.

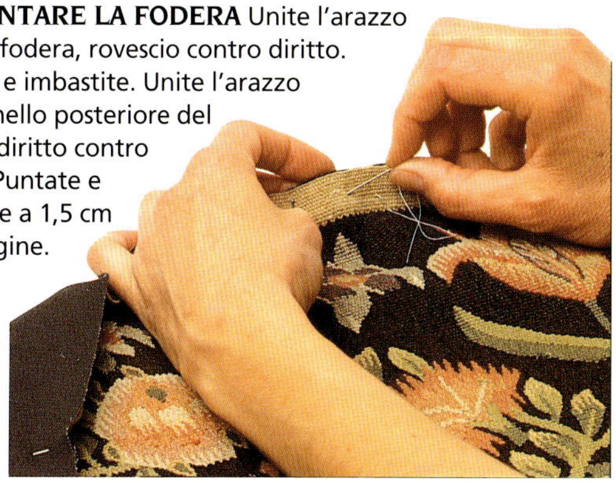

3 **UNIRE I PANNELLI** Seguendo le imbastiture, cucite insieme l'arazzo e il pannello posteriore, inserendo la chiusura prescelta. Togliete le imbastiture e rifinite le cuciture agli angoli, evitando di toccare l'arazzo. Rivoltate a diritto il cuscino, stirate e inserite l'imbottitura.

Il cuscino finito

La scelta delle stoffe

Si possono realizzare i cuscini con molte stoffe diverse, purché il tessuto sia adatto al loro uso funzionale e decorativo. Per i loro colori e morbidezza, possiamo usare stoffe per abbigliamento, come la mussola, che possono essere rinforzate con una fodera di un tessuto più pesante. La seta, in quanto tessuto leggero ma resistente, è ideale per realizzare i cuscini, anche se quelle più leggere dovranno essere foderate. Per una vena più esotica, le stoffe tessute a mano a colori squillanti, stampate o ricamate provenienti dall'Africa e dall'India sono il complemento ideale e contrastante dei tessuti d'arredamento tradizionali. Se desiderate un materiale più resistente ancora, cercate dei pezzi di tappeti orientali o di kilim logori o un vecchio pannello ricamato a mezzo punto.

Seta/cotone per abbigliamento — Seta cruda

Ricamo indiano — Stoffa africana di cotone — Traliccio di cotone

Kilim persiano — Mezzopunto moderno

Cucire a sottopunto una stoffa leggera

Quando si usa una stoffa leggera come un frammento tessile antico e sottile oppure un pannello leggero in materiale esotico, per il pannello frontale di un cuscino, è meglio scegliere un tessuto di rinforzo che sia compatibile per peso, densità e colore. Qui, un pannello di stoffa africana stampato a batik è preparato e cucito a mano a sottopunto al pannello frontale di un copricuscino, tagliato in una stoffa di colore analogo. Per realizzarlo, vi occorreranno la stoffa per il pannello posteriore e per la fodera di rinforzo, l'imbottitura interna, la chiusura prescelta e l'occorrente per cucire.

1 MARCARE LA FORMA Stendete il tessuto decorativo a diritto. Tracciate una linea a 1 cm dai bordi su tutti i quattro lati con un gessetto da sarta e usate una squadra per rendere il pannello il più regolare possibile. Allontanatevi dal bordo, se necessario, per dare una forma quadrata o rettangolare.

2 RIPIEGARE E IMBASTIRE Voltate la stoffa a rovescio. Piegate il bordo sul segno a 1 cm dal bordo e stirate la piega. Imbastite tutti i lati ripiegati e appiattiteli nuovamente. Ripiegare il pannello in questo modo consente di realizzare i bordi diritti e uguali, soprattutto se all'origine erano irregolari.

Gli angoli di una stoffa sottile leggermente ripiegata non hanno bisogno di rifiniture in diagonale

3 TAGLIARE LA STOFFA Posizionate il tessuto sulla stoffa di rinforzo. Usate la stoffa decorativa come sagoma, aggiungendo tutt'attorno 1,5-2 cm per le cuciture e marcate questa linea. Tagliate il rinforzo con questa forma, prevedendo anche la chiusura prescelta.

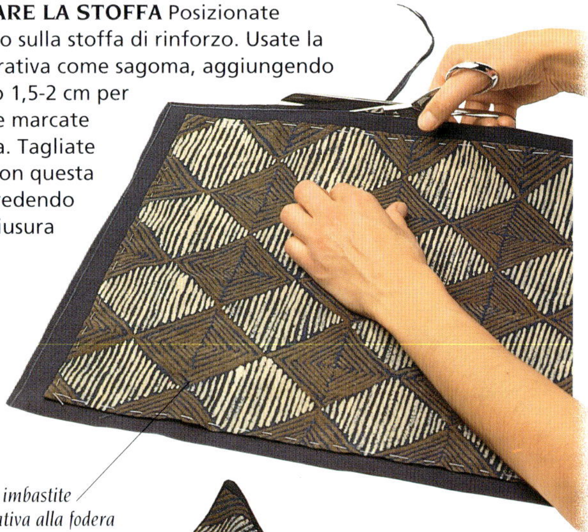

Se necessario, imbastite la stoffa decorativa alla fodera per impedire che si muova durante il lavoro

4 FISSARE AL CUSCINO Confezionate il cuscino con la chiusura scelta. Puntate e imbastite il tessuto decorativo al pannello frontale. Cucite a mano, con un sottopunto piccolo e regolare lungo il bordo ripiegato. Togliete le imbastiture e inserite l'imbottitura interna.

Il cuscino finito

Rinforzo e bordura

Per nascondere le leggere irregolarità che si riscontrano in un vecchio o insolito frammento di stoffa si può montarlo con un bordo. Variando l'altezza del bordo o prevedendo una larga cornice di tessuto a tinta unita, la forma del pannello frontale sarà inserita in un cuscino perfettamente quadrato. Oltre alla stoffa decorativa, vi occorreranno il tessuto di rinforzo, il tessuto per il pannello posteriore del cuscino, se diverso da quello di rinforzo, l'imbottitura interna, la chiusura prescelta – una chiusura laterale non è adatta a questo tipo di cuscino – e l'occorrente per cucire.

1 **TAGLIARE IL RINFORZO** Appoggiate il tessuto decorativo su quello di rinforzo e decidete l'altezza del bordo. Vi occorrerà una cornice più alta per nascondere un bordo irregolare. Aggiungete 1 cm tutt'attorno. Con una squadra, marcate la forma necessaria e tagliate la stoffa di rinforzo.

2 **LA BORDURA FRONTALE** Posizionate la stoffa a diritto contro il rovescio della fodera. Piegate di 1 cm il bordo della fodera sul rovescio, poi piegatela sul tessuto decorativo per l'altezza voluta. Squadrate gli angoli (*vedi p. 23*) e stirate. Puntate, imbastite e cucite a sottopunto o a macchina.

3 **TAGLIARE IL PANNELLO SUPERIORE** Se volete una chiusura a sottopunto, tagliate il pannello posteriore usando quello frontale come sagoma, aggiungendo 1,5 cm tutt'attorno per l'orlo. Se volete una chiusura centrale sul dorso del cuscino, seguite il metodo illustrato alle pp. 133 e 137.

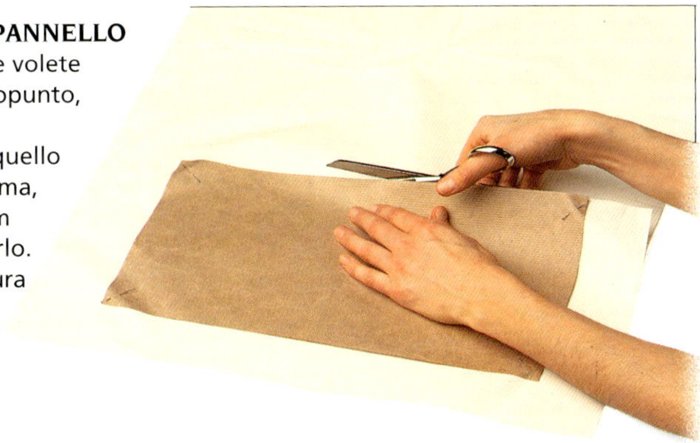

4 **RIPIEGARE** Unite i pannelli, rovescio contro rovescio. Marcate il pannello frontale su quello posteriore. Poggiate il posteriore sul rovescio e girate i bordi verso il rovescio lungo le linee marcate. Rifinite gli angoli, stirate la piegatura e imbastitela.

5 **UNIRE I PANNELLI** Unite insieme i pannelli frontale e posteriore rovescio contro rovescio allineando i bordi. Puntate e imbastite insieme i pannelli poi cuciteli a sopraggitto a 2-3 mm dai margini. Sono il pannello posteriore e il bordo frontale a sostenere eventuali sollecitazioni e non il tessuto decorativo. Togliete le imbastiture, stirate il copricuscino e inserite l'imbottitura interna.

Il bordo nasconderà gli orli irregolari della stoffa e creerà bordi diritti

Il cuscino finito

Velluto sgualcito e broccati
Per un aspetto decadente, scegliete stoffe lussuose per cuscini e affiancatele a fiocchi, nastrini e frange. La ciniglia, il bouclé, il velluto e il broccato sono tutti tessuti adatti: per creare un effetto di opulenza non vi resta che giocare sul numero.

CUSCINI PIATTI COPRISEDILE

NELLE CASE MODERNE – in cucina, nella sala da pranzo, nello studio – si possono trovare delle sedie in legno o metallo non molto confortevoli. È facile realizzare dei cuscini piatti che aggiungeranno non solo un tocco morbido ma anche una nota di colore e fantasia all'ambiente, trasformando un oggetto così funzionale come la sedia in un elemento decorativo e di arredamento. Potete scegliere diverse allacciature per fissare il cuscino alla sedia, da semplici lacci in stoffa a bande elasticizzate o fettucce in velcro, secondo l'effetto voluto. Si possono usare bottoni o nappe come guarnizioni decorative.

CUSCINI CON LACCETTI

Per realizzare i cuscini piatti, considerate l'utilizzo della sedia: per un ambiente della casa usato quotidianamente, scegliete una stoffa di rivestimento resistente e lavabile. Calcolate la stoffa necessaria, misurando la base del sedile e aggiungete una quantità ulteriore per i laccetti e per il cordoncino di bordura. Per determinare la lunghezza del cordoncino, misurate il contorno del sedile. Per preparare il modello di carta, vi occorreranno un foglio di carta da ricalco e un pennarello, oltre alla gommapiuma alta 4 cm per l'imbottitura e l'occorrente per cucire.

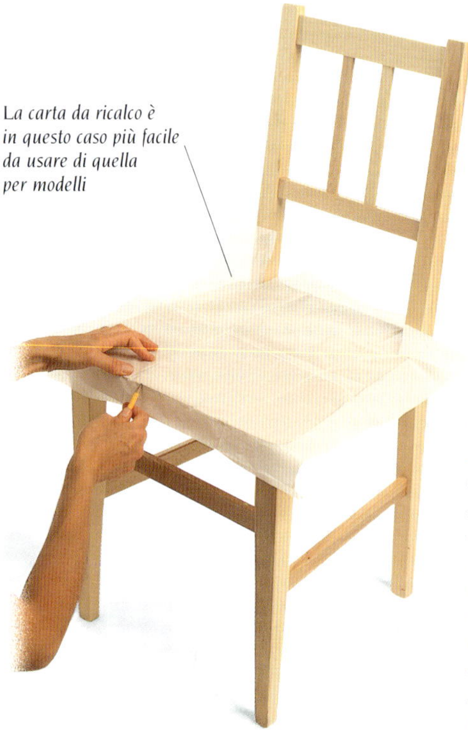

La carta da ricalco è in questo caso più facile da usare di quella per modelli

1 TRACCIARE IL MODELLO Preparate il modello del sedile con un foglio di carta da ricalco. Tagliate la sagoma un po' più larga del sedile e increspatela lungo il bordo. Sulla carta marcate il contorno del sedile con il pennarello. Nel punto in cui il sedile si congiunge allo schienale, formate la sagoma piegando e tagliando con cura la carta.

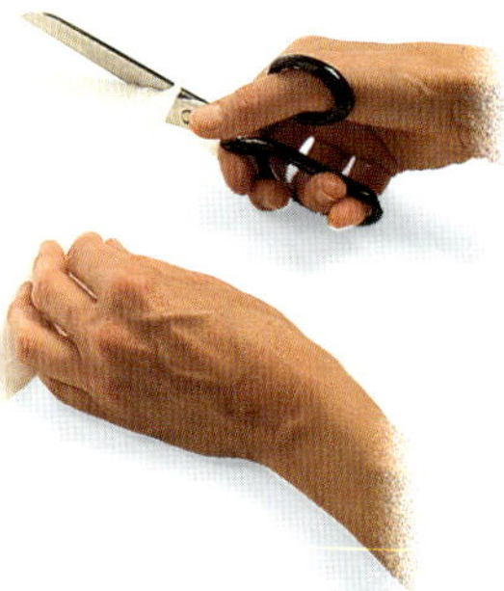

Seguite attentamente le linee marcate, quando tagliate il modello

2 TAGLIARE IL MODELLO Togliete la carta dal sedile e piegatela a metà lungo l'asse frontale del sedile. Assicuratevi che il modello sia simmetrico e, se necessario, apportate alcune modifiche, poi tagliate il modello. Controllate che si conformi al sedile, soprattutto attorno ai montanti, e apportate le modifiche necessarie.

3 TAGLIARE LA GOMMAPIUMA Appoggiate il modello sulla gommapiuma. Marcate e tagliate. Puntate il modello al tessuto e tagliate due pannelli uguali, più 1,5 cm intorno per le cuciture. Per la lunghezza del cordoncino, misurate la linea di cucitura del copricuscino più 5 cm per le giunte.

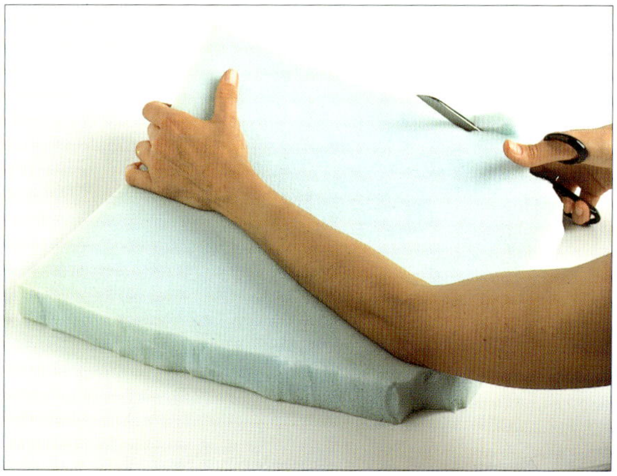

4 UNIRE I PANNELLI Preparate il cordoncino (*vedi p. 24*). Unite il cordoncino sul diritto del pannello frontale. Unite i due pannelli insieme diritto contro diritto, allineando i bordi; puntate, imbastite e cucite, lasciando un'apertura sul retro per inserire l'imbottitura. Rifinite e smussate le cuciture negli angoli. Rivoltate a diritto il cuscino attraverso l'apertura.

5 FISSARE I LACCI Appoggiate il coprisedile sulla sedia e marcate la posizione dei laccetti. Tagliate due strisce di stoffa 60 x 3 cm per i laccetti (*vedi p. 29*). Piegate le strisce a metà, puntatele e cucitele con ribattitura all'interno del cordoncino sul pannello inferiore del cuscino. Per un effetto più decorativo, potete preparare dei lacci più larghi per formare dei romantici fiocchi.

6 CHIUDERE L'APERTURA Stirate il coprisedile e inserite la gommapiuma nell'apertura, assicurandovi che riempia anche gli angoli e le curve del cuscino. Ripiegate all'interno le cuciture dell'apertura, allineate i bordi e cucitele a sottopunto. Per lavare il cuscino, tagliate il sottopunto e togliete la gommapiuma.

I laccetti permettono di rimuovere con facilità il cuscino

IL CUSCINO FINITO

IL CUSCINO CON BOTTONI

È una tecnica da tappezziere che offre una facile e veloce decorazione a un rivestimento, con un effetto particolarmente efficace negli arredi semplici, come un coprisedile o un cuscino sagomato (*vedi p. 160*). Si usano bottoni ricoperti di tessuto, sia in tinta e disegno contrastanti – e in questo caso potrete acquistarli già pronti – oppure uguale a quello del tessuto e in questo caso sarete probabilmente voi a ricoprirli (*vedi p. 30*). Oltre l'occorrente per cucire vi occorreranno un ago da tappezziere e un filo resistente o spago.

IL CUSCINO FINITO

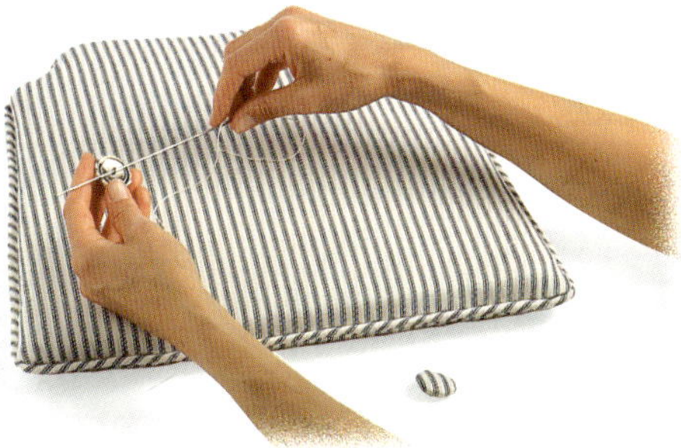

1 INFILARE I BOTTONI Marcate la posizione dei bottoni. Infilate l'ago e fatelo passare attraverso il cuscino nel punto marcato, lasciando 10-15 cm di filo sul lato superiore del cuscino. Infilate un bottone nell'ago. Tornate con l'ago sul lato superiore del cuscino, passando per lo stesso foro.

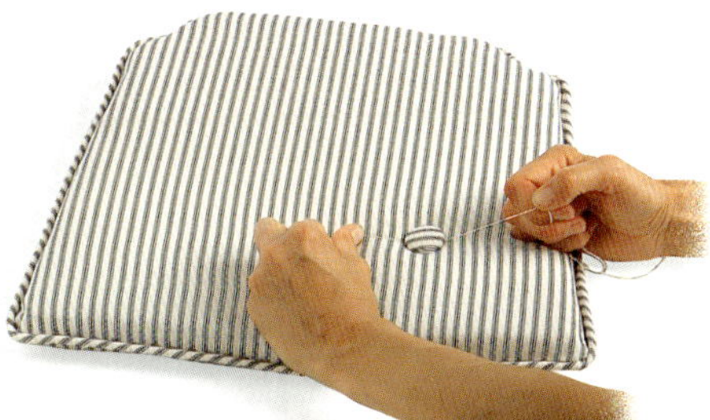

2 FERMARE I BOTTONI Infilate il secondo bottone della coppia, togliete l'ago e fissate il bottone al cuscino con un nodo doppio. Tirate con forza entrambi i capi del filo per far penetrare i bottoni nel cuscino. Fermate i capi del filo sotto il bottone e tagliate il filo in eccesso.

Cuscino piatto con striscia elastica

Una fettuccia elasticizzata attorno al montante dello schienale di una sedia fisserà il cuscino donando all'insieme un tocco rigoroso. Una banda come questa è semplice da realizzare e montare. Se volete togliere il cuscino per lavarlo o sostituirlo con un altro di colore o fantasia diversi, fate scivolare la striscia elasticizzata lungo lo schienale della sedia. Oltre alla stoffa per la striscia, vi occorreranno una striscia di elastico alta 3 cm e l'occorrente per cucire.

1 DETERMINARE LA LUNGHEZZA DELLA BANDA Misurate lo schienale della sedia compresi i lati dei montanti. Tagliate l'elastico secondo questa misura. Tagliate una striscia di stoffa alta 9 cm e lunga quanto l'elastico.

2 PREPARARE LA STRISCIA Piegate a metà la stoffa in lunghezza, diritto contro diritto. Con ago e filo o la macchina da cucire, preparate una cucitura lungo il margine formando un tubo stretto. Rivoltate a diritto. Posizionate il tubo in modo da avere le cuciture al centro di un lato e non al margine. Stirate.

3 INFILARE L'ELASTICO Fissate un'estremità dell'elastico a una del tubo. Fissate una spilla di sicurezza all'altra estremità e, usandola come guida, fate passare l'elastico nel tubo. Cucite l'altra estremità. Appoggiate il cuscino sul sedile e marcate la posizione di fissaggio della banda. Ripiegate all'interno i margini vivi del tubo e cuciteli sul cuscino.

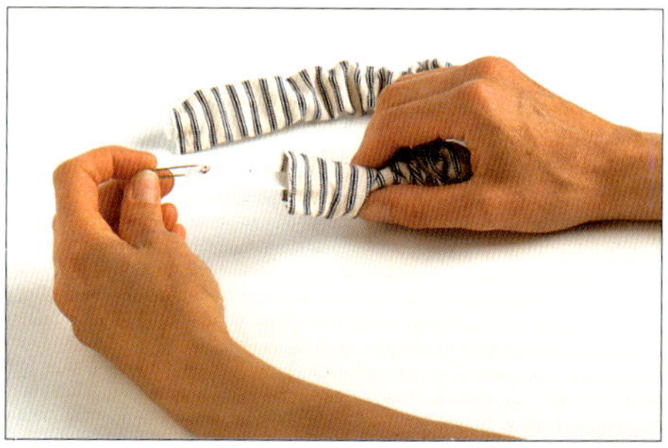

Nastri con velcro

Un metodo sicuro per fissare un coprisedile a una sedia è preparare una coppia di semplici fettucce di stoffa chiuse con velcro. Misurate la distanza tra i montanti della sedia che saranno gli elementi di fissaggio, aggiungendo 2,5 cm per la sovrapposizione, e tagliate due strisce di stoffa alte 9 cm e lunghe quanto questa misura. Vi occorreranno la stoffa per i nastri, la fettuccia di velcro e l'occorrente per cucire.

PREPARARE LE FETTUCCE DI VELCRO

Piegate a metà le strisce di stoffa per la lunghezza, diritto contro diritto. Fate una cucitura a 1,5 cm dal bordo per ogni striscia ripiegata. Voltate il tubo a diritto e stirate le cuciture verso il centro. Ripiegate all'interno le estremità e cucitele a sottopunto. Cucite con ribattitura le fettucce al cuscino, tiratele verso la sedia e marcate la posizione del velcro alle due estremità. Montate il velcro.

IL CUSCINO FINITO

IL CUSCINO FINITO

CUSCINO PIATTO CON NAPPE

Le nappe sono meno note dei bottoni, ma sono sempre state usate in tappezzeria. Donano un tono più morbido rispetto ai bottoni e consentono di usare materiali di colore contrastante o coordinato, a fili radi o fitti. Le nappe sono applicate al cuscino finito, qui un semplice coprisedile con lacci coordinati. Oltre al coprisedile, vi occorreranno filo di cotone grosso, spago o filo forte, un ago da tappezziere e l'occorrente per cucire.

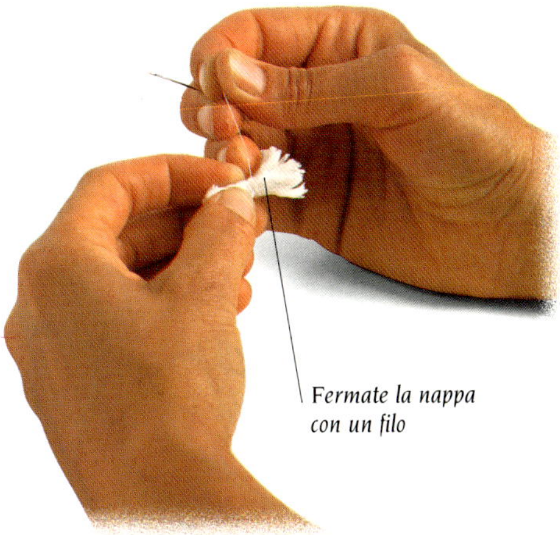

Fermate la nappa con un filo

1 **FERMARE LE NAPPE** Segnate la posizione delle nappe sul cuscino. Formate le nappe tagliando i fili di cotone grosso della stessa lunghezza. Fermateli insieme al centro con ago e filo.

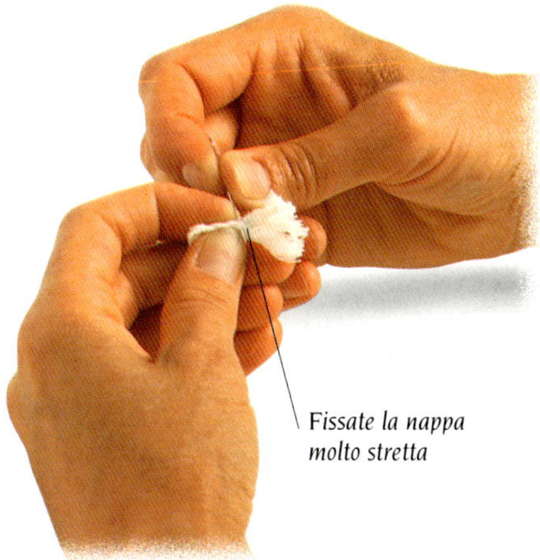

Fissate la nappa molto stretta

2 **FISSARE LE NAPPE** Per fissare i fili, passate l'ago al centro della nappa. Può darsi dobbiate farlo più volte prima che la nappa sia ben stretta.

Aprite la nappa con le dita

3 **APRIRE LA NAPPA** Una volta assicurata la nappa, aprite con la punta delle dita i fili che formano la nappa per accentuarne l'effetto rigonfio.

4 **MONTARE LE NAPPE** Infilate l'ago da tappezziere con il filo grosso. Passate l'ago al centro della nappa, lasciando 10-15 cm di filo. Appoggiate la nappa sul cuscino e passate con l'ago da parte a parte nella posizione segnata.

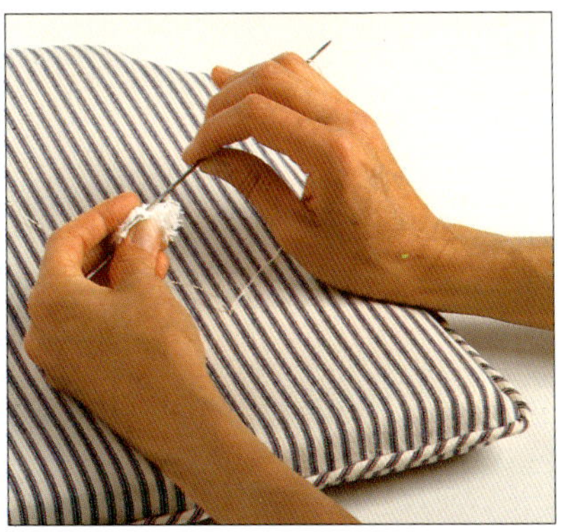

5 **MONTARE LE NAPPE SUL RETRO** Appoggiate una nappa sul retro del cuscino e fissatela con ago e filo. Ripassate nel foro iniziale con l'ago per tornare nella parte superiore del cuscino.

6 **FISSARE LE NAPPE** Togliete l'ago e fermate i fili con un nodo. Tiratene i capi per fissare strettamente le nappe al cuscino, annodateli nuovamente alla base della nappa e tagliate il filo in più.

IL CUSCINO FINITO

Seta e lanetta
Campioni fantasia di seta, cuciti insieme, regalano a questo cuscino di seta marrone una ricca bordura. I bordi degli scampoli verdi e gialli sono sfrangiati per ammorbidire i punti di raccordo tra i vari pezzi. Un altro cuscino marrone volutamente semplice enfatizza la ricchezza dei tessuti decorati. Sullo sfondo, un cuscino di lanetta appare comodo rispetto alla seta liscia e opulenta.

CUSCINI SAGOMATI

I CUSCINI SAGOMATI E IMBOTTITI con uno strato spesso di gommapiuma sono accessori confortevoli e facili da pulire per sedie di vimini, metallo o per panche e arredi da giardino o da esterni. Scegliete una stoffa robusta, come il cotone da tappezziere per il rivestimento, che sarà facile da lavare e non si sformerà nel tempo. Per togliere facilmente l'imbottitura interna e lavare il rivestimento, montate una cerniera lungo il lato del cuscino sul guardolo.

CUSCINO SAGOMATO SEMPLICE

Per rendere più resistente un cuscino sagomato, rifinite le cuciture con un cordoncino (*vedi p. 24*). A seconda del tipo di poltrona, potrebbe essere utile fissare il cuscino con dei laccetti della stessa stoffa (*vedi p. 29*). Per le misure necessarie, prevedete il tessuto necessario per i pannelli superiori e inferiori, per la striscia laterale, il cordoncino e i laccetti. Vi occorreranno inoltre l'anima del cordoncino, una cerniera, un foglio di carta da ricalco per preparare il modello, un pennarello, un coltello seghettato per tagliare la gommapiuma e l'occorrente per cucire.

1 **PREPARARE IL MODELLO** Tracciate le dimensioni della seduta per il cuscino (*vedi p. 154*). Trasferite il modello tracciato su un foglio di carta bianca.

2 **MISURARE I LATI** Puntate il modello alla stoffa e tagliate i pannelli superiori e inferiori del copricuscino con 1,5 cm in più per le cuciture. Misurate i bordi del modello per la lunghezza del cordoncino e la stoffa necessaria per la striscia laterale. Preparate due lunghezze di cordoncino (*vedi p. 24*), più 5 cm per le giunte.

3 **TAGLIARE LA GOMMAPIUMA** Appoggiate il modello sulla gommapiuma e tracciatene il profilo con il pennarello. Tagliate la gommapiuma con un coltello seghettato o elettrico.

4 **MONTARE LA STRISCIA LATERALE** Tagliate la stoffa lunga come i tre lati del cuscino più 3 cm e la sua profondità più 3 cm. Per il quarto lato, in cui inserirete la cerniera, tagliate due pezzi di stoffa lunghi come quest'ultimo, più 3 cm, alti la metà della profondità, più 3 cm. Fissate la cerniera (*vedi p. 31*). Usate una cerniera lunga che si estenda oltre gli angoli del cuscino per facilitare l'inserimento e la rimozione dell'imbottitura. Puntate insieme le sezioni della striscia laterale. La striscia deve "abbracciare" l'imbottitura.

5 **CUCIRE LA STRISCIA LATERALE AL PANNELLO SUPERIORE** Fissate il cordoncino ai due pannelli del cuscino (*vedi p. 25*). Unite striscia e pannello superiore, diritto contro diritto, allineando i margini. Cucite la striscia al pannello. Togliete le imbastiture.

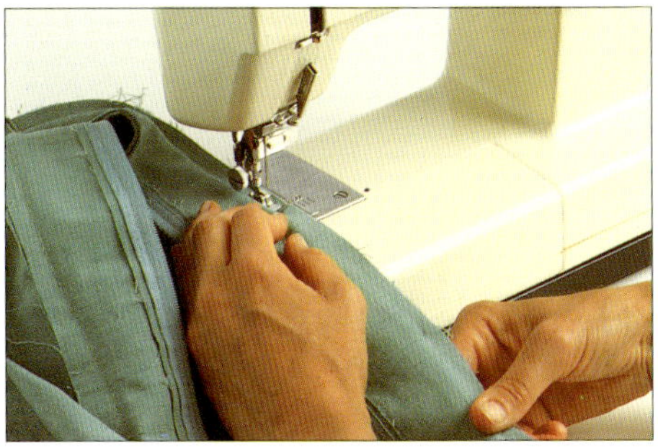

6 **MONTARE LA BASE** Con la cerniera aperta, puntate, imbastite e cucite striscia laterale e pannello inferiore, diritto contro diritto. Togliete l'imbastitura e rifinite gli angoli. Rivoltate a diritto il copricuscino e stiratelo. Inserite l'imbottitura, spingendola negli angoli.

IL CUSCINO FINITO

ALTRI TIPI DI IMBOTTITURE E GUARNIZIONI

Se utilizzati solo in ambienti interni, ad esempio, per un divano o una nicchia sotto una finestra, i cuscini sagomati imbottiti con poliestere o piume sono più soffici e confortevoli. Per l'imbottitura di piume, è necessaria una fodera interna (*vedi p. 10*). I cuscini possono essere rifiniti con bottoni o nappe sui pannelli superiori e inferiori o trapuntando la striscia laterale.

CUSCINO CON IMBOTTITURA DI PIUME

STRISCIA LATERALE TRAPUNTATA

Potete rifinire in maniera decorativa il vostro cuscino sagomato trapuntando la striscia laterale prima del montaggio del cuscino. Per preparare i lati trapuntati, prevedete la stoffa, più l'imbottitura del trapunto e la mussola per foderare la striscia. Vi servirà inoltre l'occorrente per cucire. Per l'imbottitura potete scegliere la gommapiuma, il poliestere o le piume. Per realizzare questo cuscino con striscia laterale trapuntata, confezionate il cuscino seguendo le indicazioni a fronte, ma per la striscia laterale procedete nel modo seguente.

1 **PUNTARE I PEZZI DELLA STRISCIA** Tagliate l'imbottitura e la mussola nelle stesse dimensioni della stoffa. Se ciò rendesse le cuciture troppo evidenti, tagliate l'imbottitura senza prevedere la cucitura, come in questo caso. Unite la stoffa e la mussola diritto contro diritto tra lo strato di imbottitura.

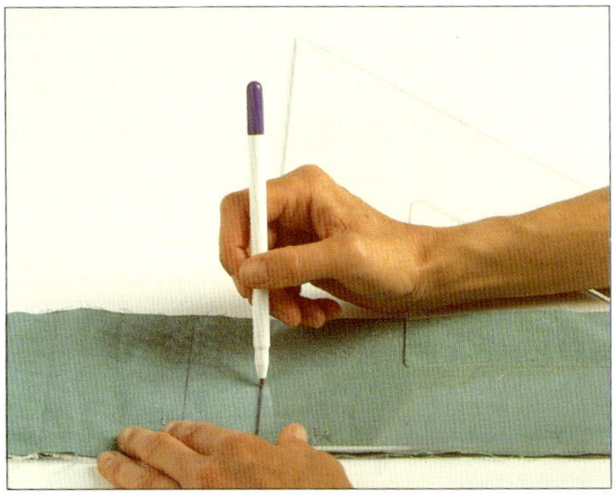

2 **MARCARE LE LINEE DEL TRAPUNTO** Puntate e imbastite lungo i bordi della striscia trapuntata e anche attraverso, per impedire che la stoffa si muova. Marcate le linee del trapunto, usando una squadra e il gessetto da sarta o l'inchiostro simpatico.

3 **IL TRAPUNTO** Imbastite lungo il tracciato del trapunto, poi cucite a macchina lungo le imbastiture. Togliete le imbastiture. Confezionate il cuscino, come descritto a fronte e sopra, sostituendo alla striscia laterale quella imbottita.

IL CUSCINO FINITO

TAPPEZZERIA SEMPLICE

COME UN TENDAGGIO O UNA MANTOVANA valorizzano la finestra, così un rivestimento di stoffa può trasformare una sedia o poltrona, vecchia o nuova che sia. A differenza della tappezzeria, cucita e fissata alla struttura e all'imbottitura, un rivestimento morbido può essere facilmente sfilato per lavarlo. Indipendentemente dalle loro funzioni, pratiche o decorative, troverete in questo capitolo tutte le informazioni necessarie per realizzare rivestimenti morbidi e sagomati. Vengono fornite alcune semplici istruzioni per tappezzare un poggiapiedi o un'ottomana con un rivestimento sagomato.

TESSUTO RESISTENTE
Il pouf poggiapiedi serve per rilassare le gambe stanche e fornisce una superficie sulla quale impilare libri e riviste. Affinché resista all'uso quotidiano, è meglio rivestirlo con un cotone forte e resistente.

La Scelta dello Stile

Semplici rivestimenti di tessuto possono essere usati per dare un tocco di colore o fantasia a ogni tipo di seduta, morbida o strutturata, con o senza schienale. Comunque il rivestimento viene usato più comunemente e al fine di proteggerli dall'usura per i divani e le poltrone da salotto. Un rivestimento morbido può dare nuova vita a un divano o a una poltrona vecchi e logori. Scegliete stoffe resistenti che riparano e contribuiscono allo schema decorativo coordinandole con gli arredi e la tappezzeria dell'ambiente.

Disegno centrato
Per lo schienale di questa sedia è stato usato un cotone in *toile de Jouy*. Il motivo è centrato sullo schienale e sul sedile, mentre alcune pieghe sagomate permettono alla gonna di cadere diritta sulle gambe della sedia.

Fodere a tutta lunghezza
Per camuffare sedie male assortite, realizzate fodere morbide a tutta lunghezza. Qui, fodere di cotone naturale dallo stile fresco sono rifinite con bordi a cordoncino e generose pieghe sagomate.

Housse morbide
Housse con bottoni fasciati sono una soluzione ideale per poltrone molto usate. Per evitare che le housse appaiano troppo pesanti, inserite anche una poltrona foderata con tessuto e cuscini in tinta unita.

Righe di città
La lana è un tessuto naturalmente ignifugo, durevole e antistatico, così una stoffa di pura lana vergine a righe si adatta bene a essere utilizzata per una poltrona. Lavorarla a mano o a macchina è relativamente facile. La fodera comoda crea un effetto ben curato, in contrasto con le gambe di faggio dall'appeal contemporaneo lasciate a vista. Accessori grigio scuro, come il tappeto a scacchi e il pouf di flanella grigio aiutano a uniformare l'aspetto dell'interno.

Dettagli tagliati
Simili a vestiti sbracciati, queste housse sono state tagliate sui bordi superiori per mettere in mostra la struttura in ferro battuto. A livello pratico, questa esposizione rende più facile lo spostamento delle sedie. La scelta delle sete rosa fucsia, arancione mandarino e verde limetta si abbina al decoro a pompon che dona un aspetto divertente e civettuolo a un tavolo altrimenti formale.

Tavolo a baule
Un baule o un cesto è la forma ideale per un tavolino. Per proteggerne la superficie, realizzate una fodera semplice. Pieghe sagomate a ciascun angolo assicurano la facile rimozione del tessuto per il lavaggio.

Copripoltrona Sagomato

La tecnica per tappezzare una poltrona è semplice, se si inizia dalla misurazione, che deve essere effettuata molto attentamente. Prima di tagliare la stoffa, preparate un modello su carta quadrettata delle dimensioni di ogni sezione. Marcate ciascuna sezione prima di tagliarla. Puntate, adattate e tagliate le sezioni direttamente sulla poltrona prima di cucire l'insieme. Scegliete un tessuto robusto e resistente, per tappezzeria, come il cotone pesante, damasco o misto lino-cotone e assicuratevi che sia ignifugo. Altrimenti, dovrete prevedere una controfodera ignifuga. Scegliete una stoffa lavabile, a mano o a secco.

La misurazione

Il cordoncino va applicato alle linee di cucitura attorno al pezzo dello schienale, di ogni bracciolo e alla cucitura superiore della balza. Misurate queste linee e tagliate le strisce in sbieco e l'anima per il cordoncino, lasciando 1,5 cm per le giunte, se necessario (*vedi p. 24*). Togliete il cuscino di seduta, misuratelo e preparate il rivestimento (*vedi p. 160*).

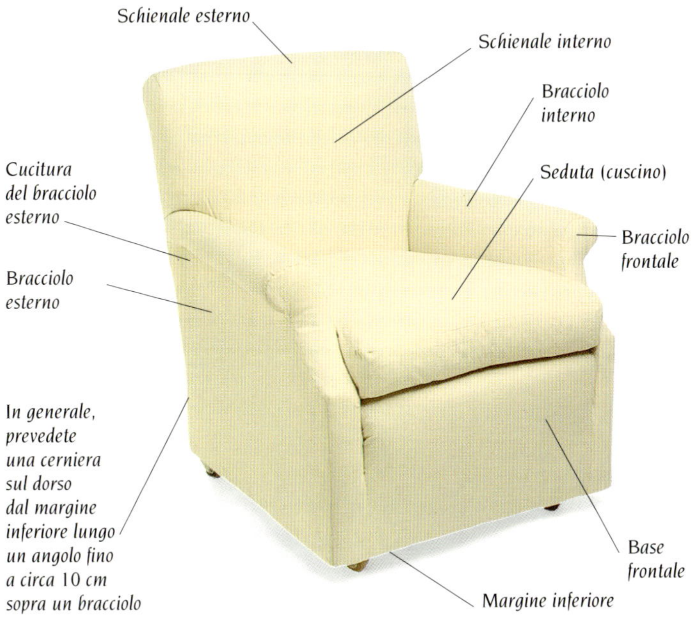

1 **SCHIENALE ESTERNO** Misurate la larghezza dello schienale nel punto più largo, più 2,5 cm per le cuciture laterali, più 6 cm per l'apertura tra il bordo inferiore e un bracciolo esterno. Misurate dal basso in alto, aggiungete 15 cm per il rincalzo inferiore e 2,5 cm per la cucitura superiore.

2 **SCHIENALE INTERNO** Misurate lo schienale dall'alto fino alla seduta, aggiungete 2,5 cm per la cucitura superiore e 15 cm per il rincalzo sotto la seduta. Misuratene la larghezza nel punto più largo, prendendo anche gli angoli laterali. Aggiungete 2,5 cm per una cucitura laterale e 6 per l'apertura della cerniera sul lato opposto.

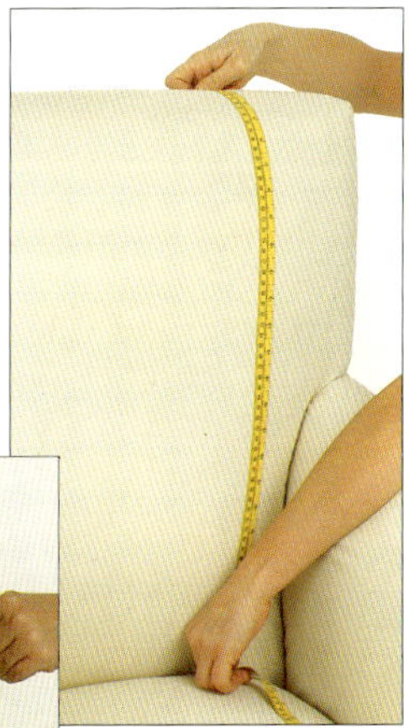

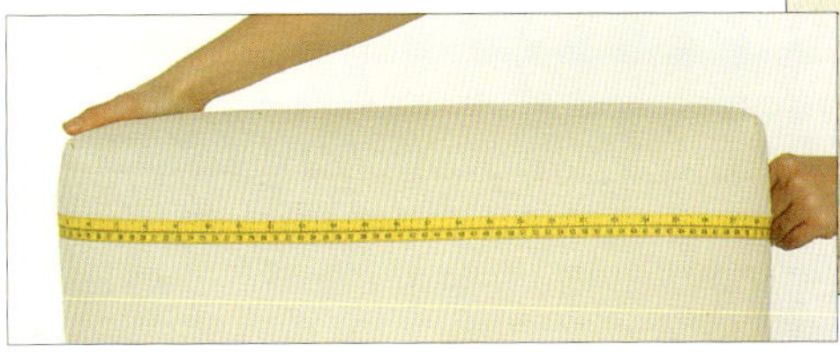

3 **SEDUTA** Misurate la seduta dal fondo al margine anteriore. Aggiungete 2,5 cm per le cuciture anteriori e 15 cm per il rincalzo posteriore. Misurate la larghezza della seduta tra i braccioli e aggiungete 30 cm per permettere il rincalzo.

4 **BASE** Misurate la base dall'alto in basso, aggiungete 2,5 cm per la cucitura frontale, più 15 cm per il rincalzo sotto il margine inferiore. Misurate la larghezza della base tra i due braccioli frontali aggiungendo 2,5 cm per ciascuna cucitura laterale.

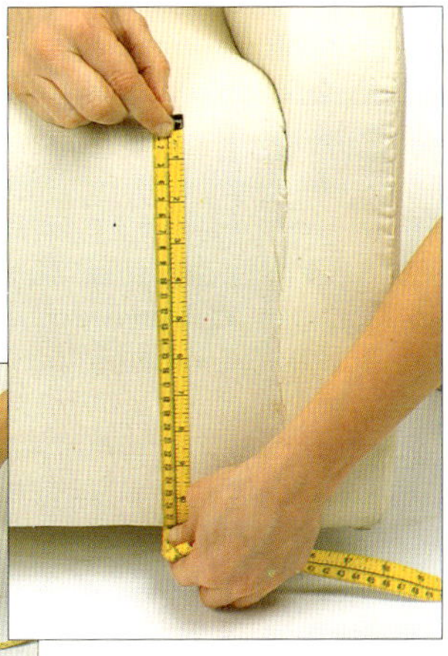

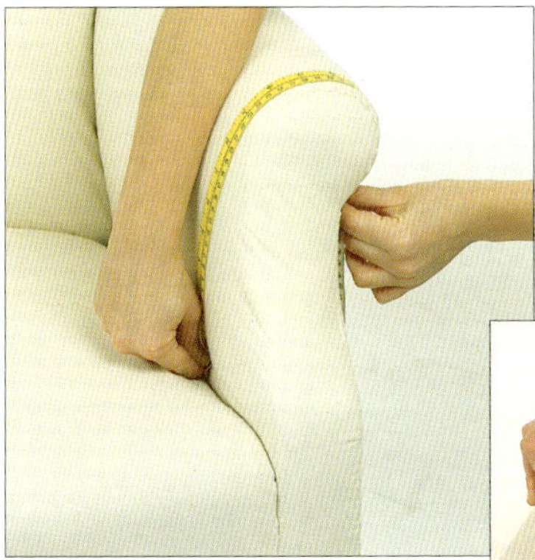

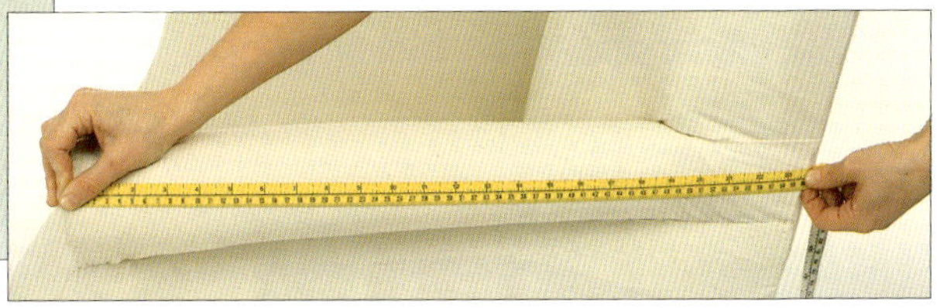

5 BRACCIOLO INTERNO Misurate il bracciolo dalla seduta fino all'apice scendendo fino alla cucitura esterna. Aggiungete 18 cm per il rincalzo sul lato della seduta e la cucitura del bracciolo esterno. Misurate la lunghezza del bracciolo dall'esterno verso l'interno nel punto più largo, aggiungete 5 cm per le cuciture del bracciolo frontale e dello schienale interno ed esterno.

6 BRACCIOLO ESTERNO Misuratene la lunghezza da fronte a retro nel punto più lungo; aggiungete 5 cm per le cuciture del bracciolo frontale e dello schienale esterno. Misurate dalla cucitura del bracciolo esterno al bordo inferiore, più 2,5 cm per la cucitura del bracciolo interno e 15 cm per il rincalzo.

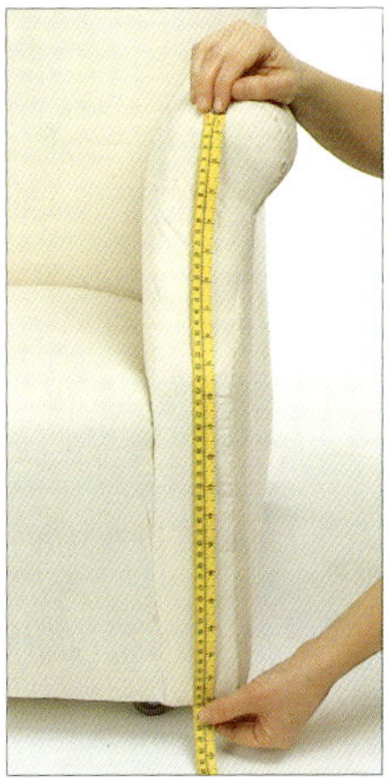

7 BRACCIOLO FRONTALE Misurate il bracciolo frontale nei punti più larghi e lunghi. Aggiungete 5 cm a queste misure per le cuciture della base, del bracciolo esterno e interno. Dovrete inoltre aggiungere 15 cm alla lunghezza per il rincalzo in fondo.

Balza

Se volete aggiungere una balza sagomata con pieghe piatte agli angoli ricordatevi che occorrerà foderarla. Per preparare la lunghezza della balza, unite le larghezze della stoffa con giunte che si nascondono agli angoli o all'interno delle pieghe piatte.

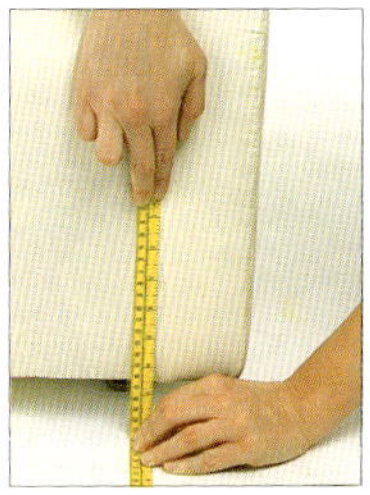

1 ALTEZZA DELLA BALZA Misurate l'altezza della balza e aggiungete 3 cm per le cuciture. La fodera deve essere delle dimensioni della balza.

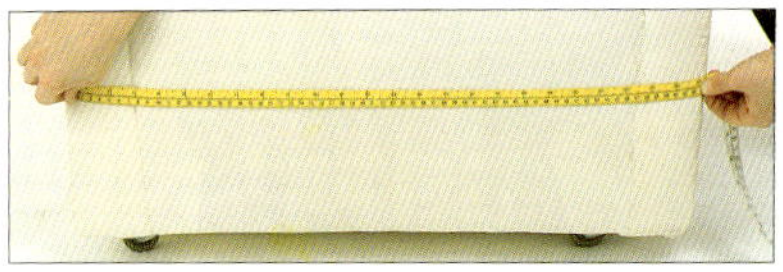

2 CUCIRE Misurate ogni lato lungo la cucitura della balza a 18 cm dal pavimento, più 12,5 cm per ogni lunghezza laterale per tre pieghe piatte e 6 cm alle estremità per la cerniera.

Preparare il modello per il taglio

Le stoffe a tinta unita o a fantasie minute sono facili da usare, mentre quelle con disegni più grandi richiedono più materiale per far combaciare i motivi. Ponete un motivo al centro di ogni sezione. Preparate un modello per il taglio. Nel modello della "housse" infila-e-togli (*vedi tecnica, p. 174*), le frecce indicano il dritto filo. Tracciate le dimensioni di ogni pezzo di tessuto in scala sulla carta per calcolare la metratura necessaria e aiutarvi nell'operazione di taglio. Tagliate inizialmente la stoffa in rettangoli e rifiniteli successivamente adattandoli alla poltrona. Preparate un elenco dei pezzi da tagliare nel modo seguente: schienale esterno: 1; braccioli esterni: 2; braccioli frontali: 2; schienale interno: 1; seduta: 1; balza: secondo necessità; base esterna: 1; cuscino: secondo necessità; braccioli interni: 2; striscia in sbieco per cordoncino: secondo necessità. Quando tagliate i pezzi, per evitare di fare confusione, puntate un foglietto di carta su ciascuno per identificarlo.

MODELLO DI TAGLIO PER UN COPRIPOLTRONA SAGOMATO

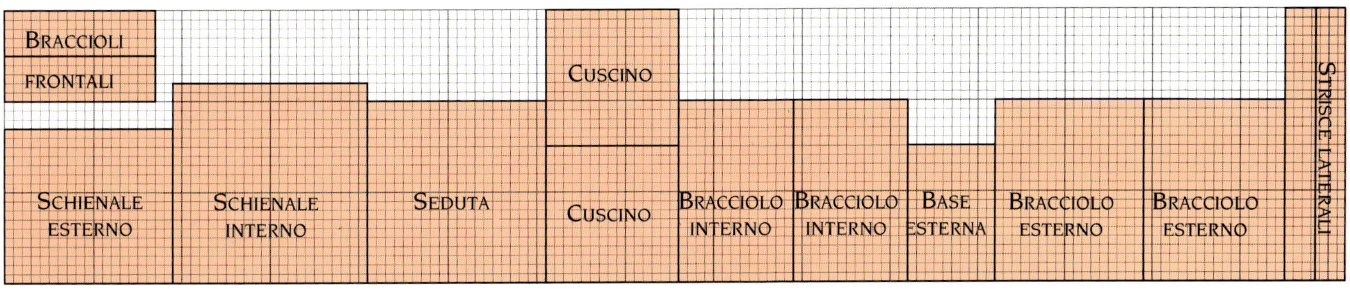

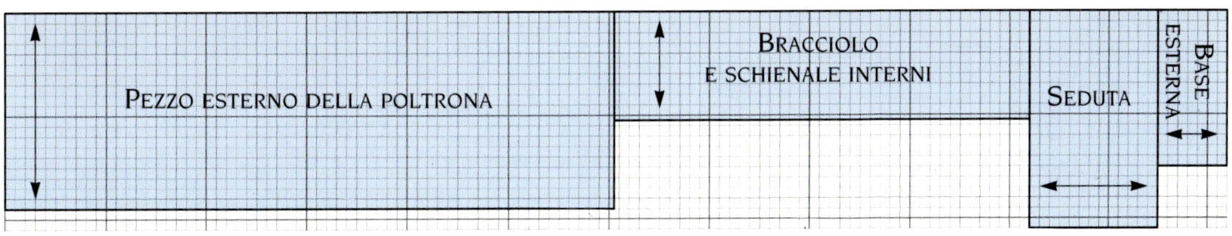

MODELLO PER IL TAGLIO DELLA "HOUSSE" (*p. 174*)

Conformare il copripoltrona

Prima di conformarlo, decidete se lavorate con la stoffa a diritto o a rovescio. Qui abbiamo scelto la prima opzione che facilita il posizionamento dei motivi fantasia. Se invece si lavora sul rovescio, è più facile marcare le cuciture. Adattate ciascun pezzo di stoffa alla poltrona, secondo la sua identificazione (*vedi p. 169*) e rifinitelo seguendone la forma.

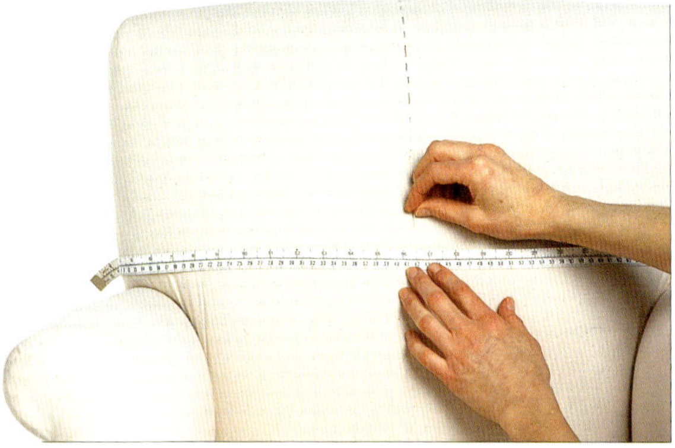

1 **MARCARE LO SCHIENALE INTERNO** Misurate lo schienale interno nel punto mediano. Con spilli o un gessetto, marcate la linea verticale centrale fino alla seduta.

2 **PUNTARE LA STOFFA** Appoggiate la stoffa contro lo schienale interno e centrate il disegno. Marcate la linea centrale sulla stoffa. Fatela combaciare con quella della poltrona e puntate la stoffa al centro.

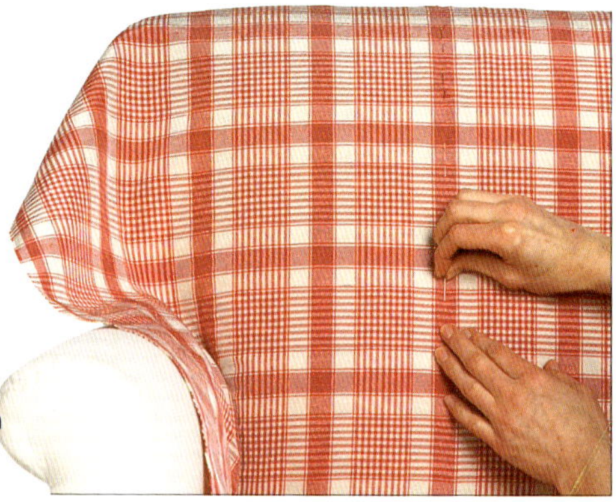

3 **PUNTARE LE PARTI SUPERIORI E LATERALI** Stendete la stoffa sullo schienale e puntate le parti superiori e laterali allo schienale esterno. Tagliate la stoffa in eccesso agli angoli.

4 **INTORNO AI BRACCIOLI** Stendete e puntate la stoffa intorno ai braccioli, poi tagliatela e rifinitela lasciando 2,5 cm per le cuciture. Lasciate 15 cm in più per il rincalzo nella seduta, tagliate la stoffa in eccesso.

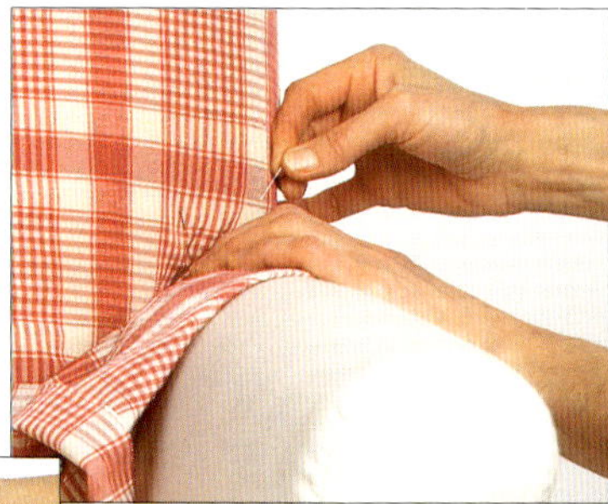

Tirate e puntate la stoffa conformandola alla poltrona

Tagliate la stoffa in eccesso agli angoli

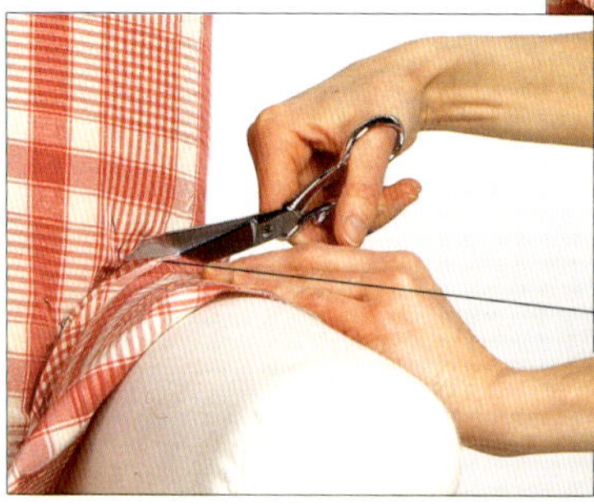

Tagliate attentamente lungo le curvature, lasciando sempre 2,5 cm per le cuciture

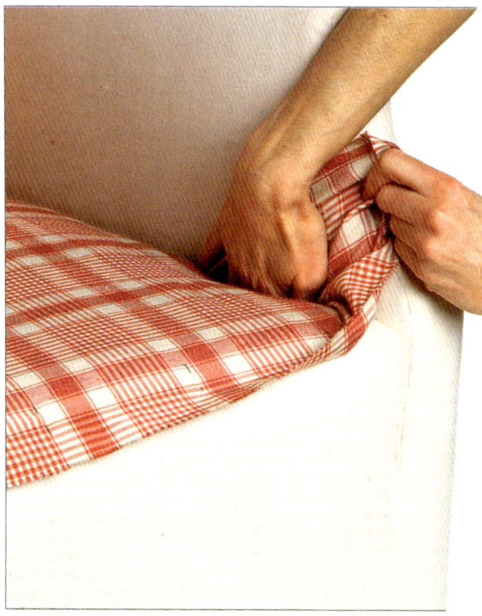

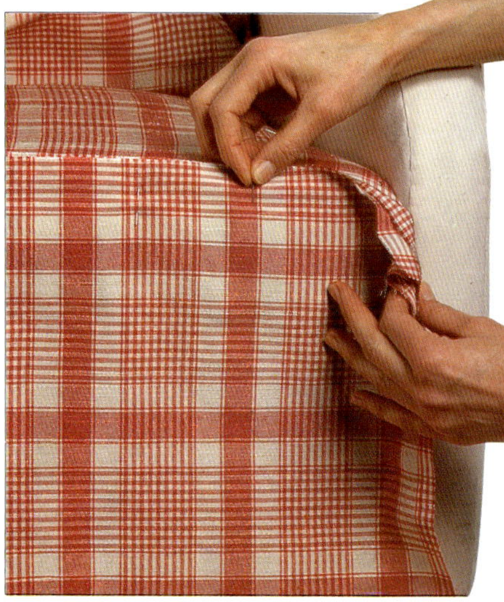

5 **MARCARE LA SEDUTA** Misuratela nel punto mediano. Marcate una linea verticale lungo il centro della seduta e della stoffa. Appoggiate la stoffa sulla seduta e fate combaciare le due linee.

6 **RINCALZARE** Puntate la stoffa sul margine frontale dello schienale. Stendete il rincalzo di 15 cm e posizionatelo verso l'interno e lateralmente. Puntate sui lati.

7 **POSIZIONARE LA BASE** Centrate e puntate la stoffa vicino al margine superiore della base, in modo da avere 2,5 cm per le cuciture della seduta frontale e dei braccioli frontali.

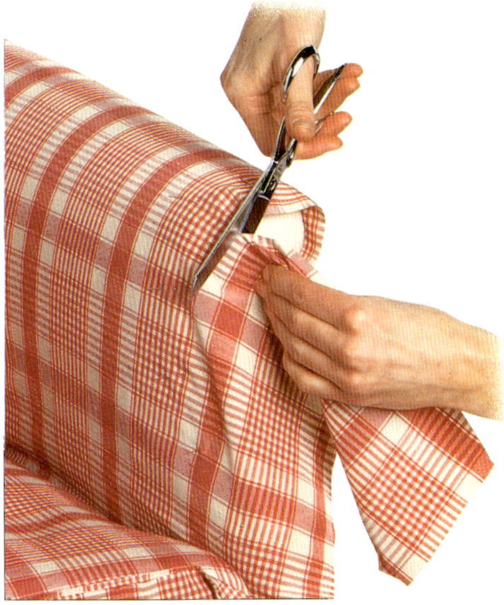

8 RIFINIRE I BRACCIOLI INTERNI Puntate la stoffa. Conformatela, lasciando 2,5 cm per le cuciture. Stendete il rincalzo tra il bracciolo e la seduta.

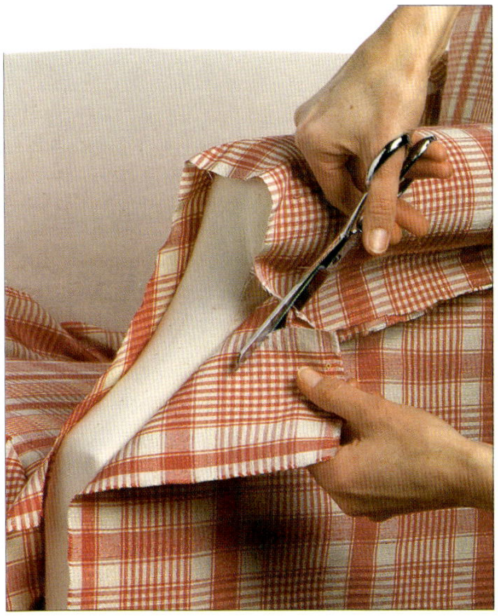

9 CONFORMARE I BRACCIOLI ESTERNI Puntate la stoffa. Rifinite seguendo la forma, lasciando 2,5 cm per le cuciture del bracciolo frontale interno e lo schienale.

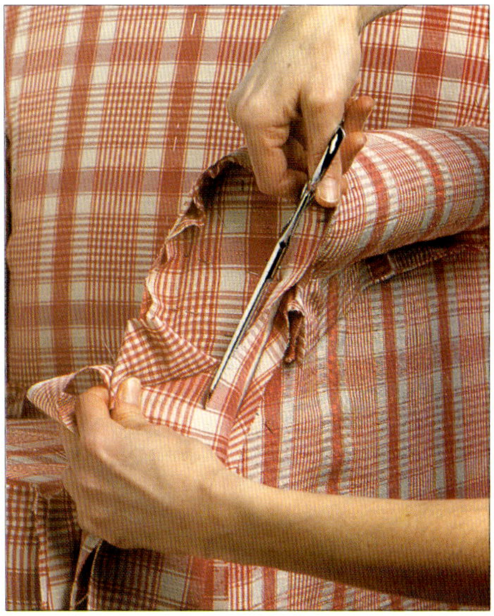

10 TAGLIARE I BRACCIOLI FRONTALI Puntate la stoffa dei braccioli interni. Tagliatela secondo la forma del bracciolo e intagliate i margini delle cuciture.

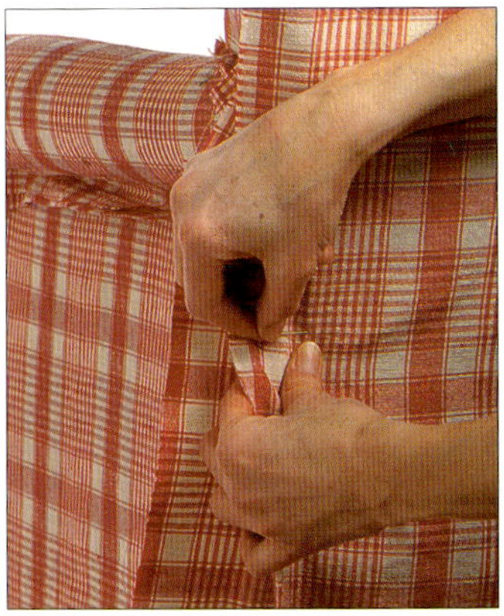

11 PUNTARE LO SCHIENALE ESTERNO Marcate la metà dello schienale esterno. Posizionate la stoffa e marcate la linea mediana. Aggiungete 6 cm per la cerniera nel bordo di apertura. Puntate la stoffa vicino alla cucitura e rifinite seguendo la forma. Prevedete 2,5 cm per le cuciture e 6 cm per la cerniera.

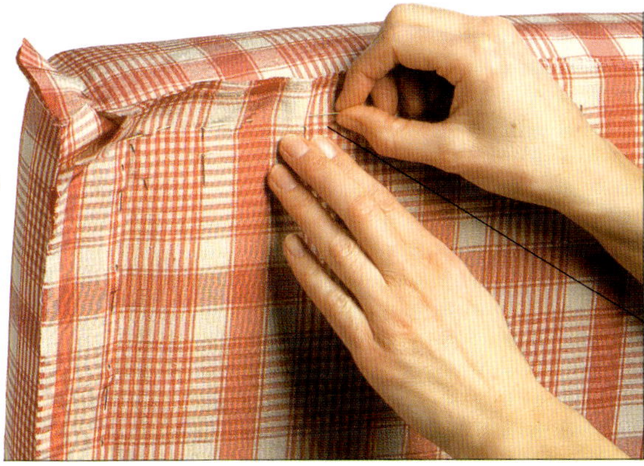

Puntate vicino alle linee di cucitura

12 PUNTARE LE CUCITURE Lavorate intorno alla poltrona e puntate il tessuto insieme lungo tutte le cuciture. Non tralasciatene nessuna.

Marcare sul rovescio

Se il copripoltrona è stato puntato sul rovescio, potete usare il pennarello a inchiostro simpatico lavabile per marcare le linee di cucitura sul rovescio del tessuto. Potete inoltre marcare alcuni punti combacianti su pezzi contigui per aiutarvi ad allinearli successivamente durante la cucitura.

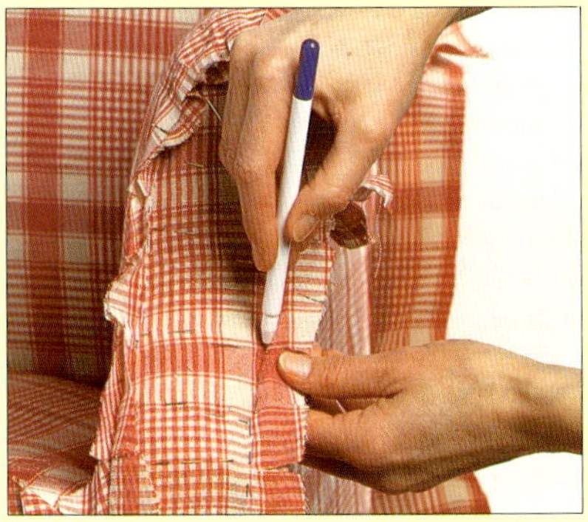

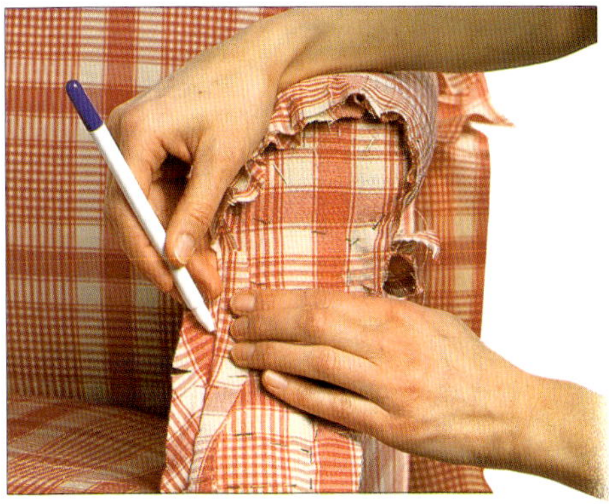

13 TRACCIARE LE CUCITURE Aprite i bordi di cucitura un pezzo alla volta e tracciate con un pennarello a inchiostro simpatico o con un gessetto le linee di cucitura sul rovescio del tessuto. Marcate i punti combacianti con una linea verticale. Sulle cuciture diritte questi segni dovrebbero essere distanziati ogni 15-20 cm, mentre per le curvature ogni 5 cm.

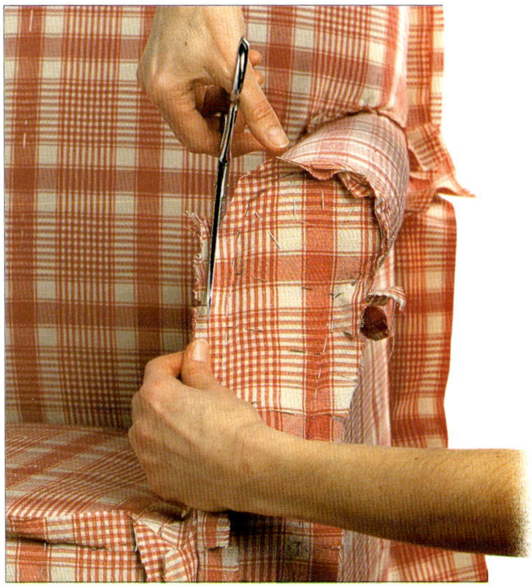

14 RIFINIRE LE CUCITURE Rifinite i margini a 1,5 cm dalla linea di cucitura, ma lasciate 6 cm per la cerniera. Togliete gli spilli e i pezzi dalla poltrona e contrassegnateli, se necessario.

Assemblaggio e cucitura

Prima di unire i pezzi diritto contro diritto puntandoli, imbastendoli e cucendoli, preparate il cordoncino (*vedi p. 24*) con un'anima di media consistenza nella lunghezza desiderata (*vedi p. 168*). Preparate il cordone di chiusura per gli angoli del rivestimento sotto la poltrona, scegliete la chiusura per l'apertura tra lo schienale e il bracciolo esterni, in fondo. Per cucire i pezzi insieme, vi occorrerà il necessario per cucire. Durante il lavoro controllate che i pezzi si conformino alla poltrona e apportate le eventuali modifiche. Rifinite le cuciture e stiratele aperte, man mano che procedete.

1 **CUCIRE GLI ANGOLI** Puntate, imbastite e cucite gli angoli sul margine superiore dello schienale interno e quello esterno.

2 **SEDUTA E BASE** Puntate, imbastite e cucite il margine frontale della seduta al bordo superiore della base.

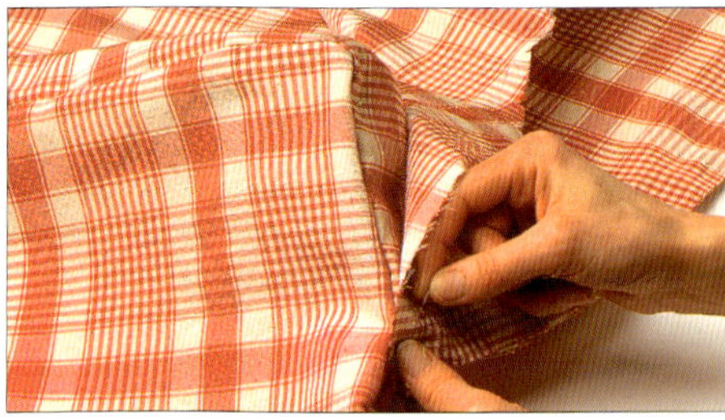

3 **BRACCIOLI INTERNI ALLO SCHIENALE E SEDUTA** Cucite un lato della seduta al bracciolo interno. Continuate lungo la seduta e unite il bordo inferiore dello schienale interno e quello della seduta, a cui unirete l'altro bracciolo interno. Cucite i braccioli interni allo schienale interno.

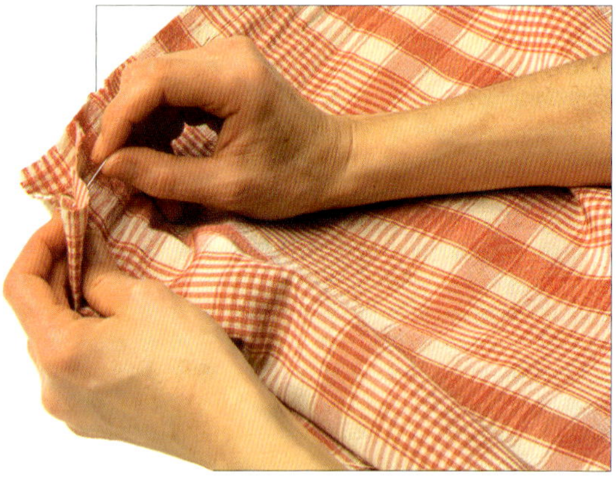

4 **PUNTARE I RINCALZI**
È possibile che i rincalzi non combacino alla perfezione. Per adattarli, piegate la stoffa in eccesso del pezzo più lungo sul margine di quello più corto vicino a un angolo dello schienale interno. Puntate, imbastite e cucite i braccioli esterni a quelli interni.

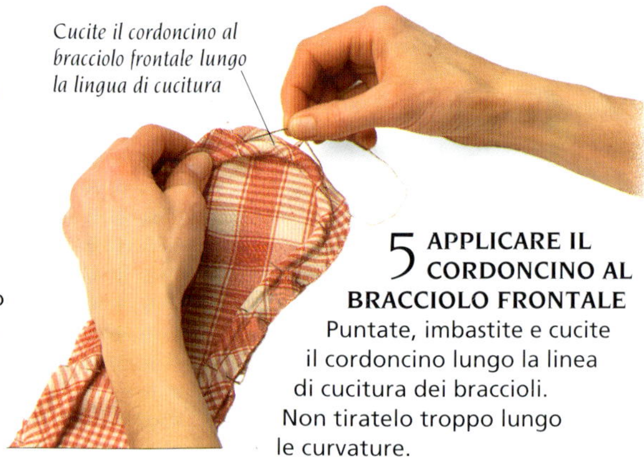

5 **APPLICARE IL CORDONCINO AL BRACCIOLO FRONTALE**
Puntate, imbastite e cucite il cordoncino lungo la linea di cucitura dei braccioli. Non tiratelo troppo lungo le curvature.

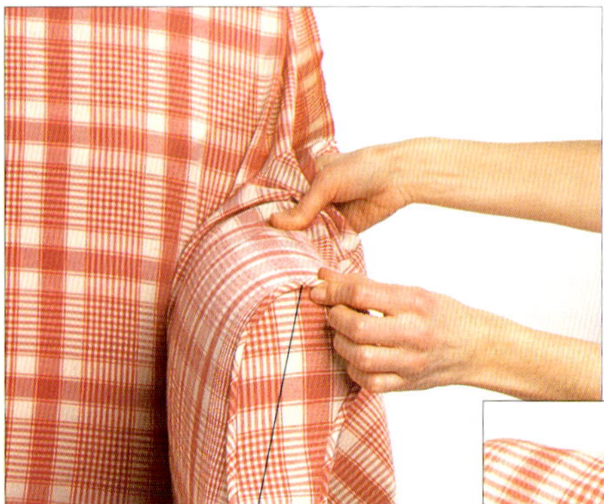

6 **CONTROLLARE IL LAVORO** Puntate e imbastite il bracciolo esterno e interno e la base al margine del bracciolo frontale, seguendo la linea di cucitura. Controllate la vestibilità prima di cucirli. Per le cuciture montate il piedino per cerniere. Ripetete per l'altro bracciolo.

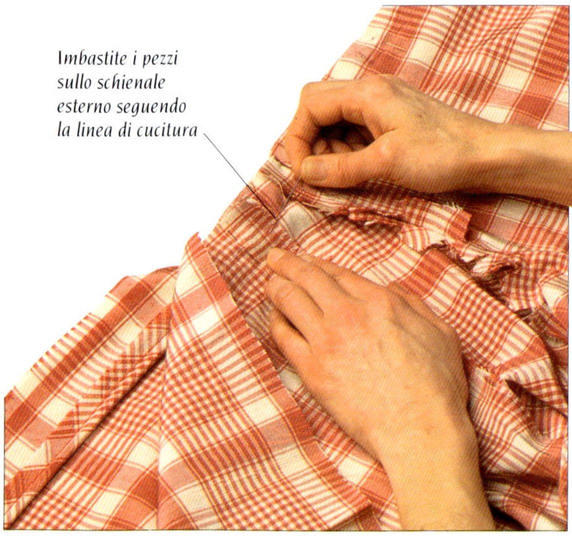

7 **MONTARE LO SCHIENALE ESTERNO** Puntate, imbastite e cucite il cordoncino allo schienale esterno lungo la linea di cucitura. Unite gli altri pezzi allo schienale esterno. Lasciate 6 cm per l'apertura nel bordo inferiore dello schienale e dei braccioli esterni.

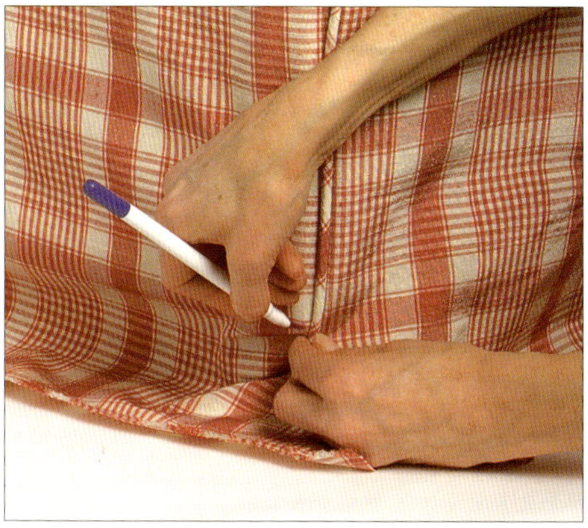

8 MARCARE L'ALLACCIATURA Appoggiate il lavoro sulla poltrona e marcate il fondo della sedia sulla stoffa. Da qui partirà l'allacciatura. Sfilate il lavoro e inserite la cerniera (*vedi p. 31*).

9 RIFINIRE LA STOFFA IN ECCESSO Appoggiate il lavoro sulla poltrona e verificate che l'eccedenza sul fondo sia uguale tutt'attorno. Se necessario, rifilate.

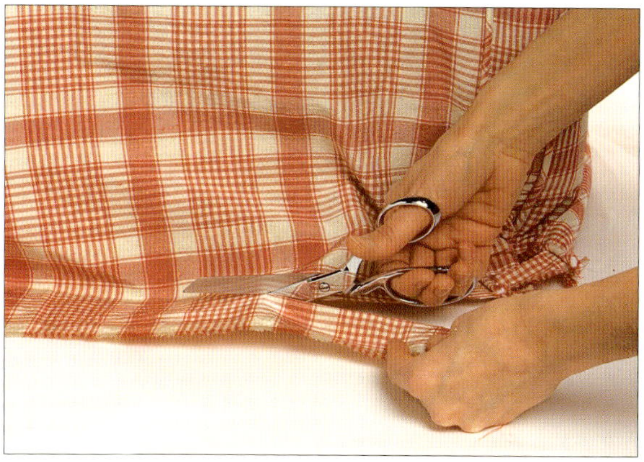

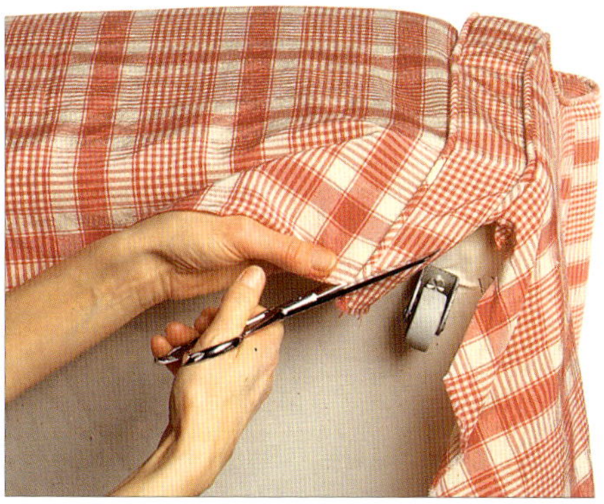

Rifilare l'anima per facilitare la cucitura del cordoncino

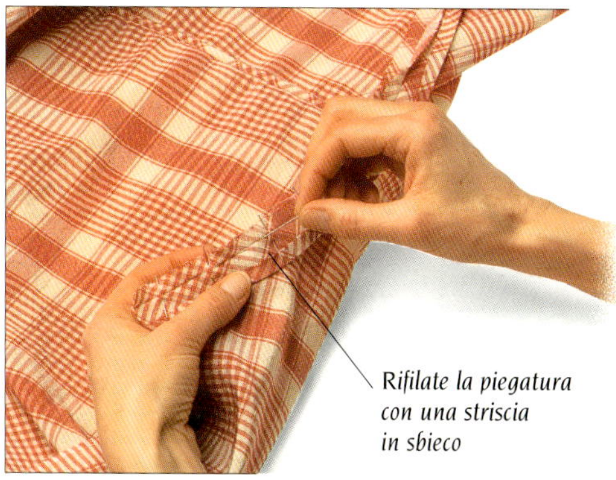

Rifilate la piegatura con una striscia in sbieco

10 RIFILARE LUNGO I PIEDI Rovesciate la poltrona sullo schienale e scucite le cuciture degli angoli fino al bordo inferiore della poltrona. Rifilate la stoffa intorno ai piedi lasciando 1 cm per la piegatura.

11 TAGLIARE IL CORDONCINO Poiché cucire sopra le estremità del cordoncino può risultare difficoltoso, sarà più facile rifilare l'anima all'estremità, tirandola leggermente e tagliandone 2 cm.

12 MONTARE LA STRISCIA IN SBIECO Rifinite il margine della piegatura sotto i piedi della poltrona con una striscia in sbieco (*vedi p. 24*) o facendo un orlo doppio di 5 mm. Ripetete l'operazione per gli altri piedi della poltrona.

13 CUCIRE IL BORDO PER I LACCI Preparate il bordo per inserire i lacci piegando di 1 cm, poi di 2 cm sul rovescio il margine sfilato di ciascuna sezione di rincalzo nel fondo. Puntate, imbastite e cucite.

Legate le estremità dei lacci per assicurare il copripoltrona

14 FERMARE I LACCI Infilate il lavoro finito nella poltrona, passate i lacci nel bordo che avete preparato e annodateli stretti. Togliete ogni piega al rivestimento, sistemate i rincalzi e controllate che il cordoncino di bordura sia diritto.

LA POLTRONA RIVESTITA

PREPARARE E MONTARE UNA BALZA

Marcare la posizione superiore della balza con gli spilli. Qui, l'altezza della balza è di 18 cm. Controllate che la linea sia diritta, poi sfilate il rivestimento. Tagliate la stoffa nella lunghezza e altezza desiderate (*vedi p. 169*). Unite la stoffa per ottenere la lunghezza voluta con cuciture piatte (*vedi p. 18*). Tagliate la fodera della balza. Unite le eventuali giunte con cuciture piatte. Stirate le cuciture aperte. Unite insieme la balza e la sua fodera diritto contro diritto. Fate una cucitura piatta a 1,5 cm dal bordo inferiore. Rivoltate i pezzi a diritto e stirate. La cucitura tra la fodera e la balza deve essere sul lato della fodera a 2-5 mm dal bordo.

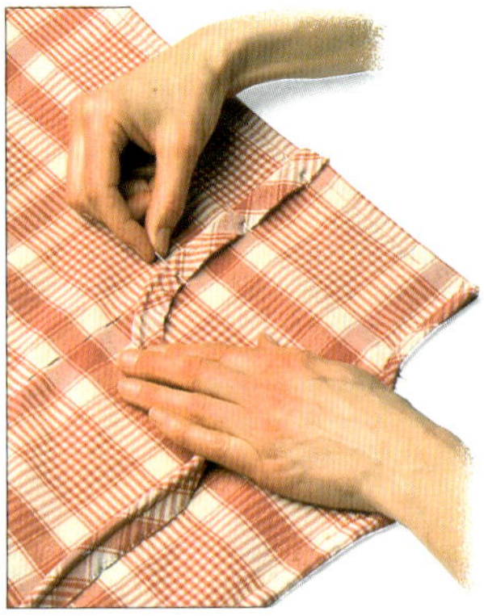

1 **MONTARE IL CORDONCINO** Puntate e imbastite il cordoncino al rivestimento lungo la linea marcata, tenendo il margine con il cordoncino dalla parte opposta del fondo del copripoltrona. Sui margini della sua apertura, rifilate 2 cm dall'anima del cordoncino. Piegate di 2 cm sul rovescio le estremità dello sbieco e chiudetele a sottopunto.

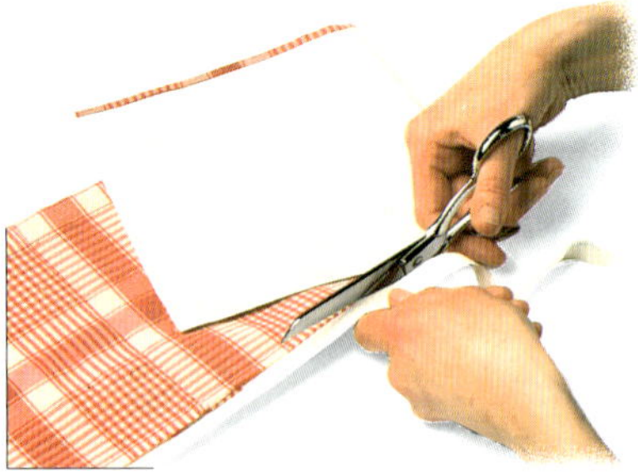

2 **RIFINIRE LA FODERA** Rifinite il margine superiore della fodera in modo che sia uguale alla balza. Imbastite la stoffa insieme a 1,5 cm dal bordo superiore. Rifinite i margini sfilati della balza con cuciture a zig-zag.

3 **MONTARE LA BALZA** Imbastite la balza alla cucitura con cordoncino. Preparate le pieghe piatte sugli angoli. Ripiegate 6 cm sui lati dell'apertura. Controllate che i bordi inferiori della balza siano uguali e cucitela sulla linea di cucitura con il cordoncino.

LA BALZA FINITA

HOUSSE

UN RIVESTIMENTO SFODERABILE per una poltrona o un divano di forme semplici è di facile realizzazione e richiede solo un numero limitato di pezzi. Anche se tale rivestimento darà un risultato meno sagomato, è molto più veloce da realizzare. Utilizzate il modello per il taglio a p. 169 per visualizzare i pezzi necessari prima di iniziare a misurare la poltrona.

PREPARARE LA HOUSSE

Un rivestimento sfoderabile può essere fermato con lacci posti sul dorso della poltrona e in questo caso i piedi saranno visibili. Oppure senza lacci e qui la stoffa sarà a pelo del pavimento. Per un rivestimento con i lacci, occorrerà più stoffa per le falde dei bordi inferiori. Le falde sono ripiegate sotto i lati della sedia e assicurate ai piedi negli angoli. Se i lacci non sono necessari, aggiungete solo 5 cm. Vi occorreranno la stoffa e l'occorrente per cucire.

PRENDERE LE MISURE

Esterno: Misurate l'esterno dei lati della poltrona e dello schienale nel punto più lungo, dal centro di un bracciolo frontale all'altro. Aggiungete 2,5 cm per la cucitura dei braccioli esterni. Misurate dal pavimento all'estremità superiore centrale del bracciolo. Aggiungete 2,5 cm per la cucitura superiore e 12,5 cm per la falda da ripiegare e allacciare.

Braccioli e schienale interni: Misurate dal livello della seduta al centro dell'estremità superiore del bracciolo interno. Aggiungete 2,5 cm per la cucitura superiore e 15 cm per il rincalzo. Lo schienale interno deve avere la stessa altezza, la lunghezza deve essere uguale a quella dello schienale esterno.

Seduta: Misurate dal margine frontale a quello posteriore, aggiungendo 15 cm per il rincalzo sullo schienale e 2,5 cm per la cucitura alla base. Misurate la larghezza da un bracciolo interno all'altro nel punto più largo e aggiungete 15 cm ai lati per i rincalzi.

Base: Misurate la base con la stessa lunghezza della seduta, più 5 cm, e l'altezza dal bordo della seduta al pavimento. Aggiungete 2,5 cm per la cucitura superiore e 5 cm per l'orlo inferiore. Per le bande da allacciare, aggiungete 2,5 cm per le cuciture e 12,5 cm per i rincalzi nella parte frontale. Decidete la lunghezza e altezza dei lacci e tagliateli.

Il taglio: Preparate il modello per il taglio (*vedi p. 169*). Tagliando i pezzi per lo schienale interno ed esterno, considerate i motivi del disegno oltre alla posizione delle cuciture. Tagliate la stoffa a dritto filo.

1 MARCARE I PUNTI CENTRALI Marcate i punti centrali del margine posteriore della seduta e il punto centrale dello schienale interno, usando un pennarello a inchiostro simpatico.

Preparate tutte le cuciture a 2,5 cm dai bordi

2 UNIRE I PANNELLI CENTRALI Unite i punti centrali dei pezzi della seduta interna. Unite i due pannelli insieme diritto contro diritto.

3 SEDUTA E SCHIENALE INTERNO Cucite la seduta allo schienale interno. Rifinite lo schienale agli angoli e rifilate i margini delle cuciture separatamente a zig-zag. Marcate il punto centrale del margine frontale della seduta e del margine superiore della base.

4 SEDUTA E BASE Fate combaciare i punti centrali della seduta e della base, cucite la seduta e la base diritto contro diritto. Fermatevi al margine della cucitura della seduta e ritagliate lungo questo margine per girare gli angoli sul bordo superiore della base.

5 ESTERNO VERSO INTERNO Puntate, imbastite e cucite lo schienale esterno a quello interno diritto contro diritto. Le cuciture vanno a 2,5 cm dai margini. Non cucite i margini frontali dei braccioli.

6 CUCIRE I MARGINI DEI BRACCIOLI Sui margini frontali dei braccioli, puntate, imbastite e cucite lo schienale esterno a quello interno, diritto contro diritto. Fermatevi sul margine della cucitura della seduta.

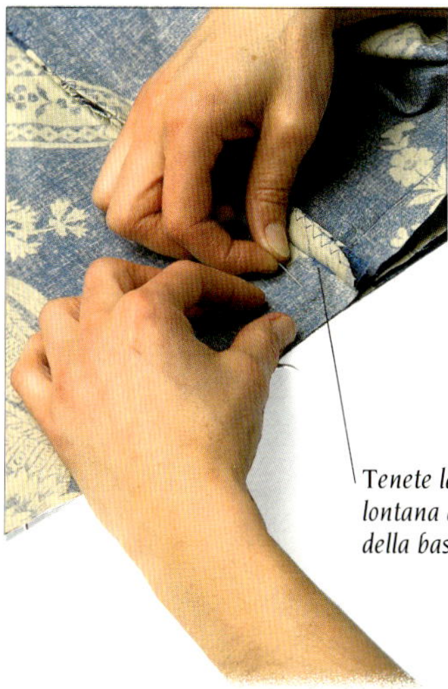

Tenete la cucitura della seduta lontana dalla linea di cucitura della base e dello schienale esterno

7 ESTERNO VERSO LA BASE Puntate, imbastite e cucite lo schienale esterno alla base, diritto contro diritto, badando di non prendere la cucitura della seduta.

8 MARCARE LA LUNGHEZZA Infilate il rivestimento e controllatene la lunghezza. Rifilate, se necessario, ma lasciate 5 cm per le cuciture. Marcate la lunghezza necessaria con il gesso o gli spilli. Sfilate la housse e rivoltatela. Cucite un orlo doppio di 2,5 cm. Stirate e rivestite la poltrona.

LA POLTRONA RIVESTITA

RIVESTIMENTO ALLACCIATO

Poggiate la poltrona sul dorso e rifilate gli angoli per conformarli ai piedi. Lasciate 2,5 cm per l'orlo. Piegate gli orli doppi di 1 cm sui margini laterali delle falde e di 1 cm sui bordi lunghi. Preparate quattro coppie di laccetti di stoffa (*vedi p. 29*). Cucite i lacci agli angoli delle falde. Infilate la housse e annodate i lacci.

POGGIAPIEDI

REALIZZARE UN RIVESTIMENTO SAGOMATO per un poggiapiedi o pouf è un semplice lavoro di tappezzeria che richiede pochi attrezzi e nessuna cucitura complicata. Potete prevedere di decorare un poggiapiedi con bottoni, ricoperti con stoffa contrastante o coordinata al tessuto della tappezzeria. Se volete tappezzare un vecchio pouf, potete anche far sostituire l'imbottitura con un'altra ignifuga da un artigiano, prima di preparare il nuovo rivestimento.

PICCOLO POGGIAPIEDI

I tappezzieri vendono tessuti per rivestimenti a tinta unita o il calicò già pronti. Con un tessuto fantasia verificate prima che il disegno si adatti alla forma del pouf. Misurate le dimensioni del vecchio rivestimento, aggiungendovi 15 cm.

Per realizzare il rivestimento procuratevi stoffa, passamaneria per ricoprire gli attacchi lungo la base, spilli da tappezziere, colla industriale, una puntatrice o borchie da tappezziere, un martello e l'occorrente per cucire.

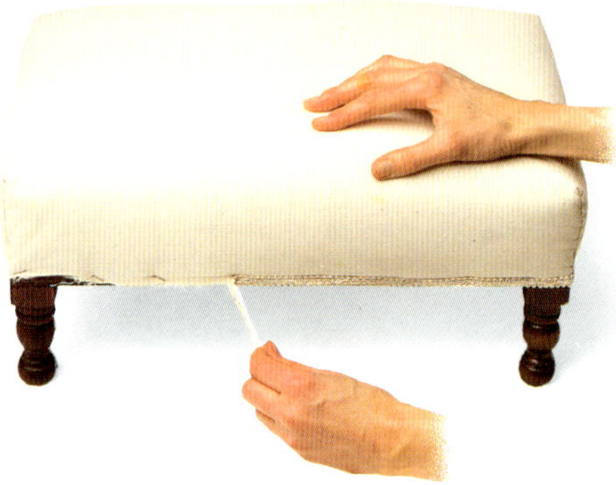

1 RIMUOVERE LA VECCHIA PASSAMANERIA Mettete il poggiapiedi su una superficie piana, togliete la vecchia passamaneria dal tessuto di calicò o dal vecchio rivestimento. Se questo è danneggiato o consunto, togliete il rivestimento.

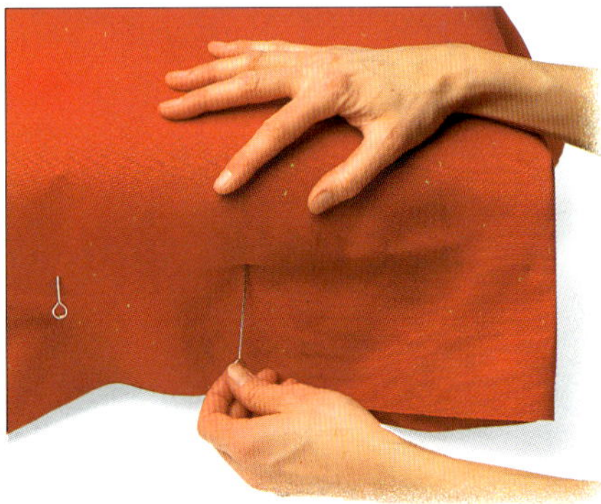

2 ADATTARE LA STOFFA Appoggiate la stoffa sul pouf. Puntatela sul calicò o sul vecchio rivestimento con gli spilli da tappezziere Tirate leggermente la stoffa. Continuate a fermare e tirare la stoffa su tutto il pouf, ripiegando il tessuto agli angoli.

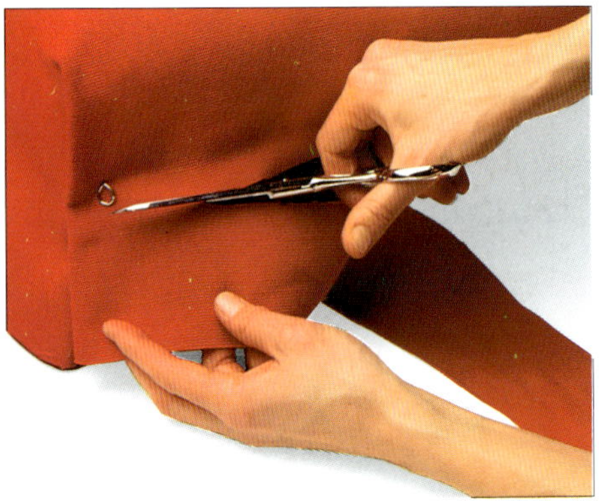

3 TOGLIERE LA STOFFA IN ECCESSO Assicuratevi che la stoffa sia centrata e allineata. Rifinite la stoffa in eccesso lungo il perimetro del pouf alla base della seduta.

4 FERMARE LA STOFFA Appoggiate il pouf su un lato e fermate la stoffa sul telaio di legno usando una puntatrice o borchie e martello. Fissate la stoffa sul telaio. Togliete gli spilli da tappezziere.

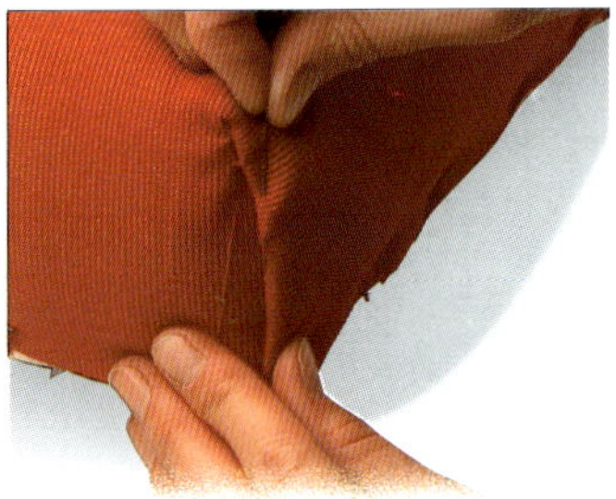

5 RIFINIRE GLI ANGOLI Rifinite e fermate gli angoli sovrapponendo la stoffa e cucendola a mano, a punto nascosto (*vedi p. 17*). Usate un filo coordinato al tessuto.

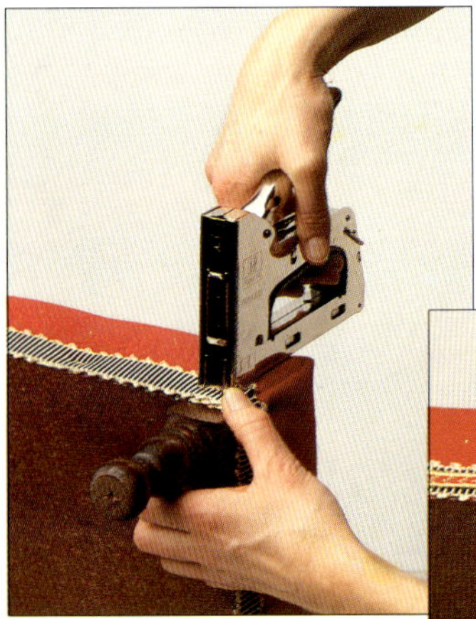

6 MONTARE LA PASSAMANERIA Con più strisce di passamaneria, fermate con le borchie la prima e incollate la seconda. Una sola striscia va incollata sui punti o sulle borchie. Sovrapponete le due estremità incollandole.

IL POUF RICOPERTO

POGGIAPIEDI CON BOTTONI

Misurate il vecchio rivestimento aggiungendo 40 cm in lunghezza e in larghezza. Appoggiate il tessuto sul poggiapiedi per centrare l'eventuale disegno e allineare il dritto filo. Tagliate la stoffa. Vi occorreranno tessuto, bottoni con occhiello metallico, spilli da tappezziere, colla, passamaneria, borchie, martello o puntatrice, filo da tappezziere e un ritaglio di calicò.

1 **POSIZIONARE I BOTTONI** Appoggiate la stoffa tagliata sul poggiapiedi. Se ha dei bottoni, marcate la loro posizione sulla stoffa tagliata, altrimenti, marcate le posizioni equidistanti sia sulla stoffa che sul calicò in linea con i margini del pouf. Tagliate la posizione dei bottoni sul calicò. Togliete parte dell'imbottitura per inserire le dita attraverso il telaio.

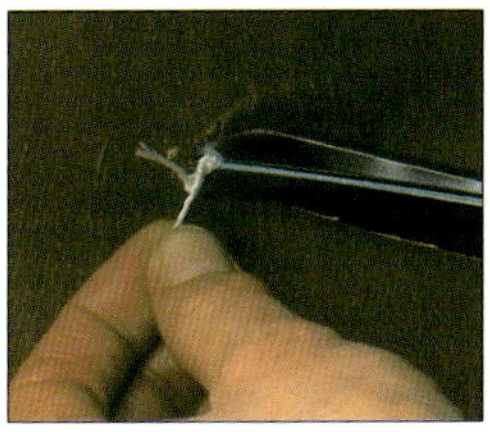

2 **TOGLIERE IL VECCHIO FILO** Togliete i vecchi bottoni tagliando il filo da tappezziere da sotto la seduta del pouf.

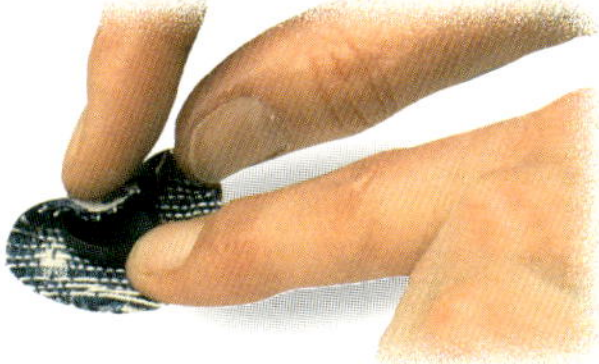

3 **RICOPRIRE I BOTTONI** (*vedi p. 30*). Poggiate la stoffa sul pouf allineando i segni dei bottoni. Spingete le dita nella posizione del bottone centrale per inserire la stoffa nel foro. Fissate la stoffa al pouf con gli spilli, lasciandola lenta per i bottoni.

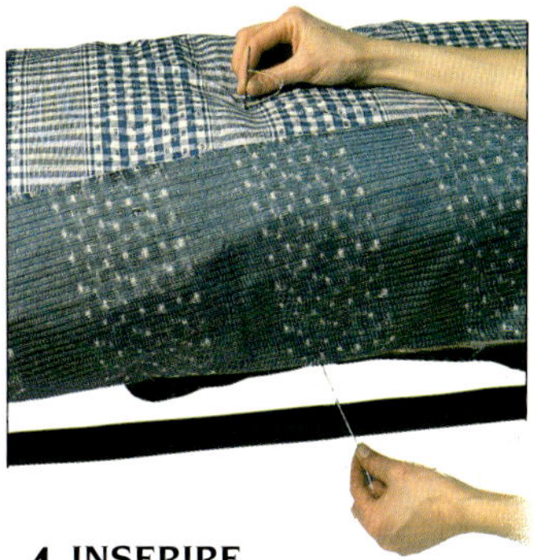

4 **INSERIRE IL FILO** Infilate un ago da tappezziere con una lunga gugliata di filo robusto. Iniziate dal bottone centrale, spingete la cruna dell'ago da sotto la seduta del poggiapiedi verso l'alto nella posizione corrispondente al bottone.

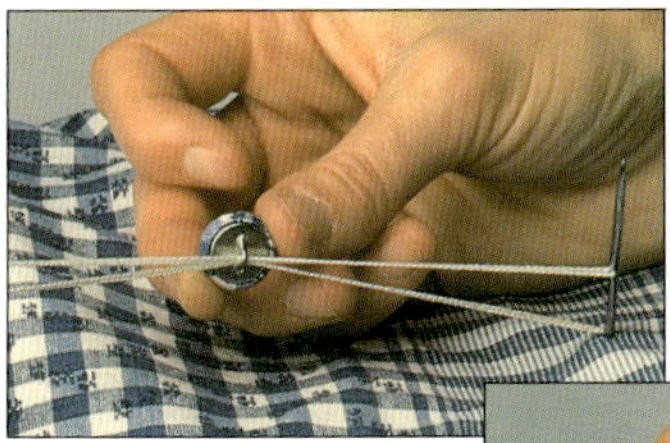

5 **INFILARE IL BOTTONE** Sulla stoffa, tirate il filo verso di voi, lasciando l'ago e il resto del filo inseriti nella seduta. Attaccate un bottone al filo facendolo passare attraverso e sopra il bottone. Ripassate con l'ago nello stesso foro.

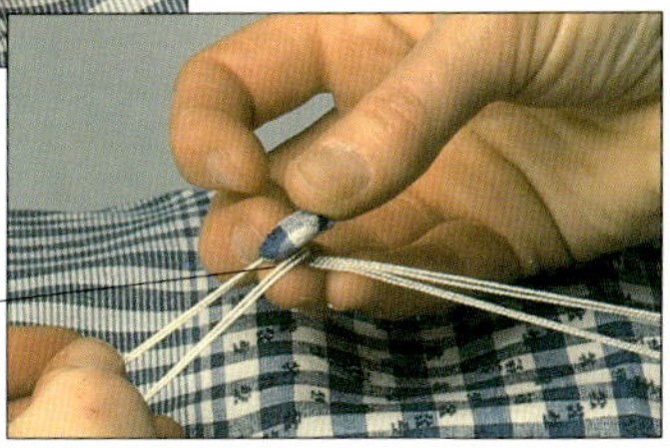

Fate passare il filo attraverso e attorno il gambo del bottone

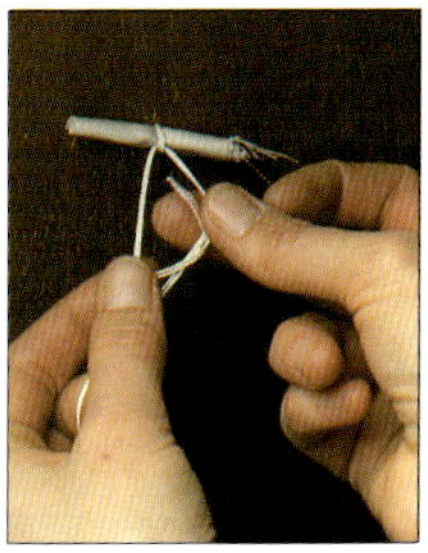

6 **FERMARE IL BOTTONE** Arrotolate un quadrato di calicò di 4 cm di lato. Fatelo scivolare tra due fili sotto la seduta del pouf. Annodate i fili insieme attorno al calicò. Tirate il bottone centrale e fissatelo sotto il pouf. Nella parte superiore si formeranno le pieghe attorno al bottone.

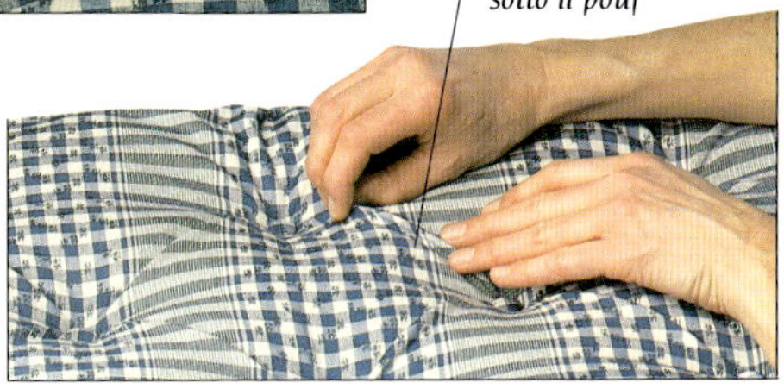

Sistemate le pieghe attorno ai bottoni prima di fissarli sotto il pouf

7 **UNIFORMARE LE PIEGHE** Ripetere l'operazione per gli altri bottoni. Dal centro verso l'esterno, togliete gli spilli e conformate la stoffa così che formi le tipiche pieghe tra i bottoni.

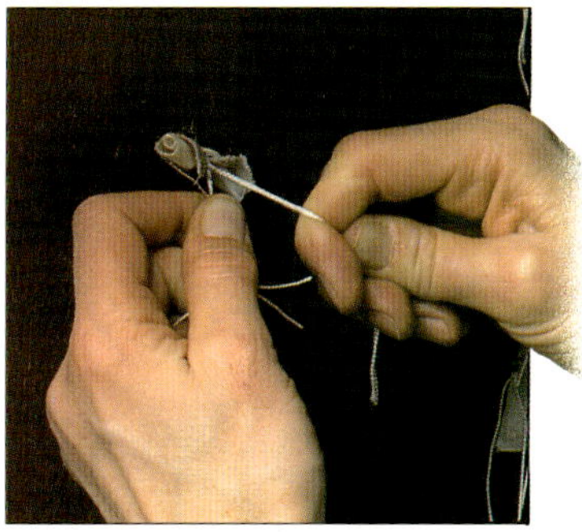

8 **COMPLETARE I BOTTONI** Dopo aver sistemato le pieghe, girate il pouf. Annodate strettamente per fissare i bottoni al loro posto. Potete anche fissare i nodi con la puntatrice. Tagliate il filo in eccesso.

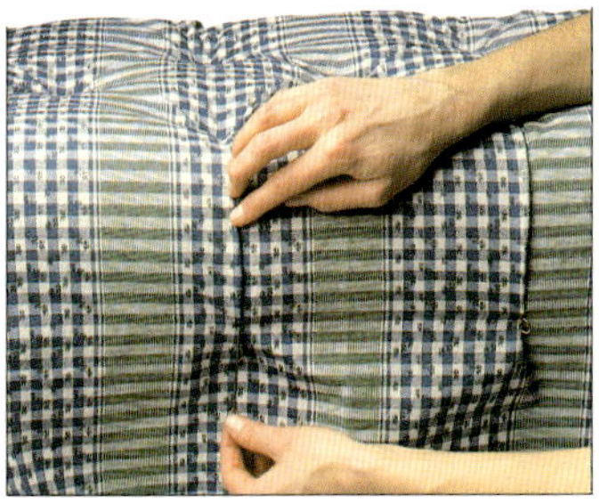

9 **FISSARE IL RIVESTIMENTO** Tirate la stoffa sopra il pouf, spianando le pieghe in eccesso attorno ai bottoni e puntandole con gli spilli. Tirate e puntate tra le pieghe. Piegate accuratamente gli angoli. Tirate, rincalzate e puntate la stoffa attorno al pouf.

10 **RIFILARE** Tagliate la stoffa in eccesso alla base della seduta. Puntatela o fissatela con le borchie. Togliete gli spilli. Con un filo di colore contrastante o coordinato, fermate gli angoli con punti nascosti. Tagliate la passamaneria nelle misure necessarie e incollatela o cucitela, coprendo i punti o le borchie e i margini vivi.

IL POGGIAPIEDI FINITO

Un nuovo soffio di vita
Se le fodere sono usate, ma i mobili sono ancora in buone condizioni, vale la pena ricoprirli con housse morbide. Sperimentate nuovi colori o due stoffe coordinate per evitare la monotonia, e usate gli scampoli per confezionare dei cuscini.

BIANCHERIA DA TAVOLA

LA BIANCHERIA DA TAVOLA, oltre a una funzione di protezione, aggiunge una nota di colore, di disegno e fantasia a una stanza. Da sempre stoffe e tessuti di ogni genere sono usati non solo per proteggere tavoli antichi o di qualità, ma anche come rivestimento di mobili d'uso quotidiano. Le tovaglie e i tovaglioli sono facili da realizzare e richiedono cuciture molto semplici. Possono essere realizzati con stoffe diverse, da delicati tessuti in tulle e seta, a velluti pesanti. Questo capitolo intende mostrarvi come realizzare tovaglie e tovaglioli semplici e decorativi in svariati stili e forme.

BORDO IN TINTA UNITA
Un alto bordo in cotone coordinato in tinta unita dà carattere a questa tovaglia a quadretti. Per una rifinitura professionale, gli angoli sono stati uniti a 90° in modo da cadere in modo ordinato e deciso.

La Scelta dello Stile

La biancheria da tavola regala uno stile preciso a ogni tipo di tavolo. Le tovaglie di lino e cotone in tinta unita sono pratiche ed eleganti e possono essere valorizzate da bordi in pizzo o passamaneria. Le tovaglie a fantasia, invece, possono essere coordinate allo stile dell'ambiente. La forma della tovaglia dipenderà dal gusto personale. Le tovaglie per la sala da pranzo e la cucina devono avere una lunghezza tale da raggiungere le ginocchia dei commensali. Si può rivestire i tavolini da toletta con una tovaglia lunga e drappeggiata, mentre ai tavolini da salotto si confanno copritavolo a più strati in materiali contrastanti e di lunghezze diverse.

Fondo e contrasto
I cerchi applicati sistemati strategicamente sopra questa tovaglia color porpora richiamano l'attenzione su ogni coperto. Il cerchio più grande evidenzia il centro della tavola, il posto ideale per mettere fiori o cibo.

Tovaglioli stile cottage
In passato, i tovaglioli e la biancheria da tavola ricamati a mano venivano usati per l'ora del tè. Questi robusti tovaglioli di cotone stampato in rosa acceso e verde abbinano un percalle a quadretti in stile cottage al motivo anni '50 della rosa. Realizzati con scampoli di tessuto, il bordi sono orlati e gli angoli tagliati a 90°.

Legati con nastri
Piegare i tovaglioli può richiedere tempo e non è necessario per i pranzi informali. Per aggiungere stile ai tovaglioli di tutti i giorni, legateli con dei morbidi nastri. Fettucce trasparenti in blu pallido e fiori freschi regalano un effetto delicato al semplice lino bianco o a tovaglioli di cotone indiano.

Sangallo
Per coprire le gambe del tavolo è stata utilizzata una tela bianca di Sangallo con un motivo a cuore. Piccole pieghe nella parte superiore aiutano il cotone a cadere in modo naturale seguendo i contorni del tavolo rotondo, mentre fiocchetti di cotone danno un tocco decorativo.

LINO BIANCO DA TAVOLA
Senza guardare allo stile della stanza o alla sua combinazione di colori, il lino bianco da tavola ha un fascino senza tempo che lo rende adatto ad ogni occasione. Per cene formali, usate dei tovaglioli di lino bianco arrotolati in portatovaglioli di silver, mentre per riunioni tra amici, piegate i tovaglioli semplicemente in quadrati. Qui, una tovaglia bianca con un bordo di frange annodate arricchisce le semplici cuciture e riflette lo stile cottage dato dai fiori di campo che ornano il centro tavola. Per i bordi sfrangiati della tovaglia, scegliete un tessuto di cotone a trama grossa, perché questa vi renderà più facile dividerli e separare i singoli fili con un ago.

BORDI A SMERLO
Il percalle a quadretti è il più adatto alla biancheria da tavola, perché si trova facilmente, costa poco e si lava senza problemi. Provate un bordo a castellatura, a zig-zag o smerlato. Usate un percalle a quadretti come guida per assicurarvi che le forme tagliate abbiano la stessa altezza e profondità. Per un risultato preciso occorre molta accuratezza. Qui, al centro di ogni smerlo è stato cucito un bottone di madreperla per decorare.

TOVAGLIE A PIÙ STRATI
Le tovaglie quadrangolari spesso non coprono i tavoli rotondi, ma se disposte una sull'altra diagonalmente possono creare un piacevole effetto. Questa classica tovaglia di damasco bianco appoggiata su un'altra a disegni grigi e crema, crea un bel colpo d'occhio in una stanza con i muri scuri. Entrambe finiscono sul pavimento dando un tocco elegante alla sala da pranzo.

TOVAGLIE

LA STOFFA PER REALIZZARE LE TOVAGLIE deve essere resistente e facile da lavare. La scelta della forma e dello stile della tovaglia dipenderà dal suo utilizzo. I copritavoli, lunghi fino al pavimento, sono più adatti a tavolini da salotto o da toletta, mentre per quelli da cucina o da sala da pranzo la caduta non dovrebbe superare la seduta delle sedie. Calcolate la quantità di stoffa necessaria, basandovi sulle misure esatte del tavolo. Per tavoli di grandi dimensioni, evitate di fare delle giunte visibili al centro della tavola; mettete invece un'altezza della stoffa al centro aggiungendo due pezzi laterali. Uniteli con cuciture piatte ribattute (*vedi p. 19*).

PRENDERE LE MISURE

Per tutti i tipi di tovaglie, dovrete conoscere le misure esatte del piano del tavolo e della caduta prima di tagliare la stoffa. Per determinare l'altezza della caduta per una tovaglia destinata a un tavolo da cucina o da sala da pranzo, misurate dal bordo del tavolo al livello della seduta delle sedie accostate. Determinate le misure per un copritavolo decorativo lungo fino al pavimento misurando dal bordo del tavolo fino al pavimento. Per misurare e tagliare una tovaglia circolare per un tavolo rotondo seguite le istruzioni ai punti 1-3 qui di seguito riportati.

TAVOLI ROTONDI E OVALI

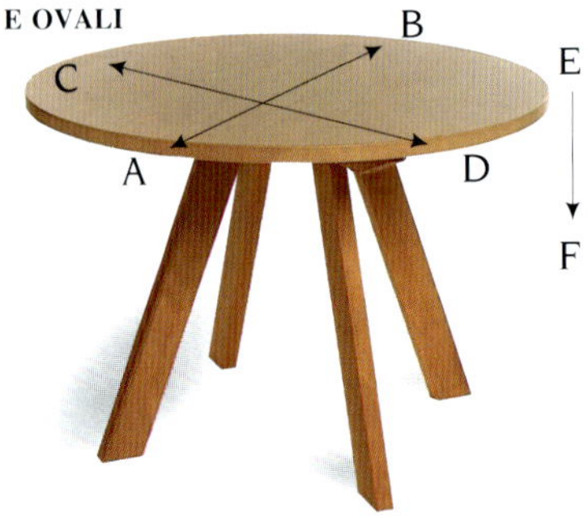

TAVOLI QUADRATI E RETTANGOLARI

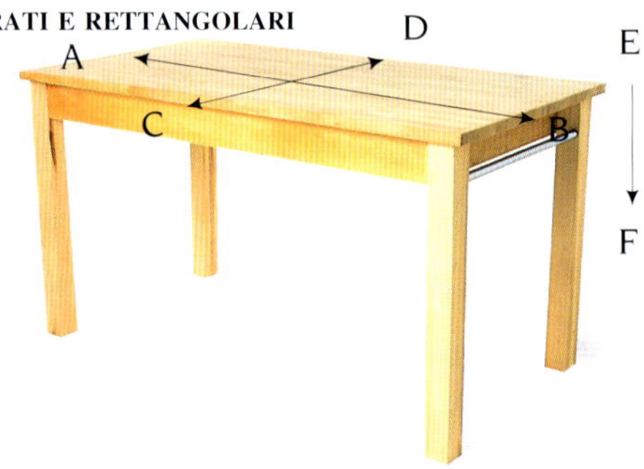

Per una tovaglia quadrata per un tavolo rotondo, misurate il diametro del piano del tavolo (A-B) e aggiungete due volte la caduta (E-F), più 2,5 cm per l'orlo. Per una tovaglia rettangolare per un tavolo ovale, misurate la lunghezza del tavolo e aggiungete due volte la caduta, più 2,5 cm per l'orlo. Misurate allo stesso modo la larghezza. Per una tovaglia ovale per un tavolo ovale, puntate una sagoma di carta del piano del tavolo alla stoffa e aggiungete la caduta (E-F), più 2,5 cm per l'orlo. Per una tovaglia quadrata per un tavolo quadrato o una rettangolare per un tavolo rettangolare, misurate la larghezza (C-D) del piano del tavolo e aggiungete due volte la caduta (E-F), più 2,5 cm per l'orlo. Misurate la lunghezza del piano e aggiungete due volte la caduta (E-F), più 2,5 cm per l'orlo.

TAGLIARE UNA TOVAGLIA ROTONDA

Una tovaglia rotonda deve avere una caduta uguale tutt'attorno. Preparate una sagoma ad arco e usatela come guida per tagliare la stoffa nella forma esatta. Per questa tecnica, vi occorreranno un pennarello, una corda e l'occorrente per cucire. Preparate un compasso legando un capo della corda a una puntina da disegno e legate l'altro al pennarello. La lunghezza della corda dipenderà dal raggio della tovaglia.

1 **PIEGARE LA STOFFA** Tagliate un quadrato coi lati uguali al diametro della tovaglia. Questa lunghezza è il doppio della caduta, più il diametro del tavolo. Piegate la stoffa insieme a diritto in quattro parti.

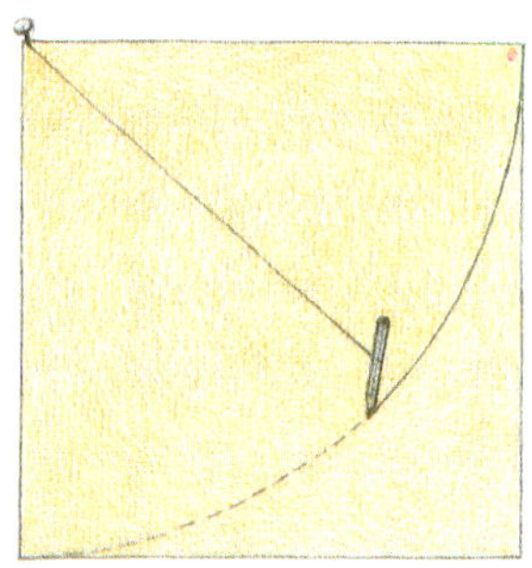

2 **PREPARARE IL MODELLO** Tagliate un modello quadrato uguale alla stoffa ripiegata. Puntate il compasso su un angolo del modello. Tracciate un arco. Tagliate il modello lungo la linea.

3 **TAGLIARE** Puntate l'angolo del modello sull'angolo in alto della stoffa ripiegata. Tracciatevi un arco e tagliate la stoffa. Se si prevede un orlo, aggiungete la stoffa necessaria lungo l'arco prima di tagliare.

Tovaglia plastificata con bordo in sbieco

Se volete realizzare una tovaglia da usare ogni giorno, scegliete una stoffa che sia non solo robusta, ma anche facile da pulire. Il cotone è facile da lavare, ma può macchiarsi. Una stoffa plastificata si pulisce facilmente e non si macchia. Per questo lavoro vi occorreranno la stoffa plastificata e l'occorrente per cucire.

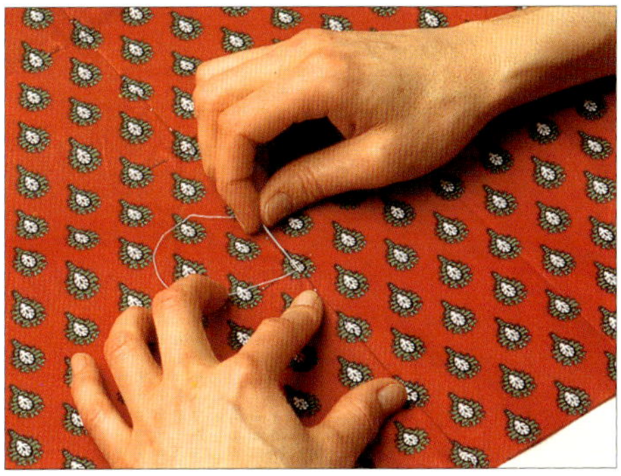

1 **UNIRE LE ALTEZZE** Misurate la tavola e calcolate le dimensioni della stoffa necessaria (*vedi p. 186*). Unite le altezze con cuciture ribattute (*vedi p. 19*). Prima, fate combaciare i disegni, poi fermate i pezzi insieme con punti nascosti (*vedi p. 17*).

2 **CUCIRE LE ALTEZZE** Piegate le altezze della stoffa diritto contro diritto. Puntate, imbastite e cucite a 1,5 cm dai margini vivi. Rifinite un margine della cucitura a 6 mm dal bordo. Ripetete, se necessario, per le altre giunte.

3 **RIFINIRE** Piegare la cucitura più larga su quella più stretta. Stirate la piega aperta. Puntate e imbastite lungo il margine vivo della cucitura più larga. Rivoltate la stoffa a diritto e cucite a macchina lungo la linea imbastita. Stirate le cuciture aperte.

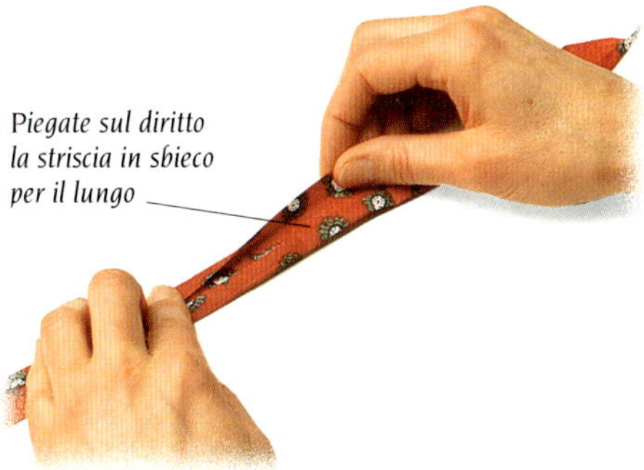

4 **PREPARARE LA BORDURA** È una striscia in sbieco lunga come il perimetro della tovaglia e larga il doppio dell'altezza della bordura, più 2 cm per le pieghe (*vedi p. 24*). Piegate di 1 cm i margini lunghi sul diritto e stirate.

5 **MONTARE LA STRISCIA IN SBIECO** Aprite la striscia in sbieco. Unite insieme il diritto dello sbieco al diritto della stoffa, facendo combaciare i margini vivi. Puntate, imbastite e cucite lungo la linea piegata della striscia di bordura.

6 **PIEGARE GLI ANGOLI** Piegate leggermente la striscia di bordura agli angoli e continuate a cucire fino – ma non sopra – alla piega. Girate la stoffa e continuate a cucire la striscia in sbieco alla stoffa.

7 **SQUADRARE GLI ANGOLI** Squadrate gli angoli (*vedi p. 23*). Piegate la striscia in sbieco sul margine della stoffa; puntate, imbastite e cucite questo bordo ripiegato per fermarlo al rovescio della stoffa (*vedi p. 18*). Stirate la tovaglia finita.

La tovaglia finita

COPRITAVOLO CON BORDO A FRANGE

Per preparare questa tovaglia quadrata, vi occorrerà una stoffa a tessitura morbida che si adatti alla tappezzeria e allo stile dell'ambiente circostante e l'occorrente per cucire. Ricordatevi che una stoffa di questo tipo, tessuta e non stampata, può avere i fili di trama e di ordito di colori diversi, creando un bordo che non è uguale su tutti i lati.

1 **SEPARARE I FILI** Misurate il tavolo rotondo e tagliate un quadrato di stoffa (*vedi p. 186*). Appoggiate la stoffa su una superficie piana. Usate un ago lungo per sfilare alcuni fili da un margine. Separate e togliete i fili uno alla volta, facendo molta attenzione.

Separate i fili con un ago lungo

2 **TOGLIERE I FILI** Togliete i fili uno alla volta. Continuate a separare e togliere i fili finché non avrete raggiunto l'altezza voluta della frangia. La frangia deve essere abbastanza alta da poter essere annodata. In questo caso è lunga 7,5 cm.

Togliere i fili dalla stoffa per la bordura a frange

3 **RAGGRUPPARE LE FRANGE** Lavorando su un lato alla volta, dividete la frangia in gruppetti uguali. Separate ogni gruppo in due.

4 **ANNODARE LA FRANGIA** Fate un nodo con ogni gruppetto di fili. Spingete i nodi verso il margine della stoffa per impedire che si sfili. Ripetete l'annodatura tutt'attorno.

IL COPRITAVOLO FINITO

TOVAGLIA DI LINO CON BORDO IN PIZZO

Una tovaglia di lino con un bordo in pizzo crea un effetto tradizionale. Se avete una vecchia tovaglia con un bordo di pizzo, togliete il bordo e montatelo su una nuova stoffa. Vi occorreranno la stoffa di lino, il pizzo di una vecchia tovaglia o l'occorrente per cucire. Lavate il pizzo, copritelo con una stoffa umida e stirate. Tagliate la stoffa in modo che si abbini al bordo di pizzo, aggiungendo 10 cm tutt'attorno per gli orli. Unite le altezze con cuciture piatte ribattute (*vedi p. 19*).

1 **ALLINEARE GLI ANGOLI** Appoggiate la stoffa su una superficie piana e posizionate il bordo, allineando gli angoli. Usate una squadra perché gli angoli della bordura siano squadrati, per quanto è possibile. I margini devono avere uguale lunghezza.

2 **POSIZIONARE IL BORDO** Usate un pennarello a inchiostro simpatico o spilli per marcare il margine interno del pizzo sulla stoffa. Togliete il bordo.

Per una finitura professionale, usate sempre una squadra per marcare la stoffa

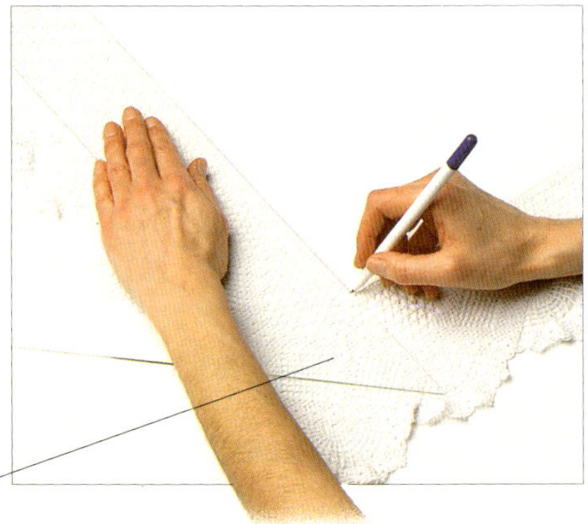

3 MARCARE LA STOFFA

Vi occorrerà un orlo doppio e largo per i pizzi antichi per dare un sostegno extra. Qui è necessario un orlo di 5 cm. Marcate una linea a 10 cm (due volte l'orlo doppio) dalla prima linea. Tagliate la stoffa intorno al margine esterno.

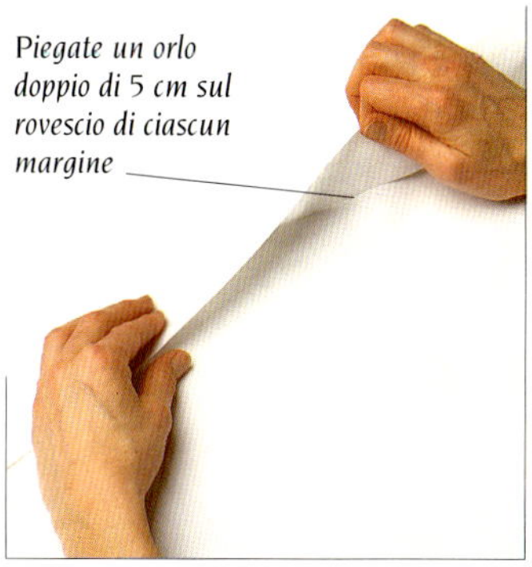

4 PIEGARE L'ORLO

Lavorando su un lato alla volta, piegate un orlo doppio di 5 cm e stirate.

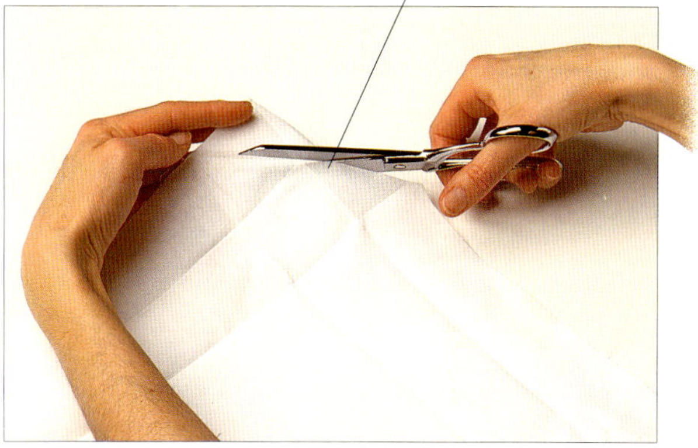

5 RIFINIRE GLI ANGOLI

Aprite l'orlo doppio agli angoli, ripiegate lungo la prima piega formando un angolo squadrato (*vedi p. 28*) e stirate. Apritelo e rifinitelo lungo la piega. Ripiegate l'orlo doppio e preparate gli angoli squadrati.

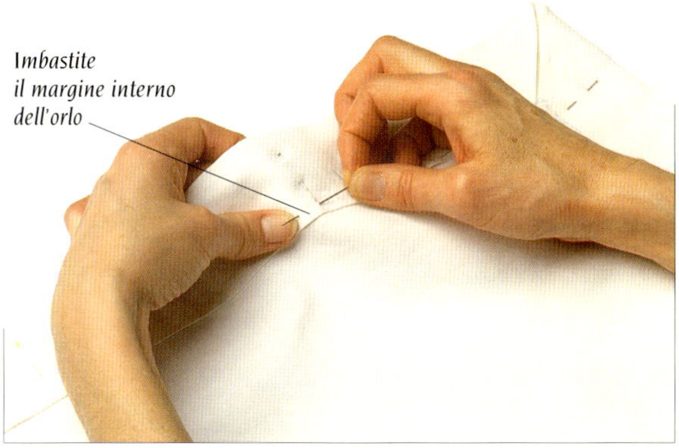

6 IMBASTIRE L'ORLO

Puntate e imbastite a 1 cm dal bordo interno dell'orlo. Fissate a sottopunto o a sopraggitto.

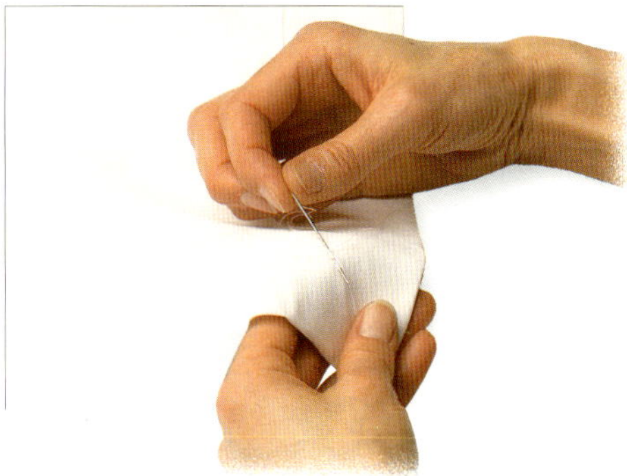

7 CUCIRE GLI ORLI Nei quattro angoli squadrati, rifinite la diagonale cucendo insieme a sottopunto i margini ripiegati.

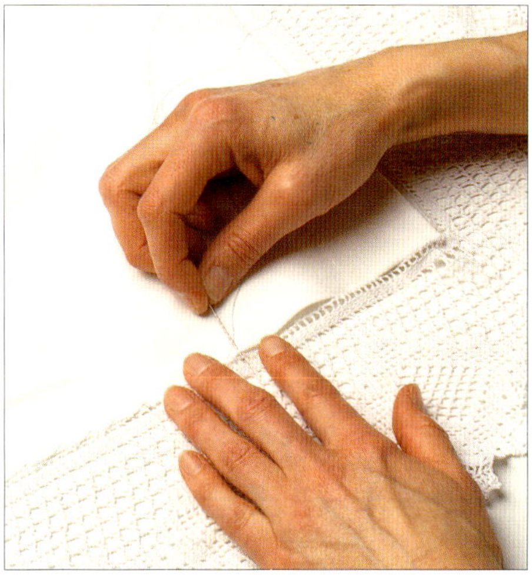

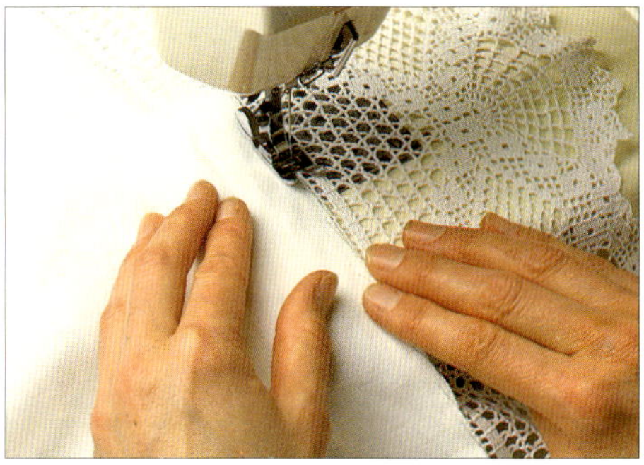

8 MONTARE IL BORDO Appoggiate la stoffa su una superficie piana e posizionate la bordura tutt'attorno. Imbastite il bordo alla stoffa con punti lunghi. Non usate gli spilli che potrebbero danneggiare il pizzo delicato.

9 FISSARE IL PIZZO Fissate il bordo di pizzo alla stoffa, cucendo a sottopunto o a zig-zag a macchina (*vedi p. 18*). Stirate la tovaglia finita.

LA TOVAGLIA FINITA

TOVAGLIA SFRANGIATA

Nella scelta del materiale, ricordatevi che una stoffa di peso medio e a trama larga è più adatta a essere rifinita con un motivo a frange. Per questa tecnica, vi occorreranno la stoffa e l'occorrente per cucire. Misurate la vostra tavola (*vedi p. 186*), poi tagliate la stoffa nelle misure desiderate, aggiungendovi il necessario per la frangia e le eventuali cuciture.

1 **SFILARE IL MARGINE** Appoggiate la stoffa su una superficie piana. Con un ago lungo, separate e togliete un filo alla volta da un bordo della stoffa. Continuate fino all'altezza desiderata della frangia. Sfilate gli altri bordi finché non avrete preparato una frangia della stessa altezza su tutti i lati.

2 **FERMARE IL MARGINE** Per impedire che la stoffa si sfili, fermate il bordo della tovaglia, prima della frangia, con una cucitura a zig-zag (*vedi p. 18*). Stirate la tovaglia prima di usarla.

LA TOVAGLIA FINITA

TOVAGLIA CON BORDO FRANGIATO A SMERLI

Potete usare una passamaneria già pronta per rifinire i bordi della tovaglia. La stoffa per questo copritavolo dipenderà dall'uso che vorrete farne: una stoffa plastificata è l'ideale per un tavolo da cucina. Potete creare degli smerli sui bordi della stoffa ed è semplice, perché questo tipo di stoffa non si sfila e non ha bisogno di essere orlata. Per questa tecnica, vi occorreranno una stoffa plastificata, passamaneria a frangia, un piattino e l'occorrente per cucire.

1 **MARCARE LA STOFFA** Misurate il tavolo e aggiungete la caduta necessaria (*vedi p. 186*). Marcate questa misura sul rovescio della stoffa, usando una squadra, un metro e un pennarello a inchiostro simpatico.

2 **POSIZIONARE GLI SMERLI** Sul rovescio, marcate le posizioni degli smerli lungo la linea. Cercate di avere un numero uguale di smerli per lato e uno smerlo completo per ogni angolo. Questo vi richiederà un po' di pazienza.

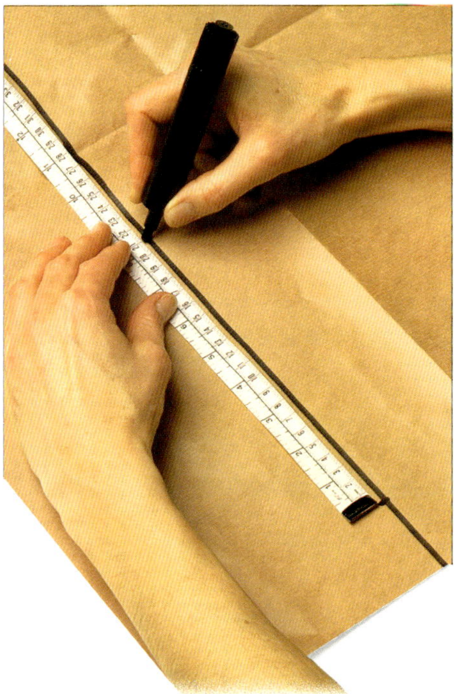

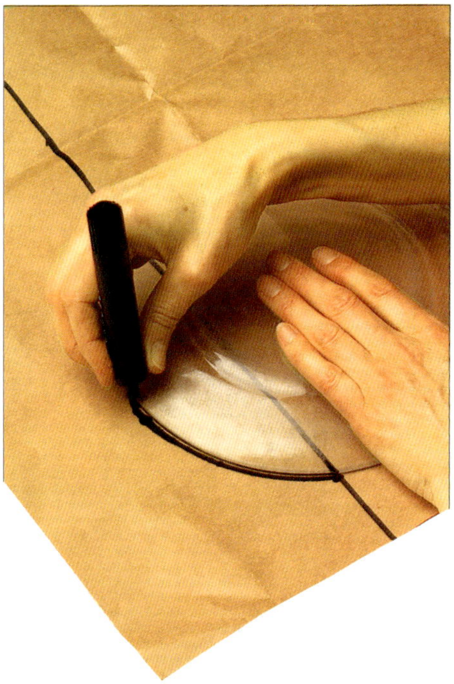

Usate un pennarello a inchiostro simpatico per tracciare lo smerlo con la sagoma

3 MARCARE IL MODELLO Sulla carta, marcate una linea più lunga della lunghezza di uno smerlo. Misurate e marcate la lunghezza esatta di uno smerlo su questa linea.

4 TRACCIARE LO SMERLO Usate un piattino o un altro oggetto circolare per tracciare la curva di congiunzione dei due segni tracciati sulla carta.

5 TRACCIARE IL MODELLO Tagliate il modello e posizionate la linea retta contro la linea marcata sul rovescio della stoffa. Tracciate la forma con la sagoma.

6 TAGLIARE LO SMERLO Seguendo le posizioni tracciate degli smerli lungo la linea, tagliate gli smerli facendo molta attenzione.

Il materiale plastificato non si sfila e non ha bisogno di orli

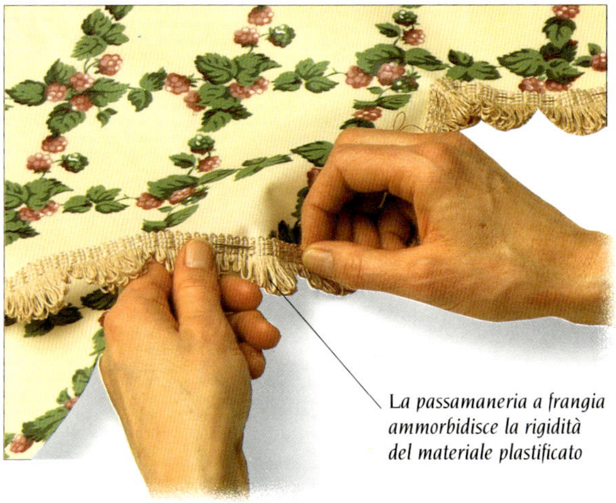

La passamaneria a frangia ammorbidisce la rigidità del materiale plastificato

7 MONTARE LA FRANGIA Il materiale plastificato non si sfila e quindi non ha bisogno di orlo. Imbastite la passamaneria a frangia al bordo smerlato della stoffa. Dopo che avrete imbastito la passamaneria, cucitela a macchina.

LA TOVAGLIA FINITA

Copritavolo lungo con bordo di passamaneria

Un copritavolo lungo è l'ideale per rivestire un tavolino. Oppure può servire da base per un rivestimento composto da più teli di stoffa dai colori contrastanti.

Per realizzare questo copritavolo, vi occorreranno una stoffa pesante, della passamaneria, una corda, un pennarello e l'occorrente per cucire.

1 UNIRE LA STOFFA Misurate il tavolo e la caduta, meno l'altezza della passamaneria (*vedi p. 186*). Unite le sezioni della stoffa con cuciture ribattute (*vedi p. 19*) per preparare un quadrato di stoffa uguale alle misure della tavola e della caduta. Piegate la stoffa in quattro, diritto contro diritto.

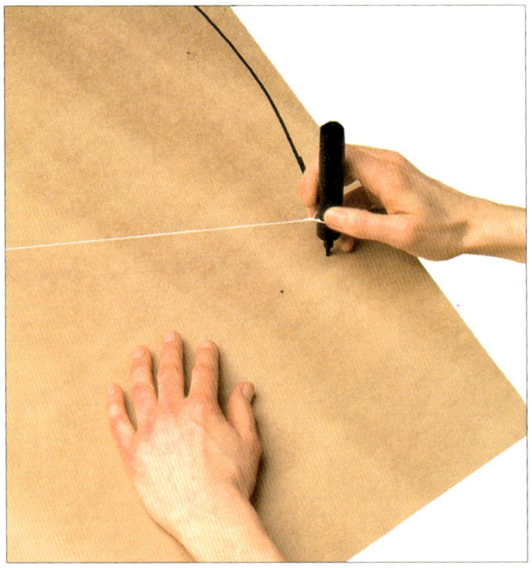

2 PREPARARE IL MODELLO Preparare una sagoma di carta delle dimensioni della stoffa ripiegata. Usando un semplice compasso puntato su un angolo della sagoma, tracciate un arco lungo la carta da un angolo all'altro (*vedi p. 186*).

3 MARCARE LA STOFFA Tagliate il modello di carta lungo l'arco. Puntatelo sulla stoffa ripiegata, allineando l'arco con i margini aperti della stoffa piegata. Sul rovescio della stoffa tracciate una linea seguendo il modello, aggiungendo 2 cm per un orlo semplice. Tagliate la stoffa lungo la linea tracciata.

4 CUCIRE L'ORLO Aprite la stoffa. Rifinite il margine sfilato piegando un orlo di 2 cm tutt'attorno. Puntate, imbastite e cucite l'orlo, poi togliete le imbastiture.

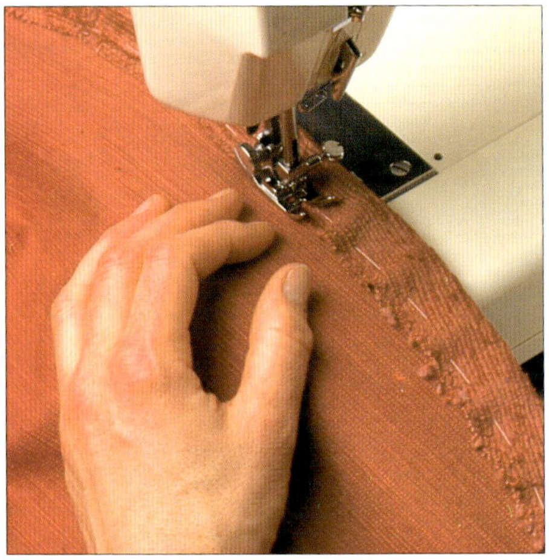

5 PUNTARE IL BORDO Misurate la circonferenza del copritavolo. Tagliate la passamaneria della lunghezza dell'intera circonferenza. Puntate il bordo sull'orlo, tenendolo diritto.

6 UNIRE LE ESTREMITÀ Puntate e imbastite il bordo al copritavolo. Cucite in modo che la giunta sia ben rifinita. Stirate il lavoro con attenzione prima di appoggiarlo sul tavolo.

Il copritavolo finito

Copritavolo con balza arricciata

Procuratevi la stoffa per il copritavolo e il cordoncino, un'anima per cordoncino, filo ritorto e l'occorrente per cucire. Misurate il piano del tavolo (*vedi p. 186*).

Preparate un quadrato di stoffa di questa dimensione, unendo le larghezze della stoffa con cuciture ribattute, se necessario (*vedi p. 19*). Piegate la stoffa in quattro, diritto contro diritto.

1 **MARCARE LA STOFFA** Preparate un modello delle dimensioni della stoffa ripiegata. Tagliate un quarto di cerchio (*vedi p. 186*). Puntate il modello sul rovescio. Marcate il modello aggiungendo 2 cm per le cuciture.Tagliate. Preparate il cordoncino lungo quanto la circonferenza del tavolo, più 10 cm per le giunte. Tagliate la balza all'altezza voluta, più 5 cm per le cuciture e gli orli e una lunghezza una volta e mezzo il cordoncino.

Unite il cordoncino sul diritto del pannello superiore

2 **MONTARE IL CORDONCINO** Puntate, imbastite e cucite il cordoncino sul diritto del pannello superiore, con il margine del cordoncino sul bordo esterno. Unite insieme i capi del cordoncino.

3 **PREPARARE LA BALZA** Puntate insieme le altezze della balza, facendo combaciare i disegni (*vedi p. 20*). Unite le giunte con cuciture ribattute (*vedi p. 18*).

4 **ORLARE LA BALZA** Rifinite il margine inferiore della balza con punti a zig-zag (*vedi p. 18*). Piegate un orlo di 2 cm sul rovescio lungo il bordo inferiore e cucite a macchina o a punto mosca per fissarlo.

5 **FISSARE IL FILO RITORTO** Tagliate il filo ritorto secondo la circonferenza del tavolo. Appoggiatelo 2 cm dal bordo superiore della balza. Cucite a zig-zag sul filo per fermarlo (*vedi p. 26*). Marcate quattro spazi sul margine superiore della balza.

Unite insieme i pezzi di stoffa, allineando i punti marcati

6 **ALLINEARE** Unite pannello superiore e balza diritto contro diritto. Allineate i punti marcati e puntate la balza al pannello superiore lungo il cordoncino.

7 **FISSARE LA BALZA** Tirate il filo ritorto per arricciare la balza, lavorando prima su un'estremità, poi sull'altra, in modo da arricciare una metà della balza alla volta. Distribuite la balza, puntate, imbastite e cucitela al pannello superiore a 1,5 cm dai bordi sfilati. Stirate la tovaglia a diritto.

Il copritavolo finito

Tovaglioli

I tovaglioli, che sono molto utilizzati, devono essere realizzati con tessuti resistenti e lavabili. Anche se non ci sono regole da seguire, cercate di abbinare le dimensioni dei tovaglioli all'uso di destinazione: un tovagliolo piccolo è adatto per le occasioni informali e gli spuntini, mentre un tovagliolo più grande è adatto agli eventi formali e ai pranzi ufficiali. Le stoffe resistenti e colorate tra cui scegliere sono tante e i vostri tovaglioli possono essere abbinati o in contrasto alla tovaglia. Potete inoltre rifinirli con bordini o smerli.

Semplice tovagliolo

Per un tovagliolo piccolo potete utilizzare anche i ritagli di stoffa. I tovaglioli sono di svariate dimensioni, ma non dovrebbero avere lati inferiori a 30 cm. Per il taglio, assicuratevi di seguire il dritto filo e tagliare gli angoli perfettamente quadrati. Per realizzare questo semplice tovagliolo, vi occorreranno la stoffa e l'occorrente per cucire.

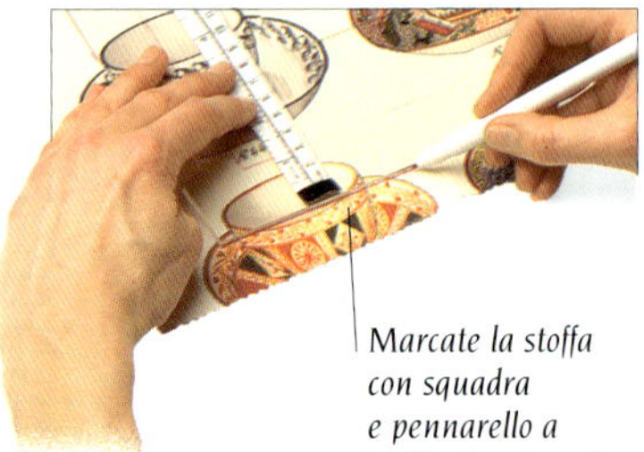

1 MARCARE LA STOFFA Marcate la stoffa nella dimensione voluta, aggiungendo 3 cm su ciascun lato per l'orlo doppio. Il quadrato deve essere perfetto.

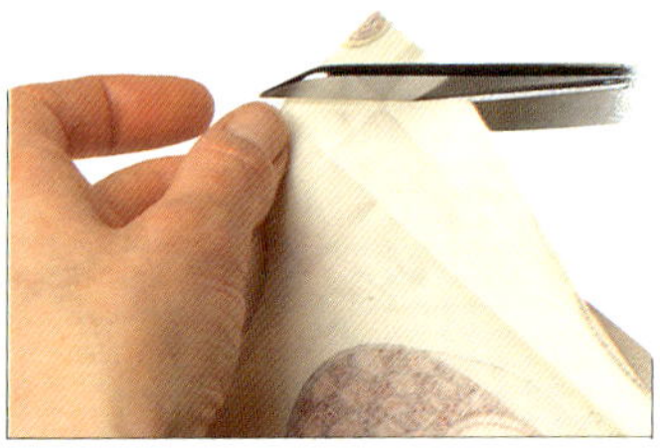

2 RIFINIRE GLI ANGOLI Piegate un orlo doppio di 1,5 cm e stirate. Aprite le pieghe e squadrate gli angoli lungo la prima linea di piegatura e stirate. Aprite e tagliate trasversalmente.

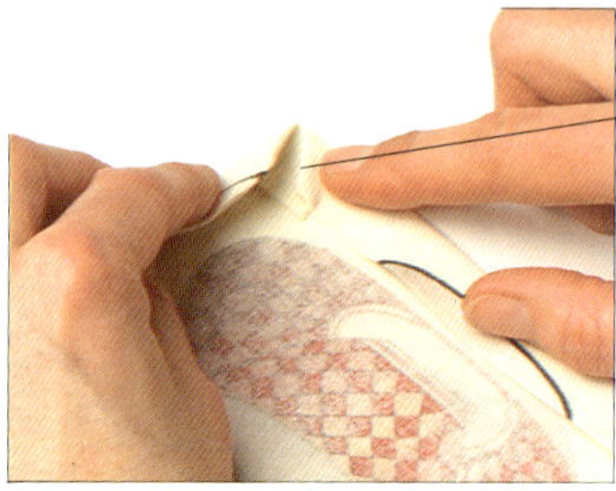

3 PIEGARE GLI ANGOLI Piegate i bordi e rifinite gli angoli squadrati. Cucite l'orlo e gli angoli a sotto- o a sopraggitto con la macchina da cucire (*vedi p. 19*).

Il tovagliolo finito

Tovagliolo con finitura a bordino

Procuratevi la stoffa per il tovagliolo, per il bordo e l'occorrente per cucire. Tagliate un quadrato di stoffa nelle dimensioni desiderate. Tagliate due strisce per il bordo lunghe quanto il tovagliolo, più 2 cm per le ripiegature e alte il doppio della larghezza finale desiderata. Tagliate altre due strisce della lunghezza del tovagliolo, più 4 cm, alte il doppio della larghezza desiderata. Piegate e stirate una ripiegatura di 1 cm a rovescio sui margini lunghi delle strisce di bordura.

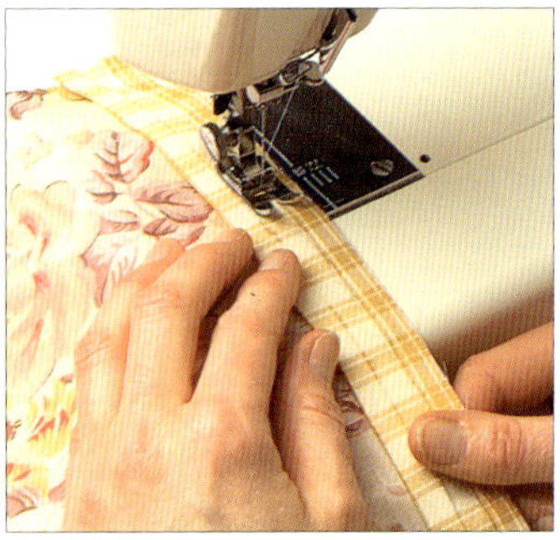

1 MONTARE IL BORDINO Aprite le strisce. Unite le più corte su due lati opposti del tovagliolo, diritto contro diritto. Fate combaciare i margini vivi. Puntate, imbastite e cucite lungo la linea di piegatura. Stirate le cuciture aperte.

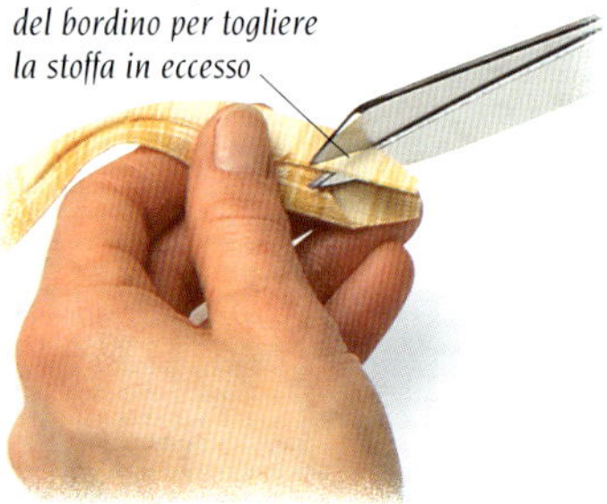

2 RIFINIRE LE ESTREMITÀ DEL BORDINO Per ridurre la stoffa in eccesso del bordino, rifinite di 2 cm le estremità delle strisce più lunghe, formando delle punte.

3 PUNTARE IL BORDINO Posizionate le strisce più lunghe sui lati opposti del tovagliolo, diritto contro diritto. Cucitele lungo la linea di piegatura. Piegate gli angoli all'interno e rifinite. Piegate tutte le strisce sui margini sfilati del tovagliolo. Puntate e imbastite. Cucite il bordo a sottopunto lungo il margine ripiegato.

Il tovagliolo finito

Tovagliolo con smerli

Questo tipo di bordo smerlato è il risultato di una semplice tecnica di cucito. Funziona meglio con stoffe leggere e semitrasparenti. Vi occorreranno una stoffa leggera o semitrasparente e l'occorrente per cucire. Tagliate la stoffa nelle misure desiderate, aggiungendo 1,5 cm tutt'attorno per l'orlo smerlato.

1 **IMBASTIRE L'ORLO** Sul rovescio della stoffa, marcate la linea dell'orlo a 1,5 cm dal margine con inchiostro simpatico. Imbastite. Piegate i margini due volte per raggiungere la linea d'imbastitura e stirate.

2 **FISSARE GLI ANGOLI** Iniziando da uno degli angoli, ribattete l'angolo fissandolo a rovescio con quattro o cinque punti (*vedi p. 18*).

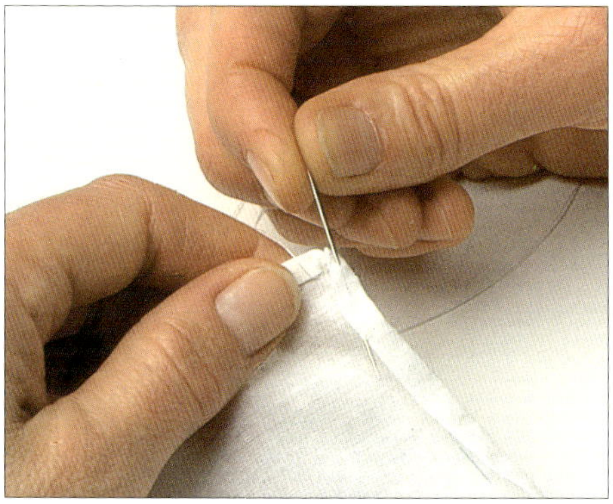

3 **INIZIARE LO SMERLO** Inserite l'ago nel bordo esterno dell'orlo vicino all'angolo. Spingete l'ago diagonalmente all'interno dell'orlo, maggiore è la diagonale e maggiore sarà lo smerlo.

4 **CUCIRE L'ORLO** Ribattete l'orlo e inserite l'ago perpendicolarmente al bordo. Spingete l'ago attraverso l'interno dell'orlo in modo che esca nello stesso punto come al punto 3.

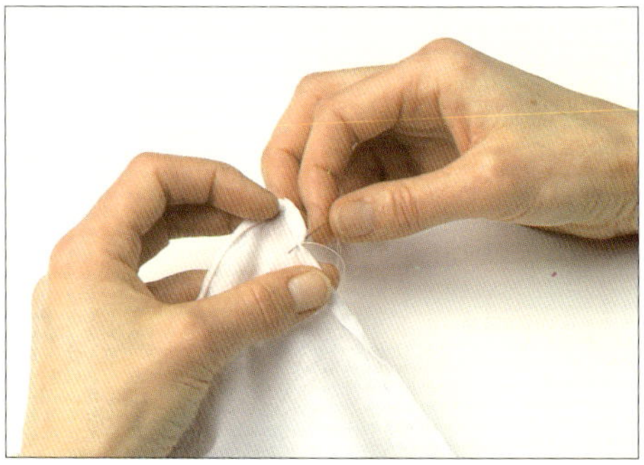

5 **RIFINIRE LA SMERLO** Ribattete di nuovo l'orlo, uscendo dallo stesso punto interno, per formare uno smerlo. Fate un punto smerlo per annodare e fissare il filo (*vedi p. 17*). Continuate a cucire a mano lungo il margine del tovagliolo. Ribattete ciascun angolo con quattro o cinque punti.

Il tovagliolo finito

Gli smerli tagliati

Vi occorreranno stoffa di peso medio e l'occorrente per cucire. Tagliate la stoffa, lasciando 2 cm per i bordi. Preparate una striscia di carta larga 5 cm e lunga quanto il tovagliolo. Piegate la carta in sezioni uguali alla lunghezza di ciascun smerlo (*vedi p. 190*). Disegnate una curva sulla carta perpendicolarmente al margine ripiegato. Tagliate lungo la curva e aprite il modello. Puntatelo su un margine della stoffa. Tracciate i margini dello smerlo. Marcate i bordi dei tre lati restanti.

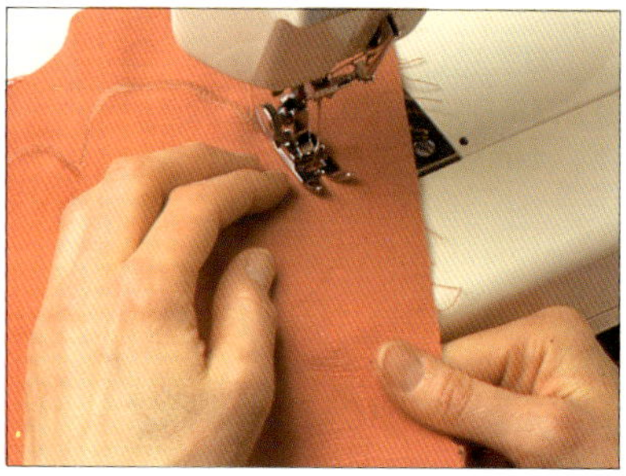

1 **CUCIRE GLI SMERLI** Cucite a sopraggitto i bordi degli smerli per impedire alla stoffa di sformarsi (*vedi p. 19*). Cucite a macchina a zig-zag (*vedi p. 18*) molto fitto lungo le linee marcate per bordare i margini degli smerli.

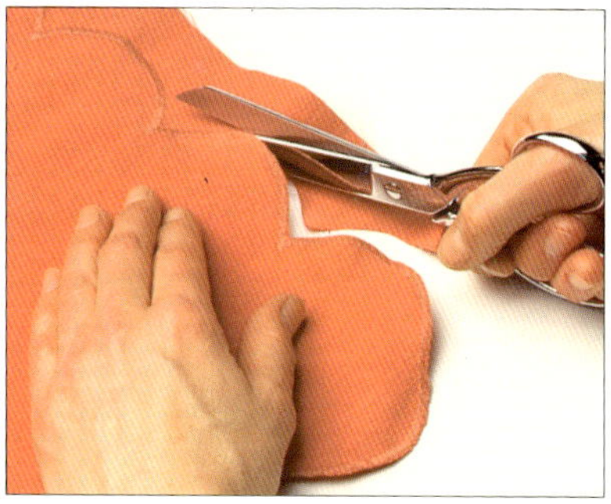

2 **RIFILARE** Tagliate con cura la stoffa in eccesso vicino alla linea di cucitura a zig-zag. Stirate il tovagliolo prima di usarlo.

Il tovagliolo finito

Paillette a specchio
Questa tovaglia ricamata di cotone color crema è cosparsa di specchietti che brillano alla luce delle candele. I cuscini dei sedili sono della stessa stoffa e regalano motivo e contrasto alla fodera di cotone grezzo delle sedie. In questa speciale occasione, per aggiungere brillantezza a ogni posto tavola sono stati disposti tovaglioli di carta crespa color perla e ostrica, scintillanti cristallerie e piccole candele.

PARALUMI

I PARALUMI SONO ACCESSORI IMPORTANTI: non solo riducono il riflesso delle luci artificiali, ma dirigono la luce in un punto della stanza, dando una nota di colore soffuso. Realizzare da soli i paralumi in armonia con lo stile dell'ambiente è molto gratificante poiché potrete sceglierli coordinati ai colori della stanza e complementari all'arredamento. Le stoffe sono di diversi tipi e potrete perfino usare i ritagli di tessuti d'arredamento. I paralumi di carta o cartoncino aggiungono un tocco di modernità, per quelli di carta ripiegata usate pure ritagli della carta da parati, mentre quelli di cartoncino si adattano a molti tipi di lampade.

CARTA E LEGNO
I materiali alternativi, come la carta fatta a mano e i legni impellicciati, possono servire per la realizzazione di paralumi d'effetto. Questi vengono fissati alla struttura con il nastro adesivo o cuciti con cuoio, corda o filo.

La Scelta dello Stile

Spesso i paralumi sono considerati degli accessori di arredamento poco importanti, mentre possono svolgere un ruolo chiave nell'accentuare lo stile di un ambiente. Le forme e le dimensioni sono fondamentali perché devono essere proporzionati alla base della lampada e adattarsi allo stile della stanza. Anche il colore e la consistenza del materiale usato influiscono sull'esito finale e sulla qualità della luce. Un materiale di seta semitrasparente, di cotone leggero o di carta, crea una luce soffusa, mentre un cartoncino rigido o una stoffa opaca dirige la luce sopra e sotto il paralume.

Inclinazione conica
Un paralume leggermente conico grigio-marrone proietta la luce sia in alto che in basso. Questo ha l'effetto di portare luce diretta sul tavolo e sulla sedia creando un angolo ideale di lettura. L'asta alta e sottile è stata scelta per bilanciare lo stile del paralume e la sua finitura scura e opaca si accompagna bene alla combinazione di colori.

Lacca nera
La forma architettonica della base bianca della lampada e il paralume di lacca nera rendono più interessante un angolo vuoto. Inoltre, la base contrasta con la boiserie ruggine, mentre il nero richiama i perni di ferro delle persiane.

Intreccio a strisce
I paralumi intrecciati a strisce di plastica sono facilmente realizzabili su una struttura diritta o cilindrica. Quando la lampada è accesa, le strisce flessibili lasciano filtrare la luce con un effetto più smorzato.

Paralume a tamburo
I paralumi cilindrici permettono di proiettare ampi raggi di luce in verticale in entrambe le direzioni, rendendoli ottimi sia come luci da sospensione che come luci da tavolo. La pergamena di questo paralume a tamburo lascia filtrare la luce, inserendo nel raggio anche il motivo della foglia. La base nera bilancia le ampie proporzioni del paralume.

DETTAGLI DECORATIVI
Data la grande varietà di elementi decorativi disponibili, è possibile trovare il perfetto coordinato per il vostro paralume. Il paralume a parallelepipedo rimanda alla base quadrata del candelabro di silver. Le decorazioni a ventaglio del bordo e una delicata passamaneria danno un tocco elegante, ma discreto.

GRANDE SCALA
Un grande paralume pendente come questo funzionerà solo in stanze spaziose dove non ostacolerà i movimenti di coloro che passano. Il raggio di luce della lampada è diretto sulla superficie del tavolo, non negli occhi di coloro che vi si siedono intorno. Il suo colore chiaro è in armonia con i mobili, e non stona con l'ambiente circostante.

INFLUENZA INDIANA
Il paralume plissettato di seta color crema ha un effetto fresco e semplice in questa stanza dominata da ricchi oggetti e motivi decorativi provenienti dal subcontinente indiano. Una volta accese, le lampade diffondono una soffusa luce d'ambiente, che illumina gli angoli e ricade delicatamente sul divano e sulla sedia.

TELAI PER PARALUMI

I TELAI RIGIDI PER I PARALUMI DI METALLO LEGGERO sono necessari per fornire un supporto, una struttura e una forma a molti tipi di paralumi. Si possono acquistare già pronti nei negozi specializzati. I paralumi in carta rigida o cartoncino leggero, o in plastica millimetrata adesiva e rigida, alla quale è attaccata carta da parati o del tessuto, non hanno bisogno di un telaio, ma piuttosto di due anelli superiori e inferiori, in commercio con diametri diversi. Nella scelta del telaio, dovrete decidere prima la forma e la dimensione desiderate per il vostro paralume, prendendo in considerazione anche il materiale e le eventuali passamanerie e bordure per realizzarlo.

LA SCELTA DEL TELAIO

La forma esatta del paralume è determinata dalla dimensione e dallo stile del telaio o, nel caso di un paralume montato su anelli, dal diametro degli anelli di sostegno superiori e inferiori e dalla distanza tra questi. I paralumi di stoffa necessitano sempre di un telaio rigido; quelli di carta o cartoncino sono più adatti ad appositi anelli di supporto.

TELAI
I telai, disponibili in una grande varietà di forme e dimensioni, si adattano a ogni stile decorativo. Si fissano sulla base della lampada, calate di lampada e candele. Le clip per lampadine sostengono paralumi molto piccoli. I telai metallici sono in commercio grezzi verniciati in smalto bianco.

TELAIO DUPLEX

TELAIO CONCAVO

TELAIO QUADRATO

CLIP PER LAMPADINE

TELAI CON ANELLI PORTALAMPADA
Scegliete un telaio con anello portalampada mobile per adattare il paralume sia a una base che a una calata di lampada.

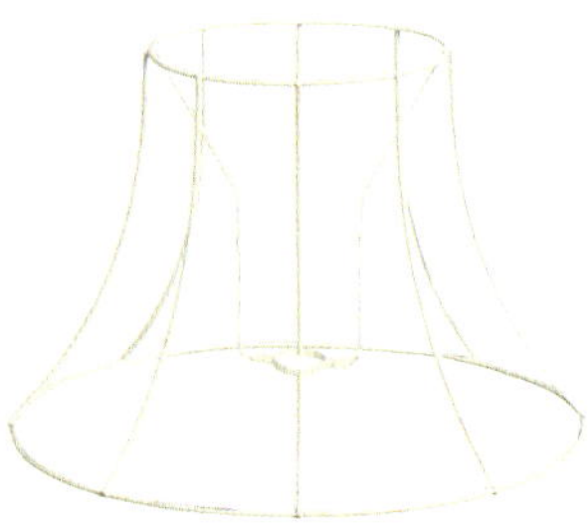
TELAIO OVALE ARCUATO

TELAIO A SCATOLA

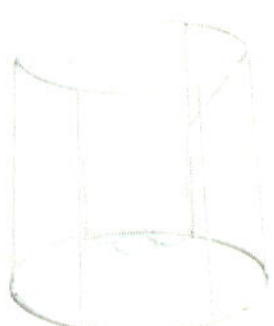
TELAIO CILINDRICO

TELAIO A CONO

ANELLI
I piccoli paralumi plissettati in carta rigida o cartoncino necessitano solo di un anello superiore adattato su un anello di fissaggio portalampada; quelli in carta leggera anche un anello inferiore di sostegno. Gli anelli devono formare un cerchio concentrico e i montanti devono essere allineati.

ANELLI INFERIORI DI SUPPORTO

ANELLO PORTALAMPADA

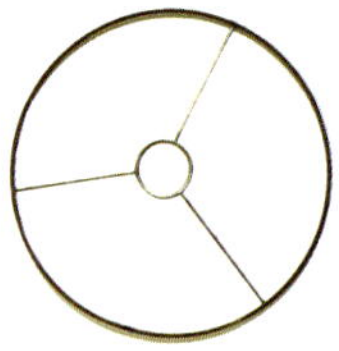
ANELLO PER CALATA DI LAMPADA

ANELLO PER CLIP PORTALAMPADA

VERNICIARE I TELAI

I telai e gli anelli grezzi vanno verniciati per impedire che il materiale di rivestimento si macchi di ruggine e che il nastro adesivo scivoli via durante il montaggio degli anelli e dei montanti. Vi occorreranno carta vetrata di grado medio, un pennello piccolo, vernice a smalto e solvente per diluirla.

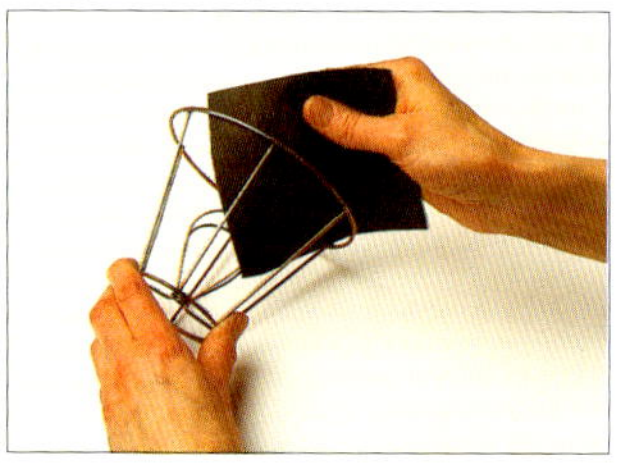

1 **SMERIGLIARE LA SUPERFICIE** Smerigliate la superficie del telaio o degli anelli di sostegno sfregandoli in maniera uniforme con la carta vetrata.

2 **VERNICIARE** Verniciate con cura il telaio o l'anello di sostegno con un pennello piccolo. Evitate le superfici a contatto diretto con la lampadina.

Attrezzi e materiali

Per realizzare un paralume non sono necessari attrezzi particolari. Tuttavia, poiché la precisione del taglio e del montaggio è fondamentale, gli attrezzi da lavoro siano in condizioni perfette. Gli attrezzi per realizzare paralumi di carta e stoffa sono pressoché gli stessi, tranne alcune eccezioni indicate più sotto. Inoltre, vi serviranno attrezzi di uso domestico e l'occorrente per cucire, oltre al telaio o agli anelli di sostegno per il rivestimento.

Paralumi di stoffa e carta
Dotatevi di carta vetrata di grado medio, vernice a smalto, solvente e un pennello piccolo per il telaio. Per bordare il telaio vi servirà un nastro apposito per paralumi e una colla trasparente che non macchi la stoffa o la carta. Usate delle mollette per fissare il materiale del paralume al telaio mentre la colla si asciuga.

Nastro per paralumi

Colla trasparente

Mollette

Carta vetrata

Vernice a smalto

Pennello piccolo

Paralumi di carta
Tagliate con le forbici. Misurate con un compasso realizzato con una striscia di cartoncino, che farete ruotare attorno a una puntina da disegno fissata sul piano. Fissate il rivestimento agli anelli con nastro adesivo. Usate la plastica adesiva per la carta da parati liscia e per i paralumi di tessuto. Togliete le grinze con il dorso di un coltello. Usate una fustella per i paralumi plissettati.

Coltello

Puntine da disegno

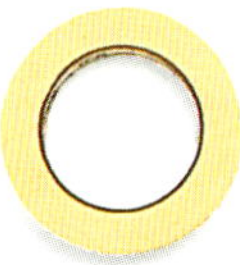
Nastro di protezione

Forbici da carta

Carta millimetrata adesiva

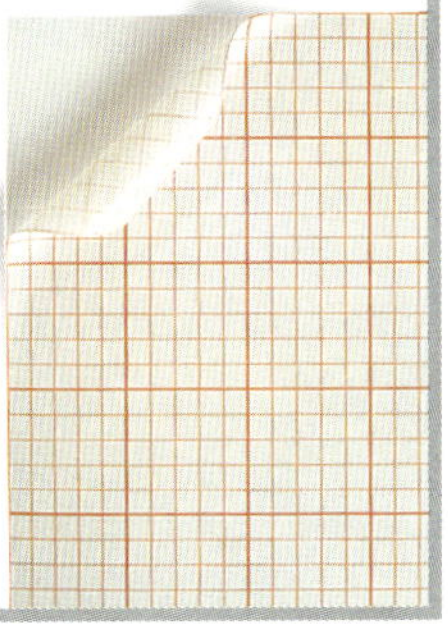

Piano di taglio

Fustella

Ricoprire il telaio con il nastro

Dopo aver verniciato il telaio o gli anelli, applicate il nastro di copertura. Nastri appositi sono in commercio e permettono di fissare il paralume di stoffa al telaio o incollare quelli di carta. Calcolate approssimativamente la lunghezza necessaria del nastro misurando la circonferenza degli anelli e l'altezza dei montanti, poi raddoppiate questa misura. Non ricoprite le parti interne che fissano il paralume alla lampadina. Vi occorrerà il necessario per cucire.

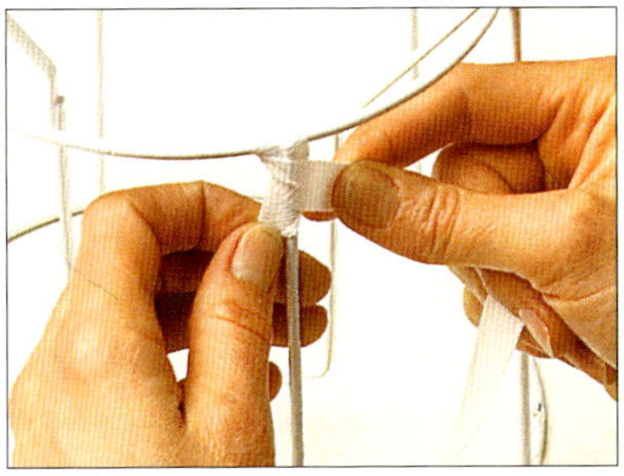

1 **FISSARE IL NASTRO** Ricoprite i montanti terminando sempre sull'anello di sostegno superiore o inferiore. Fissate il nastro ripiegando un'estremità sotto l'anello superiore e lungo l'esterno del montante a circa 2,5 cm.

2 **RICOPRIRE IL MONTANTE** Avvolgete il nastro a spirale lungo ciascun montante coprendo la piega iniziale e sovrapponendolo di 3 mm. Avvolgete il nastro il più stretto possibile per evitare pieghe fastidiose e impedire che il nastro si srotoli.

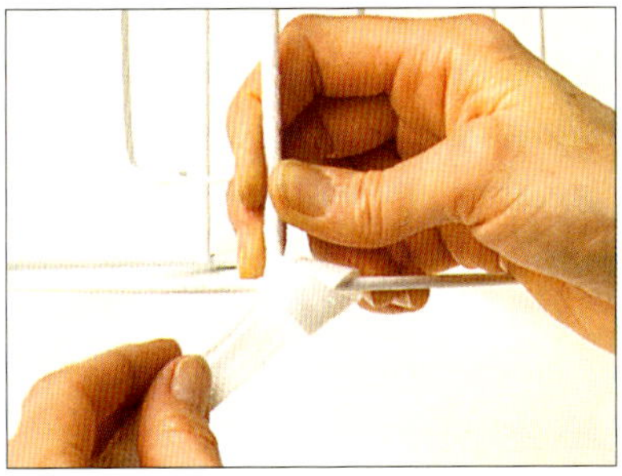

3 **ANNODARE I CAPI** Sull'estremità opposta dei montanti, tranne una, arrotolate il nastro sull'esterno dell'anello inferiore verso l'interno e passate il capo attraverso l'anello che si è formato facendo un mezzo nodo. Tirate il capo e tagliate il nastro.

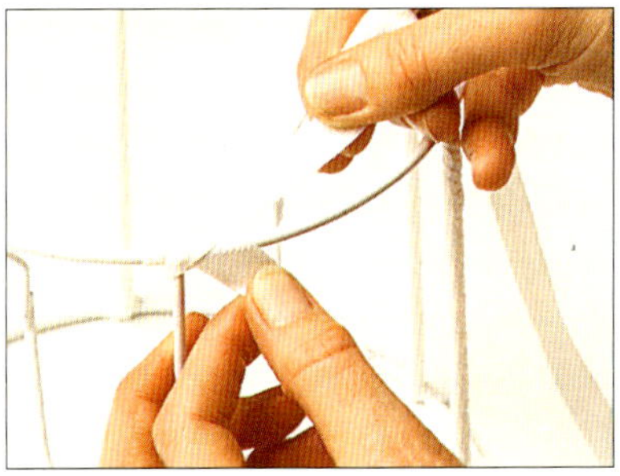

4 **RICOPRIRE L'ANELLO** Dall'estremità superiore del montante non ricoperto, appoggiate il capo del nastro sull'esterno dell'anello e avvolgetevelo attorno prendendo anche il montante. Avvolgete il nastro nell'anello formando un otto attorno ai montanti.

5 **RICOPRIRE IL MONTANTE** Avvolgete il nastro scendendo lungo il montante non ricoperto e attorno all'anello inferiore, formando un otto nel punto d'incontro con i montanti.

6 **CUCIRE I CAPI** Per fissare il nastro al telaio, piegate di 6 mm verso l'interno un capo del nastro e cucitelo verso l'esterno di un anello ricoperto. Controllate che il nastro sia ben aderente. Se tende a srotolarsi, dovrete rifare l'operazione.

PARALUMI DI STOFFA

I PARALUMI DI STOFFA, confezionati con tessuti arricciati, tirati o plissettati su un telaio, vi offrono l'opportunità di creare accessori originali e personalizzati. Per il tessuto esterno usate un materiale da tappezzeria o da abbigliamento abbastanza morbido. Questa è una qualità essenziale, poiché il tessuto deve essere tirato sul telaio di modo che sia ben aderente. Potete anche utilizzare dei ritagli di stoffa per coordinare il paralume alla tappezzeria della stanza. Avrete bisogno anche di una fodera interna per nascondere il telaio; dovrà essere di colore chiaro per riflettere la luce dall'interno.

PARALUMI ARRICCIATI

Scegliete un telaio e verniciatelo, se necessario. Ricoprite gli anelli superiori e inferiori, dove fisserete la stoffa, con il nastro apposito (*vedi p. 205*). Prevedete del tessuto extra per le strisce di rivestimento e il volant arricciato. Vi occorreranno la stoffa per la fodera, colla trasparente e l'occorrente per cucire. Tagliate stoffa e fodera sul dritto filo due volte la circonferenza dell'anello inferiore per l'altezza del telaio e aggiungete 5 cm tutt'attorno per le cuciture.

1 CUCIRE I BORDI Imbastite e cucite i lati corti del tessuto esterno, diritto contro diritto a 1,5 cm dai margini per ottenere una forma circolare. Rivoltate a diritto.

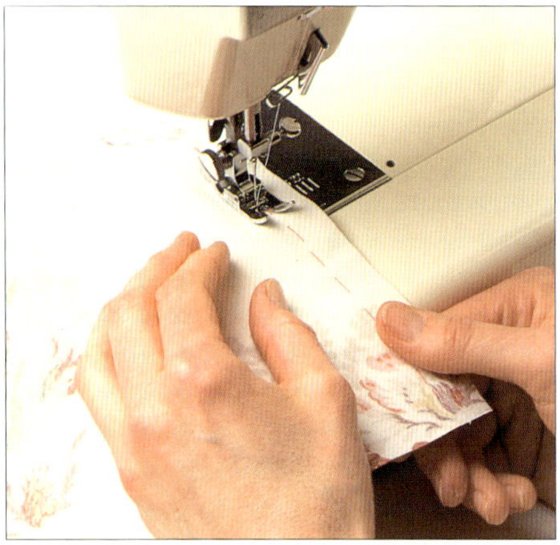

2 CUCIRE A PUNTO FILZA Per permettervi di fare le pieghe o le arricciature sul tessuto, cucite una linea a punto filza (*vedi p. 26*) a 1,5 cm dai margini superiori e inferiori.

Cucite a punto filza a 1,5 cm dal margine

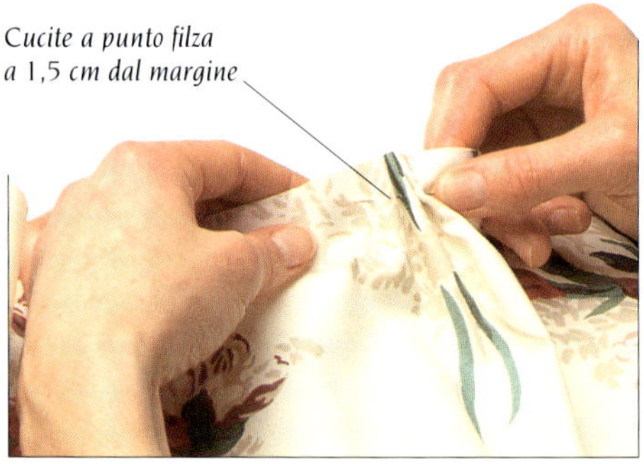

3 ARRICCIARE LA STOFFA Appoggiate la stoffa sul telaio e adattatela alla sua forma tirando le filze lungo il margine superiore. Distribuite equamente le arricciature così che siano distanziate in modo omogeneo tra di loro e puntate il tessuto al nastro di copertura dell'anello superiore.

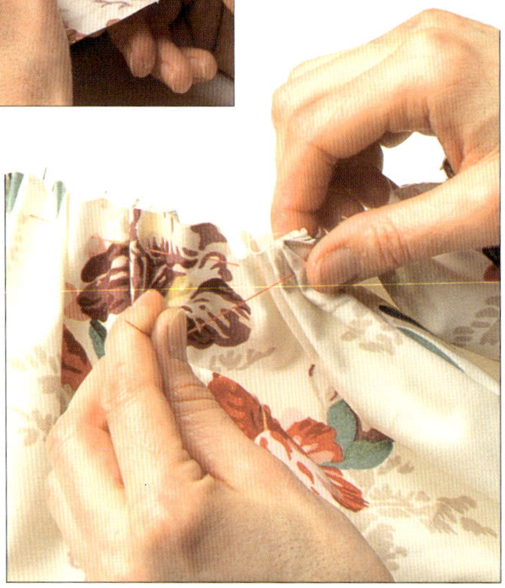

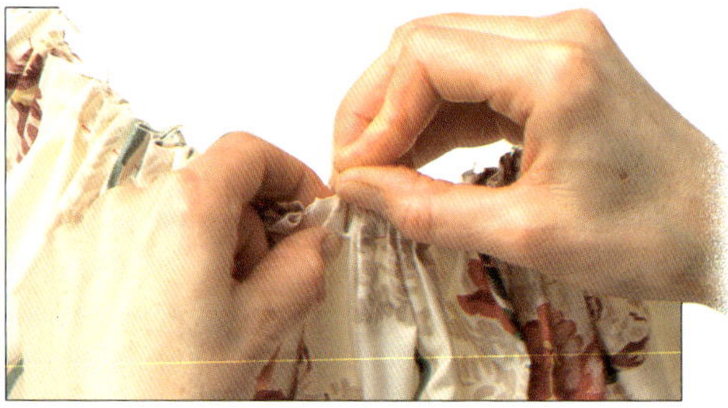

4 PUNTARE IL TESSUTO Tirate le arricciature sull'anello inferiore e puntate la stoffa al suo nastro di copertura. Le pieghe devono essere più raccolte nell'anello superiore. Levate gli spilli per conformare la stoffa arricciata. Tiratela tra gli anelli, date all'arricciatura la forma di pieghe e ripuntate la stoffa al nastro attorno agli anelli.

Puntate la fodera agli anelli del telaio, distribuendo le arricciature

5 PUNTARE LA FODERA Cucite a sottopunto la stoffa arricciata sul nastro degli anelli. Preparate la fodera con la cucitura a filza a 1,5 cm dai margini superiori e inferiori. Puntatela agli anelli ricoperti, distribuendo le arricciature.

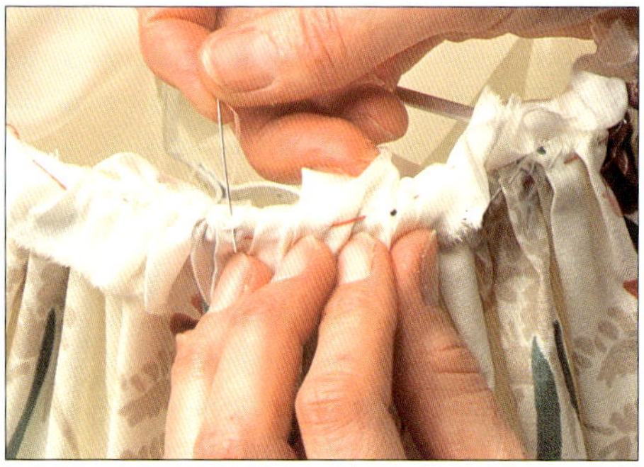

6 CUCIRE LA FODERA Cucite a sottopunto la fodera arricciata al nastro dell'anello superiore.

7 MONTARE LA FODERA Lavorando lungo l'anello superiore, incontrerete i montanti interni di supporto del telaio. Tagliate la fodera attorno ad essi con le forbici.

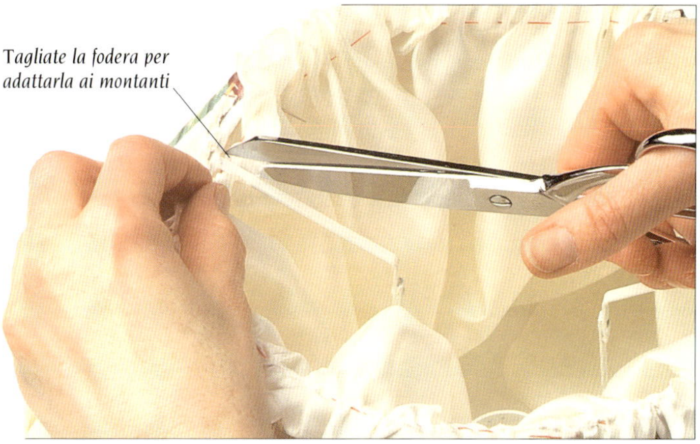

Tagliate la fodera per adattarla ai montanti

8 RIFINIRE LA FODERA Rifilate la fodera in eccesso attorno all'anello superiore, tagliando il più vicino possibile all'anello superiore.

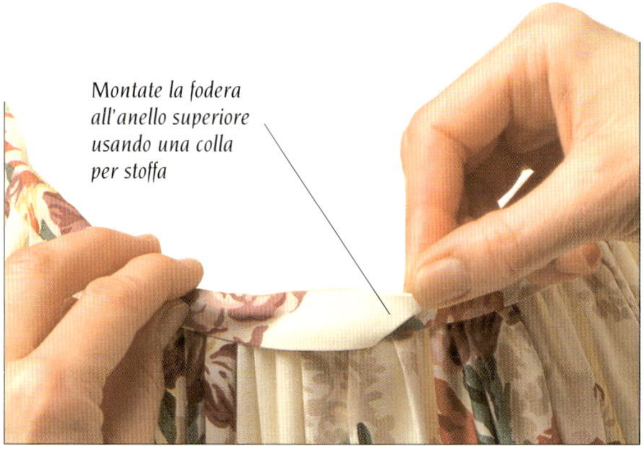

Montate la fodera all'anello superiore usando una colla per stoffa

9 MONTARE LA FODERA Preparate una striscia in sbieco con la stoffa esterna (*vedi p. 24*) per bordare il margine superiore e nascondere i margini vivi e le cuciture. Incollate il bordo. Cucite a sottopunto la fodera al nastro dell'anello inferiore. Rifilate.

Fissare il bordino

Per fare una giunta pulita nel bordino, stirate le estremità piegate dello sbieco, sovrapponetele, poi usate la colla per stoffa per attaccare il bordino all'anello. Le pinze da biancheria sono molto utili per fermare la striscia in sbieco attorno all'anello mentre la colla si asciuga.

10 MONTARE IL VOLANT Tagliate una lunghezza della stoffa esterna due volte la circonferenza dell'anello inferiore, per due volte e mezzo l'altezza del volant finito. Piegate la striscia nella lunghezza, diritto contro diritto. Stirate, poi cucite a punto filza a 5 mm dai margini vivi. Tirate le filze in modo che il volant sia uguale alla circonferenza dell'anello inferiore. Puntate e cucite a sottopunto il volant sul bordo del tessuto esterno nell'anello inferiore.

Incollate il bordino dopo aver montato i volant

11 MONTARE IL BORDINO INFERIORE Completate il paralume preparando una seconda striscia in sbieco uguale alla circonferenza dell'anello inferiore. Incollate il bordino sulla parte superiore del volant per nascondere i margini vivi e le cuciture.

Il paralume finito

Paralumi sagomati

Un paralume sagomato può adattarsi a quasi tutti i telai. Sceglietene uno, verniciatelo, se necessario, e ricoprite con il nastro gli anelli superiori e inferiori e due montanti opposti (*vedi p. 205*). Scegliete la stoffa esterna e quella della fodera. Una fodera di seta bianca rifletterà la luce dall'interno della lampada verso l'esterno. Misurate la circonferenza del paralume nel punto più largo e aggiungete 15 cm. Misurate l'altezza e aggiungete 7,5 cm. Tagliate la stoffa esterna lungo lo sbieco secondo queste misure. Vi servirà l'occorrente per cucire e una colla trasparente per stoffe.

1 PUNTARE LA STOFFA AI MONTANTI Tagliate il pannello esterno della stoffa a metà. Puntatene un pezzo al telaio. Per prima cosa, puntate la stoffa ai montanti rivestiti, tirandola per quanto è possibile attorno al telaio, poi puntatela agli anelli rivestiti.

2 PUNTARE LA STOFFA ALL'ANELLO Lavorate attorno al telaio e puntate la stoffa agli anelli superiori e inferiori tra la coppia di montanti rivestiti. Tiratela per togliere le pieghe e puntate verso l'interno.

3 MARCARE LA STOFFA Se la stoffa è aderente e tirata, avrete un profilo evidente di una metà del telaio. Tracciate la sua forma sulla stoffa con un pennarello a inchiostro simpatico o il gessetto. Tracciate le linee tra gli spilli, seguendo gli anelli e i due montanti.

4 TAGLIARE LA STOFFA Togliete la stoffa dal telaio. Tagliatela aggiungendo 2 cm tutt'attorno. Tagliate un pannello identico lungo lo sbieco e i due pannelli della fodera, usando un pannello esterno come modello.

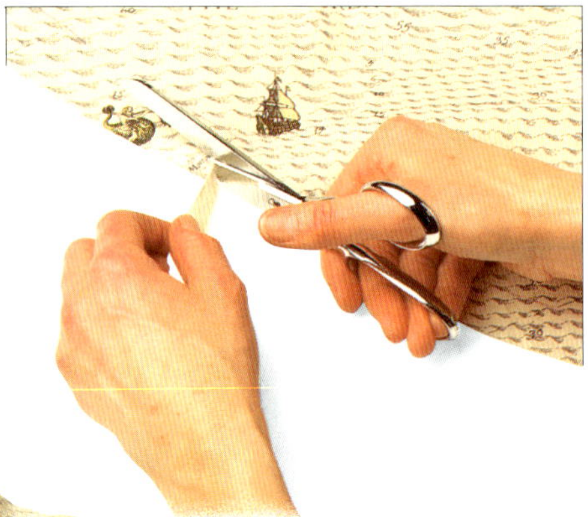

5 CUCIRE I PANNELLI ESTERNI Unite i due pannelli esterni diritto contro diritto e puntate, imbastite e cuciteli insieme sui margini più corti per formare un tubo di stoffa. Procedete allo stesso modo per la fodera. Stirate le stoffe e rivoltatele al diritto.

Fate combaciare la cucitura della stoffa ai montanti, quando infilate il paralume sul telaio

6 POSIZIONARE LA STOFFA ESTERNA Togliete il nastro dai due montanti e fate scivolare il tubo di stoffa esterna sul telaio. Assicuratevi che le due cuciture combacino ai montanti opposti.

7 PUNTARE LA STOFFA Puntate la stoffa agli anelli superiori e inferiori, tirandola e rifilandola in modo che non si formino pieghe. Assicuratevi che le cuciture laterali non si muovano e corrispondano ai due montanti.

Puntate il paralume al nastro dell'anello della base

8 CUCIRE LA STOFFA Cucite con una ribattitura la stoffa sul nastro degli anelli, con un filo di cotone messo doppio. Lavorate intorno agli anelli cucendo con punti piccoli attraverso la stoffa sul bordo esterno del nastro di copertura.

9 RIFILARE LA STOFFA Con un paio di forbici affilate rifilate la stoffa in eccesso attorno all'anello tagliando il più vicino possibile alla cucitura.

10 PUNTARE LA FODERA Inserite la fodera all'interno del telaio, a diritto verso l'interno del paralume. Fate combaciare le cuciture con quelle della stoffa esterna, prima di tirare e puntare la fodera agli anelli superiori e inferiori.

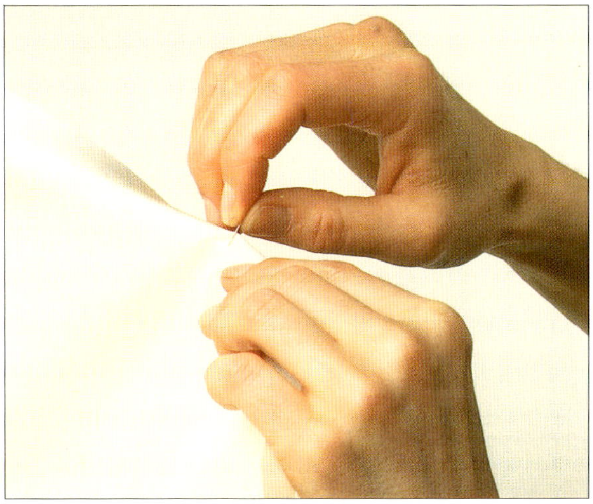

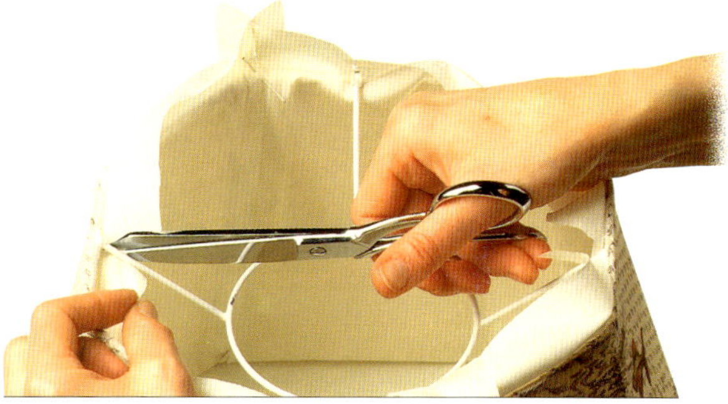

11 TAGLIARE LE INCISIONI Fate delle piccole incisioni sulla fodera in modo che si conformi ai supporti interni per la lampadina. Puntatela, tenendola tirata. Cucite con una ribattitura la fodera tutt'attorno, assicurandovi che i punti siano all'esterno del paralume, che verranno nascosti dal bordino.

12 RIFILARE LA STOFFA Rifilate la stoffa in eccesso agli anelli superiori e inferiori. Rifinite i punti dove i supporti per la lampadina si uniscono all'anello superiore coprendo la giunta con un pezzetto di fodera. Tagliate le strisce di fodera sullo sbieco, ciascuna di 5 x 3 cm. Piegatele di 6 mm nella lunghezza e stirate.

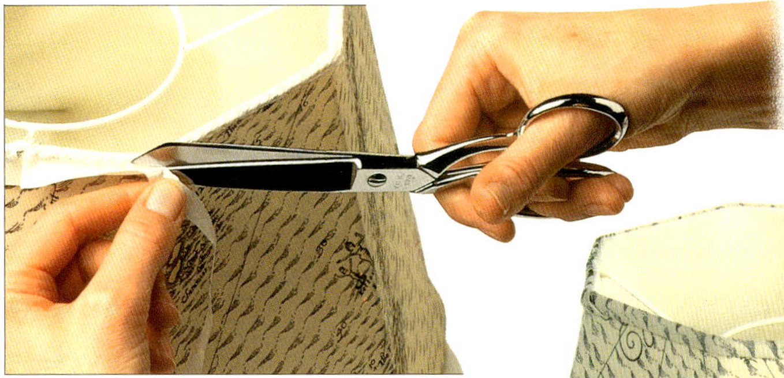

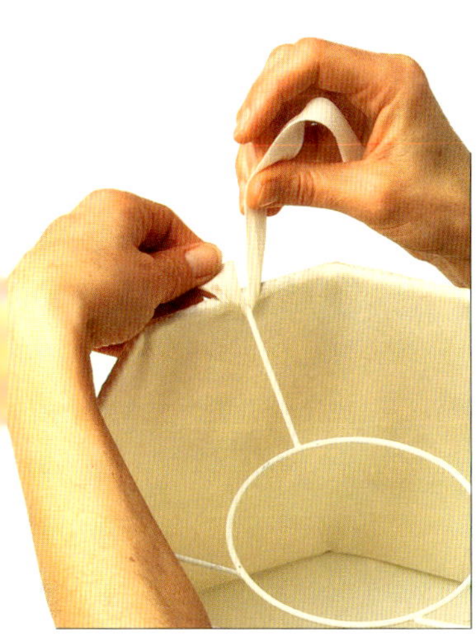

13 MONTARE LE STRISCE Avvolgete le strisce di fodera attorno e sopra l'estremità superiore dei supporti per la lampadina e l'anello superiore, incollandole. Rifilatele per farle combaciare al bordo esterno del paralume. Per il bordino, tagliate nella stoffa esterna due strisce in sbieco uguali alle due circonferenze degli anelli, larghe 4,5 cm. Piegatele di 1 cm nella lunghezza e stirate. Incollate 15 cm di bordino alla volta. Ripiegate le estremità di 6 mm e sovrapponetele di 2 cm. Con pinze da biancheria fermate le strisce mentre la colla si asciuga.

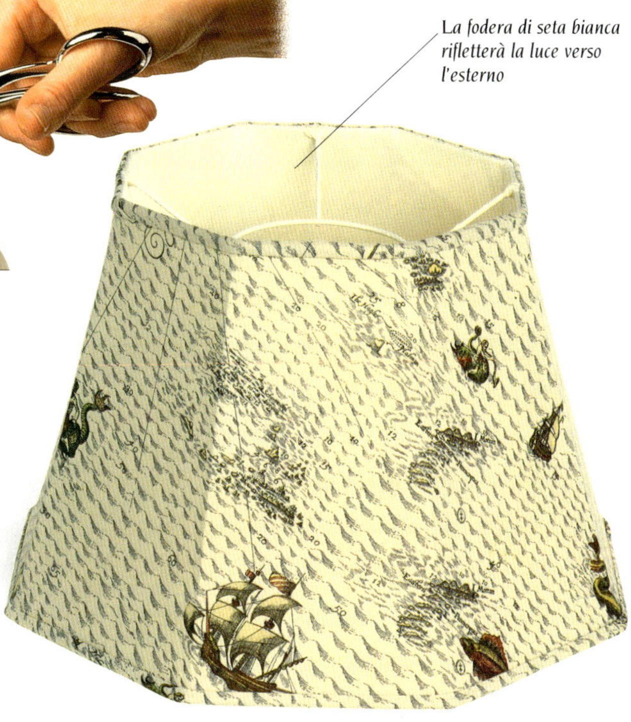

IL PARALUME FINITO

PARALUMI DI CARTA

PREPARARE I VOSTRI PARALUMI DI CARTA O CARTONCINO può essere molto soddisfacente e gratificante. Potete realizzare una varietà di paralumi per lampade o lampadari, con carta a tinta unita o fantasia. I paralumi, sostenuti da un anello standard con supporto per lampadina, possono essere lisci o plissettati. La carta plissettata, che non ha bisogno di un telaio di sostegno può essere di peso diverso. Tuttavia, un paralume liscio deve essere preparato con un cartoncino resistente oppure con una carta rinforzata da un apposito rivestimento.

PARALUME DI CARTA PLISSETTATA

Scegliete la carta o il cartoncino e decidete l'altezza del paralume finito. Scegliete un anello verniciato di foggia e misure appropriate per sostenere la parte superiore del paralume e la lunghezza del nastro. Vi occorreranno fustella, righello, squadra, taglierino, matita, forbici, coltello da cucina e colla. Calcolate la circonferenza del bordo inferiore finito. Decidete la profondità delle pieghe, qui sono di 2 cm dalla linea interna. Secondo la profondità delle pieghe, moltiplicate la circonferenza per due per ottenere la lunghezza totale della carta.

Calcolate la dimensione del paralume e marcate la lunghezza e la larghezza sulla carta o cartoncino

1 **MISURARE** Dividete la circonferenza per la misura di ciascuna piega, qui 4 cm, e arrotondatela a un numero pari per ottenere le pieghe necessarie. Con righello, squadra e taglierino, tagliate la carta in una o più strisce per ottenere la lunghezza totale calcolata, per l'altezza del paralume finito.

Marcate la profondità delle pieghe a intervalli regolari sui margini inferiori e superiori

2 **MARCARE** Marcate gli intervalli corrispondenti alla profondità delle pieghe sui margini superiori e inferiori lunghi, sul rovescio della carta. Se usate più lunghezze di carta, prevedetene in più per incollare le giunte, continuate la sequenza delle pieghe lungo le giunte e tenete i contrassegni all'interno.

3 **FARE LE PIEGHE** Per formare le pieghe, pressate e tracciate una linea di piegatura tra i contrassegni con il lato non affilato di un coltello da cucina o le forbici; usate il righello come guida. Formate le pieghe lavorando su una superficie piana. Se unite delle strisce, incollatele all'interno di una piega.

4 **PREPARARE LA SAGOMA** Tagliate un pezzo di cartoncino di 5 x 2 cm. Tirate una riga centrale nella lunghezza di questa sagoma e fate due buchi con la fustella, uno per il nastro di arricciatura a 2,5 cm dal margine superiore, l'altro a circa 2,5 cm più in basso, per l'anello di sostegno. Appoggiate la sagoma su un margine della carta e marcate accuratamente questi fori con una matita.

5 **FORARE** Prendete ogni piega doppia tra le due parti della fustella e forate. In questo modo si formeranno dei fori corrispondenti sulle pieghe. A ciascuna estremità della carta, non praticate i fori nella piega finale che deve essere incollata.

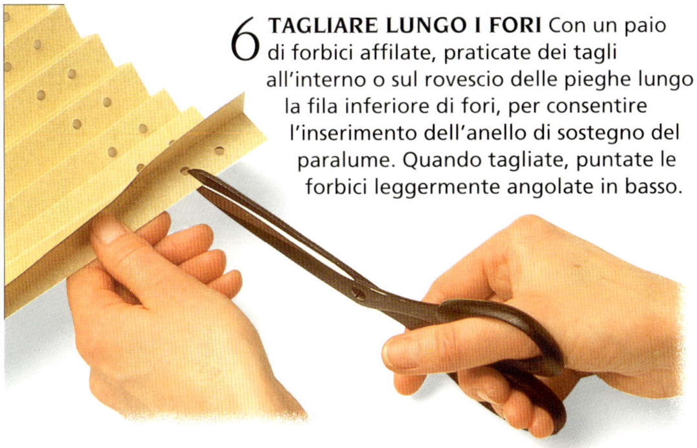

6 TAGLIARE LUNGO I FORI Con un paio di forbici affilate, praticate dei tagli all'interno o sul rovescio delle pieghe lungo la fila inferiore di fori, per consentire l'inserimento dell'anello di sostegno del paralume. Quando tagliate, puntate le forbici leggermente angolate in basso.

7 INCOLLARE LE ESTREMITÀ Fermate le estremità della carta applicando la colla sulla superficie di ciascuna piega finale. Unite le due estremità per formare una piega completa. Fate seccare la colla.

8 FISSARE LE ESTREMITÀ Tenete le due estremità finché la colla non si è seccata. Con la sagoma marcate due fori sui lembi sovrapposti. Fate i fori. Con le forbici tagliate i fori inferiori verso l'interno.

9 INFILARE IL NASTRO Tagliate un pezzo di nastro per infilarlo nei fori superiori – qui ne abbiamo tagliato circa 1 m. Fermate un capo a un'estremità e infilate il nastro nei fori.

Fermare i capi del nastro

Per impedire che il nastro si sfili, quando viene infilato nei fori, fermatene un capo con del nastro adesivo, dopo averlo tagliato. Annodate l'altra estremità del nastro per impedire che si muova.

10 INSERIRE L'ANELLO Aprite leggermente la parte superiore del paralume e inserite l'anello. Inserite con cura una metà dell'anello lungo la linea di fori tagliati. Inserite l'altra metà.

11 ANNODARE IL NASTRO Formate il paralume dandogli la sua forma finale tirando i capi del nastro. Aprite il margine inferiore del paralume secondo la circonferenza desiderata. Annodate il nastro e rifilatelo, se necessario. Dopo aver montato il paralume sulla lampada, potete girarlo per nascondere il nastro annodato.

IL PARALUME FINITO

Paralume conico liscio

Per costruire un paralume di carta rigida potete utilizzare carta rinforzata da un materiale di sostegno o cartoncino pesante sostenuto da due anelli, uno dei quali provvisto di anello per lampadina. Scegliete le dimensioni del paralume e degli anelli, che vernicerete se necessario. Vi occorreranno metro, squadra, righello, matita, fustella, taglierino, forbici, alcune mollette, colla, nastro di protezione e un peso. Per incollare il cartone agli anelli, ricopriteli prima con l'apposito nastro.

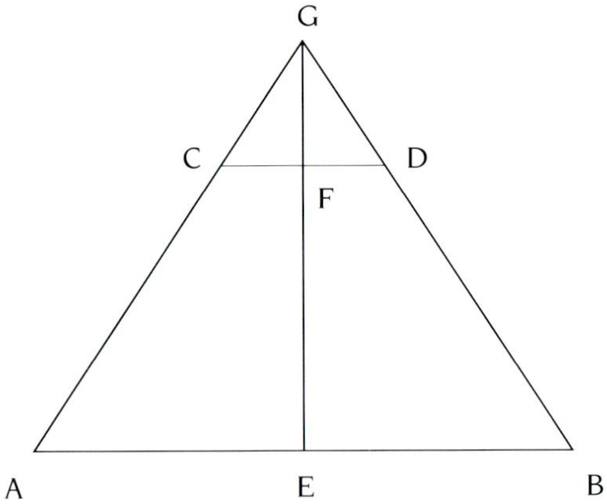

1 PRENDERE LE MISURE Con squadra, righello e matita, tracciate un diagramma della sezione trasversale del paralume. Misurate il diametro degli anelli (da A a B e da C a D) e l'altezza del paralume dal centro dell'anello inferiore al centro di quello superiore (da E a F). Le misure, il modello e il taglio devono essere molto accurati per ottenere un paralume perfetto.

2 PREPARARE IL COMPASSO Costruite un compasso con una striscia di cartone larga circa 2 cm e appena più lunga della linea tra G e B. Tracciate una linea centrale lungo il compasso, poggiatelo sul diagramma e marcate sulla linea i punti G, D e B.

Marcate i punti corrispondenti alle posizioni dell'anello sul compasso di carta

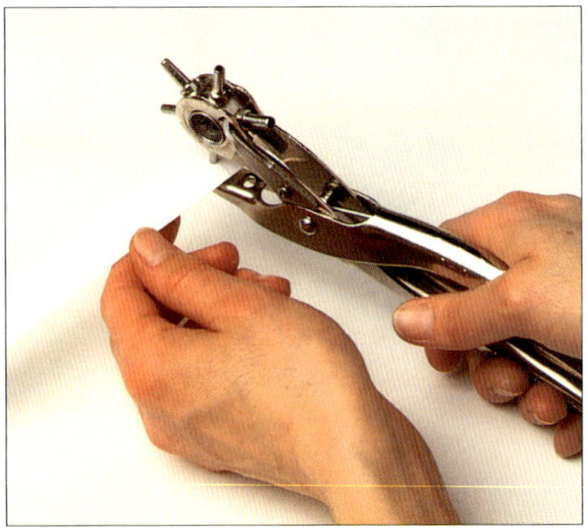

3 PREPARARE I FORI Con la fustella più piccola, fate due fori sul compasso di carta lungo la linea, leggermente al di sopra di B e D. Allineate i margini inferiori dei fori che punzonate – la posizione della punta della matita – con i punti B e D.

4 TRACCIARE L'ARCO Fissate il cartone del paralume a un ripiano con nastro adesivo. Fissate il compasso sul piano con una puntina da disegno nel punto G. Tracciate un arco con la matita nel foro D, seguito da un altro con la matita nel foro B. Questi archi danno la forma del cartone che dovrete tagliare.

5 MISURARE L'ANELLO INFERIORE Misurate la circonferenza dell'anello inferiore del paralume con un metro. Aggiungete 5 cm per la linea di sovrapposizione sulla circonferenza. Marcate questa misura sull'arco più lungo appoggiando il metro sul suo bordo. Lavorate su 10 cm alla volta facendo molta attenzione.

Usate il metro posizionato sul margine per misurare e marcare la circonferenza dell'anello

6 TRACCIARE I SEGNI FINALI Togliete il compasso e tracciate due linee con il righello dal punto G, sull'arco più corto, fino ai punti estremi della circonferenza dell'anello inferiore marcati sull'arco lungo.

7 RITAGLIARE Tagliate il cartone con il taglierino e il righello per i lati diritti e un paio di forbici affilate per le curve dei due archi.

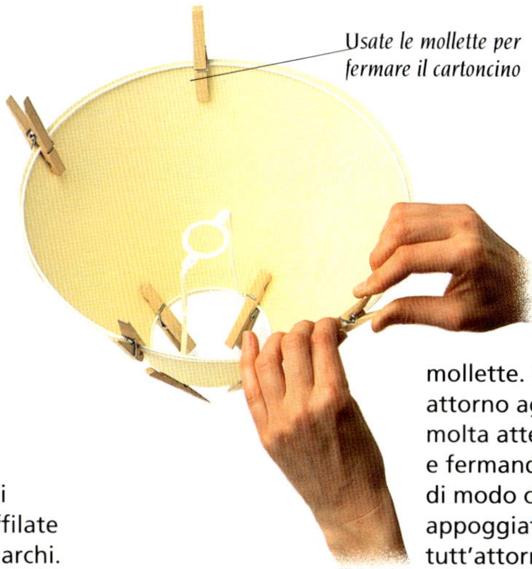

8 POSIZIONARE GLI ANELLI Curvate il cartone attorno all'anello superiore con il supporto per lampadina, fermandolo con le mollette. Inserite l'anello inferiore e fissatelo con le mollette. Posizionate il cartone attorno agli anelli, facendo molta attenzione, aggiustandolo e fermandolo con le mollette, di modo che gli anelli siano appoggiati sul bordo del cartone tutt'attorno.

9 MARCARE LA SOVRAPPOSIZIONE Una volta che il cartone è aderente agli anelli, marcate con una matita morbida la sovrapposizione composta dal cartone in eccesso sulla parte superiore e inferiore all'interno del cartone.

10 RIFILARE LA SOVRAPPOSIZIONE Aprite il paralume e toglietelo dagli anelli; aggiungete 21 mm per il bordo di giunta parallelamente ai contrassegni con una matita e un righello. Tagliate il cartone in eccesso con le forbici.

11 USARE IL PESO Applicate la colla sulla linguetta della sovrapposizione, allineatela con i contrassegni e unite il cartone. Non sporcate il cartone con la colla. Pressate la giunta con un righello e un peso, che lascerete per 30 minuti per seccare la colla.

12 BORDARE GLI ANELLI Quando la colla è secca, montate gli anelli usando le mollette per fissarli. Il sostegno con il portalampadina deve essere perpendicolare alla giunta. Fissate gli anelli con il nastro di protezione. Applicate il nastro sulla superficie esterna in sezioni di 10 cm, sovrapposto di 6 mm. Riposizionate il nastro lungo il paralume e lisciatelo sulla superficie del cartone.

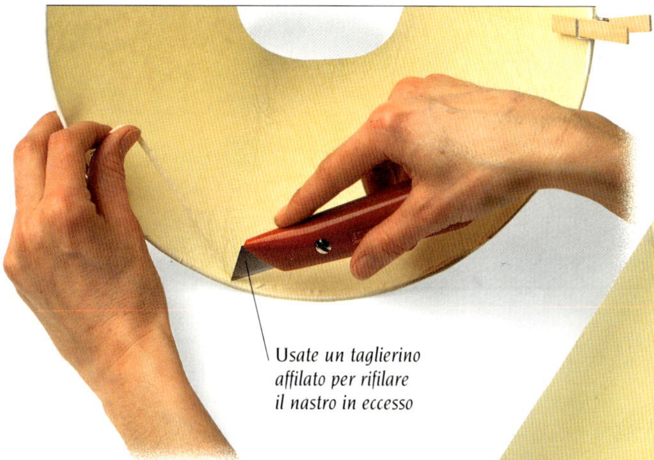

13 RIFILARE IL NASTRO Spingete il nastro sulla superficie interna e pressatelo. Rifilate il nastro in modo che il margine interno sia parallelo all'anello usando un taglierino affilato. Fate attenzione a non tagliare il cartoncino. Se volete, potete incollare una striscia di stoffa sul nastro. Montate il paralume sulla lampada.

IL PARALUME FINITO

Uso riflettente
Le piccole lampade da tavolo su treppiede sono ideali per le zone dove c'è poco spazio a disposizione; si tratta, infatti, di una base abbastanza stabile. Qui, le lampade sono collocate su entrambi i lati di uno specchio che riflette la luce nella stanza. Paralumi semplici e bianchi lasciano filtrare la luce attraverso il tessuto, illuminando i muri chiari.

DECORAZIONE

*U*TENSILI PER *L*AVORI *D*OMESTICI

*P*ER I VOSTRI LAVORI IN CASA cercate sempre di usare utensili di qualità: rendono il lavoro enormemente più semplice; è buona regola acquistarne pochi ma buoni. Non dovete necessariamente acquistare un set in blocco; piuttosto, acquistate ogni singolo utensile quando dovete metter mano a compiti diversi. Un'attrezzatura con utensili manuali ed elettrici costituisce un investimento, quindi perché durino abbiatene molta cura una volta usati. Potete eventualmente noleggiare gli utensili più specializzati dal vostro negozio di fai-da-te più vicino.

SCALA A LIBRETTO
Questo tipo di scala è indispensabile per numerosi lavori domestici. Per lavorare al soffitto, usate una scala di 2 m. All'acquisto tenete conto innanzitutto della sicurezza e della maneggevolezza; stabilità e pioli comodi e robusti antisdrucciolo sono indispensabili, mentre un piano sistemato in cima è utile per appoggiare materiale e attrezzi.

BANCO DI LAVORO PORTATILE
Rigido, portatile e una volta ripiegato è piatto, il banco di lavoro è un accessorio fondamentale. Il modello base ha una morsa per bloccare oggetti da tagliare, dipingere o lavorare e funge da appoggio per lattine di colore. I modelli più accessoriati comprendono un bordo graduato per misurare, guide parallele per materiali da tagliare e un goniometro per squadrare gli angoli.

MATITE
La matita da falegname è adatta a molti scopi, mentre per i lavori più delicati va bene una matita fine; la matita vetrografica segna su piastrelle e vetro.

MATITA VETROGRAFICA

MATITA DA FALEGNAME

MATITA FINE

STRUMENTI DI CONTROLLO
Per linee verticali precise usate filo a piombo o una livella grande. Vi può essere utile anche una livella piccola. Una squadra universale è uno strumento versatile per angoli e piccole misurazioni. Usate una squadra fissa per gli angoli retti. Flessometro, riga e staggia sono indispensabili in ogni lavoro.

SQUADRA UNIVERSALE

LIVELLA PICCOLA

SQUADRA FISSA

FILO A PIOMBO

RIGA METALLICA

STAGGIA

FLESSO-METRO

LIVELLA GRANDE

TRAPANI
All'acquisto del trapano assicuratevi che abbia una potenza sufficiente per ogni lavoro, che sia a percussione per poter fare fori sulle pareti, reversibile e a velocità variabile. Alcuni tipi di trapano sono regolabili a velocità molto bassa per avvitare. Scegliete delle punte universali e da muro.

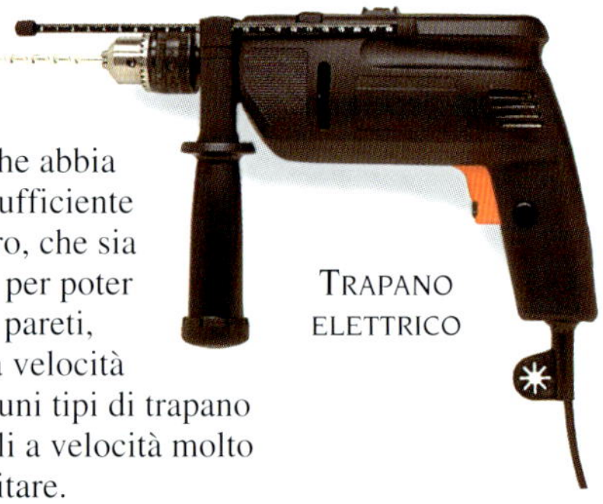

TRAPANO ELETTRICO

PUNTE UNIVERSALI

PUNTE DA MURO

MARTELLI E MAZZUOLI
Un martello da carpentiere è sempre utile, non solo per levare viti e semenze. Per lavori di precisione usate un martello da tappezziere, per lavori pesanti la mazzetta. Il mazzuolo è usato per utensili con manico in legno, come gli scalpelli. I chiodi vanno piantati nel legno con un punzone. Usate chiodi da muro per pareti e pavimenti. I chiodi senza testa sono perfetti se non volete che siano visibili. I chiodi a testa piatta sono più adatti a una robusta tenuta.

MARTELLO DA CARPENTIERE

MAZZETTA

MARTELLO DA TAPPEZZIERE

MAZZUOLO

PUNZONE

CHIODI A TESTA PIATTA

CHIODI DA MURO

CHIODI SENZA TESTA

SEMENZE

PINZE
Tenete una serie di pinze e tenaglie per tutti quei lavori dove è necessaria una buona presa. Le tenaglie servono per estrarre facilmente chiodi e bullette dal legno. Le pinze grip servono per tenere saldamente e svitare. Per lavori generici usate un paio di pinze isolate con una allargatura zigrinata e riscontri taglienti.

TENAGLIE

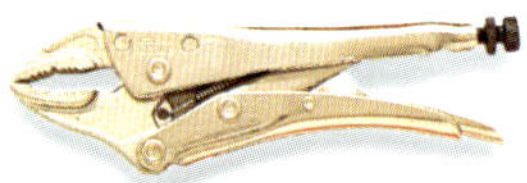

PINZA GRIP

PINZE UNIVERSALI

ARNESI DA TAGLIO

Un saracco da 510 mm è una buona sega per tagliare delle assi di legno. Per pannelli di compensato e truciolato usate una sega a dorso, mentre per oggetti metallici servitevi di una sega da metalli o seghetto. Procuratevi due o tre scalpelli da legno di varie dimensioni fino a 25 mm e un raschiatoio a manico per lavori di muratura, per staccare piastrelle o assi da pavimento. Per tagliare materiale più leggero servono due paia di forbici robuste di dimensioni diverse e un taglierino con lama sostituibile, meglio se con lama retraibile.

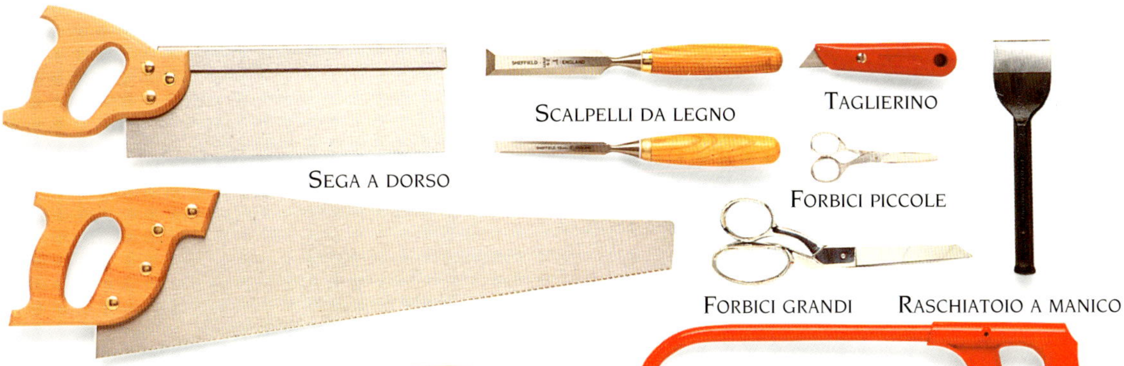

SCROSTARE E STUCCARE

Le spatole servono a stuccare crepe e fori, o a togliere pittura e carta da parati. Prima di scrostare forate la carta da parati con una rotella o uno staccatappezzeria manuale. Il tipo a vapore serve per togliere larghe aree di tappezzeria. La spugna da decoratore ha molti usi nei lavori di pittura e tappezzeria. Pulite le parti in metallo con una spazzola metallica. Rifinite le superfici con una paglietta d'acciaio o carta smerigliata avvolta in una bietta.

CACCIAVITI

Esiste una grande varietà di cacciaviti a punta diritta e a croce. Potete acquistare viti e cacciaviti di diverse dimensioni e finitura. Fate un foro guida con un punteruolo. Usate un tassello ad espansione pieno o vuoto secondo le dimensioni della vite per attacchi a muro. Per piccoli lavori elettrici usate un cercafase.

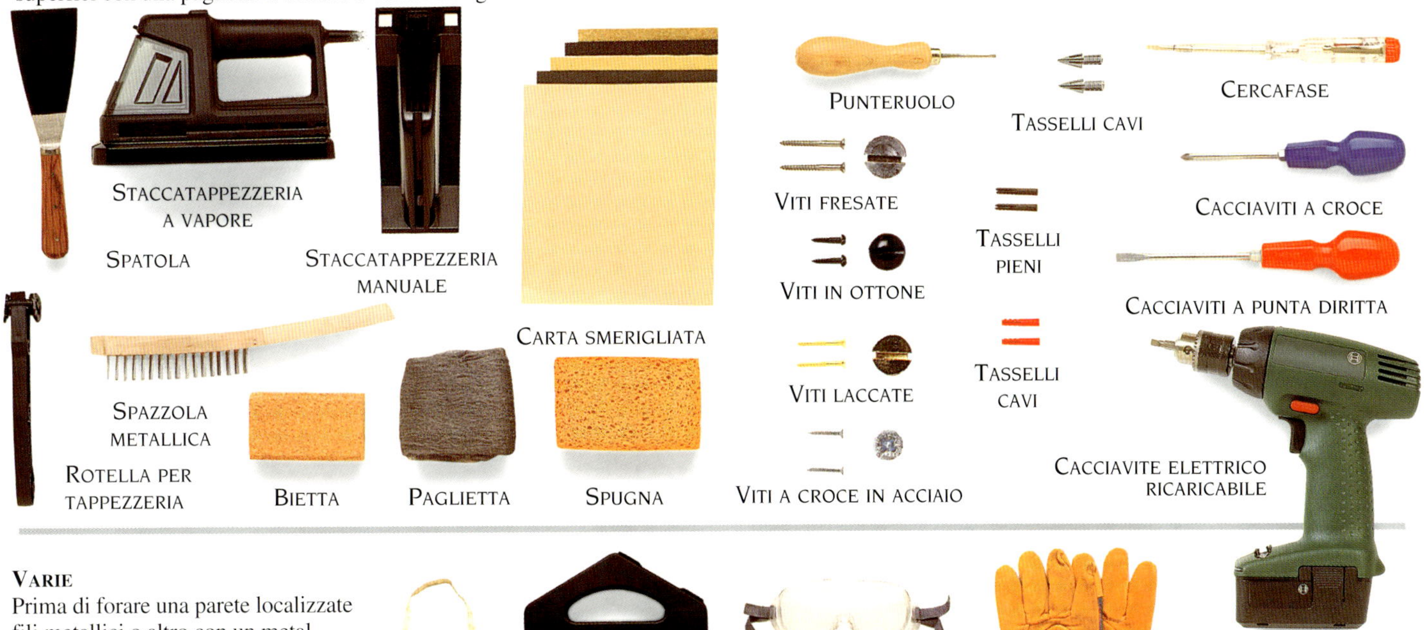

VARIE

Prima di forare una parete localizzate fili metallici o altro con un metal detector. A protezione dei vestiti e per avere una tasca per gli attrezzi portate un grembiule da falegname. Maneggiate il liquido corrosivo con guanti di gomma. I guanti di stoffa vanno bene per lavori di decorazione. Proteggete la mobilia dalla polvere con dei teli. Usate sempre occhiali di protezione e una mascherina per la polvere. Sono in commercio vari tipi di nastro isolante. Spago e puntatrice sono utili per molti lavori. Usate un robusto secchio da muratore.

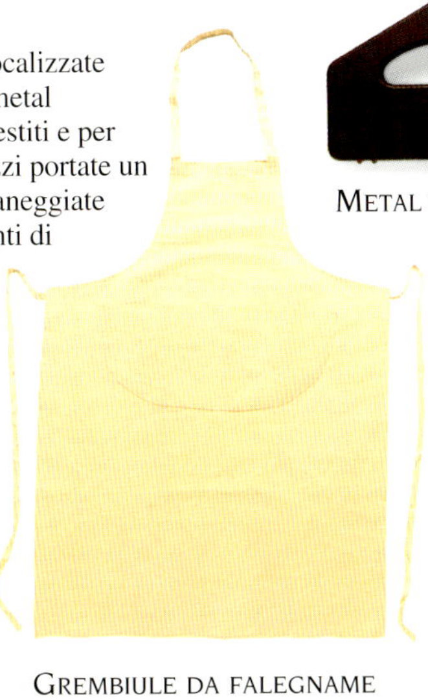

PITTURARE

STENDERE UNA MANO DI COLORE è il modo più semplice, rapido ed economico per cambiare il carattere di un ambiente. Pitturare, tuttavia, è molto di più che decorare, significa anche proteggere la superficie sottostante dall'abrasione e dai danni dell'umidità. In questo capitolo vengono esaminati i diversi tipi di pittura, si spiega come preparare le superfici e vengono illustrati i diversi metodi di applicare la pittura per avere risultati di qualità e duraturi. Per chi di voi infine desiderasse degli effetti decorativi particolari, vengono illustrate in dettaglio tecniche come la spugnatura, il dragging e lo stencil.

MISCHIARE I COLORI
Il tono di questa stanza varia con il passaggio del muro da tinte forti di geranio a un delicato rosa. Pennellate casuali mescolano i colori per un moderno aspetto a calce.

LA SCELTA DELLO STILE

LA PITTURA MURARIA PUÒ ESSERE IMPIEGATA PER CREARE diversi effetti visivi e la scelta deve dipendere dalle dimensioni, dalla posizione e dalla funzione della stanza. I colori chiari allargano e illuminano una stanza piccola e buia; una tonalità calda e carica può rendere intima una stanza grande e fredda. La tinteggiatura influisce anche sulla percezione dimensionale di una stanza, dando un senso di spazio ad una stanzetta o facendo sembrare un salone più piccolo. Prima di mettervi all'opera decidete se l'effetto deve essere di forte impatto visivo, usando quindi colori primari e decisi, o di uno sfondo neutro e naturale.

MOBILI PER LA CUCINA
Per i mobili della cucina prendete in considerazione i suggestivi colori mediterranei e applicate più mani per dare loro un aspetto più vissuto. Se si trascina il pennello sugli sportelli di legno si producono delle venature. Uno smalto grigio chiaro sul modulo isola insieme ai muri color crema accentua le tinte vivaci dei mobili. Mantenete e proteggete questi ultimi dall'usura del tempo, pulendoli con uno spray sigillante di poliuretano.

NUOVI NEON
Questi colori vivacissimi e innovativi hanno il giusto impatto per rendere ridondanti gli effetti della pittura. Scegliete due tinte, o al massimo tre, applicandole in masse in modo da creare un forte contrasto. Qui, i semplici contenitori color ciliegia sulla scrivania fanno risaltare il divisorio tra la stanza e il mezzanino.

LILLA E LAVANDA
Una stanza poco luminosa può apparire fredda se dipinta di blu. Le camere da letto, in special modo, devono essere accoglienti e il tono lavanda sarà perfetto. Applicatelo in strati e la pittura assorbirà la luce lasciando un accenno di trama. Per il letto è stata usata una tonalità lilla per valorizzare il ferro battuto.

SMALTO OPACO
Qui, toni di rosa e rosso in smalto opaco danno profondità di colore che permette di distinguere ciascuna banda. I colori degli smalti opachi non appaiono mai stinti, neanche sotto i raggi del sole che penetrano dalla finestra.

Tonalità unica
Qui, la tonalità crema ben si accompagna a superfici e dettagli diversi. Lo smalto opaco sui muri assorbe la luce, mentre la superficie riflettente del tavolo fa da contrasto.

Pittura a calce terracotta
Questa trasparenza è il risultato dell'unione di una pittura ad acqua con uno smalto. L'effetto anticato è stato ottenuto con un pennello e un sacchetto. Lo smalto asciuga lentamente ed è facile, quindi, correggere gli errori.

Tonalità neutre
Lo smalto denso e opaco ha dato carattere alla stanza, intonandosi bene con i robusti mobili di legno. I tappeti color avena completano l'insieme richiamando muri e armadi.

Doccia
I muri e i pavimenti di una doccia devono resistere all'acqua e presentare una superficie non scivolosa. Gli smalti lucidi non sono l'unica alternativa; esistono anche sigillanti che diventano invisibili una volta asciugati e altri prodotti, come la pittura per cemento, per superfici porose.

Superfici e Attrezzi

Cambiare il carattere di una stanza con la pittura significa molto più che stendere del colore. La pittura può coprire dei difetti o alterare le proporzioni di una stanza. Un'attenta preparazione, unita alla progettazione, stanno a monte di un risultato da professionista. Una superficie pulita e liscia facilita il lavoro, sia che si tratti di stendere un'emulsione o di dragging, puntinatura o spugnatura. Diversi sono i materiali e gli utensili che vi aiuteranno in ogni fase del lavoro, dalla levigatura del legno alla verniciatura del supporto finito e dalla pittura del legno grezzo a ridipingere un supporto danneggiato.

Cosa fare dove

I diversi tipi di supporto richiedono un diverso trattamento prima di stendere il colore: il legno grezzo, ad esempio, va carteggiato e le fessure vanno stuccate. Per risultati duraturi dovete scegliere gli attrezzi adatti per pitturare e decorare a seconda del supporto. Quando scegliete lo stile dell'ambiente, controllate con calma carattere e grana della superficie e quali possono essere gli effetti dell'accostamento del nuovo al vecchio. Se per una casa moderna è più desiderabile una rifinitura liscia, una pittura grezza può aggiungere carattere a una casa più antica.

Supporti grezzi

Intonaco

Mattoni

Legno

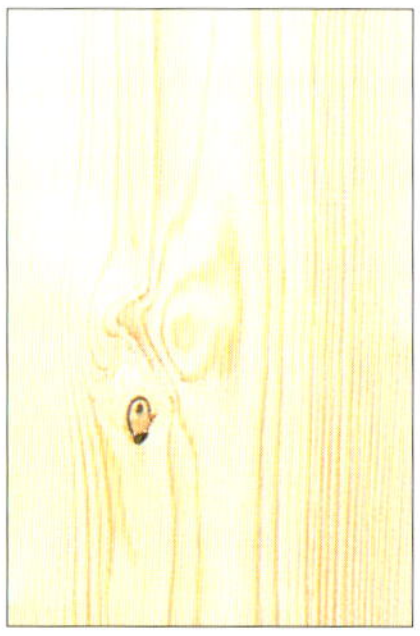

Tubi di rame

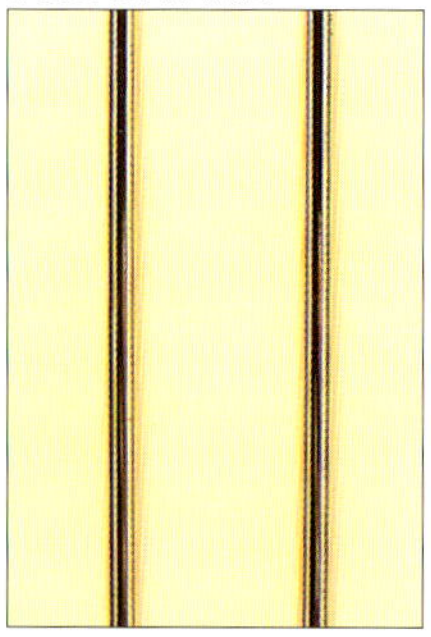

A intonaco asciutto, spazzolate, stendete il primer e una mano di emulsione diluita o cementite. Nel bagno meglio usare pittura idrorepellente. Spazzolate i mattoni prima della pittura. Per il legno grezzo per evitare la fuoriuscita di resina dai nodi usate gommalacca. Stuccate le crepe con stucco da legno. Carteggiate e verniciate o stendete primer, cementite e poi vernice ad olio. Sul ferro usate carta smerigliata grossa per togliere la ruggine; stendete il primer prima del colore a olio. Pulite i tubi in rame nuovi con acquaragia e stendete la vernice a olio.

Supporti rifiniti: pareti e soffitti

Tempera

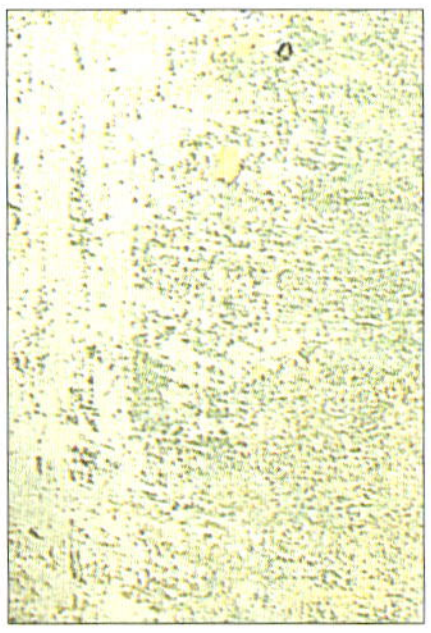

Pittura

Carta da parati

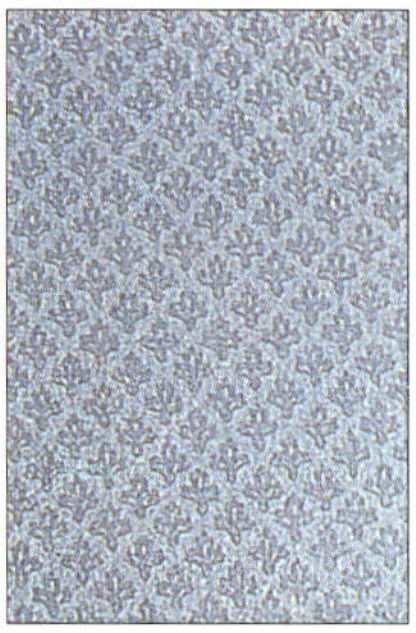

Piastrelle

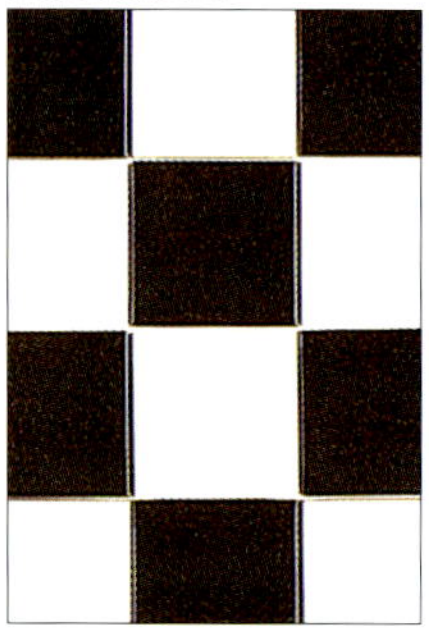

Passate con un panno umido. Se il colore viene via, potrebbe trattarsi di tempera. Levigate e ridipingete. Prima di stendere dell'emulsione sulla tempera, scrostate e date il fissativo. Stuccate le crepe e carteggiate prima di ridipingere. Lavate le superfici emulsionate con sapone. Potete otenere una superficie liscia con della carta di rinforzo (*vedi p. 263*). Stendete il colore sulla carta da parati non vinilica, mentre sulle piastrelle usate degli smalti ma è sempre meglio prima eliminare piastrelle e carte da parati.

Superfici rifinite

Colore

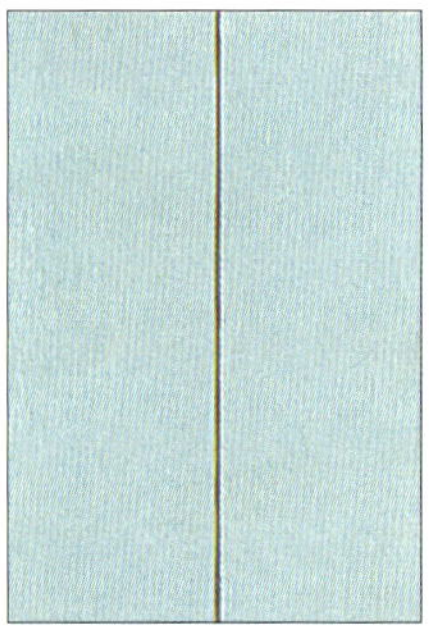

Melamina

Mordente

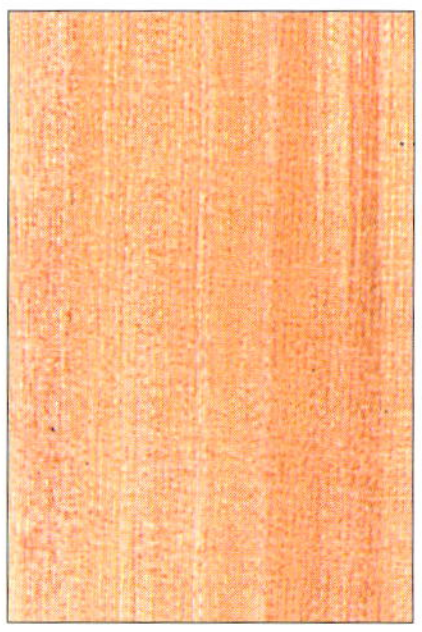

Vernice

Il legno dipinto va lavato con sapone e ridipinto con vernice a olio. Stuccate il legno e carteggiate; stendete il primer e la pittura. Per far aderire la vernice pulite e carteggiate la melamina. Per il legno cerato o verniciato, togliete la mano finale con un decappante chimico e neutralizzate con una miscela 1:20 di aceto e acqua. In caso di legno mordenzato, carteggiate e usate del primer. Prima di applicare della vernice protettiva trasparente al legno grezzo, togliete il mordente con lo sbiancante.

Attrezzi

Il lavoro di pittura può essere facilitato dall'impiego di attrezzi e accessori di qualità, in particolare pennelli e rulli, a seconda dei vari compiti. Noleggiate eventualmente l'attrezzatura più costosa per ottenere i risultati migliori. Un trabattello (ponteggio) o delle assi sistemate su due scale a libretto (*vedi p. 260*) fungono da piattaforma di lavoro sicura quando dovete pitturare pareti e soffitti alti. Seguite le istruzioni allegate agli attrezzi per un loro uso corretto e sicuro.

Pennelli

Usate dei pennelli da 100-150 mm per pareti e soffitti, più stretti per i dettagli. I pennelli ovali servono per stendere la vernice. Per l'intelaiatura di finestre usate dei pennelli appositi. Il pennello da radiatore invece raggiunge bene gli interstizi e dietro i radiatori. I pennelli da pittore vanno usati per dettagli e lavori di precisione.

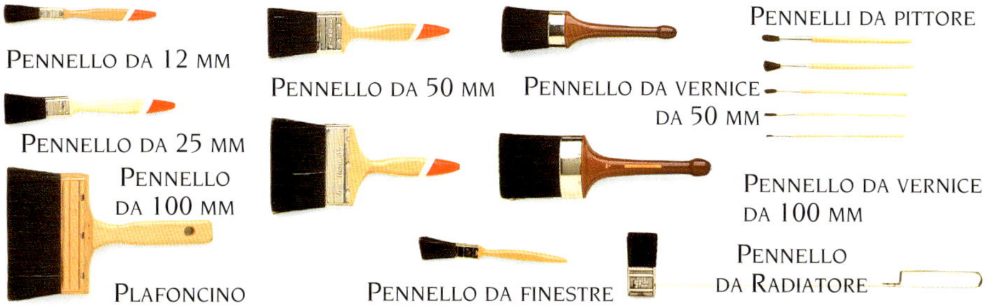

Rulli

I rulli migliori hanno il pelo morbido. Il cilindro staccabile dal manico è più facile da pulire e riutilizzare. Per soffitti e pareti alte usate una prolunga, per i punti difficili un rullo da radiatore. Create degli effetti particolari con un rullo sagomato e la pittura adatta.

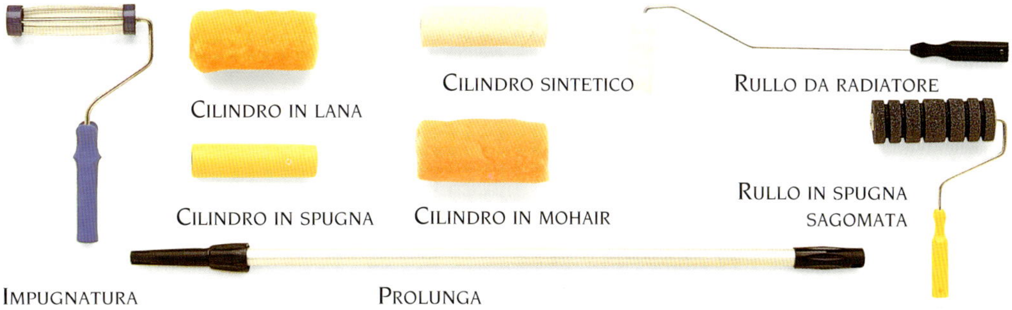

Tamponi

I tamponi sono in mohair fissati a un supporto in spugna. Esistono in commercio in diverse dimensioni, spesso con l'impugnatura cava per prolunghe da usare per pareti e soffitti alti. Come i rulli, i risultati migliori si ottengono con l'idropittura.

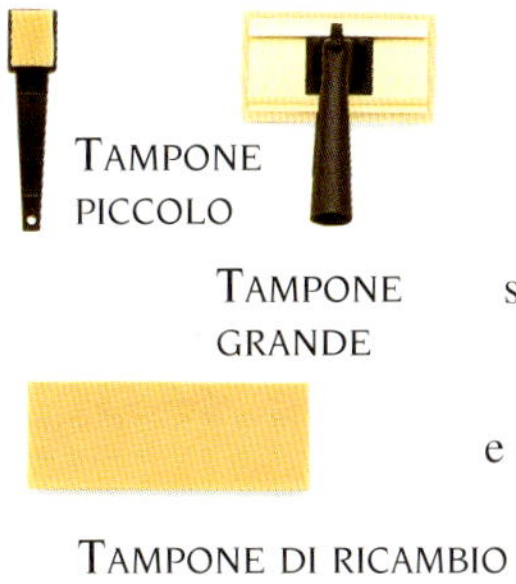

Contenitori

La scelta dipende da che tipo di strumento usate: per i pennelli sono adatti i secchielli in metallo o plastica, mentre per i rulli e i tamponi vanno bene vaschette con griglia in plastica e metallo.

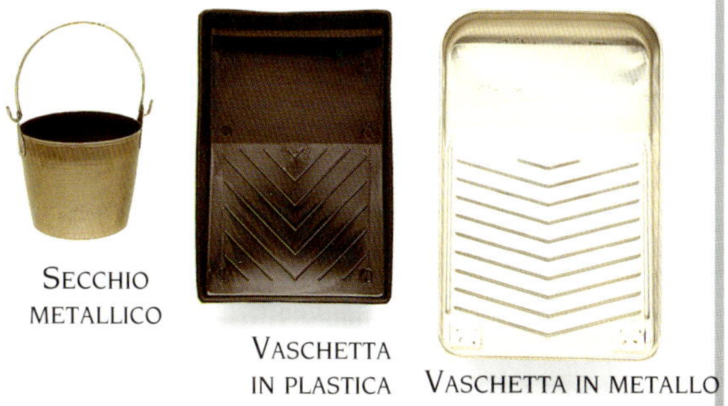

Altri strumenti e materiali

L'acquaragia è un solvente per pittura a olio. Per non fare sbavature mentre ritoccate dettagli usate un appoggiamano. Mescolate la pittura con un'asticella in legno. Usate del panno che non lasci peli per pulire e una bietta con avvolta carta vetrata per levigare e uniformare. Se avanzate delle piccole quantità di pittura conservatele in barattoli di vetro.

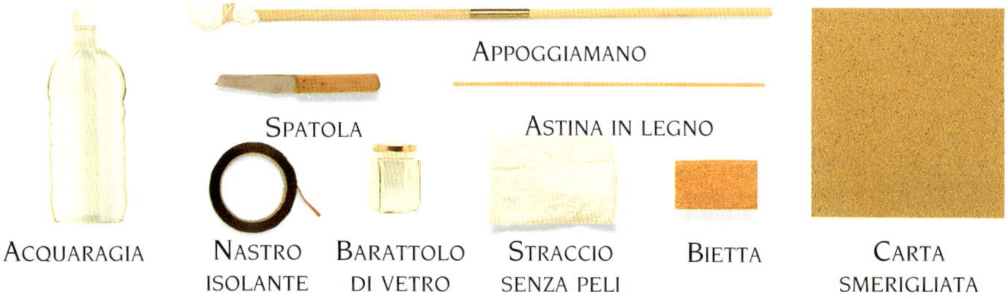

Pennello autoalimentato

La pittura viene pompata da una bomboletta al pennello per facilitarne l'uso.

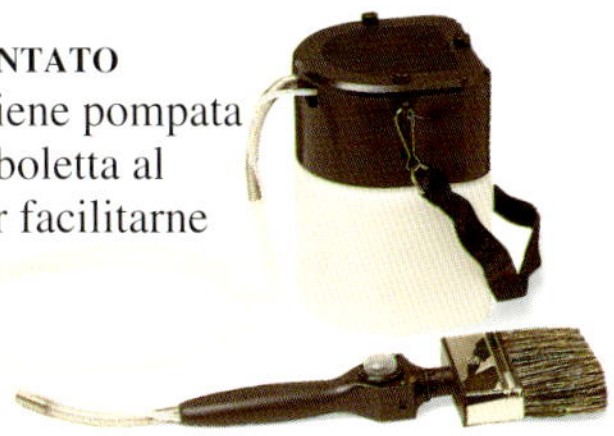

Rullo autoalimentato

Evita l'uso di una bacinella facendovi risparmiare tempo quando lavorate su superfici molto grandi.

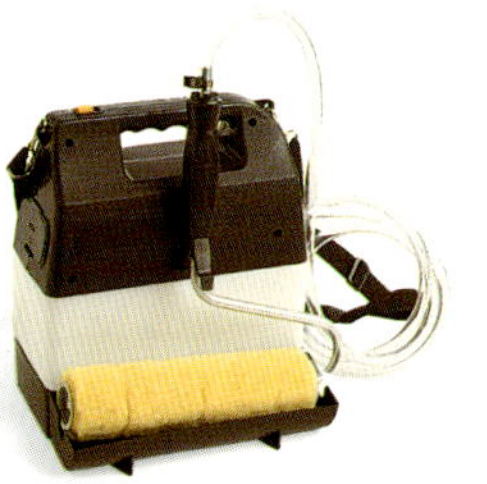

Pistola a spruzzo

Ideale per pitturare grandi aree in poco tempo. Indossate sempre una mascherina di protezione.

PIANIFICARE PER TEMPO

UN LAVORO DA PROFESSIONISTA inizia da una pianificazione adeguata. Innanzitutto isolate la stanza e quel che vi è contenuto. La superficie su cui dovrete lavorare deve essere il più possibile liscia. Prima di carteggiare e scrostare, sigillate le fessure dell'ingresso per evitare che la polvere arrivi in tutta la casa. Staccate i quadri e togliete la mobilia dalla stanza, oppure raccoglieteli al centro della stanza e copriteli con dei teli. Staccate anche lampade e lampadari e proteggete le parti fisse con sacchetti di plastica. Coprite il pavimento con teli di stoffa o polietilene.

PREPARARE LE SUPERFICI

Indossate degli indumenti smessi, un grembiule da falegname o una tuta quando preparate una superficie e usate una maschera di protezione contro la polvere. Pulite la superficie con sapone applicato con acqua e spugna; asciugate con un panno che non lasci peli. Con una bietta rivestita di carta vetrata effettuate la levigatura. Un pennello di 12 mm è l'ideale per spazzolare e inumidire le crepe prima di stuccarle. Stuccate con una spatola a lama stretta. A stucco asciutto, carteggiate con la bietta e la carta smerigliata.

SUPERFICI GIÀ DIPINTE

1 **PULIRE LA SUPERFICIE** Se la superficie da ridipingere è in buone condizioni, non occorre sverniciarla. Spazzolate da polvere e sporco e pulite con sapone e spugna il colore per rivelare ogni piccolo danno che richieda stuccatura.

2 **ASCIUGARE** Asciugate con un panno che non lasci peli. Se non avete sapone, usate un qualsiasi prodotto per la pulizia domestica, asciugate, quindi passate con una carta vetrata fine. Spazzolate con un pennello o rilavate la superficie.

TOGLIERE PITTURA CHE SI SFARINA

Intervenite su sfarinature scrostando innanzitutto con una spatola. Carteggiate la superficie con carta vetrata media e bietta. Stendete un fissativo prima di applicare la prima mano di emulsione.

STUCCARE

1 **RIPULIRE I BUCHI** Il segreto della stuccatura sta nell'usare meno stucco possibile, riducendo il lavoro di carteggiatura. Innanzitutto ripulite a fondo il buco con un piccolo pennello.

2 **INUMIDIRE I BUCHI** Inumidite con dell'acqua i buchi per fare in modo che lo stucco aderisca bene. Con un piccolo pennello bagnate dentro e intorno al buco.

3 **STUCCARE** Con una spatola fate aderire bene lo stucco eliminando gli eccessi. I buchi più grossi vanno stuccati a più riprese, lasciando asciugare ogni strato. Le crepe vanno stuccate con un velo di stucco e una spatola bagnata.

4 **CARTEGGIARE** Dopo aver applicato lo stucco, bagnate la spatola e togliete il materiale in eccesso. Una volta asciutta, carteggiate la superficie con un foglio di carta vetrata fine.

Calcolare le quantità

Quando calcolate la quantità di pittura necessaria valutate le mani oltre alla prima, specie in caso di tinte scure. Dividete la stanza in piccole unità dello stesso colore o tipo di pittura. Moltiplicate l'altezza per la lunghezza di ogni unità. Sommate i risultati per avere una stima della pittura necessaria. Seguite le istruzioni del fornitore per stendere la pittura, tenendo conto della porosità del supporto. L'intonaco nuovo, ad esempio, assorbe colore più facilmente di quello vecchio.

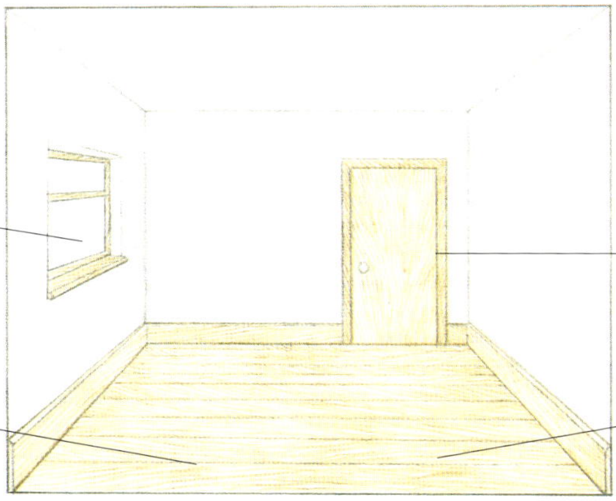

Preparare la pittura

La pittura una volta aperta e inutilizzata può deteriorarsi o formare una pellicola superficiale. Controllatela accuratamente ed eventualmente filtratela. Procuratevi un pennello, una spatola, un'astina di legno e un secchio.

1 **SPAZZOLARE IL BORDO** Prima di aprire il barattolo togliete la polvere dal coperchio con un pennello, per evitare che cada nel contenitore una volta aperto.

2 **APRIRE LA LATTINA** Con il bordo della spatola fate lentamente leva lungo tutto il bordo del coperchio per aprirlo finché non scatta.

3 **MESCOLARE** Per fare in modo che il colore sia uniforme, con un'astina in legno mescolate bene, lavorando concentricamente e dall'alto verso il basso.

4 **TRASFERIRE IL COLORE** Versate metà del contenuto nel secchio di plastica o metallo per facilitarne la maneggiabilità. Appendete il secchio alla scala per essere più raggiungibile con il pennello. Con un rullo o un tampone usate la vaschetta a griglia.

Filtrare il colore

Esposto all'aria il colore può formare una pellicola superficiale. Per evitarlo, dopo l'uso rimettete subito il coperchio e conservate la lattina rovesciata. Nel caso siano entrate delle impurità, filtrate prima dell'uso.

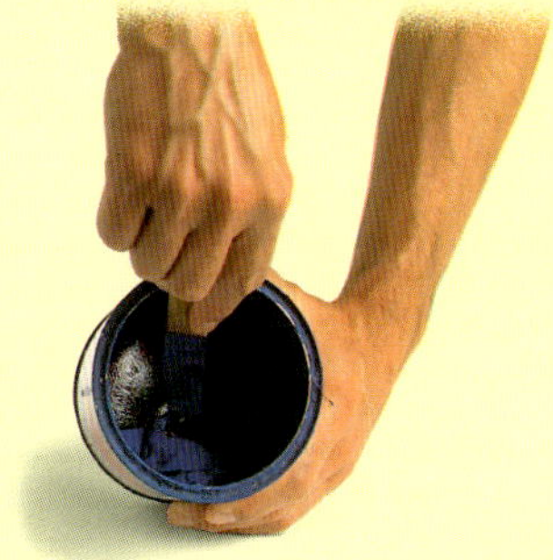

1 **TAGLIARE LA PELLICOLA** Pulite il coperchio prima di aprire una vecchia lattina. Se il colore si è indurito in una pellicola, usate un coltello per eliminarla. Nel caso di pellicola elastica, basta un'astina o un coltello per toglierla.

2 **FILTRARE** Sistemate sull'apertura del secchio un pezzo di tela di cotone oppure dei collant usati. Filtrate la pittura per eliminare ogni tipo di impurità. Conservate il colore in un recipiente chiuso ermeticamente.

COME PITTURARE

PRIMA DI STENDERE IL COLORE, pulite accuratamente la stanza da polvere, impurità e sporcizia, scuotete i teli e passate l'aspirapolvere. Rimettete a posto i teli. Fate in modo che la stanza sia ben illuminata, meglio se da una lampadina sola. Scegliete un plafoncino o un rullo per superfici estese, mentre per aree ridotte o cornici usate un pennello. Esistono fondamentalmente due tipi di pittura: la pittura ad olio e le emulsioni. Per legno e metalli sono consigliabili vernici ad olio, mentre le emulsioni, pittura idrosolubile, sono adatte a pareti e soffitti.

PREPARARE IL PENNELLO

Scegliete il pennello a seconda del lavoro: per pareti e soffitti usate un pennello di 100 mm o più; per porte e finestre basta un pennello di 25-75 mm. I pennelli larghi stendono il colore rapidamente e facilmente; i pennelli da pittore servono per dettagli e intagli in legno.

1 **PULIRE LE SETOLE** Pulite le setole fra le dita per eliminare le impurità. I pennelli nuovi tendono a perdere setole che rimangono attaccate al colore fresco; usateli quindi per stendere il primer.

2 **BAGNARE IL PENNELLO** Bagnate 1/3 del pennello nel colore. Eliminate l'eccesso premendo con delicatezza contro le pareti del secchio, piuttosto che passare le setole sul bordo.

STENDERE LE EMULSIONI

Le emulsioni sono di facile impiego e potete stenderle con un pennello, un rullo o un tampone. È una pittura idrorepellente, con effetto opaco o satinato. A differenza della pittura ad olio, asciugano rapidamente, quindi per evitare "ombre" è importante stenderle con cura e rapidamente. L'ultima porzione di parete dipinta deve restare fresca abbastanza per ricominciare con la successiva senza far notare la giunta.

1 **INIZIARE** Togliete la polvere della superficie e incominciate a lavorare partendo da una fonte di illuminazione naturale, ovvero dall'angolo superiore della parete o immediatamente sopra la finestra. Afferrate saldamente il plafoncino.

2 **INTERROMPERE** Date pennellate leggere e incrociate, finendo con una pennellata verso l'alto, cosiddetta "di sosta". Spostatevi rapidamente all'area vicina. La mano non deve essere troppo carica: aspettate finché non sarà asciutta per stenderne altre.

STENDERE LA PITTURA AD OLIO

La pittura ad olio, disponibile ad effetto lucido, satinato e opaco, è durevole e impermeabile. Va stesa con cura a più riprese; si inizia usando del primer sul legno, si procede quindi con una mano di cementite e infine una o più rifiniture. La stanza in cui lavorate deve essere ben ventilata, se volete usare vernici a olio, poiché i vapori prodotti sono potenzialmente nocivi.

1 **PENNELLATE VERTICALI** Iniziate con pennellate parallele e verticali, tenendo il pennello come una penna. Lavorate su porzioni di 30 cm circa.

2 **UNIRE** Finito il colore, non intingete nuovamente il pennello, ma date delle pennellate in senso orizzontale rapidamente per coprire l'area.

3 **FINIRE** Lavorate ancora in senso verticale sul colore fresco. Intingete il pennello e passate all'area vicina partendo dal lato fresco per uniformare le due superfici.

BORDARE

È una tecnica per rendere più netta la linea di unione tra due superfici di diverso colore, ad esempio tra una parete ed il soffitto. Il colore adiacente deve essere asciutto prima di stendere l'altro colore. Provate il pennello migliore per questo lavoro.

SOFFITTO
Con il pennello parallelo al soffitto, ma lontano dall'angolo con la parete, premete delicatamente contro la superficie così che il pennello si apra leggermente a ventaglio. Il colore si imperlerà in punta e va quindi sospinto verso l'angolo e di lato, in modo da rendere una linea di unione più netta.

RIVESTIRE IL SECCHIO

Per facilitare la pulizia del secchio rivestitelo internamente con un foglio di alluminio. Al termine del lavoro, fate attenzione a toglierlo ed eliminatelo. La pittura ad olio si toglie soltanto con acquaragia.

PITTURARE I CONTORNI DI PORTE E FINESTRE

Si tratta di una tecnica per dipingere l'area circostante la cornice di porte e finestre prima del resto della parete. Con un pennello largo 2,5-5 cm date delle pennellate perpendicolari alla cornice. Passate poi ad un plafoncino oppure a un rullo per finire il lavoro.

1 **FARE STRISCE** Dipingete una serie di strisce di colore perpendicolarmente alla cornice.

2 **UNIRE LE STRISCE** Date una pennellata parallelamente alla cornice sopra le strisce, passando rasente al margine. Date la precedenza a quest'operazione nella tinteggiatura di una stanza.

LEVIGARE LA PITTURA

Imperfezioni come particelle di polvere, impurità o setole possono restare attaccate alla pittura. È perciò necessario carteggiare leggermente, spolverare e pulire la superficie tra una mano e l'altra. Procuratevi una carta vetrata a grana fine, un vecchio pennello e uno straccio che non lasci peli per eliminare le imperfezioni ed ottenere una superficie levigata.

1 **CARTEGGIARE** A pittura asciutta passate leggermente con una bietta e della carta vetrata a grana fine sull'imperfezione.

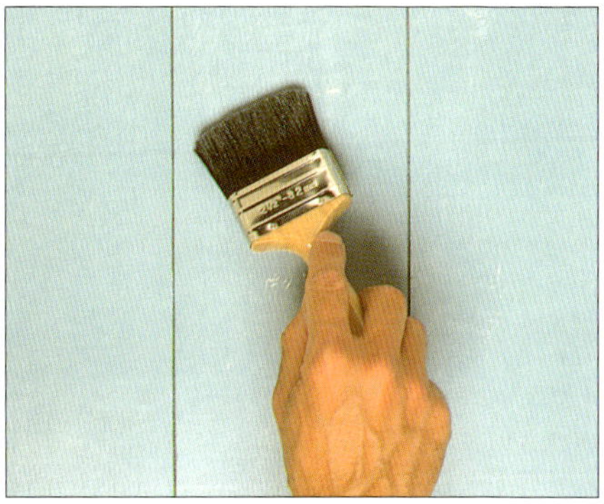

2 **SPAZZOLARE** Passate il palmo della mano per controllare che il problema sia stato risolto. Togliete la polvere con un vecchio pennello.

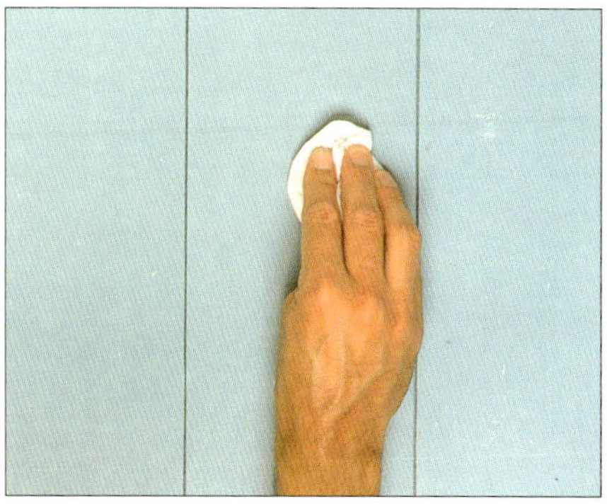

3 **PULIRE** Con uno straccio umido che non lasci peli eliminate le particelle di polvere e i residui. Ridipingete la superficie.

USARE IL RULLO

I rulli in commercio sono disponibili in diverse dimensioni e materiali, lisci o lavorati. In mohair o spugna sono perfetti per lavorare su aree estese, mentre a pelo lungo sintetico o in lana sono più adatti per superfici grezze o irregolari. Prima di lavorare con il rullo, fate il bordo alle cornici di porte e finestre (*vedi p. 231*). Intingete il rullo in una vaschetta con griglia. Per evitare schizzi, stendete di volta in volta poco colore.

1 **RIEMPIRE LA VASCHETTA** Deve essere pulita e asciutta. Le emulsioni sono perfette da stendere con il rullo perché idrosolubili. Potete usare anche pittura ad olio, ma sarà più difficile pulire il rullo.

2 **CARICARE IL RULLO** Inserite il cilindro nel manico, controllando che sia pulito. Intingete il rullo nella vernice e passatelo alcune volte sulla griglia inclinata per distribuire il colore.

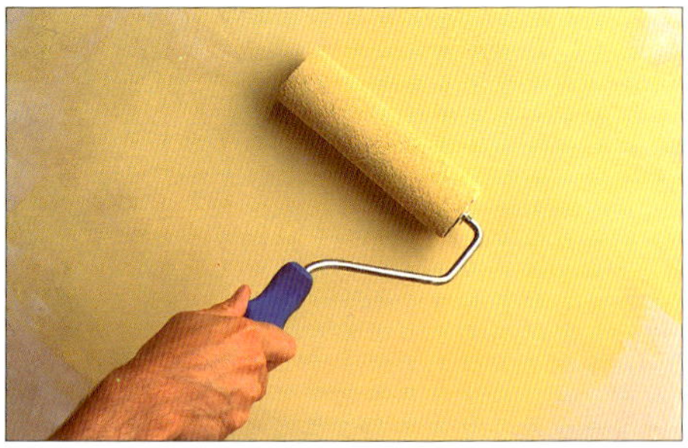

3 **STENDERE IL COLORE** Passate il rullo sulla parete dando delle passate verticali e incrociate e stendendo uniformemente il colore. Fate in modo che il rullo non scivoli sulla superficie.

4 **SOSPENDERE** Date una passata verticale prima di ricaricare il rullo. Spostatevi all'area adiacente, passando sulla pittura fresca per uniformare le aree.

PITTURA IRREGOLARE

Se volete ottenere degli effetti particolari, esistono rulli con cilindro in spugna lavorata e pitture specifiche per questi lavori. La pittura è in genere bianca. Stendete il colore sovrapponendo le passate. A pittura asciutta, se volete, potete passare con un'emulsione per dare colore.

USARE IL TAMPONE

I tamponi, come il rullo, sono strumenti per stendere idropitture su larghe aree. Li potete acquistare di dimensioni diverse e usare su superfici leggermente irregolari, come anche su metallo e legno. La pittura ad olio non è la più adatta per i tamponi, in quanto i solventi usati per eliminare il colore potrebbero danneggiare il supporto in spugna.

1 **CARICARE** Versate il colore nella vaschetta o altro recipiente adatto. Tenete il tampone piatto e intingete in modo che si impregni solo lo strato superficiale. Eliminate l'eccesso di colore prima di stenderlo sul supporto.

2 **STENDERE IL COLORE** Date delle passate in diverse direzioni sul supporto. Applicate la pressione che vi sembra migliore, per stendere il colore, senza però gocciolare. Il caricamento è più frequente che con un rullo.

ORDINE DI LAVORO

Dopo aver svolto il lavoro preliminare, a superfici levigate e asciutte, pulita scrupolosamente la stanza da polvere e detriti, potete iniziare a tinteggiare. Per evitare che il colore schizzi su superfici già dipinte, iniziate dal soffitto, scendete alle pareti tenendo per ultime le superfici in legno. Se il colore originario è scuro, potrebbero rivelarsi necessarie due mani di fondo prima della rifinitura.

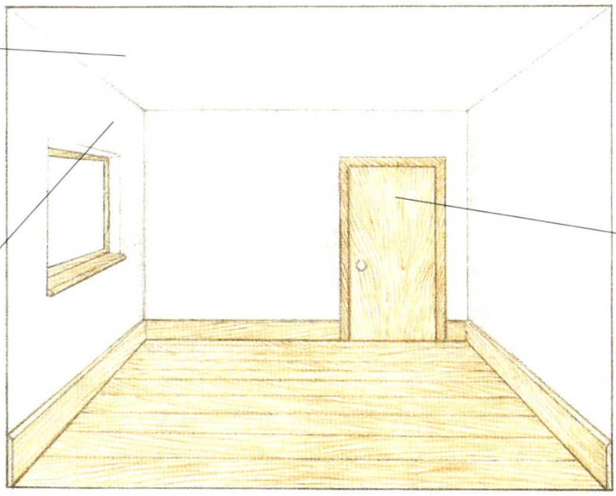

CONSERVARE I PENNELLI

I pennelli usati si rovinano se vengono lasciati per troppo tempo sporchi di pittura. I pennelli con pittura ad olio possono restare per alcuni giorni immersi in un barattolo d'acqua sospesi sul bordo ad un ferro inserito nel manico. Per periodi più brevi, avvolgete i pennelli in alluminio, pellicola trasparente o un sacchetto.

TINTEGGIARE PARETI E SOFFITTI

Dopo aver completato il bordo di porte e finestre, passate con un plafoncino o un rullo. Con una scala a libretto lavorate dalla cima al fondo. Stendete il colore su aree di circa 60 cm quadrati, iniziando, se è possibile, dall'angolo superiore più illuminato. Scendete in blocchi prima verso il pavimento, poi ricominciate dall'alto. Fate col rullo strisce di 60 cm, iniziando paralleli al soffitto e continuando orizzontalmente verso il pavimento.

PITTURARE IL SOFFITTO

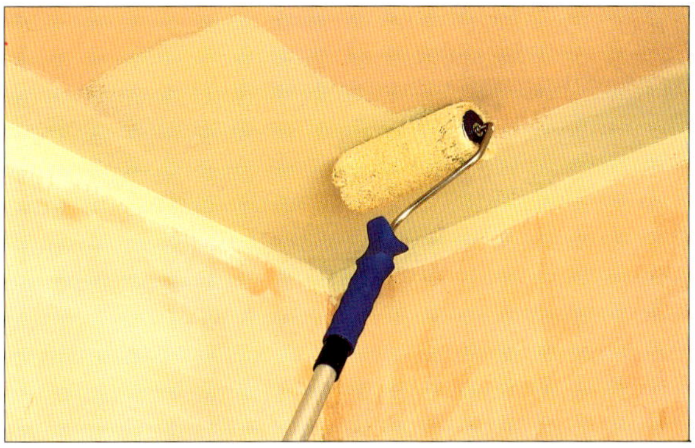

Usate un rullo, un plafoncino o un tampone; potete lavorare da una scala, ma è molto meglio da un'impalcatura ricavata da un'altra scala e delle assi (*vedi p. 260*). Lasciate tra voi e il soffitto una distanza di 7,5 cm. Se usate un tampone o un rullo potete lavorare da terra usando un manico con prolunga. Stendete il colore in strisce di 30-45 cm, allontanandovi dalla luce.

PITTURARE ATTORNO AGLI INFISSI ELETTRICI

Potete togliere gli infissi, ma prima di tutto staccate l'interruttore generale. Staccate la mascherina con un cacciavite e stendete il colore sul bordo. L'alternativa è coprire le prese con del nastro per mascherature. Stendete il colore attorno. A pittura asciutta, staccate con delicatezza il nastro isolante.

RITOCCARE I DETTAGLI

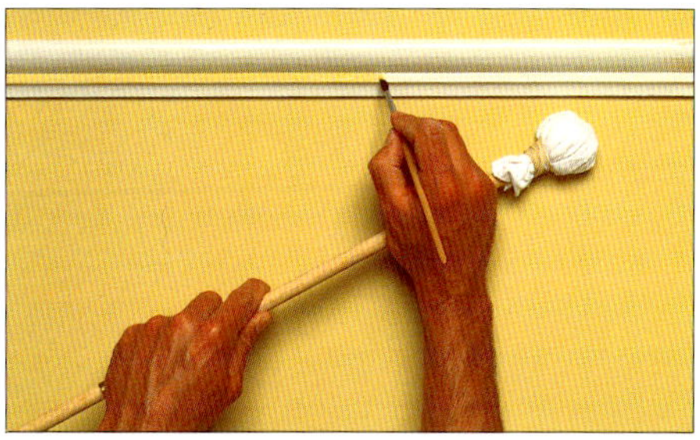

Molte case antiche presentano rifiniture originali, come stucchi, cornici, listelli decorativi o appendiquadri. Sono tutti dettagli che vanno dipinti con un pennello piccolo o da pittore. Stendete il colore di fondo con un pennello da 25 mm o meno, rifinendo i dettagli con un pennellino da pittore. Per evitare sbavature usate un appoggiamano.

DIPINGERE IL LEGNO

DOPO AVER DATO L'ULTIMA MANO a soffitto e pareti, potete occuparvi del supporto in legno. Per preparare del legno nuovo o già dipinto alla rifinitura, colore o vernice, è necessario pulirlo e levigarlo (*vedi p. 228*) ed eventualmente stendete la vernice a gommalacca. Diversi strati di pittura ad olio costituiscono la protezione più duratura per il legno. Se il legno è in buone condizioni, potete scegliere diversi tipi di trattamento, come la calcinatura, il mordente, la verniciatura o la cera.

DIPINGERE

La pittura ad olio, lucida o satinata, va stesa sul supporto in legno per formare una pellicola protettiva. Aspettate che il colore sia perfettamente asciutto prima di stendere la seconda mano; se lavorate in luogo a bassa temperatura possono passare alcuni giorni. Date l'ultima mano con un pennello usato, a setole morbide per risultati migliori. Assicuratevi che l'ambiente dove lavorate con le pitture ad olio sia ben ventilato.

DIPINGERE LEGNO GREZZO

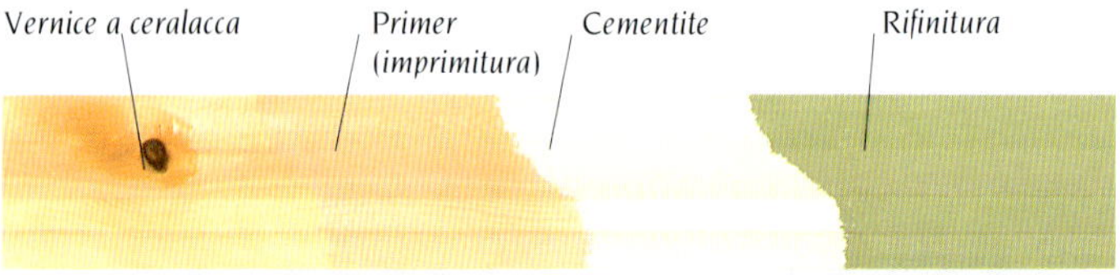

Carteggiate leggermente i bordi e i punti irregolari del legno grezzo. Passate le superfici con un panno inumidito con acquaragia per togliere la polvere. Passate della gommalacca sui nodi. Una volta asciutta, stendete l'imprimitura da legno in modo che penetri a fondo e carteggiate la superficie asciutta con una carta vetrata a grana fine. Date una mano o due di cementite. Ad asciugatura avvenuta, carteggiate con della cartavetrata a grana fine. Date una mano o due di cementite. Ad asciugatura avvenuta, carteggiate con della cartavetrata a grana fine. Pulite dalla polvere e date la mano finale.

RIDIPINGERE IL LEGNO

1 **CARTEGGIARE** Lavate la superficie con sapone. Passate con una carta vetrata a grana medio-fine. Pulite con un panno inumidito in acquaragia.

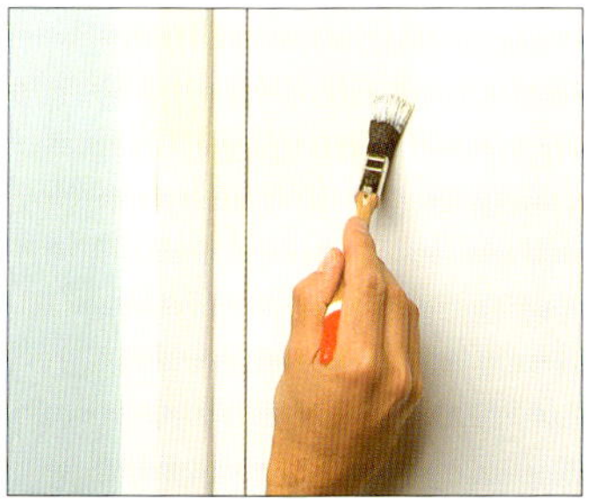

2 **STENDERE IL COLORE** Stendete il colore sulla superficie trattata. Se il colore è diverso, date una mano di cementite e poi il colore.

VERNICE E MORDENTE

La vernice, disponibile in opaco, satinato e lucido, stende una pellicola durevole quanto la pittura ad olio. Le vernici pigmentate alterano il tono naturale del legno. Molto più efficaci sono i mordenti. Preparate il legno per la verniciatura come per la pittura ad olio: carteggiate e stuccate per rendere la superficie ben liscia. Togliete la polvere e pulite con un panno inumidito in acquaragia. Usate un panno pulito, cartavetrata fine e un pennello da vernice.

1 **STROFINARE LA VERNICE** Versate della vernice in un secchio; intingetevi uno straccio. Strofinate per far penetrare la vernice nel senso delle venature.

2 **CARTEGGIARE** Una volta asciutta (anche dopo 12 ore, a seconda della temperatura) passate con una carta vetrata fine.

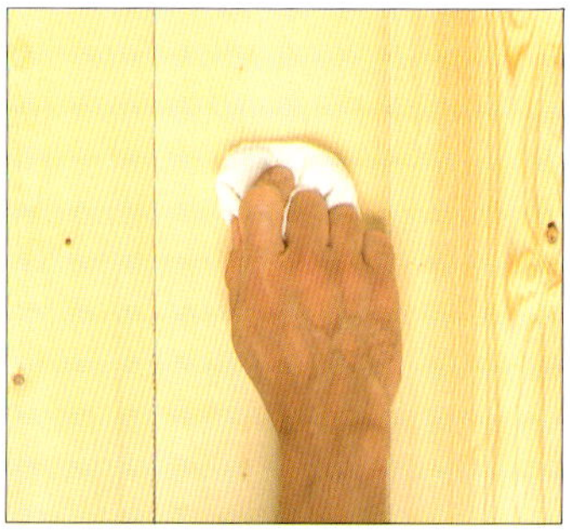

3 **TOGLIERE LA POLVERE** Passate con un pennello per la polvere, quindi con un panno pulito inumidito in acquaragia.

4 **RIFINIRE** Stendete con un pennello pulito ogni mano secondo le istruzioni allegate. Strofinate leggermente la superficie tra una mano e l'altra.

Ordine di lavoro

Dipingere il legno è un'operazione che richiede solitamente più tempo di quel che si immagina. Stendere il colore, aspettare che si asciughi e levigare la superficie finita, specie se con diverse mani di colore a olio: tutto richiede pazienza.

Riducete al minimo il tempo per stendere il colore e avrete risultati ottimi seguendo un piano di lavoro. Cominciate dalle superfici più alte della stanza, come le cornici, per finire al battiscopa.

Porte a battente intero

Porte a pannelli

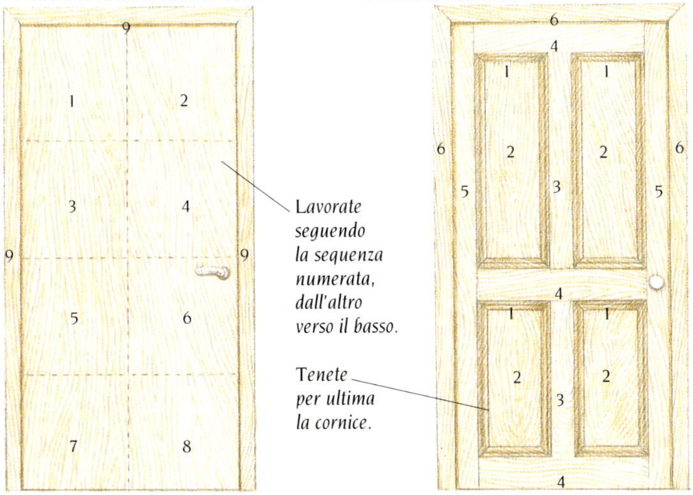

Iniziate a lavorare dall'alto per scendere allo zoccolo in strisce orizzontali, usando un pennello di 50 o 70 mm. Fate in modo di iniziare nuovamente dalla parte della vernice fresca per uniformare il tutto. Tenete per ultima la cornice, che dipingerete con un pennello più piccolo.

Procuratevi due pennelli di diverse dimensioni: quello più piccolo per le cornicine interne, quello più grande per i pannelli e la cornice esterna. Se volete dipingere i pannelli diversamente dalle cornicine, coprite i pannelli con nastro adesivo e della carta.

Dipingere in due colori

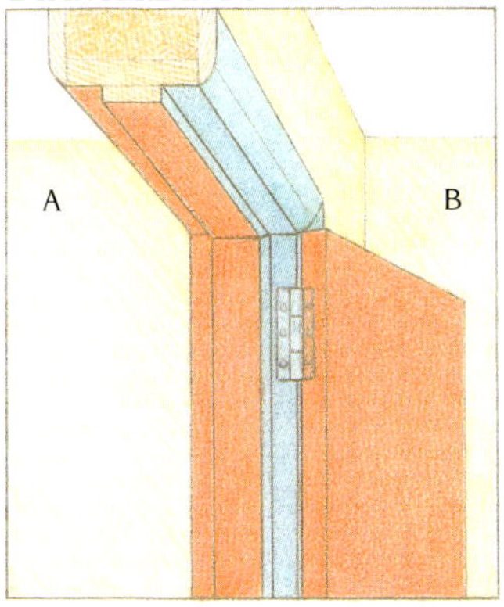

Per dipingere una cornice e una porta tra due stanze tinteggiate diversamente, restate in una stanza (A) e aprite la porta all'interno dell'altra (B). Dipingete di un colore la strombatura, la parte corrispondente di cornice, il listello e il pannello. Passate nell'altra stanza (B). Aprite bene la porta, in modo che sia visibile la strombatura del cardine. Dipingete la strombatura del cardine, il listello, la cornice e il pannello del secondo colore.

Battiscopa

Per proteggerlo dall'usura è necessaria una rifinitura duratura. Usate un pennello da 50 mm. Fate scivolare della carta sotto per proteggere il pavimento oppure attaccate del nastro adesivo lungo lo zoccolo. La protezione eviterà che il colore schizzi a terra, come pure a polvere e impurità varie di attaccarsi al pennello.

Finestre a ghigliottina

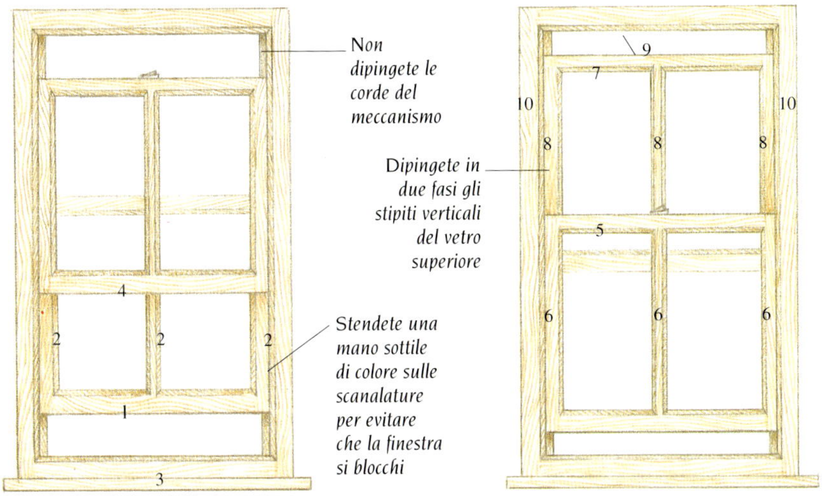

Mettete del nastro isolante sui bordi del vetro, lasciando 1-2 mm tra vetro e telaio: la vernice sbordando sul vetro contribuisce all'isolamento dall'acqua. Fate scendere il vetro superiore e dipingete in sequenza lo stipite inferiore del telaio (1), gli stipiti verticali (2), la scanalatura e il pezzo di sostegno (3) con annessi (4). A vernice asciutta, rimettete la finestra in posizione normale e lavorate su una traversa (5), stipiti (6), la seconda traversa (7) e il resto (8). Tenete per ultimo la parte inferiore dell'infisso, o intradosso, le scanalature superiori, la parte sotto le corde (9) e gli stipiti (10).

Finestre a battente

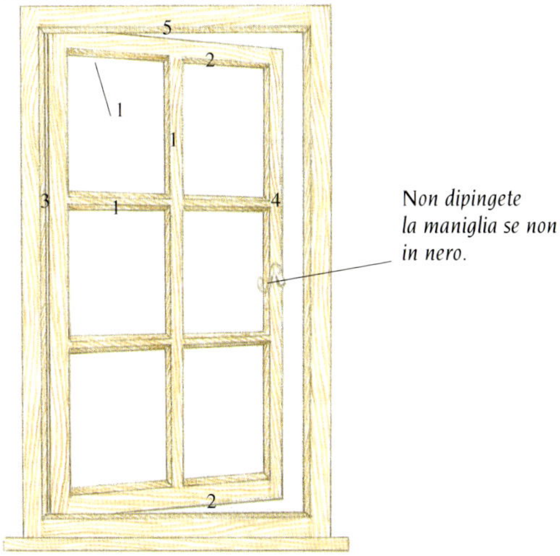

Mettetevi all'opera di buon mattino, per evitare di lasciare le finestre aperte di notte ad asciugare. Ricordatevi che nei climi freddi ci vogliono ore prima che la vernice ad olio si asciughi. Per una finestra a battente, mascherate il vetro con del nastro isolante, aprite il battente e seguite questa sequenza di lavoro: piccoli legni e parte interna sul vetro (1), stipiti verticali e orizzontali del battente (2), stipite e montante di orlo (3), montante di chiusura (4), infisso (5).

Colori storici
Per ristrutturare o semplicemente rinnovare un interno tradizionale prendete ispirazione dai molti colori storici, ora disponibili nelle copie esatte degli originali trovati in case d'epoca. La tinta lillà, per esempio, fu introdotta in Inghilterra durante il periodo giorgiano: grazie al suo tono neutro e polveroso si adatta bene all'austera boiserie che evidenzia la ricca patina dei mobili antichi di questa sala da pranzo.

Far Pulizia

Pennelli, tamponi e rulli vanno tutti puliti immediatamente dopo l'uso per farli durare più a lungo. I pennelli a dir la verità migliorano con l'uso, e danno risultati migliori se puliti e conservati correttamente. Per una sistemazione temporanea, durante il pranzo ad esempio, o la notte, è possibile lasciare i pennelli sporchi (*vedi p. 233*). Quando stendete delle sostanze chimiche sul supporto, come decappanti o sbiancanti, usate dei pennelli poco pregiati da tenere solo per questi lavori oppure da gettare dopo l'uso.

Pulire gli attrezzi

Per pulire il colore, attenetevi alle istruzioni riportate sulla confezione e acquistate anche il solvente adatto. La pittura ad olio può essere rimossa da pennelli e rulli con acquaragia, trementina o paraffina (kerosene). Le pitture ad acqua si lavano semplicemente con acqua. Altri tipi di pittura richiedono solventi specifici, come diluenti o detergenti della stessa marca del pennello. Completate la pulizia di pennelli, rulli e tamponi con un normale detergente per eliminare le ultime tracce di vernice prima di metterli da parte.

Emulsione

1 **SCROSTARE IL COLORE** Passate il pennello su fogli di giornale e scrostate delicatamente con una spatola. Immergetelo in acquaragia e rimescolate.

2 **SCIACQUARE** Fate scorrere sul pennello dell'acqua calda, controllando che non ne rimanga; versate del detergente e risciacquate bene. Asciugate l'acqua.

Pittura ad olio

1 **TOGLIERE IL COLORE** Passate il pennello su fogli di giornale e scrostate con una spatola. Immergetelo in acquaragia e rimescolate.

2 **LAVARE** Lavate il pennello con del detersivo e acqua tiepida. Risciacquate e asciugate. Fate attenzione a non rovinare il pennello.

Norme di sicurezza

Seguite le istruzioni e assicurate una buona ventilazione nella stanza dove lavorate. Non fumate ed evitate il contatto con alimenti e bevande. Le lattine aperte vanno tenute lontano dalla portata di bambini e animali. Indossate sempre occhiali di protezione e guanti. Indossare una mascherina quando usate colori in polvere o maneggiate una pistola a spruzzo. Attenzione ai vapori e alle polveri durante la sverniciatura a caldo e la carteggiatura.

Rulli e tamponi

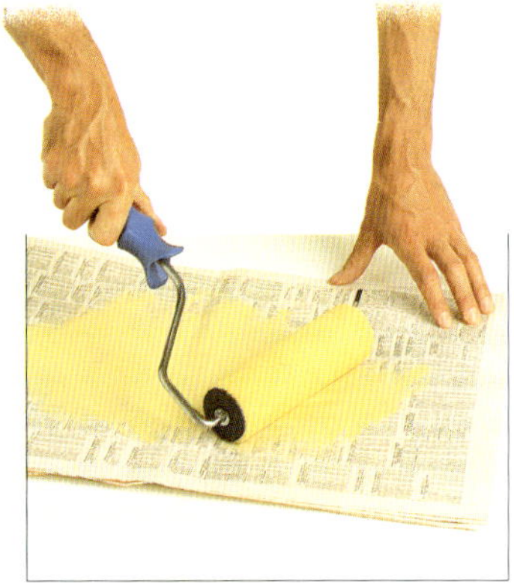

1 **TOGLIERE IL COLORE** Passate il rullo più volte premendo su fogli di giornale. Cambiate i fogli per evitare che il rullo o i tamponi si sporchino nuovamente di vernice.

2 **SCIACQUARE** Sfilate se possibile il cilindro dal manico e pulite con il solvente necessario. Lavate il rullo o il tampone con detersivo e acqua tiepida. Sciacquate e asciugate bene.

Maneggiare sostanze chimiche

Indossate se necessario l'equipaggiamento di protezione, come guanti, occhiali e mascherina. Quando pulite i pennelli o diluite il colore, sappiate che state maneggiando solventi nocivi. L'acquaragia, l'alcol denaturato e la trementina sono altamente pericolosi sia per inalazione, ingestione o contatto con pelle e occhi. Tenetele al sicuro da bambini e animali. Seguite scrupolosamente le istruzioni riportate sulla confezione.

Conservare gli attrezzi

I pennelli, i rulli e i tamponi durano più a lungo se vengono puliti, asciugati e conservati correttamente alla fine del lavoro. Sarà più facile aprire una lattina di colore se il coperchio non è stato danneggiato all'ultima chiusura. Per conservare i vostri attrezzi servitevi di elastici, stracci o carta, un martello e un pezzo di legno e barattoli ermetici.

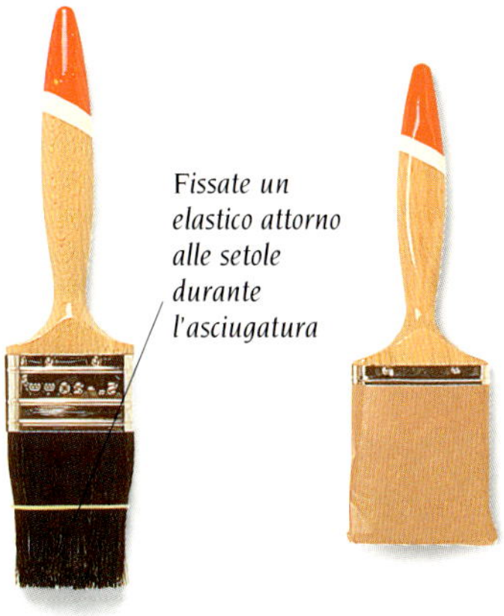

Conservare i pennelli
Asciugate il meglio possibile i pennelli. Fissate le setole con un elastico (estrema sinistra) e appoggiatelo di lato. Avvolgete pennelli, tamponi e rulli in stracci o carta (a sinistra) e conservateli in un luogo asciutto.

Richiudere la lattina
Appoggiate una stecca di legno sull'orlo e chiudete con il martello.

Conservare il colore
Le pitture non si mantengono a lungo. Segnate la data di impiego sul contenitore e rispettate le istruzioni per la conservazione. Gli avanzi vanno tenuti in barattoli ermetici, etichettati con tipo di pittura, colore e numero di lotto.

Difetti

Potete evitare difetti nella pittura solo se superfici, colore e attrezzi sono ben preparati. Il supporto deve essere pulito, asciutto e spazzolato (*vedi p. 228*). Usate del colore nuovo o che avete filtrato e stendetelo sul supporto adeguatamente preparato. L'attrezzatura deve essere in buone condizioni e pulita e va usata nella maniera appropriata.

Aree scure

La gommalacca stesa sui nodi evita che trasudi della resina attraverso il colore. Scrostate il colore sulla zona danneggiata, carteggiate, stendete la gommalacca e quindi la rifinitura.

Gocce e colature

Dovute all'eccesso di colore o a passate sul colore mentre si asciugava. Non date una seconda mano, ma lasciate asciugare. Carteggiate quindi con carta fine, spazzolate e ridipingete.

Grinze

È un problema abbastanza raro dovuto alla stesura di colore su una mano precedente non asciutta. Sverniciate e ridipingete dopo l'asciugatura.

Graffiature

È praticamente impossibile evitare che particelle di polvere e sporcizia aderiscano al colore. Per eliminarle, carteggiate, spazzolate e passate la superficie con un panno.

Bolle

Sono dovute alla presenza di umidità o aria sotto la pellicola di colore ad olio. Sverniciate, stuccate le fessure, stendete eventualmente del primer, cementite e rifinite.

Poco colore

Se la rifinitura lascia intravedere la cementite, date una seconda mano. Le emulsioni in particolare devono essere stese a più riprese per coprire uno sfondo scuro o la cementite.

Sfarinatura

Dipende dal supporto preparato in maniera non adeguata. Le emulsioni tendono a sfarinarsi e staccarsi se stese sulla tempera o su rifiniture lucide. Sverniciate, preparate e ridipingete.

Macchie

È un problema tipico della emulsioni: l'acqua presente può reagire con le impurità superficiali, come sali, corpi metallici o residui di canna fumaria. Date un primer ad alluminio e ridipingete.

Screpolature

Compaiono quando si usa una pittura incompatibile; ovvero è il risultato di due diverse pitture con diversi tempi di essiccazione. Sverniciate, preparate il supporto e ridipingete con la pittura adatta.

Insetti

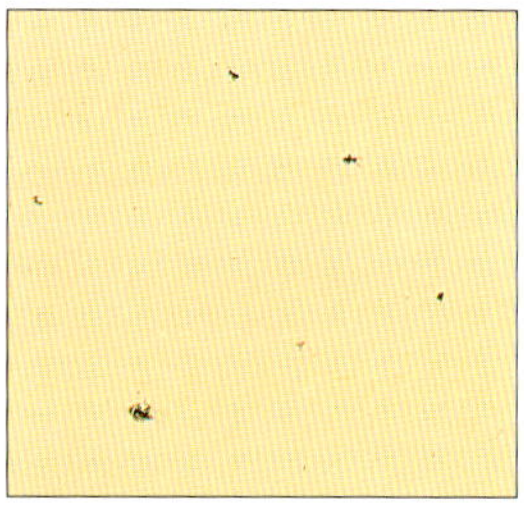

Staccate gli insetti dalla vernice fresca con il pennello e ritoccate. Se il colore è asciutto, carteggiate e ritoccate la superficie con lo stesso colore dello stesso lotto, se possibile.

Effetti Speciali

Negli ultimi anni gli sforzi di decoratori e ditte produttrici si sono concentrati su una stesura quanto più uniforme di pittura su superfici lisce. Contemporaneamente, però, c'è stato un ritorno di interesse verso tecniche di decorazione particolari per grana e tonalità. Questo effetto "anticato" come viene detto, consiste nell'uso di toni leggermente contrastanti o simili su uno sfondo bianco o pastello. La patina anticata, un tempo dominio incontrastato degli specialisti, è alla portata di tutti utilizzando semplici accorgimenti e materiali. Potete usare dei normali colori ad emulsione, ma dal momento che il procedimento prevede la manipolazione del colore una volta steso, sono più adatte le pitture ad olio ad asciugatura più lenta. Potete risparmiare tempo facendovi aiutare da qualcuno che stenda il colore prima che voi passiate ad antichizzare. All'inizio, per prendere la mano, fate un po' di pratica su del cartoncino dipinto ad olio.

Patinatura ad olio colorata

È la base colorante più semplice con cui lavorare per ottenere effetti speciali. Può essere lavorata in un arco di tempo che va da 30 minuti ad un'ora, a seconda della temperatura ambientale. La rifinitura a patina va stesa su un supporto con colore ad olio opaco e protetta una volta asciutta da una mano o due di vernice opaca. La patinatura ad olio trasparente è in vendita già pronta nei negozi specializzati. Può essere colorata con colori ad olio da pittore, coloranti universali o pigmenti in polvere. Le patine in commercio vanno diluite con acquaragia.

Preparazione

Per un litro di patina ad olio trasparente mescolate in un secchio trementina (0,6 l), olio di lino cotto (0,3 l), paste essiccanti (0,2 l) e un cucchiaio di sbiancante. Tenuta in un barattolo ermetico la patina ad olio si conserva per circa un anno.

Tingere la patina

Sciogliete una piccola quantità di colorante con 1/3 di acquaragia. Mescolate. Aggiungete colore e/o acquaragia fino alla tonalità desiderata. Aggiungete un cucchiaio di patina e mescolate. Versate il resto di patina calcolata per il lavoro. Aggiustate di colore e acquaragia per avere la tonalità desiderata.

Tecniche di mascheratura

Sono molte le occasioni in cui si deve mascherare una zona per ottenere una linea netta tra un colore e l'altro, per esempio quando si incontra un interruttore della luce o la cornice di legno di porte e finestre.

Usate del nastro isolante per creare una divisione tra due colori diversi sulla parete, ma poco adesivo per non staccare del colore quando lo toglierete. Il nastro va tolto solo a completa asciugatura del colore.

1 **TRACCIARE LA LINEA** Scelta una linea orizzontale o verticale (*vedi p. 285*) per la divisione tra i colori, tracciatela con una matita morbida.

2 **APPLICARE IL NASTRO** Applicate strisce parallele di nastro immediatamente sopra la linea tracciata. Controllate che la linea resti visibile.

3 **STENDERE IL COLORE** Stendete il colore con un pennello piccolo, partendo dal mezzo del nastro e pennellando verso il basso.

4 **TOGLIERE IL NASTRO** Completate il resto della superficie con plafoncino, tampone o rullo. A pittura asciutta staccate lentamente il nastro.

ATTREZZI, ACCESSORI E MATERIALI

La varietà di attrezzi e di materiali necessari per la stesura della patina anticata vanno da un attrezzo speciale come il pennello a setole morbide, ad un oggetto comunissimo come un sacchetto di plastica, usato come semplice attrezzo. Per acquistare o noleggiare altra attrezzatura speciale, rivolgetevi a dei grossisti per decoratori o di materiale da cancelleria e colori. La maggioranza di questi negozi specializzati pubblica cataloghi e spedisce a casa il materiale ordinato. Gli attrezzi più comuni si possono acquistare da un ferramenta o nei negozi di fai-da-te.

PENNELLI

I pennelli di grandi dimensioni, o plafoncini, si usano per tinteggiare superfici estese, i più piccoli servono per uniformare. La pennellessa di crine di cavallo è adatta per il dragging. Sfumate un effetto o rifinite la pittura con un pennello a setole morbide. Per un effetto a macchie usate un pennello da puntinatura. I pennelli da stencil si usano con un'azione a martello.

PLAFONCINO

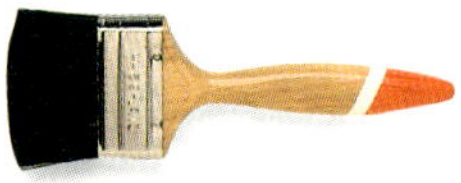
PENNELLO A SETOLE CORTE

PENNELLO DA PUNTINATURA

PENNELLESSA

PENNELLO A SETOLE MORBIDE

PENNELLO DA STENCIL

ALTRI ACCESSORI

Sono disponibili diversi materiali e accessori, specie su patina ad olio colorata e di facile lavorazione. La spugnatura è l'effetto della pressione variabile e della presa su una spugna naturale (quella sintetica lascia un'impronta più regolare) mentre si stende il colore su una superficie. Un effetto "spiegazzato", noto come bagging, si ottiene stendendo del colore con un sacchetto di plastica, mentre il panno senza peli viene usato nel ragging e rag-rolling.

PANNO SENZA PELI

SACCHETTO DI PLASTICA

SPUGNA

PIGMENTI

Sono sostanze coloranti in polvere o colori ad olio da aggiungere alla patina ad olio trasparente. Preparate in un'unica soluzione la quantità di patina colorata necessaria per una stanza o un mobile, perché è difficile riottenere la stessa tonalità.

COLORI IN POLVERE

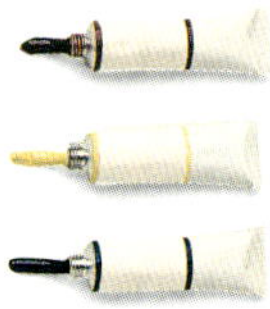
COLORI AD OLIO DA PITTORE

SAGOMARE E STAMPARE

Consiste nell'intagliare una decorazione in un blocchetto di linoleum usato per il rivestimento di pavimenti per poi stamparla in motivi decorativi sulla parete. I materiali e l'attrezzatura specializzata per questa tecnica sono reperibili presso grossisti o da un buon negozio di ferramenta.

RULLO

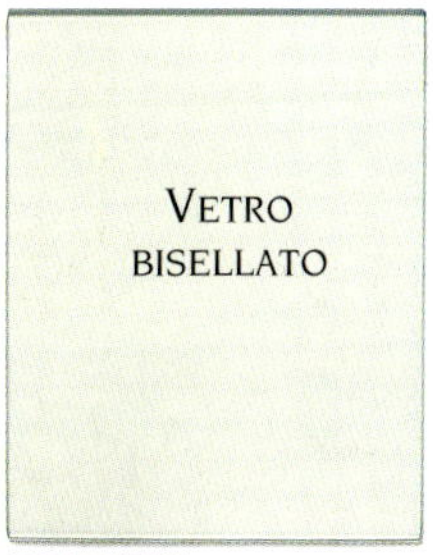
VETRO BISELLATO

INCHIOSTRO DA STAMPA

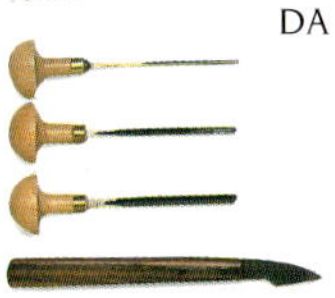
STRUMENTI DA TAGLIO

LINOLEUM

CARTA CARBONE

CALCINARE

Con una spazzola d'ottone, aprite la venatura del legno. Stendete la cera o la pasta con una paglietta d'acciaio fine.

CALCE IN CERA

SPATOLA D'OTTONE

INGREDIENTI PER LA PATINA AD OLIO TRASPARENTE

Per allungare il tempo in cui la patina è lavorabile (*vedi p. 240*) aggiungete dell'altro olio di lino cotto. Lo sbiancante dà corpo alla patina e le paste essiccanti ne accelerano l'indurimento. Aggiungete trementina o acquaragia per facilitarne la stesura.

SBIANCANTE IN POLVERE

OLIO DI LINO

PASTA ESSICCANTE

TREMENTINA

Patinatura morbida

La patina ad olio pigmentata, l'effetto speciale più semplice, dà una tonalità morbida e velata alla pittura sottostante. Le pareti devono essere preparate e rese il più possibile lisce (*vedi p. 228*) e su queste vanno stese due mani di pittura semiopaca. Per la stesura della patina, procuratevi un pennello da decoratore, un plafoncino a setola corta, e un pennello a setole morbide. La patina pigmentata si prepara mescolando patina ad olio trasparente, reperibile in negozio o fatta da voi, con colori ad olio da pittore (*vedi p. 240*). Sulla patinatura morbida, una volta asciutta, si può stendere uno strato di vernice opaca, per renderla più durevole.

1 **STENDERE LA PATINA** Intingete il pennello nella patina e date delle pennellate fino a coprire un'area di 1 m quadrato circa. È importante lavorare velocemente perché l'essiccazione è rapida.

2 **DISTRIBUIRE LA PATINA** Usate un plafoncino a setola corta, iniziando a lisciare le pennellate più evidenti per ottenere un risultato quanto più uniforme.

3 **UNIFORMARE** Passate quindi con un pennello a setole morbide, solo con le punte. Per evitare che il colore si raggrumi sul pennello, pulitelo di tanto in tanto con un panno senza peli.

Spugnatura I

Stendere la patina colorata con una spugna è un'operazione rapida e soddisfacente. Gli attrezzi sono comuni: basta una vaschetta con griglia per la patina e una spuma naturale. La patina è il mezzo più versatile per la spugnatura e va stesa su due mani di pittura ad olio opaca, meglio satinata. A seconda dell'effetto desiderato, usate due o più colori da abbinare alla pittura sottostante.

1 **INTINGERE** Una vaschetta con griglia è il recipiente ideale per la patina, che verserete dopo averla preparata in un secchio. Intingete leggermente la spugna ed eliminate l'eccesso sulla griglia.

2 **STENDERE A TAMPONE** Senza stringere la spugna imprimetela in maniera irregolare sulla parete fino ad ottenere un effetto a chiazze. Se la spugna è troppo imbevuta e il colore cola, eliminate l'eccesso su un panno senza peli. A superficie asciutta passate con una mano di vernice opaca.

SPUGNATURA II

Quest'altra tecnica di spugnatura, che consiste nella rimozione parziale della patina, crea un effetto regolare, monocromatico e satinato. Procuratevi un pennello, una spugna naturale passata in acquaragia e patina colorata.

Sulla parete vanno stese almeno due mani di pittura ad olio opaca o satinata. Per proteggere e rifinire la patina, una volta che questa sia asciutta, stendete una o più mani di vernice opaca.

1 **STENDERE LA PATINA** In un secchio mescolate la patina fino alla consistenza di una crema e stendetela con un pennello. Lavorate velocemente su aree piccole perché si asciuga rapidamente.

2 **SPUGNARE** Strizzate la spugna dall'acquaragia e passate a tampone sulla patina creando un effetto a nuvola. Più patina togliete, più sottile sarà il velo finale.

FINITURA A STRACCIO

È una tecnica che produce un effetto indefinito, che può essere ulteriormente accentuato usando un panno imbevuto di acquaragia e poi strizzato. Prima di stendere la patina con il pennello, il supporto va preparato con una mano di pittura ad olio opaca.

RIMUOVERE LA PATINA
Arrotolate il panno in una mano a mo' di tampone e togliete la patina creando motivi irregolari. Variate l'effetto cambiando la presa. Per rendere meno nette le impronte, passate dopo una mezz'ora con un pennello morbido.

COLORE A TOGLIERE

L'effetto che questa tecnica produce è particolarmente irregolare. Procuratevi molti stracci senza peli oppure una pelle di daino che vanno imbevuti in acquaragia e quindi strizzati, e un pennello grande.

TOGLIERE LA PATINA
Stendete con il pennello la patina su un'area ristretta. Passate il panno o la pelle di daino arrotolata in diverse direzioni.

TAMPONATURA

La patina stesa su superfici può essere lavorata in diversi modi e con vari attrezzi. Il più semplice è sicuramente quello di usare un panno avvolto in un sacchetto di plastica. Sul supporto va stesa una mano di pittura ad olio opaca. Distribuite con un plafoncino la patina su un'area di 2 m quadrati alla volta.

TECNICA
Avvolgete in un sacchetto di plastica un panno appallottolato. Imprimete contro la patina il lato più piatto del sacchetto ottenendo l'effetto desiderato. Pulite l'accumulo di colore con uno straccio. Passate sulla patina asciutta una mano di vernice opaca.

PUNTINATURA

È uno degli effetti più raffinati ed elaborati ricavabili con la patina ad olio. Stendete innanzitutto con un pennello la patina colorata su una superficie liscia. Passate poi con un pennello a setole rigide creando un effetto puntiforme. Potete acquistare il pennello presso i negozi specializzati.

1 **PUNTINARE** Mescolate patina, acquaragia e colore a olio fino ad ottenere una consistenza densa; stendete sul muro in un'area di 1 m^2. Impugnate saldamente il pennello e con un movimento a martello coprite l'intera area. L'effetto sarà quello di una sottile picchiettatura. Per un effetto uniforme continuate con lo stesso ritmo e la stessa pressione.

2 **PULIRE IL PENNELLO** Lavorate sull'area dipinta evitando di strisciare il pennello. Fate in modo che il tutto sia uniforme ed eventualmente ritoccate con il pennello. Togliete di tanto in tanto il colore sul pennello passandolo su di uno straccio. Passate sulla puntinatura asciutta una mano di vernice opaca.

DECORAZIONE A PETTINE

È una tecnica questa che richiede una superficie particolarmente levigata (*vedi p. 228*), su cui vanno date due mani di pittura ad olio opaca. Stendete la patina con un pennello da decoratore in strisce verticali larghe 60 cm dal soffitto a terra. Date con una spatola dentata delle pennellate verticali sulla patina. Con questo effetto il colore della pittura di fondo si vedrà tra strisce di colore irregolari.

USARE LA PENNELLESSA
Passate con la pennellessa dal soffitto al pavimento con un andamento regolare, evitando accuratamente soste e sbavature. La pressione deve essere uniforme e leggera. Dopo ogni passata, eliminate l'eccesso di colore con un panno senza peli.

CALCINARE IL LEGNO

Paste e cere per calcinatura danno una tonalità biancastra e sono di facile impiego sul legno grezzo. È un colore ideale per i mobili, non tanto per gli impiantiti in legno, visto che è un rivestimento poco resistente all'usura. Procuratevi una spazzola a fili di ottone, paglietta d'acciaio finissima e panno senza fili.

1 **APRIRE LA VENATURA** Aprite la venatura passando con la spazzola metallica in direzione della venatura per evitare graffiature.

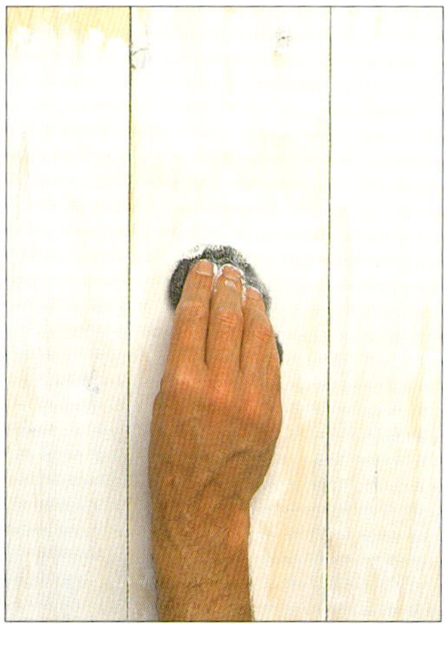

2 **STROFINARE LA CALCE** Stendete la calce in pasta o cera con la paglietta fine per turare la venatura. Lavorate con un movimento circolare su un'area di 1/2 m^2 circa alla volta e fate asciugare. Eliminate la calce in eccesso sfregando la superficie con della cera fine a pasta chiara.

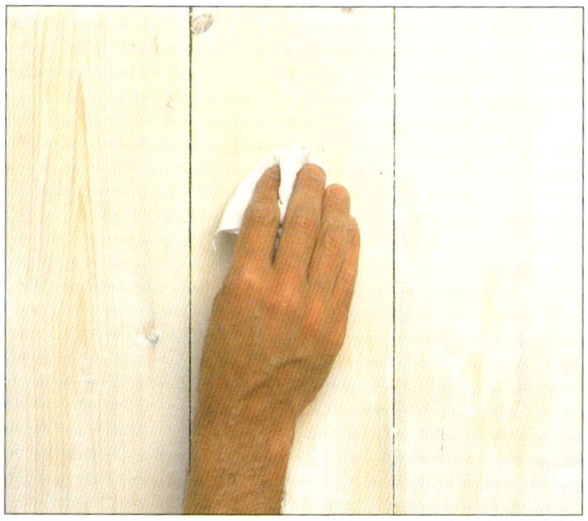

3 **TAMPONARE** Con della cera fine a pasta chiara tamponate bene la superficie, in modo da ripulirla. Tamponate ancora la superficie con un panno senza peli per dare una rifinitura opaca.

COLORE A CALCE

Prima dell'introduzione delle emulsioni opache e di facile uso, la tinteggiatura delle pareti veniva effettuata con pitture ad acqua come la tempera. Aveva un basso costo, ma lasciava di solito delle macchie di colore e una volta asciutta era farinosa al tatto. Queste stesse caratteristiche sono ora apprezzati effetti decorativi. Potete acquistare la tempera nei negozi specializzati. In alternativa alla tempera, potete usare dell'emulsione diluita da stendere con un plafoncino producendo effetto analogo. Per dipingere a calce impiantiti e porte, vi occorreranno un plafoncino, del panno senza peli, carta vetrata e cera a pasta chiara.

TINTEGGIARE LE PARETI

1 **STENDERE IL COLORE** Date una mano di emulsione opaca per preparare la superficie. Diluite l'emulsione con acqua in ragione tra 4:1 e 9:1, a seconda della pittura. Stendete il colore su un'area di 1 m^2 alla volta. Passate immediatamente con un pennello umido per uniformare le pennellate.

2 **SECONDA MANO** Lasciate asciugare per una notte la prima mano di colore ancora grezza. Stendete la seconda con un plafoncino. Lavorate sempre su un'area limitata alla volta e aspettatevi di vedere colare e schizzare il colore. Se volete, stendete una mano di vernice opaca a protezione dell'effetto finale.

TINTEGGIARE A CALCE IL LEGNO

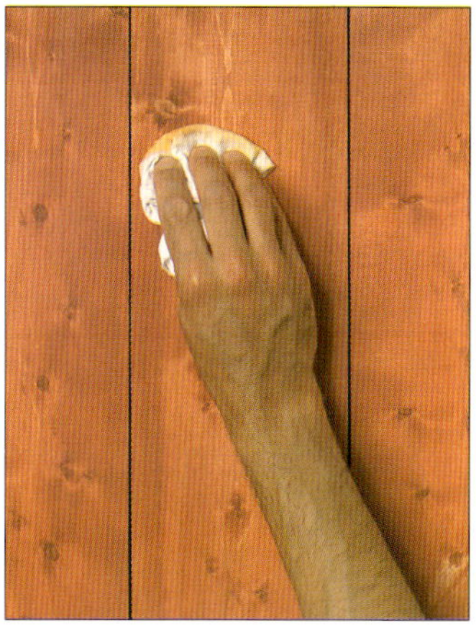

1 **STENDERE IL COLORE** Sverniciate e carteggiate. Diluite l'emulsione per impregnare la superficie. Fate una prova su un'area ristretta. Con un plafoncino stendete il colore nel senso della venatura.

2 **TOGLIERE L'ECCESSO** Ad asciugatura quasi ultimata, eliminate l'eccesso con un panno senza peli strofinando fino alla venatura. Continuate così per tutta la superficie.

3 **CARTEGGIARE** Fate asciugare il colore per una notte. Se è troppo tenue, date un'altra mano e strofinate con il panno. Rifinite carteggiando con carta smeriglio fine.

4 **FINIRE** Spazzolate il legno con un pennello pulito. Eliminate la polvere con un panno umido. Se lavorate sull'impiantito, date una mano di cera a pasta chiara.

STENCIL

Fino a non molto tempo fa i motivi per decorazioni ripetitive erano intagliati su sottili lamine di metallo. Oggi sono stati soppiantati da carta da stencil o da fogli di acetato. Procuratevi carta da ricalco, una matita media e una morbida. Intagliate il disegno nella carta o acetato con un taglierino (o cutter). Vi servirà un supporto e sicuramente una riga di metallo. Una piccola livella vi aiuterà a posizionare correttamente lo stencil sulla superficie. Fissate con del nastro isolante poco adesivo e stendete il colore con un pennello da stencil.

1 TRACCIARE IL DISEGNO Inventate o copiate un disegno su una carta da ricalco con una matita morbida. Gli stencil sono più adatti per cornici e fregi, quindi disegnate un motivo ripetibile, tracciando dei segni come guide al posizionamento. Se usate più di un colore, è meglio avere più maschere da stencil.

2 TRASFERIRE Sistemate la carta da ricalco sotto la carta dello stencil e fissatela con nastro isolante. Strofinate o passate con una matita media. Togliete la carta da ricalco.

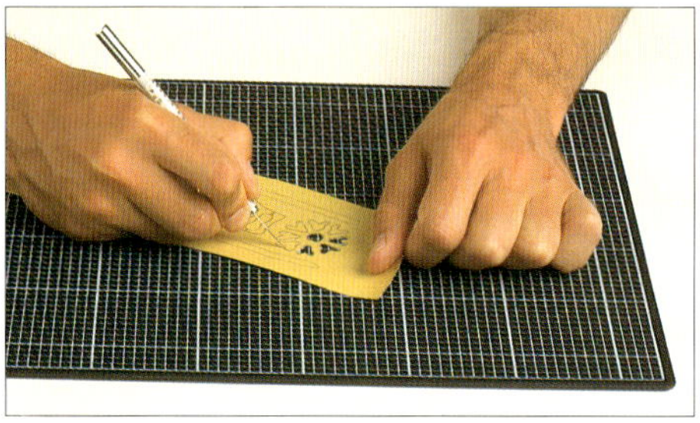

3 TAGLIARE LA MASCHERA Con un sistema di "ponti" assicurate le "isole" al disegno. Tenendo fermo il taglierino, tagliate spostando o allontanando la carta verso la lama.

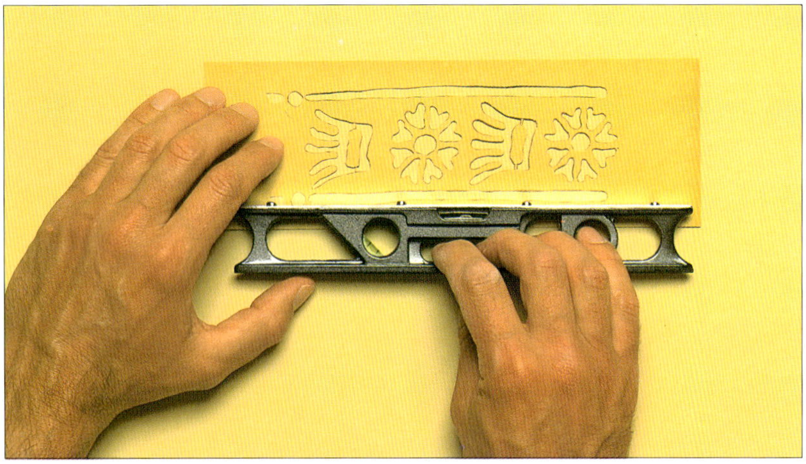

4 POSIZIONARE LA MASCHERA Scegliete dove dovrà andare la decorazione e tracciate la posizione del primo pezzo del fregio con una matita. Ad ogni uso della maschera, regolate la posizione con una livella e fissate la maschera con un nastro poco adesivo.

5 DIPINGERE IL DISEGNO Usate un pennello specifico per stencil, ma va benissimo anche un pennello a setole rigide. La pittura più adatta è l'emulsione. Intingete leggermente il pennello ed eliminate l'eccesso con della carta, prima di picchiettare il colore sulla maschera.

L'EFFETTO FINALE

FONTE D'ISPIRAZIONE

Potete trovare ispirazione per i vostri motivi dovunque. I tessuti a disegni geometrici tribali dell'Indonesia, America Latina, Africa e India sono una fonte inesauribile. Per ingrandire particolari fate delle fotocopie. Il disegno qui accanto, ad esempio, è stato fotocopiato da un tessuto indiano e successivamente il particolare ingrandito.

Stampinatura

L'arte di realizzare stampini da usare su pareti o mobili può essere una tecnica creativa e stimolante. Uno stampino può essere copiato da un disegno su un blocco di gomma già pronto, oppure su una tavoletta di linoleum. Gli strumenti per intagliare sono di facile uso e la tecnica permette una grande libertà d'inventiva. Procuratevi nei negozi specializzati del linoleum, attrezzi da intaglio, vetro bisellato, un rullo inchiostratore, colori da stampa, carta da ricalco e carta carbone, una penna a sfera, un pennarello e ancora del compensato spesso 2 cm, carta, acquaragia e panno senza peli.

1 **DISEGNARE IL MOTIVO** Con una fotocopiatrice trovate le dimensioni del disegno che desiderate. Tagliate una tavoletta di linoleum sufficientemente grande. Con una penna a sfera e la carta carbone ricalcate il disegno sul linoleum.

2 **INTAGLIARE IL LINOLEUM** Ripassate con un pennarello indelebile il profilo, annerendo le parti da togliere. Provate su un campione se gli strumenti sono affilati, finché non vi sentite sicuri di intagliare. Se scaldato, il linoleum si taglia meglio.

3 **CARICARE L'INCHIOSTRO** Preparate l'inchiostro: mettete al centro del vetro una piccola quantità di colore e distribuitelo con il rullo. Impregnate il rullo uniformemente, aggiungendo altro colore.

4 **INCHIOSTRARE** Sistemate il blocchetto di linoleum sul compensato. Passate il rullo sull'intaglio: il disegno in rilievo che "prende" l'inchiostro sarà il disegno come apparirà. Pulite con acquaragia e ritoccate il disegno.

5 **PROVARE** Una volta soddisfatti del disegno, passate con il rullo e provate a stampinarlo su un pezzo di carta. Premete bene lo stampino e toglietelo con un movimento secco.

6 **STAMPINARE SULLA PARETE** Inchiostrate e premete lo stampino sulla pittura, con un movimento oscillante. Tenete saldamente lo stampino in posizione. Una volta finito, ripulite lo stampino con acquaragia.

LEGAME VISIVO
Le lane gialle, viola, rosse e ambra usate per il tappeto tessuto a mano hanno ispirato questa combinazione di colori. Senza il tappeto, il motivo razionale per questa scelta cromatica andrebbe perduto e i blocchi di colore sui muri risulterebbero poco coerenti e complessivamente privi di armonia.

TAPPEZZARE

LA TAPPEZZERIA È UN MEZZO EFFICACE per dare un rivestimento colorato o decorato ad una parete o soffitto. La gamma di stili e materiali a cui attingere è vastissima e potete trovare la soluzione che fa per voi praticamente per ogni superficie e progetto d'arredo. Oltre ad avere una funzione decorativa, la tappezzeria è seconda solo alla pittura e alla carta da parati per la protezione che offrono. Troverete in questo capitolo tutte le informazioni sui diversi tipi di tappezzeria, le tecniche di preparazione, la sequenza e il metodo per tappezzare pareti e soffitti.

TAPPEZZERIA IN LIBERTÀ
Il disegno simile a una felce di questa tappezzeria costituisce un delicato motivo d'insieme per il muro. L'unione dei contorni naturalistici e del morbido verde lichene dona alla carta un effetto più artigianale che industriale.

LA SCELTA DELLO STILE

CARTA DA PARATI NON SIGNIFICA SOLO CARTA. La gamma di materiali, sia naturali che sintetici, disponibili per tappezzare pareti e soffitti è vasta. I motivi stampati rappresentano poi una scelta oramai illimitata di possibilità decorative. La tappezzeria decorata a mano o stampata è quella disponibile con la maggiore varietà di motivi, colori e finissaggio. Il progresso della tecnologia ha ridotto il tempo di applicazione della tappezzeria, l'ha resa lavabile e facilmente staccabile.

DETTAGLI IN PRIMO PIANO
Le vivaci righe e i disegni della tappezzeria, pur concentrando l'attenzione sui muri irregolari, sono ideali per evidenziare interessanti dettagli architettonici, come il soffitto inclinato di questa camera da letto. Il grande pannello dietro la toilette è bordato di rosso e marrone, elementi che lo fanno emergere dalla tappezzeria sottostante.

MOTIVI DI FOGLIE
Un piccolo disegno vivace si adatta bene a interni contemporanei. Qui un motivo di foglie color ruggine è l'unico dettaglio di questa tappezzeria giallo sabbia e gli dà sufficiente colore per raccogliere il tono caldo del legno del parquet verniciato. Lo sfondo della tappezzeria è simile a un effetto a calce, che rende la superficie più interessante.

POIS
Se i mobili della stanza non sono tutti dello stesso stile, scegliete una carta delicata er evitare contrasti troppo forti. Una tappezzeria con piccoli motivi o pois può essere aggiunta alla combinazione base di colori senza diventare dominante. Questa miscela di grandi quadri e pois può non sembrare una scelta ovvia, ma funziona: dominano i colori semplici, mentre i pois fanno da complemento alle righe nel tessuto della poltrona.

RIGHE VERTICALI
Grandi righe formali aggiungono stile e rendono questo bagnetto più grande di quanto non sia realmente. Il bordo orizzontale serve a nascondere le estremità della carta e dona un tocco pulito e professionale.

Carta da parati in stile Reggenza
In Inghilterra, durante il periodo della Reggenza, i muri venivano spesso dipinti con colori chiari e poi decorati con motivi piccoli e ripetuti a stencil o a mano libera. Per ricreare quello stile, è stata scelta una tappezzeria verde chiaro con coroncina d'alloro, che non solo richiama le scelte decorative dell'epoca, ma permette all'elegante testata intagliata del letto di rimanere il punto focale della stanza.

Aggiungere un bordo
I bordi hanno molteplici usi che li rendono una parte indispensabile della tappezzeria. Possono essere usati per sottolineare un tratto architettonico o per circoscrivere una porta o una finestra. Dove due tappezzerie sono applicate una sopra l'altra, i bordi creano uno stacco naturale e nascondono le imprecisioni della carta nei punti d'incontro con il soffitto o dove i tagli e le giunte sono all'altezza degli occhi.

Righe metalliche
Le tappezzerie con lamine di metallo sono utili per riflettere la luce nelle stanze poco luminose. Questa moderna riga metallica è stata posizionata sopra il camino per farlo risaltare rispetto al muro adiacente in tinta unita. Dato che i fogli metallici mostrano imperfezioni, è importante assicurarsi che la superficie del muro sia ben preparata prima di iniziare ad applicare la carta.

MATERIALI

L'IDEA DI TAPPEZZARE LE PARETI è nata originariamente per decorare con poca spesa le stanze importanti di casa che venivano raramente usate. Oggi le carte da parati durano di più e sono lavabili, il che le rende quindi adatte ad ambienti come la cucina e il bagno, molto esposti all'usura. Vasta è la gamma di colori, motivi e grana delle tappezzerie, in grado di risolvere ogni problema di arredo. Troverete in ogni ferramenta l'attrezzatura e i materiali necessari per preparare le pareti e stendere la tappezzeria.

TIPI DI TAPPEZZERIA

La carta non decorata, come la carta giapponese con legno, trova largo uso come rivestimento di pareti in cattive condizioni. La carta di rinforzo è disponibile in grossezze diverse per coprire pareti con irregolarità prima di stendere pittura o tappezzeria. Ma la carta da parati è ricavata anche da altri materiali più insoliti, come la seta, la iuta, la paglia, fino al vinile, estremamente resistente e trattata a caldo in rilievo (*vedi p. 273*). Ultimamente però le ditte produttrici sono sempre più orientate a produrre tappezzeria che imiti quella "normale", ma con una facilità d'uso e di pulizia maggiore.

CARTA GIAPPONESE
È un tipo di carta molto resistente ideale per coprire pareti con crepe e piccole imperfezioni. Potete anche pitturarla dopo averla applicata, ma ricordate che una volta incollata è molto difficile da staccare.

FREGI
Molte ditte producono fregi che integrano i singoli tipi di tappezzeria. Di facile uso, vengono solitamente stesi lungo la cornice superiore o come divisioni decorative tra due tipi di pittura diversi.

CARTA DA PARATI VINILICA
Sono due strati di carta di rinforzo e uno di vinile; di facile impiego e pulizia, si stacca senza problemi. Disponibile anche preincollato (*vedi p. 273*), il vinile offre una superficie resistente all'usura.

CARTA DI RINFORZO
In tinta unita, è disponibile in diverso spessore. Viene stesa prima di pittura o altra tappezzeria, specie quando il supporto è in cattive condizioni.

CARTA DA PARATI DECORATA
Viene prodotta in diverse decorazioni e qualità. La tappezzeria vinilica decorata è lavabile, ma alcuni tipi privi di protezione richiedono una cura particolare non essendo lavabili.

ATTREZZATURA

Procuratevi una scala a libretto robusta per poter arrivare al soffitto o alla cornice della parete. Oltre agli attrezzi elencati qui sotto, vi servirà metro a nastro, matita da falegname, riga da 1 m, staggia, taglierino (cutter), livella a bolla o corda gessata, spugna o panno umido per eliminare colla o fissativo in eccesso. Tenete a portata di mano sacchetti per immondizie per gli avanzi e ritagli di tappezzeria incollata.

PENNELLI
Stendete la colla con un pennello a setole sintetiche facile da pulire. La spazzola da tappezziere è uno strumento indispensabile per lisciare la carta. Usate un rullo da radiatore per stendere la carta dietro i termosifoni. Una comune scopa è perfetta per sostenere al soffitto la carta ripiegata a fisarmonica.

PENNELLO LUNGO DA COLLA

RULLO DA RADIATORE

SPAZZOLA DA TAPPEZZIERE

SCOPA

COLLE E FISSATIVI
Seguite le istruzioni allegate alla tappezzeria per scegliere sia il tipo di colla, che il fissativo raccomandato. Con una colla vinilica incollate il sormonto tra striscia e striscia.

FISSATIVO

COLLA VINILICA

VASCHETTA PER TAPPEZZERIA

COLLA

RECIPIENTI
Mescolate la colla in un secchio con il manico. La carta preincollata va immersa in una vaschetta prima di essere distesa.

SECCHIO CON MANICO

ATTREZZATURA COMPLEMENTARE
Quando incollate la carta, lavorate a un'altezza adatta; l'ideale è un tavolo da tappezziere. Passate sul sormonto con un rullino e usate forbici di due diverse dimensioni per tagliare e segnare la tappezzeria. Mescolate la colla con un'astina di legno e con i fiammiferi contrassegnate la posizione di attacchi elettrici.

TAVOLA DA TAPPEZZIERE

RULLINO

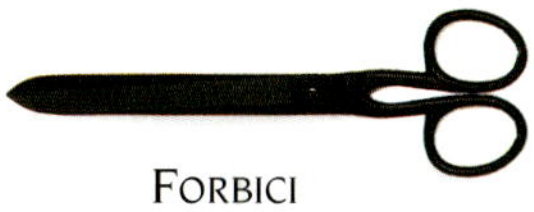
FORBICI DA TAPPEZZIERE

FIAMMIFERI

ASTINA IN LEGNO

CALCOLARE I ROTOLI NECESSARI

Misurate l'intera superficie da rivestire. Con queste misure recatevi in negozio, scegliete la tappezzeria e controllate nelle tabelle della ditta produttrice il numero di rotoli necessari, tenendo conto dei sopravanzi. Scegliete sempre rotoli dello steso lotto. Le tabelle qui riportate valgono per rotoli standard, vale a dire 10 m di lunghezza e 53 cm di larghezza.

ROTOLI NECESSARI PER SOFFITTI

	Superficie del soffitto						
Metri	9-12	13-15	17-18	20-21	23-24	26-27	29-30
Rotoli	2	3	4	6	7	9	10

ROTOLI NECESSARI PER PARETI

	Superficie delle pareti (comprese porte e finestre)							
Altezza della parete	10 m	12 m	14 m	16 m	18 m	20 m	22 m	24 m
2,1-2,3 m	5	5	6	7	8	9	10	11
2,3-2,4 m	5	6	7	8	9	10	10	11
2,4-2,6 m	5	6	7	9	10	11	12	13
2,6-2,7 m	5	6	7	9	10	11	12	13
2,7-2,9 m	6	7	8	9	10	12	12	14

PREPARAZIONE

PRIMA DI STENDERE LA CARTA DA PARATI, allontanate dalla stanza tutta la mobilia possibile. Staccate tende e tendine, se possibile mensole, e ogni oggetto staccabile, quadri e specchi compresi, lasciando solo attacchi e prese elettriche. Ammassate al centro della stanza il resto della mobilia e copritela con dei teli, come pure il pavimento. Non usate teli di polietilene perché se bagnati sono scivolosi.

PREPARARE LE SUPERFICI

Prima di stendere la tappezzeria, assicuratevi che la superficie sia perfettamente liscia. Se la vecchia tappezzeria è ancora in buone condizioni, potete incollarvi sopra quella nuova; la carta da parati in rilievi, lavabile e metallica va sempre tolta. L'intonaco fresco va lasciato completamente asciugare prima di stendere fissativo e tappezzeria. Stuccate crepe e buchi (*vedi p. 228*). Le pareti già dipinte vanno lavate con sapone o, se lucide, carteggiate. Passate sul colore che si sfarina del primer all'olio. Stendete il fissativo prima della tappezzeria. Usate carta di rinforzo per risultati migliori.

STACCARE LA VECCHIA TAPPEZZERIA

1 INCIDERE LA CARTA Con la lama di una spatola o una rotella per tappezziere incidete diagonalmente la carta. Fate attenzione a non graffiare il muro sottostante.

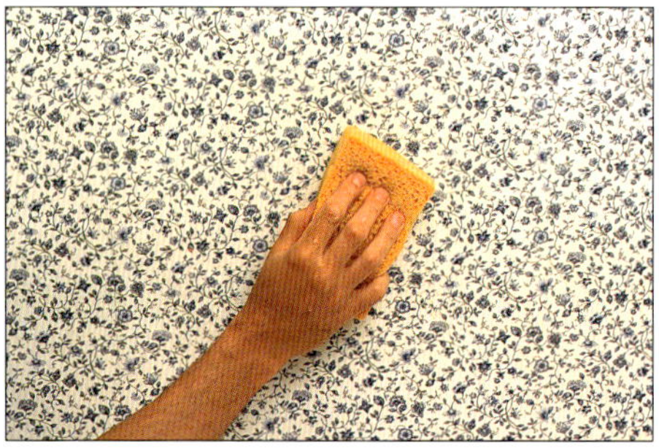

2 SPUGNARE Riempite un secchio con acqua calda e passate premendo sulla carta una spugna ben imbevuta. Spugnate un'area abbastanza grande, di modo che mentre staccate una parte l'altra si ammorbidisca.

3 SCROSTARE Quando carta e colla si sono ammorbidite, passate con una spatola o uno staccatappezzeria manuale. Fate attenzione a non incidere l'intonaco quando è umido. Dopo aver staccato la tappezzeria, pulite dai residui di colla.

STACCATAPPEZZERIA

Lo staccatappezzeria a vapore è utile per togliere zone estese di tappezzeria. Disponibile in diverse dimensioni, potete anche noleggiarlo nei centri specializzati. Incidete la tappezzeria vecchia con la lama della spatola o un rullino (*vedi sopra*). Tenete lo staccatappezzeria contro la superficie. Scrostate la carta via via che si ammorbidisce e passate ad un'area vicina.

STACCARE TAPPEZZERIA VINILICA

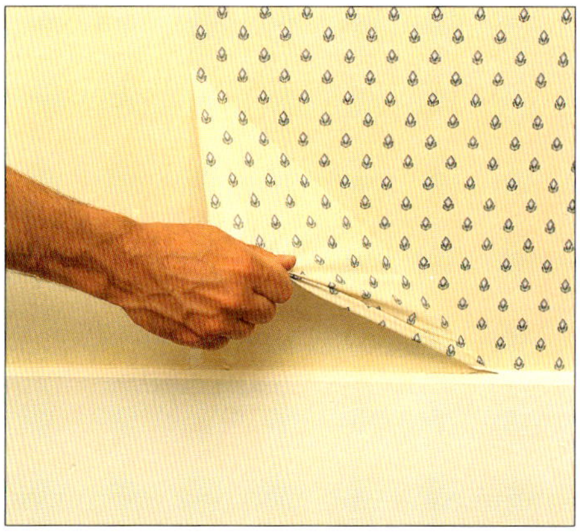

La vecchia tappezzeria vinilica e lavabile va tolta prima di stendere della tappezzeria nuova. Applicata a della speciale carta di rinforzo, la carta vinilica si stacca facilmente e senza problemi. Afferratene un angolo e staccate la striscia dalla parete, lasciando la carta di rinforzo. Passate con una spugna imbevuta d'acqua (*vedi sopra*) e staccatela dalla parete.

STENDERE IL FISSATIVO

La parete deve essere pulita, liscia e perfettamente asciutta per il fissativo, che riduce la porosità e facilita l'applicazione della tappezzeria. Seguite scrupolosamente le istruzioni allegate alla tappezzeria o alla colla e stendete il fissativo raccomandato con un pennello da colla o per decorare. Pulite subito con un panno umido eventuali schizzi di fissativo finiti sul legno.

Mescolare la colla

Usate la colla consigliata dalla ditta produttrice della carta di rinforzo o della tappezzeria. Preparatela secondo le istruzioni: riempite un secchio di acqua fredda, aggiungetevi la colla in polvere, mescolate con un'astina di legno e se specificato lasciate riposare prima di usare.

Ordine di lavoro

Dopo la preparazione, individuate i punti da dipingere. Se tappezzate le pareti, dipingete prima il soffitto e le superfici in legno, dato che gli eventuali schizzi di colla si possono togliere facilmente dalle superfici finite. Se rivestite ogni superficie, stendete la carta di rinforzo al soffitto e dipingetelo, poi applicatela alle pareti e stendete la tappezzeria. Cominciate dal muro più importante e attaccate le strisce allontanandovi progressivamente dalla luce. Finite all'angolo più nascosto della stanza, di solito adiacente alla porta.

Carta di rinforzo

La carta di rinforzo è disponibile in cinque diversi spessori e viene impiegata solitamente per lisciare una superficie prima di stendere la pittura o la tappezzeria. Ricorrete alla carta di rinforzo se su una superficie, come il soffitto, sono presenti molte crepe. Usate una carta di peso medio o decorativa sulle pareti, mentre sul soffitto va usata una carta più spessa. Il fissativo e la colla devono essere quelli raccomandati dalla ditta produttrice della tappezzeria. Attendete che la carta di rinforzo sia completamente asciutta prima di stendere la tappezzeria. Al momento di preparare la tappezzeria, calcolate il tempo di asciugatura della carta di rinforzo, che può essere fino a 12 ore.

Soffitti

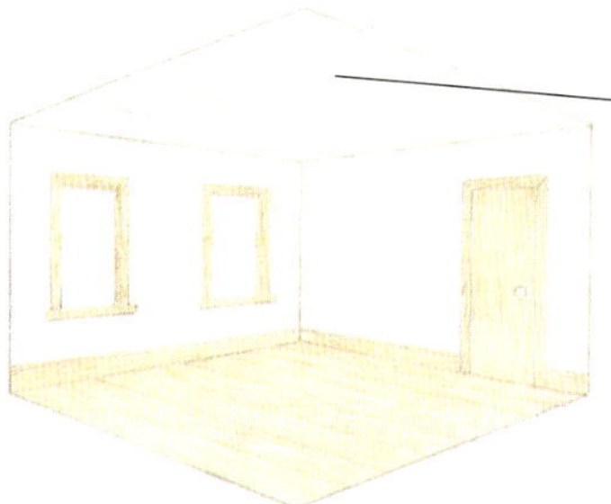

Stendete la carta parallela alla finestra o alla fonte di luce principale e allontanatevi progressivamente. I soffitti molto danneggiati potrebbero richiedere uno strato di carta di rinforzo, perpendicolare al precedente per creare una superficie quanto più possibile liscia.

Stendere la carta in orizzontale

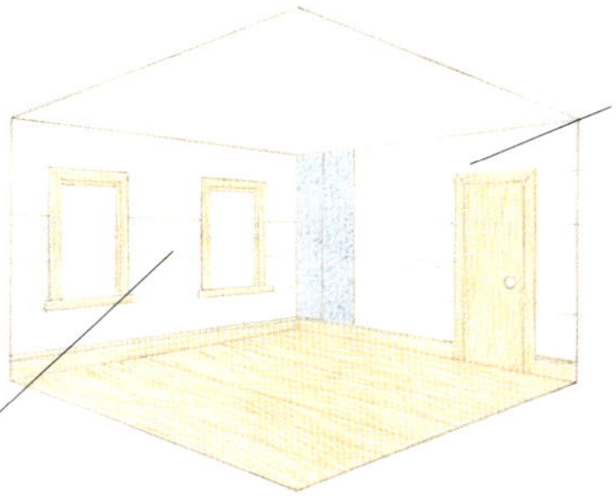

La tappezzeria viene stesa di solito in verticale; la carta di rinforzo può essere applicata anche in orizzontale, in modo da essere perpendicolare alla tappezzeria (*vedi p. 263*), evitando che le giunte corrispondano.

Stendere la carta in verticale

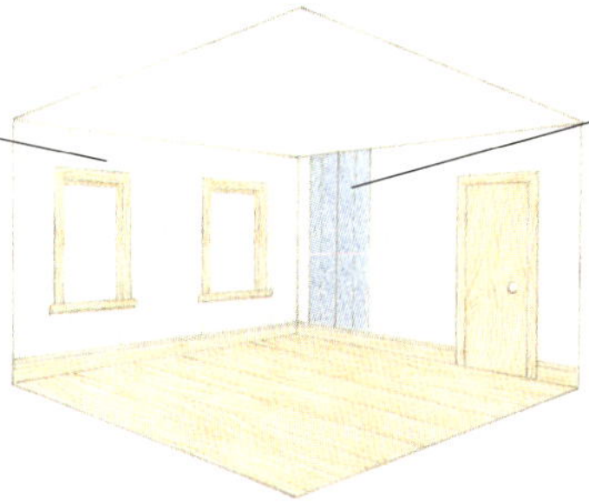

Iniziate stendendo una mezza larghezza di carta di rinforzo, lavorando in verticale e continuate con strisce normali. Stendete poi le strisce intere di tappezzeria in modo che i sormonti della carta e della tappezzeria non coincidano.

RIVESTIRE IL SOFFITTO

I SOFFITTI VENGONO SOLITAMENTE TINTEGGIATI piuttosto che tappezzati, ma se sono danneggiati la carta di rinforzo offre una superficie liscia su cui lavorare. Rivestite il soffitto con una carta di grossezza medio-alta, perché più resistente all'applicazione e all'usura. Stendete la tappezzeria in strisce perpendicolari rispetto alla carta di rinforzo, di modo che i sormonti non corrispondano. Tappezzare il soffitto è un'operazione difficile, perché dovete lavorare contro la gravità. Per facilitarvi il compito, fatevi aiutare da un amico o montate una piattaforma adatta su cui lavorare.

PIATTAFORME

Montate nella stanza una piattaforma su cui lavorare. Per stendere correttamente la tappezzeria lasciate tra la vostra testa e il soffitto una distanza di 7,5 cm.

PIATTAFORMA DI LAVORO

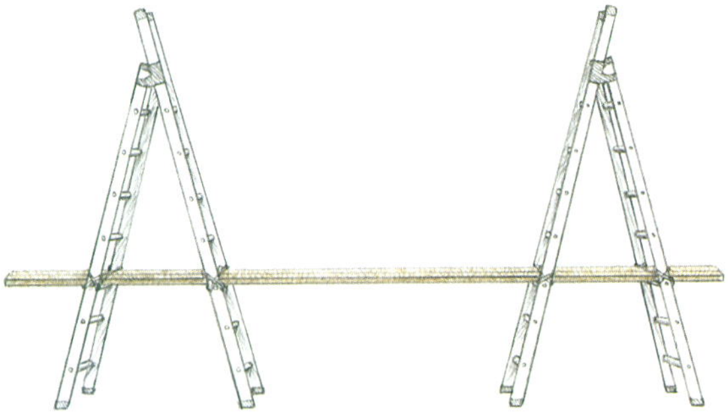

Montate da voi una piattaforma sicura e comoda. Appoggiate una robusta asse di legno sui pioli o sull'ultima pedata di due scale a libretto. Fate in modo che la piattaforma sia lunga quanto la carta, per non scendere continuamente giù. Se le scale sono lontane più di 2 m, usate due assi una sopra l'altra per rafforzare la piattaforma.

MISURARE E TAGLIARE

Misurate accuratamente soffitto e carta e tagliate con precisione la carta per minimizzare gli errori. Procuratevi carta da parati, metro a nastro, filo gessato, matita, forbici da tappezziere e staggia. Tenete a portata di mano l'attrezzatura sulla tavola pieghevole.

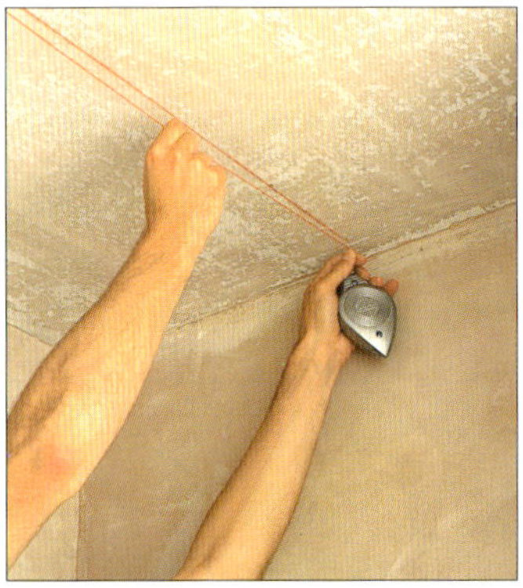

1 **TRACCIARE LA GUIDA** Misurate la larghezza della carta e togliete 1 cm. Segnate ai lati opposti del soffitto. Tendete il filo gessato tra questi due punti, pizzicatelo e rilasciatelo, ricavando una traccia guida.

2 **SEGNARE LA CARTA** Misurate la lunghezza del soffitto lungo la guida. Segnate su un bordo della carta la misura aggiungendo 5 cm di sopravanzo ad ogni estremità. Marcate la stessa distanza, compreso il sopravanzo anche sull'estremità opposta della carta.

3 **TRACCIARE LA LINEA DI TAGLIO** Servendovi di una matita e di una riga unite i due punti dei due lati opposti della carta.

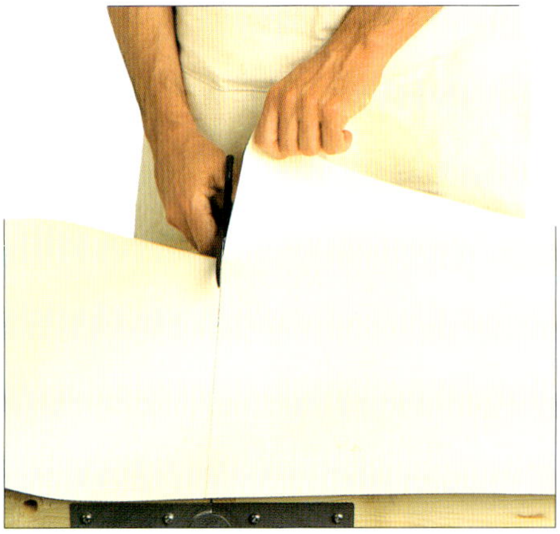

4 **TAGLIARE LA PRIMA STRISCIA** Tagliate sulla linea tracciata con una forbice da tappezziere: questa prima striscia dovrebbe corrispondere alla lunghezza del soffitto, più l'extra per il sopravanzo.

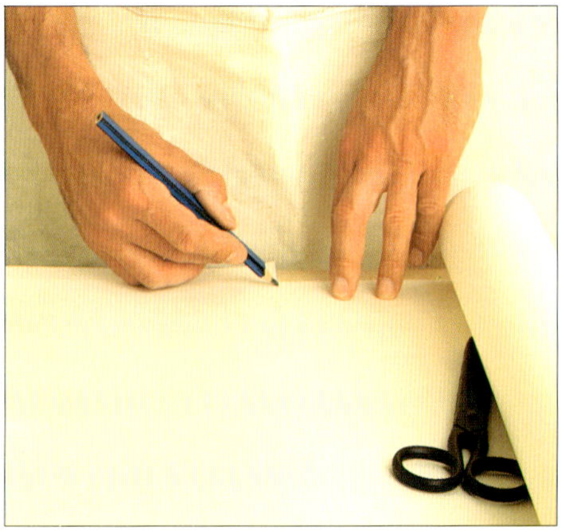

5 **SEGNARE LE ALTRE STRISCE** Se il soffitto non è irregolare, usate la prima striscia come modello per le altre. In caso contrario, misurate per ogni singola striscia e numeratela per poi posizionarle nel modo corretto.

Incollare e ripiegare

Stendete sul tavolo da tappezziere una vecchia striscia di carta di rinforzo. Procuratevi un secchio e un pennello per colla. Srotolate la carta quanto basta e appoggiatela in modo che un'estremità e il bordo più lungo ricadano dal tavolo. Il resto va disteso sulla destra, su cui appoggerete delle forbici o fisserete del nastro adesivo perché non si arrotoli.

1 STENDERE LA COLLA Intingete il pennello nella colla e passate nel centro della carta. Coprite aree lunghe circa 1 m alla volta. Affinché i bordi siano ben incollati e il tavolo non si sporchi di colla, fate in modo che essi trabordino leggermente dal tavolo.

2 DISTRIBUIRE LA COLLA Sospingete la colla verso il bordo più esterno, coprendo metà della larghezza della carta. Intingete nuovamente il pennello, di modo che sia il lato più vicino a voi a sopravanzare. Stendete la colla sull'altra metà della carta.

Consigli utili

Appoggio per il pennello
Tendete uno spago tra le due estremità del manico: fungerà da appoggio per il pennello.

Sovrapporre le strisce
Invece di tenere disordinatamente le strisce per la stanza, tenetele una sopra l'altra pronte da incollare. Legate con dello spago le estremità che sopravanzano alle gambe del tavolo pieghevole.

3 PIEGARE A FISARMONICA Prendete l'estremità cosparsa di colla e ripiegatela a fisarmonica, lato incollato contro lato incollato, di 30 cm di larghezza. Fate attenzione a non segnare la piega.

4 INCOLLARE Tenete di lato la carta a fisarmonica e riprendete a stendere la colla nella parte libera, intingendo il pennello e coprendo tutta la superficie compresi i bordi, sempre a partire dal centro.

5 FINIRE ALL'ESTREMITÀ Continuate a lavorare finché non arrivate all'estremità: avrete il fondo da incollare e il resto della carta ripiegato a fisarmonica. Iniziate ad applicare sulla parete da questa estremità.

Stendere la carta al soffitto

Sistemate la piattaforma o la scala immediatamente sotto la linea tracciata sul soffitto con il filo gessato (*vedi p. 260*). Stendete sull'area delimitata dalla guida il fissativo. Mentre attaccate la carta, sospendete la carta piegata a fisarmonica con la sinistra e fate aderire con la destra il lembo di carta all'angolo di destra. Procuratevi una spazzola da tappezziere, forbici grandi e piccole e rullino. Tenete tutti questi attrezzi a portata di mano.

1 **ALLINEARE LA CARTA** Tenete sospesa la carta ripiegata con l'aiuto di un rotolo e di una scopa. Fate combaciare la carta alla linea tracciata, facendo aderire l'estremità all'angolo. Lasciate un sopravanzo di 5 cm sui lati delle pareti.

2 **STENDERE** Lisciate la carta contro il soffitto. Aprite un'altra piega, allineatela alla guida e spazzolate dal centro verso l'esterno. Fate aderire il sopravanzo alla parete. Tenendo sempre la linea come guida, proseguite per tutto il soffitto.

3 **INCIDERE LA CARTA** Passate con il dorso delle forbici sul sopravanzo per formare una piega corrispondente sulla linea di unione tra soffitto e parete.

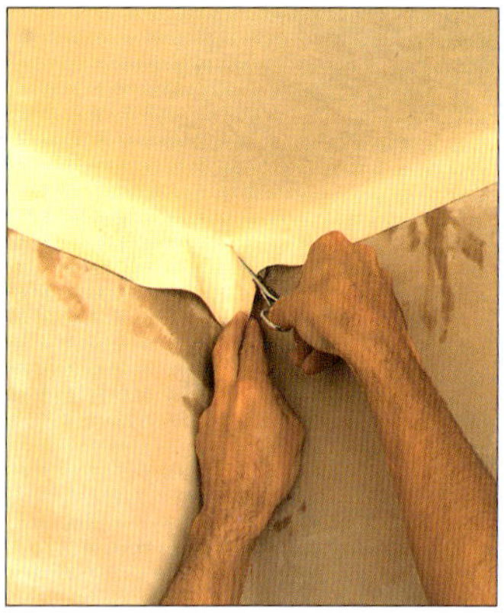

4 **INTAGLIARE** Fate un taglio diagonale con le forbici piccole corrispondente all'angolo. Sovrapponete i due lembi del sopravanzo sull'angolo.

5 **SEGNARE LA PIEGA** Ripassate con una matita la piega se state usando carta di rinforzo spessa o molto decorata, che non si incide facilmente.

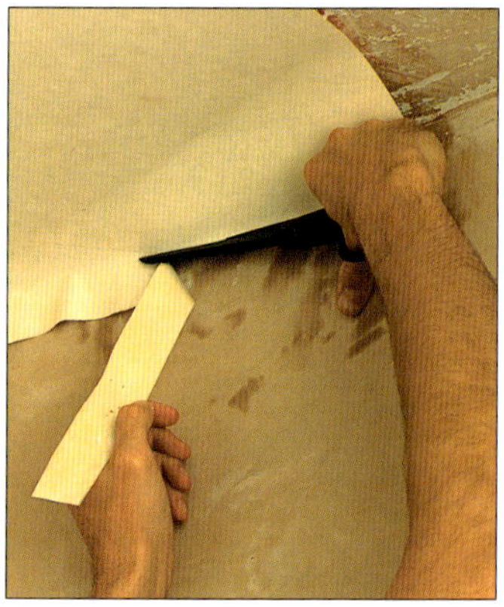

6 **RIFILARE** Staccate delicatamente il sopravanzo dalla parete e dal soffitto e tagliatelo con un paio di forbici grandi, seguendo la piega e la linea della matita.

7 **RIFINIRE** Lisciate la carta. Rifilate il resto del sopravanzo e lisciate la carta in posizione. Preparate con il fissativo la porzione di soffitto adiacente.

8 **RIPASSARE IL SORMONTO** Sovrapponete leggermente il bordo della seconda striscia a quella precedente. Passate il rullino sul sormonto. Continuate a tappezzare il resto del soffitto.

Stuccare le giunte aperte

Potete usare dello stucco per tappare eventuali giunte aperte tra una striscia e l'altra. Dopo aver finito di tappezzare, con una spatola a ventaglio stendete una piccola quantità di stucco da muro tra un pannello e l'altro.

SUPERARE GLI OSTACOLI

Quando tappezzate il soffitto probabilmente dovrete superare ostacoli e punti difficili. Quelli più comuni sono gli infissi elettrici e le nicchie o un caminetto. La carta va tagliata su misura, oppure aggirate l'ostacolo. Usate degli strumenti affilati: forbicine, forbici da tappezziere e taglierino. Ricordatevi di staccare l'interruttore generale prima di stendere il fissativo intorno agli attacchi elettrici o alle prese. Togliete lampade e lampadine e coprite la presa con del nastro isolante.

TAPPEZZARE LE PARETI

Se volete stendete della carta di rinforzo sotto la tappezzeria, sistematela in orizzontale (*vedi p. 259*) e su questa la tappezzeria in verticale. Misurate le pareti e tagliate la carta, incollatela e ripiegatela a fisarmonica in modo che sia maneggevole. Stendete il fissativo alla parete e sistemate la prima striscia di carta rasente il soffitto. Aprite una piega dopo l'altra e fatela aderire al muro.

NICCHIE

1 **LISCIARE L'ANGOLO** Spazzolate la carta dall'angolo verso l'esterno, facendola ben aderire con le setole tra parete e soffitto, creando in tal modo una piega.

2 **INTAGLIARE** Staccate delicatamente la carta dalla parete e dal soffitto. Intagliate l'angolo tra parete e soffitto con le forbicine (controllate che non siano sporche di colla).

3 **FAR ADERIRE LA CARTA** Con la spazzola fate aderire bene la carta all'angolo interno. Piegate il sopravanzo e intagliate diagonalmente l'angolo. Sistemate i lembi sovrapponendoli. Piegate e rifilate.

ATTACCHI ELETTRICI

1 **TAGLIARE LA CARTA** Con l'aiuto di un assistente che tenga sospesa la carta ripiegata con una scopa, intagliate una croce direttamente sull'attacco fino a farlo uscire.

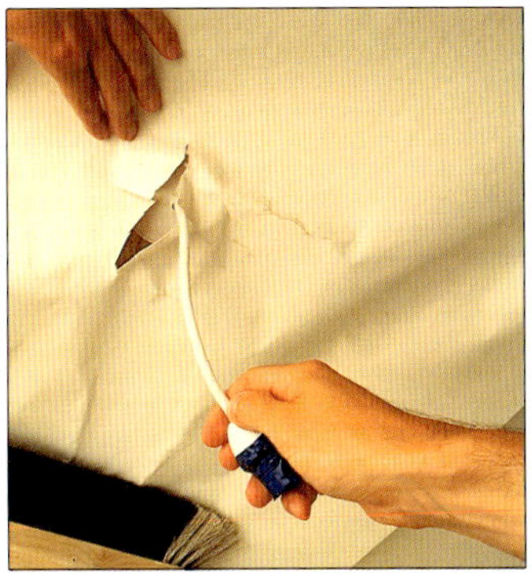

2 **ESTRARRE** Fate uscire il filo e pulitelo dalla colla. Con la spazzola lisciate la carta intorno all'attacco.

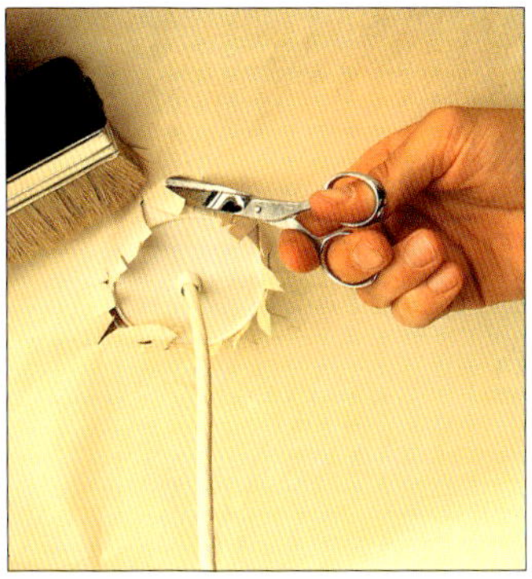

3 **INTAGLIARE** Fate delle tacche nel sopravanzo attorno all'attacco. Usate un pennello da tappezziere per far aderire bene la carta intorno all'attacco elettrico.

4 **RIFILARE** Con un taglierino tagliate con attenzione il sopravanzo. Pulite con un panno umido la colla in eccesso dal filo elettrico.

RIVESTIRE LE PARETI

È UN'OPERAZIONE MOLTO PIÙ SEMPLICE che tappezzare il soffitto. Molti tipi di tappezzeria sono costosi e per questo è importante fare un progetto accurato per tempo e fare delle misurazioni precise per evitare degli sprechi. Per garantire l'uniformità della decorazione e del colore, acquistate in blocco i rotoli che necessitano dello stesso lotto. Seguite le istruzioni del produttore per la colla e il fissativo raccomandati. Create uno spazio di lavoro più ampio possibile e ben illuminato. Montate la tavola da tappezziere e proteggetene il piano con un foglio di carta di rinforzo.

MISURARE E INCOLLARE

Misurate l'altezza dal soffitto al pavimento o al battiscopa, dove andrà la prima striscia di tappezzeria, aggiungendo 10 cm di sopravanzo. Questo vi permetterà di piegare e rifilare le estremità a misura degli angoli e della linea tra soffitto e parete. Per la colla seguite le indicazioni della ditta produttrice della carta. Procuratevi forbici da tappezziere, matita, staggia, metro a nastro, pennello da colla, astina di legno e secchio.

1 **TAGLIARE LA PRIMA LUNGHEZZA** Srotolate la tappezzeria e segnate la prima lunghezza. Tagliate con forbici da tappezziere. Se la stanza ha dimensioni regolari, tenete la prima lunghezza come modello per le altre.

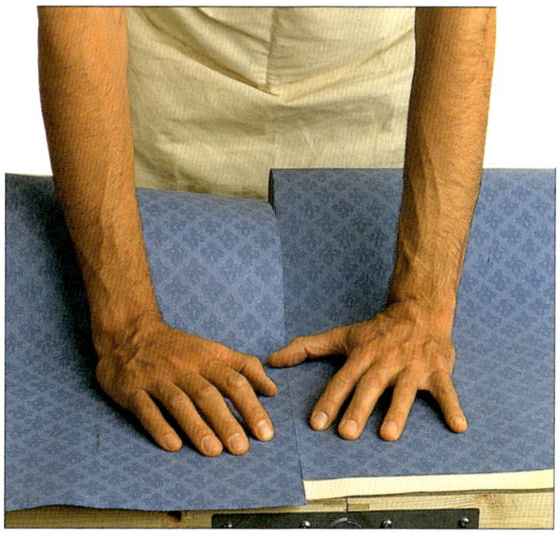

2 **COMBINARE IL MOTIVO** Se usate una tappezzeria con motivi, girate per il diritto i pannelli, combinate i motivi controllando che siano allineati e che ci sia carta per il sopravanzo.

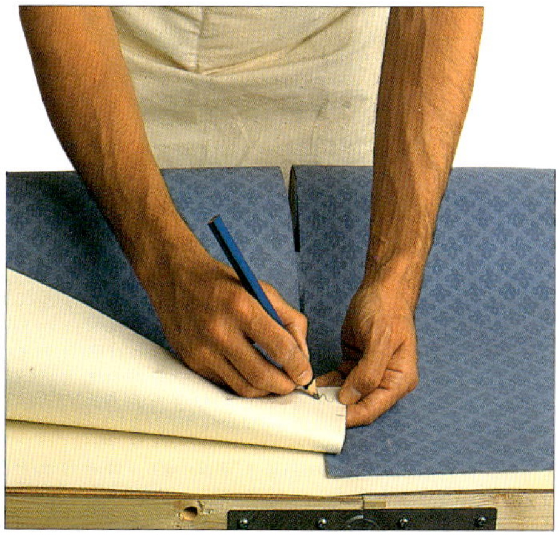

3 **NUMERARE I PANNELLI** Sull'angolo in alto al rovescio di ciascun pannello numerate e segnate la direzione in cui verrà applicato. Riponete i pannelli. Distendete la prima lunghezza sul tavolo, con il rovescio verso l'alto e stendete la colla.

PULIRE LE FORBICI

Per sciogliere l'eventuale colla accumulatasi, immergetele di tanto in tanto in acqua calda.

4 **PIEGARE A FISARMONICA** Incollate e piegate a fisarmonica i pannelli in parti di 1 m circa, in modo che i lati incollati siano adiacenti l'uno all'altro. Fate attenzione a non arricciare i pannelli incollati nel piegarli.

5 **PIEGA FINALE** Lasciate un lembo finale di 70 cm per il fondo del pannello. Piegatelo, lato incollato contro lato incollato, per evitare che aderisca al muro mentre lavorate.

STENDERE LA TAPPEZZERIA

Tracciate sulla parete una linea verticale come guida per il primo pannello tendendo un filo gessato tra soffitto e battiscopa o pavimento e pizzicandolo. Stendete il fissativo su un'area leggermente più grande del pannello. Avrete bisogno di forbici da tappezziere, pennello da tappezziere, spugna umida, rullino, scala a libro e cestino.

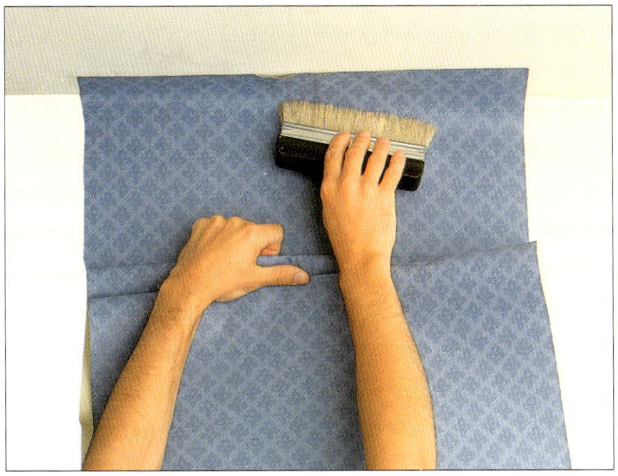

1 **POSIZIONARE LA CARTA** Saliti sulla scala, portate al soffitto la carta ripiegata, lasciando un sopravanzo di 5 cm. Passate quindi la spazzola sul primo lembo per farlo aderire bene alla parete, partendo dal centro verso l'esterno.

2 **LISCIARE LA CARTA** Srotolate il pannello fino a terra, allineando il bordo con la linea tracciata e passando con la spazzola. Fate in modo che il pannello non si attacchi al muro in fondo.

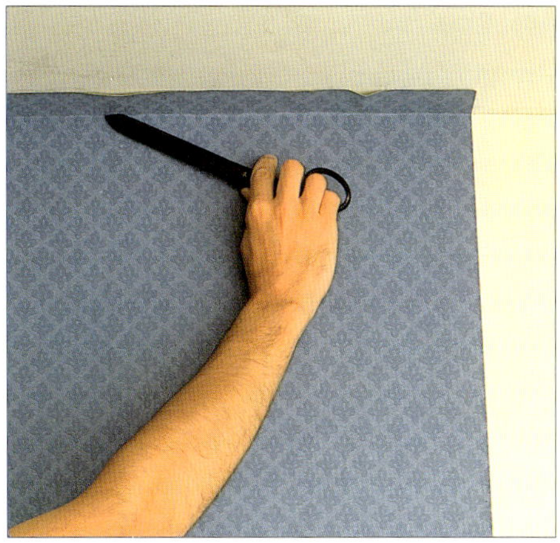

3 **INCIDERE IL SOPRAVANZO** Sulla linea tra soffitto e parete passate con il dorso delle forbici per piegare la tappezzeria; se necessario, evidenziate la linea con una matita.

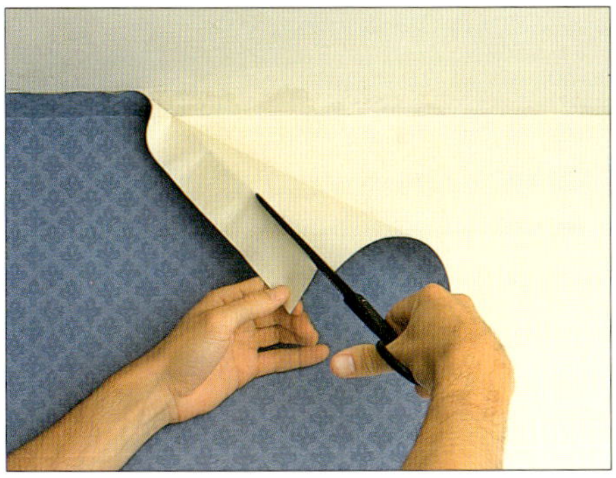

4 **RIFILARE** Staccate delicatamente il sopravanzo dal soffitto e dalla parete e tagliatelo lungo la piega. Tenete a portata di mano un cestino per gettare i rifiuti.

5 **RIFINIRE** Passate con la spazzola sulla superficie per far aderire il bordo superiore al soffitto.

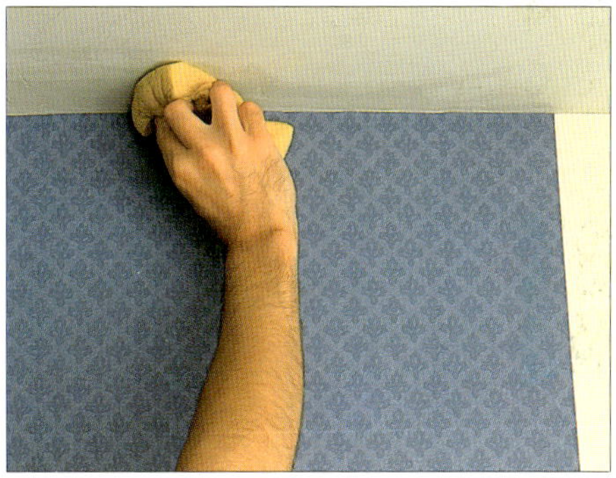

6 **PULIRE LA SUPERFICIE** Passate sulla superficie lavabile con una spugna bagnata per eliminare la colla in eccesso. In caso non fosse lavabile usate un ritaglio per rimuovere la colla.

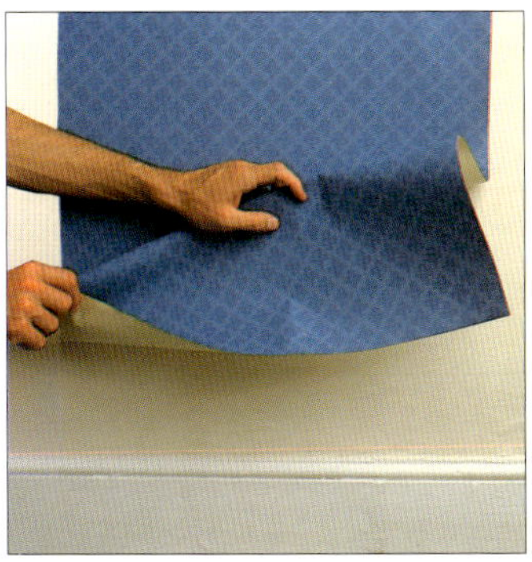

7 **APPLICARE LA CARTA AL PAVIMENTO** Aprite l'ultima piega del pannello arrivati al pavimento. Allineate con il battiscopa con molta attenzione.

8 **INCIDERE** Fate aderire bene la tappezzeria nell'angolo tra parete e battiscopa. Incidete il sopravanzo. Staccate delicatamente e tagliate lungo la piega. Risistemate e passate con la spazzola.

9 **RIMUOVERE LA COLLA** Con una spugna umida eliminate la colla in eccesso. Proseguite con gli altri pannelli, facendo attenzione a far combaciare i motivi sui bordi.

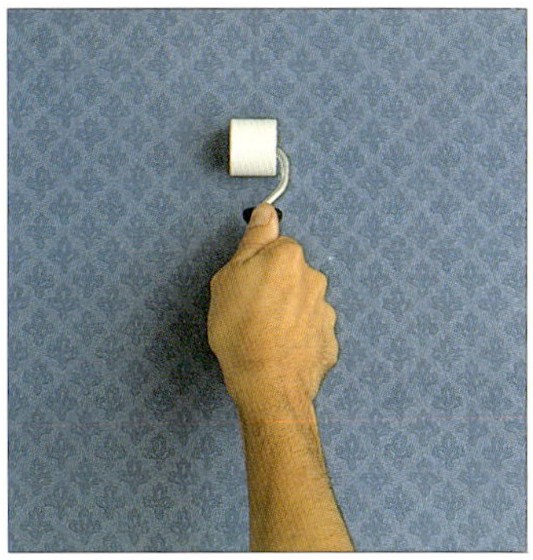

10 **LISCIARE I BORDI** Passate con un rullino sui bordi o sul sormonto. Non usate una pressione eccessiva se lavorate su della tappezzeria delicata.

Spigoli e angoli

Gli angoli non rappresentano un problema per la posa della tappezzeria. È un'operazione che consiste nello stendere il pannello leggermente oltre l'angolo e di incollare un ritaglio sul sopravanzo. Se usate tappezzeria vinilica, stendete della colla vinilica sul sopravanzo perché il ritaglio vi aderisca meglio. Procuratevi un taglierino (cutter), staggia, forbici da tappezziere, flessometro, spazzola da tappezziere, matita, rullino e livella o filo gessato.

Spigoli esterni

1 **LISCIARE LO SPIGOLO** Fate aderire con la spazzola la carta allo spigolo esterno; senza passare sul lembo della parete interna.

2 **RIPIEGARE LA CARTA** Fate scorrere l'indice e il pollice lungo lo spigolo per creare una piega. Tracciate con una staggia e una matita una linea verticale dal soffitto a terra a 2,5 cm circa dal bordo dello spigolo.

3 **TAGLIARE LA STRISCIA** Incidete con il taglierino, a cui avrete cambiato la lama per ridurre il rischio di strappi, e con la staggia la linea verticale.

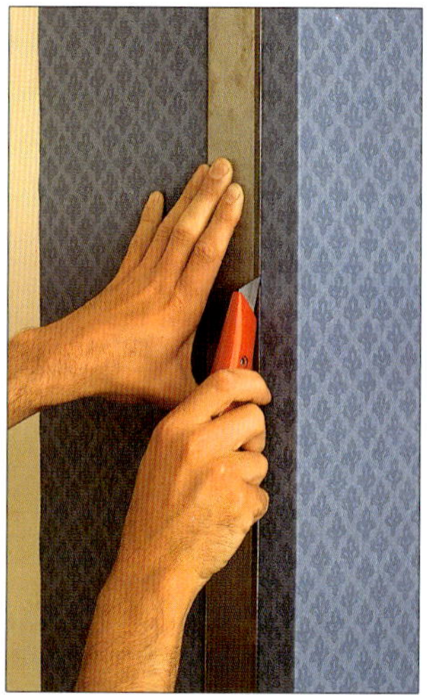

4 **STACCARE** Togliete con delicatezza la parte di tappezzeria sul lato interno. Sistemate il ritaglio sul tavolo. Stendete altro fissativo sulla parete e riincollate eventualmente il ritaglio.

5 **LISCIARE IL SOPRAVANZO** Passate un rullino sul sopravanzo per far aderire bene la carta alla parete.

6 **RIPOSIZIONARE** Stendete nuovamente il ritaglio incollandolo sul sopravanzo, facendo attenzione a far combaciare il motivo. Lisciate e passate con il rullino.

Angoli interni

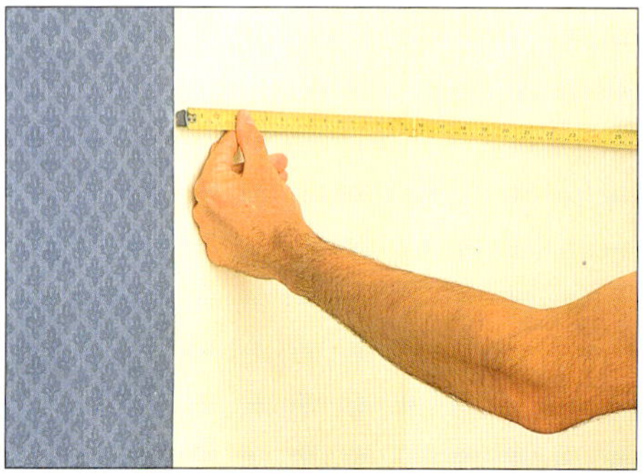

1 **MISURARE** Misurate a partire dal bordo dell'ultimo pannello fino all'angolo, aggiungendo 2,5 cm di sopravanzo. Tagliate un pannello di questa misura e sistematelo sul tavolo.

2 **LISCIARE** Stendete il pannello in posizione, sovrapponendolo leggermente a quello precedente e facendo combaciare il motivo. Fate aderire all'angolo con una spazzola.

3 **ASSICURARE** Controllate che il sopravanzo sia ben aderente passando con il rullino lungo il bordo. Pulite il rullino dalla colla prima che si asciughi.

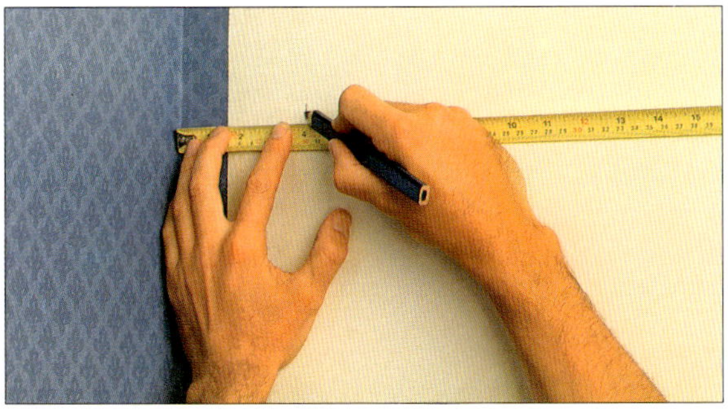

4 **SEGNARE** Misurate dall'angolo interno la larghezza del ritaglio, aggiungendo 5 mm. Segnate lungo la linea verticale questa distanza.

5 **TRACCIARE** Tracciate una linea verticale esatta servendovi di una livella. Incollate il ritaglio lavorando sul tavolo da tappezziere.

6 **POSIZIONARE** Stendete con cura il ritaglio lungo l'interno della linea verticale, da cui ripartirete per continuare il lavoro.

Prese e interruttori elettrici

Prima di mettervi al lavoro, staccate l'interruttore generale. La tecnica non è molto diversa da quella per gli attacchi di lampadari al soffitto (*vedi p. 263*). Procuratevi una spazzola da tappezziere e un taglierino per lavorare su prese e interruttori. Copriteli con del nastro isolante prima di stendere il fissativo.

1 **CONTORNARE** Passate con la spazzola da tappezziere sulla presa o sull'interruttore per evidenziarli bene attraverso la carta.

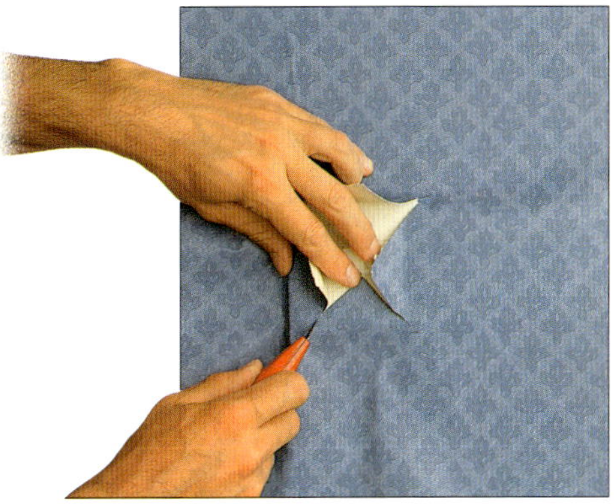

2 **TAGLIARE** Con il taglierino fate degli intagli diagonali a partire dal centro. Aprite i lembi e scoprite la presa o l'interruttore.

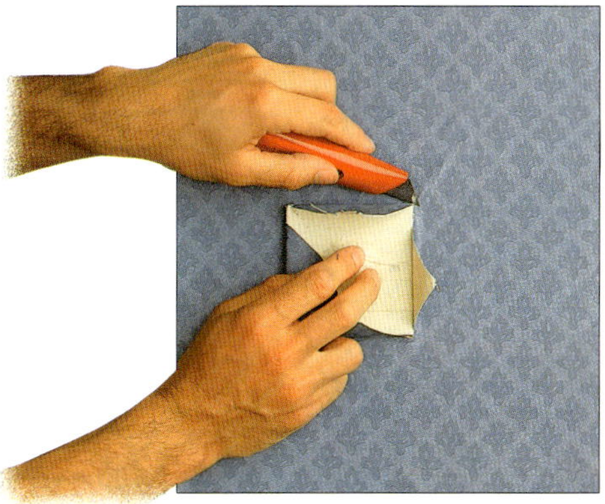

3 **ELIMINARE** Rifilate l'eccesso. Fate aderire bene la carta intorno alla presa o all'interruttore. Pulite la presa dalla colla prima di attaccare l'interruttore generale.

Rifinire una presa o un interruttore

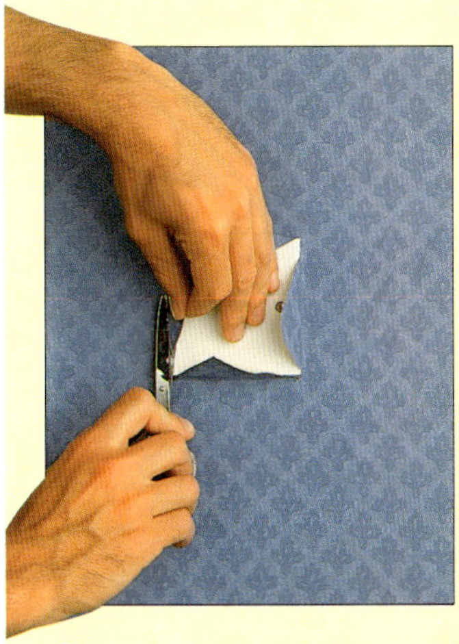

1 **ELIMINARE** Procedete come ai punti 1 e 2. Eliminate con delle forbicine i lembi in eccesso sulla mascherina della presa o dell'interruttore, che sviterete e staccherete con un cacciavite isolato. Lasciate 6 mm di distanza tra parete e mascherina.

2 **RIMBOCCARE** Spingete con la spazzola da tappezzeria la carta sotto la mascherina, che riposizionerete. Pulite dalla colla e avvitate. Attaccate l'interruttore generale. Evitate questa tecnica con una tappezzeria metallica.

Cornici di finestre e porte

Coprite lo spazio tra pannelli interi e vani come finestre e porte con lunghezze di tappezzeria su misura, ricordandovi di far combaciare i motivi. Aggiungete almeno 3 cm di sopravanzo quando tagliate il pannello da adattare alla cornice. Procuratevi una spazzola da tappezziere, forbici da tappezzerie, forbicine e taglierino.

1 **LISCIARE** Fate aderire bene la tappezzeria alla parete su cui avrete steso precedentemente il fissativo passando con la spazzola verso la cornice e premendo leggermente la carta tra la parete e la cornice. Fate scorrere le dita sulla cornice per evidenziarla.

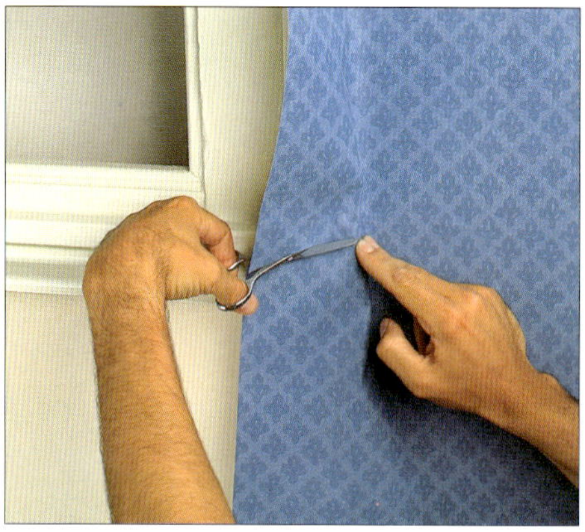

2 **INTAGLIARE** Con delle forbicine fate un intaglio diagonale dal bordo alla cornice sulla tappezzeria, avendo cura di staccare il lembo e successivamente di risistemarlo. Procedete in questo modo finché non avete sistemato la tappezzeria lungo la cornice.

3 **FAR ADERIRE** Dopo aver intagliato la tappezzeria sulla prima scanalatura della cornice, passate delicatamente con la spazzola. Pulite subito la cornice dalla colla in eccesso, utilizzando un panno o una spugna umidi.

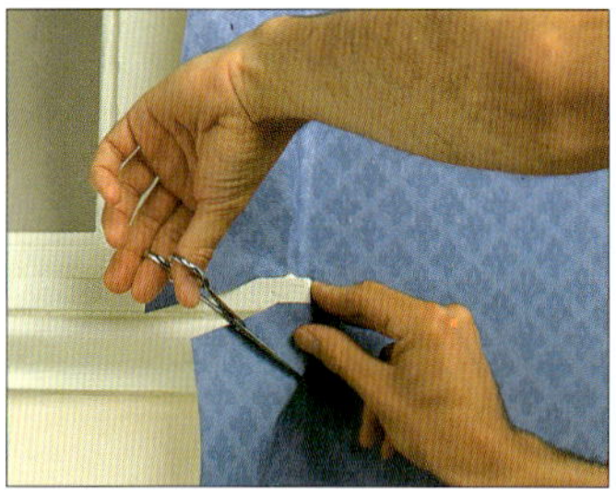

4 **INTAGLIARE** Fate una serie di piccoli intagli verso l'altra scanalatura. Procedete così oltre lo spigolo della cornice.

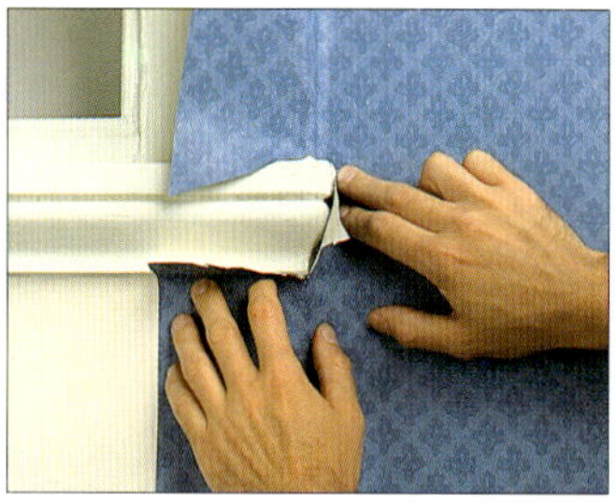

5 **EVIDENZIARE** Con le dita fate aderire la tappezzeria tutt'intorno allo spigolo della cornice, ricavando una piega.

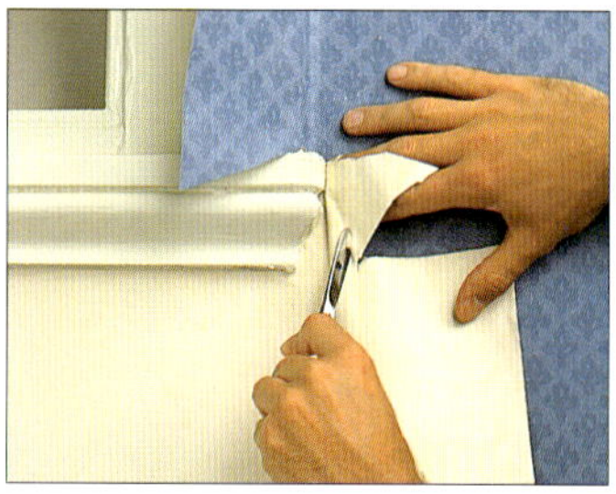

6 **TAGLIARE** Staccate la tappezzeria e tagliate lungo la piega. Incollate nuovamente se la colla cominciasse a seccarsi.

7 **LISCIARE** Con la punta della setola della spazzola fate aderire la tappezzeria contro e sotto la cornice.

Termosifoni

Molti impianti di riscaldamento sono costituiti da un sistema centrale che irradia il calore a radiatori montati a muro, o da singoli radiatori elettrici. Spesso la rimozione dei radiatori è difficoltosa; meglio perciò stendere la tappezzeria dietro al radiatore. Stendete un unico pannello dal soffitto al pavimento, tagliandolo dove corrisponde all'attacco di sostegno o stendete un pannello fino all'altezza del sostegno e uno più corto dall'attacco al battiscopa.

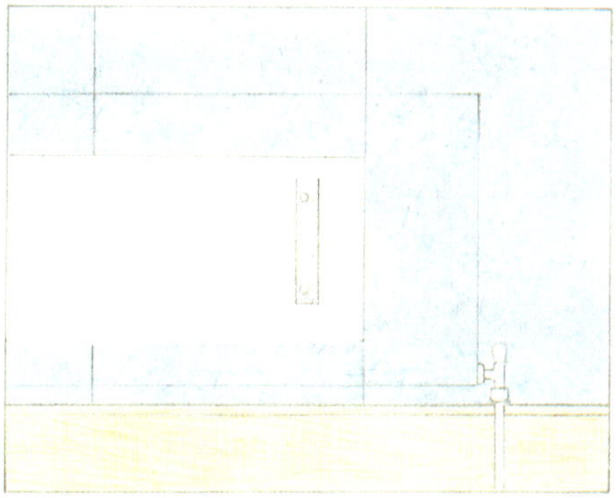

Due pannelli Tagliate un pannello della lunghezza dal soffitto all'attacco che sostiene il radiatore. Tagliate un secondo pezzo che dal sostegno arrivi al battiscopa. Fate in modo che il secondo pannello collimi con il battiscopa (*vedi p. 265*).

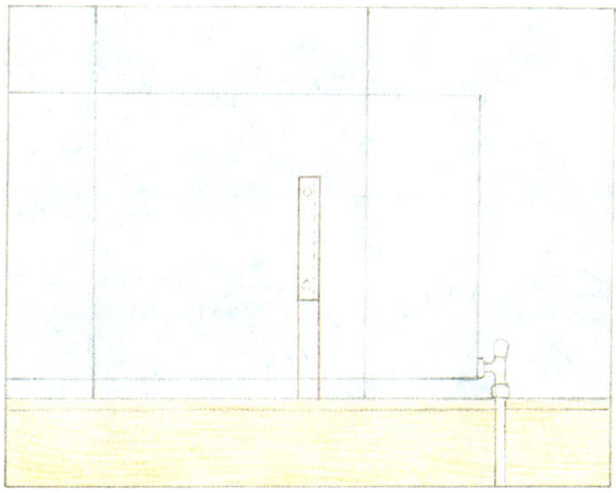

Pannello unico Misurate l'altezza dal bordo superiore del battiscopa all'attacco. Intagliate nel pannello a partire dal fondo una fessura che si adatti al sostegno. Sistemate la fessura sul sostegno, facendo aderire bene la tappezzeria con un rullo da radiatore.

TROMBE DELLE SCALE E PIANEROTTOLI

Per tappezzare le pareti delle rampe delle scale procuratevi un ponteggio o altre strutture sicure. Noleggiate un trabattello delle dimensioni della scala. In alternativa potete montare tra una scala a libretto e una scaletta delle assi in legno per avere la vostra piattaforma. Sistemate la scala a libretto sul pianerottolo, a distanza di sicurezza dal primo gradino mentre la scaletta va appoggiata contro il muro opposto. Se le scale distano tra loro più di 1 m e mezzo, sovrapponete un'altra asse alla precedente. Fatevi aiutare da un assistente con i pannelli; rivestite prima con carta di rinforzo spessa e poi con una tappezzeria decorativa resistente all'usura. Fate attenzione a non perdere l'equilibrio quando dovete raggiungere punti difficili dalla piattaforma. Spostate la piattaforma, piuttosto. Stendete i pannelli partendo dal soffitto e fate applicare il fondo al vostro assistente.

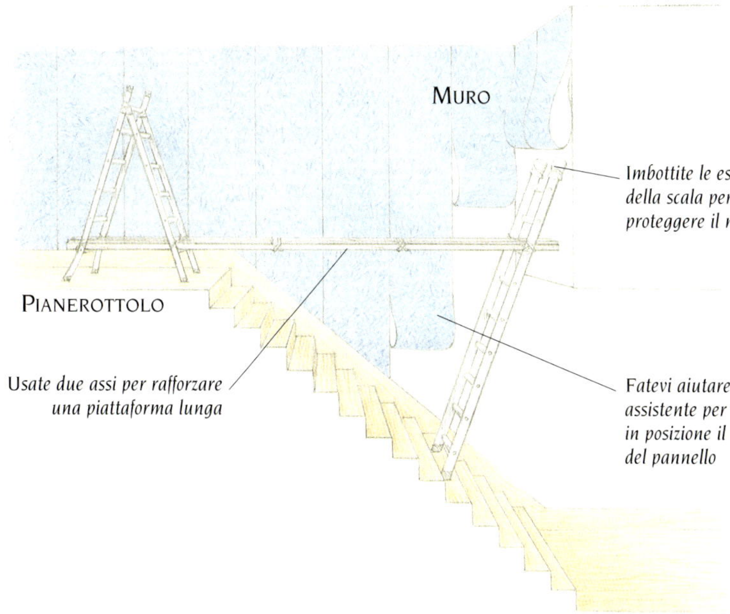

FREGI

Realizzati dai produttori di tappezzeria per completare le loro carte da parati, i fregi possono essere applicati alla tappezzeria o a superfici tinteggiate per fare cornici o bordure, creare imitazioni di guide o listelli o incorniciare le pareti sotto il soffitto.

GUIDE O LISTELLI

1 **SEGNARE** Servendovi di una livella e di una matita, tracciate una linea orizzontale per separare i due colori di una parete. Misurate il perimetro della stanza, e tagliate il fregio in lunghezze comode.

2 **INCOLLARE IL FREGIO** Stendete bene la colla sul rovescio del fregio, specie lungo i bordi. Ripiegate il fregio a fisarmonica, facendo attenzione a non passare sulle pieghe.

3 **STENDERE** Applicate al muro una sezione del fregio alla volta, allineandolo con la linea orizzontale; passate con la spazzola per fare aderire bene.

CORNICE

Applicate il fregio rasente allo spigolo tra il soffitto e la parete. Aprite una sezione alla volta e stendetela sulla parete. Pulite con un panno la colla in eccesso dalla parete e dal soffitto.

USARE I FIAMMIFERI

Prima di tappezzare eliminate ogni attacco. Con dei fiammiferi segnatene la posizione, in modo da riappendere quadri e mensole nell'esatta posizione di prima.

1 **SEGNALARE LA POSIZIONE** Preparate le pareti, staccate gli attacchi e segnalatene la posizione con un fiammifero. Stendete la tappezzeria coprendo il fiammifero.

2 **FORARE LA CARTA** Con una leggera pressione fate fuoriuscire il fiammifero, che toglierete. A tappezzeria asciutta, fissate nuovamente l'attacco.

Pulire gli attrezzi

Durante il lavoro pulite regolarmente con un panno tutti gli attrezzi spesso a contatto con colla o fissativo (in particolare forbici, spatole e spazzola da tappezziere). Gli attrezzi impiegati per stendere la tappezzeria vanno puliti con cura prima di riporli, per garantirne la durata.

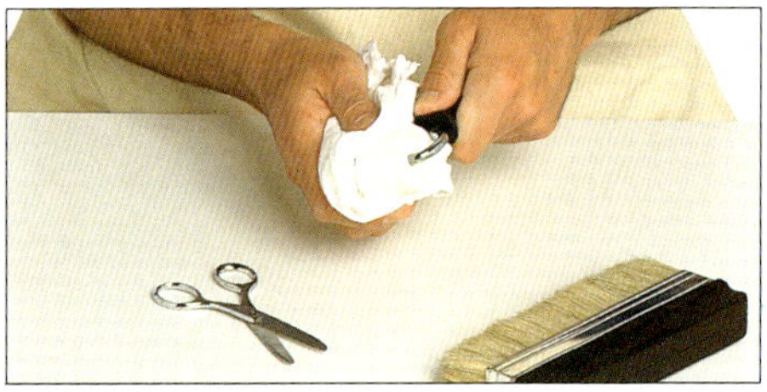

Pulire
Con un panno pulito umido togliete i residui di colla da rullino, forbici e spazzola. Conservate gli attrezzi in luogo asciutto.

Lavare
Lavate a fondo il secchio e usate del detersivo per togliere la colla dalle setole del pennello, che risciacquerete sotto l'acqua calda. Eliminate l'acqua in eccesso, lasciate asciugare e riponetelo in orizzontale.

Problemi e soluzioni

Le ditte produttrici di tappezzeria continuano a migliorare la durata e la maneggevolezza dei propri prodotti. Per questa stessa ragione, i difetti e i problemi che incontriamo durante un lavoro sono riconducibili per lo più ad una cattiva preparazione del supporto, mancanza di fissativo o scarsa incollatura.

Bolle

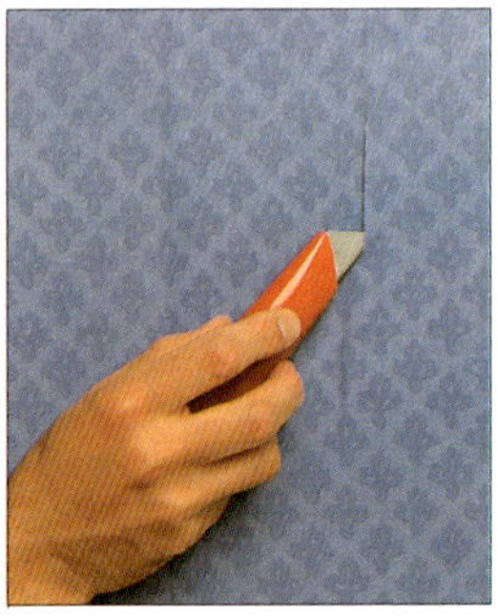

1 **INCIDERE LA BOLLA** Per eliminare una bolla d'aria rimasta intrappolata dopo l'asciugatura della colla, praticate un'incisione con un taglierino.

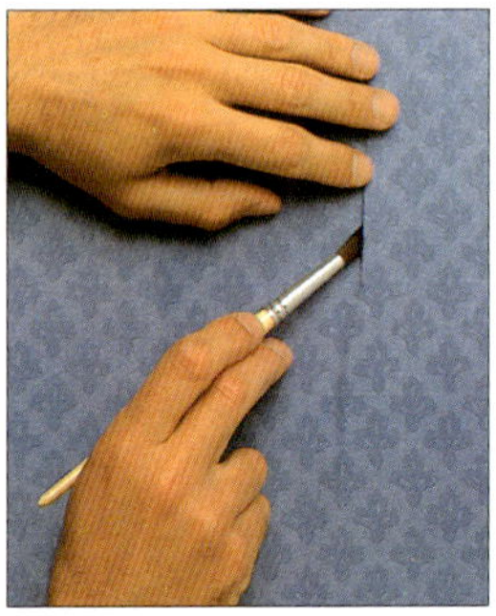

2 **INCOLLARE** Mettete un po' di colla sotto l'apertura. Se le bolle sulla carta sono troppe, staccate il pannello e stendetene uno nuovo.

3 **LISCIARE LA CARTA** Con una spazzola fate aderire bene i due lembi incisi. Pulite subito con un panno umido l'eccesso di colla.

Bordi aperti

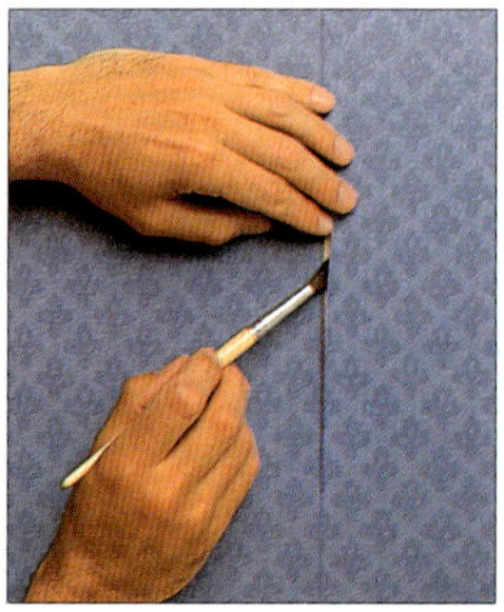

È possibile che in seguito ad una cattiva incollatura dei bordi questi si aprano. Staccateli con una spatola e applicate un po' di colla nella fessura. Passate poi con un rullino.

Macchie lucide

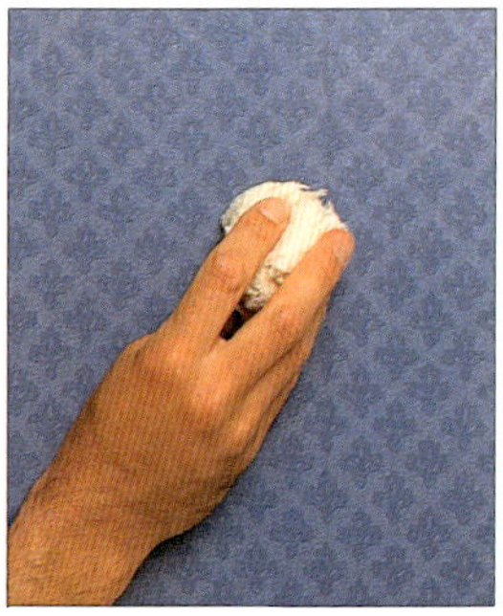

Se la tappezzeria opaca è stata stesa esercitando un'eccessiva pressione con il pennello, possono comparire sulla superficie delle macchie lucide. Strofinate la macchia con della mollica di pane.

Motivi mal combinati

Controllate che il difetto non sia già all'origine nella tappezzeria. In caso contrario, stendete nuovamente i pannelli seguendo con maggiore attenzione le istruzioni del produttore.

Grinze

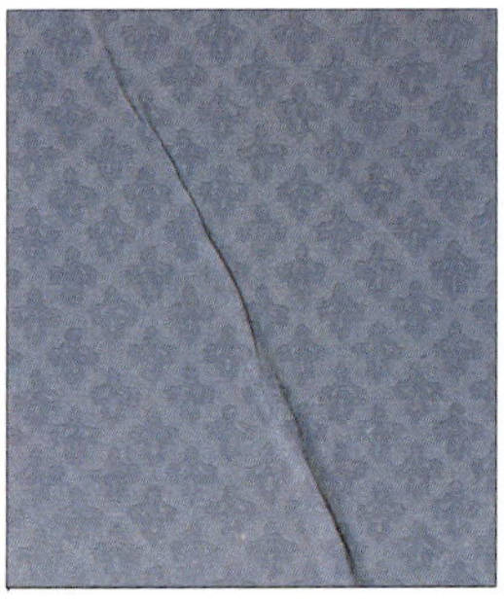

Possono comparire mentre fate aderire la carta su superfici irregolari o su spigoli non a filo. Incidete con un taglierino, mettete della colla e rimettete a posto.

Rilievo appiattito

È dovuto generalmente al fatto che avete esercitato una pressione eccessiva con il rullino. Con questo tipo di tappezzeria in rilievo evitate il rullino e passate invece con un panno umido.

Macchie di umidità

Se compaiono dopo molto tempo che avete steso la tappezzeria vuol dire che l'umidità è presente nel muro. Rivolgetevi ad uno specialista; può darsi dobbiate staccarla.

Macchie scure

Le cause possono essere diverse, come la presenza di impurità nell'intonaco. Staccate la tappezzeria e trattate con un fungicida. Controllate che non vi sia umidità e stendete la carta con colla fungicida.

Pannello decorativo
Questo singolo pannello di tappezzeria incorniciato da uno smalto color crema ha uno stile discreto che convoglia l'attenzione verso i dettagli più fini del disegno.
L'uso di un unico pannello funziona particolarmente bene con elementi vivaci e disegni a colori brillanti, che possono diventare eccessivi se applicati su tutte le pareti di una stanza.

Tappezzerie di tessuto
Seta e lino, uniti a carta di rinforzo, sono eleganti rivestimenti. Poiché i tessuti possono essere rovinati dalla colla che filtra attraverso le cuciture, prestate molta attenzione durante la stesura. Affinché la tappezzeria in tessuto conservi un aspetto piacevole, pulitela di tanto in tanto con un battitappeto in modo da evitare depositi di polvere.

ALTRI RIVESTIMENTI

LA CARTA DA PARATI è disponibile in diversi materiali e rifiniture. Ogni tipo richiede un tipo di colla specifico e talvolta unico. Seguite scrupolosamente le istruzioni del produttore per l'applicazione e la cura necessaria.

TAPPEZZERIA VINILICA

La carta da parati vinilica e quella preincollata sono di facile impiego. A differenza della tappezzeria normale, non c'è bisogno di far riposare la colla una volta stesa. Procuratevi una vaschetta leggermente più larga del rotolo, piena d'acqua, e una spugna per lisciare. Tenete a portata di mano un po' di colla da stendere eventualmente sulla parete o sulla carta. La colla vinilica va bene per incollare ritagli in punti difficili come stipiti e altri ostacoli.

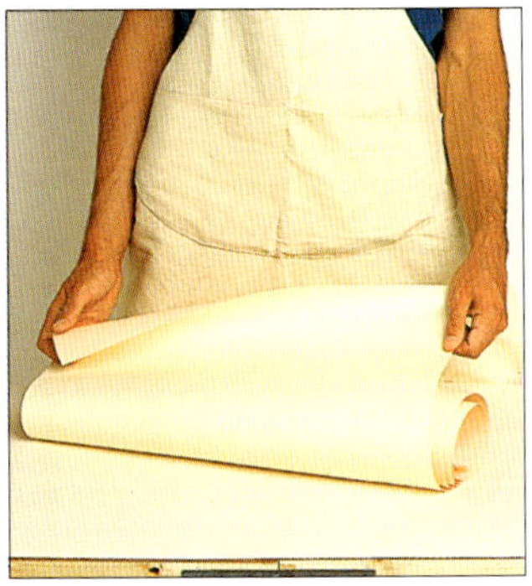

1 **ARROTOLARE** Tagliate e numerate il primo pannello, aggiungendo 10 cm di sopravanzo. Arrotolate per il rovescio. Sistemate la vaschetta con l'acqua vicino al muro e immergetevi il rotolo.

2 **SOLLEVARE** Afferrate con ambedue le mani l'estremità superiore del pannello e lasciate sgocciolare l'eccesso d'acqua nella vaschetta.

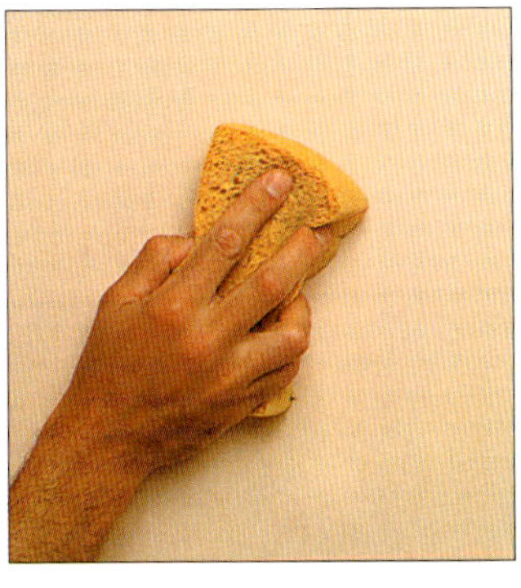

3 **SPUGNARE** Stendete il primo pannello e fate aderire con una spugna. Dopo aver applicato vari pannelli, passate sul sormonto con il rullino. Pulite la colla in eccesso con una spugna.

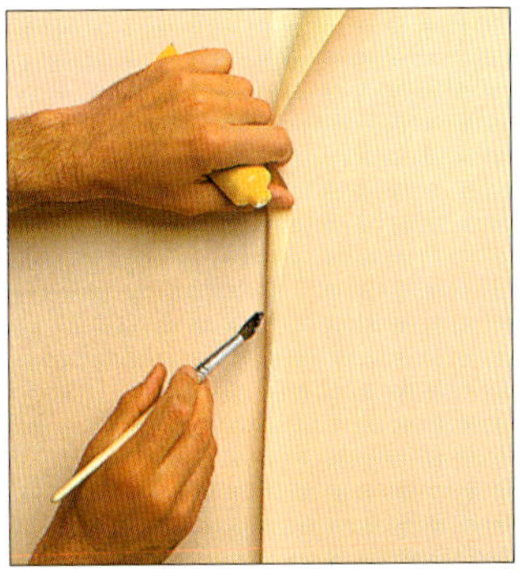

4 **INCOLLARE** Con un pennello stendete della colla vinilica sul sormonto ed esercitate una leggera pressione, in modo che sia ben attaccato.

TELA DI CANAPA
Foderata con carta di rinforzo, la tela di canapa può essere incollata direttamente sul muro, operazione che però richiede attenzione lungo le cuciture per evitare che la colla coli nella trama.

SPARTO
Viene venduto con la carta di rinforzo. La natura della trama elimina il bisogno di intonarla con altri elementi. Uno sparto sottile può lacerarsi quando è bagnato.

FANTASIE METALLICHE
Queste tappezzerie sono stampe di metallo su semplice tappezzeria vinilica o i più costosi fogli di alluminio stampati e poi uniti alla carta di rinforzo.

LAMINE METALLICHE
Le tappezzerie di lamina metallica mostrano le imperfezioni dei muri, siano essi lisci o ruvidi. Questi modelli sono utili per riflettere la luce nelle stanze poco luminose.

CARTA IN RILIEVO
Le carte in rilievo come questa sono ricavate da polpa di legno o fibra di cotone. Al momento di stenderle bisogna fare attenzione a non premerle troppo, perché le cuciture rotolando possono appiattire i disegni e rovinare l'effetto.

VINILE
Tappezzerie sintetiche molto diffuse e pratiche come questa sono facili da tenere pulite e risultano ideali per le aree sottoposte a usura come l'ingresso e la cucina.

PIASTRELLARE

SE VOLETE AVERE UNA SUPERFICIE inattaccabile da umidità e calore, allora le piastrelle rappresentano la soluzione: oltre a essere resistenti e facilmente lavabili, possono essere usate per creare decorazioni insolite o singolari. Vengono prodotte in forme regolari e anche di dimensioni ridotte, il che permette di comporre motivi ornamentali e di adattarle a punti difficili. Questo capitolo vi aiuterà nella scelta delle piastrelle e degli attrezzi adatti, vi illustrerà come preparare e contrassegnare il muro prima della posa, indicandovi le tecniche per posare le piastrelle e stendere malta o boiacca nelle fughe.

PIASTRELLARE FINO AL SOFFITTO
Per ridurre i danni causati dall'acqua e dal vapore, le superfici – inclusa la nicchia della vasca – sono state piastrellate fino al soffitto. Il sedile è stato realizzato con una leggera pendenza per permettere all'acqua di defluire nella vasca.

LA SCELTA DELLO STILE

LE PIASTRELLE IN CERAMICA e i mosaici murari sono soluzioni resistenti e versatili, adatte per superfici di ambienti particolarmente esposte all'usura e all'umidità come la cucina e il bagno. Le piastrelle vengono prodotte in diversi materiali, colori e forme, come pure in stili semplici, decorati o pittorici. Questa vastissima scelta vi permette di abbinare le piastrelle all'arredamento preesistente e di sbizzarrirvi con infinite possibilità di decorazione. Potete usare delle cornici o listelli abbinati o cimasa per rifinire la piastrellatura e formare un disegno coerente.

MOSAICI RETRO
Le piastrelle a mosaico oltre alla praticità, ad esempio in cucina, offrono grandi opportunità creative per la progettazione di un disegno originale. Queste piastrelle rosa, malva e blu hanno finiture opache e perlacee che catturano la luce con diversa intensità e contrastano con il piano in acciaio. Il disegno a mano libera in stile retro anni '50 richiama il tostapane e la sedia.

PIASTRELLE CON BORDI E PROFILI
Dove le piastrelle coprono solo la porzione inferiore del muro, il bordino in alto dell'ultima fila, spesso non smaltato e intonacato, rimane a vista, dando l'impressione di un lavoro non finito. Per ovviare a questo inconveniente, rifinite le piastrelle con bordi o profili che aggiungono dettagli decorativi e nascondono i contorni grezzi.

FOGLI DI MOSAICO
Piastrellare con singoli quadratini di mosaico può richiedere tempo e fatica. In commercio si trovano fogli singoli di piastrelle fissati a una rete o a una carta di rinforzo. Ogni foglio può coprire rapidamente grandi aree. Per completare l'effetto di un mosaico tradizionale le fughe tra una piastrella e l'altra vengono poi intonacate.

CUCINA A ISOLA
Per evidenziare la forma geometrica del modulo a isola sono state scelte piastrelle di mosaico blu. Il colore deciso di questo bancone emerge dallo sfondo ocra e dagli elementi lignei sul muro opposto, facendolo diventare il punto focale della stanza. La superficie di piastrelle, molto resistente, è una scelta pratica per una zona che necessita di pulizia regolare.

Superfici diverse
Piastrelle semplici, di colore neutro possono essere disposte in senso orizzontale e verticale per creare un motivo più interessante. Queste piastrelle bianco sporco sono funzionali intorno ai due lavandini di ceramica.

Pulito e bianco
Piastrelle di grande formato necessitano di meno calce per ottenere una superficie liscia. Le piastrelle quadrate crema sul bordo all'altezza del lavandino spezzano il bianco, mentre una striscia di mattonelle nere sullo zoccolo dà un senso di profondità.

Stile economico
Piastrelle industriali color grigio chiaro sono una soluzione economica che si adatta a molte combinazioni cromatiche. Sono una scelta felice per i bagni piccoli perché rendono lo spazio più arioso.

Tipi di Piastrelle

Le piastrelle murarie, oltre a offrire una superficie decorativa, proteggono la parete e sono facilmente lavabili. Tale è la varietà che si rende indispensabile una valutazione delle qualità funzionali e ornamentali prima di fare una scelta. Nelle zone più frequentate della casa, come la cucina e il bagno, preferite sempre piastrelle robuste e idrorepellenti in ceramica o marmo o dei mosaici. Le classiche piastrelle in ceramica hanno misure standard per adattarsi ai sanitari e agli altri accessori e possono essere abbinate a piastrelle decorate. Queste ultime possono essere posate senza un ordine preciso tra le piastrelle in tinta unita, mentre altre vanno montate per formare una scena o un motivo. È possibile acquistare cornici e listelli che completano le piastrelle su margini e spigoli.

Piastrelle in ceramica
Le piastrelle in ceramica industriali hanno una forma tale che si incastrano tra loro oppure sono dotate di spaziatori; alcuni tipi sono decorati. Le piastrelle artigianali invece sono più rustiche, qualità che si può evidenziare allargando le fughe. Alcuni tipi di piastrelle non hanno bordi smaltati, per cui si devono utilizzare delle piastrelle a livello o cornici per rifinirle.

Piastrella puntinata

Piastrella in rilievo

Mattonelle dipinte artigianali

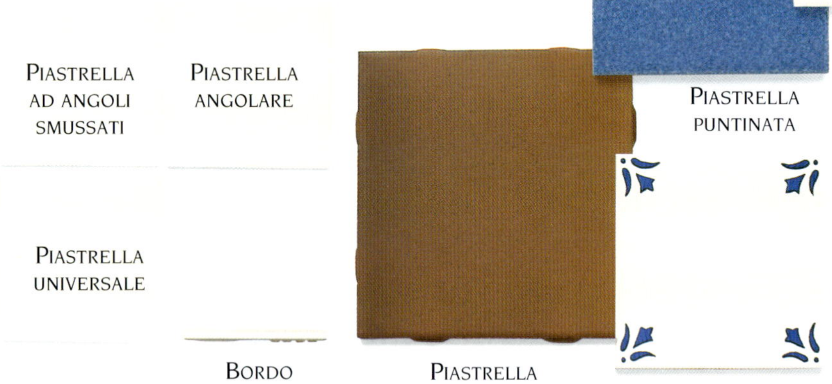

Piastrella ad angoli smussati

Piastrella angolare

Piastrella universale

Bordo smaltato

Piastrella con spaziatori

Piastrella decorata

Tozzetto a rosetta

Tozzetto liscio

Materiali naturali
Le piastrelle in altri materiali possono essere impiegate per vari scopi ed effetti: il marmo dà un tocco signorile e resiste all'usura, il sughero e il cotto danno tonalità particolari e calde alle pareti; il sughero ha in più il vantaggio di contribuire all'isolamento acustico e termico.

Piastrella in marmo

Mattonelle in cotto

Sughero

Listelli e cornici
Una fila di listelli può separare e interrompere una distesa di piastrelle in tinta unita o decorate. Le cornici accentuano e rifiniscono una zona piastrellata. I listelli a imitazione delle guide a muro conferiscono a una parete parzialmente piastrellata un tocco da professionista.

Listello a imitazione

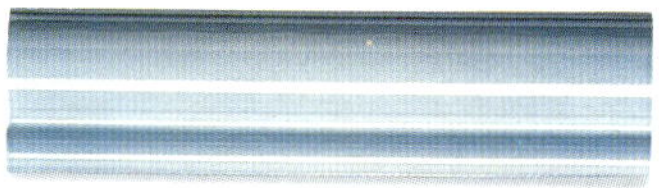

Listello a imitazione

Listello a festone

Listello a festone (grande)

Listello

Cornice più listello

Cornice

RETTANGOLARE

ESAGONALE

FORME INSOLITE
Questo tipo di piastrelle può essere impiegato per creare motivi particolari. La combinazione di piastrelle rettangolari, esagonali e a losanga, ovvero triangolari e sagomate, producono sempre effetti di grande interesse. Ricordatevi di disegnare il motivo su carta prima di posare le piastrelle.

A LOSANGA

SAGOMATA

TRIANGOLARE

MOSAICI
Le mattonelle per mosaici, dette tessere, vengono realizzate in dimensioni ridotte e con materiali quali la ceramica, il vetro, il cotto o il marmo. Le tessere sono tenute insieme da un rinforzo che può essere carta staccabile o tela applicata direttamente alla parete.

MOSAICO IN VETRO (E CARTA DI RINFORZO)

MOSAICO IN VETRO (APPLICATO)

MOSAICO IN MARMO (E RINFORZO)

LISTELLI PER BAGNO
È indispensabile sigillare il punto in cui le piastrelle si intersecano con il bordo di una vasca, di un lavandino o di un piatto della doccia. Sono disponibili a questo scopo dei listelli a mezzotondo in vari colori e dimensioni, che vanno applicati con del sigillante. Se non riuscite a reperire dei listelli adatti, sigillate semplicemente con del mastice o silicone.

LISTELLO UGNATO

LISTELLO SQUADRATO

LISTELLO ARROTONDATO

PANNELLI E PIASTRELLE CON SCENE DIPINTE
Potete acquistare piastrelle decorate, pittoriche o in rilievo da abbinare a piastrelle in tinta unita o altra superficie. Alcune piastrelle singole possono essere inserite senza un ordine preciso o ad intervalli regolari per creare dei disegni geometrici sullo sfondo di piastrelle in tinta unita. I pannelli con scene possono essere usati in piccole stanze o nicchie per dare un tocco di colore.

PANNELLO CON SCENA DIPINTA A MANO

DISPOSIZIONE DELLE PIASTRELLE

La disposizione più comune delle piastrelle a muro è a reticolo, nota anche come moderna o semplice. Ma sono possibili anche variazioni: a scacchiera, a rombo o a corsi di mattoni, che possono alterare l'aspetto e le dimensioni percepite della parete, senza ricorrere a cornici o piastrelle di forma insolita.

MODERNA

È una disposizione considerata "classica" per la posa delle piastrelle.

A SCACCHIERA

Le piastrelle di colore diverso movimentano a scacchiera una disposizione classica.

A ROMBO

È una semplice disposizione con un effetto accattivante, pur dovendo smussare i bordi.

A CORSO DI MATTONI

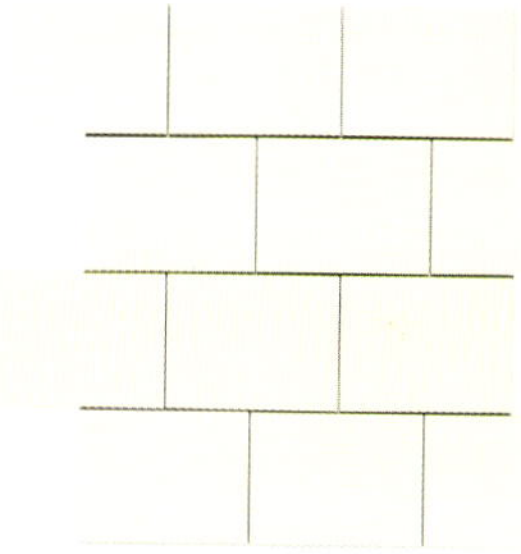

Nota anche come stile vittoriano, è questa una disposizione perfetta per semplici piastrelle rettangolari, con un effetto vagamente "antico".

PREPARAZIONE

LA POSA DELLE PIASTRELLE È UN'OPERAZIONE relativamente semplice, ma è importante una buona preparazione. La qualità e la durata del lavoro finito dipendono tanto da una preparazione accurata e meticolosa quanto da una buona tecnica di rifinitura. Può essere un lavoro lungo, ma è tempo ben speso. Quando fate un progetto, ricordatevi che dalla posa della prima piastrella dipenderà il risultato finale. Nel misurare l'area da piastrellare tenete conto della distanza tra piastrella e piastrella (fuga). Scegliete l'adesivo plastico e la boiacca adatti alla stanza e al tipo di piastrella.

PREPARARE LE PARETI

La preparazione delle superfici va condotta con cura, in quanto anche la più piccola imperfezione verrà tradita dal riflesso delle piastrelle. La parete deve essere compatta e asciutta affinché l'adesivo leghi meglio. Se volete rivestire una parete in compensato o truciolato, stendetevi prima una soluzione diluita di colla vinilica.

PITTURA

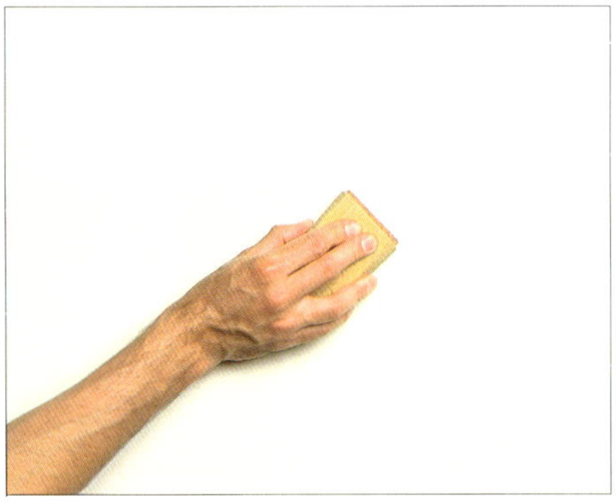

Le piastrelle, se fissate su una superficie tinteggiata con colori ad olio o emulsioni, tendono ad aderire al colore più che alla parete. Per far in modo che l'adesivo penetri a fondo, passate la superficie prima con della carta vetrata a grana grossa e quindi con una spatola per eliminare ogni residuo di colore.

TAPPEZZERIA

Staccate sempre la carta da parati di modo che le piastrelle aderiscano saldamente alla parete, altrimenti saranno fissate soltanto alla tappezzeria. Tutti i tipi di tappezzeria, a parte quella vinilica, vanno dapprima incisi e ammorbiditi con acqua o vapore, prima di staccarli con la spatola o lo staccatappezzeria manuale.

VECCHIE PIASTRELLE

Fidatevi solo se le vecchie piastrelle sono salde e senza irregolarità: passate con carta al carborundum in modo che l'adesivo prenda meglio, prima di posare le nuove. Se due strati di piastrelle vi sembrano troppo pesanti, staccate le vecchie con mazzuolo e raschietto (usate sempre occhiali di protezione) e date una mano di intonaco o rinzaffo prima della posa.

PARETI GREZZE

Levigate il più possibile le superfici e stuccate i buchi e le crepe (*vedi p. 228*). Se la parete è molto danneggiata o irregolare, è meglio dare una nuova mano di intonaco. Ponete rimedio a problemi come l'umidità prima della posa.

REALIZZARE UNA STAGGIA GRADUATA

Strumento semplice e facilmente realizzabile, la staggia diventa indispensabile quando si decide la posa verticale o orizzontale delle piastrelle. Se lavorate su una parete liscia dal pavimento verso il soffitto, tenete la staggia in verticale contro la parete per determinare la posa corretta delle file orizzontali. Torna utile anche per riuscire a superare ostacoli come finestre, nicchie e corridoi.

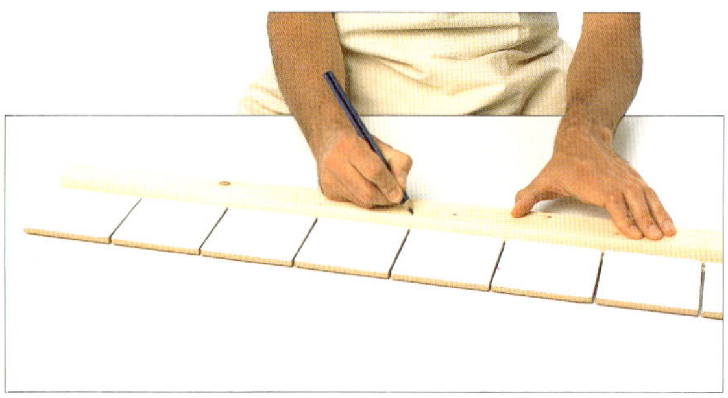

Tagliate un listello di legno a una lunghezza maggiore di taluni ostacoli, come le nicchie, che potete incontrare nella stanza. Sistemate il listello lungo la fila di piastrelle distanziate come saranno a lavoro finito e segnate sul bordo del listello la larghezza di ogni piastrella.

Attrezzatura

Per la posa delle piastrelle sono necessari diversi attrezzi speciali, la maggior parte dei quali sono piccoli e poco costosi, a parte la smerigliatrice angolare e il tagliapiastrelle o diamante; questi servono per piastrelle spesse e potete comunque noleggiarli. Oltre a questi attrezzi specializzati, procuratevi anche attrezzi d'uso comune (*vedi p. 218*), come livelle e filo gessato, per tracciare linee orizzontali e verticali esatte.

Attrezzi preparatori
Posizionate le piastrelle con una staggia graduata. Usate un listello per supporto alle piastrelle. Con una squadra fissa e una livella tracciate linee orizzontali esatte, e piantate il listello con chiodi da muro.

Attrezzi da taglio
L'attrezzo più semplice è il diamante, ma un tagliapiastrelle o un tronchese sono più efficaci. Le tenaglie sono usate per ridurre a misura le piastrelle; le lime per levigare i bordi. Sagomate con una sega ad archetto. Tagliate le piastrelle spesse con una smerigliatrice angolare.

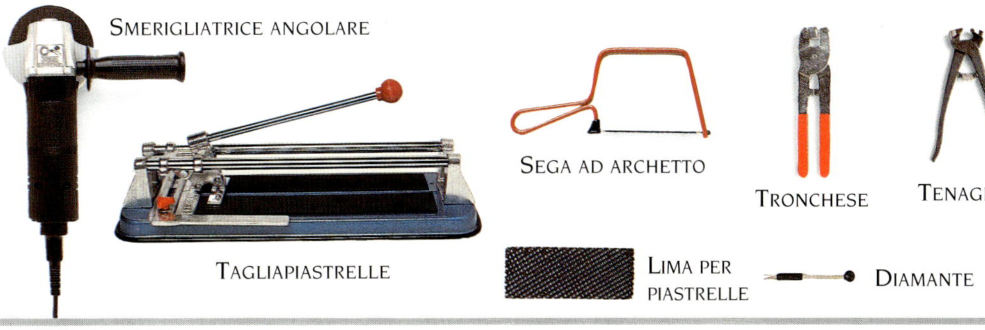

Attrezzi per la posa
Usate un adesivo conforme al tipo e alla destinazione delle piastrelle – attenetevi ai prodotti consigliati dalle ditte produttrici. L'adesivo viene steso alle pareti con un cazzuolino o una spatola a lama diritta e poi ripassato con una spatola dentata. Potete usare dei fiammiferi o degli spaziatori in plastica per mantenere uniformi le fughe. Controllate spesso l'allineamento delle piastrelle con la livella.

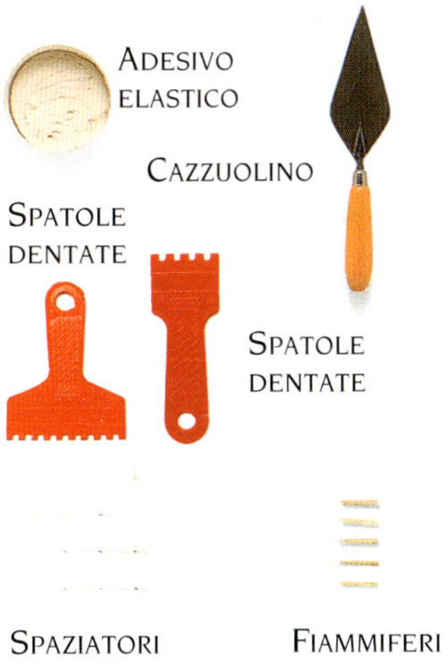

Attrezzi per rifiniture
Stuccate le fughe con boiacca epossidica per impermeabilizzare le superfici. La comune boiacca viene stesa con un seccatoio o una spugna e levigata con un'astina in legno prima di eliminare l'eccesso con uno straccio. Le linee di intersezione tra piastrelle e superfici vanno sigillate con mastice o silicone.

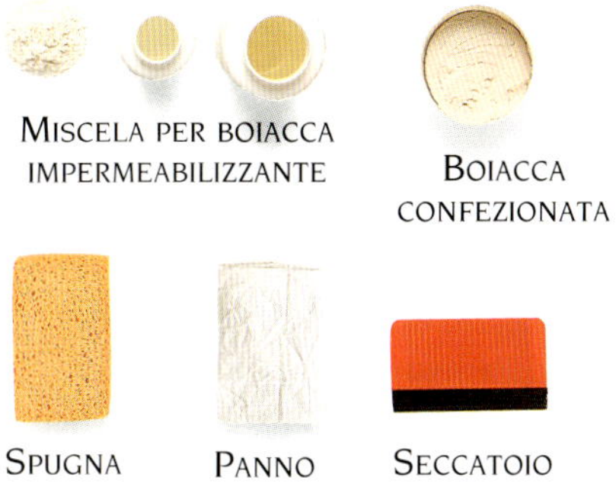

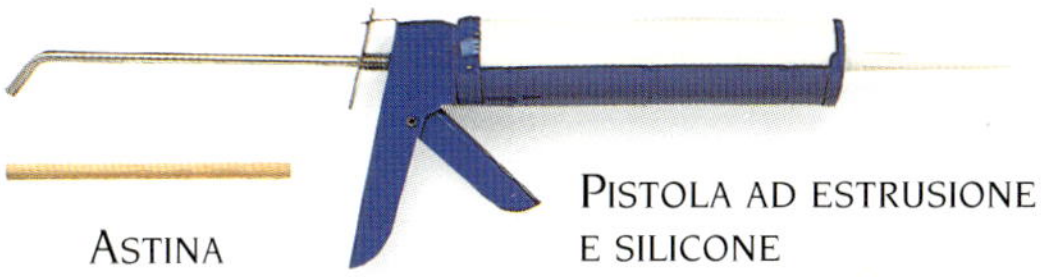

Calcolare la quantità

Calcolate l'area da piastrellare. Usate la tabella qui accanto o seguite le indicazioni del produttore per trovare il numero di piastrelle quadrate necessarie. Con piastrelle di forma insolita o mattonelle artigianali che richiedono fughe più larghe (*vedi p. 281*), usate la staggia graduata per calcolare il numero necessario in verticale e orizzontale. Moltiplicate i risultati per avere il numero totale. Acquistate sempre un certo numero in più di piastrelle in caso di rotture.

Dimensioni della piastrella	Area da piastrellare (in metri quadrati)							
	1	2	3	4	5	6	7	8
5 x 5 cm	400	800	1200	1600	2000	2400	2800	3200
7 x 7 cm	204	408	612	816	1020	1224	1428	1632
10 x 10 cm	100	200	300	400	500	600	700	800
15 x 15 cm	44	87	130	174	217	260	303	347
20 x 20 cm	25	50	75	100	125	150	175	200
30 x 30 cm	12	23	34	45	56	67	78	89

PROGETTARE

È ESTREMAMENTE IMPORTANTE DEDICARE DEL TEMPO a una preparazione adeguata e ad una progettazione meticolosa prima della posa, poiché dalla prima piastrella dipende il risultato finale. Se è fuori squadra, anche tutte le altre di conseguenza lo saranno; procuratevi dunque un filo gessato o un filo a piombo e una livella a bolla per tracciare linee verticali e orizzontali esatte da usare come guide per le piastrelle. Iniziate con una fila di piastrelle appoggiate sul bordo superiore del listello collocato vicino al battiscopa.

PARTIRE DA UNA LINEA A LIVELLA

Raramente i bordi di infissi, finestre e vani di porte sono perfettamente a livella, né tantomeno battiscopa o pavimenti, pertanto armatevi di filo a piombo e di livella per tracciare linee a squadra. Tenete a portata di mano un martello da carpentiere, un flessometro, una staggia graduata e una piastrella. Una volta tracciata l'orizzontale esatta, fissate con chiodi (distanti 10 cm tra loro) dei listelli alla parete su cui appoggerete le piastrelle fintantoché si salderanno alla parete. Controllate con una livella che i listelli siano perfettamente orizzontali prima della posa.

1 **CALCOLARE** Appoggiate una piastrella al battiscopa. Tenendo conto della fuga fissate il listello, se possibile con un solo chiodo, in modo da poterne correggere il filo con la livella.

2 **LIVELLARE** Appoggiate sul listello la livella per controllare che sia perfettamente orizzontale. Fissate il listello (se state lavorando su una superficie già piastrellata, usate delle viti).

3 **MISURARE** Fate scivolare una piastrella tra battiscopa (o pavimento) e listello per stabilire la distanza minima. Segnate sulla parete sotto il listello questo punto. Togliete il listello.

4 **CALCOLARE LE FILE** Con la staggia graduata calcolate quante file sono necessarie per l'altezza della parete (*vedi p. 282*). Partite dal segno sulla parete verso il soffitto. Se dovete tagliare una fila orizzontale molto stretta rasente al soffitto, regolate la posizione del segno vicino al fondo della parete per avere più spazio in cima. Tracciate una linea orizzontale esatta partendo dal segno tracciato.

5 **FISSARE** Da questa linea orizzontale partirà la prima fila di piastrelle intere. Allineate il bordo superiore del listello alla linea e fissatelo, badando a lasciare i chiodi sporgenti per facilitarne l'estrazione. Staccate il listello a piastrellatura avvenuta. Riducete le piastrelle per l'ultima fila sul fondo.

PREPARARSI PER LA POSA DI UNA PARETE

Raramente le piastrelle intere si adattano perfettamente alla parete e per questo dovete ridurle. Fate in modo che le piastrelle rasente gli spigoli siano quanto più possibile la metà. Con un filo gessato o una livella tracciate una verticale a filo per i listelli verticali. Procuratevi martello, chiodi da muro, matita, flessometro e piastrelle.

1 **POSIZIONARE** Sistemate una fila di piastrelle sul pavimento lungo il battiscopa. Tenete conto delle fughe. Quando finirete lo spazio, spostate la fila per lasciare uno spazio uguale alle due estremità.

2 **BORDO VERTICALE** Segnate sul livello fisso alla parete il punto corrispondente al bordo esterno dell'ultima piastrella: da qui inizierete il lavoro. Tracciate una linea verticale esatta con la livella o il filo gessato.

3 **SISTEMARE I LISTELLI** Fissate i listelli con chiodi da muro distanziati a intervalli di 10 cm uno dall'altro, allineandone il bordo interno con la verticale e il segno sul listello orizzontale. Piantate i chiodi nel muro, ma ricordate di lasciare le teste sporgenti per permetterne una rapida estrazione.

PIASTRELLATURA PARZIALE

Se volete piastrellare la parete solo in parte, assicuratevi che l'ultima fila in alto sia di piastrelle intere. Con una matita e la staggia graduata segnate fino a dove arriveranno le piastrelle, fila per fila. Segnate il bordo inferiore dell'ultima fila di piastrelle intere e allineatevi il listello in orizzontale.

PREPARARSI PER LA POSA INTORNO A OSTACOLI

Intorno a un'area centrale come una nicchia vanno applicate piastrelle ridotte alle stesse dimensioni. Spesso però sistemare attorno a un ostacolo piastrelle intere e ridotte impedisce che all'estremità rasente lo spigolo le piastrelle siano allineate. Procuratevi staggia graduata, matita, martello, chiodi da muro, listello, flessometro, filo gessato e livella.

1 **CENTRARE** Sistemate un listello al fondo della parete. Fate in modo che sotto e sopra l'ostacolo le piastrelle vengano ridotte della stessa misura. Sistemate la staggia graduata in orizzontale, aggiustandola in modo che ci sia lo stesso avanzo da ambedue i lati. Segnate il punto sulla parete.

2 **SEGNARE** Con il filo gessato tracciate una linea verticale sul punto segnato sul muro fino al listello orizzontale fissato in fondo alla parete.

3 **POSIZIONARE** Segnate il punto in cui la verticale interseca il listello. Sistemate la staggia sul listello e allineate la verticale con il segno della piastrella. Allontanatevi dall'ostacolo e segnate la posizione dell'ultima piastrella intera. Procedete come ai punti 2 e 3.

TECNICHE DI PIASTRELLAMENTO

DOPO AVER PORTATO A TERMINE LA PREPARAZIONE E LA PROGETTAZIONE del lavoro, potete iniziare a stendere le piastrelle. I listelli in orizzontale e verticale costituiranno una guida e un sostegno nella posa delle piastrelle. Completata la posa e asciutta la boiacca, staccate i listelli. Potete ora mettere mano, fatto il grosso, al taglio delle piastrelle da sistemare nel perimetro.

STENDERE LE PIASTRELLE INTERE

Controllate ogni piastrella e mettete da parte quelle difettose, che possono servire per angoli e bordi, oppure restituitele al negozio. È possibile che vi siano leggere differenze di tonalità e colore tra le piastrelle, quindi al momento della posa mescolatele per uniformare il risultato finale. Acquistate l'adesivo raccomandato dalla ditta produttrice delle piastrelle. Stendete l'adesivo con un cazzuolino e una spatola dentata. Create le fughe con fiammiferi o spaziatori. Usate un panno umido per pulire i residui di adesivo dalle piastrelle.

1 **CONTROLLARE GLI ANGOLI** Controllate che i listelli verticali e orizzontali siano ben fissati e con una squadra fissa o una piastrella intera verificate che l'angolo sia perfettamente retto. In caso contrario aggiustate la posizione dei listelli servendovi di una livella.

2 **STENDERE L'ADESIVO** Distribuite con un cazzuolino l'adesivo sulla parete, iniziando dall'angolo dove si incontrano i listelli. Stendete l'adesivo nel modo più uniforme possibile con uno spessore di 3 mm. Non coprite più di 1 m quadrato alla volta.

3 **DISTRIBUIRE L'ADESIVO** Tenete la spatola dentata ad un angolo di 45 gradi rispetto alla parete e distribuite uniformemente l'adesivo. La superficie così ottenuta offrirà più aderenza alle piastrelle.

4 **STENDERE LE PIASTRELLE** Iniziate dall'angolo, posando la prima piastrella sul listello orizzontale. Premetela alla parete. Stendete la prima fila orizzontale, inserendo gli spaziatori per le fughe.

5 **CONTROLLARE** Posate le piastrelle una zona alla volta. Controllate che le file siano orizzontali. Fissatele intere e attendete almeno 12 ore prima di staccare i listelli e i fiammiferi. Stendete la boiacca.

Ridurre le piastrelle

Per tagliare le piastrelle da stendere ai bordi procuratevi una squadra fissa e una matita vetrografica. Se dovete ridurre le piastrelle della stessa misura, tagliatele tutte in un'unica soluzione; se invece la misura varia, numerate dietro le piastrelle e gli spazi corrispondenti sulla parete. Tagliate con un tronchese tagliapiastrelle; per mattonelle più spesse usate un diamante o una smerigliatrice angolare. Sagomate angoli e curve con le tenaglie e levigate i bordi con la lima.

Tronchesi tagliapiastrelle

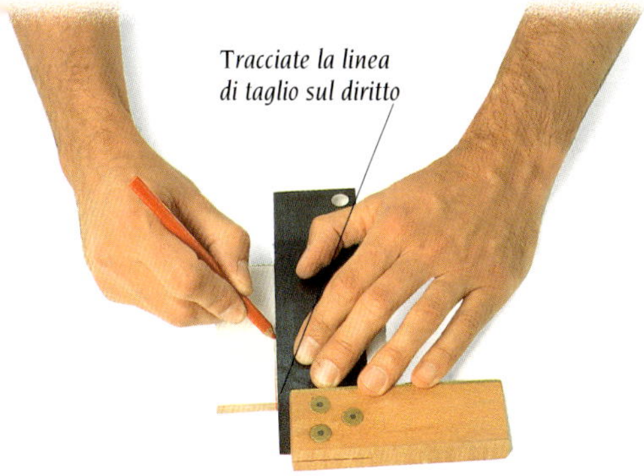

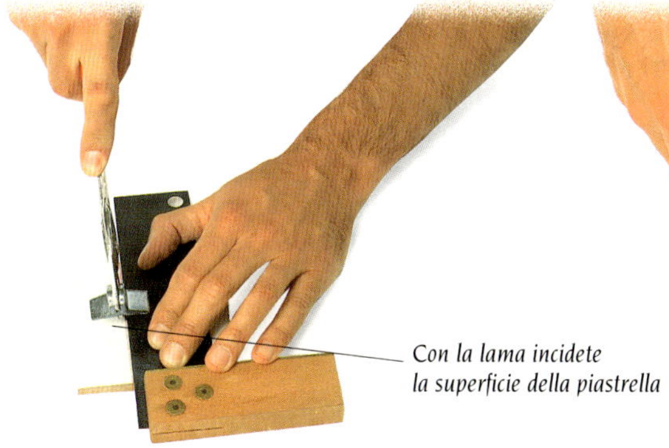

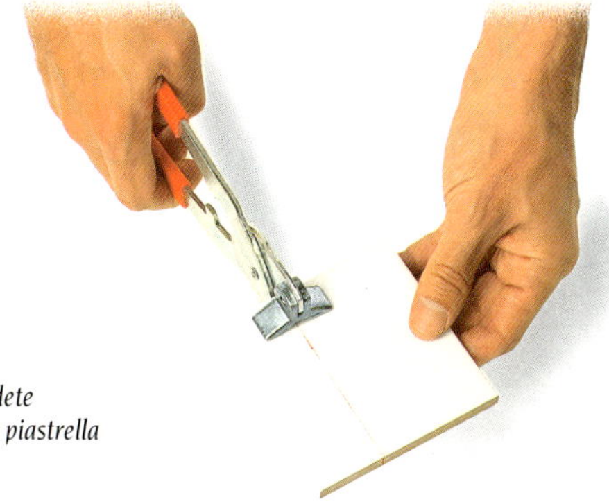

1 **SEGNARE** Misurate sulla parete lo spazio da riempire e riportatelo sulla piastrella da tagliare. Servendovi di una squadra fissa o una riga metallica tracciate una linea verticale con una matita vetrografica (il segno viene via facilmente).

2 **INCIDERE** Con una squadra o una riga allineata alla linea tracciata incidete con la lama a disco del tronchese. È importante esercitare una certa pressione per incidere lo smalto al primo colpo.

3 **SPEZZARE** Prendete la piastrella tra le ganasce del tronchese, centrando la linea incisa. Tenete tronchesi e piastrella appena sopra il banco di lavoro e fate pressione sui bracci.

Diamante e fiammiferi

1 **INCIDERE** Misurate lo spazio dallo spigolo all'ultima piastrella e segnatela sulla piastrella da tagliare con squadra fissa e matita vetrografica. Tenendo la squadra allineata al segno, incidete con il diamante in un colpo solo.

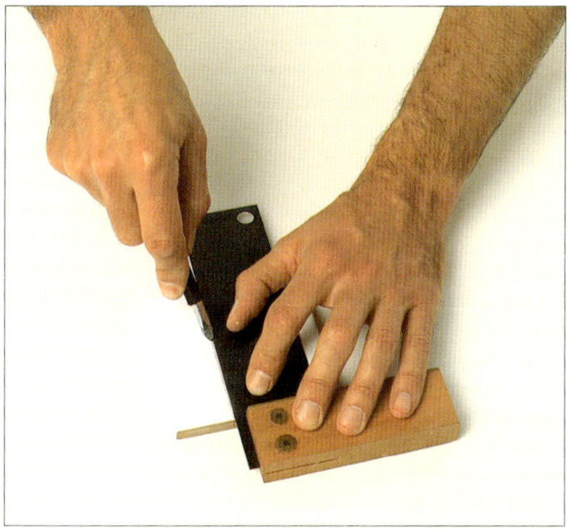

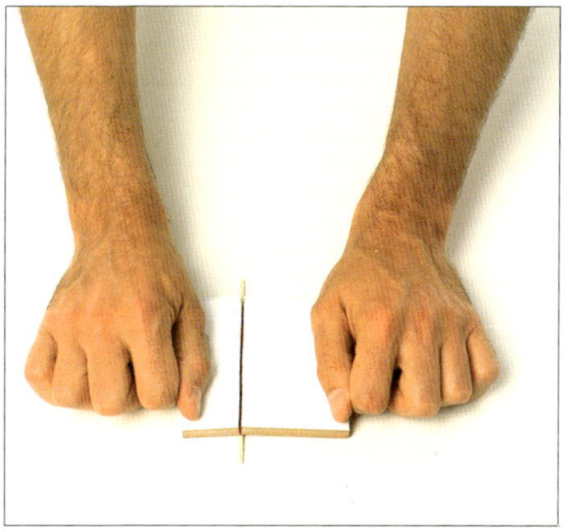

2 **SPEZZARE** Sistemate la piastrella su una superficie piatta. Appoggiatela su due fiammiferi in corrispondenza dell'incisione. Fate forza sui bordi finché non si apre.

Tenaglie

Le ganasce affilate della tenaglia sono perfette per "sbocconcellare" i bordi delle piastrelle. Misurate la distanza e segnatela sulla piastrella con una matita vetrografica. Incidete con un utensile tagliente e una squadra. Staccate con la tenaglia piccoli pezzi fino ad arrivare alla linea.

Lima da piastrelle

Questo è un utensile essenziale per rifinire un bordo ridotto con diamante o tenaglie. Passate il bordo tagliato sulla superficie della lima sistemata su un piano liscio. Con questa operazione si leviga sia la ceramica che lo smalto. Scuotete di tanto in tanto la lima per pulirla dalle scorie.

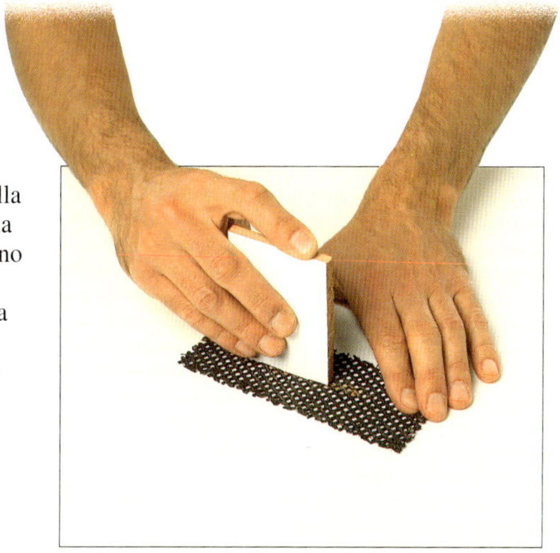

Posa intorno agli angoli

Adattare le piastrelle in punti difficili è un'operazione relativamente facile se controllate minuziosamente ogni punto dove andranno le piastrelle e decidete come segnarle e ridurle. Per non mescolare assieme piastrelle ridotte a dimensioni diverse ricordatevi di numerarle e di mettere il numero corrispondente sul punto dove andranno. Procuratevi squadra fissa, matita vetrografica e matita da falegname per segnare le piastrelle. Se fate una sagoma, procuratevi forbici, carta e matita fine. Tracciata la sagoma, riducete con una tenaglia oppure tagliate più accuratamente con un seghetto ad arco.

Angoli in squadra

1 **SEGNARE** Appoggiate la piastrella alla parete sugli spaziatori della fila orizzontale di piastrelle. Tracciate con la matita vetrografica lo spigolo del muro sul bordo della piastrella. Avvicinatela alla fila verticale e segnatene il bordo superiore e inferiore.

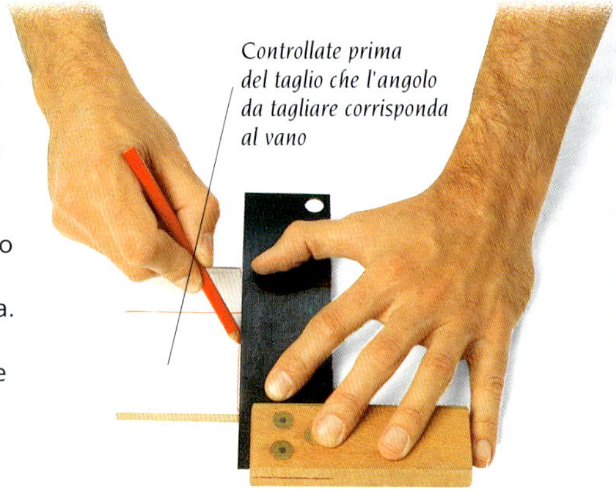

2 **UNIRE** Tracciate una linea verticale e una orizzontale con la matita vetrografica e la squadra fissa intersecando i segni. Appoggiate la piastrella alla parete per controllare se gli angoli corrispondono. Incidete le linee e riducete la piastrella. Passate i bordi alla lima e fissatela.

Angoli fuori squadra

1 **SEGNARE** Appoggiate la piastrella nella posizione in cui andrà (tenete conto degli spaziatori). Segnate con la matita da falegname sul retro della piastrella l'angolo e gli spigoli del vano.

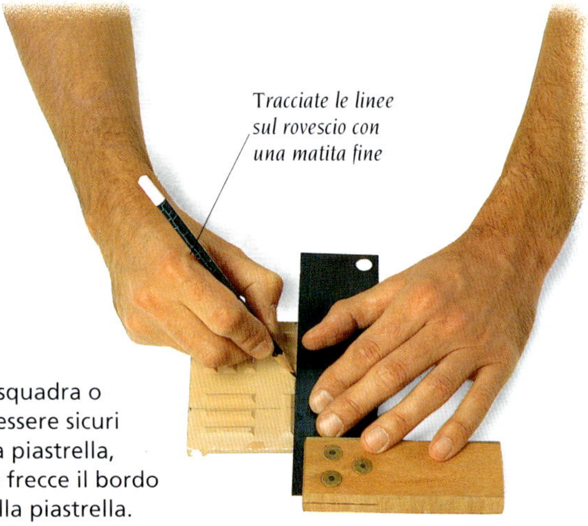

2 **UNIRE** Unite con la squadra o una riga i segni. Per essere sicuri del posizionamento della piastrella, contrassegnate con delle frecce il bordo superiore sul rovescio della piastrella.

3 **REALIZZARE LA SAGOMA** Allineate con le linee tracciate un foglio di carta bianca o ricalcante. Se l'angolo non è perfettamente retto, ricalcate e rifilate. Contornate anche i bordi della piastrella. Tracciate anche sulla sagoma delle frecce per identificare il bordo superiore.

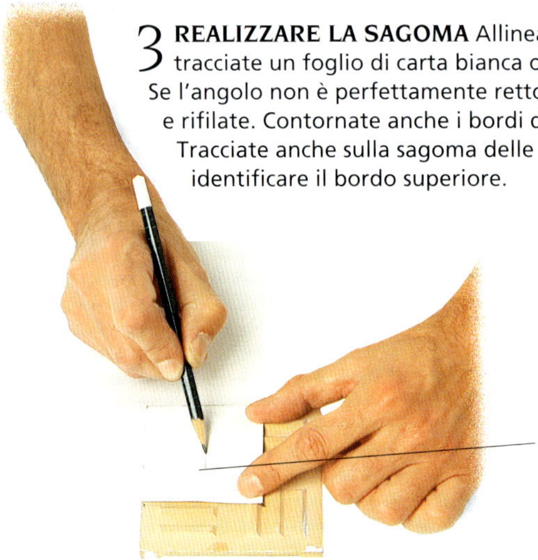

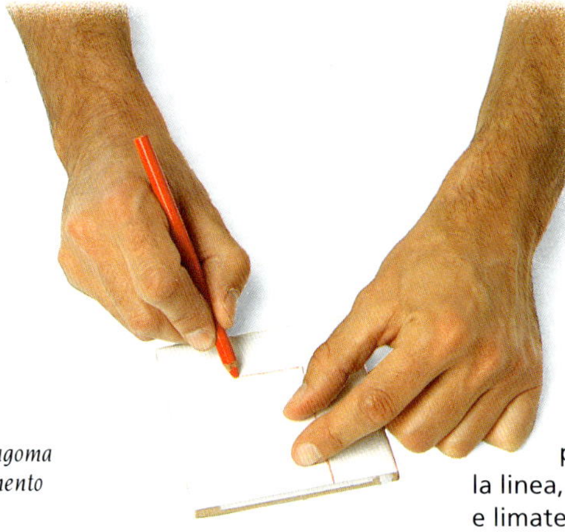

4 **SEGNARE LA PIASTRELLA** Ritagliate la sagoma e sistematela al rovescio sul diritto della piastrella. Controllate che le frecce su piastrella e sagoma corrispondano. Ricalcate con la matita vetrografica la sagoma sulla superficie della piastrella. Incidete la linea, riducete la piastrella e limate i bordi prima di fissarla.

Ricavare curve

È possibile che dobbiate adattare le piastrelle agli spigoli di accessori che non si possono staccare, come tubi o lavandini. Ricavate una sagoma su carta utilizzando un paio di forbici e una matita fine e ricalcatela sulla piastrella con la matita vetrografica. Ritagliate la piastrella tenuta in posizione con una morsa con un seghetto ad arco.

1 **SAGOMARE** Appoggiate un pezzo di carta delle dimensioni di una piastrella contro il bordo. Praticate una serie di ritagli per facilitarne l'aderenza. Con una matita contornate il bordo curvo.

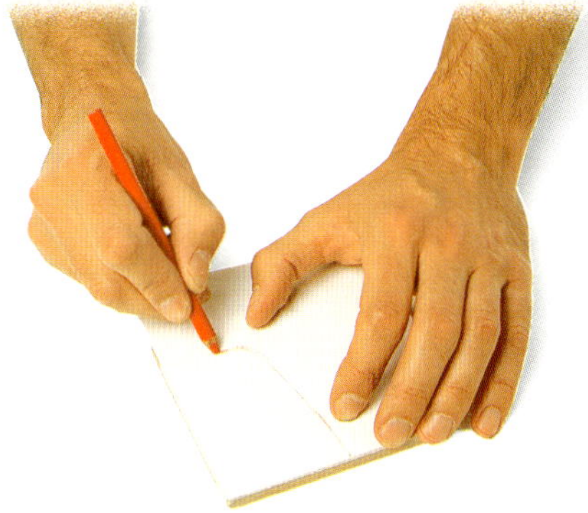

2 **SEGNARE** Ritagliate la sagoma e sistematela sul diritto della piastrella. Tracciatene il contorno con la matita vetrografica. Fate attenzione durante l'incisione.

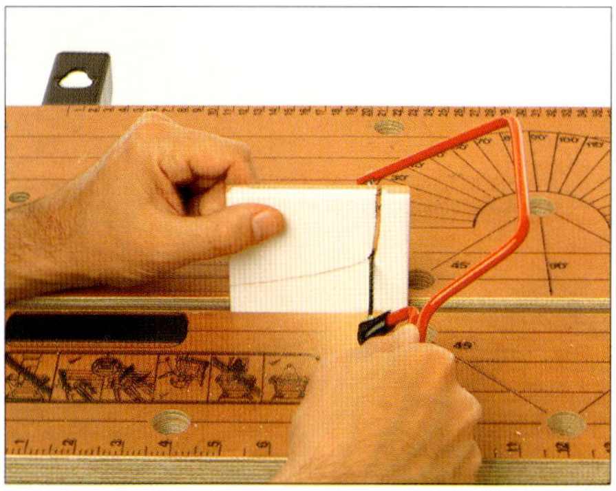

3 **RITAGLIARE** Bloccate la piastrella in una morsa, senza danneggiare lo smalto. Tagliate con un seghetto ad arco, praticando una leggera pressione per evitare che il bordo si rovini. Levigate il bordo con una limetta.

Piastrellare spigoli

Durante la posa di una nicchia dovrete affrontare spigoli esterni e interni dove è importante ridurre le piastrelle per avere una rifinitura perfetta. Le piastrelle vanno segnate con la squadra fissa e la matita vetrografica e ridotte come illustrato a p. 287. Procuratevi per il taglio di mattonelle un diamante o una smerigliatrice angolare.

Spigoli esterni

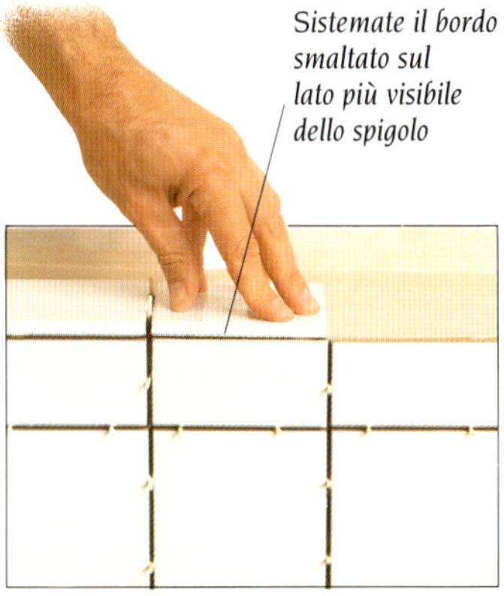

Piastrellate il lato meno in vista, riducendo le piastrelle perché siano a livello con l'altro lato. Passate alla superficie più visibile, stendete le piastrelle negli angoli e curve, sistemando sullo spigolo il bordo smaltato. In alternativa applicate un bordino in plastica, legno o metallo.

Stendere piastrelle ridotte

Dal momento che potrebbe rivelarsi difficoltoso applicare dell'adesivo sulla parete, stendete l'adesivo direttamente sul retro della piastrella con una spatola dentata.

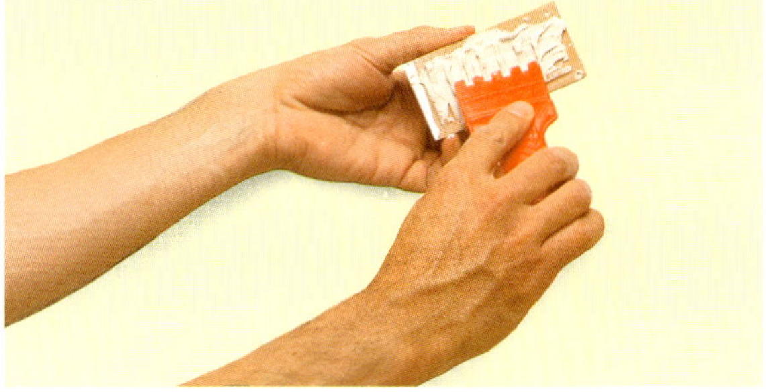

Spigoli interni

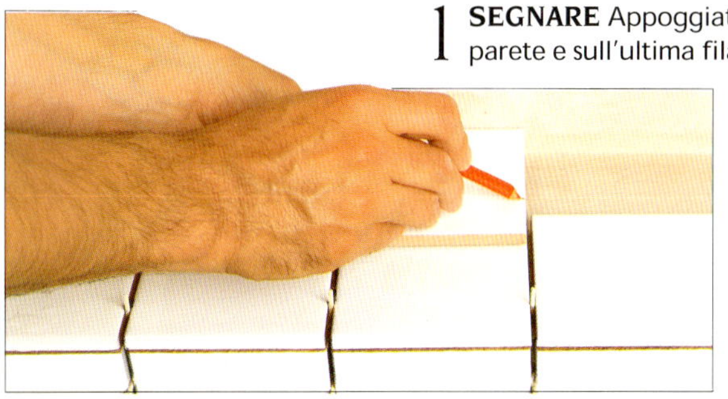

1 **SEGNARE** Appoggiate la piastrelle contro la parete e sull'ultima fila di piastrelle intere. Segnate il punto in cui si sovrappongono, considerando la fuga, e tagliate. Nel caso di una nicchia, stendete sullo spigolo le piastrelle intere e quelle tagliate lungo lo spigolo interno.

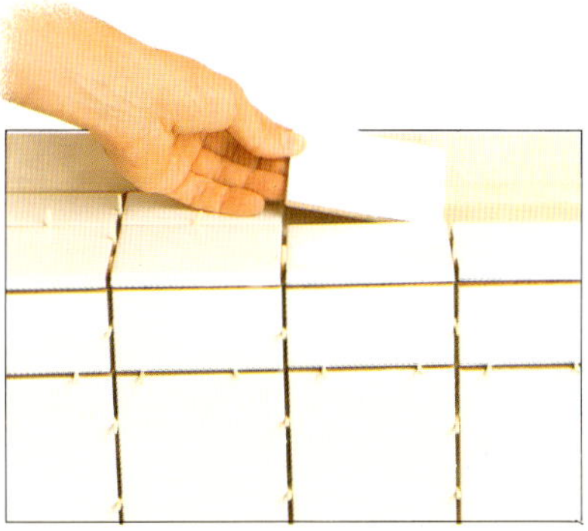

2 **STENDERE** Riducete le piastrelle e limate i bordi. Sistematele con il bordo tagliato contro la parete. Nel caso di una nicchia, cominciate dall'alto, proseguite ai lati e quindi con la parete dove le piastrelle vanno sostenute con un listello finché non sono fissate.

3 **COMPLETARE** Quando piastrellate la parete di uno spigolo interno, seguite i punti 1 e 2 per la seconda superficie. Nel caso di nicchie, cominciate dai lati e quindi calcolate l'area della parete e piastrellatela come illustrato a p. 286.

Applicare la boiacca

Ad essiccamento avvenuto, nelle fughe va stesa la boiacca appropriata. Nel caso di pareti solo raramente a contatto con l'acqua, basta un prodotto idrorepellente, ma nel caso di una doccia usate boiacca impermeabilizzante. La boiacca epossidica è ideale per superfici di lavoro perché germicida. La boiacca confezionata viene prodotta in diversi colori. Il tipo in polvere è più adatto per colorarla come desiderate prima di versarvi l'acqua. Sigillate poi lo spazio tra piastrelle e muro con silicone sigillante. Vi occorreranno spugna e seccatoio, asticella rotonda, un panno pulito e asciutto.

1 **STENDERE** La boiacca in polvere va mescolata all'acqua in piccole quantità. Il tipo confezionato viene venduto in tubetti. Spalmate la boiacca sul seccatoio e distribuitelo nelle fughe, facendolo aderire bene.

2 **PULIRE** Stendete la boiacca su una superficie di 1 m quadrato alla volta, in modo che sia a livello delle piastrelle. Con una spugna pulita e umida eliminate la boiacca residua prima che si secchi.

3 **MODELLARE** Non appena la boiacca inizia a indurirsi, fate passare un'astina sulle fughe, eliminando in tal modo l'eccesso e rifinendo il tutto. Scegliete un'asticella con un diametro lievemente maggiore delle fughe.

4 **PULIRE** Eliminate la boiacca in eccesso con una spugna. Togliete i residui eventuali con un panno morbido e pulito. Fate asciugare la boiacca secondo le istruzioni del produttore prima di metterla a contatto con l'acqua.

Applicare il sigillante

Riempite gli spazi tra piastrelle e altra superficie, come la vasca, con del silicone sigillante. Viene prodotto trasparente o in diversi colori e venduto in tubetti o come cartucce per pistole ad estrusione. Eliminate l'eccesso utilizzando un panno umido.

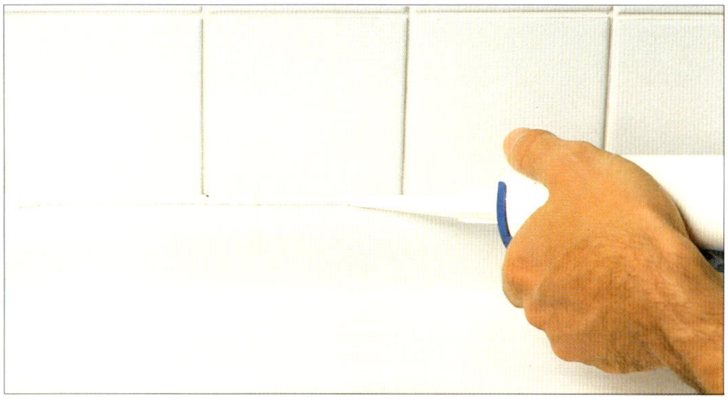

1 **APPLICARE IL SIGILLANTE** Il sigillante viene applicato direttamente con il beccuccio, quindi ricordatevi di tagliarlo del diametro corrispondente allo spazio da riempire. Controllate che la superficie sia pulita e asciutta prima di usare il sigillante. Cercate di stendere il silicone in un'unica soluzione.

Boiacca a filo

Per un effetto leggermente diverso e per aumentare l'impermeabilizzazione della superficie piastrellata, invece di passare l'astina sulle fughe usate un panno, in modo che la boiacca sia a filo con la superficie.

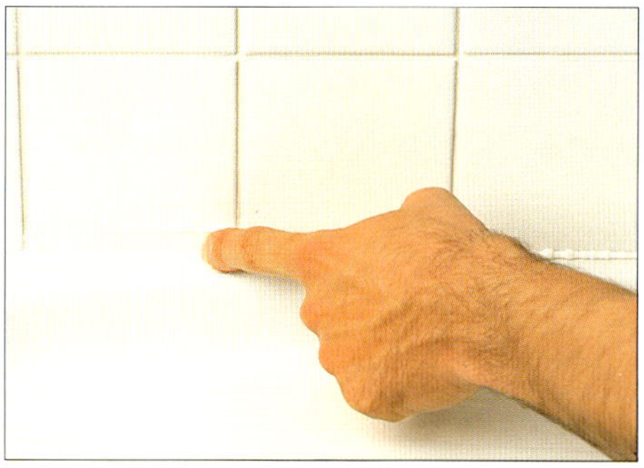

2 **LISCIARE IL SIGILLANTE** Passate con un dito bagnato sulla superficie siliconata per levigarla. Togliete immediatamente il sigillante in eccesso con un panno umido.

Attaccare accessori

Se dovete attaccare su una superficie piastrellata degli accessori, forate le piastrelle e inserite nella parete un tassello. Procuratevi trapano elettrico e punte, matita fine o vetrografica, diamante e nastro per mascherature. Fatevi aiutare da qualcuno che tenga un aspirapolvere sotto il punto in cui forate. Fate in modo che il tassello sia ben fissato nel muro oltre la piastrelle e badate inoltre a non stringere troppo forte le viti per non creare crepe.

1 **SEGNARE** Appoggiate l'accessorio nel punto in cui andrà fissato e con una matita fine o una matita vetrografica segnate il punto per la vite in alto. Avrete modo così di correggere l'allineamento quando segnate i fori per le altre viti.

2 **INCIDERE** Per non scivolare con il trapano sulla superficie sbavata, praticate un foro guida o un'incisione con un attrezzo tagliente come un diamante. Tenete ben saldo il diamante ed esercitando una certa pressione ruotate lo strumento per praticare un foro.

3 **FORARE** Tenete ben ferma la punta del trapano contro la piastrella, aiutandovi con una striscia di nastro per mascherature posta sul segno. Appoggiatevi la punta e cominciate a forare a bassa velocità, esercitando una lieve pressione finché non avrete praticato un foro ben definito.

Pulire gli attrezzi

Gli adesivi, specie la boiacca impermeabilizzante, si asciugano molto rapidamente; pertanto gli attrezzi venuti a contatto vanno puliti immediatamente dopo l'uso. Seguite le istruzioni del produttore della boiacca e dell'adesivo per la pulizia. Gli attrezzi si possono perlopiù lavare con acqua, ma fate attenzione a non intasare le tubature.

Lavare la spugna
Lavate la boiacca o l'adesivo dalla spugna sotto l'acqua corrente. Fate asciugare bene prima di riporla e usate questa spugna solo per lavori di piastrellamento.

Lavare gli attrezzi
Lavate il cazzuolino e gli altri attrezzi sotto acqua corrente per togliere i residui di adesivo o boiacca. Controllate che la lama del cazzuolino sia ben asciutta prima di stendere un velo d'olio a protezione dalla ruggine.

Usare le piastrelle avanzate

Vi possono essere rimaste delle piastrelle dopo aver completato la posa: queste vanno conservate come ricambio in caso di rotture. Una mattonella robusta può tuttavia fungere da appoggio per diversi oggetti caldi. Sistemate la mattonella su un foglio di sughero: tracciatene il contorno togliendo 3 mm, ritagliate e incollatelo al fondo con colla termoresistente.

Scelta monocromatica
Piastrelle di dimensioni veramente inusuali definiscono lo stacco tra il piano e il muro di questo bagno contemporaneo. La finitura grigio opaco si intona con il lavandino di vetro e con gli accessori cromati.

PAVIMENTI

LA SCELTA DI RINNOVARE la pavimentazione di una stanza, una tra le fasi più importanti nella decorazione di interni, può apparire un dispendio di tempo e di denaro, ma il risultato influisce notevolmente sul carattere dell'ambiente. Dal punto di vista pratico, a prescindere dal tipo di rivestimento – piastrelle, liste di legno, mastre di pietra o mattonelle – una buona pavimentazione rappresenta una soluzione funzionale e resistente che spesso sopravvive a inevitabili mutamenti nel design di una stanza. In questo capitolo presenteremo un'ampia scelta di materiali. Tutte le soluzioni proposte, ceramica, pietra, cotto, legno e materiali sintetici, sono molto funzionali e decorative.

PROGETTO PERSONALIZZATO
Tra le infinite opzioni sul mercato, il linoleum è durevole, facile da pulire, morbido e caldo al tatto e non ospita acari della polvere causa di allergie.

LA SCELTA DELLO STILE

DISPONIBILI IN UN'AMPIA VARIETÀ DI MATERIALI – ceramica, marmo, pietra, cotto, sughero, gomma e vinile – e in una vasta gamma di disegni, le piastrelle consentono un'infinità di stili diversi. Un'attenta scelta e un'accurata posa in opera possono notevolmente migliorare l'aspetto e l'atmosfera di una stanza, conferendo all'ambiente calore e colore e, a volte, creare persino l'impressione di maggiore spazio. La scelta del materiale dipende in parte dal tipo di ambiente. Se il parquet è la soluzione ideale in soggiorno, i pavimenti piastrellati sono più indicati per zone soggette a maggior usura, come le cucine.

CEMENTO DIPINTO
Dipingere sopra uno strato di cemento richiede una finitura molto liscia o risulterà scomodo camminarci a piedi nudi. Qui, un composto livellante, seguito da un agente indurente che impedisce l'accumulo di polvere, fornisce una buona base sulla quale applicare la vernice.

PIASTRELLE DI PIETRA NATURALE
Se vengono posate nel modo giusto e supportate da una robusta soletta, queste piastrelle sono resistentissime, tuttavia fredde al tatto e rumorose.

QUERCIA E VETRO
L'accostamento di strisce di quercia e di vetro rende insolito, ma affascinante questo pavimento. Qui il vetro opaco permette alla luce di filtrare nel seminterrato coperto a cui portano le scale. Le strisce di quercia sono forti e fonoassorbenti e permettono alle persone di muoversi agevolmente tra i piani senza che i loro passi risuonino troppo invadenti.

Stile vittoriano
Oggi sul mercato sono disponibili le riproduzioni delle piastrelle in argilla naturale e i complicati motivi dell'epoca vittoriana inglese. I colori delle piastrelle di terracotta si adattano agli interni moderni e sono perfetti per zone sottoposte a sollecitazioni costanti, come gli ingressi. Per grandi stanze dove piastrelle fantasia distribuite su tutto il pavimento possono creare un effetto troppo pesante, i pannelli di piastrelle decorative sono un'ottima soluzione. Questi possono essere inseriti lungo una sola zona del pavimento, come punti focali, in mezzo a piastrelle tinta unita.

Piastrelle di terracotta
Le piastrelle di terracotta offrono calore e varietà di colori che diventano caldi con il tempo. Si trovano anche vecchie piastrelle che con il loro aspetto antico si intonano bene a interni tradizionali.

Pavimenti di legno a listelli
Oggigiorno i pavimenti di legno sono disponibili in confezioni studiate per l'installazione casalinga. Potete scegliere tra legni grezzi o impellicciati, dal cenere pallido al noce scuro. Se desiderate un'area più raccolta abbinate al legno un tappeto. Le vernice trasparente crea una superficie resistente e facile da mantenere, anche se le scarpe con tacchi alti e i mobili possono danneggiarla.

Uso duraturo
Il miglioramento degli impianti di riscaldamento e il timore delle allergie associate alla polvere dei tappeti hanno aumentato la diffusione di pavimenti in pietra nelle case. I pavimenti lastricati forniscono una superficie teoricamente indistruttibile, idrorepellente e facile da pulire. Tuttavia, possono risultare duri e a lungo andare faticosi. Per un effetto più morbido stendete tappeti non scivolosi in zone dove trascorrete in piedi la maggior parte del tempo.

Tipi di piastrelle

Nella scelta del tipo di piastrelle da utilizzare dovrete valutare diversi fattori, quali l'usura a cui la superficie verrà sottoposta e il carico che il pavimento è in grado di sopportare.

Individuato il tipo di piastrelle più adatto, prima di procedere nella preparazione della superficie da rivestire, consultate le istruzioni della ditta produttrice.

Piastrelle di ceramica
Cotte ad altissime temperature per garantirne la massima resistenza, sono disponibili in svariate forme, dimensioni e colori. L'impiego di piccoli inserti quadrati in pietra o ceramica, vetrinata o meno, consentono di realizzare motivi decorativi. Il tipo vetrinato tende ad essere scivoloso se bagnato.

Piastrella vetrinata con inserti

Inserti

Piastrella di linoleum

Piastrella vetrinata con fregio

Piastrella non vetrinata con fregio

Fregi
Disponibili in un'ampia gamma di forme e di stili – semplici o a disegni, rettangolari, ad incastro – servono a delimitare il perimetro della superficie piastrellata, per formare una cornice naturale o a complemento di piastrelle di colore uniforme.

Piastrella di sughero

Piastrella di vinile

Piastrelle di sughero, gomma e vinile
Buon isolante acustico il sughero è una soluzione calda e confortevole. Assicuratevi che sia adatto alla pavimentazione e trattatelo con prodotti idrorepellenti. Vinile, gomma e linoleum sono resistenti e di facile messa in opera. Sebbene costosi, i progetti computerizzati offrono al cliente una scelta personalizzata tra i vari tipi di piastrelle.

Piastrella di gomma

Fregi di marmo

Piastrelle a mosaico
La maggior parte dei materiali utilizzati per i mosaici a parete – vetro, marmo o ceramica – può essere impiegata anche per creare pavimentazioni originali. Molto resistenti sono i mosaici di produzione industriale.

Piastrelle vetrificate a mosaico a finitura opaca

Piastrelle vetrinate a mosaico

Piastrella di marmo con inserto

Piastrella di ardesia

Piastrelle decorative in ceramica
Questo tipo di piastrella decorata a mano può essere utilizzata per movimentare una superficie di colore uniforme. In rapporto allo spessore sarà necessario un sottofondo di cemento anziché appositi adesivi.

Piastrelle di ceramica decorate a mano

Piastrella di terracotta

Piastrella di calcare

Piastrelle di pietra
Disponibili in una gamma di colori naturali e svariate forme, le piastrelle di marmo possono essere combinate con inserti contrastanti. Impermeabili e resistenti all'usura le piastrelle di ardesia sono disponibili nei toni del grigio, verde e azzurro. Dopo la posa quelle di calcare poroso richiedono trattamenti di finitura. Il cotto è un materiale robusto e tipicamente mediterraneo.

Assi di legno a scacchi
Usate una sagoma e due colori di pittura per legno per creare su semplici assi un disegno simile a quello delle piastrelle a scacchi. Prima di procedere, assicuratevi che le assi siano state carteggiate, rese lisce e prive di polvere. Questo sistema di decorazione è facile ed economico.

TIPI DI PAVIMENTI IN LEGNO

Questo genere di pavimentazione richiede la posa di liste di legno duro previa preparazione del sottofondo. Disponibile in listoni, quadrotti o pannelli a mosaico, diversi per tonalità e venatura, consente un'ampia scelta per qualsiasi tipo di finitura. Per la posa attenetevi alle istruzioni delle case produttrici. In alcuni casi è necessario lasciar acclimatare gli elementi all'ambiente per qualche giorno prima di porli in opera.

PARQUET
Il pavimento a palchetti o parquet è costituito da elementi ad incastro che formano pannelli unici. I parquet prefiniti sono prodotti in una vasta gamma di legnami duri e resistenti. La scelta di colore e tipo di venatura dipenderà dalle caratteristiche della stanza. L'operazione di posa richiede la preparazione del sottofondo; gli elementi andranno poi incollati o fissati con giunti a linguetta e scanalature.

MOGANO

MOGANO CHIARO

ACERO

NOCE

ACERO CHIARO

PANNELLO A MOSAICO IN QUERCIA DI TASMANIA

PARQUET A MOSAICO
I pannelli a mosaico sono formati da piccoli listelli incollati assieme in piccoli quadrati, assemblati su pannelli più grandi disposti a mosaico. I pannelli vengono poi incollati al sottofondo con apposito collante e sottoposti a levigatura e verniciatura dopo la posa.

PARQUET CON GIUNTI ALTERNATI
Disponibili in una vasta gamma di legnami di diversa lunghezza, le liste di legno sono posizionate parallelamente le une alle altre in modo da assomigliare a un assito. Esistono tecniche diverse per la posa, a seconda del prodotto usato, tra cui l'incollaggio, la chiodatura o aggraffatura, il fissaggio con giunti.

FRASSINO

QUERCIA

FAGGIO SCREZIATO

PER PROTEGGERE LE FONTI DI LEGNAME DURO

Molti tipi di pavimento in legno pregiato, apprezzati per le loro qualità estetiche e di durata, provengono dalle foreste tropicali da alberi a crescita lenta. Se possibile orientate la vostra scelta su legnami provenienti da piantagioni ecologicamente controllate, riconoscibili dall'apposito sigillo di garanzia. Incoraggerete la produzione continua di questi alberi nelle piantagioni controllate, contribuendo così a proteggere le foreste naturali.

MOQUETTES E TAPPETI

TRA LE SOLUZIONI DECORATIVE che meglio valorizzano un ambiente, moquettes e tappeti consentono di risolvere in modo elegante il problema di un pavimento duro e freddo, rendendolo una superficie "calda" e piacevole su cui camminare o riposare. Il cosiddetto tappeto "da parete a parete", data la varietà di materiali, lavorazioni e colori disponibili, è oggi uno dei rivestimenti più comunemente utilizzati. Oltre ad esaminare la qualità e lo stile dei diversi tipi di pavimento tessile, questo capitolo vi mostrerà come disporre tappeti tradizionali e moderni.

INTRECCIO A STRISCE NATURALI
Le passatoie per le scale devono essere durevoli e sicure. Il bordo di questa copertura naturale mette in risalto ogni filo, mentre i cordoncini di ferro la tengono a posto.

La Scelta dello Stile

La moquette è uno dei pavimenti tessili più diffusi grazie alla sua praticità e versatilità. Disponibili in una vasta gamma di stili e di materiali, le moquettes rappresentano la soluzione ideale in termini di colore, lavorazione e disegno, adattabili a qualsiasi stile di arredamento. Questo tipo di rivestimento presenta importanti qualità pratiche, garantendo l'isolamento termico e acustico dell'ambiente, oltre il massimo comfort. Consente inoltre di uniformarne lo stile, fornendo una base comune che coordina pareti, arredamento e accessori.

Tappeto patchwork
Un semplice patchwork di quadrati di cotone, cucito alla base di una tela, si trasforma in un tappeto decorativo. I suoi colori freddi si intonano ai mobili ma esso ha anche un uso pratico, perché ripara il pavimento chiaro di legno dalla cenere.

Tappetini da bagno e passatoie
I colori e le righe di questo moderno tappeto di cotone dhurrie completano il pavimento di legno e gli accessori di questo confortevole bagno. Il tappetino bianco di cotone assorbe gli schizzi d'acqua ed è facilmente lavabile.

Tappeti fantasia
I tappeti fantasia forniscono tutta la decorazione di cui una camera ha bisogno. Qui il kilim è il pezzo forte della stanza, pur rispettando il pavimento di legno naturale e i muri a calce. Fornito di una retina antiscivolo, il tappeto rimane in posizione e risulta più soffice se ci si cammina sopra a piedi nudi.

Pavimento naturale
I pavimenti naturali sono resistenti e facili da mantenere. Sisal, fibra di cocco, juta, sparto e carte vengono spesso rifinite con uno strato di lattice per evitare la polvere e l'accumulo di detriti dal pavimento sottostante. I colori naturali e le trame semplici li rendono adatti per la maggior parte delle localizzazioni, anche se per specifiche combinazioni di colore sono disponibili sul mercato trame variopinte e tinte unite.

MOQUETTE
Per accentuare la curvatura del muro di questo appartamento moderno, l'entrata è stata fornita di una soffice moquette di lana con un disegno lineare azzurro. Il divano blu intenso contro la finestra richiama i motivi e i toni della moquette fino al lato più lontano della stanza.

TAPPETO BORDATO
I tappeti sistemati sopra la moquette aggiungono un tocco di classe alle stanze. Per bilanciare il colore scuro del divano e metterlo in contrasto con la moquette chiara, è stato scelto un tappeto scuro in tinta unita, con un delicato bordo. I cuscini rimandano ai colori del pavimento.

RIGHE DI LANA
Larghe righe beige nel tappeto sottolineano lo stile semplice di questa stanza, riflettendo il disegno lineare delle aste in ferro battuto della testata del letto. Un tappeto di sisal che copre l'intero pavimento aiuta a isolare la stanza e smorza il rumore dei passi.

TAPPETI TESSUTI
I tappeti di pelo sono ideali per chi ama distendersi sul pavimento, perché sono caldi e comodi. Per sollevare e far riprendere il pelo è necessaria una regolare passata di aspirapolvere, accompagnata di tanto in tanto da una pulizia più accurata delle fibre sintetiche che tendono ad attirare la polvere e a diventare opache. È sempre meglio sistemare i tappeti di pelo in angoli non di passaggio, dove possono mantenersi nelle condizioni ottimali.

TRAME CONTEMPORANEE
I tappeti con disegni vivacizzano i pavimenti in tinta unita. Sono reperibili nei negozi o presso artigiani specializzati. La varietà degli stili e dei colori è enorme e molti designer offrono un servizio personalizzato per la dimensione, il modello e il colore che desiderate.

Zona pranzo
I pavimenti della sala da pranzo non si logorano come quelli della cucina, ma si riempiono ugualmente di briciole e di altre cose cadute dalla tavola. Per questo motivo è opportuno scegliere una superficie facile da pulire. Qui, un tappeto di fibra naturale è stato sistemato sopra il nudo pavimento in questa rilassante zona pranzo, per unire a uno stile semplice la praticità.

Tipi e materiali

Scelta con cura, una moquette, disponibile in una incredibile varietà di materiali e lavorazioni, garantisce una superficie durevole e di facile manutenzione. Una di buona qualità è quella realizzata con fibre naturali e sintetiche e la sua resistenza dipende dalla struttura della felpa. Tappeti in fibra vegetale, possono rappresentare un'utile alternativa a quelli in fibre naturali e sintetiche. Per migliorarne la resa è consigliabile predisporre un antiscivolo.

Wilton

Di ottima qualità, questa moquette è prodotta per tessitura su telai tradizionali, generalmente nei colori base. Felpa e supporto vengono eseguiti contemporaneamente per rendere la superficie particolarmente resistente, indeformabile e stabile.

Axminster

Nelle moquettes ottenute con processo Axminster, i fiocchi, generalmente di lana, vengono tessuti a file e ancorati a un supporto di juta. A differenza del tipo Wilton, per lo più ad armatura semplice, l'Axminster presenta motivi decorativi e pelo più lungo e rado.

Bouclee

Le moquettes bouclées dalla superficie liscia sono prodotte in una gamma di tinte dai toni morbidi e naturali e materiali diversi, dalla lana alle fibre interamente sintetiche. Il supporto è di juta o di schiuma sintetica.

Tufted

Nelle moquettes ottenute col metodo tufting, a differenza di quelle Wilton e Axminister, il pelo viene trapuntato su un supporto precostituito e poi ancorato mediante una spalmatura di resina. Per un'armatura più grossa optate per un tipo a pelo ritorto.

Agugliato

Robusti e dall'aspetto liscio e compatto gli agugliati sono realizzati intrecciando intimamente fiocchi di fibre, ancorati al supporto per formare una successione di coste ben definite. Un tempo prodotti interamente di fibre animali sono oggi disponibili in filati sintetici.

Quadrotti

La posa in opera di quadrotti di moquette o agugliato, disponibili in una gamma di colori, dimensioni e disegni limitata e apprezzati per le loro qualità di resa e durata, è semplicissima, così come la loro sostituzione, qualora si renda necessaria.

Antiscivolo

L'impiego di un antiscivolo incrementa la durata della moquette o del tappeto, migliorandone il comfort e le proprietà isolanti. Tradizionalmente realizzato in feltro, è oggi disponibile in gomma o altri materiali sintetici. È indispensabile per evitare che il tappeto scivoli da sotto i piedi.

Sisal
Ottenuta dalla pianta dell'agave questa fibra è usata per tessere robuste stuoie a trama diversa.

Fibra di cocco
Le stuoie in fibra di cocco sono prodotte in una gamma di colori, trame e armature diverse.

Juta
La juta è una fibra a trama fine molto indicata per la produzione di stuoie leggere con motivi in rilievo.

Sparto
Questa fibra naturale liscia e lucente viene ritorta e tessuta in stuoie dalla superficie irregolare.

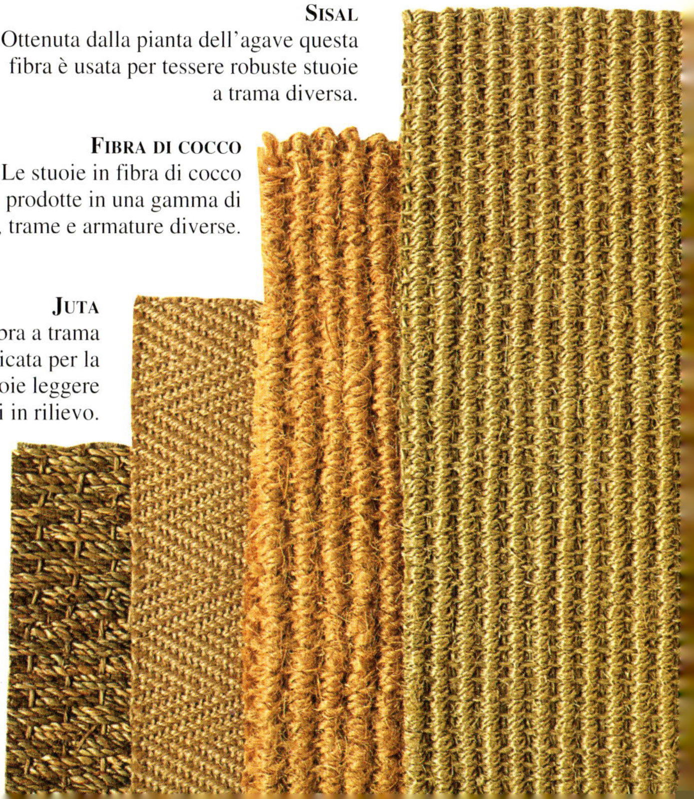

Righe di cotone
Il fitto tessuto di cotone e le righe vivaci di questo tappeto hanno la stessa qualità durevole della tela delle sedie a sdraio. Sistemato su un pavimento di colore naturale, il tappeto rosso ciliegia vivacizza l'intera combinazione di colori e compensa i toni del legno del tavolino e della sedia.

Varietà di tappeti

Scegliere un tappeto può rivelarsi un arduo compito, data l'ampia varietà di stili disponibili. Il pregio e la qualità variano in funzione di diversi fattori, tra cui il tipo di fibra utilizzato, la complessità del disegno e l'età del tappeto, ma la scelta deve sostanzialmente dipendere dal gusto personale e dallo stile dell'ambiente dove esso verrà collocato. Tappeti antichi e delicati sono in genere molto costosi e di difficile manutenzione, ma esistono oggi ottime riproduzioni.

Kilim tradizionale

Prodotto in medio Oriente o in Oriente, originariamente per uso domestico, il kilim è tessuto a telaio, spesso in lana, con colori molto vivaci.

Kilim moderno

Usati come veri e propri tappeti o appesi alle pareti i kilim sono oggi prodotti su vasta scala con colori, motivi e dimensioni che rispondono al gusto europeo.

Tappeto tradizionale americano

Tradizionalmente tessuti a telaio come coperte dagli indiani d'America, questi tappeti venivano anche utilizzati come merce di scambio.

Tappeto moderno americano

Come i kilim, questi tappeti hanno risvegliato l'interesse di numerosi collezionisti. Oggi le moderne riproduzioni sono spesso copie dei disegni tradizionali.

Tappeto zeuzera

Ogni tappeto è fatto a mano, per cui vi possono essere leggere variazioni nello sfondo rosso e nelle strisce scure. Il pelo è composto da ciuffi di lana al 100%.

Tappeto nepalese

Per colorare la soffice lana filata a mano e i fili di seta con i quali questi tappeti sono intrecciati vengono usate tinte vegetali naturali, che regalano ai tappeti sfumature delicate.

Kilim contemporaneo

Questo kilim annodato a mano, intessuto con lana tinta con sostanze vegetali, è stato ideato a New York e prodotto in Turchia, combinando uno stile contemporaneo con l'artigianato tradizionale.

Turco tulu

Il termine "tulu" deriva da "Tuylu", che significa peli. Questi tappeti sono intrecciati dalle donne della Turchia orientale e fanno parte del loro corredo da sposa.

Tappeto di arte moderna

Il motivo di questo tappeto moderno presenta una forma sinuosa. È filato a mano con pura lana e ha un pelo alto, soffice da calpestare e durevole.

Tappeto astratto

Questo tappeto filato a mano unisce a una ricca cromia un disegno semplice. La lana soffice lo rende piacevole al tatto e pratico per coprire i pavimenti.

Passatoia contemporanea

In questa stretta passatoia sono rappresentate forme organiche, simili a erba o alberi, che creano un movimento dall'alto verso il basso.

Antiscivolo

Prima di sistemare un tappeto su un pavimento, soprattutto in caso di parquet lucidi o di piastrelle, è consigliabile assicurarsi che questo non crei rischi per chi vi cammina. Per evitare incidenti utilizzate un antiscivolo indicato al tipo di pavimento al quale è destinato (*vedi p. 311*). L'antiscivolo serve anche a prevenire l'usura di un tappeto antico sistemato su un pavimento molto consumato.

Appendere un Tappeto al Muro

Molti tappeti, come quelli orientali, i kilim e i dhurrie, possono anche essere utilizzati per abbellire una parete. Alcuni collezionisti appendono al muro i propri tappeti per evitarne l'usura; in altri casi questo sistema permette di decorare e rendere più interessante una stanza. Tutti i tappeti, tranne i più grandi, possono essere appesi con facilità seguendo due metodi base per assicurarli alla parete: uno, invisibile, utilizza un listello dentato, munito di punte inclinate, l'altro fa ricorso a un sistema più semplice che prevede l'impiego di un'asta, di una striscia di tessuto di cotone spesso e di ganci.

Occorrente

Fissate il listello dentato alla parete servendovi di viti e dei relativi tasselli a espansione oppure, in alternativa, di un'asta attaccata a dei ganci, che dovrà essere assicurata con apposite viti e tasselli. Per fissare il tappeto all'asta, applicate una striscia di cotone spesso. Dietro al tappeto appendete un sacchetto di mussola contenente naftalina. Dotatevi inoltre di matita, sega, trapano provvisto di punte di diverso diametro, livella, cacciavite, ago e filo.

Listello dentato

Asta di legno

Tessuto di cotone pesante

Ganci ricurvi

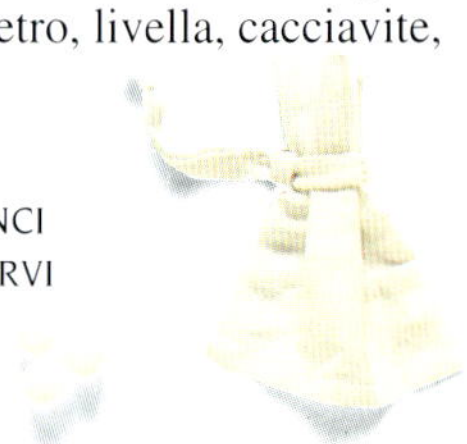
Naftalina

Sacchetto di mussola

Appendere un tappeto con un listello dentato

I listelli dentati servono in genere ad aggraffare la moquette al perimetro di una stanza. Sono infatti muniti di punte inclinate, ideali per appendere tappeti.

Per un tappeto di dimensioni normali è sufficiente un listello della larghezza del tappeto, altrimenti è consigliabile fissare più listelli tutt'intorno al tappeto.

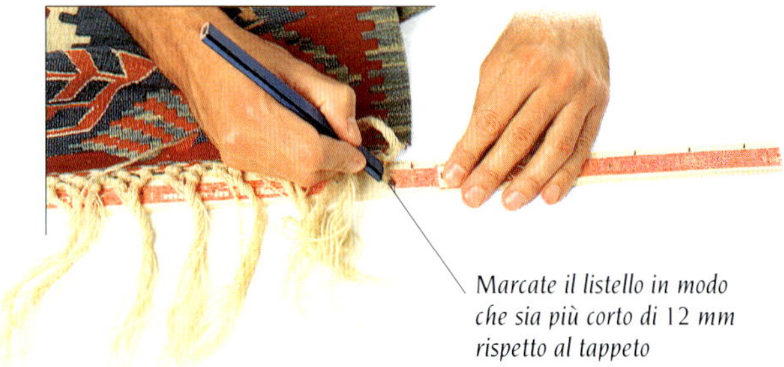
Marcate il listello in modo che sia più corto di 12 mm rispetto al tappeto

1 **MARCARE IL LISTELLO** Avvicinate il listello alla parte superiore del tappeto. Misurate il listello, marcate e segate il sostegno in modo che sia di 12 mm più corto del tappeto. Con una livella e una matita da carpentiere, tirate una riga orizzontale sulla parete, della lunghezza del sostegno.

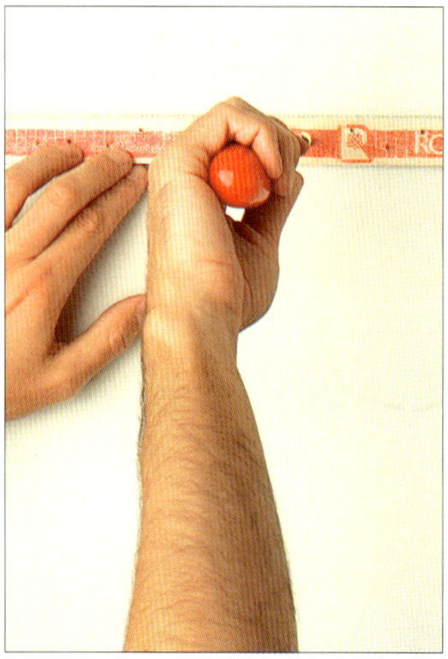

2 **FISSARE IL LISTELLO** Marcate la posizione dei fori per le viti sul sostegno e sulla parete. Praticate i fori col trapano e fissate i tasselli. I dentelli del listello devono guardare verso l'alto. Fissatelo al muro.

Piegate la frangia sul rovescio prima di fissare il tappeto al sostegno

3 **ATTACCARE IL TAPPETO** Cominciando da uno dei due lati, premete il bordo del tappeto sui dentelli – qualora vi sia la frangia meglio nasconderla dietro il tappeto. Assicuratevi che l'armatura del tappeto aderisca perfettamente al listello, spostando e riposizionando il tappeto qualora non sia diritto.

Il tappeto a lavoro ultimato

Appendere un tappeto con asta e ganci

Potete appendere il tappeto servendovi di un'asta infilata in un manicotto cucito sul retro del tappeto. Per ottenere un risultato migliore utilizzate un bastone da tenda di giusta lunghezza con fiori cruciformi (*vedi p. 38*). In alternativa usate un'asta di legno leggermente più lunga del tappeto. L'asta va poi appesa tra due ganci posizionati con cura.

1 **MARCARE L'ALTEZZA** Tracciate sul muro una riga orizzontale all'altezza desiderata, servendovi di una livella e di una matita da carpentiere. La riga deve essere di 1 cm più lunga del tappeto. Forate la parete alle due estremità con un punteruolo.

2 **INSERIRE I GANCI** Fate i buchi con il trapano, inserite i tasselli, quindi i ganci e avvitateli. Tagliate una striscia di tessuto di cotone spesso della stessa lunghezza del tappeto e poco più largo del diametro dell'asta. Fate un doppio orlo di 5 mm lungo entrambi i bordi della striscia di tessuto.

Protezione dalle tarme

Il maggior pericolo per un tappeto sono le tarme. Le larve ne corrodono le fibre e, poiché le tarme cercano di deporre le uova dove non vengono disturbate, il rovescio di un tappeto appeso alla parete rappresenta un obiettivo ideale. È possibile proteggerlo, sbattendolo due volte all'anno e spruzzandolo contemporaneamente di spray antitarme.

Spray antitarme

Collocate il tappeto in piano, lavorando in una zona ben aerata. Spruzzate entrambe le superfici con un apposito prodotto antitarme. Ripetete il trattamento due volte all'anno.

Naftalina

Riempite uno o più sacchettini di mussola (a seconda delle dimensioni del tappeto) con naftalina e chiudeteli con un cordoncino. Fissateli con cura sul rovescio del tappeto. Due volte all'anno sostituite il contenuto dei sacchetti.

Cucite a sottopunto la striscia di cotone sul bordo superiore del tappeto

3 **FISSARE LA STRISCIA** Cucite a sottopunto la parte superiore della striscia di tessuto, lasciando 5-10 mm dal margine superiore del rovescio del tappeto. Cucite la parte inferiore. Misurate la distanza tra i due ganci e tagliate l'asta in modo che risulti 4 cm più lunga per appenderla ai ganci.

4 **INFILARE IL SOSTEGNO** Inserite l'asta nel manicotto, avendo cura che il tappeto poggi in piano. Sistematela in modo che restino 2 cm da ogni lato. Appendete il sostegno ai ganci. Se necessario, riducete al minimo la superficie da appendere ai ganci.

Il tappeto a lavoro ultimato

*M*ENSOLE E RIPIANI

*M*ENSOLE E RIPIANI sono una soluzione funzionale per sfruttare al massimo lo spazio disponibile esistono svariati sistemi per il montaggio di scaffalature, dai singoli ripiani su mensole fisse a intere unità dai ripiani regolabili. Sia che decidiate di realizzarli in proprio, con materiali grezzi, o che preferiate acquistarli già pronti e montarli in base alle vostre esigenze, è indispensabile valutarne robustezza e solidità in funzione dell'uso che intendete farne. In questo capitolo analizzeremo i diversi materiali disponibili, fornendo alcuni suggerimenti sulla scelta del sistema di supporto e sul corretto montaggio delle diverse scaffalature.

MENSOLE DI VETRO PER LA CUCINA
Solo la parte inferiore delle mensole di vetro temperato è stata sabbiata in modo da ottenere un effetto ghiaccio. La parte superiore è stata lasciata liscia in modo che lo sporco e l'unto possano essere rimossi facilmente dalla superficie.

LA SCELTA DELLO STILE

LA SCELTA DELLO STILE DI UNA SCAFFALATURA dipende non solo da considerazioni inerenti lo spazio disponibile e l'uso a cui verranno destinati i ripiani, ma anche dal tipo di materiali e di supporti da usare e dalla loro collocazione. Non è detto che una scaffalatura debba avere uno scopo puramente pratico, può infatti avere caratteristiche tali da uniformarsi allo stile e al carattere di un ambiente, rappresentandone una nota decorativa. È sempre importante assicurarsi che i materiali usati siano sufficientemente resistenti al carico dei ripiani, a meno che non si intenda utilizzarli per oggetti piccoli e delicati, per i quali si possono scegliere materiali più leggeri.

MENSOLE CON BORDINO A TRAFORO
Si può dare un nuovo tocco alle mensole decorando i bordi con lamine traforate. Due pannelli traforati sono attaccati alla cornice superiore della nicchia, mentre da ciascuna mensola pendono bordini a traforo.

MENSOLE CUBICHE
Moduli quadrati per mensole si uniscono in numerose varianti per creare begli spazi espositivi.

LEGNO NATURALE
La mensola di legno sul lavandino fa il paio con il piano di lavoro sottostante e regge pesante vasellame e pentole senza imbarcarsi. Lo spesso legno impellicciato è una alternativa economica al legno massiccio. La finitura idrorepellente evita i danni di acqua e vapore.

Mensole a muro
Un unico piano di mensole all'altezza degli occhi conferisce carattere a un muro in tinta unita. Il mobile, aperto sul retro e con spessi divisori, incornicia gli oggetti esposti all'interno, mentre la rientranza profonda e scura del modulo rende le superfici riflettenti dei pezzi più visibili.

Armadio per i vestiti
Trovare il vestito o la scarpa quando servono è più facile quando le cose sono distribuite in spazi precisi. Qui, camicie e maglioni sono piegati con ordine e con spazio sufficiente per non far cadere anche gli altri. Le scatole possono scivolare fuori in modo da poter scegliere le scarpe alla luce del giorno.

Nicchia dipinta
Dipingendo dello stesso colore muri, mensole e nicchia potete dare un aspetto uniforme alla stanza. Risulta sempre utile dare un tocco di modernità alle mensole usate. La lampada da tavolo vi proietta sopra la luce, illuminando i libri e i giochi impilati su ciascuna di esse.

Supporti regolabili
Una vasta collezione di audiocassette o CD può aver bisogno di più di una mensola standard. Questo sistema utilizza mensole che si spostano su binari verticali garantendo una copertura totale del muro. Si può cambiare l'altezza dei ripiani senza sostituirli né comprare nuovi pezzi.

SISTEMI DI SOSTEGNO

PRIMA DI PROCEDERE AL MONTAGGIO di una scaffalatura è indispensabile conoscere il tipo di muro sul quale si intendono fissare i ripiani, per decidere quali supporti utilizzare. Esiste infatti una vasta gamma di sostegni, tra i quali i più semplici sono le mensole fisse. I sistemi a guide regolabili offrono invece una maggiore versatilità. Nella scelta di una scaffalatura controllate sempre che il materiale dei ripiani e i loro sostegni siano in grado di sopportare a lungo il carico a cui sono destinati.

MENSOLE FISSE

Le mensole a squadra di legno o di metallo sono da tempo tra le più utilizzate e funzionali. Una volta che la mensola è stata fissata al muro con appositi sistemi di fissaggio, il ripiano va assicurato alla mensola con piccole viti. Le mensole fisse sono disponibili in un'ampia varietà di misure, spessore e forme.

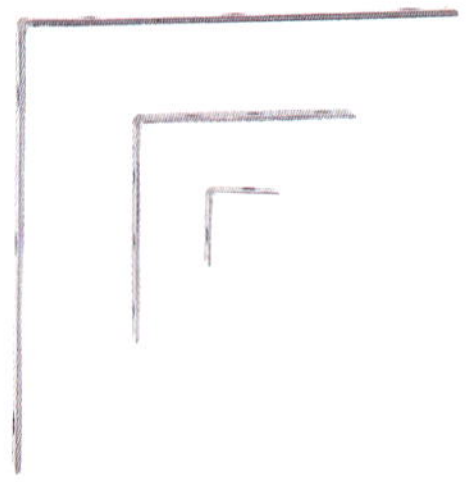

LEGGERE
Realizzate con strisce di acciaio, queste mensole sono l'ideale per sostenere ripiani leggeri utilizzati appositamente per piccoli oggetti decorativi.

MEDIE
Disponibili in acciaio o in ottone, lucidi o verniciati, questi sostegni sopportano ripiani leggeri e di media pesantezza.

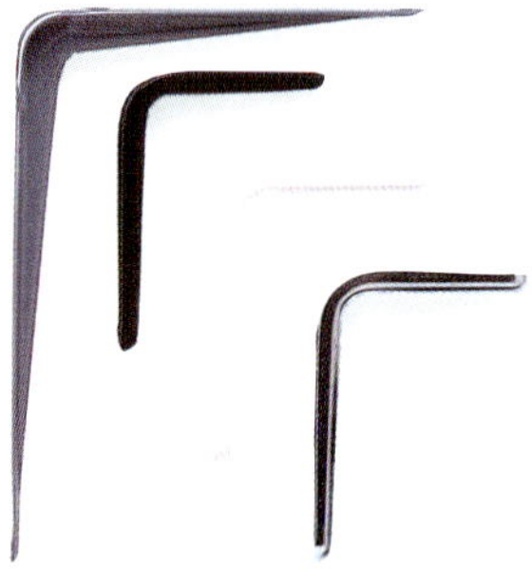

SEMIPESANTI
Queste mensole in acciaio verniciato sono tra le più comuni in commercio e sono ideali per ripiani pesanti.

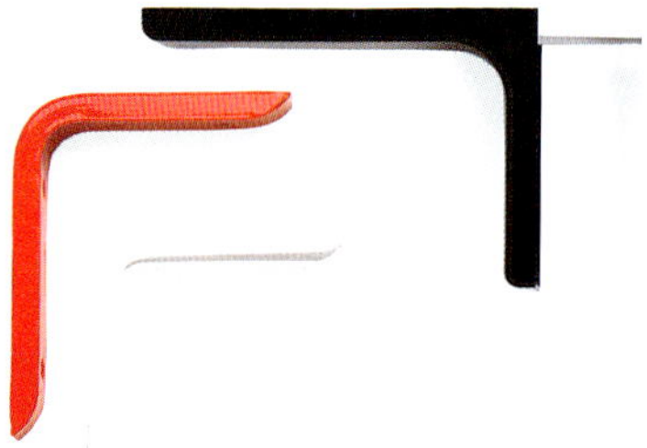

PESANTI
Molte di queste mensole sono prodotte con un braccio più lungo Alcune sono realizzate con un supporto che nasconde la mensola fissa.

BRACCI DI SUPPORTO REGOLABILI

Un sistema di sostegno regolabile si compone di bracci di supporto di legno o di metallo da fissare alla parete adatti a ogni esigenza di carico. Le mensole, a flangia, sono disponibili in diverse lunghezze. Esse vanno agganciate o incastrate in questi bracci per sostenere i ripiani.

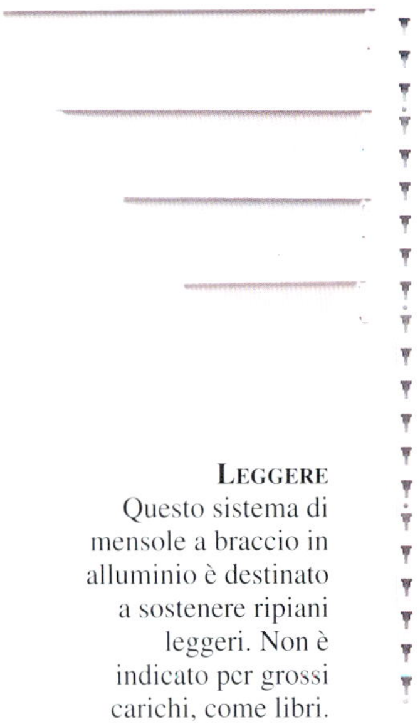

LEGGERE
Questo sistema di mensole a braccio in alluminio è destinato a sostenere ripiani leggeri. Non è indicato per grossi carichi, come libri.

MEDIE IN LEGNO
Meno comuni del tipo in metallo i bracci di supporto in legno sono spesso forniti in dotazione con i ripiani, nello stesso colore e finiture. In questo caso la mensola si incastra nel braccio grazie a un gancio di supporto di metallo.

MEDIE IN ACCIAIO
Questo braccio di supporto in acciaio è sufficientemente resistente da sopportare carichi di un certo peso. Le mensole sono dotate di una linguetta per fissare i ripiani. La mensola terminale assicura la stabilità dei ripiani.

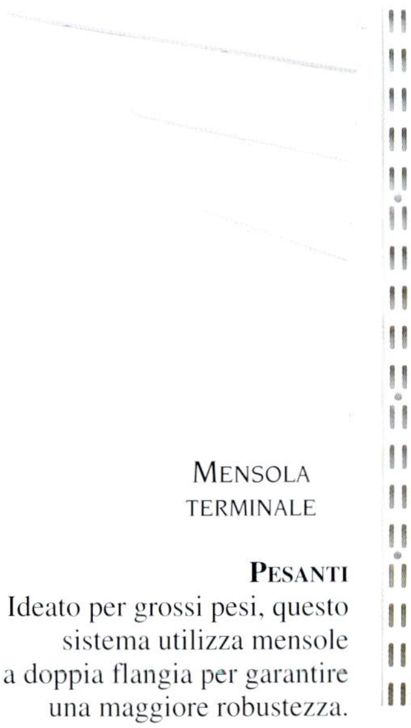

PESANTI
Ideato per grossi pesi, questo sistema utilizza mensole a doppia flangia per garantire una maggiore robustezza.

I MATERIALI DEI RIPIANI

Individuato il sistema di supporto, dovrete scegliere il materiale più adatto al tipo di ripiano. Masselli e compositi sono tra i più pratici. Il vetro è ideale per oggetti leggeri. Assicuratevi che il materiale sia sufficientemente robusto. Per aumentare la resistenza riducete la distanza tra le mensole o le guide.

SISTEMI DI FISSAGGIO A PARETE

Servitevi sempre di sistemi di fissaggio adatti alla struttura del muro. Per fissare le viti su muri pieni usate tasselli, o in caso di grossi carichi, bulloni a espansione. Per fissare le viti su muri vuoti sono disponibili tasselli di metallo e di plastica e bulloni con dado ad alette.

SISTEMI DI FISSAGGIO PER MURI VUOTI

Per fissare viti o mensole a muri vuoti è disponibile una vasta gamma di tasselli di plastica e di metallo e bulloni ad alette. Questo tipo di parete può sopportare solo scaffalature molto leggere. La solidità del sistema di fissaggio dipende sempre dalla solidità del muro. Se possibile, individuate le travi di supporto alle quali fissare i ripiani.

BULLONE CON DADO AD ALETTE ESPANSIBILI

TASSELLO A VITE DI METALLO

TASSELLI A ESPANSIONE AD ALETTE IN PLASTICA

TASSELLI A DEFORMAZIONE IN PLASTICA

SISTEMI DI FISSAGGIO PER MURI PIENI

Per fissare una serie di ripiani a muri pieni utilizzate viti o bulloni di dimensioni adatte con relativi tasselli a espansione. I tasselli per muri pieni sono di fibra compressa o, più comunemente, di plastica. Il foro per il tassello deve sempre essere delle dimensioni indicate dal produttore. Se i ripiani devono sopportare grossi carichi, usate bulloni a espansione che non richiedono tasselli.

TASSELLI IN FIBRA

TASSELLI IN PLASTICA

TASSELLI ANTISPIFFERO IN PLASTICA

BULLONE A ESPANSIONE

VETRO E MASSELLO

I ripiani di vetro devono avere uno spessore di più di 6 mm e bordi levigati. Per tagliarli di misura basta rivolgersi a un vetraio. Il vetro è un materiale pesante e richiede mensole robuste fissate a non più di 40 cm di distanza dal bordo esterno. I legni dolci e quelli forti danno ottimi risultati se verniciati con vernice trasparente o incerati. Sono però più costosi dei compositi e più facilmente deformabili.

COMPOSITI

I materiali più utilizzati sono i compositi ottenuti incollando sotto pressione sottili fogli di legno. MDF, compensato e lamellare sono economici, semplici da tagliare e facilmente reperibili in diversi spessori. Dei tre il lamellare è il più rigido.

COMPOSITI LAMINATI

I compositi sono disponibili in una vasta gamma di laminati in legno dolce, legno forte, melamina e PVC. Sono reperibili in appositi pannelli di svariate dimensioni realizzate appositamente per scaffalature. Una volta tagliati nella lunghezza desiderata, i bordi vanno ricoperti con una striscia di laminato.

MONTARE LE MENSOLE

UNA VOLTA DECISO il sistema di supporto e il materiale più adatto per i ripiani, è il momento di procedere al loro montaggio. Ricordate che i ripiani dovranno essere in grado di sostenere a lungo oggetti pesanti, talvolta di valore. È perciò importante montarli in modo corretto. Sia che abbiate optato per le mensole fisse o per un sistema regolabile, assicuratevi che i sostegni siano saldamente fissati alla parete e i ripiani perfettamente livellati al muro.

FISSARE LE MENSOLE A UN MURO PIENO

Stabilite la posizione delle mensole. Seguite le indicazioni del produttore, in modo da usare il giusto spessore e l'esatta lunghezza di viti e tasselli. Questi ultimi devono essere adatti a muri pieni. Dotatevi anche di matita, metal detector, punteruolo, trapano elettrico a percussione e relative punte, occhiali protettivi e cacciavite.

1 **INDIVIDUARE LA POSIZIONE** Passate il metal detector sul muro per controllare che non vi siano tubi o fili elettrici nascosti. Appoggiate la mensola al muro in posizione perfettamente verticale. Con la matita marcate i fori nel muro.

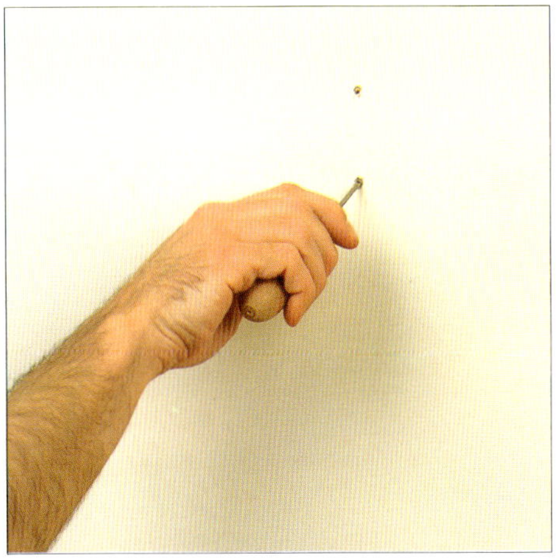

2 **MARCATE I FORI** Con un punteruolo forate la parete all'altezza dei segni fatti con la matita, in modo da facilitarvi il lavoro col trapano ed evitare che possa scivolare non centrando i fori.

3 **PRATICARE I FORI** Trapanate a bassa velocità, praticando un foro leggermente più profondo della vite. Ripetete l'operazione con gli altri segni. È consigliabile usare occhiali protettivi.

4 **INSERIRE I TASSELLI A ESPANSIONE** Infilate i tasselli nel buco. Devono adattarsi alla perfezione ed essere leggermente rientrati, in modo da evitare il rischio di crepare l'intonaco.

5 **FISSARE LA MENSOLA** Sistemate in posizione la mensola e, dopo aver infilato la vite nel tassello, avvitate a fondo con un cacciavite. Posizionate e fissate anche la seconda vite.

MURI VUOTI

Per fissare un ripiano a un muro vuoto utilizzate tasselli di plastica o metallo, in genere con alette che si espandono contro la parete una volta inserite. Attenetevi alle indicazioni del produttore nella scelta della lunghezza. Marcate il punto e praticate il foro. Inserite il tassello e avvitate le viti.

Montare le mensole fisse

Una volta decisa la posizione delle mensole e dei ripiani, assicuratevi mediante l'uso di un bel metal detector che non vi siano tubi o fili elettrici nascosti. Nel caso di muri vuoti lo strumento vi servirà per localizzare le strutture di legno. Le viti dovranno penetrare di almeno 2,5 cm nel muro. Dotatevi anche di matita, punteruolo, trapano munito di punte da muro, tasselli, livella, cacciavite e viti più piccole per fissare il ripiano alle mensole.

1 **POSIZIONARE LA PRIMA MENSOLA** Tenendola premuta al muro, allineate la parte superiore al punto in cui dovrà poggiare il ripiano. Marcate con la matita la posizione dei fori e fissate la mensola come indicato nella pagina precedente.

2 **POSIZIONARE LA SECONDA MENSOLA** Appoggiate il ripiano e con una livella controllate che sia in squadra. Marcate con la matita la posizione dei fori. Verificate che le mensole siano posizionate alla stessa distanza dalle estremità del ripiano. Perforate e fissate la mensola al muro.

3 **POSIZIONARE LE MENSOLE INTERMEDIE** Assicuratevi che si trovino all'altezza giusta, equidistanti da quelle esterne. Allineatele poggiandovi sopra il ripiano. Fate un segno con la matita per i fori e fissatele al muro.

4 **FISSARE IL RIPIANO** Poggiate il ripiano alle mensole fisse. Marcate con un punteruolo i punti sul retro del ripiano dove vanno fissate le viti. Praticate fori pilota avendo cura di non forare la superficie superiore del ripiano. Stringete le viti di fissaggio.

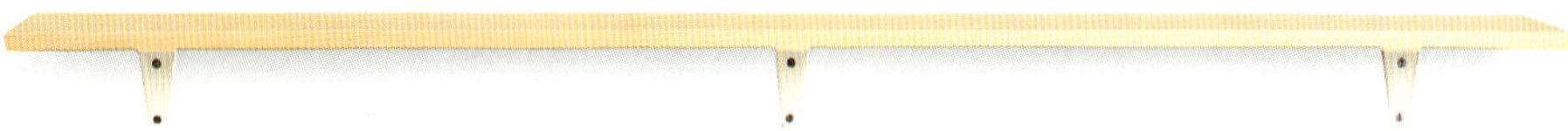

Il ripiano montato

Calcolare la profondità dei fori

Perché i fori per i tasselli siano della stessa lunghezza usate un calibro di profondità già in dotazione con molti trapani elettrici. In alternativa servitevi di metro e nastro adesivo.

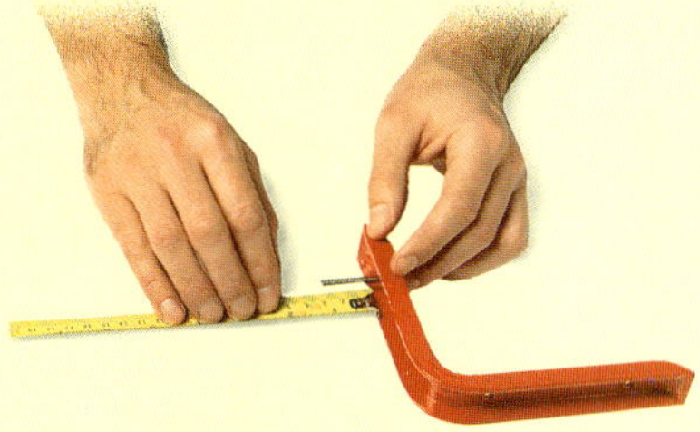

1 **MISURARE LA PROFONDITÀ** Misurate la lunghezza della vite che avrete fatto passare dal buco dopo aver poggiato in piano il sostegno. La porzione di vite che sporge dal sostegno vi indicherà quanto dovranno essere profondi i fori.

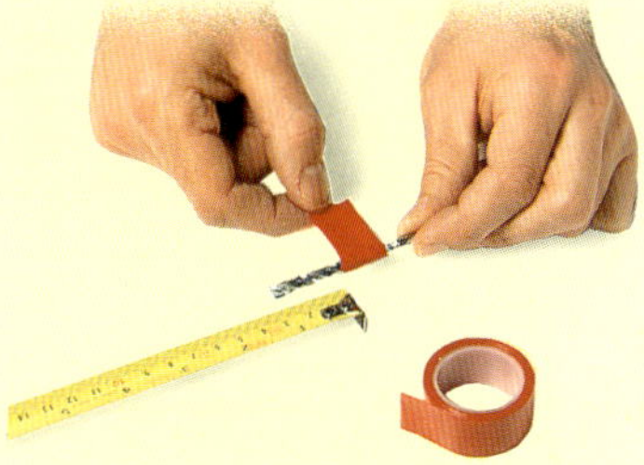

2 **MARCARE LA PUNTA** Marcate la lunghezza sulla punta del trapano con del nastro adesivo colorato. Saprete così quando avrete raggiunto col trapano la profondità desiderata.

Montare un piccolo ripiano

In questo caso le mensole vanno fissate dapprima al ripiano. Posizionatelo in piano, in verticale, e, dopo aver sistemato le mensole, passate la punta della matita nei buchi. Praticate fori pilota con un punteruolo e fissate le mensole.

MONTARE LE MENSOLE REGOLABILI

Se desiderate poter regolare l'altezza dei ripiani utilizzate un supporto a guide, scegliendolo in base al carico che dovrà sopportare. Dotatevi anche di matita, metal detector, punteruolo, trapano e relative punte da muro, viti e tasselli adatti, cacciavite, livella, filo a piombo e viti più piccole per fissare i ripiani alle mensole.

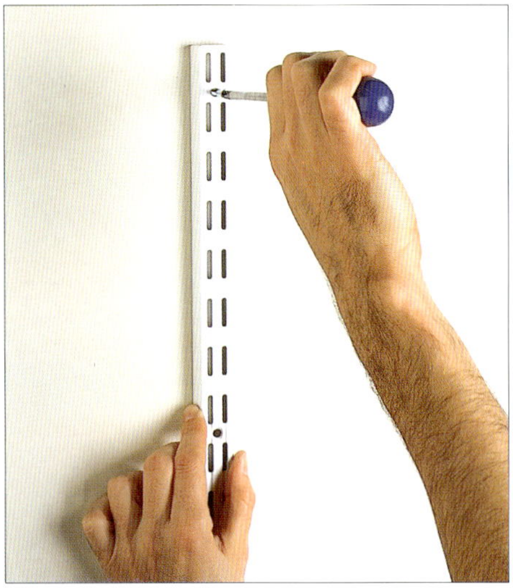

1 **POSIZIONARE LA GUIDA** Controllate la superficie con un metal detector. Fate un segno sul muro all'altezza del foro per la vite superiore e forate con il punteruolo. Praticate il foro e, infilato un tassello, stringete appena la vite.

2 **ALLINEARE LA GUIDA** Assicuratevi che la guida sia perfettamente verticale servendovi della livella. Segnate quindi con una matita i punti in cui andranno praticati i fori nel muro.

METAL DETECTOR

Appositamente creato per il mercato del fai-da-te, questo strumento a batterie garantisce una maggiore sicurezza. Possiede infatti un meccanismo audiovisivo e un controllo sensibile che consentono di individuare chiodi, viti, fili elettrici o metalli più pesanti incassati nel muro.

3 **PRATICARE I FORI** Trapanate la parete avendo cura di spostare di lato la guida e di forare prima con il punteruolo. Inserite i tasselli. Sistemate in verticale la guida e fissatela al muro con una vite per ogni foro.

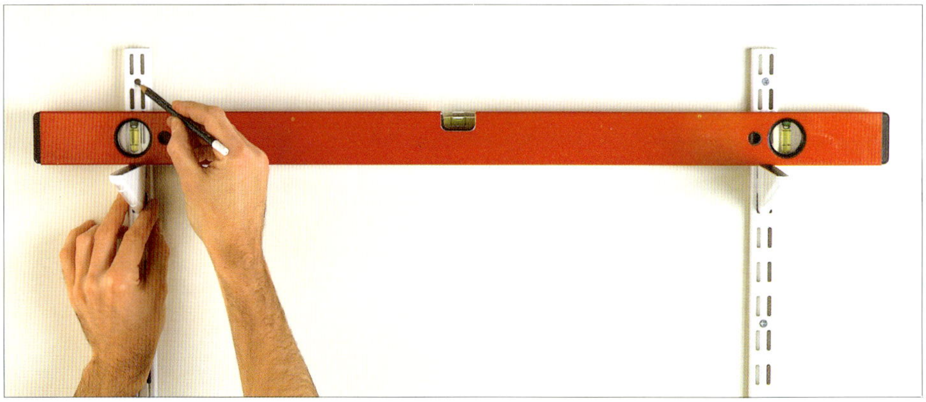

4 **POSIZIONARE LA SECONDA GUIDA** Individuate la giusta posizione servendovi di due mensole sulle quali poggerete la livella. Assicuratevi che le guide siano alla distanza giusta e perfettamente allineate. Segnate sul muro il primo foro e quindi procedete come sopra.

5 **POSIZIONARE IL RIPIANO** Centrate il ripiano rispetto alle mensole, all'altezza desiderata e, servendovi del punteruolo segnate dove andranno praticati i fori per fissare le viti di fissaggio.

6 PRATICARE I FORI PILOTA

Forate il ripiano per le viti con una punta adatta. Se il foro di accesso è insufficiente per passarvi la punta del trapano togliete il ripiano.

7 FISSARE IL RIPIANO

Allineate i fori pilota alle mensole servendovi di un cacciavite. Le viti, che devono essere di misura, vengono spesso fornite in dotazione con i ripiani. Procedete così per fissare tutti i ripiani.

8 ALLINEARE I RIPIANI

Per montare dei ripiani di identica lunghezza servitevi di un filo a piombo appeso al ripiano superiore, precedentemente fissato alla mensola. Posizionate agli altri piani in modo che siano perfettamente allineati usando il filo a piombo come guida verticale.

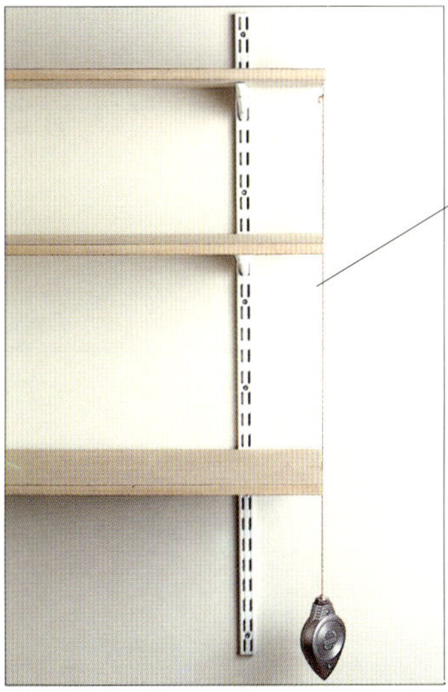

Allineate accuratamente i ripiani con il filo a piombo

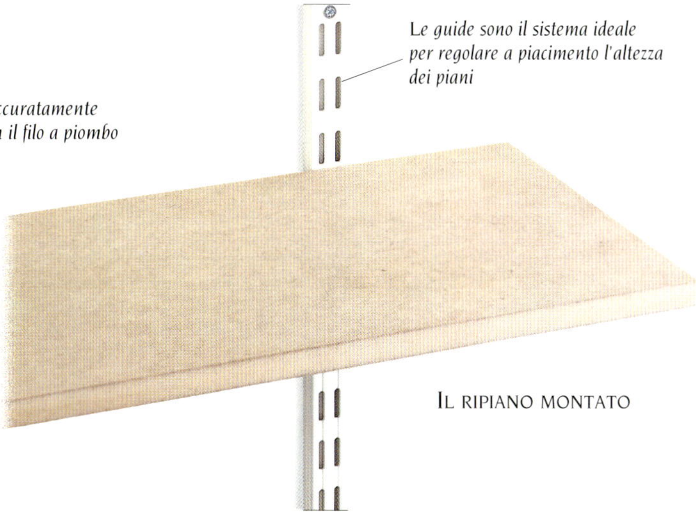

Le guide sono il sistema ideale per regolare a piacimento l'altezza dei piani

Il ripiano montato

Altre idee per le vostre mensole

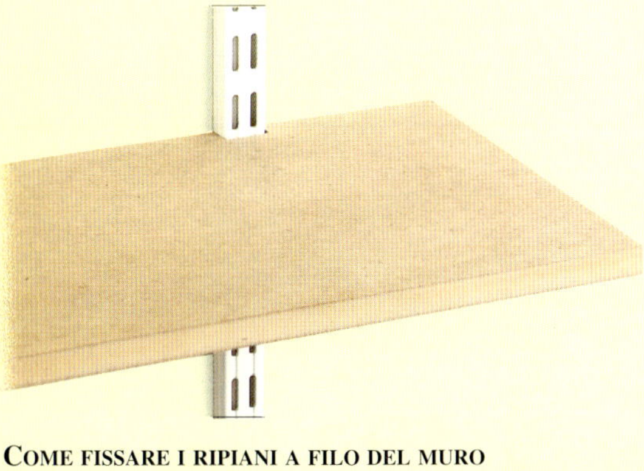

Come fissare i ripiani a filo del muro

Con il sistema a guide i ripiani vengono montati leggermente scostati dal muro. perché siano a filo, praticate delle tacche sul bordo posteriore per fissarli alle guide.

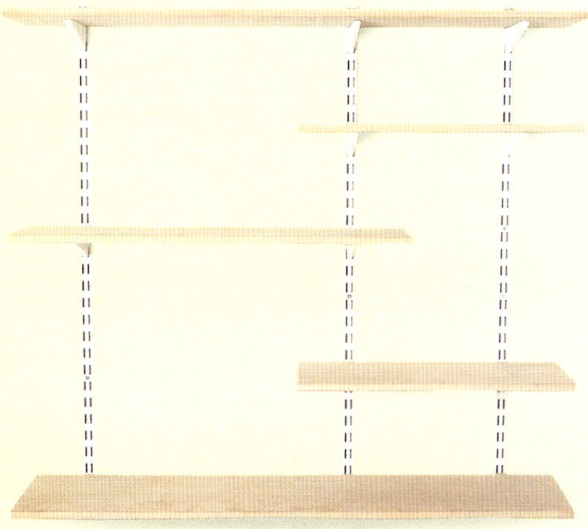

Per una maggiore flessibilità

Un sistema di supporto a tre guide offre numerosi vantaggi nella sistemazione dei ripiani, consentendo di utilizzarne di dimensioni variabili e garantendo una maggiore funzionalità. Prima di fissare i ripiani ricordate sempre di lasciare uguale distanza alle due estremità.

Divisorio
Le mensole aperte di questa cucina a isola fungono da divisorio della stanza e da area di lavoro e dispensa multifunzionale allo stesso tempo. Il grande spazio tra il piano da lavoro e la prima mensola crea un passavivande per cibo e piatti. I supporti di acciaio satinato e di legno duro offrono un legame visivo tra la cucina funzionale e la sala da pranzo informale.

ILLUMINAZIONE

L'ILLUMINAZIONE CONTRIBUISCE a creare l'atmosfera di un ambiente e va considerata uno degli elementi fondamentali di qualsiasi progetto decorativo. Spesso, però, si è costretti all'impiego di sorgenti di luce inestricabilmente legate a un impianto elettrico preesistente inteso più a fornire un'illuminazione di base che a creare atmosfera esistono tuttavia svariate possibilità per migliorare la qualità dell'illuminazione artificiale. In questo capitolo vi aiuteremo a orientarvi nella scelta in funzione del tipo di effetto di luce desiderato, mostrandovi come sfruttare sorgenti di luce fisse e mobili per ottenere la luce più indicata alle vostre esigenze.

ILLUMINAZIONE CREATIVA
Legno, vetro colorato e cromo caratterizzano questa lampada, che proietta una luce soffusa sul divano e, accanto ad altri punti luce, crea un'atmosfera rilassante.

LA SCELTA DELLO STILE

SE CORRETTAMENTE UTILIZZATA la luce può enfatizzare il carattere di un ambiente. In cucina dove è necessaria un'illuminazione più generale, si può optare per sorgenti di luce che completino lo stile e il design, fornendo la giusta quantità di luce. La luce smorzata delle candele caratterizza l'atmosfera rendendola rilassante. Luci più accentuate focalizzano l'attenzione su oggetti particolari: un faretto a fascio di luce concentrato puntato su un tappeto appeso al muro, ad esempio, ne enfatizza il disegno, contribuendo ad aumentare il grado di illuminazione. Vi sono poi altri tipi di luce più funzionali, tra cui le lampade da tavolo utilizzate per illuminare superfici di lavoro.

IL COMPITO DELL'ILLUMINAZIONE
Studiare, scrivere e cucire richiedono un'illuminazione sufficiente per evitare di affaticare gli occhi. Le lampade orientabili sono l'ideale per queste attività perché permettono di direzionare a piacere un raggio intenso di luce. La base pesante dà stabilità e la lampada può essere sollevata per dare libertà di movimento. Qui, un tranquillo angolo del tavolo è illuminato per lo studio e lascia il resto della stanza in semioscurità.

ILLUMINAZIONE FUNZIONALE
In cucina si svolgono molti lavori e una buona illuminazione è essenziale perché siano luoghi sicuri. Qui una finestra fa filtrare molta luce naturale sul pavimento e sul lavandino, mentre fasci di luci nascoste nel muro dietro il bancone mantengono la superficie del piano da lavoro libera da ombre. Faretti incassati nel soffitto convogliano la luce sui pensili e sulle mensole.

ABBAINI
Un alto abbaino in una nicchia regala a questo letto luce naturale. Di notte, all'illuminazione provvedono una lampada da comodino e la luce del pianerottolo. Il blu intenso delle pareti si mescola con la penombra per dare una sensazione di spazio e di calma.

LUCI SINGOLE
Moderne luci a braccio, a uso individuale, sono la migliore soluzione per poter leggere senza disturbare il sonno del partner. I faretti incassati nel soffitto creano la luce d'ambiente.

Elementi di illuminazione
Un raggio di luce diretta verso il basso illumina le mensole di vetro, mentre i faretti posizionati di fronte al muro di metallo lo evidenziano come il principale elemento della stanza.

Luci a prova d'acqua
Il carattere di un bagno cambia quando vengono accese le luci incassate a muro. Senza il riverbero dalle vivaci superfici bianche del bagno, l'atmosfera diventa immediatamente rilassante.

Luci e forme
Questa lampada ovale sostenuta da una sottile asta metallica dà un contributo scultoreo a questo interno moderno. La luce è ammorbidita dal paralume opaco che proietta un raggio trasparente sul muro di mattoni dipinti di bianco.

Soggiorno a vista
Un soggiorno con cucina a vista richiede un'attenta combinazione di colori in modo che ciascuna zona sia definita in base alla sua funzione e all'illuminazione. Luci alogene pendono da fili elettrici convogliando lo sguardo verso l'alto, e creando, allo stesso tempo, luminose concentrazioni di luce sul muro. In basso, luci incassate sotto gli armadietti aggiungono interesse alla zona della cucina.

SORGENTI DI LUCE

NEL PASSATO LA LUCE ARTIFICIALE era prodotta in genere da sorgenti a luce diffusa, come candele, lampade a soffitto e da tavolo. Oggi è molto più facile orientare e regolare la luce in funzione delle diverse esigenze grazie ala vasta gamma di apparecchi e lampade disponibili. Una tecnologia più avanzata e un maggior riguardo al risparmio energetico hanno portato alla produzione di lampade a incandescenza ad alto rendimento, con maggiore durata e minor dispendio di energia.

APERTURA DEL FASCIO LUMINOSO

Una comune lampada a filamento produce una luce diffusa ideale per l'illuminazione indiretta. Per orientare la luce artificiale basta scegliere tra una vasta gamma di lampade a luce riflettente per faretti, lampade a soffitto e a parete. Una lampada a fascio concentrato (3-25°) è indicata per illuminare piccole superfici. Una a fascio medio (25-40°) fornisce una luce adatta a più scopi, mentre una a fascio largo (oltre 40°) è l'ideale per illuminare una vasta area.

CONCENTRATO: 3-25°

MEDIO: 25-40°

LARGO: PIÙ DI 40°

LAMPADINE AD ALTO RENDIMENTO

Le innovazioni tecnologiche conseguite durante l'ultimo decennio hanno consentito di produrre lampade ad alto rendimento e di lunga durata in grado di fornire una luce gradevole. Le alogene, al tungsteno o al quarzo, sono lampade compatte e potenti a luce bianca. I tubi fluorescenti, invece, sono conosciuti più per il minor dispendio di energia che per la qualità di illuminazione, pur rappresentando una valida alternativa alle comuni lampade per uso domestico.

ALOGENE AL TUNGSTENO
Ideate inizialmente per illuminare ampie superfici, sono oggi utilizzate per uso domestico. Queste alogene mignon a bassa tensione, dotate di appositi portalampade sono ideali laddove sia necessaria un'illuminazione potente e precisa. Recentemente le alogene sono state usate in comuni faretti a tensione di rete.

ALOGENA MIGNON AL TUNGSTENO A LUCE RIFLETTENTE E BASSA TENSIONE

ALOGENA AL TUNGSTENO A LUCE RIFLETTENTE E TENSIONE DI RETE

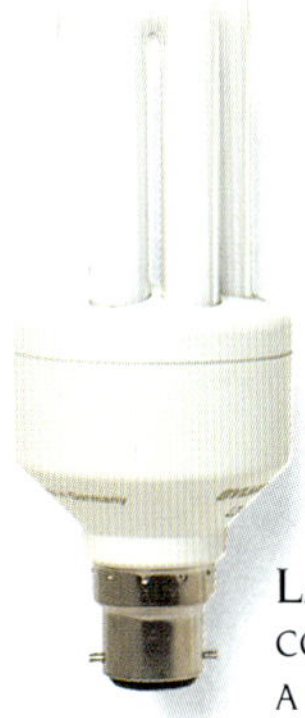

LAMPADA CON ATTACCO A BAIONETTA

TUBO MIGNON FLUORESCENTE
Quasi tutte queste lampade a risparmio energetico utilizzano un quarto dell'elettricità di una comune lampadina e durano cinque volte tanto. Richiedono un reattore elettronico incorporato nell'attacco a vite o a baionetta.

LAMPADA CON ATTACCO A VITE

MIGNON FLUORESCENTE 2-D
Ideata per particolari portalampade a parete o a soffitto, è dotata di un apposito reattore. È anche disponibile un adattatore per l'impiego con comuni portalampade.

MIGNON FLUORESCENTE 2-D

Progettare la sala da pranzo
Progettata per i pasti quotidiani della famiglia così come per occasioni formali, questa lunga lampada centrale getta una luce priva di riverbero sulla tavola, mentre i faretti incassati creano zone luminose sopra i muri lisci e le porte scorrevoli di legno.

Luci Fisse

Una volta decisa la natura e la qualità della luce destinata a un ambiente, si tratterà di scegliere il tipo di lampade. Le luci fisse sono ideali per un'illuminazione indiretta statica e consentono un'ampia scelta. Richiedono quasi tutte un impianto elettrico sottotraccia, a soffitto o a parete. Per sostituire lampade fisse con unità di stile diverso, consultate un elettricista professionista. Non sostituite né intervenite sull'impianto elettrico a meno che non siate perfettamente in grado di capire cosa fare. L'installazione di un impianto elettrico non è difficile per chi sappia farlo in modo sicuro.

Lampade a parete

Le lampade a parete, spesso posizionate ad altezza d'uomo, forniscono una sorgente di luce tenue e funzionale. Quelle a parete complete di paralume o di globo di vetro sostituiscono oggi le candele, le lampade a olio o a gas che si utilizzavano all'inizio del secolo. Tra le soluzioni più recenti vi sono apparecchi che illuminano la parete con un effetto alogeno.

Applique opaca
Questa semisfera di gesso concentra il fascio di luce verso l'alto sulla parete e sul soffitto e può essere verniciata per armonizzare con il colore della parete.

Design d'epoca
Le lampade a parete sono state tra le prime ad essere inventate. Oggi ne esistono svariate imitazioni, da quelle cromate in vetro smerigliato stile Art Deco come questa, a quelle col braccio in ottone e plafoniera di vetro lavorato che ricorda un'antica lampada a gas.

Applique con diffusore
Più che illuminare la parete, irradia la luce attorno alla superficie grazie a un diffusore di vetro smerigliato.

Applique doppia
Questa lampada a due bracci è un esempio di design moderno ispirato alle lampade in ferro battuto e ai candelieri del passato. I piccoli paralume di carta su lampade a torciglione illuminano l'area circostante.

Luce schermata
Questa luce è stata ideata appositamente per illuminare oggetti fissati alla parete. A seconda delle dimensioni e della posizione dell'oggetto, il braccio di supporto può essere nascosto dietro, sopra o sotto l'oggetto. Volendo illuminare un tappeto, un documento antico o un quadro, prima di procedere è meglio consultare un esperto per determinare la sensibilità dell'oggetto alla luce.

Lampada a spina da parete

Quasi tutte le lampade a parete sono ideate per ricevere la corrente da impianti sottotraccia; alcune, tuttavia, vanno inserite in apposite prese per evitare di dover passare con i fili esterni.

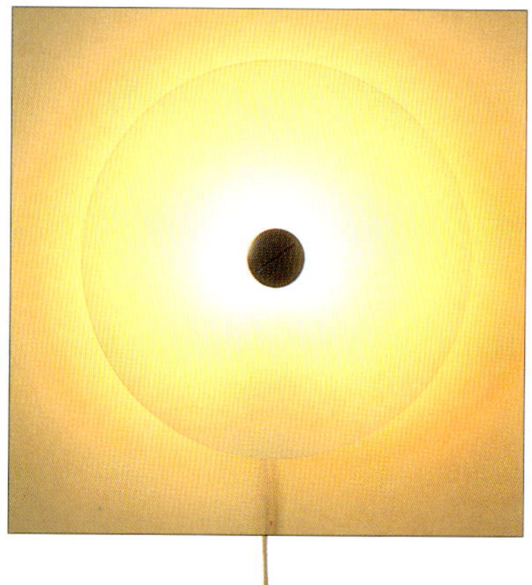

Lampade a soffitto

La sorgente di luce indiretta più comune è quella delle lampade a soffitto. In passato consistevano unicamente di un pezzo di cordone elettrico, una lampadina e un paralume di carta; oggi sono invece disponibili in una vasta gamma di design diversi. In alternativa è possibile illuminare la stanza con moderni faretti incassati al soffitto.

Globo diffusore

Questa sfera di vetro opalino dall'asta cromata, appesa al soffitto da un rosone, diffonde la luce di una comune lampadina ed è disponibile in una vasta gamma di modelli di svariate dimensioni.

Lampada a soffitto con riflettore

La luce di una lampadina diffusa da un riflettore è forse il sistema di illuminazione più comune per una stanza. Il riflettore di alluminio è una moderna alternativa ai tradizionali paraluce di carta e tessuto.

Lampadario

I lampadari, prodotti in materiali diversi, dal vetro al metallo, sono un genere di lampada che si adatta perfettamente all'illuminazione elettrica. Prima di installare un lampadario assicuratevi che soffitto e attacchi siano adatti a sopportarne il peso.

Plafoniera

Questo tipo di lampada irradia una luce diffusa. Ideata per un mignon fluorescente, può essere fissata al soffitto o incassata al soffitto o alla parete.

Plafoniera a disco

Questo tipo di plafoniera, ideale per un'illuminazione intensa, è formata da un diffusore di vetro opalino montato su un supporto di metallo circolare fissato al soffitto.

Supporto circolare con faretti

I supporti circolari completi di faretti multipli rappresentano un'economica e pratica alternativa alle guide e ai sistemi a soffitto. Dotato di una normale lampada a filamento a luce riflettente, consente la facile regolazione del fascio luminoso.

Riflettore al tungsteno

Il design di questa lampada è semplice e lineare. Dotato di una lampada a filamento a luce riflettente è ideale per qualsiasi impiego.

Mignon fluorescente

Dotata di una mignon fluorescente, questa lampada a soffitto con riflettore parabolico è indicata in caso di funzionamento continuo.

Alogena a bassa tensione

Sono le lampade di minor diametro. La lampada a bassa tensione va collegata a un trasformatore elettrico, in questo caso incassato al soffitto.

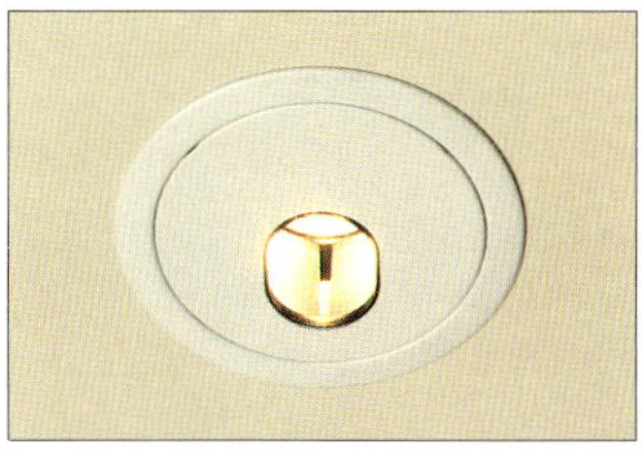

Faretto regolabile

Più che proiettare un fascio di luce verso il basso, alcuni faretti dotati di lampada girevole o contatore rotante consentono di orientare la luce lateralmente.

LUCI MOBILI

PER ILLUMINARE UNA STANZA potete ricorrere a tipi di luci diversi, mobili e fisse. Le prime rappresentano un sistema di illuminazione di facile impiego, alternativo ai sistemi di luce fissa, che solitamente richiedono un impianto elettrico sottotraccia. Benché un sistema su guide rappresenti una soluzione meno versatile più stabile di quella offerta da una lampada da tavolo o da pavimento, esso consente di orientare più liberamente le lampade per direzionare la luce. La luce delle candele crea un'atmosfera più calda di quella elettrica e può essere usata in vari modi.

LAMPADE DA TAVOLO

Esistono sostanzialmente due tipi di luce mobile progettati per essere sistemati o fissati a un tavolo. Le lampade da tavolo, disponibili in una vasta gamma di modelli di tutte le dimensioni, servono a illuminare piccole superfici di lavoro e come sorgenti di luce aggiuntiva o localizzata per piccole superfici come una poltrona o l'angolo di una stanza.

ALOGENA AL QUARZO
Una lampada da tavolo deve essere facilmente regolabile e fornire un'illuminazione adeguata. Questa, con base pesante, è dotata di un sistema di perni e di molle per modificarne l'angolazione.

LAMPADA IN STILE
Progettata originariamente nel 1930, questa lampada di stile classico è oggi assai diffusa. Disponibile con finiture cromate o in ottone, con paralume e base in metallo, è ideale da scrivania

LAMPADA A SNODO CON MORSETTO
Invece di una base pesante e spesso ingombrante, alcune lampade da tavolo sono dotate di un morsetto regolabile da fissare al piano della scrivania o del tavolo. Il principio di molle e perni su cui si basa fu ideato nel 1933.

BASE IN CERAMICA E PARALUME DI TESSUTO
Le basi in ceramica sono disponibili in un'ampia varietà di forme e design. Questo paralume di tessuto è foderato di carta semiopaca e consente di dirigere il fascio luminoso sulla tavola.

BASE DI LEGNO E PARALUME DI CARTA
Realizzata in legno pregiato, questa lampada semplice ed elegante, dotata di un paralume di carta, fornisce un'adeguata illuminazione e luce diffusa che integra quella della stanza.

CANDELE

Un candeliere rappresenta la soluzione ideale per innalzare la luce su di un piano. Una lanterna cieca è un bel elemento decorativo, mentre per appendere candele al muro l'ideale è un candelabro a muro con riflettore. Assicuratevi sempre che le candele siano distanti da oggetti infiammabili.

CANDELIERE

LANTERNA CIECA

CANDELABRO A MURO CON RIFLETTORE

LAMPADE DA PAVIMENTO

Disponibili in un vasta gamma di modelli di dimensioni diverse, spesso dal design molto originale, queste lampade sono, come quelle da tavolo, molto semplici da muovere e regolare. Si prestano a un'illuminazione diretta e indiretta e servono a creare atmosfera. Basi luminose e faretti sono progettati per illuminare zone specifiche.

PIANTA IN LEGNO E METALLO CON PARALUME DI CARTA
Questa moderna versione di lampada a stelo è regolabile in altezza e dotata di un paralume di carta che concentra la luce in avanti. È ideale per illuminare una poltrona o un'area specifica.

PIANTANA IN OTTONE CON PARALUME DI CARTA
Montata su una pesante base di ottone, regolabile lateralmente, è ideale in soggiorno, dove può fornire una giusta dose di luce per un'area specifica e l'intera stanza.

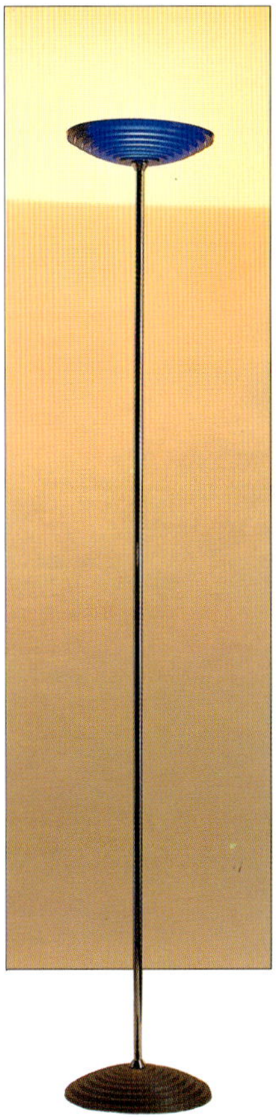

PIANTANA ALOGENA
Questa alogena al tungsteno rappresenta una valida sorgente di luce indiretta oggi molto apprezzata. Ideale per dare luce e decorare l'ambiente.

BASE LUMINOSA
La base di questa lampada nasconde un trasformatore per la lampadina alogena al tungsteno a bassa tensione e consente di posizionarla sul pavimento o su una qualsiasi superficie rialzata.

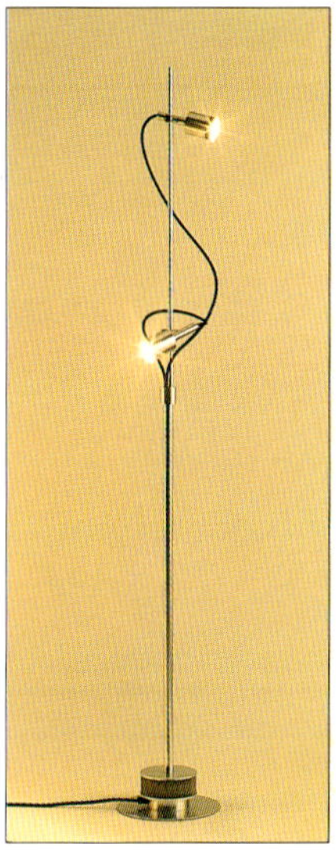

FARETTO A STELO
Ideato come luce mobile per illuminare piccole superfici, questo faretto a stelo dotato di trasformatore alla base è ideale come fonte di luce localizzata.

FARETTI SU GUIDE

Le guide a soffitto con faretti regolabili sono state inizialmente progettate per usi commerciali, per facilitare i frequenti spostamenti necessari a concentrare la luce su zone specifiche. Sistemi analoghi, oggi molto usati anche per uso domestico, sono disponibili con profili tondi e quadrati e possono essere regolati a piacere.

FARETTO A BASSA TENSIONE
Se desiderate dare risalto a un oggetto con un fascio di luce concentrato l'idea è un faretto dotato di lampada alogena al tungsteno. Questo faretto con trasformatore integrale è particolarmente indicato per un'alogena al tungsteno a bassa tensione con un'ampiezza del fascio luminoso tra i 9° e 36°.

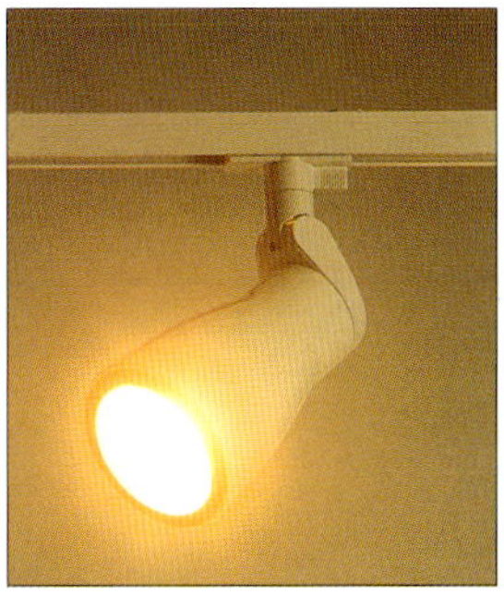

FARETTO CON PROIETTORE
In questo faretto, la lampada a luce riflettente a tensione di rete è inserita in un proiettore di alluminio bianco, ideato per renderlo più funzionale ed elegante.

FARETTO SENZA PROIETTORE
Consiste di un proiettore a cui è avvitata la lampada a luce riflettente a tensione di rete. L'ampiezza del fascio luminoso può variare da 10° a 30°.

Luce delle candele
Le ombre tremolanti e il bagliore caldo della luce delle candele creano un'atmosfera calma e rilassante. Con la miriade di candelieri, bracci da muro e portacandele in commercio, le candele possono essere sistemate in tutti gli ambienti, sia d'epoca che moderni. Questa stanza con piattaforme di legno, portacandele di pietra e di bambù intervallati da ciotoli rivela un'influenza orientale.

Pulizia e Manutenzione

Osservando alcune semplici precauzioni nella cura degli oggetti di tappezzeria ne allungherete la durata. La luce diretta del sole sbiadisce i colori e i motivi di molti tessuti, indebolendone la fibra. Anche fonti di calore possono danneggiarli, è quindi bene evitare il contatto con radiatori, stufe o caminetti. Il modo migliore per mantenere in buone condizioni gli oggetti di tappezzeria è una regolare pulizia. Servitevi sempre di un aspirapolvere per togliere la polvere da mobili imbottiti. I peli animali possono rimanere impigliati nella trama del tessuto; per rimuoverli pulite la superficie con una spazzola gommata. Per limitare al massimo gli interventi su superfici verniciate, piastrellate o ricoperte di carta da parati, assicuratevi sempre che siano state perfettamente preparate e attenetevi alle istruzioni del produttore per quanto riguarda pulitura e riparazioni.

Tessuti

Come pulire i tessuti

Qualsiasi tessuto presenta caratteristiche di maggiore durata se opportunamente trattato. Nella maggior parte dei casi le avvertenze per il lavaggio sono indicate con simboli internazionali sulla cimosa o sull'etichetta del capo. È importante attenersi scrupolosamente a queste indicazioni.
In caso di dubbio, la soluzione più sicura è quella di optare per il lavaggio a secco. Prima di trattare un tessuto che richieda il lavaggio a mano, fate una prova sui cordoncini poiché generalmente tendono a restringersi con il primo lavaggio.

Tende e tendine

Se le vostre tende sono fissate con nastro arricciatore, togliete i ganci e disfate il nodo che tiene ferme le arricciature. Stendete il nastro e sbattete la tenda per togliere la polvere in superficie. Se sono lavabili, immergetele in acqua fredda per dieci minuti con un poco di detersivo liquido. Sciacquate e lavate come indicato. Le tende in velo e in tulle richiedono un lavaggio delicato senza mai fregare. Se non è necessario riappenderle subito dopo il lavaggio, stendetele su uno stenditoio per conservarne la forma. Se appese ancora leggermente umide, tende in velo e in tulle riprendono con più facilità drappeggi e arricciature.

Fodere e copricuscini

È importante che le fodere non si restringano col lavaggio, perciò valutate attentamente le probabilità che questo accada. Prima di toglierle dai divani pulitele con l'aspirapolvere; questo vi consentirà di esaminarne il tessuto e di fare le piccole riparazioni necessarie. Togliete le fodere e lavatele a mano, in lavatrice o a secco, come indicato nelle avvertenze.
In caso di copricuscini chiudeteli prima di procedere al lavaggio. Appendeteli ad asciugare e se possibile passateli con il ferro mentre sono ancora leggermente umidi. In caso di poltrone e divani, risistemate le fodere e, se necessario, ripassatele con il ferro avendo cura di utilizzare un pezzo di stoffa pulita.

Come togliere le macchie

Togliete subito ogni eccesso. Tamponate la superficie, evitando di fregarla, muovendovi dall'esterno verso l'interno. Se possibile, trattate la macchia dal rovescio del tessuto poggiando contemporaneamente un pezzo di carta o di tessuto assorbente sulla superficie esterna. Applicate il detergente o lo smacchiatore adatto con un pezzetto di stoffa pulita bianca. In caso di dubbio è sempre meglio rivolgersi a una lavanderia specializzata. Smacchiatori e prodotti detergenti sono in genere velenosi, infiammabili e tossici da aspirare. Non impregnate il tessuto con prodotti detergenti e attenetevi sempre ai consigli d'uso dei produttori.

Macchie di grasso o di unto

Togliete ogni residuo con una lama e asciugate il tessuto con carta assorbente. Trattate la superficie con un detergente adatto o spruzzatela con talco in polvere in modo da far assorbire la macchia, quindi toglietelo con una spazzola. Ripetete l'operazione finché tutto l'unto non sia stato assorbito.

Macchie di altra natura

Togliete ogni residuo con una lama e asciugate con carta assorbente. Sciacquate, se possibile, o pulite con una spugna imbevuta d'acqua fredda. Se necessario utilizzate uno smacchiatore adatto.

Sangue

Pulite le macchie di sangue con una spugna imbevuta di acqua fredda salata. Trattate con cura il capo con detersivo biologico. Sciacquate.

Cera

Grattate la cera con una lama. Tamponate tra due strati di carta assorbente e premetevi delicatamente sopra il ferro caldo per sciogliere la cera. Rimuovete quanto rimasto della macchia con un detergente per grassi adatto. Qualora si tratti di un tessuto di velluto non cercate di rimuovere la cera, ma appoggiatevi sopra la carta assorbente e passate il ferro sul rovescio in modo che la cera aderisca alla carta.

Chewing gum

Fate indurire la gomma con del ghiaccio. Quindi grattatela via dal tessuto. In commercio esistono anche appositi smacchiatori.

Rossetto

Grattate e applicate sulla macchia un po' di olio d'eucalipto. Dopo un'ora sciacquate e lavate come consigliato.

CAFFE E TE
Asciugate subito la superficie, quindi immergetela in acqua calda con un po' di detersivo biologico. Se necessario, utilizzate uno smacchiatore adatto una volta che la macchia si sia asciugata.

PITTURA E VERNICE
In caso di vernici a base di acqua, asciugate ogni eccesso, pulite la superficie con una spugna imbevuta di acqua fredda. Lavate come consigliato o pulite con uno smacchiatore adatto. Per vernici o colori a olio togliere ogni residuo e trattate con acquaragia o con smacchiatore adatto.

INCHIOSTRO
Una volta identificato il tipo di inchiostro, utilizzate uno smacchiatore adatto, in caso contrario correte il rischio di fissare la macchia. Nel dubbio rivolgetevi a una lavanderia specializzata. Trattate la macchia con uno smacchiatore adatto oppure con alcol denaturato e lavate come consigliato.

VINO
Non lasciate asciugare la macchia. Assorbite il vino e immergete la superficie in acqua tiepida oppure applicate talco in polvere e lasciate assorbire per 12 ore. Pulite con l'aspirapolvere. Lavate il tessuto con un detersivo biologico o utilizzate uno smacchiatore adatto.

MANTENIMENTO DELLE SUPERFICI

VERNICE

In genere le superfici verniciate non presentano alcuna difficoltà. Assicuratevi, tuttavia, che siano in buone condizioni prima di procedere alla pulizia. Nel dubbio meglio riverniciare. Le case produttrici forniscono sempre indicazioni sui metodi di pulizia più appropriati per i loro prodotti. Le vernici a olio tendono a essere più resistenti di quelle ad acqua e di solito possono essere lavate o raschiate delicatamente per rimuovere lo sporco.

CARTA DA PARATI

Alcuni tipi di carta da parati sono così resistenti da poter essere lavati, altri invece sono molto delicati ed estremamente sensibili anche alle più leggere abrasioni. I tipi lavabili sono ricoperti con un trasparente che consente l'impiego di una spugna. Anche quelli in vinile sono lavabili. Le carte da parati rasate vanno spazzolate per togliere la polvere. In caso di dubbio consultate le avvertenze del produttore allegate in ogni rotolo. Qualora non sia possibile pulirla, applicate nuova carta e, se necessario, sostituitela per intero.

PIASTRELLE

Le piastrelle sono molto robuste e una superficie accuratamente piastrellata può durare molto a lungo. È la malta che tende a consumarsi e a scolorire. In genere si può risolvere il problema senza ripiastrellare l'intera superficie. La malta tende a marcire in continuo contatto con l'umidità. Utilizzate sempre malta adatta ad ambienti umidi.

SPORCO
In caso di sporco, non è sempre necessario sostituirla, basta trattarla con uno sbiancante. Togliete lo sporco con una spazzola sottile o un vecchio spazzolino e una soluzione di detersivo e acqua calda. Quando la malta sarà asciutta applicate lo sbiancante. Se la malta è molto danneggiata rimuovetela e sostituitela con della nuova.

MUFFA
In ambienti particolarmente umidi come bagni e cucine sulla malta può formarsi la muffa. In tal caso applicate un fungicida adatto seguendo accuratamente le istruzioni del produttore. In caso di macchie trattatele con uno sbiancante; in alternativa, togliete la vecchia malta e sostituitela con della nuova.

MOQUETTES E TAPPETI

Moquettes e tappeti tendono a essere particolarmente soggetti all'usura e al rapido accumulo di sporcizia se non si procede a una regolare manutenzione. Tappeti e rivestimenti in fibre vegetali hanno sempre maggiore durata se accuratamente puliti con un aspirapolvere almeno una volta alla settimana. Di tanto in tanto vanno inoltre trattati con appositi prodotti. Singole macchie vanno rimosse immediatamente facendo attenzione a non impregnare il pavimento. Prima di applicare uno smacchiatore provatelo su una piccola zona, utilizzando dapprima solo una piccola quantità di prodotto. In caso di macchie di fango, lasciate essiccare e quindi spazzolate in senso circolare. Pulite la zona con l'aspirapolvere, quindi con una spugna bagnata di soluzione detergente e sciacquate accuratamente. Moquettes e tappeti possono essere trattati nello stesso modo. I tappeti a pelo lungo vanno sbattuti regolarmente.

GLOSSARIO

ANELLO PORTALAMPADA Parte circolare di un paralume che sostiene la lampadina.

ANGOLATURA IN DIAGONALE Metodo per orlare gli angoli.

ANTISCIVOLO Materiale, solitamente gomma o feltro, applicato prima della posa di una moquette.

BALZA Materiale impiegato per ricoprire parti di mobili o tappezzerie. Spesso fissata a mantovane o alla base del letto.

BATISTA O MUSSOLA Tessuto fine di cotone o lino utilizzato per ricoprire le imbottiture di cuscini. Per la sua trama fitta è adatto alle imbottiture di piuma (*vedi anche* FODERE).

BATTISCOPA (o zoccolo) Bordo stretto solitamente in legno alla base della parete lungo il pavimento.

BORDURA Striscia di stoffa che ricopre gli orli di un tessuto (*vedi anche* GUARNIZIONI).

BOZZIMA Soluzione agglutinante e collosa per applicare la carta da parati a una superficie liscia.

BUMP Tessuto rigido di cotone o sintetico utilizzato come fodera interna per tendaggi.

CADUTA DEL TENDAGGIO Lunghezza di una tenda misurata dal sistema di fissaggio al bordo inferiore.

CALCINATURA Trattamento del legno mediante una pasta o cera speciale che produce un effetto di sbiancamento.

CALICÒ Stoffa di cotone resistente, generalmente bianca, utilizzata per ricoprire le imbottiture di cuscini o altre tappezzerie (*vedi anche* FODERE).

CANDELABRO A MURO CON RIFLETTORE Candeliere a parete.

CARTA DI RINFORZO Carta utilizzata per creare una superficie liscia sulle pareti. Viene incollata alla parete o al soffitto prima di applicare la tinta o la carta da parati.

CARTONGESSO Utilizzato per rivestire o conformare la superficie di pareti o soffitti. Composto di gesso pressato tra due strati esterni di carta spessa.

CASTELLATURA Forma o ornamento che ricorda le mura di un castello con motivi a torrette e merli alternati (*vedi anche* MANTOVANA).

CHIODI SPORGENTI Chiodi per fissare qualcosa temporaneamente facilmente removibili.

CIMOSA O VIVAGNO Margine di stoffa sui lati del tessuto che non si sfrangiano (*vedi anche* FILI DI ORDITO).

COLORE A CALCE Tecnica di imbiancatura mediante un'emulsione diluita con acqua applicata con una pennellessa per ottenere un effetto screziato a tempera.

COLORE A TOGLIERE Effetto ottenuto con uno straccio pulito o pelle di daino imbevuti di acquaragia, fatto rotolare sulla superficie di patinatura ad olio colorata, per lasciare segni casuali sulla vernice fresca.

COMPASSO SEMPLICE Congegno composto da un pezzo di corda legato a una matita e da una puntina da disegno. Serve per disegnare cerchi o archi su una sagoma o una stoffa.

CONTROFODERA Materiale morbido e spesso di cotone o sintetico usato come isolante nei tendaggi.

CORDA GESSATA Filo o striscia ricoperta di gesso colorato con un peso fissato a un'estremità. Serve a contrassegnare linee diritte verticali.

CORDONCINO Bordura che può essere utilizzata per quasi tutti gli oggetti di tappezzeria, copricuscini, federe e copriletto, per creare una finitura professionale (*vedi anche* GUARNIZIONI).

CORDONE ELETTRICO Filo flessibile isolato che porta la corrente elettrica da una presa a un apparecchio elettrico, ad esempio una lampada.

CUCITURA INGLESE Cucitura resistente già rifinita che nasconde i punti di cucitura sul diritto del tessuto. Adatta a stoffe trasparenti e utilizzata solo sui margini diritti.

CUCITURA PIATTA Cucitura resistente, utilizzata per rivestimenti e tappezzerie sottoposti a uso continuo.

CUCITURA RIBATTUTA Tecnica di orlatura per nascondere i margini della stoffa. Richiede una tolleranza maggiore tra il margine e la cucitura rispetto alla costura semplice.

CUCITURA SEMPLICE Il metodo più semplice per unire due pezzi di stoffa.

DECORAZIONE A PETTINE Effetto di una tinteggiatura effettuata con una spatola dentata passata sull'intera parete su una patinatura ad olio colorata. Il risultato è una decorazione a linee e spinature sottili e verticali.

DENTELLATURA Tecnica di rifinitura dei lembi di stoffa mediante forbici a zig-zag. Adatta alla rifinitura delle cuciture interne.

DHURRIE Tappeto indiano tessuto a telaio in cotone e spesso a motivi geometrici. Anche "durrie".

DRITTO FILO Direzione della stoffa (*vedi anche* FILI DI ORDITO e FILI DI TRAMA).

FARETTO Lampada fissata al soffitto che emette fasci di luce verso il basso.

FESTONE Drappeggio di una stoffa dai bordi fissati o arricciati al centro che formano così una curvatura.

FILI DI ORDITO Fili paralleli alla cimosa della stoffa

FILI DI TRAMA Fili tessuti sopra e sotto i fili di ordito.

FILO A PIOMBO Corda o filo con un peso ad un'estremità utilizzato per ottenere linee verticali diritte durante gli interventi di decorazione.

FINESTRA A BATTENTI Tipo di finestra, solitamente incernierata ai lati, composta da un montante superiore più piccolo, un montante o telaio centrale mobile e un montante fisso.

FINESTRA A TELAIO Finestra con uno o due telai che possono aprirsi in senso verticale.

FINITURA A STRACCIO Effetto ottenuto passando uno straccio pulito su una superficie ricoperta da uno strato di patinatura ad olio colorata. Si ottiene un effetto delicato di vernice fresca.

FIORE CRUCIFORME Sporgenza decorativa ai lati di un mobile o sui terminali dei bastoni da tenda.

FODERE Tagliate e cucite come un copricuscino. Sono utilizzate per ricoprire l'imbottitura dei cuscini. I tessuti più adatti sono: batista, mussola, calicò, materiale per fodere e tele.

FREGIO Fascia decorativa orizzontale, abbastanza larga, lungo la parte superiore della parete vicino al soffitto. Si applica con una tinta o con una striscia di carta da parati che contrasti con il resto della parete (*vedi anche* STENCIL e STAMPIGLIATURA).

GANGHERO E OCCHIELLO Piccola chiusura in metallo composta da due parti che si incastrano.

GUARNIZIONE Passamanerie, fettucce, cordoncini e frange applicati a tappezzerie. Molti sono disponibili già pronti, come frange e cordoni decorativi.

GUIDA A ZOCCOLO Modanatura orizzontale solitamente fissata alla parete all'altezza della cintola, che separa lo zoccolo (la parte inferiore della parete) alla sezione superiore.

ILLUMINAZIONE DI FONDO Fonte di luce artificiale per un'illuminazione generale che spesso imita la luce naturale.

IMBASTITURA Punto lungo utile per tenere assieme stoffe o parti di tessuto prima della cucitura finale.

IMBASTITURA DA SARTA Punti lenti usati soprattutto per marcare una stoffa, ad esempio per le cuciture di giunzione accurate.

IMPELLICCIATURA Legno sottile o altro materiale analogo impiegato per coprire la superficie di legno grezzo creando così una superficie liscia.

IMPRIMITURA Sostanza liquida applicata al legno o al metallo prima del sottosmalto per stabilizzare la superficie.

IMPUNTURA Punto utilizzato nei tendaggi per fissare la fodera e la controfodera alla stoffa della tenda. Si prendono uno o due fili della stoffa e si torna indietro senza lasciare spazi tra un punto e l'altro.

JUTA Stoffa di tela ruvida a tinta unita utilizzata per carta da parati e come materiale per tappezzeria.

KILIM Tappeto del Medio Oriente o dell'Asia centrale tessuto a telaio . In lana a motivi geometrici.

LAMPADE A FUNZIONE SPECIFICA Illuminazione localizzata usata soprattutto per rischiarare una specifica area di lavoro.

Listello appendi quadri Modanatura fissata lungo il bordo superiore della parete, ma lontano dal soffitto, usata per appendere i quadri (*vedi anche* Modanatura).

Luci direzionali Impianti e apparecchi regolabili come gli spot e le lampade da tavolo, per illuminare oggetti o superfici da lavoro.

Malta o boiacca Pasta idroresistente applicata nelle fughe delle piastrelle. In genere la malta è bianca, ma può essere colorata in modo da abbinarsi o da contrastare con le piastrelle.

Mantovana Struttura decorativa in legno o stoffa utilizzata per coprire il bordo superiore di una tenda o persiana (*vedi anche* Balza).

Modanatura Listello di legno, gesso o altro usato come decorazione orizzontale lungo una parete.

Muro a intercapedine Due pannelli di cartongesso divisi da un'intercapedine, solitamente riempita di materiale isolante come il polistirolo espanso.

Nastro arricciatore Striscia già pronta da cucire sulla parte superiore della tenda e da fissare sul sistema degli attacchi. Quando sono arricciati determinano la forma delle pieghe dei tendaggi.

Nastro di protezione Nastro adesivo multiuso, ad esempio per coprire zone specifiche che non si intende coprire con uno strato di tinta o vernice.

Orlare Ripiegare e cucire assieme i margini del tessuto.

Orlo doppio Orlo ripiegato due volte in modo che il margine si trovi tra due strati di circa le stesse dimensioni.

Orlo senza cimosa Margine non orlato, sfilacciato o tagliato di un pezzo di stoffa.

Patchwork Metodo per unire insieme pezzi e ritagli di stoffa di piccole dimensioni per formare un disegno (*vedi anche* Trapunto).

Patinatura ad olio colorata Miscela di trementina, olio di lino, paste essiccanti, sbiancanti, acquaragia e colori di tipo ad olio o in polvere. Usata per effetti speciali.

Pittura a emulsione Tinta a base acquosa ad asciugatura rapida per pareti e soffitti.

Pittura ad olio Adatta come finitura per muri interni, lavori in legno e superfici metalliche. Disponibile in finitura opaca e lucida (*vedi anche* Pittura a emulsione).

Primer Sostanza liquida applicata a legno o metallo, precedente alla mano di fondo, per stabilizzare la superficie affinché la vernice aderisca bene.

Puntinatura Tecnica che richiede un pennello da puntinatura o una scopa di saggina imbevuti di tinta patinata a olio, applicati su una superficie liscia lasciando così l'impressione delle setole.

Punto a filza Punto semplice nel quale l'ago entra ed esce dal tessuto sempre nella stessa direzione. Anche i punti di imbastitura e arricciatura sono simili alla filza.

Punto a zig-zag Cucitura a macchina usata solitamente per rifinire i margini di una stoffa.

Punto di arricciatura Semplice punto a filza usato per arricciare l'orlo di un tessuto (*vedi anche* Punto a filza).

Punto indietro Punto impiegato per cuciture resistenti e permanenti o per montare cerniere lampo. È altresì detto finta cucitura a macchina.

Punto mosca o strega Utilizzato per rifinire orli semplici (*vedi anche* Orlare).

Punto nascosto Usato per unire assieme due lembi di una stoffa fantasia in modo che il disegno continui anche lungo la cucitura.

Punto smerlo Utilizzato per rifinire l'orlo o come ricamo decorativo.

Ribattitura Un metodo di rifinitura di un margine di stoffa. Inoltre un metodo per ripassare il filo da cucito per fermarlo.

Ricamo su tela Ricamo con filo ritorto colorato su tela di colore uniforme, solitamente di colore chiaro.

Rifinitura Cucire, fissare od orlare i margini di una stoffa per impedire che si sfilaccino o per decorarli.

Rinfazzo Superficie ruvida adatta all'applicazione di vernice o colla. Una superficie viene rinfazzata con carta smerigliata o lana di ferro.

Ripetizione del disegno La lunghezza della ripetizione del disegno è la distanza tra i punti nei quali il disegno si ripete su una stoffa o su una carta da parati. È importante conoscere tale misura per far combaciare i motivi delle stoffe o delle carte da parati fantasia e anche per le coppie di tendaggi.

Ruche o gala Strati multipli di festoni arricciati, come per le tende a sacchetto.

Sagoma Forma usata per tagliare o cucire intorno a un oggetto.

Sangallo Tessuto fine ricamato, solitamente bianco a disegni floreali, che può essere utilizzato come bordura.

Sbieco La diagonale a 45 gradi rispetto al dritto filo di un tessuto (*vedi anche* Fili di ordito e Fili di trama).

Sopraggitto Punto decorativo per evidenziare una linea di cucitura.

Sottopunto Impiegato per orlare o quando l'orlatura è sul diritto della stoffa.

Spillatura e imbastitura Metodo per fissare lembi di stoffa prima della cucitura. Gli spilli sono fissati perpendicolarmente alla linea di cucitura che viene poi imbastita. Dopo l'imbastitura si rimuovono gli spilli, il filo viene tolto dopo la cucitura finale.

Spugnatura Si effettua o applicando con una spugna su una superficie liscia una patinatura colorata a olio, oppure con una spugna imbevuta di acquaragia passata su uno strato di vernice fresca.

Stampigliatura Processo per comporre e applicare motivi inchiostrati su una superficie liscia. Usato per bordure decorative (*vedi anche* Fregio).

Striscia a cordoncino Striscia di stoffa cucita a formare un cordoncino che, appositamente tagliato, serve a ottenere dei passanti, spesso fissati sui lati aperti di copricuscini o federe al posto delle asole.

Striscia in sbieco Striscia di materiale tagliato lungo la diagonale di un tessuto. Impiegata per ricoprire l'anima del cordoncino e rifinire i margini del tessuto (*vedi anche* Bordura).

Tamponatura Tecnica di verniciatura con effetto decorativo ottenuto con un sacchetto di plastica contenente uno straccio piegato più volte e applicato ripetutamente su una superficie ricoperta di uno strato di patinatura ad olio colorata. Tale tecnica riproduce un effetto di vernice fresca.

Tela rigida Materiale spesso e rigido di rinforzo, utilizzato come ossatura per mantovane e tappezzeria.

Teletta Materiale che si può trasferire su tessuto tramite stiratura e che dona volume e rigidità ai bracciali delle tende e ad altri arredi morbidi.

Tessuto di rinforzo Materiale o stoffa cucito sul rovescio di un tessuto delicato o trasparente per rinforzarlo.

Tolleranza della cucitura Materiale in eccesso tra il margine e la cucitura. È di solito rifinito dopo la cucitura (*vedi anche* Cuciture).

Trapunto Metodo per cucire assieme due pezzi di stoffa inframmezzati da uno strato di imbottitura (*vedi anche* Patchwork).

Velcro Marchio di fabbrica di una chiusura composta da due strisce di nylon, una con minuscoli gancetti e l'altra con passanti, che aderiscono una volta pressati.

Vernice a olio Per superfici in legno e metalliche. Disponibile con finitura a lucido, semiopaca e opaca.

Vernice o lacca Sostanza impiegata per ricoprire una superficie in legno. Disponibile in diversi colori e finiture a lucido.

Verniciatura trasparente Strato uniforme e liscio di patinatura ad olio colorata applicata su alcuni strati di vernice semiopaca già asciutta. La patina traslucida crea un effetto aggiuntivo sul colore della superficie sottostante.

Vite phillips Tipo di vite e cacciavite corrispondente con testina cruciforme.

Volant Striscia di stoffa fissata attorno al brodo inferiore di un copriletto, di un letto o di una poltrona imbottita (*vedi anche* Balza).

INDICE

RINGRAZIAMENTI

RINGRAZIAMENTI DELL'AUTORE

Dedico questo libro a mia moglie, Julia che mi è stata accanto in questo lavoro con affetto e pazienza.
Devo un immenso debito di gratitudine a Alison Kingsbury per il meticoloso lavoro di ricerca sul campo.

Per l'assistenza prestata desidero allargare i miei ringraziamenti a: Louise Greenwood, Ali Edney e Tracey Turner (Liberty); Martin Ephson (Farrow & Ball); Richard Foxell e Martin James (Foxell & James); Alex Portelli (World's End Tiles); Karen Buswell (Mulberry at Home); Stephen Bunce (London Lighting); Annabel Lewis (V. V. Rouleaux); Martin Long (The Carpet Library); Beattie e Trish (Rossiters); Dave Marsh; Lyn Sherwood e Ian Mankin (Ian Mankin Ltd.); Caroline Brandenberger; Liz Crouch; Harrington Evans; Diana Ekins; The Stencil Library.

Hanno contribuito alla realizzazione del servizio fotografico:

Patrizia Antonicelli, P & A Collection tappeti, 313; **Gloria Birkett** stoffa per cuscini, 149; **Carpet Library, Londra** rivestimenti per pavimenti in fibra naturale, 311; **Carvills Furnishings Ltd., Uckfield** tappezzeria, 273; **Crossleys, Somerset** capi d'arredamento e campioni di moquette, 311; **Designers Guild** 57, guarnizioni 82, stoffa a quadri 87 e 88-89, tappezzeria a disegni 264-270; **Diana Lampshades, Hampshire** materiale e consulenza 204-213; **Christopher Farr, Londra** tappeti, 313; **Farrow & Ball, Dorset** emulsioni e vernici lucide e satinate; **Foxell & James, Londra** attrezzatura e materiali professionali per decorazioni; **Frome Feather Company, Somerset** cuscini imbottiti; **Habitat GB** sedia pagg. 154-155 e 156-157, sedia 160-161, tavoli rotondi e rettangolari 186-193; **Christopher Legge, Oxford** tappeti, 313; **Liberty, Londra**; stoffa fantasia 44-45, 49, 50-51, stoffa fantasia 52-53, 54, 57, tutta la stoffa fantasia 52-53, 55, 56-57, stoffa fantasia 66-67, 68-69, 117, 139, 145, stoffa a fiori 194, bordo da tappezzeria 269; **Litvinoff & Fawcett, Londra** letto e materasso; **Lumiance GB** e **London Lighting** arredo luce 338-339, 340-341; **Dave Marsh Hardware, Somerset** attrezzatura e materiali per decorazioni; **Magenta, Londra** finiture per tende 44; **Malmic, Nottingham** guarnizione della tenda 46 e cuscino 104; **Mr. Light, Londra** accessori per illuminazione 338-339; **Mulberry at Home** stoffa fantasia 20-21, 72-73, stoffa fantasia 87, stoffa 92-93, 118, 188, 192-193; voile stampato 195, 206-207, 208-209 **Papyrus, Bath & Londra** 210-211; **Pennells Uckfield** tappeto axminster 311; **Rossiters, Bath** accessori in ottone 40; **V. V. Rouleaux, Londra** nastri e guarnizioni; **Rufflette ©** tasselli per tende con asole 38, nastri per arricciatura 44; **Shaker Shop, Londra** candele e portacandele 340; **Sussex House, Londra** telai di sedie 176-177; **Swish** ganci da tende, sistemi di sostegno e binari 39; **Tile and Flooring Centre, Bath** campioni di rivestimenti per pavimento in sughero e legno; **Wagner Spraytech GB Ltd.** rullo e pennello autoalimentato, pistola a spruzzo; **Westbury Wallpapers, Wiltshire** tappezzeria; **World's End Tiles, Londra** piastrelle dei muri 280-281, tutte le piastrelle 282-291, piastrelle del pavimento 301; **Sinclair Till, Londra** linoleum 301.

RINGRAZIAMENTI DELL'EDITORE

Assistenza editoriale:
Mark Ronan, Candida Ross-MacDonald, e Sharon Lucas for editorial

Assistenza progettuale:
Tim Scott e Colette Ho

Ricerca iconografica:
Emily Hedges e Jess Walton

Impaginazione e assistenza tecnica:
Noel Barnes e Doug Miller

Indice:
Pat Coward e Hilary Bird

Progetto grafico:
Andrew MacDonald

Tecnici di studio:
Simon Moore, Ben Pulsford e Charlie Cork

CONTRIBUTI FOTOGRAFICI

Legenda: a alto, c centro, b basso, s sinistra, d destra

L'intero servizio fotografico è di Tim Ridley, Steve Gorton, Andy Crawford e Nick Goodall, con l'eccezione di:

Peter Anderson 332as
Anna French 34d, 271
Arcaid/Belle Earl Carter 274-275; Simon Kenny 276ad; Willem Rethmeier 129b
Artisan 32-33, 37b
Laura Ashley Ltd. 37as, 79ad
Coloroll 252b
Crowson Fabrics Parisienne III Collection 142-143
Crucial Trading 101a, 308s
The Conran Shop 313s
Eclectics 76, 79as, 79b, 84-85, 86-87
Farrow & Ball 4, 252as
Fired Earth 276b
Jake Fitzjones 335as
Robert Harding Syndication/Inspirations Louise Avery 6bs, 182as; Stewart Grant 304-305; Jamie Hughes 224as; Tim Imrie 319; Sandra Lane 180-181, 201; Lizzie Orme 96-97, 100b, 183, 222bs, 276as, 316-317; David Parmiter 185a, 306ad; Spike Powell 119; Russell Sadur 14-15; Lucinda Simons 198-199; Verity Welstead 36; Polly Wreford 128
Houses & Interiors 134-135; Mark Bolton 253; Roger Brooks 333, 335b; Jake Fitzjones 222a, 299a; Verne 196-197, 200as, 248-249
ICI/DULUX 222bd, 224b
Interior Archive Henry Wilson (designer), Denise Lee 332b; Andrew Wood 76ad, Babylon Design 328-329; Spencer Fung (architetto) 278a, designer: Leonie Lee Whittle/Snap Dragon 140-141, Jo Malone (proprietario) 164s; Edina van der Wyck, Katrin Cargill (styling) 2, 108-109; Simon Upton 279, Michael Reeves (designer) 272, Carol Thomas (designer) 203b, Vaight (proprietario) 308d
IPC Syndication Homes & Gardens 124-125, 166, 200ad, 225; Andreas von Einsiedel 307; David George 100b; Jane Gifford 306ad; Tom Leighton 126b; John Mason 255b; Jonathan Pilkington 167a; Lucy Pope 74-75, 79cs; Trevor Richards 220-221; Kim Sayer 223; Pia Tryde 47, 98cd, 127, 165, 310; Andrew Wood 34s; Polly Wreford 100a, 126as, 342-343; Simon Upton 321
IPC Syndication Living Etc Peter Aprahamian 296 a; Graham Atkins-Hughes 318s
H&R Johnson Ceramics International 6ad
Malabar 48, 58-59
Andrew Martin 1, 98b, 129s
Ray Main/Mainstream 129ad, 294-295, 337; Babylon Design 335ad; Martin Lee Associates (realizzatori) 297; Lawrence Llewelyn-Bowen (designer) 330-331; Susannah Lumsden (architetto) 300
Narratives Jan Baldwin 182b, 200b, 214-215, 236-237, 254, 312, 332ad; Denis Mortell 98as; Verity Welstead 297b
Roger Oates Design 306b, 309a
Original Style Ltd. 298
Paint Magic 224ad, 302, 320bs
Paul Ryan/International Interiors designer: Harriet Anstruther 202; designer: Jan des Bouvrie 203a; designer John Michael Ekeblad 320 bd; designer Barbro Grandelius 309bd; architetto: David Ling 120; designer: Lee Mindel 99
The Rug Company 313cs, 313cd, 313d
Arthur Sanderson and Sons Ltd. 70-71, 167, 178-179, 250-251, 252ad, 309bs
Volga Linen Company Simon Upton 185b
Elizabeth Whiting & Associates Brian Harrison 299a, Rodney Hyett 322-323, Neil Lorimer 76as, 277, Tom Leighton 334
John Wilman Fabrics & Wallpapers 7, 35, 37ad, 77, 78, 127a, 162-163, 164d, 184, 255a, 320a
World's End Tiles 278b, 292-293
Helen Yardley 313bs, 313bc, 313bd